Holm Fischäder

Störungsmanageme Produktionssysteme

GABLER EDITION WISSENSCHAFT

Schriften zum Produktionsmanagement

Herausgegeben von Professor Dr. Herfried Schneider und
Professor Dr. Reinhard Haupt

Die Reihe präsentiert Forschungsergebnisse aus dem Bereich des Produktionsmanagements.
Mit einem weitgefassten Verständnis von Produktion als Prozess der Erstellung von Sachgütern und Dienstleistungen, einschließlich der notwendigen Vorbereitungsprozesse, sollen die Beiträge die integrativen Aspekte des Produktionsmanagements hervorheben und sowohl theoriegeprägte wie praxisbezogene Dissertationen, Habilitationen und Forschungsberichte einbeziehen.

Holm Fischäder

Störungsmanagement in netzwerkförmigen Produktionssystemen

Mit einem Geleitwort von Prof. Dr. Herfried Schneider

Deutscher Universitäts-Verlag

Bibliografische Information Der Deutschen Nationalbibliothek
Die Deutsche Nationalbibliothek verzeichnet diese Publikation in der Deutschen Nationalbibliografie; detaillierte bibliografische Daten sind im Internet über <http://dnb.d-nb.de> abrufbar.

Dissertation TU Ilmenau, 2005

1. Auflage Januar 2007

Lektorat: Brigitte Siegel / Stefanie Loyal

Der Deutsche Universitäts-Verlag ist ein Unternehmen von Springer Science+Business Media.
www.duv.de

Umschlaggestaltung: Regine Zimmer, Dipl.-Designerin, Frankfurt/Main
Gedruckt auf säurefreiem und chlorfrei gebleichtem Papier
Printed in Germany

ISBN 978-3-8350-0539-6

Geleitwort

Zunehmende Komplexität von Produkten und das Streben nach Produktivitätssteigerung haben in vielen Industriezweigen einerseits zu einer erhöhten Komplexität der Produktionsprozesse, andererseits zur Beschränkung auf Kernkompetenzen und damit einhergehendem Outsourcing geführt. Die aufgrund dieser Tendenzen entstandenen Wertschöpfungsprozesse bzw. netzwerkförmigen Wertschöpfungsstrukturen sind durch einen umfangreicheren Koordinationsaufwand und eine erhöhte Störanfälligkeit gekennzeichnet. Insbesondere die mit der Störungsprävention und -abwehr sowie mit der Kompensation von Störungswirkungen verbundenen Aufgaben strategischer, taktischer und operativer Natur stellen aufgrund der Komplexität der relevanten Produktionssysteme wiederum hochkomplexe Problemstellungen dar, die zwar aus technischer Perspektive eine intensive Betrachtung erfahren haben, denen aus betriebswirtschaftlich-organisatorischer Sicht jedoch bisher nicht die gleiche Aufmerksamkeit gewidmet wurde.

Herr Dr. Fischäder hat mit den Untersuchungen zum Konzept eines störungsbezogenen Produktionscontrolling für solche komplexen Produktionssysteme folglich ein aktuelles, theoretisch wie praktisch interessantes Thema aufgegriffen. Er definierte für seine Untersuchungen drei Ebenen des Störungsmanagements:

1. *präventive Entstörung* durch entsprechende Gestaltung des Produktionssystems als strategisch-taktische Aufgabe,
2. *Störungsabwehr* durch Planung von Systemreserven als taktisch-operative Aufgabe und
3. *Störungsreaktion* durch Anpassungsmaßnahmen des Produktionssystems als operative Aufgabe.

Die vorgelegte Schrift konzentriert sich insbesondere auf die zweite und dritte Ebene des Störungsmanagements und verfolgt das Ziel, durch Einführung von Kostenbetrachtungen kostenminimale Anpassungsmaßnahmen zu ermitteln.

Die Charakterisierung der Anpassung gestörter Systeme als schlecht strukturiertes Entscheidungsproblem zwingt den Verfasser einerseits zu einer umfassenderen *Systematisierung von Koordinationsausprägungen* sowie zu einer ebenso gründlichen Betrachtung von *Störungen und Strategien zu deren Bewältigung*. Hier werden auch, als Voraussetzung für die Modellierung gestörter Produktionssysteme, Zeitaspekte sowie Ursachen-Wirkungs-Beziehungen präzise herausgearbeitet, die Strategien der Störungsprävention und der Reaktion auf Störungen sowie des störungsbezogenen Controllings und ein darauf aufbauendes Störungsmanagement dargelegt.

Die Modellierung eines (ggf. gestörten) Produktionsprozesses erfolgt mittels verallgemeinerter Netzpläne und Markov-Ketten, die Berechnungen konkreter Modelle störungsbeeinflusster Produktionssysteme mit Hilfe der linearen Operatorrechnung. Nach Definition von durchgängig vergleichbaren Beispieldaten wurden zudem ausführliche Simulationsexperimente durchgeführt, um die entwickelten Modelle zu verifizieren.

Aufbauend auf den produktionstheoretischen Grundlagen des Problems werden Anpassungsformen und deren Auswirkungen auf die Kosten und ihre Beeinflussung durch Störungen und durch Anpassungsmaßnahmen abgebildet und ein spezielles Kostenmodell entwickelt, das die Grundlage für die *Optimierung des Kostenverhaltens gestörter Produktionssysteme* unter Berücksichtigung der zu planenden Anpassungsmaßnahmen bildet.

Herr Dr. Fischäder begnügt sich dabei nicht nur mit der Formulierung des Modells einer Zielfunktion, sondern untersucht darüber hinaus die Möglichkeiten, durch heuristische „Meta-Regeln" eine vollständige Enumeration bei der Berechnung komplexer Systeme zu vermeiden. Die dabei entwickelten Regeln vermindern den Berechnungsaufwand drastisch. Mit einem *Optimierungsansatz auf Basis eines Genetischen Algorithmus* wird zudem ein weiterer praktikabler methodischer Ansatz geliefert. Die Gegenüberstellung von regelbasierter Enumeration und genetischem Algorithmus zur Problemlösung zeigt anschaulich Vor- und Nachteile beider Verfahren bei je unterschiedlichen Problemsituationen.

In einem die bis dahin untersuchten Problemstellungen um *Aspekte der systembildenden Koordination* erweiternden Abschnitt bezieht Herr Dr. Fischäder auch Maßnahmen zur *Störungsabwehr durch Systemgestaltung* auf taktischer Entscheidungs- und Gestaltungsebene in die Betrachtung ein.

Wenngleich der Verweis auf eine notwendige softwaretechnische Unterstützung deutlich macht, dass für die wünschenswerte praktische Anwendung der entwickelten Modellansätze weitere Entwicklungsarbeit zu leisten ist, liegen im Ergebnis der Forschungsarbeiten dafür präzise theoretische Grundlagen vor. Der vorgelegten Schrift wünsche ich deshalb eine weite Verbreitung und eine intensive wissenschaftliche Diskussion.

Univ.-Prof. Dr. Herfried M. Schneider

Vorwort

Die Planung und Steuerung inner- und überbetrieblicher Prozesse der industriellen Leistungserstellung bilden einen zentralen Gegenstandsbereich produktionswirtschaftlicher Forschung. Unerwartet auftretende logistische und fertigungsbezogene Störungen sowie die damit verbundenen negativen Wirkungen auf den Prozess der Leistungserstellung induzieren ein bedeutsames und praktisch relevantes Koordinationsproblem. Es verwundert deshalb, dass die Analyse von Störungen und der Komplex der Störungsabwehr im systemischen Sinne in der betriebswirtschaftlichen Literatur nach wie vor wenig Beachtung finden.

Die vorliegende Arbeit liefert einen Beitrag zur konzeptionellen und verfahrensmethodischen Ausgestaltung des Störungsmanagements für netzwerkförmige Produktionssysteme. Zur Unterstützung störungsbezogener Entscheidungen in dynamischen Planungs- und Realisierungskontexten wird ein Modellsystem eingeführt, welches die Ableitung von Maßnahmen in zwei Entscheidungsfeldern gestattet:

- Sanierungsmaßnahmen des *reaktiven Störungsmanagements* implizieren Rückgriffe auf Potenziale dispositiver Art mit dem Ziel einer situativ angepassten und flexiblen Reaktion auf bereits eingetretene oder unmittelbar bevorstehende Störungen.
- Präventivmaßnahmen des *antizipativen Störungsmanagements* konkretisieren sich in der Planung und Bereitstellung von Systemreserven (Kapazitätsreserven, Sicherheitsbestände) mit dem Ziel einer reduzierten Ausbreitung von Störungswirkungen in mehrstufigen Produktionsprozessen.

Die Dissertation entstand während meiner Zeit als wissenschaftlicher Mitarbeiter am Lehrstuhl für Produktionswirtschaft der Technischen Universität Ilmenau und wurde im Dezember 2005 von der Fakultät für Wirtschaftswissenschaften als Dissertation angenommen.

Meinem verehrten akademischen Lehrer und Doktorvater, Herrn Univ.-Prof. Dr. Herfried Schneider danke ich herzlich für seine stete Förderung sowohl in fachlicher als auch in persönlicher Hinsicht. Er hat mich während der gesamten Bearbeitungszeit mit wertvollen Ratschlägen unterstützt. Für die Übernahme des Zweitgutachtens gilt Herrn Univ.-Prof. Dr. Hans Corsten von der Universität Kaiserslautern mein besonderer Dank. Die Entwicklung einer systemischen Gesamtschau auf die behandelte Problemstellung und die Verwendung eines entsprechenden Modellierungsinstrumentariums hat Herr Prof. Dr. Helmar Dittrich angeregt. Für die vielen kritischen (und teilweise philosophischen) Diskussionen gebührt auch ihm ein großer Dank. Meinem Kollegen und Freund Dr. Thomas Rücker verdanke ich ebenfalls eine Reihe kritischer Hinweise und vor allem spannende Arbeitseinsätze bei unseren Praxispartnern.

Ohne die tatkräftige Unterstützung meiner ehemaligen Diplomanden hätte das Dissertationsvorhaben nicht in dem vorliegenden Umfang bearbeitet werden können. In besonderem Maße möchte ich mich deshalb bei Herrn Dipl.-Wirtsch.-Ing. Sebastian Hild, Herrn Dipl.-Wirtsch.-Ing. Andreas Gröll, Herrn Dipl.-Ing. Christian Hoffmann und ebenso bei Herrn cand. Dipl.-Wirtsch.-Ing. Matthias Müller bedanken. Frau Dipl.-Kffr. Yvonne Nechilla und Herrn Dipl.-Wirtsch.-Ing. Hans-Marian Alt danke ich für ihren engagierten Einsatz bei der Gestaltung von Grafiken, Tabellen und dem Layout der Arbeit, Frau Dipl.-Ing., Dipl.-Wirtsch.-Ing. Sigrun Leipe sowie Frau Ellen Deubler für die Durchsicht des Manuskriptes.

Die tatkräftige Unterstützung aus dem privaten Umfeld hat mir die Arbeit wesentlich erleichtert. Einen ganz besonderen Dank möchte ich deshalb meinen Eltern und vor allem meiner Großmutter aussprechen, die mir meine Ausbildung nicht nur ermöglicht, sondern sie stets mit großem Interesse und den besten Ratschlägen begleitet haben. Meiner Großmutter verdanke ich die musikalische Betätigung und damit einen willkommenen Ausgleich zu der hohen Arbeitsbelastung; ihr ist die vorliegende Arbeit gewidmet.

Holm Fischäder

Inhaltsverzeichnis

Abbildungsverzeichnis

Tabellenverzeichnis

Abkürzungsverzeichnis

ACM	Association for Computing Machinery
AI	Artificial Intelligence
Anp.	Anpassung
APS	Advanced Planning Systems
BDE	Betriebsdatenerfassung
BKT	Betriebskalendertag
CIM	Computer Integrated Manufacturing
CIP	Continuous Improvement Process
CNC	Computerized Numerical Control
CPU	Central Processing Unit
DAI	Distributed Artificial Intelligence
DPS	Distributed Problem Solving
EDI	Electronic Data Interchange
EDV	Elektronische Datenverarbeitung
ENP	Entscheidungsnetzplan
EPR	Enterprise Resource Planning
F&E	Forschung und Entwicklung
FA	Fertigungsauftrag
FMS	Flexible Manufacturing System
GA	Genetischer Algorithmus
GAN	General Activity Network
GB	Gigabyte
GE	Geldeinheit
GERT	Graphical Evaluation and Review Technique
GHz	Gigahertz
HR	heiße Redundanz
i. d. R.	in der Regel
i. d. S.	in diesem Sinne
i. e. S.	im engeren Sinne
i. H. v.	in Höhe von
i. S. v.	im Sinne von
i. w. S.	im weiteren Sinne
I&K	Information und Kommunikation
IEE	Institute of Electrical Engineers

IEEE	Institute of Electrical and Electronics Engineers
IIE	Institute of Industrial Engineers
int.	intensitätsbezogen
ISSAT	International Society of Science and Applied Technologies
KMU	kleine und mittlere Unternehmen
KR	kalte Redundanz
MAS	Multiagenten-System
MIT	Massachusetts Institute of Technology
MRP	Material Requirements Planning
N	Niveaustufe
nKT	normiertes Kapazitätsteil
o. B. d. A.	ohne Beschränkung der Allgemeinheit
OEM	Original Equipment Manufacturer
OR	Operations Research
PPS	Produktionsplanung und -steuerung
RAM	Random Access Memory
REFA	Verband für Arbeitsstudien und Betriebsorganisation e.V.
S.	System
SCEM	Supply Chain Event Management
SCM	Supply Chain Management
Tab.	Tabelle
TPM	Total Productive Maintenance
TU	Technische Universität
VDI	Verein Deutscher Ingenieure
Verb.	Verband
VKI	Verteilte Knstliche Intelligenz
wiss.	wissenschaftlich
ZE	Zeiteinheit
ZP	Zeitschrift für Planung

Symbolverzeichnis

Kapitel 3

$\underline{A}$	Spektralset einer Matrix
A_{ij}	Aktivität mit Startknoten i und Zielknoten j
$BK_j(T)$	Kapazitätsbedarf in Element j und Takt T
b_i	Produktivitätsbewertungsfaktor für Anlage i
$\underline{C}$	Kopplungsmatrix
E	Ereignis, Zustand, Element
$\underline{I}$	Einheitsmatrix
$K_j(T)$	Kapazität des Elementes j im Takt T
KT	Normzeitdauer
$k_i(T)$	Kapazität der Anlage i im Takt T
m	Gesamtzahl der Zustände $k = 1,\ 2,\ ...,\ m$ im System
N	Anzahl der Systemelemente
$N(T)$	Gesamtzahl aller in Takt T im System befindlichen normierten Kapazitätsteile
n	Anzahl der zu einer Kapazitätseinheit zusammengefassten Anlagen
$\underline{n}(T)$	Bestandsvektor
$n_k(T)$	k-tes Element von $\underline{n}(T)$; Bestand im Zustand k zum Zeitpunkt T
nKT	normiertes Kapazitätsteil
$P(E)$	Eintrittswahrscheinlichkeit eines Ereignisses E
$\underline{P}(T)$	Transformationsoperator, Übergangsmatrix
$\underline{p}_0$	Einlastungsvektor
p_{ij}	Element ij von $\underline{P}$; Übertragungsfaktor von Zustand i nach Zustand j
p_{k0}	Übertragungsfaktor des Ausschuss- und Gutteilstroms ab Zustand k
$R(T)$	tatsächliche Einlastung in Systemtakt T
$\underline{S}$	Strukturmatrix
T	diskrete Zeitvariable, Systemtakt
t	kontinuierliche Zeitvariable
$\underline{x}$	Inputvektor
$\underline{y}$	Outputvektor
Θ_r	Eigenwert r einer Matrix

Kapitel 4

$A_{i.rework}(T)$	Arbeitsinhalt mit Qualitätsmängeln in Element i und Takt T
$A_{i.scrap}(T)$	Arbeitsinhalt Ausschuss in Element i und Takt T
a	Anzahl Systemtakte, in denen eine Störgröße einwirkt
a_l	Produktivitätsbewertungsfaktor des Betriebsmitteltyps l
$a_k^{int}(T)$	intensitätsbezogene Anpassung in Zustand k und Takt T
$a_k^{time}(T)$	zeitbezogene Anpassung in Zustand k und Takt T
$AK_i(T)$	Ausfallkapazität in Element i und Takt T
$\underline{b}(T)$	Pufferbestandsvektor in Takt T
$\hat{b}_j$	maximaler Bestand im dem Produktionsbereich j zugeordneten Puffer
$\tilde{b}_j(T)$	nach Inanspruchnahme korrigierter Bestand in Puffer b_j
C	Gesamtkosten während des Simulationslaufs
$C^{adapt}(T)$	Kosten der Anpassung in Takt T
$C^{bl}(T)$	gesamte in Takt T entstandene Lieferrückstandskosten
$C_k^{buffer}(T)$	Pufferbestandskosten in Zustand k und Takt T
$C^{buffer}(T)$	gesamte in Takt T entstandene Pufferbestandskosten
$C^{dist}(T)$	Kosten der Störungswirkung in Takt T
$C_k^{fix}(T)$	produktionsbezogene Gemeinkosten in Zustand k und Takt T
$C_{k.v}^{fix.adapt}$	Änderung produktionsbezogener Gemeinkosten in k bei Anpassungsmaßnahme v
$C_k^{fix.buffer}$	Gemeinkosten des dem Zustand k zugeordneten Puffers
$C_k^{fix.dist}(T)$	Änderung produktionsbezogener Gemeinkosten in k bei Störung
$C_k^{fix.time}(T)$	Änderung produktionsbezogener Gemeinkosten in k bei zeitbezogener Anpassung
$C_k^{prod}(T)$	gesamte Produktionskosten in Zustand k und Takt T
$C^{prod}(T)$	gesamte in Takt T entstandene Produktionskosten
$C_k^{store}(T)$	Bestandskosten in Zustand k und Takt T
$C^{store}(T)$	gesamte in Takt T entstandene Bestandskosten
c^{bl}	Lieferrückstandskostensatz
c_k^{prod}	Bearbeitungskostensatz in Zustand k
$c_{k.v}^{prod.adapt}(T)$	Bearbeitungskostensatzänderung in k und Takt T bei Anpassungsmaßnahme v
$c_k^{prod.dist}(T)$	Bearbeitungskostensatzänderung in k bei Störung in Takt T
$c_k^{prod.int}(T)$	Bearbeitungskostensatzänderung in k und Takt T bei intensitätsbezogener Anpassung
$c_k^{prod.time}(T)$	Bearbeitungskostensatzänderung in k und Takt T bei zeitbezogener Anpassung
c_k^{store}	Bestandskostensatz in Zustand k
$\underline{c}^{store}$	Bestandskostensatzvektor
$c_k^{store.buffer}$	Pufferbestandskostensatz in Zustand k
$d(T)$	Bedarfssaldo am Systemausgang
$\tilde{d}(T)$	korrigierter Bedarfssaldo am Systemausgang nach Pufferbefüllung
$d^{ext}(T)$	prozentuale Veränderung der Einlastungsfolge in Takt T

$d_k^{cap}(T)$	Kapazitätsveränderung des Zustands k in Takt T
$d_{kj}^{scrap}(T)$	Ausschussanteil am Strom von Zustand k nach j in Takt T
$d_{kj.r}^{rework}(T)$	Anteil in Zustand r notwendiger Nacharbeit am Strom von k nach j in Takt T
$K(T)$	m-Tupel der Anpassungsmaßnahmen v_k in Takt T
$k_{i.l}(T)$	Kapazität eines Betriebsmittels vom Typ l in Element i und Takt T
$\underline{L}^{adapt}(T)$	Vektor der in T gewählten Anpassungsmaßnahmen
$L_k^{adapt}(T)$	Veränderung der Normalkapazität von k durch Anpassung in Takt T
$L_{k.v}^{adapt}(T)$	Veränderung der Normalkapazität von k durch die Anpassungsmaßnahme v in Takt T
$\underline{L}^{adapt.*}(T)$	Vektor der in T gewählten, kostenminimalen Anpassungsmaßnahmen
$\underline{L}^{adapt.*}$	Matrix der kostenminimalen Anpassungsmaßnahmen von T_a bis T_e
$L_k^{dist}(T)$	störungsbedingte Veränderung der Normalkapazität des Zustands k in Takt T
$\overline{L}_k^{dist}(T)$	Schätzwert der störungsbedingten Veränderung der Normalkapazität von k in T
$L_k^{lost}(T)$	ungenutzte Kapazität des Zustands k in Takt T
L_k^{norm}	Normalkapazität des Zustands k
$L_k^{real}(T)$	realisierte Leistung des Zustands k in Takt T
L_k^{req}	im (ungestörten) Normalbetrieb benötigte Kapazität des Zustands k
$L_k^{use}(T)$	tatsächlich nutzbare Kapazität des Zustands k in Takt T
$\overline{L}_{k.v}^{use}(T)$	Schätzwert der tatsächlich nutzbaren Kapazität von k bei Anpassungsmaßnahme v in T
$L_k^{use.max}(T)$	maximal nutzbare Kapazität des Zustands k in Takt T
$\hat{\underline{n}}$	Maximalbestandsvektor
$\hat{n}_k$	k-tes Element von $\hat{\underline{n}}$; Maximalbestand des Zustands k
$\tilde{n}_k(T)$	durch Rücklieferung bzw. Puffereinsatz korrigierter Bestand in Zustand k und Takt T
$n_k^{dist}(T)$	im Störfall auftretender Bestand in Zustand k und Takt T
$\underline{n}^{req}(T)$	Vektor der Sollbestände in Takt T
$n_k^{req}(T)$	Soll-Bestand in Zustand k und Takt T
$\underline{P}(T)$	Gesamtübergangsmatrix; $\underline{P}(T) = \underline{P}^{sys} + \underline{P}^{dist}(T)$
$\tilde{\underline{P}}(T)$	leistungsnormierte Übergangsmatrix
$\underline{P}^{sys}$	Systemübergangsmatrix
$\underline{P}^{dist}(T)$	Störübergangsmatrix
p_{ij}^{dist}	Element ij von $\underline{P}^{dist}$; gestörter Übertragungsfaktor von i nach j
$\tilde{p}_{ij}$	Element ij von $\tilde{\underline{P}}$; leistungsnormierter Übertragungsfaktor von i nach j
$R^{dist}(T)$	gestörte Einlastungsfolge bei extern induzierten Störungen
$R^{dem}(T)$	Kundennachfrage in Takt T
$\underline{S}(T)$	Matrix der Ist-Ströme normierter Kapazitätsteile
$\underline{S}^{req}(T)$	Matrix der Soll-Ströme normierter Kapazitätsteile
$s_k^{back}(T)$	rücklieferbare normierte Kapazitätsteile in Zustand k
$s_{jk}(T)$	Element jk von $\underline{S}(T)$; von j an k transportierte normierte Kapazitätsteile

$\tilde{s}_{jk}(T)$	korrigiertes Element jk von $\underline{S}(T)$ nach Puffereinsatz
$s_{jk}^{req}(T)$	Element jk von $\underline{S}^{req}(T)$; von j an k transportierte normierte Kapazitätsteile im ungestörten System
$s_k^{input}(T)$	gesamter Eingangsstrom aus vorgelagerten Zuständen in Zustand k
$\hat{s}_k^{input}(T)$	gesamter Eingangsstrom aus von k verschiedenen Zuständen in Zustand k
$\hat{s}_k^{input.req}(T)$	gesamter Eingangsstrom aus von k verschiedenen Zuständen in Zustand k im ungestörten System
$s_{bk}^{req}(T)$	erforderlicher Strom aller vorgelagerter Mengenpuffer in Zustand k
$s_{b_jk}^{req}(T)$	erforderlicher Strom aus dem Zustand j zugeordneten Mengenpuffer in Zustand k
$s_{b_jk}(T)$	tatsächlicher Strom aus dem Zustand j zugeordneten Mengenpuffer in Zustand k
$s_{b_j}^{req}(T)$	erforderlicher Strom zu dem Zustand j zugeordneten Mengenpuffer
$\tilde{s}_{b_j}^{req}(T)$	korrigierter erforderlicher Strom zu dem Zustand j zugeordneten Mengenpuffer nach Pufferbefüllung
$s_{kb_j}(T)$	tatsächlicher Strom von Zustand k zu dem Zustand j zugeordneten Mengenpuffer
$sp_k(T)$	Überbestand in Zustand k und Takt T
$\overline{sp}_k(T)$	Schätzwert für den Überbestand in Zustand k und Takt T
$sp_k^{cl}(T)$	durch Anpassung in Takt T abgetragener Anteil des Überbestands in Zustand k
$\overline{sp}_{k.v}^{cl}(T)$	Schätzwert für den durch Anpassungsmaßnahme v in Zustand k abgetragenen Überbestand in Takt T
$sp_k^{adapt}(T)$	nach Anpassung in Takt T verbleibender Anteil des Überbestands in Zustand k
$\overline{sp}_{k.v}^{adapt}(T)$	Schätzwert für den nach Anpassungsmaßnahme v in Zustand k verbleibenden Überbestand in Takt T
T_a	Systemtakt, in dem mit der Anpassung begonnen wird
T_e	letzter Systemtakt bei der Modellberechnung
$T_{dist.i}^{delay}$	Verzögerungszeit der Wahrnehmung der Wirkungen einer Störung i
T_{KR}^{delay}	Aktivierungszeit einer kalten Reserve
T_{sys}^{delay}	Systemträgheit
$T_{adapt.i}^{first}$	Zeitraum, in dem die erste Anpassungsmaßnahme auf Störung i beginnen muss
$T_{dist.i}^{start}$	Beginn der Einwirkung einer die Systemstörung i verursachenden Störgröße
$t_{l.dist}$	Störzeit des Betriebsmitteltyps l in Takt T
var	Variante der Anpassung
v_k	Nummer der Anpassungsmaßnahme in Zustand k
Z	Simulationshorizont; $Z = T_e - T_a$
z_k	Zahl möglicher Anpassungsoptionen in k bei $\Lambda(T) = \Lambda = const.$
z_{total}	Gesamtzahl möglicher Anpassungsoptionen
$\Lambda(T)$	Menge möglicher Anpassungsoptionen $\underline{L}^{adapt}(T)$ in Takt T über alle Zustände m

1 Einführung in die Problemstellung

1.1 Störungen und ihr Einfluss auf die Lenkung von Wertschöpfungsprozessen

Eine steigende Komplexität industriell gefertigter technischer Erzeugnisse und der damit verbundenen Produktionsaufgaben erschwert auch unter Nutzung der sich in den vergangenen Jahren rapide entwickelnden informations- und kommunikationstechnischen Möglichkeiten eine vollständige logistische und verfahrenstechnische Beherrschung inner- und überbetrieblicher Prozesse der Leistungserstellung.

Logistische und fertigungsbezogene Störungen induzieren Abweichungen geplanter Prozessabläufe und -ergebnisse. Unvorhergesehene Einwirkungen auf Produktionssysteme sind in der industriellen Praxis allgegenwärtig und verursachen Ausfälle von Produktionsressourcen, zeitliche Verzüge disponierter Warenzugänge, Falschlieferungen, Fabrikationsfehler etc. Damit verbunden sind regelmäßig negative Einflüsse auf die strategischen Erfolgsdimensionen Qualität, Zeit und Kosten. Speziell netzwerkförmige Produktionssysteme (die ggf. weltweit verteilte Standorte einschließen) mit einer Vielzahl logistisch eng gekoppelter Produktionsstufen sowie einer breiten Palette produzierter Zwischen- und Enderzeugnisse und einer Vielzahl technisch unterschiedlicher Produktionspotenziale sind durch eine hohe Anfälligkeit gegenüber Störungen charakterisiert.

Eine in vielen Branchen vorherrschende umfassende Kundenorientierung erschwert sowohl die Prognose kundenindividueller Erzeugnisspezifikationen als auch die zuverlässige Vorhersage der quantitativen Erzeugnisnachfrage. Die Markt- und Lebenszyklen auch investiver Wirtschaftsgüter werden kürzer. In den vergangenen Jahren sind im Rahmen der Bemühungen um eine „Verschlankung“ der Produktionssysteme immer mehr Prozess- und Ressourcenrestriktionen abgebaut und Wertschöpfungsprozesse hinsichtlich kurzer Durchlaufzeiten restrukturiert worden. Dies trifft sowohl auf eine unternehmensbezogene Betrachtung als auch, und dies in verstärktem Maße, auf die Leistungserstellung in Produktionsnetzwerken zu[1].

Wenn Systemreserven und Möglichkeiten der Prozessentkopplung (hier im Sinne von Kapazitäts-, Zeit- und Mengenpuffern) wegfallen, steigt gleichzeitig die Störanfälligkeit von Produktionspro-

[1] Beispielhaft kann hier auf die Automobil- und Zulieferindustrie verwiesen werden. Nicht zuletzt vor dem Hintergrund schwankender Auftragslagen, eines enormen Kostendrucks und damit verbundener Konzentrationsprozesse bei Automobilherstellern (OEM) zeichnet sich in diesem für Deutschland sehr bedeutsamen Industriezweig ein Anforderungswandel der OEM gegenüber der Zulieferindustrie ab (vgl. u. a. Ackermann 2004, S. 30 ff., Meyr 2004, S. 459 ff., Eisenbarth 2003, S. 48 ff., Semlinger 2003, S. 37 ff., Wertz 2000, S. 18 ff., Männel 1996, S. 123 ff.):

- Trotz permanenter Verringerung der Fertigungstiefe der OEM verkleinert sich die Zahl der unmittelbaren Zulieferer, die nicht nur international mit dem OEM kooperieren, sondern gleichzeitig sehr eng in die Logistikprozesse der OEM eingebunden sind (Just-in-Sequence- bzw. Just-in-Time-Versorgung, Verbau von Komponenten an der Produktionslinie des OEM in Eigenverantwortung des Zulieferers).

zessen. Eine Verringerung der Planungsflexibilität ist die Folge. Hinzu kommt, dass häufig enge Verflechtungen zwischen Produktionsbereichen, u. U. sogar automatisierte Kopplungen, getaktete Materialflusssysteme etc. bestehen und logistische bzw. fertigungsbezogene Störungen schnell weitläufige Unterbrechungen des Materialflusses zur Folge haben.

Es ist deshalb etwas überraschend, dass trotz der angedeuteten Zusammenhänge der Komplex der Störungen und Störungsabwehr *im systemischen Sinne* in der betriebswirtschaftlichen Forschung nach wie vor verhältnismäßig wenig Beachtung findet. Bislang fehlt ein einheitlicher, systemweiter Analyserahmen für logistische und fertigungsbezogene Störungen. Gefördert durch aktuelle Entwicklungen der Operationsforschung und der Wirtschaftsinformatik werden beispielsweise auf Shop-Floor-Ebene spezifische und eng abgegrenzte Probleme der reaktiven Maschinenbelegungsplanung betrachtet[2]. Über einen längeren Zeitraum hinweg wurde die Problematik betrieblicher Störungen primär deskriptiv und kasuistisch unter Einschluss empirischer Erhebungen untersucht[3]. Unter Berücksichtigung der Komplexität und Vielfalt von Einflussfaktoren und Ursachen betrieblicher Störungen muss jedoch eine Kausalforschung schnell an Grenzen stoßen bzw. eng an einen spezifizierten Untersuchungsbereich gebunden bleiben. Die vorliegende Arbeit verfolgt diesen Ansatz nicht, vielmehr orientiert sie sich konsequent an den *Wirkungen* logistischer und fertigungsbezogener Störungen *auf den Auftragsdurchlauf*. Auf dieser Grundlage werden Erfolgs- bzw. Kostenwirkungen von Störungen abgeschätzt.

Ausgehend von einer Abgrenzung des Störungsbegriffs wird systematisch eine Konzeption zur *flexiblen Störungsabwehr und Störungsreaktion* entwickelt. Kosten der situationsspezifisch zu ergreifenden Maßnahmen und Kosten der Störung selbst werden erfasst. Störungsmanagement zielt auf eine Minimierung dieser beiden Kostenkategorien in ihrer Gesamtheit[4]. Der Versuch, alle logistischen und fertigungsbezogenen Störungen auszuschalten, wird weder als praktikabel noch als ökonomisch sinnvoll eingeschätzt. Betriebswirtschaftslehre soll als angewandte Wissenschaft verstanden werden, d. h. optimale Vorgehensweisen der (störungsbedingten) Systembeeinflus-

- Verbunden mit der Reduzierung der Fertigungstiefe ist eine Verschiebung von Wertschöpfungsumfängen an so genannte Mega-Supplier (1st-Tier-Ebene), und von dort ausgehend wiederum an Zulieferer für vorgelagerte Produktionsstufen. Mega-Supplier zeichnen sich für Systemlösungen verantwortlich, die als so genannte intelligente Module in steigendem Umfang elektronische und mechatronische Komponenten integrieren. Dies bedingt eine umfassende Einbeziehung großer Zulieferer in die Fahrzeugentwicklung.
- Insbesondere für kleine und mittlere Zulieferer ist der Wettbewerbsdruck enorm gestiegen. Sie unterhalten häufig nur noch nachgelagerte Lieferbeziehungen (2nd-Tier- oder 3rd-Tier-Ebene) zu den Systempartnern der großen OEM. Dennoch werden sie in Zukunft verstärkt informationstechnisch in die logistische Kette integriert, so dass Transparenz über Abrufe, Bauzahlen und Produktionsfortschritt auch über mehrere Produktionsstufen hinweg herrscht (vgl. Graf/Putzlocher 2004, S. 65, Graf 2004, S. 73 f., Eisenbarth 2003, S. 76 f., Graf 2001, S. 45 ff., Götz/Prottung 2005, S. 32). Kleine und mittlere Zulieferer steuern relativ geringe Wertumfänge bei und konkurrieren zunehmend mit Anbietern aus Billiglohnländern.

Der Sektor der Automobil- und Zulieferindustrie ist für die hier vorgestellten Untersuchungen als Anschauungsbereich überaus geeignet, ergeben sich doch durch eine hochgradig arbeitsteilig erfolgende Leistungserstellung innerhalb eines Lieferantennetzwerkes besonders hohe Anforderungen an die zeitliche Koordinierung der Fertigungs- bzw. Logistikvorgänge in und zwischen den Netzwerkknoten.

2 Zu einer Einschätzung aktueller Arbeiten auf diesem Gebiet und zu einer Übersicht über Methoden und Instrumente des Störungsmanagements vgl. Abschnitt 3.1.

3 In ihrer historischen Abfolge können beispielhaft die Untersuchungen bei Dienstdorf 1970, S. 25 ff. und insbesondere S. 40 f., Greve 1970, S. 142 ff., Müller/Friedrich 1977, S. 48 f., Herzlieb 1984, S. 139 ff., Lehmann 1992a, S. 9 ff., Klages 1994, S. 30 ff., Heil 1995, S. 73 f. sowie S. 106 ff. und Bergmann/Wiedemann 1997, S. 126 f. hier eingeordnet werden.

4 Vgl. Abschnitt 4.2.2, insbesondere Abschnitt 4.2.2.5.

sung werden nicht nur beschrieben. Es muss eine Methodik aufgezeigt werden, mit deren Hilfe solche Optima ermittelt werden können. Kernanliegen ist dabei die einfache Verwendung und die „Rechenbarkeit" solcher Modelle. Diesem Anliegen folgend, stößt man schnell an Grenzen hinsichtlich des zu bewältigenden Modellumfangs. Ein entsprechendes (die Situation vereinfachendes und dennoch korrekt abbildendes) Aggregationsniveau muss festgelegt werden. Auch die Aktualität bzw. der Umfang der für die Betrachtungen notwendigen Informationsbasis kann das Modellsystem beschränken. Das Datenmaterial, welches Grundlage für ein Optimierungskalkül ist, muss bestimmten Anforderungen genügen. So sollten beispielsweise der Detaillierungsgrad und die Aktualität der Dokumentation von Störungsvorgängen eine Analyse der Vorgänge erst einmal zulassen; es muss auf Dokumentationen über einen hinreichend langen Zeitraum zurückgegriffen werden können.

Im Fokus der weiteren Betrachtungen steht der arbeitsteilige Prozess der Leistungserstellung in netzwerkübergreifender Perspektive. Die operative Produktionsplanung und -steuerung, besser die Auftragsplanung und Auftragsüberwachung über alle Wertschöpfungsstufen hinweg, stellt sich als umfassende Koordinationsaufgabe dar[5]. Dabei ist die Zuordnung dislozierter Fertigungssegmente zu einer Unternehmung[6] oder deren rechtliche Selbständigkeit logistisch unerheblich[7].

Die formale, zeitliche und inhaltliche Abstimmung der verteilten Leistungserstellung kann sich auf der Grundlage zweier archetypischer Gestaltungsoptionen vollziehen[8]. So ist vorstellbar, dass sich beteiligte Wertschöpfungspartner gleichrangig gegenüberstehen und dem Koordinationsprinzip der *Heterarchie* folgende Kooperationsbeziehungen unterhalten. Den Instrumenten der Selbst- oder Gruppenabstimmung entsprechend finden sich problemorientiert involvierte Entscheidungsträger in Kollegialorganen zusammen. Andererseits kann – ggf. auftragsbezogen – ein „führender" Netzwerkknoten, beispielsweise ein fokales Lead-Unternehmen, das gesamte Netzwerk *hierarchisch* beplanen und (insbesondere im Störfall) steuern[9]. Diese Planungs- und

---

[5] Zur Auftragsüberwachung in Produktionsnetzwerken vgl. Corsten/Gössinger 2001a, S. 19 f.

[6] Unter intraorganisationalem Bezug trifft man häufig segmentierte, heterogene Fertigungsstrukturen an. Vgl. Lasch/Schlüter 1997, S. 159, Schneider et al. 1997, S. 2, Schneider/Schlüter 1999, S. 351 f.

[7] Zur Überwachung der Leistungserstellung im Kontext der Produktionsplanung und -steuerung vgl. u. a. Zäpfel 1982, S. 240 ff. und S. 281 ff., REFA 1985, S. 386 ff., Gottschalk 1989, S. 448 ff. und S. 464 ff. sowie insbesondere Schneider/Schlüter 1999, S. 358 ff., Schlüter 2001, S. 75 ff., Schneider/Buzacott/Rücker 2005, S. 16. Im Kontext des Supply Chain Managements und an der Schnittstelle zwischen Logistikplanung und Ausführung werden in diesem Zusammenhang die Konzepte *Supply Chain Collaboration* und *Supply Chain Event Management (SCEM)* diskutiert.
Supply Chain Collaboration fokussiert auf die Schnittstellen zwischen Wertschöpfungspartnern (vgl. Kilger/Reuter 2005, S. 262 ff., Langemann 2004, S. 440 f.); durch Vernetzung wird die Visibilität von Bedarfen, Beständen und Kapazitäten und das Erkennen von Restriktionen sowie ein proaktives Engpassmanagement angestrebt. Damit einher geht die Forderung nach informatorischer Transparenz entlang der gesamten Wertschöpfungskette, vgl. z. B. Wildemann 2005, S. 505 und S.507 ff., Nissen 2002b, S. 27. In diese Richtung zielt auch SCEM als eine Anwendung zur Erfassung, Überwachung und Bewertung kritischer Ereignisse innerhalb eines Unternehmens und zwischen Unternehmen. Vgl. hierzu Nissen 2002a, S. 477, Nissen 2002b, S. 41 ff., Gaul 2004, S. 93 ff.

[8] Zu den archetypischen Koordinationsprinzipien Hierarchie und Heterarchie vgl. Fischäder 2003, S. 13 ff., zu Koordinationsmechanismen und -instrumenten vgl. ebenda, S. 16 ff.

[9] Graf (2001, S. 47) sieht für Störfälle explizit die Möglichkeit der Steuerung von Unterlieferanten in mehrstufige Zulieferketten durch den OEM vor.

Steuerungsaufgaben werden durch praktisch erprobte Software-Tools unterstützt[10].

Netzwerkknoten, also Unternehmen oder einzelne Fertigungssegmente, zeichnen sich für einen bestimmten Abschnitt der Wertschöpfungskette verantwortlich, so dass vereinfacht und je nach gewähltem Aggregationsgrad der Betrachtungen von linearen, allgemeiner von (partiell) nebenläufigen Prozessstrukturen auszugehen ist. Werden Supply Chains betrachtet, so durchlaufen Erzeugnisse im Regelfall alle beteiligten Netzwerkpartner, eine verrichtungsorientierte Segmentierung über diesen Netzwerkpartnern liegt vor. Die infolge enger Verflechtungen hohe Tragweite von Störungen innerhalb eines Produktionsverbundes[11] ist sofort offensichtlich.

In einer umfassenden Sichtweise sind drei Ansatzpunkte zur Stabilisierung von Produktionssystemen zu identifizieren und unter Berücksichtigung ihrer Wechselwirkungen zu gestalten[12]: *Präventive Entstörung* verfolgt das Ziel, das Produktionssystem so auszulegen, dass das Auftreten von Störungen vermieden bzw. potenzielle Ursachen logistischer und fertigungsbezogener Störungen von vornherein eliminiert werden. Zuverlässige Produktionspotenziale, vereinfachte Gestaltung von Produktionsprozessen durch die Implementierung gekoppelter kleiner Regelkreise zur Planung und Steuerung oder die Erhöhung der Prozesssicherheit durch repetitive Prozesse, Mitarbeiterschulungen usw. sind Gestaltungselemente einer präventiven Entstörung[13]. Sind Produktionspotenziale, Fertigungsabläufe und Logistikprozesse bereits gestaltet, können Störsituationen zum einen *präsituativ* antizipiert oder zum anderen *situativ* ausreguliert werden. Eine Planung (und damit eine ex ante-Festlegung) von Produktionsprozessen kann Kapazitäts-, Zeit- und Mengenpuffer bestimmen und damit eine wirkungsorientierte Abpufferung des Produktionssystems ermöglichen (trägt damit jedoch auch zur Konservierung des Störungspotenzials bei)[14]. Dies gelingt beispielsweise in Störsituationen, deren Charakteristik statistisch untersucht und stochastisch beschrieben werden kann. Dennoch verbleiben eine Reihe Situationen, die eine flexible Reaktion auf bereits eingetretene oder potenziell mögliche Störungen erfordern. Immer umfassendere (hierarchische) Planungskonzeptionen lassen zudem den Schluss zu, dass eine planungs- und ausführungs*begleitende* Störungsbehandlung in Zukunft einen hohen Stellenwert aufweisen und Spielraum für weitere Überlegungen lassen wird. Der integrierte Umgang mit Störsituationen ist in Bezug auf die Wechselwirkung zwischen Planung und Durchführung sowie Stabilität und Flexibilität zu gestalten.

[10] Zum Funktionsspektrum des so genannten *Advanced Planning Systems (APS)* vgl. u. a. Fleischmann/Meyr/Wagner 2005, S. 86 ff., Steven/Krüger 2004, S. 178 ff., Corsten/Gössinger 2001b, S. 151 ff., Bartsch/Teufel 2000, S. 41 ff. Eine (kritische) Einschätzung ihrer Funktionsfähigkeit liefern Steven/Krüger 2004, S. 185, Corsten/Gössinger 2001b, S. 172 ff., Corsten/Gössinger 2002, S. 99 ff. Darüber hinaus existieren (internetbasierte) Speziallösungen für das *Supply Chain Monitoring*, vgl. Graf/Putzlocher 2004, S. 68 ff., Alicke/Graf/Putzlocher 2004, S. 491 ff., Gammel 2002, S. 36, Graf 2001, S. 46 f. Bestehende Steuerungsinstrumente fokussieren auf die (real time) Visualisierung von Bedarfs-, Bestands- bzw. Reichweiten- sowie Kapazitätsinformationen und damit auf die informatorische Transparenz mehrstufiger Produktionsprozesse. Sie gestatten derzeit jedoch nicht, mehrere Wertschöpfungsstufen übergreifende Störungswirkungen zu prognostizieren. Eine Entscheidungsunterstützung hinsichtlich der Konfiguration von Maßnahmen der Reaktion auf Störungen findet nicht statt.

[11] Der Begriff des Produktionsverbundes bezeichnet hier allgemein eine Struktur von mindestens zwei räumlich und organisatorisch getrennten Leistungseinheiten (Produktionsstätten). Zu einer engeren Fassung des Begriffs vgl. Rilling 1997, S. 28. Die Begriffe *Produktionsverbund* und *Produktionsnetzwerk* (zur Begriffsabgrenzung vgl. u. a. Corsten/Gössinger 2001a, S. 9) werden hier synonym verwendet.

[12] Vgl. hierzu im Detail die Ausführungen in Abschnitt 2.2.2.2.

[13] Vgl. insbesondere Heil 1995, S. 150 ff., Patig 1999, S. 8 f.

[14] Vgl. weiter Heil 1995, S. 10 ff., insbesondere S. 18 f.

Die Charakteristik der dieser Untersuchung zu Grunde liegenden Produktionsprozesse führt dazu, dass sich störungsbedingte und situationsspezifische Anpassungen und Eingriffe in die Leistungserstellung und damit verbundene Abstimmungsprozesse eben nicht auf ein Minimum und nur auf ausgewählte singuläre Netzwerkknoten reduzieren, sondern vielmehr Koordinationsleistungen zentraler, übergeordneter Instanzen und damit einen entsprechend globalen Informationsstand über einzelne (betroffene, dezentrale) Entscheidungsbereiche bedingen[15].

In dieser Arbeit wird eine kybernetische Systemdarstellung zu Grunde gelegt[16]. Produktive Systeme - logistische Netzwerke, Produktionsverbünde, aber auch segmentierte Fertigungsstrukturen eines Unternehmens - sind komplexe Gebilde[17]. Sie werden in Systemkomponenten (Elemente i. S. v. Kapazitätseinheiten) und Kopplungen aufgegliedert. Eine Systemkomponente ist ein Elementarteil eines produktiven Systems, sich darauf beziehende Störungsaussagen (Umfänge an Nacharbeit, Ausschuss etc.) werden nicht weiter differenziert. Alle *nicht* die Sicherheitspolitik (Störungsreaktion, Störungsabwehr) betreffenden Entscheidungsvariablen seien partiell optimiert.

Ob die im weiteren Fortgang der Untersuchung hinsichtlich der modellhaften Abbildung praktischer Vorgänge getroffenen Prämissen plausibel sind, kann in der vorliegenden, eher theoretisch orientierten Analyse nicht abschließend überprüft werden. Der Autor beschränkt sich darauf, mit den gesetzten Prämissen ein Modellsystem zu entwerfen, welches als Abstraktion typischer Situationen in der Praxis angesehen wird. Die Prämissenbildung kann, soweit durch die Annahmen ein widerspruchsfreies Aussagensystem entsteht, nicht mit „richtig" oder „falsch" bewertet werden. Sie ist vielmehr eine Frage der Zweckmäßigkeit, denn nicht die Realitätsnähe eines Modells ist entscheidend, sondern die Brauchbarkeit der Ergebnisse, die mit dem Modell ermittelt werden[18]. Praktische Erfahrungen und im Kontext des Forschungsvorhabens durchgeführte Untersuchungen zeigen, dass in Störsituationen viel zu oft Entscheidung getroffen werden, die auf der persönlichen Intuition beteiligter Entscheidungsträger beruhen.

---

15 Aus der Existenz der zwischen differenzierten Teilaufgaben bestehenden Entscheidungsinterdependenzen folgt die Notwendigkeit der Koordination; eine arbeitsteilige Aufgabenerfüllung in Produktionsverbünden induziert *netzwerkknotenübergreifenden Koordinationsbedarf*. Vgl. Corsten/Gössinger 2001a, S. 10 und weiter Gössinger 2001, S. 99, Corsten 2001, S. 13 ff. und Fischäder 2003, S. 35 ff. sowie Abschnitt 2.2.1.2 in dieser Arbeit. Netzwerkbezogen ist deshalb eine (zentrale) Koordinationseinheit zu instanzieren. Vgl. Schiegg 2003, S. 24, Weibler/Deeg 1998, S. 113. Im Kontext der hybriden Produktionsplanung und -steuerung vgl. Schneider/Schlüter 1999, S. 362 sowie Schlüter 2001, S. 89 ff.

16 Zu einem solchen Ansatz störungsbezogener Untersuchungen vgl. auch Opfermann 1968, S. 103 ff. Siehe hierzu insbesondere Abschnitt 3.2 in dieser Arbeit.

17 Aus systemtheoretischer Sicht sind die Begriffe Komplexität und Kompliziertheit zu unterscheiden: *Komplexität* wird auf Relationen zwischen Systemeinheiten bezogen und kennzeichnet die Anzahl und Vielfalt von Kopplungen, während *Kompliziertheit* auf die Heterogenität bzw. Vielfalt von Systemkomponenten abstellt. Beide Kategorien müssen sowohl einer statischen als auch einer (zeitlich) dynamischen Betrachtung zugeführt werden. Damit beschreiben Komplexität und Kompliziertheit auch die Fähigkeit eines Systems, bezogen auf einen bestimmten Zeitraum eine große Zahl unterscheidbarer Zustände anzunehmen. Vgl. Ulrich 1970, S. 117, Malik 1992, S. 186, Reiß 1993, S. 57 ff., Ulrich/Probst 1995, S. 57 f.

18 Vgl. Opfermann 1968, S. 110.

1.2 Erkenntnisobjekt und Zielstellung der Untersuchung

Die Notwendigkeit eines effektiven, effizienten und echtzeitnahen Störungsmanagements ist im vorangegangenen Abschnitt herausgearbeitet worden. Die skizzierten Rahmenbedingungen überfordern häufig traditionelle Planungs- und Steuerungskonzeptionen, es bestehen sowohl *konzeptionelle* als auch *verfahrensmethodische Defizite*.

- Eine *konzeptionelle Zielstellung* der Arbeit wird durch die Systematisierung und Untersuchung des Einflusses logistischer und fertigungsbezogener Störungen auf die Gestaltung von Planungs- und Steuerungskonzeptionen sowohl für das SCM als auch für heterogene Fertigungsstrukturen begründet. Das Management von Störsituationen muss integrierter Bestandteil von Planungs- und Steuerungskonzeptionen sein.
- Die Ausgestaltung von (Teil-)Aufgaben und Funktionen eines Störungsmanagements im Sinne einer adäquaten modelltechnischen Abbildung des Objektbereiches identifiziert eine verfahrensbezogene Zielstellung der Arbeit. Grundlage des entwickelten Modells zur Entscheidungsunterstützung bei störungsbezogener Anpassung ist eine systemorientierte Modellierung auf Basis der Input-Output-Analyse; es wird auf verallgemeinerte Netzpläne und stochastische Prozesse zurückgegriffen. Mit diesen Werkzeugen sind beliebige Strukturen darstellbar, die mit relativ geringem rechentechnischen Aufwand analysiert werden können.

Produktionsverbünde im Sinne mehrstufiger, netzwerkförmiger Produktionssysteme und die realwirtschaftlichen Güter- und Informationsflüsse in diesen Systemen sind der *Objektbereich* der Arbeit[19]. Dabei interessieren insbesondere Produktionsverbünde unter Einfluss logistischer und fertigungsbezogener Störungen.

Das Phänomen „Störung", die Ausbreitung von Störungswirkungen im Produktionssystem und das rationale Entscheiden in Störsituationen zum Zwecke der Minimierung ihrer Wirkungen bzw. ihrer Beseitigung sind zentrale *Erkenntnisobjekte*. Damit rücken die Koordination von (teilautonomen) Entscheidungsträgern und mithin die Überwachung der Leistungserstellung sowie die Anpassungsplanung in den Gestaltungsfokus. Dementsprechend können zwei *Gestaltungsobjekte* abgegrenzt werden:

- Ergebnis der Untersuchung ist ein Modell zur Prognose und Bewertung von Störungswirkungen auf Netzwerkebene. Unter Einschluss sowohl des Zeit-Mengen- als auch des Zeit-Wert-Gerüstes können damit Störsituationen transparent für Entscheidungsträger aufbereitet werden[20].
- Zur Unterstützung von Entscheidungen in dynamischen Planungs- und Realisierungskontexten dient eine Methodik zur Planung von Anpassungs- und Abwehrmaßnahmen in Reaktion auf eingetretene oder wahrscheinliche Störungen. Solche Maßnahmen können zwei Entscheidungsfeldern zugeordnet werden:

---

[19] Der Objektbereich bezeichnet die Gesamtheit aller Problemstellungen, auf die sich Aussagen einer wissenschaftlichen Studie beziehen; vgl. Schneeweiß 1992, S. 228.

[20] Vgl. hierzu Abschnitte 4.1 und 4.2

- *Maßnahmen der Störungsabwehr*: Die Einführung von Systemreserven im Sinne von Kapazitäts-, Zeit- und Mengenpuffern und damit die Entkopplung des Produktionsprozesses bezeichnet eine auf die Gestaltung bzw. Auslegung von Produktionssystemen bezogene Maßnahmenkategorie[21].
- *Maßnahmen der Störungsreaktion*: Auf (störungsbedingte und kurzfristig eingetretene) Veränderungen von Kapazitätsangebot und/oder Kapazitätsnachfrage kann situationsspezifisch durch Formen der zeitlichen, intensitätsbezogen oder quantitativen Anpassung reagiert werden[22].

Die zielgerichtete Lenkung eines dynamischen komplexen Systems bedarf eines Modellsystems. Im Rahmen der Modellbildung und -verwendung sind mehrere logische Betrachtungsebenen abzugrenzen[23]. Voraussetzung für den Entwurf eines geeigneten Modellsystems ist die phänomenologische Analyse logistischer und fertigungsbezogener Störungen (Störtypen, Ursache-Wirkungs-Zusammenhänge) in realen Produktionssystemen. Auf dieser Basis wird ein Modell gestaltet, welches die Abbildung sowohl von Störungen als auch des Verhaltens praktisch untersuchter Systeme ermöglicht. Mit dem Modell sind dann Prognosen des Systemverhaltens sowie kontextbezogener Störungswirkungen im Mengen- und Wertgerüst möglich. Die Konfiguration kostenminimaler Reaktionsstrategien und damit eine Entscheidungsunterstützung für *rationales Agieren in Störsituationen* bedingt die Erweiterung des Modellsystems um einen formalen Optimierungsansatz[24]. Abschließend müssen im Rahmen der Modellanalyse abgeleitete Handlungsvorschläge im betrachteten Realsystem appliziert werden.

Die Arbeit liefert einen breit adaptierbaren Ansatz zur Abbildung und Beeinflussung des kapazitiven Verhaltens von Systemen, der auch über die vorgestellte Anwendung auf netzwerkförmige Produktionssysteme hinausgehend beispielsweise auf Verwaltungsprozesse angewendet werden kann. Im Kontext produktionswirtschaftlicher Betrachtungen können auch in dieser Arbeit nicht betrachtete Probleme mit Hilfe des vorgestellten Modellsystems analysiert werden. Beispielhaft kann die Fragestellung „Annahme oder Abweisung eines Eilauftrages“ genannt werden. Das Modellsystem dient der „Durchleuchtung der Eigengesetzlichkeit“ untersuchter Produktionssysteme. Eine zeitdynamische Betrachtung der Systemverhaltensweise basiert auf produktions- und kostentheoretischen Grundlagen.

---

[21] Vgl. Abschnitt 4.4.

[22] Vgl. Abschnitt 4.3.

[23] Zum Prozess der Modellbildung und -verwendung vgl. u. a. Krallmann/Frank/Gronau 2002, S. 38 ff., Adam 1996, S. 64 ff., Schneeweiß 1992, S. 2 ff., Scheeweiß 1974, S. 16 f. und Klaus 1976, S. 483 ff. Zum Modellbegriff vgl. insbesondere Niemeyer 1977, S. 57 f. sowie zur Charakterisierung ökonomischer Modelle Gal/Gehring 1981, S. 21.

[24] Damit ist eine praktisch-normative Gestaltungsaufgabe identifiziert, vgl. Heinen 1982, S. 26ff. Mit Hilfe eines Entscheidungsmodells betriebswirtschaftlich sinnvoll begründete Handlungsvorschläge richten sich auf das Ziel der *Kostenminimierung*.

1.3 Anlage der Arbeit und Argumentationsfolge

Entsprechend der umrissenen Zielstellung und dem Gegenstandsbereich behandelt die Arbeit drei Schwerpunkte (vgl. Abb. 1.1).

Der Einleitung folgend wird im Kapitel 2 ein konzeptioneller Bezugsrahmen aufgespannt und umfassend in das Management logistischer und fertigungsbezogener Störungen eingeführt. In Abschnitt 2.1 ist deshalb zunächst ein argumentativer Ausgangspunkt für die folgenden Betrachtungen vorzustellen; störungsbezogene Koordinationsaufgaben werden als Problemstellung des (operativen) Produktionscontrollings verstanden. Grundlage für effektives und rationales Handeln in Störsituationen ist eine Informations- und Methodenbasis, welche Störsituationen in netzwerkförmigen Produktionssystemen hinsichtlich ihrer Auswirkungen auf Bestände und Kapazitäten in den betrachteten Produktionsbereichen transparent aufbereitet. Abschnitt 2.2 spezifiziert das Erkenntnisobjekt der Untersuchung weiter und führt in die Problembereiche Produktionscontrolling und Störungsmanagement ein.

Dem Kapitel 3 wird in Abschnitt 3.1 ein kritischer Überblick zum State of the Art der Methoden und Instrumente des Störungsmanagements vorangestellt, bevor Abschnitt 3.2 auf systemtheoretischer Basis einen Modellierungsansatz begründet, der Störungswirkungen auf den Auftragsdurchlauf in mehrstufigen Produktionsprozessen zu prognostizieren vermag. In Abschnitt 3.3 wird ein Basismodell konstruiert, welches im Kapitel 4 praktisch notwendige Erweiterungen erfährt.

Kapitel 4 untersucht das Verhalten gestörter Produktionssysteme zunächst im Zeit-Mengen-Gerüst (Abschnitt 4.1). Ausgehend von der Betrachtung von Störungswirkungen in *einem* (gestörten) Systemelement wird die Systemanalyse auf die Fortpflanzung und Ausbreitung von Störungswirkungen auf *mehrere* Elemente (Kapazitätseinheiten) erweitert und mithin auf die Netzwerkperspektive abgestellt. Den Darstellungen des Systemverhaltens im Mengen-Gerüst stellt Abschnitt 4.2 ein Wertgerüst gegenüber. Vor dem Hintergrund der Entscheidungsunterstützung im Störfall (eine gezielte Systemlenkung betreffend) werden entscheidungsrelevante Kostenkategorien zur Bewertung des Systemverhaltens und von Anpassungsmaßnahmen eingeführt. Der Abschnitt 4.3 erläutert Ansätze der gezielten Systembeeinflussung im Sinne der Ableitung kostenminimaler Anpassungsmaßnahmen in Abhängigkeit von einem konkreten Störszenario. Nach der Vorstellung zweier heuristischer Optimierungsansätze werden in Abschnitt 4.4 die Betrachtungen über Maßnahmen des reaktiven Störungsmanagements hinaus auf Probleme der Störungsabwehr durch Einführung von Systemreserven (Betriebsmittelreserven, Mengenpuffer) gelenkt.

Die Zusammenfassung zentraler Aussagen und Erkenntnisse sowie ein Ausblick auf offene Forschungsfragen ist Gegenstand des Kapitels 5.

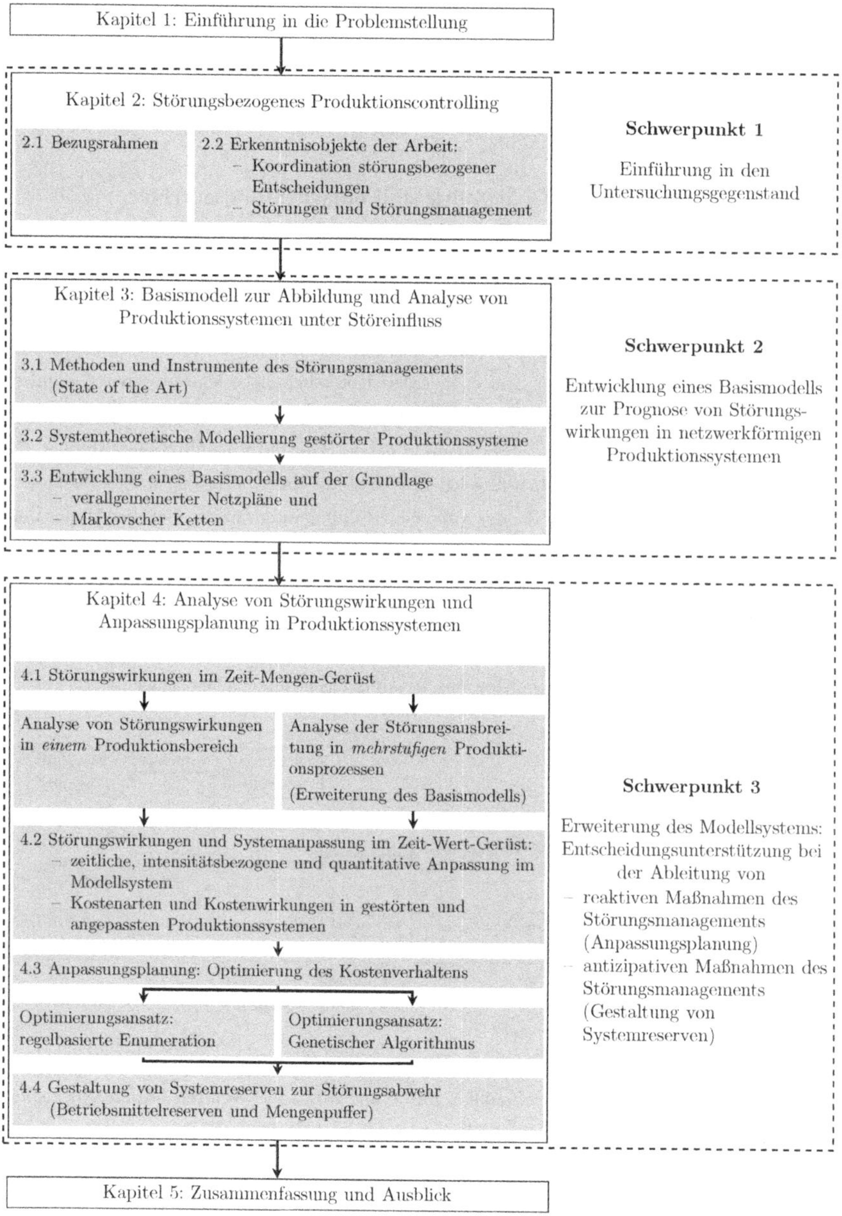

Abb. 1.1: Anlage der Arbeit

2 Grundzüge eines störungsbezogenen Produktionscontrollings

2.1 Störungsmanagement, Controlling und entscheidungsgerechte Informationsversorgung – Bezugsrahmen

2.1.1 Konzeption für ein störungsbezogenes Produktionscontrolling

Die in der vorliegenden Arbeit betrachteten Probleme und die dabei verfolgten Zielstellungen werden dem Produktionscontrolling zugeordnet. Die Untersuchungen konzentrieren sich auf die *Unterstützungsleistung* eines störungsbezogenen Produktionscontrollings für das Management logistischer und fertigungsbezogener Störungen in netzwerkförmigen Produktionssystemen. Aus der Problemlösung können Aufgaben abgeleitet werden, die das Controlling wahrnehmen muss sowie Instrumente und Methoden, die die Aufgabenerfüllung unterstützen. Darüber hinaus muss eine geeignete Form für die Organisation des Controllings bestimmt werden. Störungsbezogenes Produktionscontrolling verbessert die Wirksamkeit des Störungsmanagements und auf diese Weise den Erfolg wirtschaftlichen Handelns. Die Investition in ein Controlling des Störungsmanagements ist deshalb sinnvoll. Gegenstand dieses Abschnitts ist es, die Aspekte des störungsbezogenen Produktionscontrollings abzugrenzen, auf die sich diese Arbeit konzentriert.

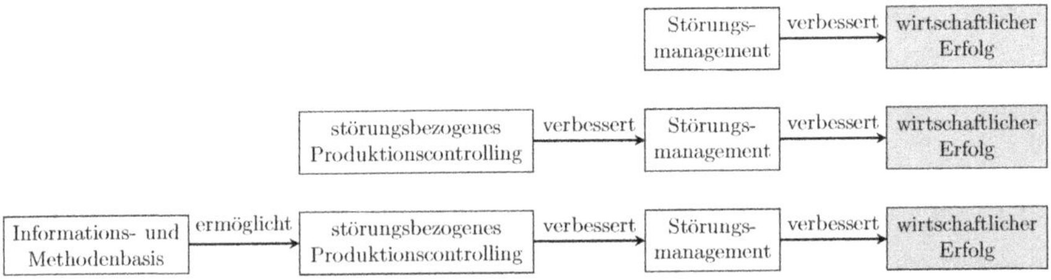

Abb. 2.1: Informationsbasis, Controlling und Störungsmanagement verbessern den Erfolg[1]

Zunächst muss in das Konzept eines *störungsbezogenen Produktionscontrollings* eingeführt werden. Ein solches Konzept ist ein gedanklicher Entwurf zur zielorientierten Lösung einer spezifischen Problemstellung[2]. Die spezifische Problemstellung besteht in der Bewältigung unsicherheitsbedingter Einflüsse auf den Prozess der inner- und überbetrieblichen Leistungserstellung.

---

[1] Zu einer ähnlichen Darstellung bezogen auf den Unterstützungsbeitrag des Controllings auf das Management von Supply Chains vgl. Otto 2002, S. 1 f.

[2] Zum Begriff der *Controllingkonzeption* vgl. Corsten/Friedl 1999, S. 3 f., Küpper 1988, S. 163 ff. und weiter Horváth 2006, S. 132 ff., Schweitzer/Friedl 1999, S. 275, Schweitzer/Friedl 1992, S. 142 ff.

Im konkreten Anwendungsfall geht es um die

- Deckung des entscheidungsrelevanten Informationsbedarfes und damit das Schaffen einer für Führungsentscheidungen relevanten Grundlage,
- Koordination produktionsbezogener Entscheidungen durch Umsetzung eines Koordinationskonzeptes zur zielführenden Lenkung von Produktionssystemen unter Störeinfluss.

Damit sind für die vorgeschlagene Konzeption eines störungsbezogenen Produktionscontrollings die *direkten Controllingziele* festgelegt.

Die *Gestaltung von Koordinationskonzepten* geschieht durch Auswahl und Einsatz von Konzepten der Entscheidungskoordination sowie durch das Sicherstellen ihrer koordinierenden Wirkung[3]. Ein Koordinationskonzept ist jedoch nur eine notwendige Bedingung für die Abstimmung interdependenter Entscheidungen. Die Qualität einer Entscheidung, also deren Realisierbarkeit, Vollständigkeit sowie die Optimalität der gewählten Handlungsalternative, erfordert die Versorgung der Entscheidungsträger mit problemadäquaten und situationsbezogen relevanten Informationen. Im Kontext der Bewältigung logistischer und fertigungsbezogener Störungen beziehen sich diese Informationen u. a. auf die

- verfolgte Zielstellung,
- extern auf das Bezugssystem oder innerhalb des Bezugssystems wirkenden Störgrößen[4],
- zulässigen Handlungsalternativen im Sinne situationsspezifisch wählbarer Anpassungsmöglichkeiten sowie die
- erwartete Zielwirkung von Anpassungsmaßnahmen.

Die Entscheidungskoordination als spezielle Problemstellung der hier vorgestellten Controllingkonzeption orientiert an wirtschaftlichen Zielstellungen[5]. In der Literatur existieren eine Reihe von Katalogen für die im Kontext der spezifischen Problemstellung zu treffenden Entscheidungen[6]. Je nach Art der Entscheidung wird der Informationsbedarf konkretisiert. Informationen, welche die Entscheidungssituation transparent machen, werden durch ein *Informationssystem*

---

[3] Vgl. Corsten/Gössinger 2004, S. 316 und weiter Corsten/Friedl 1999, S. 16 ff. Zu unterschiedlichen Konzepten der Entscheidungskoordination vgl. Fischäder 2003, S. 13 ff.

[4] Zu einer umfassenden Einführung in den Störungsbegriff und in Gestaltungsoptionen des Störungsmanagements vgl. Abschnitt 2.2.2.

[5] In so genannten koordinationsorientierten Controllingkonzeptionen werden mit *indirekten Controllingzielen* die Unternehmungsziele festgelegt, vgl. Schweitzer/Friedl 1992, S. 143 f. sowie S. 151 ff., Corsten/Friedl 1999, S. 18. In der betriebswirtschaftlichen Literatur sind mehrere Controllingkonzeptionen vorgeschlagen und diskutiert worden. Diese Arbeit folgt informations- und koordinationsorientierten Controllingkonzeptionen. Die Deckung des durch das Management identifizierten Informationsbedarfes ist spezifische Problemstellung *informationsorientierter* Controllingkonzeptionen (vgl. hierzu Müller 1974, S. 683 f., Reichmann 1996, S. 562 ff. insbesondere S. 564, Hahn 2001, S. 272 f.). Horváth (1978, S. 194 und insbesondere S. 202 ff.) begründet in einer systemorientierten Sicht die *koordinationsorientierte* Controllingkonzeption, die das Management zur Koordination von Ausführungshandlungen befähigen soll. Koordinationsorientierte Controllingkonzeptionen liegen den Arbeiten von Horváth (2003, S. 148 ff.), Küpper (2005, S. 28 ff.) und Weber (1992a, S. 172 ff.) zu Grunde. Über die auf das Planungs- und Kontrollsystem fokussierte Controllingkonzeption von Horváth hinaus gehen die Arbeiten von Küpper und Weber (vgl. Küpper 1987, S. 97 ff., Küpper 1988, S. 168 ff. und Weber 1992a, S. 176, Weber 1992b, S. 44 f.); diese Autoren erstrecken die Problemlösung auf alle Führungsteilsysteme, schließen also auch das Informations-, Organisations- und Personalführungssystem in ihre Betrachtungen mit ein. Weber begründet mit dem *rationalitätsorientierten* Ansatz mittlerweile eine weitere Konzeption, in der er Controlling als die Sicherstellung rationaler Führung herausarbeitet, vgl. Weber 1999, S. 466 ff., Weber 2004, S. 47 ff.

[6] Vgl. beispielsweise Müller 1974, S. 690 ff., Hauschildt 1991, S. 4 f., Laßmann 1992, S. 275.

bereitgestellt. So genannte *Routineentscheidungen* sind mit im Zeitablauf gleich bleibendem Informationsbedarf verbunden[7] und stehen nicht im Zentrum der weiteren Betrachtungen. Konstitutives Merkmal produktionsbezogener Planung und Steuerung ist die *prinzipielle Unsicherheit*, die hinsichtlich der tatsächlichen Ausführung geplanter Leistungserstellungsprozesse besteht. Während der Prozessausführung muss mit Störungen im Sinne unvorhergesehener und unkontrollierbarer Einwirkungen auf die Leistungserstellung und dadurch mit Abweichungen zwischen geplanten und realisierten Größen gerechnet werden[8]. Diese Unsicherheit lässt sich mit derzeit verfügbaren Produktions- und Logistiktechnologien sowie mit bekannten Planungs- und Steuerungskonzepten nicht vollständig ausschalten. Die Konfrontation des Managements mit produktionsbezogener Unsicherheit führt mithin zu Entscheidungen, die unter dem Einfluss von Störungen mit einem ständig wechselnden Informationsbedarf verbunden sind (*störungsbezogene Entscheidungen, Anpassungsentscheidungen*)[9]. Die Informationsversorgung der Führung erfolgt in solchen Situationen auf der Basis des in der vorliegenden Arbeit vorgestellten Modellsystems, welches in diesem Zusammenhang den Charakter eines Informationssystems hat und Entscheidungssituationen transparent aufbereitet. Aspekte der durch Verhaltensinterdependenzen[10] verursachten unvollständigen bzw. manipulierten Informationserhebung und -übermittlung werden aus den weiteren Betrachtungen ausgeklammert[11]. Das vorgestellte Modellsystem unterstützt Entscheidungen, die auf einer *zentralen*, das gesamte Bezugssystem umfassenden Dispositionsebene (Netzwerkebene) getroffen werden.

Schwerpunkt der weiteren Ausführungen bildet die Gestaltung eines Koordinationssystems für störungsinduzierte Abstimmungsvorgänge[12] sowie eines Informations(ermittlungs)systems[13] im Sinne der so genannten *systembildenden Koordination*[14]. Dem Controllingverständnis von *Horváth* folgend steht dabei die koordinierende Wirkung des Planungs- und Kontrollkonzeptes und der durch dieses Konzept determinierte Informationsbedarf im Vordergrund der Betrachtung. Darüber hinaus wird auch die laufende, den Ausführungsprozess begleitende Koordination innerhalb eines geschaffenen Systemgefüges analysiert (*systemkoppelnde Koordination*). Auf welche konkreten Koordinationsmechanismen und -instrumente[15] das Management zur Koordination von Ausführungshandlungen zurückgreift, muss – im Gegensatz zu den Ausführungen tradierter Controllingkonzeptionen[16] – nicht per se eingeschränkt werden. Instrumente der Fremd- und Selbstabstimmung können Verwendung finden. Tradierte Controllingkonzeptionen zeichnen sich

[7] Vgl. Corsten/Friedl 1999, S. 22 f.

[8] Vgl. Schütte/Siedentopf/Zelewski 1999, S. 144 f., ebenso Patig 2001, S. 140, Fischer 1994, S. 7 und S. 21, Müller 1988, S. 423. Zum Begriff der Unsicherheit vgl. beispielsweise Schneeweiß 1991, S. 34 ff.

[9] Vgl. Hauschildt 1991, S. 4 f. Laßmann (1992, S. 275) spricht von nicht programmierbaren Entscheidungen.

[10] Zum Interdependenzbegriff und unterschiedlichen Arten siehe Abschnitt 2.2.1.2.

[11] Vgl. Müller 1974, S. 691. Es sind deshalb Maßnahmen zur Sicherung der vollständigen und wahrheitsgemäßen Berichterstattung notwendig (vgl. Schildbach 1992, S. 30 ff.). Durch die Gestaltung von Anreizsystemen kann dies unterstützt werden (vgl. beispielsweise Reiß 1999, S. 194 ff., insbesondere S. 215 ff.).

[12] Vgl. hierzu den Optimierungsansatz in Abschnitt 4.3.

[13] Zur konkreten Ausgestaltung vgl. Abschnitte 4.1 und 4.2.

[14] Ein detailliertes Nachzeichnen bisher ausgetauschter Argumente und Begriffe erfolgt in den nachfolgenden Abschnitten. Zu den Begriffen der systembildenden und der systemkoppelnden Koordination vgl. Abschnitt 2.2.1.3.

[15] Einen Überblick über Koordinationsmechanismen und -instrumente liefert Fischäder 2003, S. 13 ff.

[16] Vgl. hierzu Corsten/Friedl 1999, S. 23 ff.

dadurch aus, dass sie Anforderungen an die Entscheidungskoordination in Situationen hoher Umweltdynamik nicht genügen, insbesondere werden so genannte *innovative Entscheidungen* (darunter zählen auch störungsbezogene Entscheidungen) durch das Planungs- und Kontrollsystem nicht unterstützt[17]. Das in dieser Arbeit vorgestellte Modellsystem dient hingegen der Schaffung informatorischer Transparenz zur Vorbereitung und Auslösung eben solcher Entscheidungen. Das Basismodell und der Optimierungsansatz zur Planung der Systemanpassung ermöglichen Entscheidungskoordination in dynamischen, durch Unsicherheit geprägten Planungs- und Realisierungskontexten, die durch das Auftreten (ex ante) unvorhersehbarer und unkontrollierbarer Einflüsse auf das Produktionssystem gekennzeichnet sind.

Darüber hinaus ist entgegen den in der Literatur beschriebenen Controllingkonzeptionen Koordination *nicht* auf unternehmensinterne Entscheidungen begrenzt. Im Besonderen soll der Fall unternehmensübergreifender Entscheidungskoordination in die Betrachtungen eingeschlossen werden. Das Modellsystem zeichnet sich durch eine breite Adaptionsfähigkeit sowohl auf die intraorganisationale Behandlung von Störungen (als Teilproblem der Produktionsplanung und -steuerung) als auch auf störungsbezogene Abstimmungen in interorganisationalen Wertschöpfungsketten (als Teilproblem des Supply Chain Managements) aus. (Störungsbeeinflusste) netzwerkförmige Produktionssysteme bilden den Objektbereich der Untersuchung. Der Begriff des *Produktionssystems* wird dabei ganz bewusst inhaltlich offengehalten. Er bezieht sich auf ein *produktives Realsystem* beliebiger Ausdehnung. Dieses Realsystem umfasst je nach Aggregationsgrad einzelne Arbeitsplätze, Maschinengruppen, Werkstattbereiche und Fabriken, aber auch dislozierte Produktionsnetzwerke[18]. Ein Dispositionssystem koordiniert Produktionsprozesse, die auf der Objektebene innerhalb eines betrachteten Realsystems ausgeführt werden. Störungsbezogene Managementaufgaben bedürfen einer zentralen (netzwerkweiten) Koordinationsinstanz für die Bewältigung von Störungen großer Tragweite, deren Auswirkungen nicht mehr nur durch einen Knoten im Produktionsnetzwerk überblickt werden können. Ausstrahlungseffekte von Störungswirkungen auf andere als die unmittelbar (und erstmalig) betroffenen Netzwerkknoten sind hinsichtlich der Überwachung der Leistungserstellung zu erfassen. In der Literatur wird in diesem Zusammenhang der Bedarf an (zentral gebündelter) Koordinationskompetenz auf Netzwerkebene artikuliert[19]. In Netzwerken, in denen verschiedene Produktionsstufen durch selbständige Wertschöpfungspartner realisiert werden, sind (störungsbezogene) Entschei-

---

[17] Vgl. die Einschätzung bei Corsten/Friedl 1999, S. 26. Siehe jedoch Küpper (2005, S. 33), der in diesem Zusammenhang eine Anpassungs- und Innovationsfunktion der von ihm propagierten Controllingkonzeption vorsieht.

[18] Ein Produktionssystem i. w. S. umschließt neben dem Realsystem auf der Objektebene auch ein *Dispositionssystem* auf der Metaebene der Informationslogistik. Zu einem dergestalt erweiterten Verständnis des Begriffs Produktionssystem vgl. Zelewski 1998, S. 236.

[19] Vgl. Corsten 2001, S. 26 f., Corsten 1999, S. 323, Corsten/Gössinger 1999b, S. 18 ff. und weiter S. 38 f. Im Kontext intraorganisationaler Störungsbehandlung stellt sich der Bedarf einer zentralen Koordinationsebene in analoger Weise. Eine Segmentierung der Leistungserstellung nach unterschiedlichen Organisationsformen und damit die Gliederung der Fertigung in Bereiche gleicher Bearbeitungsabschnitte (Teile- und Komponentenfertigung, Montage etc.) erfordert eine zentrale Koordinationsinstanz, die (im Störfall) Überblick über das gesamte Produktionssystem besitzt und eine globale Zielführung arbeitsteiliger, segmentspezifischer Handlungen sicherstellt. Das an der TU Ilmenau entwickelte hybride Konzept der Produktionsplanung und -steuerung sieht eine solche zentrale Koordinationsebene vor, vgl. Schneider 1996, S. 20 ff., Schneider/Schlüter 1999, S. 358 ff. Zur formalisierten Beschreibung solcher Fertigungsstrukturen vgl. Schlüter 2001, S. 163 ff. Ähnlich argumentieren auch Schiegg 2003, S. 24, Missbauer 1998, S. 43, Adam 1996, S. 358, Frese 1989, Sp. 915 f.

dungen, den gesamten (gemeinsamen) Leistungserstellungsprozess betreffend, zu koordinieren. Werden insbesondere Formen dauerhafter Zusammenarbeit betrachtet, dann sind unternehmensübergreifende Koordinationssysteme als so genannte Advanced Planning Systeme (APS) nicht nur prinzipiell sinnvoll, sondern in der Praxis bereits im Einsatz[20].

Die Ausführungen im Abschnitt 2.1.2 liefern einen konzeptionellen Bezugsrahmen und führen umfassend in den Objektbereich der Untersuchungen ein. Ein argumentativer Ausgangspunkt für die in den nachstehenden Kapiteln folgenden Betrachtungen soll zunächst in Form zweier Thesen formuliert werden, die den zentralen Gedankengang begründen und die in den Kapiteln 3 und 4 vorgestellten Betrachtungen methodisch zusammenführen.

2.1.2 Produktionscontrolling zur Unterstützung des Störungsmanagements – Thesen

Gegenstand des Produktionscontrollings ist die zielorientierte Koordination produktionswirtschaftlicher Entscheidungen. Dies erfordert die Umsetzung von Koordinationskonzepten und die Sicherstellung einer entscheidungsgerechten Informationsversorgung[21].

> *These 1: Störungsbezogenes Controlling als Bestandteil des Produktionscontrollings unterstützt das Störungsmanagement in netzwerkförmigen Produktionssystemen und sichert damit effektives und effizientes Handeln in Störsituationen*[22].

Störungsbezogenes Produktionscontrolling ist der Aufgabenbereich, der sich mit störungsinduzierten Entscheidungen in Produktionssystemen beschäftigt. Produktionswirtschaftliche Entscheidungen sind Gegenstand des Produktionsmanagements, Entscheidungen zur Bewältigung logistischer und fertigungsbezogener Störungen fallen in den Bereich des Störungsmanagements. Zur funktionalen Abgrenzung und inhaltlichen Spezifizierung produktionswirtschaftlicher Entscheidungen sind in der Literatur zahlreiche Vorschläge formuliert und entsprechende Kataloge und Systematiken entstanden[23]. Störungsbezogene und unsicherheitsinduzierte Entscheidungen sind dem Aufgabenfeld der Auftragsüberwachung bzw. der Sicherung des Produktionsvollzugs und damit der Produktionssteuerung zuzuordnen[24]. Werden im Rahmen des Störungsmanagements (erwartete) Störungen antizipiert[25], indem Produktionsreserven für den Fall des Störungseintritts vorgehalten werden, haben die damit verbundenen Entscheidungen jedoch Planungs-

[20] In Kapitel 1 wurde auf Abstimmungsprobleme zwischen OEM und Zulieferern in der Automobilindustrie rekurriert. Die Planung und Steuerung unternehmensübergreifender Wertschöpfungsprozesse wird durch APS-Software unterstützt.

[21] Vgl. Corsten/Friedl 1999, S. 27. Zur Begriffsexplikation Produktionscontrolling vgl. weiter Hoitsch 1993, S. 27 f., Hoitsch 1994, S. 423 ff., Bieri 1995, S. 20 ff., Horváth 1996, Sp. 1484 sowie Wildemann 1997, S. 66 ff.

[22] Vgl. auch Abb. 2.1.

[23] Verbreitet sind die Strukturierungsmerkmale Produkt-, Programm- und Potenzialebene, hinsichtlich des Zeitbezugs der Entscheidungen wird in die Ebenen strategisch, taktisch, operativ gegliedert, vgl. Zäpfel 1982, S. 35 ff., Zäpfel 1994, S. 721 ff., Zäpfel 1996, Sp. 1392 ff., Schneider 2000, S. 12 ff., Corsten 2004, S. 25 ff.

[24] Vgl. Schütte/Siedentopf/Zelewski 1999, S. 144 f., Zäpfel 1982, S. 240 ff. und insbesondere S. 281 ff.

[25] Vgl. hierzu die Ausführungen zu unterschiedlichen Strategieoptionen für das Störungsmanagement in Abschnitt 2.2.2.2.

charakter[26]. Je nach Ausrichtung des Störungsmanagements wirken hier untersuchte störungsbedingte Entscheidungen (kurz- und mittelfristig) auf Programm-, Potenzial- und Prozessebene. Die prinzipielle Unsicherheit des Vollzugs der Leistungserstellung bedingt sowohl planungs- als auch steuerungsbezogene Entscheidungen, die entweder Störeinflüsse antizipieren oder echtzeitnah (den Ausführungsprozess begleitend) die realisierten an die geplanten Prozessgrößen wieder heranführen.

Produktionswirtschaftliche Entscheidungen sind an Sach- und Formalzielen ausgerichtet. Die Diskussion produktionswirtschaftlicher Zielsysteme soll hier nur insoweit aufgegriffen werden, dass bei der Gestaltung des Modellsystems das *Formalziel Wirtschaftlichkeit* als normativer Maßstab der Beurteilung der Sachzielerreichung verfolgt wird[27]. Wirtschaftlichkeit liegt als allgemeines formales Prinzip jedwedem ökonomischen Handeln zugrunde. Ökonomisches Handeln wird weiter präzisiert, indem als entscheidungsrelevant identifizierte Kostenkategorien einer Minimierungsüberlegung zugeführt werden. Durch die Zielorientierung störungsbezogener Entscheidungen wird sichergestellt, dass Störungsmanagement in netzwerkförmigen Produktionssystemen effektives und rationales Handeln in Störsituationen ermöglicht[28].

Bislang ist in knapper Form skizziert, dass störungsbezogenes Produktionscontrolling das Störungsmanagement unterstützt. Darüber hinaus gilt es zu zeigen, auf welchen Aspekt des Controllings sich diese Arbeit konzentriert. Die Umsetzung von Konzepten der Entscheidungskoordination sowie das Sicherstellen einer problemadäquaten Informationsversorgung bedingt aus systemorientierter Sicht *zwei Koordinationsausprägungen*[29].

Gegenstand der *systembildenden Koordination* ist die Konzeption und Umsetzung einer Informations- und Methodenbasis. Ein Koordinationssystem umfasst die Gesamtheit von Methoden und Modellen, technischen Hilfsmitteln (Hard- und Software) sowie Regelungen zum standardisierten Einsatz eines Koordinationskonzeptes[30]. Der durch das *Koordinationssystem* determinierte Informationsbedarf wird entsprechend durch ein *Informationssystem* gedeckt. Die Informationsbasis als Fundus bzw. Speicher entscheidungsrelevanter Informationen, auf die das Störungsmanagement zurückgreift, konkretisiert sich vor dem Hintergrund der für das Controlling wichtigen Fragestellung, die gleichsam Ausgangspunkt dieser Arbeit aus problemorientierter Sicht ist: Es wird zu klären sein, welche Entscheidungen zu unterstützen sind oder kurz, worüber entschieden wird. Um entscheiden zu können, benötigt der Störungscontroller daneben eine Methodenbasis,

[26] Wird Störungsmanagement auf der Metaebene der Disposition betrachtet, so heißt *Planung* Gestaltung der Produktion auf dispositiver Ebene, *bevor* Prozesse im Ausführungssystem realisiert werden. Im Rahmen der *Steuerung* werden Produktionsprozesse *während* ihrer Ausführung gestaltet, vgl. Schütte/Siedentopf/Zelewski 1999, S. 144.

[27] Vgl. hierzu die Ausführungen zur Bewertung von Störungswirkungen in Abschnitt 4.2. Zu Zielen produktionswirtschaftlicher Entscheidungen vgl. Corsten/Friedl 1999, S. 30 ff., Kahle 1996, Sp. 2316 f., Hoitsch 1993, S. 25 f.

[28] Unter Rückgriff auf die präskriptive Entscheidungstheorie bedeutet *Rationalitätssicherung* das Sicherstellen von Effektivität und Effizienz, vgl. Dyckhoff/Ahn 2001, S. 111 f. *Effektivität* beschreibt die Zweckmäßigkeit einer Handlung, *Effizienz* stellt eine Form der Optimalität dar. Zum Effizienzbegriff vgl. Dyckhoff/Ahn 2002, S. 116 ff., Dyckhoff/Ahn 2001, S. 112 und S. 114 f., Ahn/Dyckhoff 1997, S. 3 f. und Scholz 1992, Sp. 533 f. Eine umfassende Darstellung zum Konzept der Rationalität liefert Otto 2002, S. 45 ff.

[29] Vgl. hierzu die Ausführungen in Abschnitt 2.2.1.3.

[30] Vgl. Corsten/Friedl 1999, S. 37.

mit der er diese Informationen verarbeitet (vgl. Abb. 2.2)[31]. Im hier betrachteten Konzept eines störungsbezogenen Controllings lassen sich Koordinations- und Informationssystem nicht vollständig trennen; das in den Kapiteln 3 und 4 vorgestellte Modellsystem bildet den methodischen Kern eines Koordinations- und Informationssystems.

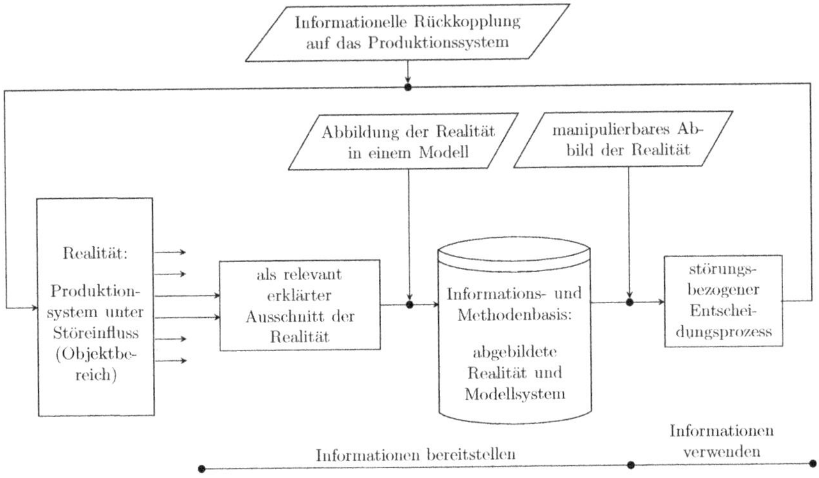

Abb. 2.2: Zur Funktion von Informations- und Methodenbasis

Die Gestaltung des Modellsystems setzt voraus, dass einen Koordinationsbedarf auslösende Interdependenzen zunächst identifiziert und bewertet werden. In der betriebswirtschaftlichen Literatur wird, ohne Bezug auf eine konkrete Problemstellung und deshalb ohne Operationalisierungsansätze zu liefern, eine Bewertung identifizierter Interdependenzen durch die Gegenüberstellung und Minimierung der Summe aus Koordinations- und Autonomiekosten vorgeschlagen[32]. *Koordinationskosten* sind ein Maß für den Aufwand, der mit der Abstimmung interdependenter Teilentscheidungen verbunden ist. Demgegenüber stellen *Autonomiekosten* Opportunitätskosten dar, die durch Verzicht auf Koordination entstehen. Koordiniert wird in einer bestimmten Entscheidungssituation, solange die Autonomiekosten größer als die Koordinationskosten sind. Diese beiden abstrakten Kostenkategorien müssen in Bezug auf die untersuchte Problemstellung konkretisiert werden[33]. Ein geeignetes Koordinationskonzept identifiziert diejenigen Teilentscheidungen (Handlungsalternativen), für die die dargestellte Bedingung erfüllt ist.

Die mit dem Produktionscontrolling verbundenen Koordinationsaufgaben erschöpfen sich jedoch durch die Gestaltung und Implementierung von Koordinations- und Informationssystem nicht. Vielmehr sind durch das störungsbezogene Controlling in der *konkreten Entscheidungssituati-*

[31] Die Informationsbasis ist ein Abbild eines (verkürzten und manipulierten) Ausschnitts der Realität, vgl. Otto 2002, S. 7 f.

[32] Vgl. Frese 2000, S. 6 f. und S. 124 ff., Schotten 1998, S. 56, Fieten 1977, S. 68 ff. Die Gegenüberstellung von Koordinations- und Autonomiekosten geht auf Emery (1969, S. 31) zurück.

[33] Vgl. Abschnitt 4.2.2.

on koordinierende und informationsversorgende Aufgaben wahrzunehmen; es entsteht ein *systemkoppelnder Koordinationsbedarf*. Kontext- bzw. situationsspezifisch müssen Informationen ermittelt und Abstimmungsprozesse angestoßen werden. Die Aufgabe einer problemspezifischen Informationsbereitstellung erstreckt sich insbesondere auf „Entscheidungen mittlerer Beherrschbarkeit" und so genannte „innovative Entscheidungen"[34], wie sie in Störsituationen auftreten und hinsichtlich des Informationsinhaltes (ex ante) nicht spezifizierbar sind. Fällt eine Produktionsressource aus, so sind situationsspezifisch Informationen beispielsweise über die Bewertung unterschiedlicher Formen der zeitlichen, intensitätsbezogenen und ggf. quantitativen Anpassung notwendig. Der artikulierte Informationsbedarf bedingt die ständige Analyse (Monitoring) und ggf. die Prognose des Systemzustandes. Datengrundlage bilden sowohl die Grunddatenverwaltung der Produktionsbereiche als auch die Betriebsdatenerfassung[35].

> *These 2: Der Störungsmanager greift im Verlauf der Entscheidungsfindung auf eine Informations- und Methodenbasis zu. Erst eine entscheidungsgerechte Informations- und Methodenbasis ermöglicht störungsbezogenes Produktionscontrolling.*

Qualität und Inhalt der Informations- und Methodenbasis beeinflussen die Rationalität der Entscheidungsfindung[36]. Die Arbeit entwickelt einen Vorschlag für ein Informations- und Koordinationssystem, welches das Störungsmanagement effektiv unterstützen kann. Die Ausgestaltung des Produktionscontrollings wird in dieser Ausarbeitung vor allem aus funktionaler und instrumenteller Sicht analysiert. Wird der weiterführenden Fragestellung nachgegangen, wie ein solches Produktionscontrolling institutionalisiert werden kann, so treten Aspekte der Controlling*organisation* in den Mittelpunkt der Betrachtungen[37].

---

[34] Hauschildt 1991, S. 4.

[35] Zu entsprechenden Daten und Datenstrukturen vgl. ausführlich Glaser/Geiger/Rohde 1991, S. 6 ff., Loos 1999, S. 229 ff., Roschmann 1996, Sp. 221 ff.

[36] Vgl. auch Otto 2002, S. 15.

[37] Vgl. u. a. Horváth 2006, S. 799 ff., insbesondere S. 807 ff., Küpper 2005, S. 524 ff. Man fragt, welche Aufgabenträger welche Entscheidungen treffen, welcher Grad an Zentralisation/Dezentralisation der Aufgabenbearbeitung anzustreben ist, wie Kompetenzen verteilt werden etc.

2.2 Spezifizierung des betrachteten Realitätsausschnitts und der Problemstellung der Untersuchung

2.2.1 Produktionscontrolling und die Koordination logistischer und fertigungsbezogener Entscheidungen

2.2.1.1 Koordination aus systemtheoretischer Sicht

Koordination ist die Ordnung und Ausrichtung sich arbeitsteilig vollziehender Dispositions- und Durchführungsaktivitäten auf eine gemeinschaftlich verfolgte Zielstellung hin[38]. Der Tatbestand einer sich sowohl auf dispositive als auch auf unmittelbar ausführende Tätigkeiten beziehenden Arbeitsteilung ist ursächlich für einen Koordinationsbedarf. Arbeitsteilung und Koordination sind *die* zwei organisatorischen Grundsachverhalte[39].

Nach *Rühli* ist in arbeitsteiligen Systemen eine „wechselseitige Abstimmung [...] von Elementen eines Systems zwecks Optimierung desselben“[40] notwendig. Ob sich das Koordinationsverständnis im Sinne einer Gestaltung von Abstimmungsvorgängen unter der Zielstellung der System*optimierung* als tragfähig erweist, ist abhängig davon, inwieweit eine realistische Problemsicht auf Koordinationsbeziehungen zu Grunde gelegt wird. Im Allgemeinen werden praxistypische Problemstellungen als komplex und schlecht-strukturiert zu kennzeichnen sein[41]. Eine aus einer gegebenen Zielstellung für alle Akteure konfliktfrei abgeleitete und verbindliche Präferenzordnung wird nicht existieren. Dadurch bleibt auch offen, was unter dem Zustand des „optimalen Koordiniertseins“ zu verstehen ist[42]. Das Koordinationsverständnis muss vielmehr aus der Sicht arbeitsteilig agierender Entscheidungsträger allgemeiner gefasst und relativiert werden. Deshalb sieht beispielsweise *Lindblom* sich wechselseitig beeinflussende Entscheidungen dann als koordiniert an, „[...] wenn die Entscheidungen in der Weise [auf]einander abgestimmt sind, dass für jede einzelne der abgestimmten Entscheidungen die Abstimmung in der Sicht der Werte von mindestens einem der beteiligten Entscheidungsträger als besser erachtet wird als keine Abstimmung“[43]. Die in der Literatur verbreiteten unterschiedlichen Abgrenzungen des Koordinationsbegriffes verdeutlichen bereits, dass eine sinnvolle Betrachtung von Koordinationsproblemstellungen erst vor dem Hintergrund eines gewählten Untersuchungsansatzes und damit aus der Sicht einer theoretischen Bezugsbasis erfolgen kann[44]. Als Orientierungsrahmen für die

---

38 In diesem Sinne u. a. Kirsch 1971, S. 61 f., Poensgen 1980, Sp. 1131, Frese 1989, Sp. 913, Frese 2000, S. 10 ff., Kieser/Kubicek 1992, S. 17 sowie S. 42, Beuermann 1992, Sp. 2612, Laux 1993, Sp. 2308 und Krüger 1996, Sp. 170. In der betriebswirtschaftlichen Literatur findet sich eine nur schwer überschaubare und vielstimmige Anzahl koordinationsbezogener Beiträge. Vgl. zu solchen (ernüchternden) Einschätzungen auch Weber 1992a, S. 172, Nawatzki 1994, S. 12 f., Rilling 1997, S. 30 und Horváth 2006, S. 100 f. Insbesondere Horváth weist zudem darauf hin, dass verschiedene Formen der Koordination bislang nicht in einer geeigneten Weise systematisiert werden konnten.

39 Vgl. Rühli 1992, Sp. 1165, ähnlich auch bei Gaitanides 1983, S. 159, Kieser/Kubicek 1992, S. 74 und S. 96 ff., Laßmann 1992, S. 20 f., Schanz 1992, Sp. 1462, Laux/Liermann 1987, S. 807 sowie Rohde 1999, S. 11 f.

40 Rühli 1992, Sp. 1165.

41 Siehe hierzu Abschnitt 2.2.1.3 dieser Arbeit.

42 Zu diesem Gedankengang vgl. Horváth 2006, S. 103.

43 Lindblom 1965, S. 24, Übersetzung bei Kirsch 1971, S. 69.

44 Im Rahmen einer Vorstudie wurde das Koordinationsphänomen aus dem Blickwinkel verschiedener theoretischer Forschungsansätze unter der Zielstellung analysiert, in einem deduktiv-logischen Herangehen Gestal-

Analyse und Gestaltung störungsbezogener Koordinationsvorgänge haben sich dabei vor allem die Systemtheorie und Kybernetik erwiesen[45].

Der Systembegriff bezeichnet geordnete und strukturierte Ganzheiten, welche aus Elementen und Beziehungen zwischen diesen Elementen bestehen[46]. So strukturierte Ganzheiten sind durch zeitlich veränderliche Anordnungsmuster gekennzeichnet, wobei die Anordnungsbeziehungen zwischen Systemelementen als Interdependenzen bezeichnet werden können[47]. Ökonomische, offene und sozio-technische Systeme sind – je nach gewähltem Aggregationsgrad der Betrachtungen – Unternehmensnetzwerke, einzelne Unternehmungen, Werke, Fabriken oder aber einzelne Fertigungssegmente. Die *Kybernetik* analysiert Gestaltungsprinzipien dynamischer zielorientierter Systeme und rückt damit informationelle Vorgänge in dynamischen Systemen in das Zentrum der Betrachtungen[48]. Wird Koordination aus systemtheoretisch-kybernetischer Perspektive betrachtet, so impliziert Koordination das Konzipieren und Anwenden von Regulationsvorgängen mit dem Ziel der Aufrechterhaltung der Systemstabilität. Aus dem Blickwinkel der Kybernetik interessieren dabei zunächst durch Störungen hervorgerufene Ungleichgewichtszustände und davon ausgehende Ausgleichsprozesse[49]. Koordination erfordert Informationsübermittlungsvorgänge, sog. Kommunikationen[50].

Die klassische Systemtheorie folgt dem Paradigma[51] „Teil – Ganzes", wenn sozio-technische Systeme als geschlossene Ganzheiten betrachtet werden; der Betrachtungsfokus ist mithin auf das Innere des Systems gerichtet. Die klassische Systemtheorie ist morphologisch geprägt, befasst sich mit dem Systemaufbau und strukturiert Elemente und Beziehungen. Sie erfüllt damit eine Erklärungsfunktion. Die ganzheitliche Integration und Analyse interessierender Sachverhalte wird durch die Bereitstellung eines einheitlichen terminologischen Rahmens wesentlich erleichtert[52]. In Bezug auf die Koordinationsanalyse von eminenter Bedeutung sind dynamische Lenkungsprozesse[53].

Unter dem Aspekt der Gleichgewichtserhaltung sind Lenkungsprozesse zur Sicherstellung der Funktionsfähigkeit eines Systems notwendig. Beim Auftreten von Abweichungen von einem vor-

---

tungsempfehlungen für ausgewählte Koordinationsbeziehungen innerhalb dezentralisierter, netzwerkförmiger Produktionsstrukturen abzuleiten. Vgl. Fischäder 2003, S. 4 ff.

45 Eine systemtheoretisch orientierte Denkweise hat in der Analyse betriebswirtschaftlicher Zusammenhänge bereits eine lange Tradition, wenngleich im Laufe der Zeit verschiedene methodische Ausrichtungen en vogue waren, vgl. Schreyögg 2003, S. 83 ff. Grundlegend zur Ausrichtung einer systemtheoretisch-kybernetisch orientierten Betriebswirtschaftslehre Schanz 2004, S. 120 ff. und insbesondere S. 123 ff. oder Mildenberger 1998, S. 77 ff. und weiter S. 91 ff. Insofern können auch unterschiedliche Betrachtungsperspektiven koordinationsbezogener Sachverhalte identifiziert werden.

46 Siehe Ulrich 1970, S. 105. Vgl. weiter Lehmann 1992b, Sp. 1839 ff., Gottschalk 1989, S. 91, Klaus 1976, S. 800 ff.

47 Zur systemorientierten Verwendung des Interdependenzbegriffes vgl. Luhmann 1964, S. 23.

48 Vgl. Ulrich 1970, S. 118 ff., Lehmann 1992b, Sp. 1839 ff., Schiemenz 1993, Sp. 4128 f. Zum Erschließen des Gegenstandes der Kybernetik sei auf die beiden grundlegenden Arbeiten von Ashby 1956 und Wiener 1963 verwiesen. Einen guten Überblick liefert auch Ulrich 1970, S. 100 f.

49 Vgl. Lehmann 1992b, Sp. 1840, Mildenberger 1998, S. 96.

50 Vgl. weiter Lehmann 1992b, Sp. 1844 und Ulrich 1970, S. 129.

51 Luhmann (1984, S. 19) spricht von Leitdifferenzen, die er als paradigmatische Grundüberzeugungen definiert.

52 Vgl. Horváth 2006, S. 80 f., Krüger 2005, S. 141.

53 Schreyögg identifiziert in diesem Zusammenhang eine für die Kybernetik typische „Hinwendung zur ‚Störung'" (Schreyögg 2003, S. 84). Ähnlich auch Dobberstein 1997, S. 49 und Bormann 1978, S. 5. Krieg (1971, S. 35 f.) und Baetge (1974, S. 15 ff.) sehen komplexe, durch Unbestimmtheit gekennzeichnete Systeme und deren Verhaltensbeeinflussung im Fokus der Kybernetik.

gegebenen Sollwert (der Führungsgröße) werden (ex ante) definierte Korrekturen gestartet, die das System in den stabilen Sollzustand zurückführen. Leitmaxime ist die Anwendung des Prinzips der informatorischen Rückkopplung unter der Zielstellung der Aufrechterhaltung eines definierten Sollzustandes. Aus Umweltveränderungen resultierende Störeinflüsse brauchen dabei nicht vorhergesehen werden, sie werden aktuell und kontextspezifisch durch den Lenkungsmechanismus erfasst und rückkoppelnd kompensiert. Dieses Regelkreisschema ist als „mechanistische Reiz-Reaktions-Kopplung“[54] fremdgesteuert programmiert. Einer erfassten und spezifizierten Umweltveränderung wird ein Reaktionsmuster, also genau eine Systemantwort zugeordnet[55]. Auf dem Weg der Weiterentwicklung in Richtung der neueren Systemtheorie wird damit zunächst auf das Paradigma „System – Umwelt“ rekurriert, denn die Kybernetik thematisiert dieses Verhältnis als Wechselspiel zwischen Konstanz und Veränderung. Die Aufgabe der Sicherung der Systemkonstanz (und damit die Aufrechterhaltung der Systemstabilität) in einer dynamischen Umwelt ist ein andauernd zu lösendes Problem[56]. Eine solchermaßen auf die Interaktionsbeziehung System-Umwelt abstellende Theorie offener Systeme thematisiert grundlegend die Abhängigkeit eines Systems von seiner – im Bezug auf das System – immer komplexeren Umwelt[57]. Koordination heißt vor diesem Hintergrund Bewältigung systemimmanenter und umweltinduzierter Komplexität[58].

Neue evolutionäre Ansätze der Systemtheorie orientieren am Paradigma „Identität – Differenz“ und fokussieren auf eine evolutionäre Systementwicklung durch Selbstorganisation der Organisationsmitglieder. Aus Koordinationssicht können somit zwei konträre Pole möglicher Vorgehensweisen identifiziert werden[59].

Die klassische Systemtheorie orientiert auf bewusste Gestaltung und Lenkung von Systemen und impliziert Fremdorganisation mit der Zielstellung, die Beherrschbarkeit des Geschehens im Sinne eines „mechanistischen Durchregelns“ sicherzustellen[60]. Das Ableiten von Anordnungen, Plänen und Programmen aus einer systembezogenen Zielstellung bedingt letztlich das Koordinationsprinzip der Hierarchie[61]. Wird auf moderne systemtheoretische Erkenntnisse abgestellt, so wird Selbstorganisation betont, mithin eine evolutionäre Systementwicklung[62]. Dem folgend kann ein (Trend zum) heterarchischer(n) Koordinationsansatz identifiziert werden. Dynamik und

[54] Schreyögg 2003, S. 84.

[55] Vgl. Luhmann 1973, S. 161, Malik 1992, S. 119 f. Das Systemverhalten kann nur in einem projektierten Stabilitätsbereich beeinflusst werden.

[56] Vgl. Luhmann 1973, S. 155 f.

[57] Vgl. beispielsweise Sydow (1992, S. 250) unter Bezug auf Luhmann 1984. Eine Komplexitätsbeherrschung erfolgt grundsätzlich durch Binnen- und Außendifferenzierung, denn eine komplexe Umwelt zieht komplexe Binnenstrukturen zur Erfassung und Verarbeitung vielfältiger Umweltbezüge nach sich. Diese Spielart der neueren Systemtheorie ist zudem Grundlage einer Managementlehre nach Ulrich (vgl. Ulrich 1970) und des situativen Ansatzes der Organisationstheorie (im deutschen Sprachraum vor allem Kieser/Kubicek 1992).

[58] Vgl. Malik 2000, S. 103, Malik 1992, S. 37 sowie S. 77. Zur Operationalisierung des Begriffes Komplexität und zur Abgrenzung der Kategorien „Kompliziertheit“, „Varietät“, „Dynamik“ usw. vgl. u. a. Ulrich 1970, S. 115 ff., Malik 1992, S. 184 ff., Bronner 1992, Sp. 1121 f., Schwaninger 1996, Sp. 1947 ff.

[59] Vgl. hierzu beispielsweise die gute Übersicht bei Sydow 1992, S. 246 ff. oder Mildenberger 1998, S. 82 f.

[60] Malik (2000, S. 103 ff., 1992, S. 36 ff.) spricht in diesem Zusammenhang von einem *konstruktivistisch-technomorphen* Basisparadigma, typisch für eine ingenieurwissenschaftliche Problemsicht.

[61] Vgl. hierzu Fischäder 2003, S. 16 ff.

[62] Die Herausbildung spontaner, sich selbst organisierender Strukturen ist typisch für das *systemisch-evolutionäre* Paradigma, vgl. Malik 2000, S. 104 ff., Malik 1992, S. 22 f. sowie S. 36 ff.

Komplexität sozio-technischer Systeme und ihrer Umwelt lassen Beherrschbarkeitsgrenzen einer umfassenden detailliert-fremdgesteuerten Systemgestaltung offenbar werden[63]. Die systemorientierte Perspektive führt zur Differenzierung in die Problemstellungen der systembildenden und systemkoppelnden Koordination[64].

2.2.1.2 Entscheidungsinterdependenzen als Ursache eines Koordinationsbedarfes

Störungsbezogene Koordinationsvorgänge in netzwerkförmigen Produktionsstrukturen weisen eine hohe *Komplexität*[65] auf. Die kognitiv-beschränkte Informationsverarbeitungsfähigkeit der Entscheidungsträger lässt die vollständige Erfassung aller entscheidungsrelevanten Wechselwirkungen zwischen den Problemvariablen nicht zu[66]. Die praktische Durchführung der Gesamtaufgabe ist ohne die „Vermittlungsleistung zusätzlicher Gestaltungshilfen"[67] nicht möglich[68]. Insofern sind Koordinations- und Informations*system* (hier das Modellsystem zur Prognose und Bewertung von Störungswirkungen und Anpassungsmaßnahmen) und das „Bewegen" in diesen Systemen (Koordinations- und Informationsversorgungs*prozesse*) als eine solche „Gestaltungshilfe", als Zusatzinformation zur Komplexitätsbewältigung auf der Metaebene dispositiver Vorgänge zu interpretieren[69]. Die Anpassung gestörter Systeme ist ein schlecht strukturiertes Entscheidungsproblem[70].

Komplexe Aufgaben werden arbeitsteilig bewältigt. Mit der Dekomposition (Zerlegung) einer Gesamtaufgabe in mehrere Teilaufgaben und deren Bearbeitung durch verschiedene Entscheidungseinheiten sind im Regelfall Interdependenzen zwischen den Teilaufgaben verbunden[71]. Koordination ist notwendig, wenn Entscheidungen interdependent sind[72]. Interdependenzen können nur zwischen solchen Entscheidungen explizit berücksichtigt werden, welche innerhalb einer Teilaufgabe konzentriert sind und durch einen Entscheidungsträger bearbeitet werden[73]. Interdependenzen werden nach unterschiedlichen Ansätzen systematisiert und abgegrenzt; vor dem Hintergrund der Analyse hier betrachteter Koordinationsproblemstellungen erscheint die Differenzierung in Sach- und Verhaltensinterdependenzen zweckmäßig[74].

---

[63] Die Realität ist durch eine Überlagerung beider Ansätze gekennzeichnet. Komplexe Organisationen (Unternehmungen, Unternehmensnetzwerke) lassen dislozierten Entscheidungsträgern Freiräume, so dass sich dauerhafte Handlungsmuster innerhalb durch Fremdorganisation vorgegebener Handlungsgrenzen etablieren können und sichern damit eine globale Zielführung, vgl. auch Krüger 2005, S. 147. Werden mit Sydow (1992, S. 247) fremdgesteuerte Systeme als allopoietische Systeme bezeichnet, so steckt allopoietische Systemgestaltung eine „Arena" für autopoietische, mithin selbstorganisierte Systeme ab.

[64] Vgl. hierzu die Ausführungen in Abschnitt 2.2.1.3.

[65] Zum Komplexitätsverständnis vgl. Mildenberger 1998, S. 80 ff., Bronner 1992, Sp. 1121 ff., Schiemenz 1996, Sp. 895 ff. und Klaus 1976, S. 314 f.

[66] Vgl. Kirsch 1971, S. 65, weiter Otto 2002, S. 59 f.

[67] Schütte/Siedentopf/Zelewski 1999, S. 146.

[68] Schütte/Siedentopf/Zelewski beziehen sich dabei auf die Nichtverfügbarkeit mathematischer Standardmodelle und -algorithmen zur (simultanen) Bewältigung des Planungs- und Steuerungsproblems realer Produktionsprozesse innerhalb gegebener Zeit- und Ressourcenschranken.

[69] Vgl. auch Küpper, der in diesem Zusammenhang von zusätzlichen „Mechanismen zur Abstimmung zwischen separierten Entscheidungsfeldern" (Küpper 1988, S. 174) spricht.

[70] Vgl. Stadtler 1988, S. 145 ff. sowie S. 367. Zu Strukturdefekten von Planungsproblemen vgl. Adam 1996, S. 10 f.

[71] Vgl. Fischäder 2003, S. 32 ff.

[72] Vgl. Kirsch 1971, S. 61, Fieten 1977, S. 54 ff., Malone/Crowston 1991, S. 12.

[73] Vgl. Schütte/Siedentopf/Zelewski 1999, S. 150.

[74] Vgl. hierzu Ewert/Wagenhofer 2005, S. 402 ff. Analog differenziert auch Küpper (Küpper 1988, S. 173, derselbe

Folge einer entscheidungslogischen Problemdekomposition und der dadurch entstehenden Abhängigkeiten zwischen ausdifferenzierten Teilaufgaben sind Sachinterdependenzen. Sie entstehen durch die arbeitsteilige Realisierung einer Gesamtaufgabe. *Sachinterdependenzen* zwischen Planungs(teil)problemen haben ihre Ursache in der Organisation des Leistungserstellungsprozesses[75]. Sie bezeichnen technische und ökonomische Wechselwirkungen und lassen sich im Allgemeinen gut beschreiben und quantitativ modellieren[76]. Sachinterdependenzen treten als Prozess- und Ressourceninterdependenzen auf. *Prozessinterdependenzen* entstehen in Bezug auf das Ausführungssystem als Folge sequentieller Realisationsprozesse, wenn beispielsweise der Auftrags- bzw. Losdurchlauf technologisch bedingt durch verschiedene Segmente einer heterogenen Fertigungsstruktur erfolgt. Im dispositiven System (Führungssystem) werden Prozessinterdependenzen durch eine sequentielle Aufgabenabarbeitung, durch sequentielle Problemlösungs- und Planungsprozesse hervorgerufen[77]. *Ressourceninterdependenzen* sind die Folge einer Überschneidung von Entscheidungsfeldern[78] und werden beispielsweise als Restriktionen- und Erfolgsverbund[79] bezeichnet. Ein Erfolgsverbund ist durch eine direkte Abhängigkeit der Zielwirkung einer Teilentscheidung in einem Bereich von Entscheidungen anderer Bereiche charakterisiert während bei einem Restriktionenverbund nur mittelbar ein Einfluss auf die Zielwirkung von Entscheidungen besteht, denn es erfolgt die Einengung des Alternativenraumes für diese Entscheidungen durch Entscheidungen in anderen Bereichen. In Situationen *einer* für jede Entscheidungsrealisation notwendigen Ressource, die nur in begrenztem Umfang verfügbar ist, beeinflussen Entscheidungen den Handlungsspielraum beteiligter Entscheidungsträger wechselseitig.

Koordinationsbedarf gänzlich anderer Qualität wird durch *Verhaltensinterdependenzen* begründet. Sie sind Folge der *Dezentralisierung* von Entscheidungen und dann bedeutsam, wenn das Ausführungssubjekt von störungsbezogenen Planungs- und Steuerungsaufgaben in das Blickfeld rückt. In den bisherigen Ausführungen wurde implizit nur eine planungs- und entscheidungsbezogene Sicht auf die Strukturierung und Segmentierung von Aufgaben unterstellt. Unabhängig davon, ob eine oder mehrere Entscheidungseinheiten beteiligt sind, gründet Koordination auf Informationsbeziehungen zwischen Entscheidungskomplexen. Wird nun eine gedanklich dekomponierte Aufgabe durch *einen* menschlichen Entscheidungsträger bearbeitet, so spricht man von „intra-subjektiver Arbeitsteilung"; es erfolgt die „Koordination mit dem Subjekt selbst"[80]. Folgt einer sachlogischen auch eine „inter-subjektive Arbeitsteilung", so rücken neue Koordinationsaspekte in den Betrachtungsfokus, denn dann kann ein zweckrationales Vorgehen nicht zwangsläufig unterstellt werden. Verhaltensinterdependenzen bedingen personenorientierte Ko-

---

2005, S. 51 ff.). Zu anderen Strukturierungsansätzen vgl. beispielsweise Adam 1996, S. 168 ff., Malone/Crowston 1994, S. 91 ff., Malone/Crowston 1991, S. 14 ff., Gaitanides 1983, S. 160 ff. sowie Thompson 1967, S. 54 f.

75 Aus systemtheoretischem Blickwinkel sind Sachinterdependenzen Relationen zwischen Systemelementen.

76 Vgl. Küpper 2005, S. 52 sowie S. 57 ff. und S. 63 ff.

77 Im Bereich der Produktionsplanung entsteht eine sequentielle Abfolge durch die Verknüpfung der Teilaufgaben Programmplanung → Mengenplanung → Losgrößenplanung, vgl. Hoitsch 1993, S. 549. S. a. entsprechende Beispiele bei Zäpfel 1982, S. 291 ff.

78 Vgl. Laux/Liermann 2005, S. 191 ff., Laux 1993, Sp. 2309 f.

79 Küpper bezeichnet den Erfolgsverbund als Zielverbund, vgl. Küpper 2005, S. 51 ff.

80 Schütte/Siedentopf/Zelewski 1999, S. 158. I. d. S. auch Küpper 2005, S. 55, Adam 1996, S. 348 und Hoffmann 1980, S. 296.

ordinationsansätze[81] und betonen damit Aspekte einer verhaltensbezogenen Analyse von Koordinationsvorgängen. Informationsasymmetrien, opportunistisches Verhalten, das Verfolgen individueller Zielstellungen usw. ist zu berücksichtigen, wenn auf die Abstimmung von Trägern zu koordinierender Handlungen abgestellt wird. Entsprechende Anreizsysteme, die Sicherung einer wahrheitsgemäßen und vollständigen Informationsübermittlung beeinflussen in diesem Kontext das Koordinationsergebnis.

2.2.1.3 Systematisierung von Koordinationsausprägungen

2.2.1.3.1 Systembildende vs. systemkoppelnde Koordination

Der Prozess der inner- bzw. überbetrieblichen Leistungserstellung umfasst Führungs- und Ausführungsaufgaben[82]. Wesentliche Führungsaufgaben sind Planung, Kontrolle und Informationsversorgung arbeitsteilig agierender Entscheidungsträger. Sie bezwecken eine gedankliche Vorstrukturierung und Lenkung interdependenter Ausführungshandlungen. Ergebnis der Führungsaufgaben sind beispielsweise Vorgaben, die den Handlungsspielraum ausführender Tätigkeiten begrenzen. Ausführungsaufgaben sind auf die Erzeugung und Verwertung von Gütern gerichtet, beziehen sich somit unmittelbar auf den Prozess der Leistungserstellung und bedingen so genannte Objektentscheidungen sowie deren zielorientierte Abstimmung. Objektentscheidungen initiieren beim Entscheidungsträger unmittelbar Ausführungshandlungen; Organisationsentscheidungen schaffen dagegen Voraussetzungen, dass „gute" Objektentscheidungen getroffen und realisiert werden können[83]. Organisationsentscheidungen steuern mithin Objektentscheidungen. *Störungen* im Ausführungssystem induzieren Rückwirkungen auf das Führungssystem, so dass von engen Wechselwirkungen zwischen Führungs- und Ausführungsaufgaben, mithin zwischen Organisations- und Objektentscheidungen auszugehen ist[84]. Eine umfassende Analyse von Koordinationsproblemen muss deshalb das Führungs- und Ausführungssystem einschließen.

Nachfolgende Ausführungen sind vor dem Hintergrund einer zielorientierten Abstimmung störungsbezogener Entscheidungen in Produktions- und Logistiksystemen, der Abstimmung von Organisations- und Objektentscheidungen zu sehen. Die Ausprägungen systembildende und systemkoppelnde Koordination stellen systemtheoretisch Ansätze zur Bewältigung extra- und intrasystemischer Komplexität dar und fokussieren auf die *Tätigkeit des Koordinierens* im Sinne von Systemgestaltung und systeminterner Abstimmung[85]. Komplexitätsbewältigung erfolgt somit

---

81 Vgl. Corsten/Friedl 1999, S. 11 f. sowie S. 14 ff.

82 Zu dieser Differenzierung vgl. u. a. Küpper 2005, S. 28 ff. und S. 36 f., Horváth 2006, S. 94 f., Horváth 1996, Sp. 1484, Troßmann 1996, S. 464 f. und Corsten/Friedl 1999, S. 4 f. und S. 6 f.

83 Vgl. Laux/Liermann 2005, S. 13 und S. 120 ff., Laux 1993, Sp. 2308.

84 Vgl. Laßmann 1992, S. 32.

85 Vgl. Krieg 1971, S. 14 f. Eine derartige Differenzierung der Koordinationsproblematik hat sich in der Controlling-Literatur durchgesetzt. Die Bezeichnungen „systembildende" und „systemkoppelnde Koordination" verwendet Horváth (z. B. 2003, S. 124 ff.). Bleicher/Meyer 1976 sowie Bleicher 1979 sprechen in einer etwas anderen Auslegung von Integration und Koordination als den wesentlichen „Problemlösungsvarianten von Harmonisationsprozessen", Bleicher/Meyer 1976, S. 37 und S. 48 ff., vgl. weiter Bleicher 1979, S. 46 ff., Bleicher 1991, S. 144 ff. Corsten/Friedl (1999, S. 37 ff.) und Schweitzer/Friedl (1992, S. 154 ff.) unterscheiden in diesem Zusammenhang zwischen Systemgestaltung und Prozessunterstützung, Hoitsch (1993, S. 29 f.) zwischen Systemgestaltung und Systemnutzung und Troßmann (1996, S. 488) zwischen systemgestaltender und systemausführender Koordination.

auf zwei verschiedenen Ebenen; für Koordinationskonzepte resultieren die Gestaltungsansätze der Strukturschaffung und der Spezifizierung von Handlungsprogrammen innerhalb geschaffener Strukturen[86].

Systembildende Koordination umfasst die Konfiguration aufeinander abgestimmter Systeme und damit das Schaffen einer (formalen) Gebilde- und Prozessstruktur[87]. Ergebnis der systembildenden Koordination ist eine Aufbau- und Ablauforganisation sowie ein Koordinations- und Informationssystem[88], womit sowohl Methoden und Modelle zur Entscheidungskoordination als auch der durch die Modellverwendung bzw. Methodenanwendung determinierte Informationsbedarf bestimmt sind[89]. Zur Ausgestaltung standardisierter Koordinationssysteme kommen grundsätzlich hierarchische oder heterarchische Koordinationsansätze in Betracht, mithin Instrumente der Selbst- und Gruppenabstimmung bzw. der Fremdabstimmung[90]. Ein *Planungssystem* – hier ein Modellsystem zur Anpassungsplanung in netzwerkförmigen Produktionsstrukturen – ist neben Budgetierungs- oder Lenkpreissystem eine Gestaltungsvariante für ein Koordinationssystem. Zukunftsbezogene, durch das Koordinationssystem zu verarbeitende Ereignisse werden beispielsweise durch ein Planungssystem antizipativ absorbiert. Mit dem Entwurf eines Planungssystems verbundene Organisationsgestaltung findet statt, bevor eine konkrete Handlungssituation eintritt, die einer Problemlösung bedarf[91]. Eine Strukturbildung erfolgt durch Ausdifferenzierung von Teilproblemen und deren Verknüpfung durch Informationskopplungen unter Beachtung der zwischen diesen Teilproblemen vorliegenden Interdependenzen[92]. Koordination wird insbesondere an den Schnittstellen ausdifferenzierter (Sub-)Systeme notwendig[93] und sichert die Konformität von Entscheidungen im Hinblick auf das Zielsystem der Organisation[94]. Systembildende Koordination lässt sich in einer ergebnisbezogenen Betrachtung durch die Merkmale *Generalisierung* und *Institutionalisierung* beschreiben. Ein Koordinationssystem stellt eine dauerhaft implementierte Struktur für eine Klasse sich wiederholend vollziehender Prozesse (z. B. bestimmte Anpassungshandlungen in gestörten Produktionssystemen) dar. Die zeitliche Reichweite systembildender Koordinationsmaßnahmen – der Koordinationshorizont – ist a priori unbeschränkt. Das Ausmaß systembildender Koordination wird durch die Ambiguität der Umwelt beeinflusst. Je größer sich die Variabilität der Umwelt gestaltet, umso geringer ist die Tendenz zur generellen (formalisierten) Regelung[95].

---

86 In systemtheoretischem Bezug vgl. u. a. Malik 1992, S. 169 ff. sowie S. 210 ff., Bronner 1992, Sp. 1124 ff. Letztlich geht es um Systemanpassung, um den Zusammenhang zwischen Organisation (Unternehmung, Produktionssystem) und Umwelt.

87 Vgl. Horváth 2006, S. 108, Horváth 2002, S. 59.

88 Vgl. auch Weber/Kummer 1998, S. 23 ff., Kieser/Kubicek 1992, S. 126.

89 Vgl. Corsten/Friedl 1999, S. 37.

90 Vgl. weiter Corsten/Friedl 1999, S. 5 und S. 14 und die jeweils dort angegebene Literatur. Zur Charakterisierung und Gegenüberstellung der Koordinationsprinzipien Hierarchie und Heterarchie vgl. auch Fischäder 2001, S. 81 f. Insofern wird deutlich von Horváth abgewichen, der sich bei seinem Konzept der Entscheidungskoordination im Führungssystem auf Planung und Steuerung und damit auf Instrumente der Fremdabstimmung beschränkt, vgl. Horváth 2006, S. 132 ff., derselbe 1996, Sp. 1484 ff.

91 Vgl. Bleicher/Meyer 1976, S. 50, Bleicher 1979, S. 48.

92 Vgl. Uphus 1972, S. 80 ff., aber auch Corsten/Friedl 1999, S. 37.

93 Vgl. Horváth 2006, S. 108 f. und S. 112 ff.

94 Vgl. Bleicher 1979, S. 47.

95 Vgl. Bleicher/Meyer 1976, S. 123 ff., Bleicher 1979, S. 53 ff. In der Literatur wird in diesem Zusammenhang häufig auf Gutenberg (1983, S. 239 f.) verwiesen.

Unter *systemkoppelnder Koordination* versteht man „Abstimmungsprozesse in einem gegebenen Systemgefüge“[96] innerhalb einer durch systembildende Koordination geschaffenen Systemstruktur. *Uphus* sieht systemkoppelnde Koordination als Abstimmung und Ausführung verschiedener planerischer Aktivitäten und betont damit den Prozessgedanken[97]. Eine umfassende Koordination und Informationsbereitstellung gelingt selbst in einfachen Systemen durch vollständige und eindeutige Formalisierung und Strukturierung nicht. Systemintern bedingte oder durch Umwelteinflüsse induzierte Unsicherheit führt dazu, dass nicht alle denkbaren Ereignisse antizipiert und entsprechende Handlungsvorschläge vorstrukturiert werden können. Systembildung hinterlässt mithin einen Bereich ungeregelter, nicht prädisponierter Situationen[98]. Spezifik und Umfang systemkoppelnder Koordination ist abhängig von der Entstehung und Berücksichtigung von Interdependenzen zwischen den Teilproblemen im Rahmen der systembildenden Koordination und darüber hinaus von der Umweltdynamik und den an das Koordinationssystem gestellten Flexibilitätsanforderungen[99].

Der Autor erachtet vor dem Hintergrund der in dieser Ausarbeitung analysierten Problemstellungen eine weitere Disjunktion der systemkoppelnden Koordination in die Ausprägungen *präsituative systemkoppelnde Koordination* und *situative systemkoppelndeKoordination* für notwendig (vgl. Abb. 2.3). Unterschiede zwischen diesen beiden Ausprägungen werden bei Fokussierung auf das Merkmal *Koordinationszeit*, dem „Rhythmus der Koordination“ deutlich. Der Dichotomie zwischen Zeitraum- und Zeitpunktorientierung folgend, impliziert präsituative systemkoppelnde Koordination den Aspekt einer unter Periodenbezug rollierend stattfindenden Koordination. Situativ systemkoppelnd wird dagegen fallweise bzw. ad hoc und damit diskontinuierlich koordiniert. Damit betrifft die Unterscheidung zwischen präsituativer und situativer systemkoppelnder Koordination das Wirksamwerden von Koordinationsaktivitäten im Geschehnisablauf.

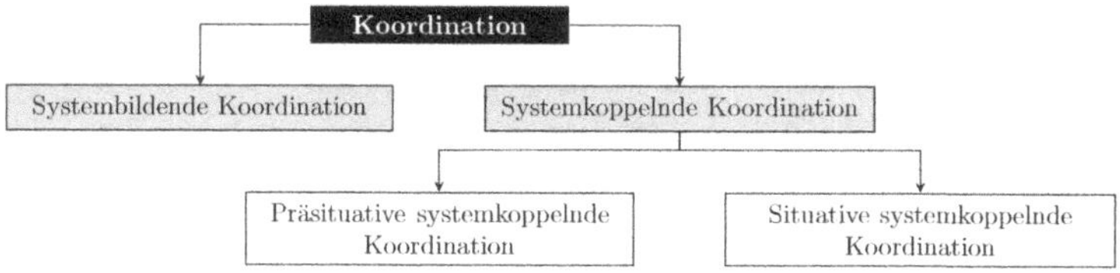

Abb. 2.3: Überblick über Ausprägungen der Koordination

2.2.1.3.2 Präsituative systemkoppelnde vs. situative systemkoppelnde Koordination

Mit der durch das Attribut „präsituativ“ näher charakterisierten Ausprägung der systemkoppelnden Koordination wird auf die Interaktionen innerhalb einer gegebenen Systemstruktur zur Problemlösung fokussiert. *Handlungsprogramme* zur laufenden *Aufgabenbewältigung* dienen der Abstimmung von Führungs- und Ausführungshandlungen. Ein präsituativer Dispositionsprozess

[96] Horváth 2006, S. 108, Horváth 2002, S. 59. Vgl. auch Weber/Kummer 1998, S. 23 ff.
[97] Vgl. Uphus 1972, S. 80. In diesem Sinne auch Schweitzer/Friedl 1992, S. 150 f. und S. 154 ff.
[98] Vgl. Bronner 1992, Sp. 1125. Siehe auch Vieweg 1987, S. 61 ff.
[99] Vgl. weiter Uphus 1972, S. 139 ff., Krüger 1996, Sp. 176.

analysiert durch bewusstes und zielbestimmtes Agieren potenzielle Handlungsmöglichkeiten vor dem eigentlichen Entscheidungs- bzw. Implementationszeitpunkt unter Rückgriff auf die im Rahmen der systembildenden Koordination strukturell verankerten Koordinationsmechanismen und -instrumente. Die Koordination der inner- und überbetrieblichen Leistungserstellung basiert auf Planungs- und Steuerungsprozessen zur laufenden Abstimmung interdependenter Entscheidungen auf Grund von Erwartungsbildung. Entscheidungslogisch bedeutet die präsituative systemkoppelnde Koordination beispielsweise das Ausführen von Planungsaufgaben in einem Planungs- bzw. Optimierungsmodell.

Situative systemkoppelnde Koordination findet demgegenüber ereignisinduziert zeitdiskontinuierlich statt. Sie beschreibt die Koordination innerhalb einer gegebenen Systemstruktur problemlösungsbegleitend als *Reaktion auf Störungen*. Das Störungsverständnis soll an dieser Stelle sehr allgemein gehalten sein und eine durch die systembildende sowie präsituative systemkoppelnde Koordination nicht verarbeitete Situation erfassen. Eine Störung zeigt sich damit als ein im Rahmen eines Planungs- oder Optimierungsmodells (Struktur) bzw. im Rahmen der Problemlösung (Planungsprozess) nicht erfasster Zustand, der zu Abweichungen zwischen geplanten und tatsächlich realisierten Größen führt[100]. Durch die situative Ausprägung der Koordination erfolgt einzelfallspezifisch (kasuistisch) eine Unsicherheitsreduktion[101], wenn unvorhergesehene Einzelereignisse verarbeitet werden.

Unter situativer systemkoppelnder Koordination werden Abstimmungshandlungen auf Grund von Rückkopplungsinformationen zusammengefasst. Eine Abstimmung erfolgt auf Druck bereits eingetretener oder unmittelbar bevorstehender handlungsauslösender Ereignisse im Situationskontext[102]. In Erweiterung einer rein reaktiven Vorgehensweise sind also auch Handlungssituationen denkbar, in denen präventiv auf sich abzeichnende Umwelteinflüsse reagiert werden kann. Mit derartigen situationsangepassten Entscheidungen ist eine über die routinemäßige Informationsbereitstellung durch das Informationssystem hinausgehende problem- bzw. kontextspezifische Informationsbereitstellungsaufgabe verbunden, die sich beispielsweise auf mögliche Anpassungsmaßnahmen beziehen kann. Hohe Anforderungen an involvierte Entscheider zeigen sich in der Notwendigkeit eines selbständigen Generierens situationsspezifischer Problemlösungen. Für diese Situationen fungiert das in den Kapiteln 3 und 4 vorgestellte Modellsystem als Hilfsmittel zur Entscheidungsunterstützung.

[100] Vgl. hierzu genauer die Ausführungen in Abschnitt 2.2.2.
[101] In diesem Sinne auch Bleicher/Meyer 1976, S. 51.
[102] Vgl. weiter Bleicher/Meyer 1976, S. 51 sowie Bleicher 1979, S. 52 f.

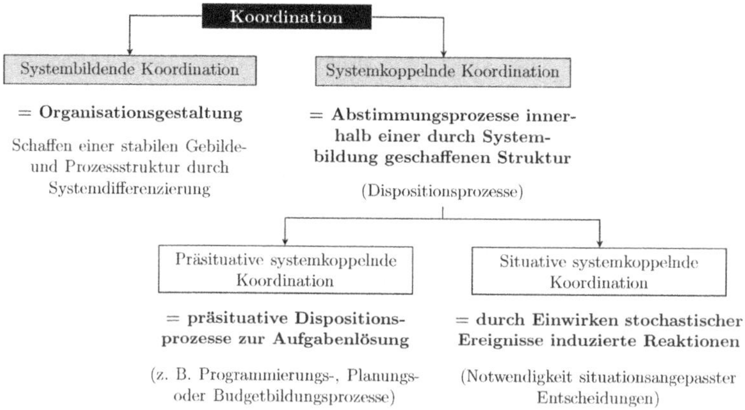

Abb. 2.4: Spezifizierung von Koordinationsausprägungen

2.2.2 Störungen und Strategien ihrer Bewältigung

2.2.2.1 Ursache- und Wirkungsdimension logistischer und fertigungsbezogener Störungen – begriffliche Abgrenzungen

Komplexe logistische und fertigungsbezogene Störungen sind Gegenstand der Abstimmungen zwischen Fertigungsbereichen eines netzwerkförmigen Produktionssystems und Objekt des Koordinations- und Informationssystems.

Obwohl die Beschäftigung mit Störungen sowohl in der ingenieurwissenschaftlichen als auch in der betriebswirtschaftlichen Literatur bereits eine lange Tradition hat[103], konnte sich bislang kein einheitliches Begriffsverständnis durchsetzen. Die Problembezüge einzelner Arbeiten sind vielmehr abhängig von Untersuchungsziel und Gegenstandsbereich der Störungsbetrachtungen. Störungen werden in aller Regel als unvorhergesehene Abweichungen bzw. Beeinträchtigungen von geplanten Prozessverläufen oder zu erreichenden Systemzuständen charakterisiert[104]. Störungen sind mit dem zufälligen und unsicherheitsbedingten Einwirken von Störgrößen auf das Produktionssystem verbunden, welches zu nicht antizipierten Einwirkungen auf den Prozess und/oder das Ergebnis der Leistungserstellung führt[105]. Resultierende Abweichungen sind unter dem Aspekt des Zeitraumbezuges zu beurteilen, denn Störungen können als *zeitlich befristete*

[103] Vgl. stellvertretend die Literaturanalyse bei Heil 1995, S. 15 ff.

[104] Vgl. in diesem Sinne beispielsweise Kleindorfer/Saad 2005, S. 53, Chopra/Sodhi 2004, S. 54 ff., Patig 2001, S. 11, Frei 1999, S. 34, Zelewski 1995b, S. 205, Preßl 1994, S. 18, Schneeweiß 1992, S. 122, Schneeweiß 1988, S. 285, Ripperger 1996, S. 73 ff., Gottschalk 1989, S. 464 f., REFA 1985, S. 400 und weiter S. 421 ff., Bormann 1878, S. 1 und S. 14, Arping 1977, S. 87, Kistner 1974, S. 16 ff., Greve 1970, S. 26 ff. und Dienstdorf 1970, S. 9.

[105] Einige Autoren betonen, dass auch deterministische Kausalketten störungsverursachend wirken, oftmals jedoch der Aufwand zur Erfassung dieser Zusammenhänge betriebswirtschaftlich nicht zu rechtfertigen sei. Vgl. hierzu beispielsweise Heil 1995, S. 31 sowie S. 75 f., Schneeweiß 1988, S. 290, Müller 1988, S. 430, Bormann 1978, S. 12 f. sowie S. 44 ff.

Zustände charakterisiert werden[106]. *Störungsinformationen* beschreiben nun diese an das Auftreten von Störungen gekoppelten Ereignisse, die zum Zeitpunkt der Planung nicht antizipiert wurden. Störungen haben damit ihre Ursache in prinzipieller Informationsunsicherheit, man unterscheidet[107]

- Mängel der Informationsgewinnung[108] und
- Mängel der Informationsverarbeitung[109].

Auf der Grundlage der in der Literatur vorgenommenen Abgrenzungen des Störungsbegriffes und in Bezug auf den weiteren Gang der Untersuchungen soll der in dieser Arbeit verwendete Störungsbegriff definiert werden. Diese Explikation umfasst alle notwendigen Beschreibungsdimensionen, alle Eigenschaften und Zusammenhänge und bildet damit die Grundlage sowohl für die Feststellung störungsinduzierten Koordinationsbedarfes als auch für die Gestaltung störungsbezogener Abstimmungsvorgänge.

Störungen sind durch das *Auftreten von Störgrößen* hervorgerufene *zeitlich befristete Einwirkungen* auf die (inner- und überbetriebliche) Leistungserstellung. Die Einwirkung auf die Leistungserstellung bezieht sich sowohl auf die Bereitstellung der Produktionsfaktoren, den Faktorkombinationsprozess, als auch auf das Prozessergebnis. Störungen lassen sich damit durch folgende Merkmale charakterisieren:

- Störungen sind kausale Ursache-Wirkungsketten, welche in der Praxis oftmals mehrstufige und komplexe Sachverhalte darstellen[110]. Ursache logistischer und fertigungsbezogener Störungen ist das Einwirken einer Störgröße auf die Leistungserstellung[111].[112] Der (stochastische) Eingriff einer Störgröße in das Produktionssystem wiederum *kann* Wirkungen im Sinne prozess- oder ergebnisbezogener Abweichungen oder Beeinträchtigungen hervor-

---

[106] Vgl. Heil 1995, S. 32 f. sowie S. 70 ff., Bormann 1978, S. 23 ff. Das Störungsmerkmal Zeitraumbezug grenzt gleichzeitig vom Zeitpunktbezug des Fehlerbegriffes ab, vgl. weiter Heil 1995, S. 76 ff., Bormann 1978, S. 145.

[107] Informationsunsicherheit bezieht sich auf den nicht vorhersehbaren Ereigniseintritt sowie auf dessen kontextabhängige und unsichere Auswirkungen. Vgl. in diesem Sinne Müller 1988, S. 423 ff., Koreimann 1964, S. 99, und mittelbar auch Arping 1977, S. 44 ff.

[108] Hierunter versteht man die unvollständige Vorhersage künftiger Systemzustände. Prognoseschwierigkeiten bestehen beispielhaft sowohl in der Abschätzung von Maschinenausfällen als auch hinsichtlich der Schätzung von Verbrauchs- und Absatzverläufen, die als Prämissen Eingang in die Planung der Leistungserstellung finden. *Mängel der Informationsgewinnung* sind praktisch nur mittels statistischer Methoden quantifizierbar. Informatorische Unsicherheit verhindert die frühzeitige und vollständige Problemerfassung, vgl. auch Schütte/Siedentopf/Zelewski 1999, S. 144 f.

[109] *Mängel der Informationsverarbeitung* sind Folge der (kognitiv begrenzten und damit unvollständigen) planungsmethodischen Bewältigung von Unsicherheit und Komplexität. Ihre Behebung bedingt eine entscheidungstheoretische Analyse der Planungsproblemen zu Grunde liegenden Interdependenzstruktur.

[110] Die Komplexität der Störsituation und der dadurch induzierten Koordinationsvorgänge ist ganz wesentlich von dem gewählten Abstraktions- bzw. Aggregationsniveau störungsrelevanter Informationen und damit vom Konzept der Informationserfassung abhängig. Vgl. Heil 1995, S. 68 f., S. 95 ff. und weiter S. 137 f., Bormann 1978, S. 11. Eine Abweichungsfeststellung bzw. Zustandsaufnahme ist je nach Organisation der Datenerfassung und Datenrückmeldung mit einer Totzeit verbunden, vgl. Zetlmayer 1994, S. 38f., Lehmann 1992a, S. 15f. Die Aufbereitung der Störungssituation in einer der Störungsbehandlung entsprechenden Informationsdichte kann damit als ein Problem der Aggregation bzw. Disaggregation von Informationen gesehen werden.

[111] In diesem Sinne argumentieren auch Heil 1995, S. 32 und S. 83, Schneeweiß 1988, S. 292, REFA 1985, S. 424, Arping 1977, S. 86 ff., Greve 1970, S. 26 f. Koreimann (1964, S. 97) verwendet dagegen die Bezeichnung Störungsverursacher.

[112] Das Auftreten einer Störgröße stellt die „erste", originäre Störungsursache dar. Dieses Ereignis wirkt auf das betrachtete sozio-technische System ein und bewirkt eine Veränderung des (bisherigen) Betriebszustandes.

rufen[113].[114] In systemtheoretischer Betrachtung wirkt ein Störsignal (Störgröße, beispielsweise Ausfall einer Produktionsressource) auf die Regelstrecke (Produktionssystem, Real- und Dispositionssystem) ein und kann eine Abweichung der Regelgröße (beispielsweise zeitlicher Verzug eines Produktionsauftrages) induzieren[115]. Der Störungsbegriff umfasst damit sowohl den Sachverhalt tatsächlich eingetretener Konsequenzen auf die Leistungserstellung als auch den der erwarteten Wirkung.

- Das Auftreten der Störgröße (Ursachendimension der Störung) bewirkt eine Veränderung des Systemzustandes und ist mit einer bestimmten zeitlichen Ausdehnung verbunden (Beginn, Dauer und Ende der Störgrößeneinwirkung). Die auf die Störgrößeneinwirkung bezogene Zeitordnung ist von jener der durch die Störgröße hervorgerufenen Störungswirkung (Wirkungsdimension) zu unterscheiden. Auch die Störungswirkung ist ein zeitlich befristeter Zustand; ihre Zeitordnung ist jedoch von den Eigenschaften des Produktionssystems und den Maßnahmen der Störungsreaktion abhängig[116]. Störungen sind deshalb nicht notwendig dadurch gekennzeichnet, dass eine Störungs*wirkung* auftritt. Auch wenn Maßnahmen der Störungsbehandlung Wirkungen auf die Leistungserstellung verhindern, die Wirkung mithin keine zeitliche Ausdehnung hat, können Störgrößen auf das System wirken und somit Störungen vorliegen[117]. Störungsursachen und Störungswirkungen sind folglich unter Einbezug einer zeitlichen Dimension zu analysieren. In Anlehnung an *Heil* soll die zwischen Beginn und Ende der Störungswirkung liegende Zeitspanne als *manifeste Störungsphase* bezeichnet werden[118]. Dieser manifesten Störungsphase kann eine so genannte *Latenzphase* vorgelagert sein. Sie umfasst die Zeitspanne zwischen Einwirkung der Störgröße (Ursachendimension) und dem Eintreten der durch sie induzierten Wirkung auf den Auftragsdurchlauf (vgl. Abb. 2.5)[119].
- Die Störgröße führt zu *Abweichungen* vom geplanten[120] Prozessverlauf bzw. Systemzustand

[113] Abweichungen liegen erst dann vor, wenn ggf. in Planwerte eingerechnete Toleranzen überschritten werden, vgl. Gottschalk 1989, S. 464 f., REFA 1985, S. 401.

[114] Zur Dichotomie Ursachen- und Wirkungsdimension siehe Heil 1995, S. 83 ff. und S. 90 ff., Koschnitzki/Bachthaler/Pesy 1996, S. 294, Gottschalk 1989, S. 465 f., REFA 1985, S. 426 f., Bormann 1978, S. 15 ff. und S. 20 ff. sowie Baetge 1974, S. 45 f. Auch Kistner (1974, S. 18) differenziert – ohne dies entsprechend zu bezeichnen – zwischen Ursache- und Wirkungsdimension, wenn er „zwischen Störung und der durch sie verursachten Unterbrechung der Produktion" unterscheidet.
In der Praxis sind mehrstufige Ursache-Wirkungsketten denkbar: Eine Störungsursache ist beispielsweise der Ausfall einer Steuereinrichtung an einer Bearbeitungsmaschine. Die *Wirkung erster Ordnung* kann dadurch angegeben werden, dass durch den Ausfall der Bearbeitungsmaschine ein Produktionsbereich über fünf Arbeitstage hinweg 30% seiner Kapazität verliert. Eine *Wirkung zweiter Ordnung* kann die Auswirkungen auf den geplanten Auftragsdurchsatz beschreiben: Drei Kundenaufträge können nur mit einem zeitlichen Verzug von fünf Arbeitstagen im gestörten Fertigungsbereich bearbeitet werden.

[115] Zum Begriff der Regelgröße vgl. Baetge 1974, S. 43 f. Die Regelgröße (Ausgangsgröße, Istwert) wird von der Regelstrecke produziert.

[116] Vgl. Bormann 1978, S. 25 f.

[117] Zu dieser Problematik vgl. auch Bormann 1978, S. 10 f. und S. 14.

[118] Vgl. Heil 1995, S. 70 ff.

[119] Es sind Störungen denkbar, die keine Latenzphase besitzen (beispielsweise katastrophenähnliche Ereignisse). Geeignete Maßnahmen des Störungsmanagements verhindern, dass Störungen manifest werden bzw. verkürzen die manifeste Phase weitmöglich. Vgl. Bormann 1978, S. 23 ff.

[120] Wird das Verhältnis zwischen Störung und Plan operationalisiert, so müssen zur Evaluation der Störsituation auch geplante Größen formalisiert und angegeben werden, vgl. Patig 1999, S. 2. Alternative Planungs- und Steuerungskonzepte, beispielsweise die opportunistische Koordinierung, verzichten auf die Festlegung von Planwerten; mit der aktuellen Produktionssituation werden auch Störungen in zeitschrittbezogen konkretisierten

(in der Literatur oftmals durch Begriffe wie Ausfall, Unterbrechung, Verringerung der Produktivität etc. umschrieben). Diese Eigenschaft von Störungen ist nicht per se negativ konnotiert, denn folgt man einer konsequent systemtheoretischen Betrachtungsbasis, so sind Abweichungen im Rahmen einer wirtschaftlichen Analyse zunächst einer Bewertung zuzuführen. Erst im Einzelfall ist eine resultierende „Schlechterstellung" gegenüber dem geplanten Prozessverlauf festzustellen, denn durch das Auftreten und die Überlagerung mehrerer Störgrößen können sich Abweichungen insgesamt kompensieren[121].

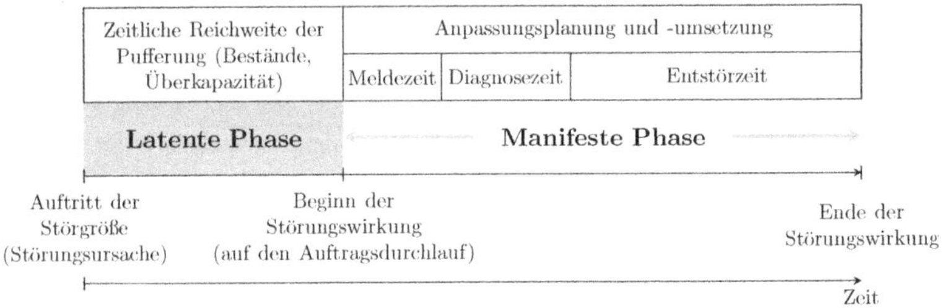

Abb. 2.5: Phasen des Störungsverlaufes[122]

Ausgehend von der Differenzierung in die Kategorien Störungsursache und Störungswirkung lässt sich nachfolgende Übersicht entwickeln: Vor dem Hintergrund der Ursachendimension logistischer und fertigungsbezogener Störungen soll zunächst in Ursachenfelder innerhalb betrachteter Produktionssysteme und in Störungsursachen, welche bezugssystemextern induziert auf das Produktionssystem wirken, unterschieden werden[123]. Störgrößen wirken unmittelbar auf die Faktorausstattung des Produktionssystems[124] bzw. stellen kurzfristige Modifikationen des Produktionsprogramms[125] dar. Abb. 2.6 fasst praktisch unterscheidbare Problemfälle zusammen.

Die Methodik der Ermittlung und Darstellung von Störungswirkungen soll im weiteren Verlauf der Untersuchungen hauptsächlich am Beispiel intern induzierter Störeinflüsse nach Fallgruppe A erläutert werden[126]. Der in dieser Arbeit vorgeschlagene Modellierungsansatz gestattet die Analyse komplexerer Zusammenhänge, die sich aus der Überlagerung der differenzierten Fälle A bis C ergeben können. Für jede Störsituation sollen die durch die Störungsursache begründeten Auswirkungen auf den Auftragsdurchlauf dargestellt werden.

Produktionsvorgaben berücksichtigt, vgl. ebenda, S. 10.

121 Die meisten Autoren betonen explizit, dass mit Auftreten von Störgrößen negative Wirkungen verbunden sind. Hierzu Heil 1995, S. 1 und S. 4, insbesondere S. 40, oder Corsten/Gössinger 1997, S. 3. Vgl. weiter Bormann 1978, S. 1, Arping 1977, S. 89, Dienstdorf 1970, S. 9 und S. 18. Kistner schließt in seinen Ausführungen kompensatorische Effekte im Bereich der Störungswirkung sogar explizit aus (Kistner 1974, S. 18). Im Gegensatz zu den genannten Quellen verzichtet neben Gottschalk (1989, S. 464 f.) und Schneeweiß (1988, S. 290) auch Koreimann (1964, S. 104) auf den negativen Bezug von Abweichungen.

122 In Anlehnung an Heil 1995, S. 72.

123 Vgl. Frei 1999, S. 57 ff., REFA 1985, S. 424 f., Greve 1970, S. 64 ff., Koreimann 1964, S. 98 f. Anstelle der verwendeten Begriffe extern vs. intern wird auch von exogen vs. endogen induzierten Störungen gesprochen.

124 Beispiele hierfür sind Kapazitätsausfälle oder die Nichtverfügbarkeit von Verbrauchsfaktoren.

125 Als solche kommen beispielsweise Eil- bzw. Zusatzaufträge wichtiger Kunden, der Wegfall geplanter Kundenaufträge sowie die kurzfristige Änderung von Auftragsspezifikationen in Betracht.

126 Zur Behandlung der Fälle B und C vgl. Abschnitt 4.1.1.4.

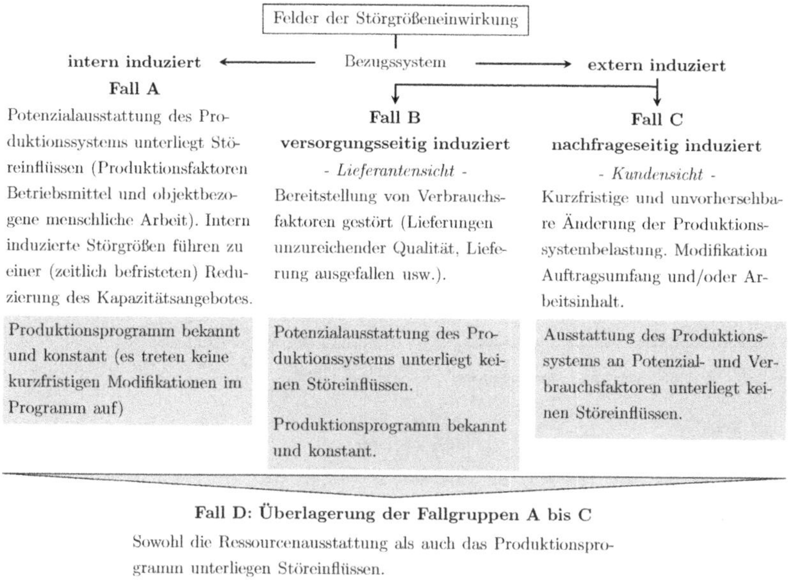

Abb. 2.6: Fallunterscheidung der Störgrößeneinwirkung

2.2.2.2 Strategische Optionen zur Bewältigung von Störungen

Der Begriff Störungsmanagement kann unter Bezug auf das herausgearbeitete Koordinationsverständnis abgegrenzt werden. *Störungsmanagement* umfasst den Aufgabenbereich, der die zielorientierte Koordination produktionswirtschaftlicher und störungsbezogener Entscheidungen durch die Umsetzung von Koordinationskonzepten sowie die Sicherstellung einer entscheidungsbezogenen Informationsversorgung bezweckt. Störungsmanagement erfordert damit

- die Gestaltung von Kontroll- und Informationssystemen durch Ausdifferenzierung von Teilaufgaben und deren Verknüpfung unter Beachtung der Interdependenzsituation zwischen den Teilaufgaben (Aspekt der systembildenden Koordination),
- Koordination(svorgänge) innerhalb des geschaffenen Systemgefüges und laufende Versorgung mit problemspezifischen Informationen (Aspekt der systemkoppelnden Koordination).

Störungsmanagement umschließt eine Reihe von Gestaltungsoptionen zur Behandlung von Störungen. Grundlegend kann in die Vorgehensweisen *Verhindern von Störungen* und *Bewältigung aufgetretener Störsituationen* unterschieden werden, wobei beide Ansätze als die archetypischen

Aufgabenfelder des Störungsmanagements gelten[127].[128] Auf Basis dieser begrifflichen Differenzierung können verschiedene Strategien des Störungsmanagements formuliert werden[129], welche sowohl alternativ ausschließend als auch kombinativ Anwendung finden können[130]. Das Ableiten von Maßnahmen zur Bewältigung von Störungen setzt einen Entscheidungsprozess voraus. Ausgehend vom Erkennen der Störung und der Evaluation der Störungssituation erfolgt die Suche, Auswahl und Umsetzung geeigneter Maßnahmen der Störungsreaktion (siehe Abb. 2.7)[131]. Die Kapitel 3 und 4 der Arbeit werden zeigen, wie insbesondere die Phasen *Abschätzung der Störungsfolgen* und *Maßnahmenkonfiguration* durch das Modellsystem geeignet unterstützt werden können.

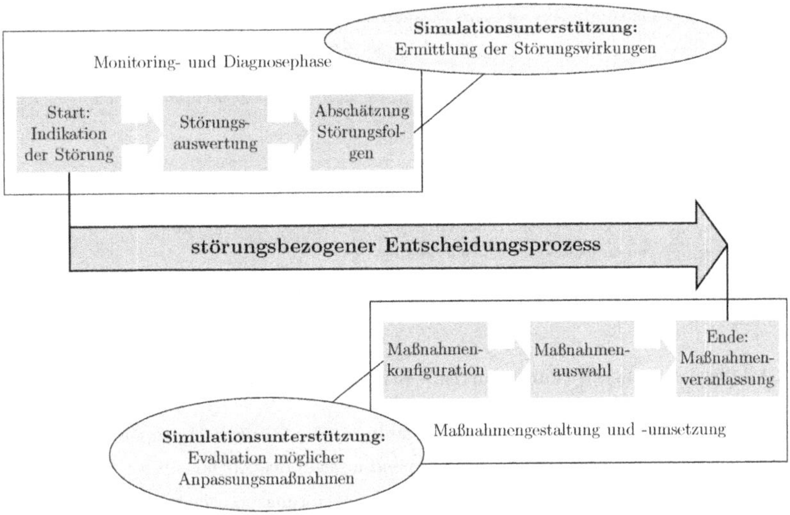

Abb. 2.7: Entscheidungsprozess der Störungsbewältigung

Das Verhindern von Störungen zielt auf das Blockieren einer Störgrößeneinwirkung auf den Prozess der Leistungserstellung ab und fokussiert demzufolge auf die Ursachendimension logistischer und fertigungsbezogener Störungen. In einer solchen Strategie wird ein erster Schwerpunkt

127 In diesem Sinne unterscheiden u. a. Patig 2001, S. 14, Krüger 2000, S. 23 ff., Heil 1995, S. 150 ff., Zelewski 1995b, S. 233, Zetlmayer 1994, S. 14 ff., Schneeweiß 1992, S. 124 ff., Schneeweiß 1988, S. 290 ff., Gottschalk 1989, S. 464, Ziersch 1985, S. 93 und Lange 1969, S. 15 f. Preßl (1994, S. 32 ff.) spricht anstelle von Störungsbewältigung von *Störungsregulierung*. Bormann (1978, S. 82 ff.) strukturiert weiter unter Bezug auf den Zeitpunkt des Störgrößeneintritts und den Zeitpunkt der Maßnahmenableitung in langfristige und kurzfristige Strategien.

128 Die in der Literatur darüber hinaus angeführte Alternative des *Ignorierens* von Störungen (vgl. Patig 2001, S. 18 f., Heil 1995, S. 150 f.) ist hier nur insoweit von Interesse, als dass auf Störungswirkungen mit vernachlässigbarem Ausmaß nicht reagiert wird. Zur Ermittlung von Warn- und Eingreifgrenzen bei Abweichungen von Regelgrößen vgl. Simon 1995, S. 83 ff.

129 Strategien der Störungsbehandlung sind in Anlehnung an Bormann (1978, S. 83 f.) Bündel gleichgerichteter, auf die Vielfalt von Störungen bezogene Maßnahmen.

130 Vgl. Schneeweiß 1992, S. 129, Schneeweiß 1988, S. 291 f. und S. 293 f. und Bormann 1978, S. 172 ff.

131 Vgl. hierzu Krüger 2000, S. 100 f., Corsten/Gössinger 1997, S. 7 f. weiter Gottschalk 1989, S. 467, Baldeweg/Lindner 1986, S. 19 ff., S. 30 und S. 38 ff.

für eine Maßnahmengruppierung gesehen; die Strategie der *Prävention* hat die Störungsvermeidung zum Gegenstand[132]. Störungen werden verhindert, zumindest aber in der Häufigkeit ihres Auftretens verringert. Abwehrmaßnahmen werden im Regelfall auf hierarchisch höheren Planungsebenen konzipiert. Grundlage für die Konfiguration solcher Maßnahmen ist die Analyse des Prozesses der Leistungserstellung. Die Störanfälligkeit inner- und überbetrieblicher Leistungsprozesse kann durch die Anwendung qualitätssichernder Maßnahmen reduziert werden[133]. Neben der Option des Verzichtens auf störanfällige und unbeherrschte (Teil-)Prozesse durch Gestaltung von Alternativprozessen oder Fremdvergabe von Wertschöpfungsumfängen gelten Mitarbeiterschulungen oder vorbeugende Instandhaltungsmaßnahmen als weitere Beispiele für diese Maßnahmenkategorie[134]. Angestrebt wird nicht die Erhöhung der Flexibilität dispositiver und ausführender Prozesse mit dem Ziel des Aufbaus eines Reaktionspotenziales auf Störungen, vielmehr erfolgt die „Abwendung vom bestehenden Paradigma, welches der Stochastik des Wertschöpfungsprozesses eine intensive und ausgefeiltere Planung gegenübersteht."[135]. Eine aktive Verringerung der Stochastik ist beabsichtigt. Entgegen der Aussage von *Heil* muss jedoch davon ausgegangen werden, dass die Unsicherheit, mit der ein System konfrontiert ist, groß genug ist, um über einen solchen Ansatz nicht ausschließlich abgefangen und beherrscht werden zu können. Die Auswirkungen der Unsicherheit sind in ein Entstörungskonzept einzubeziehen[136]. Die Strategie der Prävention ist nicht Gegenstand der weiteren Betrachtungen, denn obwohl mit einem einmaligen, ursachenbezogenen Analyseaufwand Folgestörungen vermieden werden können, sind mit dieser Strategie doch erhebliche Nachteile verbunden. Die praktische Vielfalt an Störungsursachen und die Mehrgliedrigkeit von Ursache-Wirkungsketten erfordern einen hohen Analyseaufwand. Manche Ursachen liegen zudem außerhalb des Einflussbereiches einer Unternehmung oder eines Unternehmensverbundes. Die Betriebs- bzw. Situationsspezifik ursachenbezogener Maßnahmen erlaubt im Regelfall keine Verallgemeinerungen[137], so dass sich entsprechende Analysen des Störungsmanagements entweder auf einen genau abgegrenzten Untersuchungsbereich beziehen müssen oder aber nur allgemeinverbindlichen, generellen Charakter tragen. Maßnahmen der Störungsprävention sind im Allgemeinen Gegenstand des strategisch-taktischen Produktionsmanagements.

In Erweiterung der bisherigen Ausführungen können Maßnahmen der Störungsbehandlung auch auf die Wirkung von Störungen bezogen werden; Gegenstand entsprechender Handlungen ist dann eine Störungsbewältigung bzw. eine Störungskompensation. Sog. *Redundanzmaßnahmen*

[132] Vgl. auch Patig 2001, S. 15 ff., Patig 1999, S. 8 f., Frei 1999, S. 79 ff. (unter Bezug auf die chemische Industrie), Heil 1995, S. 15 sowie S. 160 ff., Bormann 1978, S. 108 ff. und weiter S. 139 ff. Schneeweiß verwendet die Bezeichnungen *Prophylaxe* (1992, S. 125) bzw. *Konsolidierungsstrategie* (1988, S. 290).

[133] In der Praxis spielt deshalb das Konzept der kontinuierlichen Prozessverbesserung (CIP) eine herausragende Rolle. Zu entsprechenden Verfahren und deren Ausgestaltung vgl. Heil 1995, S. 162 ff.

[134] Zu Merkmalen, welche Leistungs- und Dispositionsprozesse charakterisieren und hinsichtlich ihrer Störanfälligkeit beschreiben, vgl. umfassend Heil 1995, S. 62 ff. und S. 146 ff. Zur Gestaltung robuster Prozesse werden u. a. die Einführung eines Prozessmonitorings zur Störungsindikation und Störungsvisualisierung oder das Einführen einer durchgehenden Prozessverantwortung diskutiert.

[135] Heil 1995, S. 15. Vgl. hierzu auch Wildemann 1997, S. 219 ff.

[136] Vgl. in diesem Sinne auch Schneider 1996, S. 11.

[137] Vgl. hierzu auch Kistner 1974, S. 18.

bedingen den Aufbau von Störungsreaktionspotenzialen[138]. Redundanzmaßnahmen lassen sich grundsätzlich in die Kategorien Präventiv- und Sanierungsmaßnahmen unterscheiden. Damit verbunden sind die Strategien Antizipation bzw. Reaktion.

Die Strategie der *Antizipation*[139] umfasst *Präventivmaßnahmen*[140] und initiiert systembildenden und präsituativ systemkoppelnden Koordinationsbedarf. Diese Strategieoption konkretisiert sich in der Planung und Bereitstellung von Potenzialen zur Verringerung bzw. Vermeidung manifester Störungswirkungen. Solche Systemreserven sind Zeit-, Mengen- und Kapazitätspuffer[141]. Das Ziel der Abwehr von Störungswirkungen wird durch den für diese Strategieoption verwendeten Begriff der *Störungsabwehr* betont[142]. Präventivpotenziale in Produktionssystemen ermöglichen die Beherrschung von Unsicherheit und sichern die Einhaltung von Plänen (präventive Stabilisierung), indem in bestimmten Grenzen stochastische Ereignisse, beispielsweise Anlagenausfälle, in ihren Auswirkungen (z. B. Materialflussunterbrechungen zu nachfolgenden Produktionsbereichen) absorbiert werden[143]. Auch Maßnahmen der gezielten Erhöhung der Elastizität von Potenzialfaktoren[144] dienen der Vermeidung von Planänderungen. Präventivpotenzial ist durch eine hohe Reagibilität im Störfall charakterisiert; Störungswirkungen werden sofort beseitigt. Basis für den Aufbau von Präventivpotenzialen bilden allerdings nur die im Zeitpunkt der Entscheidung über den Umfang der Systemreserve hinsichtlich potenzieller Störsituationen verfügbaren Informationen. Anhand dieser (unzuverlässigen) Informationen müssen Störungswirkungen antizipiert und entsprechende Präventivmaßnahmen konzipiert werden. Über den zu fordernden relativ stabilen Informationsstand hinaus sind weiter die mit dem Potenzialaufbau verbundenen Kosten zu berücksichtigen.

Sanierungsmaßnahmen[145] sind Bestandteil der Strategie der *Reaktion*[146] und implizieren demgegenüber Rückgriffe auf Potenziale dispositiver Art zwecks flexibler Reaktion auf (eingetretene oder unmittelbar bevorstehende) Störungen. Eine schnelle und mit geringem Aufwand verbundene Rückführung des Prozessvollzugs auf das geplante Niveau ist das Ziel[147]. Die Ausgestaltung

---

[138] Vgl. Zelewski 1995b, S. 234 f., Schneeweiß 1992, S. 126 ff., Schneeweiß 1988, S. 290 ff.

[139] Einen Überblick zu dieser Strategieoption liefern u. a. Patig 2001, S. 15 sowie S. 17 ff., Patig 1999, S. 9 f., Heil 1995, S. 154 ff. und Bormann 1978, S. 90 ff.

[140] Vgl. Schneeweiß 1992, S. 126.

[141] Zu einem Literaturüberblick zu statistisch-mathematischen Verfahren der Bestimmung von Störungspuffern vgl. Heil 1995, S. 17 ff. Heil weist zu Recht darauf hin, dass dabei Störungen nicht als Gegenstand von Optimierungsüberlegungen behandelt werden, sondern vielmehr als unabhängiger Prozesseinfluss gelten. Zäpfels Strukturierung von Störungsbehandlungsmaßnahmen (Zäpfel 1982, S. 285 ff.) vermag aus systematischer Sicht nicht zu überzeugen; er fasst Potenziale i. S. v. Sicherheitsbeständen, das Bereithalten von Reservemaschinen und Springern etc. als „ursachenbezogene Maßnahmen des Sicherns" (ebenda, S. 285) auf.

[142] Maßnahmen der Strategie der Störungsabwehr und ihre Analyse im Modellsystem sind Gegenstand der Ausführungen in Abschnitt 4.4.

[143] Ex ante dimensionierte Puffer vermögen die Auswirkungen von Störungen jedoch nur bis zu einer bestimmten Tragweite abzufangen. Störungen starker Erratik (d. h. hoher Variationskoeffizient der Störungswirkung in derselben Störsituation, Schneeweiß 1992, S. 123 f.) können nur unzureichend durch Präventivmaßnahmen beherrscht werden.

[144] In Anlehnung an Bormann (1978, S. 95) wird unter Elastizität von Potenzialfaktoren die Fähigkeit der Übernahme von Aufgaben gestörter Faktoren verstanden.

[145] Vgl. Schneeweiß 1992, S. 126.

[146] Vgl. wiederum Patig 2001, S. 15 und S. 19 ff., Patig 1999, S. 13 ff., Heil 1995, S. 156 f. sowie Bormann 1978, S. 124 ff.

[147] Vgl. hierzu die Ausführungen zum Modellsystem in den Abschnitten 4.2.2 und 4.3.1.

und der Umfang dieser Art störungsbedingter Koordinationsmaßnahmen hängen von dem ex ante determinierten Präventivpotenzial ab[148]. Sanierungsmaßnahmen zeigen eine im Vergleich zu Präventivmaßnahmen geringere Reagibilität, da zur Maßnahmenkonfiguration immer eine gewisse Sanierungszeit veranschlagt werden muss[149]. Sanierung im Sinne einer flexiblen Reaktion auf Störungswirkungen erfolgt demgegenüber aber auf Grundlage einer wesentlich genaueren Informationslage. Dies ist insbesondere bei Reaktion auf stark erratische Störungen von Vorteil. Bezogen auf den operativen Produktionsvollzug führen plötzliche Maschinenhavarien unter Berücksichtigung wechselnder produktionsprogrammspezifischer Kapazitätsnachfrage (und damit wechselnder Engpasssituationen) zu stark erratischen Störungswirkungen, die im Wesentlichen nur durch Sanierung zu behandeln sind. Das durch Präventiv- und Sanierungsmaßnahmen gemeinsam bestimmte Redundanzpotenzial wird in Anlehnung an *Schneeweiß* als *Flexibilitätspotenzial* betrachtet[150]. Die unterschiedliche Wirkung von Präventiv- und Sanierungsmaßnahmen begründen weiteren Untersuchungsbedarf, insbesondere hinsichtlich einer optimalen Abstimmung des Wechselverhältnisses zwischen Präventiv- und Sanierungspotenzial. Das Einführen bzw. die Erweiterung von Puffern in Produktionssystemen verursacht (zusätzliche) Kosten, andererseits wird durch störungsinduzierte Anpassung von Planungs- und Ausführungshandlungen Planungsnervosität hervorgerufen[151]. Neben den Kostenwirkungen ist, wie dargestellt, der Aspekt der Reagibilität zu beachten. Redundanzmaßnahmen filtern Störungswirkungen unmittelbar, während Maßnahmenkonfiguration und -ausführung im Sanierungsfall Zeit bedarf.

2.2.2.3 Störungsbezogenes Controlling als planungs- und ausführungsbegleitende Koordinationsfunktion

Erkenntnisobjekt der vorliegenden Arbeit sind Konzepte und Methoden der planungs- und ausführungsprozessbegleitenden *Überwachung der arbeitsteiligen Leistungserstellung in netzwerkförmigen Produktionssystemen*[152]. Gestaltungsziel ist die Vermeidung von Systeminstabilität und damit das Verhindern bzw. Beherrschen systembezogener Eigendynamik[153]

Die für die zielorientierte Durchführung des inner- und überbetrieblichen Prozesses der Leistungserstellung notwendigen Lenkungsaufgaben werden in der Literatur häufig anhand von Regelkreisdarstellungen vermittelt[154]. Der operative Lenkungsbedarf wird dabei unter Rückgriff

[148] Aus wirtschaftlicher Sicht scheint insbesondere die Fragestellung interessant, in welchem Verhältnis sich Störungswirkungen vermittels Systemreserven und flexibler Reaktion bekämpfen lassen und welche minimalen Kosten *insgesamt* resultieren. Zu solchen Problemstellungen vgl. Abschnitt 4.3.3.

[149] In regelungstechnischem Verständnis stellt die Sanierungszeit eine Totzeit dar. Zu verschiedenen Totzeitarten vgl. Lehmann 1992a, S. 15 f.

[150] Vgl. Schneeweiß 1992, S. 126 f. In Anlehnung an das Flexibilitätsverständnis Schlüchtermanns (1996, S. 96) begründen ex ante geplante Präventivmaßnahmen so genannte *Built-In-Flexibilität*, während Sanierungspotenzial offensive *Handlungsflexibilität* darstellt. Vgl. weiter Kaluza 1993, Sp. 1175, Zelewski 1998, S. 236 ff.

[151] Hierzu vgl. Inderfurth/Jensen 1997, S. 818 f., Schneeweiß 1988, S. 295 f. und Abschnitt 3.1.

[152] Störungsmanagement erfüllt damit eine *Sicherungsfunktion*, indem der Produktionsvollzug stabilisiert wird. Vgl. im Kontext komplexer Planungsprozesse Schweitzer 2005, S. 81 f., Zäpfel 1982, S. 285 ff.

[153] Zur Problematik Ultra- und Multistabilität im Problemkontext vgl. Fischäder 2003, S. 55 ff.

[154] Vgl. dazu beispielsweise die Arbeiten von Schwaninger 1996, Schiemenz 1993 und weiter Zäpfel 1998, S. 35, Zäpfel 1982, S. 240 ff., Ullmann 1996, S. 62 ff., Zelewski 1995b, S. 315, Fischer 1994, S. 50 ff., Hoitsch 1993, S. 533, aber auch Küpper 2005, S. 201 f., Simon 1995, S. 26 ff., Zetlmayer 1994, S. 21 sowie Lehmann 1992a, S. 15. In Folge wird es darum gehen, eine Lenkungsoptimierung unter Berücksichtigung von Störungswirkungen

auf den für die allgemeine Regelungssystematik typischen Rückkopplungsmechanismus verdeutlicht. Lenkungsergebnisse und Störungswirkungen auf die Regelgröße werden am Systemausgang erfasst und an die Regelinstanz zurückgeführt. Eine Betriebsdatenerfassung bzw. ein Prozessmonitoring unterstützen eine rückblickende (ex post) Korrektur auf Basis historischer Daten. Störgrößen bzw. ihre Auswirkungen werden dem Prinzip der Regelung folgend nicht antizipativ (ex ante) berücksichtigt[155]; das Prinzip der Rückkopplung gestattet allerdings die Verarbeitung bislang nicht bekannter bzw. nicht erwarteter Einwirkungen von Störgrößen[156].

Erfolgt eine Auswertung der Entwicklungstendenz prozess- und ergebnisbezogener Daten und zeichnet sich eine Einwirkung von Störgrößen ab, erlaubt das Prinzip der informatorischen Vorkopplung als so genannte Störgrößenaufschaltung das antizipierende Einbeziehen von Störgrößen im Informationsverarbeitungsprozess. Es wird dem Prinzip der Steuerung gefolgt. Störungen werden bereits bei der Ermittlung der Stellgröße verarbeitet[157]. Die Auswirkung einer Störung auf die Regelgröße muss nicht abgewartet und durch eine Rückkopplung verarbeitet werden[158].

Praktische Lenkungsprozesse sind systemintern- oder umweltinduzierten Störungen unterschiedlichster Art und Tragweite ausgesetzt; regelungstechnisch sinnvoll ist daher eine Kombination der Prinzipien Vor- und Rückkopplung. Bekannte und hinsichtlich ihrer Wirkung auf die Regelgröße bestimmte Störgrößen werden ausgesteuert[159], unbekannte (letztlich nicht antizipierbare Einwirkungen von) Störgrößen werden über ihre Wirkung ausgeregelt[160]. Ein Vergleich zwischen rückgeführten bzw. vorgekoppelten Größen mit Zielvorgaben führt zu störungsinduziert modifizierten Stellgrößen. Die Güte des Lenkungsmechanismus wird ganz wesentlich von dem in der Lenkungsinstanz implementierten Modell der Regelstrecke beeinflusst. Durch die Gestaltung so genannter Kaskadenstrukturen wird die Regelungssystematik hierarchisch über mehrere Ebenen ausgedehnt, wenn produktionsbereichsbezogen (Fein-)Planungssysteme wiederum als Regelkreise konzipiert werden.

Umfang und Ausgestaltung der die Ausführung geplanter Produktionsprozesse begleitenden Koordinationsaufgaben sind davon abhängig, an welcher Stelle in einem (hierarchischen) Planungskonzept und in welchem Umfang Interdependenzen zwischen Planungsobjekten ex ante Berücksichtigung gefunden haben[161]. Insbesondere der Aspekt störungswirkungsbezogener Unsicherheit verursacht aber einen „verbleibenden", ausführungs- und planungsprozessbegleitenden Koordinationsbedarf, der hinsichtlich seiner Bewältigung auch in kontemporären Konzepten der

---

durch Projizierung von Gestaltungsprinzipien der Kybernetik auf den Leistungserstellungsprozess zu erzielen.

[155] Vgl. auch Schwaninger 1996, Sp. 1950 f. Damit einher geht ggf. ein (zu) spätes Bemerken und Reagieren auf Störungen.

[156] Vgl. Krieg 1971, insbesondere S. 75 f., Baetge 1974, S. 29 f.

[157] Die Stellgröße ist das Ergebnis der Informationsverarbeitung in der Regelinstanz (Führungssystem) und mithin eine Anweisung an die Regelstrecke (Ausführungssystem), vgl. hierzu weiter Baetge 1974, S. 44 f.

[158] Das Ergebnis der Steuerung wird nicht überwacht, vgl. Krieg 1971, S. 72 ff., Baetge 1974, S. 24 f. Die informatorische Vorkopplung macht nur Sinn, wenn Störgrößen bekannt und prognostizierbar sind.

[159] Störungen kleiner Tragweite können über Wahrscheinlichkeitsverteilungen von Planparametern bzw. durch den Ansatz stochastischer Planungsmodell antizipativ berücksichtigt werden.

[160] Das in der Kybernetik schon lange bekannte Prinzip des *Regelkreises mit Störgrößenaufschaltung* wird damit handlungsleitend, vgl. hierzu Lange 1969, S. 11 ff., Krieg 1971, S. 78 ff., Baetge 1974, S. 31 f. sowie S. 44 und Ullmann 1996, S. 65 f.

[161] Vgl. Drexl et al. 1994, S. 1027.

Produktionsplanung und -steuerung bzw. des Supply Chain Managements bislang methodisch nicht umfassend berücksichtigt wurde. In jüngerer Zeit entstandene modulare Grobplanungsansätze reflektieren jedoch nicht nur die schon erwähnte Heterogenität des Produktionssystems, sie berücksichtigen vor allem die dadurch begründete Interdependenzsituation zwischen verschiedenen Planungsmodulen und Ausführungsbereichen. Interdependenzen im Sinne zeitlicher, mengenmäßiger und kapazitätsbezogener Wechselwirkungen werden in Koordinationssystemen berücksichtigt, die auf zeitlich dynamische Bedarfsverläufe, den Sachverhalt der mehrteiligen und mehrstufigen Fertigung sowie die Konkurrenz von Aufträgen um gemeinsam genutzte, knappe Ressourcen ausgerichtet sind[162]. Sowohl in der Praxis als auch in der betriebswirtschaftlichen Forschung hat sich für die Planung und Steuerung der inner- und überbetrieblichen Leistungserstellung ein hierarchisches „Koordinationsdesign" durchgesetzt. Die Aufgabendekomposition ist durch den Ansatz schrittweise Aufgabenverfeinerung bei gleichzeitiger Verkürzung des zeitlichen Horizontes ihrer Ausführung charakterisiert[163]. Grundsätzlich sind im Rahmen dieser hierarchischen Aufgabendekomposition unterschiedliche konsistenzsichernde Ansätze denkbar[164]:

- Eine Verkopplung verschiedener Planungsstufen kann pragmatisch dadurch erfolgen, dass eine aggregierte Planung zu detaillierende Vorgaben an nachgeordnete Planungsebenen mit „zusätzlichem Schlupf" versieht. Dies wirkt kompensierend auf die Vernachlässigung von Details aggregiert abgebildeter Planungsobjekte[165]. Schlupf erfüllt eine Ausgleichsfunktion und führt letztlich zur Bildung von Kapazitäts-, Zeit- und Mengenpuffern, welche eine Entkopplung von Wertschöpfungsstufen im Ausführungssystem ermöglichen. Vergleicht man mit einer theoretisch exakten Planung, so ist die Einführung von Schlupf mit negativen Kostenwirkungen verbunden[166]. Durch Schlupf wird jedoch gleichzeitig der Vollzugssteuerung produktionsbereichsbezoge Entscheidungskompetenz zugewiesen[167], wenn eine Beschränkung der Vorgaben an die Vollzugssteuerung auf ausgewählte Grobplanungsparameter erfolgt. Vor dem Hintergrund störungsbezogener Koordinationsvorgänge bleibt festzustellen, dass eine Entkopplung durch Schlupf die Ausbreitung von Störungen im Produktionssystem und damit die Wirkung von Störungen begrenzt. Die Interdependenzsituation ist erst bei Störungen großer Tragweite situativ zu berücksichtigen, deren Wirkungen nicht mehr durch Schlupf absorbiert werden können.

---

[162] Vgl. für viele Stadtler 1998, S. 173 ff., Tempelmeier 1998, S. 201 ff., weiter Drexl et al. 1994, S. 1027. In Bezug auf Modelle der Produktionsplanung und -steuerung sei exemplarisch auf Verfahren der mehrstufigen dynamischen Mehrproduktlosgrößenplanung bei beschränkten Kapazitäten und genereller Erzeugnis- und Prozessstruktur oder aber auf die Integration der Losgrößenplanung in die Ablaufplanung hingewiesen (vgl. hierzu beispielsweise die Arbeit von Missbauer 1998). Vgl. in diesem Zusammenhang auch die Darstellung des Zusammenhangs zwischen Programm-, Mengen- sowie Termin- und Kapazitätsplanung bei Schlüter 2001, S. 19 f. Ähnlich bei Schneider/Buzacott/Rücker 2005, S. 73 f., Steven 1994, S. 9 f. und S. 180 ff.

[163] Vgl. Schütte/Siedentopf/Zelewski 1999, S. 153, Schneider/Buzacott/Rücker 2005, S. 17 ff.

[164] Vgl. auch Tempelmeier 2003, S. 440 f. und die dort verarbeitete Literatur. Neben dem Aspekt des Umgangs mit sachlogischen Interdependenzen wird zur Berücksichtigung zeitlicher Interdependenzen vor allem das Prinzip der rollierenden Planung diskutiert, vgl. Steven 1994, S. 200, Schneeweiß 1992, S. 95 ff., Gaitanides 1989, Sp. 2258 ff.

[165] Vgl. hierzu Kistner 1992, S. 1137, Steven 1994, S. 188 ff. und Müller 1988, S. 427 ff.

[166] Vgl. weiter Steven 1994, S. 190, Wildemann 1997, S. 221 f.

[167] Zelewski sieht insoweit ein Motivationsargument zugunsten dezentraler Koordinationskonzepte, vgl. Zelewski 1995a, S. 126.

- Die Beachtung von Interdependenzen bei hierarchischer Aufgabendekomposition ist durch die Berücksichtigung der Vorgaben übergeordneter Planungsprobleme an nachgeordnete Ebenen in entsprechenden (stochastischen) Planungsmodellen möglich[168]. Komplexe (quasi-simultane) Grobplanungsmodelle können die Wirkung von Ergebnissen der Grobplanung auf hierarchisch nachgeordnete Modellebenen antizipieren und so die Interdependenzsituation umfassend berücksichtigen. Verbesserte Planvorgaben stellen vertikal zwischen Planungsebenen Konsistenz sicher und führen zu einer Prästabilisierung des Produktionsprozesses.

Über die entsprechenden Ansätze einer Aufgabendekomposition hinaus ermöglichen Abstimmungsbeziehungen im Rahmen des Integrationsschritts dekomponierter Teilaufgaben die umfassende Berücksichtigung von Wechselwirkungen zwischen Planungs- und Leistungsobjekten. Die konsistenzsichernde Abstimmung zwischen verschiedenen Planungsebenen und Planungsmodulen bedingt Informationskopplungen zwischen diesen[169].[170] Insgesamt kann von einer „Verschiebung" des Aufgabeninhaltes der planungs- und ausführungsprozessbegleitenden Koordination von vertikaler und horizontaler Konsistenzsicherung weg und hin zu einer umfassenden Störungsbehandlung ausgegangen werden.

2.2.2.4 Störungsmanagement und seine Einordnung in das Koordinationssystem

Je nach Ausmaß der Störung und der zu ihrer Kompensation notwendigen Abstimmungsprozesse ist die „Vermittlungsleistung" einer zentralen, übergeordneten Koordinationsinstanz notwendig, die über einen entsprechenden Informationsstand verfügen muss, der störungsrelevante Informationen aller von einer konkreten Störsituation betroffenen dezentralen Entscheidungsbereiche umfasst.

---

[168] In der Literatur werden in diesem Zusammenhang beispielhaft die Methoden *Chance-Constrained Programming* oder *Warteschlangenmodelle* diskutiert, vgl. Scholl 2001, S. 196 ff., Kistner 1992, S. 1138 ff., Steven 1994, S. 191 ff. und umfassend die Arbeit von Missbauer 1998.

[169] Zur Ausgestaltung hierarchischer top-down- und bottom-up-Abstimmung über sog. Feedforward- bzw. Ex-ante- und Ex-post-Feedbackkopplungen vgl. u. a. Weber 1992a, S. 176 ff., Schneeweiß 1992, S. 82 ff., Horváth 1989, Sp. 642 ff., Stadtler 1996, Sp. 633 f., Corsten 2000, S. 32 ff. Als produktionssteuerungsbezogenes Beispiel zur Koordination vermittels Interaktionsregeln über Informationskopplungen zwischen verschiedenen Systemebenen sei der Ansatz von Wilhelm (1996, insbesondere S. 178 ff.) erwähnt. Eine kritische Einschätzung des wechselseitigen Informationsaustausches (Gegenstromprinzip, vgl. Wild 1982, S. 196 ff.) zwischen hierarchisch dekomponierten Planungsebenen liefert Steven 1994, S. 37 und S. 197 ff.

[170] Das wechselseitige Verhältnis zwischen Planungskonzeption und Störungsmanagement macht man sich auch auf Basis des systemtheoretischen Untersuchungsansatzes deutlich: Eine planungssystembezogene Prästabilisierung, eine vertikale Konsistenzsicherung zwischen hierarchisch dekomponierten Teilaufgaben gelingt durch den Ansatz der *prädiktiven Regelung*, vgl. Ullmann 1996, S. 68 ff., Simon 1995, S. 37, Zetlmayer 1994, S. 40. Die Ex-ante-Bestimmung von Stellgrößen erfolgt auf der Grundlage eines reglerinternen Modells der Regelstrecke. Dieses Modell der Regeleinrichtung antizipiert nachgelagerte Modellebenen bzw. Objektspezifika. Die Ausgestaltung störungsbezogener Koordinationsaufgaben orientiert sich darüber hinaus am Prinzip der *adaptiven Regelung*, vgl. Schwaninger 1996, Sp. 1953 f., Simon 1995, S. 38 f., Schiemenz 1993, Sp. 4134. Störungen bedingen situationsbezogen die Anpassung von Planungsparametern bzw. Planungsmodellen. Die regelungstheoretischen Ansätze der prädiktiven und adaptiven Regelung kulminieren im Konzept des *adaptiven Zustandsbeobachters*. Dieser zur Gruppe der Modell-Referenz-Verfahren zählende Ansatz basiert auf einem Referenzmodell, welches das gewünschte Regelkreisverhalten vorgibt. Die Bestimmung der Stellgrößen erfolgt auf der Grundlage dieses internen Streckenmodells, wobei eine Planungsmodelladaption permanent und in Abhängigkeit von der Differenz zwischen Modell- und Regelstreckenausgangsgröße mittels eines Adaptionsalgorithmus (störungsinduziert) erfolgt. Vgl. hierzu u. a. Simon 1995, S. 38 f., S. 47 ff. und weiter S. 68 ff.

Durch Dekomposition einer (komplexen) Produktionsaufgabe entstehen Teilaufgaben, die durch einzelne Einheiten im Netzwerk bearbeitet werden. Zwischen diesen Teilaufgaben bestehende Interdependenzen begründen *netzwerkknotenübergreifenden Koordinationsbedarf*.[171] Von *Schneider* und *Schlüter* eingeführte Überlegungen können hier bezogen auf das Störungsmanagement aufgegriffen und verallgemeinert werden (vgl. Abb. 2.8)[172]: Aus organisatorischer Sicht kann ein störungsbezogenes Koordinations- und Informationssystem als Mehrebenenkonzept ausgestaltet sein. Störungsmanagement auf Netzwerkebene ist Aufgabe einer zentralen Koordinationseinheit. Der in den Kapiteln 3 und 4 eingeführte Modellierungs- und Optimierungsansatz ist Kern eines Entscheidungsunterstützungssystems für netzwerkweites Störungsmanagement[173]. Als Funktionskomponente eines Koordinationsleitstandes liefert das System situationsgerecht für alle Produktionseinheiten eine Informationsbasis und Handlungsvorschläge zur Kompensation von Störungswirkungen.

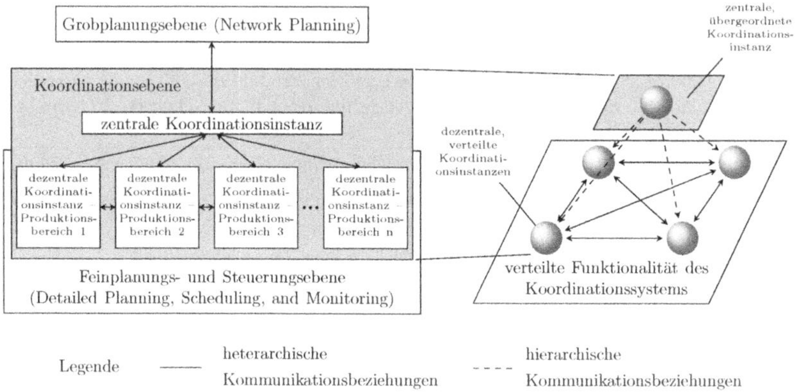

Abb. 2.8: Grobstruktur eines Koordinationssystems zur Leistungserstellung in Netzwerken

Je nach Ausmaß bzw. Tragweite eines durch eine Störung induzierten zeitlichen Verzuges der Auftragsbearbeitung (und damit je nach prognostizierter Störungswirkung) ist eine Störungsbehandlung auf unterschiedlichen Entscheidungsebenen möglich[174]. Ein solcher Mehrebenen-Ansatz eröffnet verschiedene Möglichkeitsräume der Reaktion auf (potenzielle) Störungen. Störungsbezogene Koordination erfolgt in unterschiedlichem Zeithorizont und auf unterschiedlichem Aggregationsniveau.

Produktionsbereichsspezifischer Anpassungsspielraum ermöglicht es, Störungen begrenzter Tragweite bereichsintern zu begegnen, mithin Ausstrahlungseffekte der Störungswirkungen auf vor- und nachgelagerte Produktionsbereiche zu unterdrücken. Werden Koordinationsprozesse zwi-

[171] Vgl. Corsten 2001, S. 13 ff., Gössinger 2001, S. 99.
[172] Vgl. Schneider 1996, S. 20 ff., Schneider/Schlüter 1999, S. 358 ff., Schlüter 2001, S. 75 ff.
[173] Schlüter (2001, S. 78) spricht insoweit von einem *Unterstützungsmodell* für die Koordinationsfunktion.
[174] Vgl. Fischäder 2000, S. 85.

schen Produktionseinheiten zugeordneten Entscheidungsträgern betrachtet, so lassen sich diese als bilaterale Abstimmungen zwischen benachbarten Niveaustufen charakterisieren, welche in Form der *Selbstabstimmung* zwischen den von einer Störwirkung betroffenen Kapazitätseinheiten ausgeschaltet sein können. Aus der Sicht einer aufwandsoptimalen Störungsanpassung auf Netzwerkebene wird im Rahmen dieser Arbeit auf ein Entscheidungsunterstützungssystem im Sinne einer zentralen Koordinationsinstanz fokussiert, welche in *Fremdabstimmung* Anpassungsmaßnahmen in Form von Entscheidungsvorgaben für die Produktionsbereiche plant. Tab. 2.1 gibt einen Überblick über eine Untergliederung von Störungsbehandlungsstufen.

Stufe	Charakteristik
A	Produktionsbereichsautonome und *bereichsinterne* Behandlung von Störungen ohne Ausstrahlung auf die Netzwerkebene. Möglichkeiten der Störungsbehandlung sind abhängig von der Organisationsstruktur der Produktionseinheiten und den eingesetzten Methoden der Feinplanung- bzw. Ausführungssteuerung.
B	*Bilaterale* Behandlung von Störungen mit bereichsübergreifenden Auswirkungen. Direkte Abstimmung zwischen einer gestörten Produktionseinheit und entsprechend dem Materialfluss vor- und nachgelagerten Knoten im Netzwerk. Heterarchische, horizontal-dezentrale Koordination.
C	*Multilaterale* Behandlung von Störungen mit bereichsübergreifenden Auswirkungen. (Hierarchische und vertikale) Koordination mehrerer von den Auswirkungen einer Störung großer Tragweite betroffenen Produktionseinheiten durch die zentrale Koordinationsinstanz.

Tab. 2.1: Untergliederung eines Behandlungsstufenkonzeptes

3 Abbildung von Produktionssystemen unter Einfluss logistischer und fertigungsbezogener Störungen – Modellkonstruktion

3.1 Methoden und Instrumente der Modellierung störungsbezogener Koordinationsaufgaben im Überblick

Das Verhindern der Einwirkung von Störgrößen auf Produktions- und Logistikprozesse sowie die Bewältigung aufgetretener Störungswirkungen sind als strategische Optionen des Störungsmanagements identifiziert[1]. Die vorliegende Arbeit fokussiert auf die letztgenannte Strategieoption; das entwickelte Modellsystem zielt auf die Verringerung, idealiter die Vermeidung von Störungs*wirkungen* ab. Eine (nachträgliche) Beseitigung von Störungsursachen (der einwirkenden Störgröße) wird unterstellt und hier nicht behandelt. Störungswirkungen können sowohl *antizipativ* als auch *reaktiv* verarbeitet werden[2].

Antizipatives Störungsmanagement umfasst das Einrichten und Verwenden von Systemreserven. Durch eine gezielte Gestaltung von Systemreserven können Störungswirkungen absorbiert und eine manifeste Störphase vermieden werden. Die (störungsinduzierte) Änderung geplanter Prozessabläufe ist nicht notwendig[3]. Die Modifikation der Ablaufplanung bei Auftreten von Störungen kann darüber hinaus durch Anwendung spezieller *offener* Planungsverfahren vermieden werden. Eine so genannte *offene* Planung von Prozessabläufen verzichtet auf eine umfassende Prädisposition zukunftsbezogener Handlungen[4].

Die Festlegung von Planwerten, die Zuschläge – *Reserven* – enthalten, wird in der Literatur intensiv behandelt. Mechanismen der Reservebildung werden unterschiedlich systematisiert, nachfolgend wird in die Reservearten *Kapazität*, *Material* und *Zeit* differenziert[5].

---

1 Vgl. Abschnitt 2.2.2.2.

2 Vgl. in Folge auch die umfangreichen Literaturübersichten bei Vieira/Herrmann/Lin 2003, S. 41 f. und S. 43 ff., Patig 2001, S. 23 ff., Zelewski 1995b, S. 234 f.

3 Eine spezielle Festlegung von Planwerten schließt aus, dass durch Störungen Abweichungen der Ist- von den Planwerten auftreten. Das Auftreten einer Störung wird folglich bereits bei der Ablaufplanung berücksichtigt. Vgl. Patig 1999, S. 9.

4 In diesem Zusammenhang wird die *opportunistische Koordinierung* diskutiert, vgl. Fox/Kempf 1985, S. 488 ff., Fox 1987, S. 232 ff., Zelewski 1995b, S. 230 ff. sowie S. 296 ff. Zur Ausgestaltung der opportunistischen Koordinierung und Umsetzung auf der Basis eines Multiagentensystems vgl. Gössinger 2000, S. 15 ff. und S. 85 ff., sowie Corsten 1999, S. 327 ff., Corsten/Gössinger 1998b, S. 434 ff., Corsten/Gössinger/Schneiker 2001, S. 312 ff. Vgl. darüber hinaus zur *Feinplanung mit Hilfe von Planungsschritten* Patig/Thorhauer 2002, S. 357 ff., Patig 2001, S. 53 ff.

5 Vgl. Patig 1999, S. 9 ff., Schweitzer 1997, S. 33 f., How/Law/Rampal 1995, S. 485 ff., Müller 1988, S. 428 ff. Zu abweichenden Systematiken vgl. Tempelmeier 2003, S. 440 f., Pagell et al. 2000, S. 35 f., Caputo 1996, S. 524 ff. und Gottschalk 1989, S. 476.

Eine Kapazitäts*reserve* adressiert Kapazität, die nicht für die Produktion verplant wird; dies kann durch eine Überschätzung der Kapazitätsbeanspruchung oder durch „Blockieren" eines Kapazitätsanteils zur Verplanung geschehen[6]. Reserven der Potenzialausstattung sind insbesondere bei kundenindividueller Leistungserstellung und Störungen mit stark erratischer Wirkung sinnvoll. Sie beziehen sich auf die Potenzialfaktoren Betriebsmittel und objektbezogene menschliche Arbeit. Unter dem Begriff der *Sicherheitskapazität* wird in der Literatur häufig einseitig verkürzt das Vorhalten von Reserveanlagen zwecks Ausgleich störungsinduzierter Engpässe besprochen[7]. Die Dimensionierung und Lokalisierung von Sicherheitskapazitäten erfolgt mit Hilfe von Simulationsstudien[8].

Ausschuss-Zuschläge oder *Hedging-Zuschläge* sind Formen der Reservehaltung bezogen auf den Verbrauchsfaktor Material[9]. Eine systematische Überschätzung von Bedarfsmengen bei gleichzeitigen Abweichungen von erwarteten Ausschussquoten oder Nachfrageverläufen führt zu Beständen. Durch *Mengenzuschläge* i. S. v. Reserven bei der Nettosekundärbedarfsermittlung werden unmittelbar Sicherheitsbestände gebildet[10]; ein bestimmter Teil eines Lagerbestandes wird durch die Vorgabe eines Sicherheitsbestandes der Planung entzogen. Ein Sicherheitsbestand kann sowohl auf der Ebene des Endproduktes (unter Bezug auf den Primärbedarf) als auch für Erzeugnisse auf Vorstufen (Baugruppen, Teile mit Sekundärbedarf) geplant werden. Sieht man von intern induzierten Störungen (beispielsweise im Zeitablauf schwankende Ausschussproduktion) als Bestimmungsgröße ab, so ist die Grundlage für die Festlegung von Sicherheitsbeständen die Wahrscheinlichkeitsverteilung der Periodenbedarfsmengen oder der Prognosefehler[11].

In der Literatur wird die Bildung von Sicherheitsbeständen unter dem Aspekt der Beherrschung versorgungs- und nachfrageseitig induzierter Unsicherheiten behandelt[12]. Ist ein Bestand unter das Niveau des geplanten Sicherheitsbestandes gesunken, so muss der fehlende Bestand zum nächstmöglichen Zeitpunkt wieder ausgeglichen werden. Zu diesem Zweck kann ggf. ein Zusatzauftrag zur Auffüllung des Lagerbestandes in Höhe des verbrauchten Sicherheitsbestandes ausgelöst werden[13]. In dieser Arbeit wird, ausgehend von spezifizierten Störsituationen, der Ef-

---

[6] Vgl. Müller 1988, S. 428 ff.

[7] Vgl. Craighead/Patterson/Fredendall 2001, S. 425 f., Atwater/Chakravorty 1994, S. 53. Zum Einsatz von Reservepersonal vgl. hingegen die umfangreiche Studie von Bormann 1978, S. 181 ff.

[8] Vgl. weiter Craighead/Patterson/Fredendall 2001, S. 428 ff., Kadipasaoglu et al. 2000, S. 219 ff., Atwater/Chakravorty 1994, S. 54 ff.

[9] Vgl. Gottschalk 1989, S. 476, Verganti 1997, S. 3230 ff., Murthy/Ma 1996, S. 570 ff. Zum Prinzip des Hedging vgl. insbesondere Miller 1979, S. 238 ff.

[10] Vgl. hierzu Hung/Chang 1999, S. 199 ff., Inderfurth 1992a, S. 21 ff., Graves 1988, S. 67, Schneeweiß 1988, S. 295, Yano/Carlson 1988, S. 186 ff., Minifie/Davis 1986, S. 117 f., Schmitt 1984, S. 334, Bormann 1978, S. 99 ff., Mather 1977, S. 72 f., Stetten 1977, S. 67 ff. Wechselwirkungen zwischen der reaktiven Sicherungsmethode des *Rescheduling* und dem *Aufbau von Sicherheitsbeständen* werden von Yano/Carlson (1987, S. 223 ff., und 1985, S. 372 ff.) untersucht.

[11] Vgl. Tempelmeier 2003, S. 442 ff., Caputo 1996, S. 520 ff., Schneeweiß 1988, S. 295. Allgemein verwendbare Ansätze zur Bestimmung optimaler Sicherheitsbestände in mehrstufigen Produktions- und Lagersystemen existieren derzeit nicht, vgl. weiter Tempelmeier 2003, S. 451.

[12] Vgl. stellvertretend Alicke 2005, S. 71 ff., Caridi/Cigolini 2002, S. 1061, Inderfurth/Minner 1998, S. 57 f., Salameh/Jaber 1997, S. 469 f., Salameh 1997, S. 38 f., Inderfurth 1992b, S. 3 ff.

[13] Zur Problematik der Wiederauffüllung von Sicherheitsbeständen vgl. u. a. Caridi/Cigolini 2002, S. 1061 und S. 1063. Die Produktion muss ggf. in Überzeit oder auf Anlagen, die zu diesem Zweck in Betrieb genommen werden, erfolgen (quantitative Anpassung).

fekt von Sicherheitsbeständen auf die Ausbreitung der Störungswirkung in Abhängigkeit von Ort und Höhe des Sicherheitsbestandes untersucht[14].

Auch Bestandteile der Durchlaufzeit (Bearbeitungszeit, Transport- oder Liegezeit) können mit Zuschlägen versehen werden[15]. Durch eine *Sicherheitsvorlaufzeit* wird ein Auftrag für ein Produkt früher ausgelöst[16]. Die Bestimmung einer optimalen Sicherheitszeit bereitet Schwierigkeiten; man benötigt die Kenntnis der Wahrscheinlichkeitsverteilung der Durchlaufzeit, die wiederum von stochastisch auf das Produktions- und Logistiksystem einwirkenden Faktoren (beispielsweise Betriebsunterbrechungen von Anlagen) aber auch von der sich dynamisch veränderten Belastungssituation der Produktionspotenziale abhängt[17]. Werden Sicherheitsvorlaufzeiten für jeden Arbeitsgang bzw. für jede Produktionsstufe vorgesehen, so können diese sich im Fall mehrstufiger Produktionsprozesse kumulieren und zu überhöhten Lagerbeständen führen. Sicherheitsvorlaufzeiten bieten sich im Vergleich zu anderen Maßnahmen der Reservebildung an, wenn die Nachfrage mit hoher Prognosegüte bestimmt werden kann[18].

Induzieren Störungen Abweichungen der Istwerte von Plangrößen, die ggf. festgelegte Toleranzgrenzen übersteigen, so erfolgt durch *reaktives Störungsmanagement* eine gezielte Modifikation der Ablaufplanung[19]. Formen der Anpassung stellen eine (kontextspezifische) *Reaktion* auf Störungen dar und gehen mit der Veränderung ex ante determinierter (Plan-)Werte einher[20].

In der Literatur diskutierte Methoden und Instrumente des reaktiven Störungsmanagements behandeln die Durchführung von Planänderungen unter Fokussierung auf das *Detailed Scheduling*. Ausgangspunkt der Betrachtungen ist ein Ursprungsplan der Feinterminierung für ein Planungsintervall, der Plan-Werte für alle (feinterminierten) Fertigungsaufträge umfasst[21]. Vor dem Hintergrund des Objektbereiches dieser Arbeit, der verteilten Leistungserstellung in netzwerkförmigen Produktions- und Logistiksystemen, werden damit Konzepte für die „Mikroebene" einzelner Produktionsbereiche und mithin für Knoten im Netzwerk untersucht. In der Literatur sind bislang lediglich experimentelle Prototypen beschrieben, die auf kleine Problemgrößen beschränkt bleiben. Praktische Anwendungen sind nicht bekannt. Darüber hinaus spielt die Analyse der Auswirkungen der diskutierten Methoden und Instrumente des reaktiven Störungsmanagements auf produktionswirtschaftliche Formalziele bislang nur eine untergeordnete Rolle[22]. Gegenstand der vorliegenden Arbeit ist ein verallgemeinerungsfähiges Konzept, welches auf unterschiedliche

14 Vgl. hierzu Abschnitt 4.4.

15 Vgl. Dolgui/Ould-Louly 2002, S. 147 ff., Schweitzer 1997, S. 30 ff., Minifie/Davis 1986, S. 118, Schmitt 1984, S. 334, REFA 1985, S. 422 und Zäpfel 1982, S. 221 ff. und S. 285 f.

16 Dies betrifft auch die Materialbestellung durch Lieferanten (Abrufe), vgl. z. B. Hegedus/Hopp 2001, S. 3459 f. und S. 3464 ff.

17 Vgl. Tempelmeier 2003, S. 426 f.

18 Vgl. Buzacott/Shanthikumar 1994, S. 1688, Molinder 1997, S. 993.

19 Vgl. Patig 2001, S. 19, Wildemann 1995, S. 63, REFA 1985, S. 419 f. und weiter S. 452 f.

20 Der Zusammenhang zwischen (Produktionsfein-)Planung, Störungsindikation und Ableitung von Maßnahmen zur Reaktion auf Störungen wird oft anhand regelungstechnischer Grundlagen erläutert, vgl. Tang/Grubbström 2002b, S. 258 ff., Frei 1999, S. 159 ff., Mößmer 1999, S. 53 ff., Martin 1998, S. 48 ff. und insbesondere S. 84 ff., Simon 1995, S. 40 ff. und insbesondere S. 78 ff., Zetlmayer 1994, S. 35 ff. und weiter S. 51 ff., Kiesewetter 1991, S. 45 ff.

21 Vgl. hierzu Patig 1999, S. 13 ff. Ein Planungsintervall bezeichnet den Zeitraum zwischen Neuplanungen, vgl. Zäpfel 1982, S. 293.

22 Zu solchen Einschätzungen vgl. Vieira/Herrmann/Lin 2003, S. 57 f. und weiter Patig 1999, S. 23.

Abstraktionsniveaus und damit sowohl auf Problemstellungen des Detailed Scheduling als auch auf netzwerkbezogene aggregierte Planungsprobleme anwendbar ist.

Verfahren des *Rescheduling*[23] bzw. des *Reactive Scheduling*[24] ermitteln in Abhängigkeit der Störsituation lediglich Korrekturen einzelner Planwerte eines gegebenen Ursprungsplanes. Ziel ist die Modifikation des durch eine Störung ungültig gewordenen Plans derart, dass das mit dem ursprünglichen Plan verfolgte Ergebnis trotz Störsituation erreicht werden kann. Dabei wird eine weitmögliche Erhaltung des Ursprungsplanes angestrebt[25]. Die Durchführung von Umplanungen bedingt Handlungsflexibilität[26]. Hinsichtlich der Reihenfolgen der Arbeitsgänge auf aktiven Betriebsmitteln unterscheidet man zwei Varianten der Ausgestaltung: (i) Die Reihenfolgen der Arbeitsgänge werden *nicht* verändert[27] bzw. (ii) die Reihenfolgen können verändert werden[28].

Jede extern oder intern induzierte Störung und mithin jede vorgenommene Planänderung beeinflusst das Systemverhalten[29]. Die (teilweise) Veränderung eines bereits terminierten Produktionsprogramms während des Vollzugs hat Auswirkungen auf andere Elemente des Produktionssystems. Eine hohe Rescheduling-Frequenz verbunden mit umfangreichen Planmodifikationen kann die Systemstabilität gefährden. Diese Problematik wird unter dem Begriff der Systemnervosität (*System Nervousness*) diskutiert[30]. Die Systemnervosität findet dadurch Berücksichtigung, dass die Effizienz der Umplanungsmaßnahme auch vom Verhalten von Stabilitätsindikatoren (Messgrößen für die Nervosität) abhängig ist[31]. Systemstabilität ist Bestandteil des Zielsystems.

Systemnervosität kann darüber hinaus durch die Anwendung von *Filterheuristiken* auf die den Umplanungsprozess anstoßenden Systemevents reduziert werden, es erfolgt eine „Gewichtung" der Störsituation[32]. Daneben wird in der Literatur die Anwendung von *Triggerschwellen* diskutiert[33].

---

[23] Vgl. Fujii/Watatani 1991, S. 137, Brown 1989, S. 198, Yamamoto/Nof 1985, S. 707. Vgl. weiter unter Bezug auf F&E-Projekte Chen/Ling/Chen 2001, S. 294 ff.

[24] Vgl. Szelke/Márkus 1994, S. 426, Dorn 1995, S. 32 ff., Monostori/Szelke/Kádár 1998, S. 89 ff. Zur Spezialform des *Matchup*-Scheduling vgl. weiter Bean/Birge 1985, S. 3 ff., Bean et al. 1991, S. 471 ff., Wu/Storer/Chang 1993, S. 1 f. und S. 5 ff., Tsukada/Shin 1993, S. 853 ff., Akturk/Gorgulu 1999, S. 82 ff. Zur Spezialform des *Turnpike*-Scheduling siehe Parunak 1987, S. 303, Belz 1993, S. 13 und S. 99 ff.

[25] Vgl. Corsten/Gössinger 1997, S. 9.

[26] Vgl. Kaluza 1993, Sp. 1174 f., Gottschalk 1989, S. 477 f. Zum Begriff der Flexibilität vgl. in diesem Zusammenhang auch Patig 2001, S. 31 ff., Schneeweiss/Schneider 1999, S. 100 ff., Zelewski 1998, S. 236 ff. und De Toni/Tonchia 1998, S. 1590 ff.

[27] Zur Verspätung von Start- und Endterminen von Bearbeitungsvorgängen, dem so genannten *Right-Shifting*, vgl. Abumaizar/Svestka 1997, S. 2068 ff., Matsuura/Kanezashi 1996, S. 139, Li/Shyu/Adiga 1993, S. 1815 ff., Wu/ Storer/Chang 1993, S. 3, Yamamoto/Nof 1985, S. 710. Eine Verfahrensimplementierung und Rechnerunterstützung ist auf der Grundlage binärer Suchbäume möglich, vgl. Patig 1999, S. 18 f.

[28] Vgl. z. B. Bean et al. 1991, S. 474 f., Ho et al. 1986, S. 124 ff., Arping 1977, S. 112 ff., Mather 1977, S. 64 f.

[29] Zu Kategorien solcher Störereignisse vgl. Minifie/Davis 1986, S. 112 ff., Mather 1977, S. 64 ff., Steele 1975, S. 83 ff.

[30] Vgl. Hvalica/Bogataj 2005, S. 455, Herroelen/Leus 2001, S. 569, Grubbström/Tang 2000, S. 124.

[31] Zu Stabilitätsindikatoren vgl. Vieira/Herrmann/Lin 2003, S. 47 und S. 52 f., Cowling/Johansson 2002, S. 231, Grubbström/Tang 2000, S. 125 f., Ahmed/Sahinidis 1998, S. 1884 f., Inderfurth/Jensen 1997, S 820 ff., Abumaizar/Svestka 1997, S. 2082, Kadipasaoglu/Sridharan 1995, S. 198, Leon/Wu/Storer 1994, S. 35 ff., Wu/Storer/Chang 1993, S. 2 ff.

[32] Vgl. Penlesky/Wemmerlöv/Berry 1991, S. 2280 ff. und weiter Orlicky 1975, S. 38 ff. Einen Filter auf Basis der Abschätzung von Kosten der Umplanung entwickeln Ho/Law/Rampal 1995, S. 490 ff. und Ho/Carter 1996, S. 139 ff. auf Grundlage der Arbeit von Carlson/Jucker/Kropp 1979, S. 754 ff.

[33] Vgl. Grubbström/Tang 2000, S. 126, Guo/Nonaka 1999, S. 504 ff., Guo/Uchimura/Nonaka 1997, S. 202 ff.

Heuristische Umplanungsregeln sind mit einer Einschränkung der zustands- oder störfallabhängigen Entscheidungsräume verbunden und geben Empfehlungen hinsichtlich auszuwählender Maßnahmen[34]. In der Literatur werden abgestufte Vorgehensweisen beschrieben: Bei Auftreten einer Störung wird zunächst ein nach einem geeigneten Kriterium abgegrenztes Suchfeld als Zusammenstellung von Maßnahmen der Störungsbehandlung bearbeitet. Die Identifikation und Auswahl einer Maßnahme setzt die Bewertung ihrer Vorteilhaftigkeit voraus. Können in diesem Suchfeld keine geeigneten Maßnahmen identifiziert werden, wird der Suchraum auf die nächsthöhere Betrachtungsebene erweitert[35].

Mit solchen abgestuften Vorgehensweisen werden eine Verkürzung der Reaktionszeit und eine Reduktion des Umdispositionsaufwandes angestrebt[36]. Gemeinsam ist den vorgeschlagenen Ansätzen, dass Maßnahmen der Störungsbehandlung in Stufen zusammengefasst werden, wobei die Stufenbildung anhand der Aggregationsebene der Planung erfolgt. Zuerst wird auf der Ebene einer einzelnen Bearbeitungseinheit (unterste Ebene) versucht, beispielsweise durch Übergang zu alternativen Prioritätsregeln, eine Umplanung vorzunehmen. Können keine vorteilhaften Maßnahmen identifiziert werden, wird der Suchraum schrittweise auf Betriebsmittelgruppen, auf einzelne oder mehrere Aufträge ausgeweitet[37]. Im Vorfeld spezifizierte Entscheidungsräume und abgestufte Vorgehensweisen sind mit der Gefahr verbunden, dass vorteilhaftere Maßnahmen auf höheren Betrachtungsebenen bei Entscheidungen auf unteren Ebenen unberücksichtigt bleiben. Eine rechentechnische Umsetzung ist auf der Basis von Expertensystemen möglich[38].[39]

Für heuristische Umplanungsregeln existieren verschiedene Gestaltungsformen:

- Eine Bewertung aller situationsspezifisch realisierbaren Maßnahmen ist auf Basis von *Simulationen* möglich[40]. Die Bewertung alternativ möglicher Maßnahmen erfolgt auf der Basis einer Zielfunktion[41].

---

34 Vgl. Patig 1999, S. 16. Zu Beispielen der Ausgestaltung und algorithmischen Umsetzung vgl. u. a. Li 1999, S. 276, Fuchs 1997, S. 102 ff., Kath 1994, S. 44 ff., Belz 1993, S. 32 ff., Rose 1989, S. 82 ff. Zu Konzepten auf der Grundlage einfacher IF-THEN-Anweisungen vgl. Arping 1977, S. 101 ff., Jain/ElMaraghy 1997, S. 289 ff.

35 Rose (1989, S. 68) geht stark vereinfachend vor, indem er die Bedeutung einer Störung anhand einer Verzugsmatrix bestimmt. Ausfall- oder Verzugszeiten werden unter Berücksichtigung der Engpasskategorie des betroffenen Aggregates mit vorab definierten Verzugszeitbereichen verglichen; diesen Zeitbereichen ist jeweils fest eine Behandlungsstufe zugeordnet.

36 Zu einer kritischen Einschätzung dieser Vorgehensweise vgl. Corsten/Gössinger 1997, S. 9 ff. Eine Verkürzung der Suchzeit ergibt sich nur dann, wenn auf den zuerst durchsuchten Ebenen tatsächlich die erfolgversprechenden Maßnahmen gebündelt sind. Die Betrachtungsebenen (die Bündelung von Maßnahmen) müssen nach dem Kriterium des erwarteten Erfolges abgegrenzt werden. Ein solches Kriterium muss die in der konkreten Störsituation zu berücksichtigenden Interdependenzen mit einschließen. Dies scheint jedoch aufgrund des breiten Spektrums möglicher Störungen, der Vielfalt ihrer Wirkungen und deren Abhängigkeit vom konkreten Zustand des Produktionssystems nicht möglich.

37 Rose (1989, S. 60 ff.) grenzt beispielsweise den Kapazitätsbereich, den Werkstattauftragsbereich, den Auftragsnetzbereich und den Kundenauftrags- bzw. Endproduktbereich ab. Ähnlich auch Jostock 1994, S. 99 ff.

38 Vgl. Rose 1989, S. 82 ff. und weiter S. 102 ff., Kotschenreuther 1991, S. 56 ff. sowie S. 64 ff.

39 Zu wissensbasierten Ansätzen für die Auswahl von Maßnahmen der Störungsbehandlung vgl. Szelke/Kerr 1994, S. 130 ff. sowie Drexl/Pesch/Salewski 1995, S. 1139 ff., Baldeweg/Lindner 1986, S. 47 ff.

40 Vgl. Davis 1989, S. 117 ff. und insbesondere S. 122 ff., Li et al. 2000, S. 285, Schwab 2000, S. 45 ff. und weiter S. 54 ff. In entsprechenden Systemen finden beispielsweise neuronale Netze, Petri-Netze oder Fuzzy Sets Anwendung, vgl. Koch 1996, S. 62 und weiter S. 86 ff., Villarroel/Muro-Medrano 1994, S. 44 ff., Belz 1993, S. 32 ff., Lehmann 1992a, S. 62 ff.

41 Gütekriterien sind beispielsweise durchschnittliche Durchlaufzeiten, durchschnittliche Terminabweichungen, Fehlbestände etc. Vgl. Patig 1999, S. 19, Vieira/Herrmann/Lin 2003, S. 47 f.

- Heuristische Umplanungsregeln werden auf der Basis von *Case Based Reasoning* implementiert[42]. Kontextbezogen erfolgt dabei eine Beschränkung von Entscheidungsräumen. Ein Case stellt dabei eine historische Produktionssituation (Störsituation) dar. Der Störsituation werden Maßnahmen zugeordnet; die mit der Maßnahme erzielbaren Ergebnisse werden bewertet[43]. In der aktuellen Störsituation wird die Maßnahme (und damit der Case) realisiert, der einer historischen Situation am stärksten gleicht[44].
- Eine rechnergestützte heuristische Umplanung ist auch mit Hilfe des *Constraint Solving* möglich[45]. Im Gegensatz zum Case Based Reasoning wird der Entscheidungsraum beim Constraint Solving nicht ex ante beschränkt. Planwerte werden so festgelegt, dass sie allen Planungsrestriktionen genügen. Im Störfall verändern sich Restriktionen, so dass eine erneute Festlegung (einzelner) Planwerte notwendig wird[46].

Zur Abstimmung der dezentral in den Fertigungssegmenten heterogener Produktionssysteme durchgeführten Feinplanung auf Netzwerkebene werden segmentübergreifende *Interaktionsregeln* vorgeschlagen[47]. Nachdem die Maschinenbelegung in den Fertigungssegmenten vorgenommen wurde, werden die dabei ermittelten Start- und Fertigstellungstermine der Fertigungsaufträge an eine zentrale Koordinationsebene zurückgemeldet; dort wird die Konsistenz und Zulässigkeit des Gesamtplanes überprüft. Störungen können eine (erneute) bi- oder multilaterale Abstimmung der Maschinenbelegung in von den Störungswirkungen betroffenen Segmenten erfordern[48].

Vereinzelt finden sich Ansätze der Modellierung gestörter Produktionssysteme und Umplanungsprobleme auf der Ebene der Feinterminierung auf Basis *Markovscher Ketten*[49] oder *Genetischer Algorithmen*[50]. Störungsmanagement wird ferner durch den Einsatz *elektronischer Leitstände* zur Fertigungssteuerung unterstützt[51]. Im Störfall modifiziert der Disponent die Ablaufplanung;

---

42 Vgl. Dorn 1995, S. 32 ff., Szelke/Márkus 1997, S. 35 ff. Zur Methodik des Case Based Reasoning vgl. u. a. Aamodt/Plaza 1994, S. 42, Allen 1994, S. 40.

43 Die Charakterisierung der Produktionssituation erfordert quantifizierbare Kriterien im Zeit-Mengen-Gerüst (z. B. Verzugszeiten von Fertigungsaufträgen) oder auf Basis entscheidungsrelevanter Kosten. Vgl. Sabuncuoglu/Bayiz 2000, S. 573 ff., Abumaizar/Svestka 1997, S. 2067 f., Miyashita/Sycara 1995, S. 389, Szelke/Márkus 1995, S. 71. Zu Kriterien auf Kostenbasis vgl. insbesondere Tang/Grubbström 2002a, S. 328 f. Zu verbalen störungsbezogenen Klassifizierungskriterien vgl. Dorn 1995, S. 42, Szelke/Márkus 1995, S. 71 und weiter Schumacher/Verwater-Lukszo/Weijnen 1999, S. 76 f. Neben einem Nutzenindikator für Umplanungen auf Basis monetärer oder nichtmonetärer Zielgrößen wird häufig ein Stabilitätsindikator eingeführt, vgl. nochmals Cowling/Johansson 2002, S. 234 ff., Li et al. 2000, S. 285 ff., Ramasesh 1990, S. 50 ff., Schumacher/Verwater-Lukszo/Weijnen 1999, S. 76 f., Karsiti/Cruz/Mulligan 1992, S. 327 f.

44 Vgl. Miyaashita/Sycara 1995, S. 393 ff., Dorn 1995, S. 42 und Szelke/Márkus 1995, S. 71.

45 Vgl. Hall/Potts 2004, S. 442 ff., Herroelen/Leus 2001, S. 560 ff., Abumaizar/Svestka 1997, S. 2068 ff., Shu et al. 1998, S. 188 ff., Li/Shyu/Adiga 1993, S. 1815 ff.

46 Vgl. auch Dorn/Kerr/Thalhammer 1995, S. 700, Henseler 1995, S. 24, Kerr 1990, S. 239 ff. und S. 254 ff., Brown 1989, S. 202, Smith 1988, S. 117 ff.

47 Eine Interaktionsregel beschreibt, auf welche Art und Weise Einfluss auf den Arbeitsablauf eines Dispositionsbereiches genommen werden kann, vgl. Rosenberg/Ziegler/Holthaus 1993, S. 8 f. Zu Ausgestaltungsformen vgl. weiter Wilhelm 1996, S. 178 ff., Weigelt 1994, S. 55 ff.

48 Zu Interaktionsregeln zur Beseitigung einer Unzulässigkeit vgl. weiter Wilhelm 1996, S. 184 ff. Aus der Sicht der Störungsbehandlung interessant sind die Koordinationsregeln von Holthaus (1996, S. 35 ff.). Er bezieht, ausgehend von einem gerichteten Materialfluss auf Netzwerkebene, Vorgängersegmente in die Abstimmung mit ein. Der (geplante) Zustrom von Zwischenerzeugnissen in ein gestörtes Segment kann dadurch verzögert werden. Im Vorgängersegment ergeben sich zudem Planungslücken zur Behandlung anderer Störungen.

49 Vgl. Abbourd 2001, S. 98 ff., Kijima/Takimoto 1999, S. 70 ff.

50 Vgl. Bierwirth/Mattfeld 1999, S. 12 ff., Leon/Wu/Storer 1994, S. 37 ff.

51 Vgl. Kurbel 1999, S. 246 ff., Rautenstrauch/Turowski 1998, S. 149 ff., Scheer 1996, Sp. 1063 ff. In Bezug auf das Störungsmanagement vgl. Bamberger 1996, S. 60 ff. und weiter S. 101 ff., Kurbel/Ruppel 1996, S. 375 ff.

Auswirkungen manueller Eingriffe werden durch eine „elektronische Plantafel" simuliert und auf Konsistenz geprüft.

Reaktives Störungsmanagement erfolgt darüber hinaus auf Grundlage von Methoden der *Verteilten Künstlichen Intelligenz* (VKI)[52]. *Agenten* (genauer Softwareagenten) sind die Problemlöser verteilter störungsbezogener Koordinationsaufgaben in Planungs- und Steuerungssystemen[53]. Dem *Wooldridge/Jennings*-Ansatz folgend werden Softwareagenten hinsichtlich ihrer Eigenschaften „Autonomy", „Social Ability", „Responsiveness" und „Proactiveness" systematisiert und beschrieben[54]. Implikationen dieser grundlegenden Agenteneigenschaften auf störungsbezogene Koordinationsaufgaben deuten das Potenzial agentenorientierter Techniken zur Lösung in dieser Arbeit behandelter Problemstellungen an. Ein Agent als *Softwaresystem*[55] ist eine autonome Einheit eines automatischen Informationssystems[56] und damit ein maschineller Aufgabenträger, welcher „ein mit individueller Selbstständigkeit verbundenes zielgetriebenes Verhalten aufweist"[57]. Agenten existieren jedoch nicht allein, sondern interagieren mit anderen Agenten in einem *Multiagentensystem*[58].

Interdependenzen, die zwischen den Handlungen der Agenten bestehen, eine globale Zielorientierung im Gesamtverhalten der Agentengesellschaft sowie die Bündelung von Kompetenzen, Ressourcen und Informationen bei der Behandlung komplexer Probleme (hier: Störfälle) erfordern *Koordination* in Multiagentensystemen[59]. Koordination dislozierter Einheiten ist wiederum in jeder Form durch Information und *Kommunikation* geprägt[60]. Die technische Realisierung der Kommunikation basiert auf den Prinzipien *Shared-Memory* bzw. *Message-Passing*[61]. Im Gegensatz zu dem Kommunikationsprinzip des Shared-Memory, welches ausschließlich bei *Blackboard-*

[52] Die VKI (oder englisch: Distributed Artificial Intelligence, DAI) bezweckt die Entwicklung zuverlässiger, übersichtlicher, wartungsfreundlicher und wiederverwendbarer dezentralisierter Systeme, die durch Verteilung von Intelligenz auf eine Agentengesellschaft geschaffen werden, vgl. Weiss 1999, S. 1, Müller 1994, S. 161, Müller 1993, S. 9. In der Literatur häufig rezipiert wird die auf Bond/Gasser zurückgehende Unterteilung der VKI in die Gebiete *Distributed Problem Solving* (DPS) und *Multiagent Systems* (MAS). Diese Systematisierung hat sich auch im deutschen Sprachraum durchgesetzt, vgl. Kirn 1996, S. 22 und umfassend Moulin/Chaib-Draa 1996, S. 4 ff.

- DPS ist gekennzeichnet durch eine *problemorientierte Vorgehensweise*, bei der eine zu Beginn des Systementwurfs bekannte Problemstellung vorliegt, inhärent auf mehrere Module verteilt ist und zu deren Bearbeitung ein verteiltes System *top-down* entwickelt wird. Vgl. Bond/Gasser 1988, S. 3, Kassel 1998, S. 30.
- Agenten eines MAS verfügen über eine explizite Repräsentation ihrer Ziele, die Gegenstand ihres individuellen Schlussfolgerns werden. Problemstellungen in MAS werden im Gegensatz zu DPS typischerweise durch den *bottom-up*-Aufbau einer bereits bestehenden Agentengesellschaft behandelt. Vgl. Kirn 1996, S. 22, Kassel 1998, S. 30. Somit folgt eine *agentenorientierte Sichtweise* mit Schwerpunkt auf die Untersuchung des Agentenverhaltens, der Architektur der Agenten und ihrer Kommunikationseigenschaften. Vgl. Müller 1993, S. 11.

[53] Der Agentenbegriff ist bereits zahlreiche Konnotationen eingegangen. Vgl. Zelewski 1993, S. 6, weiter Wooldridge 1999, S. 28 und Kiss 1996, S. 248 ff. Weiter zum Agentenbegriff vgl. Fischer et al. 1996, S. 44, Ferber 1999, S. 8 ff., Sundermeyer 1993, S. 26 f.

[54] Das von Wooldridge und Jennings vorgeschlagene Konzept dient auch als systematische Grundlage der Arbeiten von Schmidt (1999, S. 26 f.) und Henseler (1998, S. 50 ff.). Zu anderen Konzepten vgl. beispielsweise Bamberger 1999, S. 71 ff.

[55] Vgl. Weiss 1999, S. 2.

[56] Vgl. Zelewski 1993, S. 6, ähnlich auch bei Hahndel 1996, S. 2 und S. 35.

[57] Kirn 1997, S. 212.

[58] Vgl. Mannmeusel 1997, S. 100 ff., Schmidt 1999, S. 27, Zelewski 1993, S. 12.

[59] Vgl. Jennings 1996, S. 188 f.

[60] Vgl. insbesondere Krüger 1996, Sp. 178, Baldi 1996, S. 142 f. Vgl. hierzu auch Abschnitt 2.2.1.

[61] Vgl. Albayrak/Bussmann 1993, S. 67 ff., Henseler 1998, S. 53 f.

Systemen Anwendung findet[62], ist das Message-Passing unter Multiagentensystemen sehr weit verbreitet; Agenten kommunizieren durch gezielten Nachrichtenaustausch mit einem oder mehreren Sendern bzw. Empfängern[63]. Das Prinzip des Message-Passings erfährt eine Weiterentwicklung zum *Contract-Net*, wenn infolge eines Nachrichtenaustausches Kontrakte bezüglich angebotener und nachgefragter Leistungen zur Bearbeitung eines Teilproblems zwischen einem oder mehreren Anbietern bzw. Abnehmern geschlossen werden[64].

Auf der Basis einer *Contract-Net-Architektur* können störungsinduzierte Umplanungen realisiert werden. Agenten repräsentieren dabei zum einen Aufträge (als Kapazitätsnachfrager für „ihre" Arbeitsgänge) und zum anderen Aggregate (Kapazitätsanbieter). Die damit verwirklichte, *rollenorientierte Modellierungsform*[65] von Agenten ist zunächst durch die bearbeitete Problemstellung geprägt. Jedem Agenten der Gesellschaft kann a priori eine Rolle im Sinne einer groben Aufgabenbeschreibung zugeordnet werden. Entsprechend der Rollenverteilung innerhalb der Agentengesellschaft leitet sich das Verhalten der Agenten bei Interaktionen ab[66]. Die Kapazitätsnachfrage wird durch Agenten ausgeschrieben, Repräsentanten der Betriebsmittel bewerben sich[67]. Intern induzierte, ressourcenbezogene Störungen oder aber kurzfristige Veränderungen im Primärbedarf bewirken, dass (einzelne) Ausschreibungen (terminlich und/oder inhaltlich) modifiziert oder erneut erfolgen müssen[68]. Kommunizieren Agenten über einen zentralen Informationsspeicher (*Blackboard-Architektur*), so werden Kapazitätsnachfragen durch Aufträge und Kapazitätsangebote von Produktionsressourcen über eine zentrale Ausschreibungsstelle vermittelt. Im Störfall werden über das Blackboard Umplanungen, Auftragssplittings etc. verhandelt[69].

Bislang wird nur ganz vereinzelt von Multiagentensystemen in industriellen Anwendungen berichtet[70]. Der Entwurf und Betrieb eines Multiagentensystems wird erschwert[71] durch den mit der Kommunikationsaufgabe verbundenen Zeitbedarf[72]. Die Interaktion zwischen Agenten kann darüber hinaus zu Deadlocks und zur Schleifenbildung führen.

62 Hilfsmedium der Kommunikation zwischen den Problemlösern ist ein zentraler, gemeinsam genutzter Speicherbereich. Dort wird sowohl der Verlauf als auch der aktuelle Zustand der Problemlösung im Sinne eines Logfile dokumentiert. Vgl. Engelmore/Morgan 1988, S. 3, Kirn 1997, S. 214, Ferber 1999, S. 128 ff.

63 Vgl. Mannmeusel 1997, S. 106 ff., Kirn 1997, S. 216 f.

64 Die Contract-Net-Architektur wurde ursprünglich von Davis/Smith (1983, S. 63 ff.) entworfen.

65 Vgl. Müller 1994, S. 164 f., Müller 1993, S. 13 f., weiter Hahndel 1996, S. 86 ff.

66 In strenger Analogie zu soziologischen Systemen können so unterschiedliche Koordinationsprinzipien in MAS nachgebildet werden – Hierarchien, Heterarchien, kooperative oder pluralistische Systeme. Vgl. Barber et al. 1999, S. 607, Baker 1998, S. 298 f., Kassel 1998, S. 38. Zu Koordinationsprinzipien und ihren Eigenschaften vgl. Fischäder 2003, S. 13 ff.

67 Zu solchen Systemen vgl. für viele Tchikou/Gouardères 2003, S. 331 ff., Sauer/Appelrath 2003, S. 7 ff., Corsten 1999, S. 327 ff., Corsten/Gössinger 1998a, S. 188 ff., Corsten/Gössinger 1997, S. 37 ff., Kassel 1998, S. 53 ff., Henseler 1998, S. 161 ff.

68 Vgl. u. a. Weigelt 1994, S. 85 ff. und weiter Ottaway/Burns 2000, S. 724 ff., Choi/Kim/Yook 2000, S. 4196 ff., Shaw 1989, S. 331 ff. sowie Archimede/Coudert 2001, S. 677 ff.

69 Zu Anwendungen von Multiagentensystemen zur (störungsinduzierten) Umplanung auf Basis einer verteilten Blackboard-Architektur vgl. Szelke/Márkus 1997, S. 39 f., Shih/Srihari 1995, S. 201 ff., Krallmann 1994, S. 82 ff., Weigelt 1994, S. 39 ff., S. 62 ff. (kooperierende Agenten) und weiter S. 85 ff. (konkurrierende Agenten).

70 Vgl. Baumgärtel et al. 1997, S. 59 ff. Henseler (1998, S. 5) schätzt ein, dass dies an einer geringen Laufzeiteffizienz der Systeme sowie an der (nicht geeigneten) Verteilung des Ursprungsproblems liegt.

71 Zu Nachteilen von Multiagentensystemen vgl. insbesondere Henseler 1998, S. 60 f.

72 Der Zeitanteil für den Versand von Nachrichten, für das Warten auf Nachrichten und deren Abarbeitung kann gegenüber dem Zeitanteil für die eigentliche Problemlösung überwiegen; der Geschwindigkeitsvorteil verteilter Systeme wird aufgezehrt. Der zentrale Speicherbereich einer Blackboard-Architektur sowie seine Zugriffssteuerung können bei praktischen Problemgrößen schnell zum Engpass werden.

3.2 Systemtheoretische Einordnung und Beschreibung eines geeigneten Modellierungsansatzes

Detaillierte Analysen praxistypischer Produktions- und Logistiksysteme mit dem Ziel der Ableitung von Handlungs- und Gestaltungsempfehlungen erfordern handhabbare Systemdarstellungen bzw. -abbildungen. Um auch für komplexe reale Systemstrukturen Erkenntnisse hinsichtlich ihrer Funktionsweise zu gewinnen, ist ein überschaubares und experimentierfähiges Abbild, ein Modell des betrachteten Realitätsausschnittes erforderlich[73]. Ein *Modell* ist ein System, welches durch vereinfachende, abstrakte, materielle oder ideelle Abbildung eines anderen Systems – des Untersuchungsobjektes – entstanden ist und dieses Original repräsentiert. Die Modellbildung bezweckt das Gewinnen von Aussagen über Ursache-Wirkungs-Zusammenhänge, charakteristische Strukturen oder Gesetzmäßigkeiten im Verhalten des Untersuchungsobjektes[74].

Jedes System lässt sich durch Systemgrößen charakterisieren[75]. *Zustandsgrößen* sind Systemgrößen, für die Augenblickswerte beobachtet werden und die demzufolge für jeden Zeitpunkt erklärt sind und in ihrer Gesamtheit den Zustand eines Systems repräsentieren[76]. Für *Flussgrößen* lassen sich keine Augenblickswerte beobachten[77]. Sie sind auf ein bestimmtes Zeitintervall bezogen.

Die Realitätsnähe eines Modells und der mit dessen Anwendung verbundene Erkenntnisgewinn wird entscheidend durch die richtige Wahl der Systemklasse bestimmt[78]. Auf der Basis der gewählten Systemklasse muss eine geeignete formale Modellierungssprache gefunden werden. Hier modellierte Systeme lassen sich charakterisieren als

- Modelle für *dynamische Systeme*: Veränderungen der Systeminputs und -outputs sowie deren Zustände werden im Verlaufe der Zeit betrachtet.
- Modelle mit *diskreten Größen* (diskrete Systeme): Kenngrößen des Systems nehmen konkrete Werte nur zu bestimmten – in der Regel äquidistanten – Zeitabschnitten an, d. h. diskrete Werte sind nur zu bestimmten Zeitpunkten, also diskontinuierlich beobachtbar. Zustandswechsel erfolgen zu diskreten Zeitpunkten[79].

---

73 Vgl. Krallmann/Frank/Gronau 2002, S. 31.

74 Vgl. Krallmann/Frank/Gronau 2002, S. 32 f., Adam 1996, S. 60, Ullmann 1996, S. 46 ff. und die dort systematisierte Literatur und ferner Känel 1990, S. 25, Baetge 1974, S. 47, Stachowiak 1973, S. 128 ff. Ein Modell ist eine *homomorphe* und damit strukturähnliche Abbildung eines Systems; nicht alle Elemente und Kopplungen zwischen den Elementen des Originals sind im Modell wiederzufinden. Modelle müssen über all jene Bestandteile verfügen, die unabdingbar für die Realisierung der Aufgabe bzw. Funktion des Systems notwendig sind. Stachowiak (1973, S. 132) identifiziert insoweit ein *Verkürzungsmerkmal* als Modelleigenschaft.

75 Vgl. Känel 1990, S. 24 f. sowie Dyckhoff 2003, S. 26 f.

76 Zustandsgrößen sind in erster Linie Bestandsgrößen, z. B. Bestand an gelagerten Erzeugnissen, Bestand an Arbeitsinhalt in Stunden.

77 Beispiele für Flussgrößen sind Produktionsausstoß in der Planperiode, Umsatz im Geschäftsjahr.

78 Vgl. Warschat 1982, S. 430.

79 Zu weiteren Systemeigenschaften, z. B. der (Nicht-)Linearität von Zustandstransformationen oder zu deterministischen bzw. stochastischen Zustandsmengen vgl. Warschat 1982, S. 430. In dieser Arbeit betrachtete Produktionssysteme und produktionswirtschaftliche Prozesse unterliegen diskreten Zustandswechseln. Als Modellierungstechnik kommt die Simulation auf der Grundlage ereignisorientierter Zustandsfunktionen in Betracht. Vgl. Hummeltenberg/Preßmar 1989, S. 221 und weiter Kuhn/Reinhardt/Wiendahl 1993, S. 245.

Die im Rahmen des in dieser Arbeit dargestellten Problemlösungsansatzes angewendete Methodik der *Simulation* basiert auf der Durchführung von Experimenten mit dem Ziel der Analyse dynamischer Prozesse in einem Modell[80]. Aus der betrachteten Koordinationsaufgabe lassen sich die in Folge beschriebenen Elemente des Modellsystems identifizieren.

Elemente im *Modell der Produktionsressourcen* sind Kapazitätseinheiten. Sie stellen eigenständige Dispositionsbereiche dar. Kopplungen zwischen diesen Kapazitätseinheiten beschreiben die Systemstruktur; sie ergeben sich aus Informations- bzw. Materialflussbeziehungen zwischen den Elementen. Kapazitätseinheiten repräsentieren abgeschlossene Produktionsbereiche eines untersuchten realen Produktionssystems. Diese können einzelne Arbeitsplätze oder Arbeitsplatzgruppen sein, welche im Wertschöpfungsprozess für die Realisierung einer *Produktionsstufe* erforderliche Arbeitstechniken bereitstellen. Der Modellierungsansatz ist sowohl auf innerbetriebliche störungsbezogene Koordinationsprobleme als auch auf störungsinduzierte Abstimmungen in Produktions- und Logistiknetzwerken im Sinne überbetrieblicher Wertschöpfungsverbünde adaptierbar. Dies bedingt, dass im konkreten Fall Kapazitätseinheiten auf unterschiedlichem Aggregationsniveau abzugrenzen sind. Das Spektrum reicht von Einzelarbeitsplätzen (Elemente als Zusammenfassung bestimmter Verrichtungen innerhalb eines Werkstattsystems) bis hin zu ganzen Fabriken, Werkteilen oder Unternehmen, die Kapazitätseinheiten in Supply Chains darstellen[81].

Das Ressourcenmodell ist hinsichtlich der *Abbildung von Störeinflüssen* zu konkretisieren. Beliebige Störgrößeneinwirkungen auf ein Produktionssystem (Ursachendimension von Störungen) lassen sich darstellen und die Wirkungen dieser Ursache unter Berücksichtigung beispielsweise der Engpasssituation in den Kapazitätseinheiten oder des Einwirkungsortes der Störgröße ermitteln. Empirische Beobachtungen des Auftretens von Störungen in realen Produktionssystemen stützen den Ansatz, die Störgrößeneinwirkung hinsichtlich ihrer Auftrittsfrequenz[82] und ihres Ausmaßes (ihrer Tragweite) zu charakterisieren[83]. Solche aus der Literatur bekannten praktischen Erhebungen zeigen, dass Auftrittsfrequenzen um diskrete Punkte des Frequenzspektrums clustern, mithin typische Störsituationen identifiziert werden können. Aus der Sicht ihrer (potenziellen) Wirkungen scheinen insbesondere Störgrößen hoher Tragweite und geringer Auftrittsfrequenz von besonderem Interesse, beispielsweise Ausfälle von Engpassressourcen über einen längeren Zeitraum[84]. Bislang bekannte Produktionsplanungs- und Steuerungskonzeptionen erfassen

80 Vgl. grundlegend Page 1991, S. 7 ff., VDI 2000.

81 Elemente des Produktionssystems sind Fertigungsbereiche, in denen die Kombination von *originären* oder *derivativen* (im Sinne von anderen Produktionsstellen im Netzwerk bezogenen) Inputgütern und deren Transformation zu Zwischengütern (Halbfabrikaten), die in anderen Produktionsbereichen weiterverarbeitet werden, oder zu Endprodukten, die am Absatzmarkt vertrieben werden, erfolgt. Darüber hinaus sind Produktionsressourcen Elemente und damit Kapazitätseinheiten, die Lager- und Transportaufgaben sowie weitere produktionsbezogene Dienstleistungen übernehmen.

82 Der Kehrwert der Auftrittsfrequenz bestimmt den zeitlichen Abstand zwischen dem Auftreten ein und derselben Störgröße.

83 Zu solchen Studien vgl. u. a. Krüger 2000, S. 21 ff., Heil 1995, S. 73 f. sowie S. 106 ff., Klages 1994, S. 30 ff., Gershwin 1994, S. 359 ff., Lehmann 1992a, S. 9 ff., Herzlieb 1984, S. 139 ff., Greve 1970, S. 142 ff., Dienstdorf 1970, S. 25 ff. und insbesondere S. 40. Alle Untersuchungsergebnisse führen zu dem Ergebnis, dass Störungen großer Tragweite nur relativ selten auftreten.

84 Gershwin (1989, S. 199) identifiziert eine „low frequency high occupation activity“ als „major disruption“.

und verarbeiten Störungswirkungen aufgrund nicht vorhersehbarer und damit planungsmethodisch nicht antizipierbarer Störgrößeneinwirkungen nur unzureichend[85].

Die begriffliche Abgrenzung betrieblicher Störungserscheinungen in Abschnitt 2.2.2.1 hat bereits verdeutlicht, dass sowohl Störgrößeneinwirkungen als auch dadurch induzierte Wirkungen auf das Zeit-Mengen-Gerüst des Produktionsdurchsatzes zeitlich befristete Vorgänge bzw. Zustandsänderungen sind. Störungen haben also hinsichtlich ihrer Ursachen- und Wirkungsdimension Prozesscharakter[86]. Der Modellierungsansatz muss in kurzer Zeit und mit geringem Rechenaufwand die Darstellung der Störungswirkungen und vor allem der Wirkungen verschiedener Anpassungsalternativen gestatten, so dass im Störfall mit geringem zeitlichen Verzug reagiert werden kann.

Die Elemente des Produktionssystems, die Kapazitäten der Produktionsbereiche werden durch *Fertigungsaufträge* belastet, die ggf. zu *Fertigungsauftragstypen* zusammengefasst werden können[87]. Je nach Organisationsform der Fertigung ist von unterschiedlichem Transferverhalten der Aufträge durch die Produktionsbereiche auszugehen[88]. Zur Visualisierung und Bewertung von Störungswirkungen wird sowohl die Plankapazität eines Elementes als auch die Nachfrage nach Bearbeitungskapazität (Arbeitsinhalt) in normierten Kapazitätseinheiten angegeben[89].

Die Beschreibung des Produktionsablaufes bedarf weiter eines *Zeit-* bzw. *Prozessmodells*[90]. Übergänge von Systemzuständen werden auf den Zeitablauf bezogen betrachtet, Prozesse bzw. Aktivitäten sind Folgen von Zuständen. Zustandsübergänge werden auf der Grundlage elementsspezifischer Übergangsfunktionen bestimmt, welche eine Beziehung zwischen freigegebenem Arbeitsinhalt (Auftragsbestand) und bearbeitetem Arbeitsinhalt angeben.

Die Entwicklung technischer und ökonomischer Parameter im Zeitverlauf ist Ausdruck für die Verhaltensweise eines Produktionssystems. *Struktureigenschaften* bestimmen den wechselseitigen Zusammenhang zwischen den Elementen eines Produktionssystems und deren Zuständen (z. B. Durchsatz an Aufträgen eines Betriebsmittels, Ausschussmenge eines Produktionsbereiches). Die störungsbedingte Veränderung dieser Struktureigenschaften im Zeitablauf wird abgebildet und einer ökonomischen Bewertung unterzogen. Die Verhaltensweise eines Systems als zeitliche Folge von Zuständen wird als *Übergangsverhalten* bezeichnet und durch Übertragungs- bzw. Entwicklungsfunktionen beschrieben[91]:

[85] Zur Kontrollierbarkeit und Vorhersehbarkeit von Ereignissen im Störungskontext vgl. weiter Gershwin 1989, S. 198 sowie Hopp/Spearman 2000, S. 249. Eine mangelnde konzeptionelle Bewältigung von Unsicherheit bzw. die unzureichende methodische Berücksichtigung des Störungsphänomens wird in produktionswirtschaftlicher Literatur schon lange als generelles Problem herausgestellt, u. a. bei Bertrand/Wortmann/Wijngaard 1990, S. 150, Friedl 1998, S. 263, Tempelmeier 2003, S. 379 und weiter S. 440 ff.

[86] Vorgänge bzw. Aktivitäten lassen sich durch ein Paar von Ereignissen charakterisieren, hier Start bzw. Ende der Störgrößeneinwirkung sowie Start bzw. Ende der Störungswirkung.

[87] Fertigungsauftragstypen fassen einzelne Fertigungsaufträge mit jeweils ähnlichem Belastungsbild und Durchlaufverhalten zusammen. Vgl. hierzu auch Abschnitt 3.3.3.3.

[88] Vgl. Corsten 2004, S. 30 ff. Die Organisationsform der Fertigung, die Auftragsauslösungsart bzw. das Erzeugnisspektrum bestimmen das Routing einzelner Aufträge im Netz der Kapazitätseinheiten und damit deren Beanspruchung. Zu den typologischen Merkmalen „Organisationsform der Fertigung", „Auftragsauslösungsart" sowie „Erzeugnisspektrum" vgl. Schneider/Buzacott/Rücker 2005, S. 7 ff., Schlüter 2001, S. 54 ff.

[89] Vgl. hierzu die Ausführungen in Abschnitt 3.3.2, insbesondere in 3.3.2.2.

[90] Vgl. Adam 1996, S. 88 ff.

[91] Vgl. Dittrich 1985, S. 5 und weiter S. 14.

- Die *Übertragungsfunktion* kennzeichnet zeitinvariant technische und ökonomische Eigenschaften von Systemelementen in Abhängigkeit von deren Eingangszuständen.
- Die *Entwicklungsfunktion* ist ein Ausdruck für im Zeitablauf auftretende Veränderungen des Systems. Sie beschreibt praktisch eine Änderung der Übertragungsfunktion.

Die Zielstellung der weiteren Betrachtungen besteht darin, zu erwartende Verhaltensweisen eines Produktionssystems in der Zeit in Abhängigkeit seiner *Anfangszustandsstruktur* und anderer Einflussfaktoren (beispielsweise Belastung des Produktionssystems, Störeinflüsse) zu bestimmen und betriebswirtschaftliche Bewertungen vorzunehmen. Die Entwicklung eines Systems wird wesentlich durch die Anfangssituation (die Anfangszustandsstruktur) seiner Existenz bestimmt[92]. Dies erscheint insbesondere dann bedeutungsvoll, wenn im Zeitablauf über Systemeingänge Korrekturen (im Sinne einer Reaktion auf eine Störung), verbunden mit entsprechenden Aufwänden, derart vorgenommen werden, dass eine geforderte Verhaltensweise des Systems in Grenzen stabil gehalten wird. Die Ergebnisse, die mit dem hier vorgeschlagenen Ansatz erreicht werden, sollen dazu beitragen, störungsbezogene Anpassungsstrategien entscheidungsgerecht vorzubereiten. Die spezifische Verhaltensweise eines jeden Systems kann durch die Transformation der Eingangs- in Ausgangszustände erklärt werden, wobei die Systemverhaltensweise grundsätzlich auf die Verhaltensweise der darin enthaltenen Elemente und auf die Art und Weise der Kopplungen zwischen diesen Elementen zurückgeführt wird[93]. Damit sind gleichzeitig die *Variablen* für die Projektierung der Verhaltensweise im Allgemeinen bestimmt[94].

Kapazitätseinheiten im Produktions- und Logistiksystem sind die *Elemente* des Ressourcenmodells. Sie lassen sich systemtheoretisch folgendermaßen charakterisieren:

- Ein Element als Produktiveinheit kombiniert und transformiert Produktionsfaktoren[95]. An den zu bearbeitenden materiellen oder immateriellen Objekten vollzieht sich eine Transformation vom Eingangs- in den Ausgangszustand gemäß einer elementspezifischen Arbeitsvorschrift bzw. Verbrauchsfunktion. Eine Zustandsänderung kann aber auch die Kapazitätseinheit unmittelbar betreffen (z. B. Verschleißerscheinungen an Potenzialfaktoren)[96]. Eingangs- und Ausgangszustände werden mit Hilfe von Vektoren erfasst.
- Diese Zustandstransformationen werden im (zeitlichen) Anfangsbereich betrachtet; es werden störungsinduzierte Ausgleichsprozesse untersucht. Transformationen im Sinne von Input-Output-Beziehungen beschreiben die Verhaltensweise eines Elements[97].
- In dieser Arbeit hauptsächlich betrachtete Störungen nach Fallgruppe A[98] führen zu einer Veränderung des Übertragungsverhaltens im Zeitablauf.

[92] Vgl. weiter Dittrich 1985, S. 6, Lange 1967, S. 39 f. und S. 42.
[93] Vgl. Lange 1967, S. 28 ff.
[94] Vgl. Dittrich 1985, S. 22.
[95] Das elementbezogene und produktionsfaktorspezifische Verhältnis der Inputeinsätze je hergestellter Outputeinheit wird als *Produktionskoeffizient* bezeichnet. Er gibt an, wie viele Einheiten eines jeden Produktionsfaktors zur Herstellung einer Ausbringungseinheit erforderlich sind.
[96] Die *Umgebung* eines betrachteten Elementes wirkt also in der Weise, dass im Element bestimmte Zustände herbeigeführt werden. Das entsprechende Element wiederum wirkt auf seine Umgebung, indem es Zustände genau bestimmter Art annimmt. Vgl. Lange 1967, S. 4.
[97] Vgl. Lange 1967, S. 5.
[98] Fallgruppe A fokussiert auf aus der Potenzialausstattung heraus induzierte Störungsursachen. Zur Systematik unterschiedlicher Störklassen vgl. Abschnitt 2.2.2.1.

Das Systemverhalten wird darüber hinaus durch die *Kopplungssituation* bestimmt:

- Elemente können nur über ihre Ein- und Ausgänge in Wechselwirkung treten, indem beispielsweise ein Element 2 als Eingänge Zustände einiger oder auch aller Ausgänge von Element 1 „empfängt". Beide Elemente sind gekoppelt[99].
- Auch unter gleich bleibender Verhaltensweise der Elemente (konstante Übertragungsfunktion) verändert sich das Verhalten eines Systems, wenn Kopplungen und damit die Struktur des Systems verändert werden.
- Kopplungen zwischen den Elementen bestimmen die Ausbreitung von Störungswirkungen.
- Die Kopplungssituation wird mittels Kopplungs- und Strukturmatrizen dargestellt. Die Besetzung dieser Matrizen repräsentiert die Organisationsform des Produktionssystems.

Die Menge der Elemente sowie die Kopplungs- und Strukturmatrizen beschreiben die *Funktion* eines Systems im Sinne einer Verarbeitung eines Inputvektors durch das System zu einem Output- bzw. Ergebnisvektor. Bei vorgegebener Elementemenge und bekannter Charakteristik der Elemente lässt sich eine gewünschte Systemfunktion durch verschiedene Schaltstrukturen (Kopplungssituationen) realisieren, so dass aus der Menge möglicher Strukturen, die ein und dieselbe Funktion realisieren, die technisch und ökonomisch optimale ausfindig zu machen ist[100].[101]

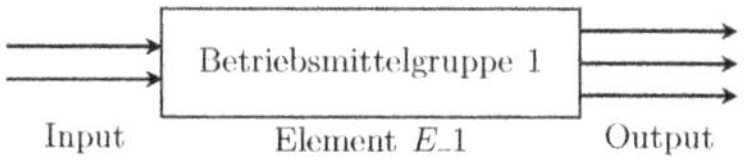

Abb. 3.1: Modellierung eines Elementes des Ressourcenmodells

Die Komponenten des Input-Vektors $\underline{x} = (x_1, x_2, ..., x_m)$ und des Output-Vektors $\underline{y} = (y_1, y_2, ..., y_n)$ eines Elementes E_1 drücken Zustände aus. Beziehungen zwischen den Input-Zuständen des Systems und den Output-Zuständen werden durch die Transformation $\underline{x} \rightarrow \underline{y}$, $\underline{y} = \underline{T}(\underline{x})$ beschrieben. Dem stochastischen Charakter realer Produktionssysteme entsprechend, folgen auf bekannte Zustände des Inputs Zustände des Outputs, die in Form von Wahrscheinlichkeitsverteilungen anzugeben sind. Vereinfachend geht der Autor bei der Betrachtung der Entwicklung von Zustandsgrößen zunächst davon aus, dass berechnete Element- oder Systemoutputs Erwartungswerte darstellen[102]. Der *Transformationsoperator* $\underline{T}$ gibt den Zustandsübergang in Abhängigkeit von Technologie, Kapazität, Arbeitskräfte-Anzahl etc. an. Zur Beschreibung des Verhaltens eines Produktionssystems unter Störeinfluss wird die Darstellung des Systemverhaltens unmittelbar nach Störgrößeneinwirkung notwendig. Es interessiert das Verhalten im zeitlichen Anfangsbereich nach Einwirkung der Störgröße. Ohne Beschränkung der Allgemeinheit kann davon ausgegangen werden, dass das Elementverhalten und damit die Input-Output-Beziehung

[99] Vgl. Lange 1967, S. 11.
[100] Vgl. weiter Lange 1967, S. XIV in einem Vorwort von G. Klaus. In diesem Sinne auch Malik 1992, S. 80 ff.
[101] Die folgenden Ausführungen orientieren teilweise an den formalen Systemdarstellungen Oskar Langes (Lange 1967, S. 11 ff.). Die Indizierung der Matrizenausdrücke wird jedoch an die übliche Denkweise „von Zeile nach Spalte" angepasst. Vgl. auch Dittrich 1970, S. 20 ff.
[102] Vgl. hierzu auch die Ausführungen in Abschnitt 3.3.3.

im Anfangsbereich linear bzw. linearisierbar beschrieben und damit als *lineare Transformation* angegeben werden kann; der funktionale Zusammenhang zwischen Input und Output ist mithin konstant[103]. Mit

$$\underline{y} = \underline{A} \cdot \underline{x} \text{ und } \underline{A} = \begin{bmatrix} a_{11} & a_{12} & \cdots & a_{1m} \\ a_{21} & a_{22} & \cdots & a_{2m} \\ \vdots & \vdots & \ddots & \vdots \\ a_{n1} & a_{n2} & \cdots & a_{nm} \end{bmatrix} \tag{3.1}$$

folgt für die Koeffizienten a_{ij} der Transformationsmatrix $\underline{A}$, dass auch diese zeitkonstant sind[104].

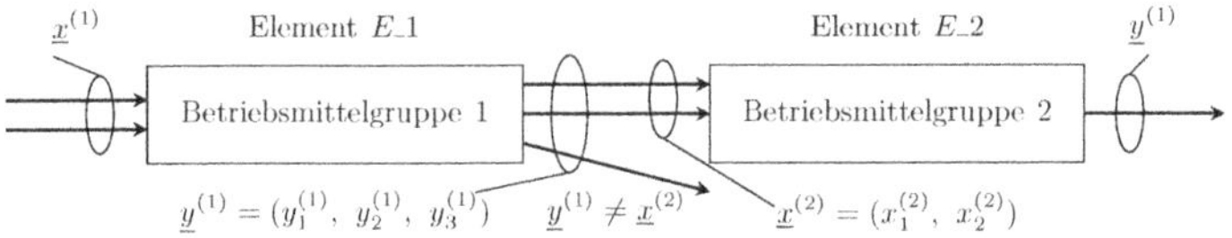

Abb. 3.2: Modellierung einer Kopplung im Ressourcenmodell

Die Kopplung zwischen den Elementen E_1 und E_2 wird durch $\underline{x}_1^{(2)} = \underline{C}_{12} \cdot \underline{y}^{(1)}$ beschrieben (vgl. Abb. 3.2), wobei $\underline{C}_{12}$ die *Kopplungsmatrix* bezeichnet. Nicht notwendigerweise muss der Output $\underline{y}^{(1)}$ von E_1 identisch mit dem Input $\underline{x}^{(2)}$ von E_2 sein. Nicht alle Inputs von E_2 müssen also an der Kopplung $E\_1 \rightarrow E\_2$ teilnehmen. Der Input-Vektor von E_2 wird in Teilvektoren zerlegt, wobei der Teilvektor $\underline{x}_1^{(2)}$ nur Komponenten enthält, die an der Kopplung $E\_1 \rightarrow E\_2$ tatsächlich beteiligt sind. Kopplungen zwischen den Elementen eines Produktionssystems ermöglichen informatorische, energetische oder materielle Wechselwirkungen zwischen den Elementen und bilden damit eine Art Infrastruktur zur Bewältigung der Produktionsaufgabe. Nicht alle praktisch realisierbaren Kopplungen müssen permanent „aktiv" sein, vielmehr kann situationsspezifisch (hier störfallbezogen) ein „Schalten" der Kopplungen erfolgen. Die Anzahl solcher latenten Kopplungen und der Rückgriff auf diese Relationen im Störfall repräsentiert ein Aktionspotenzial für Störungsreaktionen. Sie finden ihren Niederschlag in der Kopplungsmatrix.

Ein Produktionssystem bestehe aus N Elementen und lässt sich durch insgesamt $N \cdot (N-1)$ Vektorgleichungen für die Eingangsvektoren der im System enthaltenen Elemente der Form

$$\underline{x}_r^{(s)} = \underline{C}_{rs} \cdot \underline{y}^{(r)} \text{ mit } r,\ s = 1,\ 2,\ \ldots,\ N \text{ und } r \neq s. \tag{3.2}$$

darstellen, wobei $\underline{x}_r^{(s)}$ den Zustand von Eingängen von Element E_s bezeichnet, welcher sich aus der Kopplung mit Element E_r ergibt.

[103] Der Produktionsfaktoreinsatz wird nicht ausschließlich (unmittelbar) durch die Outputmenge determiniert, er ist *mittelbar* von den technischen Eigenschaften und der gewählten Intensität der eingesetzten Betriebsmittel abhängig. Diese so genannte *z-Situation* (vgl. Gutenberg 1983, S. 326 ff.) bleibt jedoch je Zeitschritt der Systembeobachtung konstant, wird aber sowohl durch logistische bzw. fertigungsbezogene Störungen als auch durch Reaktionen auf solche Störungen beeinflusst.

[104] Sind die Koeffizienten a_{ij} nicht konstant, so sind sie Funktionen des Vektors $\underline{x}$. Die Transformationsmatrix $\underline{A}$ ist in einem solchen Fall eine Funktionalmatrix. Vgl. Lange 1967, S. 9.

Unter Berücksichtigung der Verhaltensweise eines jeden Elementes folgen N Transformationen:

$$\underline{y}^{(r)} = \underline{T}_r(\underline{x}^{(r)}) \text{ mit } r = 1,\ 2,\ \ldots,\ N. \tag{3.3}$$

Mit den Beziehungen (3.2) und (3.3) sowie unter Berücksichtigung der Substitution $\underline{C}_{rs} \cdot \underline{T}_r = \underline{R}_{rs}$ folgt:

$$\underline{x}_r^{(s)} = \underline{R}_{rs}(\underline{x}^{(r)}) \text{ mit } r,\ s = 1,\ 2,\ \ldots,\ N \text{ und } r \neq s. \tag{3.4}$$

Analog kann die Vektorgleichung (3.2) der Transformation (3.3) unterzogen werden. Man erhält $\underline{T}_s(\underline{x}_r^{(s)}) = \underline{T}_s \cdot \underline{C}_{rs}(\underline{y}^{(r)})$ und folglich unter Bezug auf die Substitution $\underline{T}_s \cdot \underline{C}_{rs} = \underline{P}_{rs}$ wiederum eine Menge von $N \cdot (N-1)$ Transformationen:

$$\underline{y}_r^{(s)} = \underline{P}_{rs}(\underline{y}^{(r)}) \text{ mit } r,\ s = 1,\ 2,\ \ldots,\ N \text{ und } r \neq s. \tag{3.5}$$

Der Transformationsoperator $\underline{R}_{rs}$ aus (3.4) führt die Einflussgrößen *Verhaltensweise des Elements* E_s (beschrieben durch den Transformationsoperator $\underline{T}_s$) und die *Art und Weise der Kopplung* zwischen E_s und E_r (angegeben durch $\underline{C}_{rs}$) auf die Systementwicklung zusammen. Gleichung (3.4) beschreibt dann, auf welche Weise eine Menge gegebener Eingangszustände in eine neue Menge von Eingangszuständen überführt wird. Sinngemäß lässt sich auch (3.5) interpretieren: Gegebenen Anfangswerten der Ausgangsvektoren der Systemelemente werden neue Werte zugeordnet. Die Veränderungen der Eingangs- (und analog der Ausgangs-) Zustände finden im Verlauf der Zeit statt. Die Umwandlung von Input- in Output-Größen und die Wandlung von Input- in neue Input-Größen erscheint in ihrem raumzeitlichen Ablauf als Folge oder Netz von Operationen und hat damit *Prozesscharakter*[105].

Umfasst ein zusammengesetzter Vektor $\underline{X}$ die Eingangszustände des (gesamten) Systems, dessen Komponenten die Eingangsvektoren aller zum System gehörenden Elemente sind, so ist

$$\underline{X} = \begin{bmatrix} \underline{x}^{(1)} \\ \underline{x}^{(2)} \\ \vdots \\ \underline{x}^{(N)} \end{bmatrix}$$

Einem solchen Vektor $\underline{X}$ ist die folgende Quasi-Diagonalmatrix äquivalent:

$$\underline{X} = \begin{bmatrix} \underline{x}^{(1)} & 0 & \ldots & 0 \\ 0 & \underline{x}^{(2)} & \ldots & 0 \\ \vdots & \vdots & \ddots & \vdots \\ 0 & 0 & \ldots & \underline{x}^{(N)} \end{bmatrix}$$

[105] Vgl. Känel 1990, S. 23.

Die durch (3.3) dargestellte Menge der Transformationen ist dann gleichbedeutend mit der folgenden Matrizengleichung:

$$\begin{bmatrix} 0 & \underline{x}_1^{(2)} & \dots & \underline{x}_1^{(N)} \\ \underline{x}_2^{(1)} & 0 & \dots & \underline{x}_2^{(N)} \\ \vdots & \vdots & \ddots & \vdots \\ \underline{x}_N^{(1)} & \underline{x}_N^{(2)} & \dots & 0 \end{bmatrix} = \begin{bmatrix} 0 & \underline{R}_{12}(\underline{x}^{(1)}) & \dots & \underline{R}_{1N}(\underline{x}^{(1)}) \\ \underline{R}_{21}(\underline{x}^{(2)}) & 0 & \dots & \underline{R}_{2N}(\underline{x}^{(2)}) \\ \vdots & \vdots & \ddots & \vdots \\ \underline{R}_{N1}(\underline{x}^{(N)}) & \underline{R}_{N2}(\underline{x}^{(N)}) & \dots & 0 \end{bmatrix} \quad (3.6)$$

Zeilen der linken Seite von (3.6) sind zusammengesetzte Vektoren, die den neuen Zustand der Eingänge darstellen, wie er aus der Kopplung der Elemente folgt. Symbolisch lässt sich (3.6) schreiben als $\underline{X}' = \underline{R}(\underline{X})$. Dabei stellt $\underline{X}$ den Anfangszustand der Eingänge aller Elemente des Systems dar und $\underline{X}'$ den neuen Zustand nach der Transformation. Wird (3.5) der selben Darstellungsmethodik unterworfen, gilt $\underline{Y}' = \underline{P}(\underline{Y})$. Die Matrix $\underline{Y}'$ symbolisiert den neuen Zustand der Ausgänge aller Elemente des Systems nach der Transformation. Man erhält eine allgemeine, auf Systembetrachtungen fußende, formalisierte Darstellung eines Entwicklungsprozesses für Systeme. Damit ist ein Ansatz gegeben, der einen Zustand eines Systems rekursiv durch wiederholte Anwendung von Transformationen für jeden beliebigen Zeitpunkt bestimmt. Die zeitbezogene Systementwicklung ist so darstellbar, denn der Übergang einer gegebenen Menge von Eingangs- und Ausgangszuständen in eine Menge neuer Eingangs- und Ausgangszustände wird beschrieben. Die Matrizen $\underline{C}$ und $\underline{T}$ bestimmen die Eigenschaften des Systems als Ganzes. Dieser Ansatz wird in Folge durch die Anwendung der Operatorenrechnung sowie des Kalküls Markovscher Ketten weiter untersetzt.

Die Spezifik unterschiedlicher Organisationsformen von Produktionssystemen findet ihren Niederschlag in der Art und Weise der Kopplung zwischen den Elementen[106]. Dazu wird die *Strukturmatrix* $\underline{S}$ des betrachteten Produktionssystems aufgestellt, deren Belegung entsprechend der Organisationsform des Untersuchungsobjektes vorgenommen wird. Die Strukturmatrix $\underline{S}$ ergibt sich aus der Zusammenfassung der Kopplungsmatrizen $\underline{C}_{rs}$. Ein jedes Element eines Systems ist mit mindestens einem anderen Element gekoppelt bzw. mindestens ein Element koppelt mit einem betrachteten Element. Die minimale Anzahl der Kopplungen im System ist also $N-1$. Eine Strukturmatrix $\underline{S}$ besteht deshalb aus mindestens $N-1$ Nicht-Null-Matrizen (Untermatrizen) $\underline{C}_{rs}$. Aus der Besetzung der Strukturmatrix $\underline{S}$ kann man auf die Art der Kopplungen zwischen den Elementen eines Systems schließen. Rückkopplungen repräsentierende Untermatrizen $\underline{C}_{rs}$ liegen ausnahmslos unterhalb, Vorwärtskopplungen oberhalb der Diagonale der Matrix $\underline{S}$.[107]

[106] Selbstkopplungen als spezielle Form der Rückkopplung zwischen den Elementen seien aus Gründen der besseren Übersicht in die nachfolgenden Darstellungen nicht aufgenommen. Bei später durchzuführenden Untersuchungen können Kopplungsschleifen, also Kopplungen der Elemente mit sich selbst, durchaus auftreten.

[107] Elemente, die mit keinem anderen Element eines Systems koppeln oder mit denen kein anderes Element eines Systems gekoppelt ist, heißen *Randelemente* des Systems. Sind Randelemente vorhanden, so liegt ein *offenes* System vor. Elemente, die nicht mit anderen Elementen eines Systems gekoppelt sind, deren Komponenten des Ausgangsvektors ergo nicht Komponenten des Eingangsvektors eines anderen Elementes sind, heißen *Ausgangsrandelemente*. Elemente, mit denen keine anderen Elemente des Systems gekoppelt sind, deren Komponenten des Eingangsvektors also nicht Komponenten des Ausgangsvektors eines anderen Elementes sind, bezeichnet man als *Eingangsrandelemente*. Vgl. Lange 1967, S. 20 f., Kloock 1969, S. 50 ff. sowie Dittrich 1970, S. 24.

Beispiel 3.1:

Für zwei unterschiedliche Systemstrukturen sollen Strukturmatrizen aufgestellt werden. Ein System bestehe aus vier Elementen. Aufträge durchlaufen das Produktionssystem in Different Routing (Job Shop, vgl. Abb. 3.3) bzw. in Identical Routing (Flow Shop, Abb. 3.4).

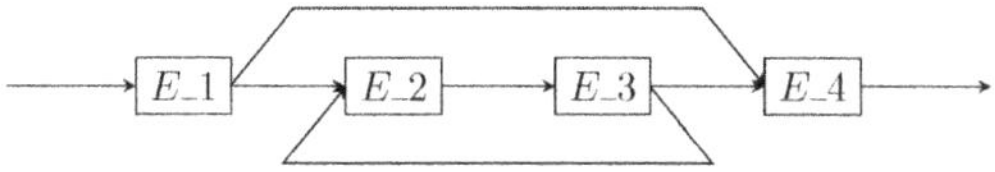

Abb. 3.3: Kopplungsnetz (Different Routing)

Abb. 3.4: Kopplungsnetz (Identical Routing)

Die aus Abb. 3.3 folgende Strukturmatrix hat die Form:

Vorwärtskopplung

$$\underline{S} = \begin{bmatrix} 0 & \underline{C}_{12} & 0 & \underline{C}_{14} \\ 0 & 0 & \underline{C}_{23} & 0 \\ 0 & \underline{C}_{32} & 0 & \underline{C}_{34} \\ 0 & 0 & 0 & 0 \end{bmatrix}$$

Rückwärtskopplung

Demgegenüber folgt aus Abb. 3.4 für die Strukturmatrix:

E_1: Eingangsrandelement
(in der Spalte treten nur Null-Untermatrizen auf)

$$\underline{S} = \begin{bmatrix} 0 & \underline{C}_{12} & 0 & 0 \\ 0 & 0 & \underline{C}_{23} & 0 \\ 0 & 0 & 0 & \underline{C}_{34} \\ 0 & 0 & 0 & 0 \end{bmatrix}$$

E_4: Ausgangsrandelement
(in der Zeile treten nur Null-Untermatrizen auf)

■

Dem in der Arbeit entwickelten Modellsystem liegt die in diesem Abschnitt vorgestellte Modellierungssystematik zu Grunde. Der gewählte Modellierungsansatz steht in der Tradition der betriebswirtschaftlichen *Input-Output-Analyse*, welche ebenfalls auf der in diesem Abschnitt vorgestellten Systemmodellierung beruht[108]. Die betriebswirtschaftliche Input-Output-Analyse ist ein produktionstheoretischer Ansatz, der die Abbildung beliebiger Produktionsstrukturen auf unterschiedlichem Aggregationsniveau ermöglicht. Der hier vorgestellte Ansatz ist darüber hinaus geeignet, Entwicklungen von Systemen im Zeit*ablauf* darzustellen[109].

[108] Zu den historischen Ursprüngen der Input-Output-Analyse vgl. die Arbeiten Pichler 1953a und 1953b und insbesondere Kloock 1969 und Lippold 1988, S. 56 ff. Eine kritische Einschätzung des Ansatzes findet der Leser u. a. bei Steven 1998, S. 218. Grundlage für die Input-Output-Analyse ist im Wesentlichen die Blackbox-Analyse; gekapselte Produktionsbereiche werden durch ihre Input-Output-Beziehungen charakterisiert.

[109] Der Argumentation von Steven (1994, S. 145) folgend wird in dieser Arbeit ein *Produktionsmengenmodell* entwickelt, indem der (kontinuierliche) Zeitablauf diskretisiert, mithin in Perioden gleicher oder variabler Länge unterteilt wird. Problemvariablen können sich in solchen Modellen auf den Systemzustand am Periodenanfang, am Periodenende oder auf einen durchschnittlichen Bestand beziehen. Zur Erweiterung der Input-Output-Analyse zu dynamischen Produktionsfunktionen vgl. auch die Arbeiten von Küpper 1979 und Matthes 1979.

3.3 Verallgemeinerte Netzpläne und Markov-Ketten als Instrumente zur Modellierung gestörter Produktionssysteme

3.3.1 Ausgewählte formalanalytische Instrumente und ihr Problemlösungsbeitrag

Die Analyse gestörter netzwerkförmiger Produktions- und Logistiksysteme auf unterschiedlichem Aggregationsniveau erfordert einen allgemein adaptierbaren Modellierungsansatz. Praktikabilität, Modularität sowie die Möglichkeiten der Eingliederung in unterschiedliche Konzepte der Produktionsplanung und -steuerung sind Anforderungen, die an ein Instrumentarium zur entscheidungsgerechten Abbildung und Beeinflussung von Produktionssystemen gestellt und durch die in diesem Abschnitt betrachteten formalanalytischen Instrumente erfüllt werden. Eine „natürliche" Darstellung des Untersuchungsgegenstands, die Abbildung von durch Wahrscheinlichkeiten geprägten Aktivitäten und Entscheidungssituationen in netzwerkförmigen Produktionssystemen, kann mit Hilfe *stochastischer Netze* erfolgen. Produktionsprozesse sind stochastische Systeme, welche vielfältigen (unvorhergesehenen) Störeinflüssen ausgesetzt sind[110]. Die vorgestellte Methodik gestattet, in konkreten Situationen echtzeitnah Aussagen zu treffen, inwieweit Störungen innerhalb eines Teilbereiches eines betrachteten Produktionssystems absorbiert werden können oder mehr als einen Produktionsbereich (resp. Knoten im Netzwerk) betreffen.

Im Abschnitt 3.3.1.1 wird die Darstellung und Modellierung von Ablaufstrukturen in Produktionssystemen auf Basis *verallgemeinerter Netzpläne* erläutert. Vorteilhaft wirkt sich aus, dass sich aus Elementarstrukturen modular verknüpfbare Bausteine entwerfen lassen, die eine übersichtliche Gliederung und Strukturierung zu untersuchender Systeme ermöglichen:

- Entscheidungsnetzpläne als verallgemeinerte Netzpläne bilden Produktionsprozesse hinsichtlich der logischen Verknüpfungen einzelner Aktivitäten (Teilprozesse) bzw. Zustände sowie der Wahrscheinlichkeitsparameter in der Ablaufstruktur ab.
- Einzelnen Aktivitäten bzw. dem Erreichen bestimmter Systemzustände können neben Wahrscheinlichkeitsparametern auch weitere Parameter zugeordnet werden (beispielsweise Zeit- und Kostenparameter).
- Aktivitäten koppeln über Ereignisknoten; Ein- und Ausgänge erfüllen logische Funktionen bzw. symbolisieren Wahrscheinlichkeitssituationen.
- Eine Analyse und Berechnung eines verallgemeinerten Netzplanes geschieht durch dessen schrittweise Reduktion auf übersichtliche Strukturen[111]. Grundlage dafür ist die Signalflussanalyse; Signalflussgraphen führen zu Systemübergangsfunktionen. Rückkopplungen werden mit Hilfe regelungstheoretischer Ansätze analysiert.

Die Ausführungen im Abschnitt 3.3.1.2 zeigen, wie die Abbildung des *Übergangsverhaltens* eines (gestörten) Produktionssystems im Zeitablauf unter Anwendung des Kalküls Markovscher Ketten erfolgen kann. Die Analyse des Systemverhaltens auf der Grundlage Markovscher Ketten zeichnet sich durch eine hohe Flexibilität und Situationsbezogenheit aus. Ein Störungsmanager

[110] Vgl. Schneider 1996, S. 11.

[111] Vgl. Abschnitt 3.3.3.3 sowie Anlage B zu dieser Arbeit. Dittrich (1997, S. 84 f. und 1970, S. 41 ff.) erarbeitet Rechenregeln zur Reduzierung von Entscheidungsnetzplänen.

konfiguriert je nach Sachlage (je nach Störfall im betrachteten Realsystem) Zustandsklassen, deren Belegungen im Zeitablauf untersucht werden. Die Abbildung der Systemzustände erfolgt in äquidistanten Zeitabständen (Systemtakten). Auswirkungen von Planungs- und Steuerungsentscheidungen in Bezug auf das kapazitive Verhalten des Produktionssystems und die Kosten werden dargestellt. Die Anwendung von Markov-Ketten kombiniert mit der Modellierung des Untersuchungsgegenstandes unter Verwendung verallgemeinerter Netzpläne ermöglicht eine rechentechnisch elegante analytische Bearbeitung gestörter Ablaufstrukturen[112] und bildet damit die Basis für ein *Prozesscontrolling*. Das vorgestellte Modellsystem ist Kern eines Entscheidungsunterstützungssystems für netzwerkweites Störungsmanagement.

Beide Instrumente, Entscheidungsnetzpläne und das Kalkül Markovscher Ketten sind eine formalanalytische Grundlage für ein Modellsystem, welches in Kapitel 4 in Bezug auf unterschiedliche Störanalysen ausgestaltet und erweitert wird.

3.3.1.1 Verallgemeinerte Entscheidungsnetzpläne zur Abbildung von Prozessstrukturen

Entscheidungsnetzpläne (ENP)[113] werden für die Modellierung von Ablaufstrukturen in Produktionssystemen verwendet[114]. Störsituationen sind dadurch gekennzeichnet, dass situationsspezifisch Ereignisse und zwischen ihnen existierende Aktivitäten auftreten bzw. notwendig werden. Störfallspezifisch finden bestimmte Vorgänge unter mehreren Alternativen statt[115]. Produktionsprozesse in Netzwerken können zudem durch Parallelaktivitäten gekennzeichnet sein, die auf ein interessierendes Ereignis gerichtet sind. Das Eintreten dieses Ereignisses könnte durch jede Parallelaktivität bei deren erfolgreicher Realisierung ermöglicht werden. Es herrscht allerdings Ungewissheit über die erfolgreiche Beendigung einer (Bearbeitungs-)Aktivität, so dass nicht mit Sicherheit vorausgesagt werden kann, ob mit den entsprechenden Aktivitäten das geforderte Ziel erreicht wird. Störungsbedingt sind Abweichungen vom „Normalprozess“ zu erwarten und damit verbunden die Realisierung kontextspezifischer Aktivitäten möglich (z. B. Durchlauf einer Nacharbeitsaktivität). Derartige Situationen sind wiederum gekennzeichnet durch Rückkopplungen zwischen Bearbeitungsprozessen und Wiederholungen von Aktivitäten (z. B. Zyklen beim wiederholten Durchlauf gestörter Prozessschritte). Die Darstellung logischer Verknüpfungen zwischen Aktivitäten einschließlich der damit verbundenen Wahrscheinlichkeitssituation erfolgt mit

[112] Vgl. Dittrich 1996, S. 117.

[113] ENP als verallgemeinerte Netzpläne berücksichtigen die Möglichkeit, dass nur ein Teil der im Netzplan enthaltenen Aktivitäten ausgeführt wird. *General Activity Networks (GAN)* wurden von Elmaghraby (1964, S. 494 ff.) vorgeschlagen. Auf dieser Basis entwickelten Pritsker und seine Mitarbeiter die *Graphical Evaluation and Review Technique (GERT)*, vgl. Pritsker/Happ 1966, S. 267 ff., Pritsker/Whitehouse 1966, S. 293 ff. und Whitehouse/Pritsker 1969, S. 45 ff. GAN/GERT-Netze sind Vorgangspfeilnetze. Zur Klassifikation von Entscheidungsnetzplänen und deren Abgrenzung zu anderen bekannten Netzplantechniken vgl. Voropajev et al. 2000, S. 364 ff.

[114] Vgl. zur Anwendung von Entscheidungsnetzplänen Elmaghraby 1964, S. 497 ff., Pritsker/Happ 1966, S. 269 ff., und weiter Dittrich 1997, S. 82, Dittrich 1970, S. 32 ff. (in der Domäne der Planung von Forschungs- und Entwicklungsvorhaben) sowie Pritsker/Whitehouse 1966, S. 295 ff. (auch im Kontext von Anwendungsfällen im Industrial Engineering).

[115] Die Begriffe Prozess, Aktivität und Vorgang werden synonym verwendet. Das Aktivitätsverständnis umschließt sowohl ausführende als auch dispositive (Planungs- und Entscheidungs-)Prozesse.

Hilfe von Entscheidungsnetzplänen. Aktivitäten koppeln über Ereignisknoten. Die den Aktivitäten zugeordneten Wahrscheinlichkeitsparameter werden als Eintrittswahrscheinlichkeit der Aktivitäten aufgefasst. Die Realisierung eines Ereignisknotens ist abhängig von der Eintrittswahrscheinlichkeit der auf diesen Knoten gerichteten Aktivität(en). Von Ereignisknoten ausgehende Aktivitäten werden als Alternativen mit entsprechenden Eintrittswahrscheinlichkeiten interpretiert. Ereignisknoten, von denen Alternativen ausgehen, heißen Entscheidungsknoten. Logische Situationen in der Ablaufstruktur werden durch bestimmte Ereignissymbole dargestellt, wobei ein Ereignissymbol Eingänge und Ausgänge besitzt (vgl. Abb. 3.5).

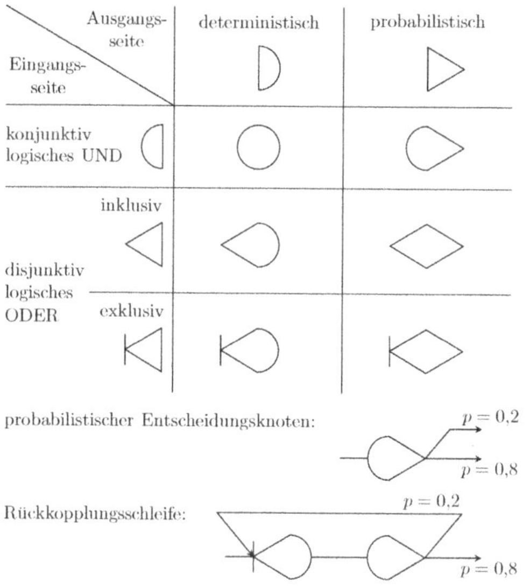

Abb. 3.5: Ereignissymbole in Entscheidungsnetzplänen[116]

Auf der Basis der Darstellung von Prozessen in Entscheidungsnetzplänen wird unter Anwendung des in Abschnitt 3.3.3.1 beschriebenen Markov-Kalküls eine Analyse von Entscheidungsnetzplänen vorgenommen. Dabei erfolgt eine *reduzierte Darstellung* in einem Signalflussgraph[117]. Die für die Netzplananalyse erforderlichen Reduktionsregeln ermöglichen, vorgegebene Ablaufstrukturen zu vereinfachen (zu reduzieren) und Eintrittswahrscheinlichkeiten für interessierende Ereignisknoten anzugeben sowie Erwartungswerte der betrachteten Parameter zu berechnen. In der praktischen Anwendung des Modellsystems immer wieder auftretende Standardstrukturen können zu Clustern bzw. Bausteinen eines *Baukastensystems* zusammengefasst werden und bilden damit vorgefertigte Grundstrukturen für wiederkehrende Störsituationen. Solche Stan-

[116] In Anlehnung an Schwarz/Schreyer 2002, S. 351, Corsten/Corsten 2000, S. 239 f., Dittrich 1997, S. 82, Pritsker/Happ 1966, S. 268, Elmaghraby 1964, S. 495 ff.

[117] Entscheidungsnetzpläne können als *Signalflussgraphen* aufgefasst werden. Signalflussgraphen oder kurz Flussgraphen sind ein aus der Elektrotechnik bekanntes Werkzeug zur Analyse und Modellierung linearer Systeme (Schaltungsnetzwerke). Vgl. Elmaghraby 1970, S. 96, Elmaghraby 1977, S. 395.

dardstrukturen erfassen typische Ausschnitte gestörter Wertschöpfungsprozesse, beispielsweise Nacharbeitsschleifen über gestörten Bearbeitungsaktivitäten, Prozessverzweigungen bzw. Prozessbündelungen.

Die Untersuchung des Übergangsverhaltens gestörter Produktions- und Logistiksysteme unterliegt folgender *Analysefolge*:

1. Der untersuchte Wertschöpfungsprozess ist unter Berücksichtigung eines gewünschten Detaillierungsgrades in ein Blockschaltbild zu überführen[118].
2. Aus dem Blockschaltbild wird ein Entscheidungsnetzplan entwickelt. Wesentlich ist, dass die Betrachtungsperspektive von einer Prozesssicht auf eine Zustandssicht wechselt[119].
3. Die Analyse des (störungsbeeinflussten) Systemverhaltens erfolgt im Zustandsmodell unter Einsatz des Kalküls Markovscher Ketten. Durch die zweckmäßige Auswahl interessierender Systemzustände kann der Störungsmanager beispielsweise die Inanspruchnahme von Kapazitäten, Anteile von Gut- und Ausschussproduktion oder den Umfang notwendiger Nachbearbeitung in äquidistanten Zeitabständen berechnen und analysieren.
4. Die Art und Weise der Systembeeinflussung, die aus der Betrachtung des Zustandsmodells abgeleitet wurde, muss in das Realsystem übertragen und in entsprechende Gestaltungsempfehlungen übersetzt werden[120].

Beispiel 3.2:
Die verschiedenen Darstellungsformen von Produktionssystemen im Real- und Zustandsmodell sollen anhand einer sehr einfachen Struktur dargestellt werden. Abb. 3.6 zeigt ein vereinfachtes Produktionsnetz der Automobilherstellung. Aus dem Gesamtsystem wird ein Prozessabschnitt (eine Niveaustufe) herausgegriffen und unter Störeinwirkung dargestellt. Die Situation wird als Entscheidungsnetzplan und als reduzierter Signalflussgraph dargestellt (vgl. Abb. 3.7).

Das Bezugssystem lässt sich als ein dreistufiges, lineares Produktionssystem charakterisieren. Alle Lackieraufträge durchlaufen den gesamten Produktionsabschnitt in gleicher Weise (Identical Routing, Flow Shop). Die Niveaustufe Lackierung weist eine Reihe von Aktivitäten A_{ij} aus[121]:

- (Bearbeitungs-)Vorgänge A_{12}, A_{34} und A_{56} sowie
- Elementkopplungen A_{01}, A_{23}, A_{45} sowie A_{67}.

Die Knoten 0 und 7 stellen Randelemente und mithin Koppelstellen zu den benachbarten Produktionsstufen *Rohbau* (Body Shop) und *Endmontage* (Final Assembly) im Netzwerk dar.

Lackieraufträge, die Element E_1 durchlaufen, haben den Zustand „Vorbehandlung erfolgt" in ihrer Wertschöpfung erreicht. Die Elemente E_2 und E_3 werden durch die Systemzustände „Grund- und Decklack aufgetragen" bzw. „Aushärtevorgang erfolgt" repräsentiert.

Eine Beobachtung der Störungsfortpflanzung über die Elemente des Bezugssystems wird mög-

[118] Grundlage dafür kann beispielsweise das Layout eines Produktionssystems oder die Struktur einer Supply Chain sein. Regelungstheoretisch entspricht diese Darstellungsebene dem *Originalbereich*.
[119] Regelungstheoretisch wechselt man in einen *Bildbereich*, in dem die Zustandsanalyse durchgeführt wird.
[120] Die Übertragung der Analyseergebnisse im Bildbereich führt zu Erkenntnissen zur Beeinflussung des Realsystems (im Originalbereich).
[121] Der Index i bezeichnet den Startknoten einer Aktivität, der Index j den Zielknoten derselben.

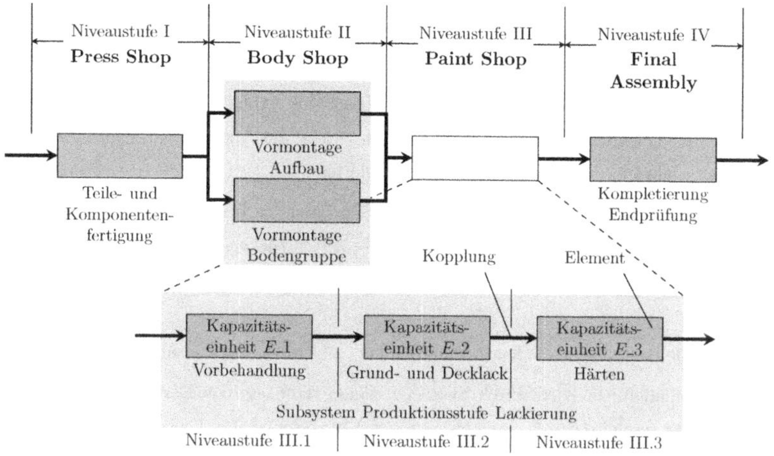

Abb. 3.6: Vereinfachter Produktionsablauf in der Automobilindustrie

lich, da normierte Bearbeitungseinheiten die Elemente E_1, E_2 und E_3 unmittelbar nacheinander durchlaufen. In jedem Systemtakt wird über E_1 Arbeitsinhalt in Höhe einer bestimmten Anzahl normierter Kapazitätsteile eingesteuert. Auf die Störgrößeneinwirkung hin erfolgt mithin eine *synchrone Stabilisierung* aller Elemente bei *wiederholter Auftragseinlastung* über den Systemeingang.

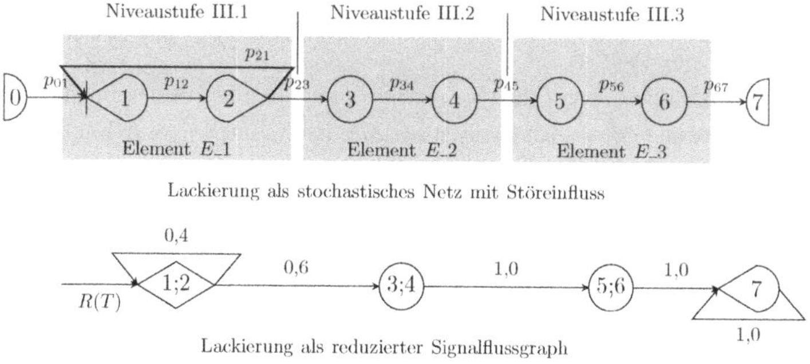

Abb. 3.7: Niveaustufe Lackierung unter Störeinfluss

Im Beispiel (vgl. weiter Abb. 3.7) trete in Element E_1 (Fertigungsprozess A_{12}) eine *Ressourcenstörung* auf. Diese Ressourcenstörung verursache Qualitätsmängel bei 40% des je Takt eingesteuerten Produktionsdurchsatzes. Nacharbeit unmittelbar im gestörten Produktionsbereich sei möglich (Rückkopplung A_{21}). Die Störung führt zu folgenden Übergängen zwischen den Zustandsklassen:

- Vorwärtskopplungen $d_i(T) \to d_{i+r}(T)$ mit $i \in [0,\ k-2]$ und $r = 1$ bei $k = 8$,
- Rückkopplungen $d_j(T) \to d_{j-s}(T)$ mit $j = 2$ und $s = 1$.

Die Ausgangssituation vor der Störgrößeneinwirkung soll in Folge stets durch eine identische Übertragung, also durch den vollständigen Durchsatz des Arbeitsinhaltes innerhalb der einzelnen Elemente, gekennzeichnet sein. Das System ist (ex ante) kapazitiv abgestimmt. Für die Übertragungsfaktoren im Systemtakt $T = 0$ gilt deshalb $p_{i+j} = 1$ für $i = 1,\ 3,\ 5$ und $j = i + 1$.

Mit Störgrößenauftritt und über die Dauer der Einwirkung der Störgröße hinweg werden 40% des Arbeitsinhaltes vom Ausgang E_1 auf den Eingang E_1 zurückgeführt, es gilt deshalb $p_{21} = 0.4$.

■

Mit dem Modellsystem verbundene Prämissen lassen sich wie folgt zusammenfassen:

- Systemelemente werden durch Systemzustände repräsentiert. Der Bearbeitungsstand eines Auftrages wird durch einen entsprechenden Systemzustand gekennzeichnet. Durch den Bestand an Erzeugnissen bzw. Aufträgen, die einen bestimmten Zustand ihrer Wertschöpfung erreicht haben, können Aussagen bezüglich der kapazitiven Inanspruchnahme von Produktionsbereichen abgeleitet werden.
- Zweckmäßigerweise erfolgt die Abbildung der Systemzustände in äquidistanten Zeitabständen (Systemtakten).
- Je Zeittakt (Systemtakt)[122] erfolgen Zustandsübergänge zwischen den direkt gekoppelten Ein- und Ausgängen. Dabei finden sowohl Vorwärts- als auch Rückkopplungen Berücksichtigung.
- Übertragungsgrößen sind normierte Bearbeitungseinheiten, so genannte Kapazitätsteile[123]. Diese Bearbeitungseinheiten sind die Basis für eine Prognose des störungsbezogenen kapazitiven Systemverhaltens.
- Mit der Einwirkung einer Störgröße verändern sich die Übertragungsfunktionen der Systemelemente und ggf. die Kopplungen zwischen den Elementen; es stellen sich veränderte Systemzustände ein.

3.3.1.2 Markov-Ketten zur Modellierung des Systemverhaltens

Das Verhalten eines Systems und damit auch seine im Zeitablauf eingenommenen Zustände werden durch die *Systemstruktur* bestimmt. In Abschnitt 3.2 ist bereits herausgearbeitet worden, dass darunter die Spezifik der im System geschalteten Elemente sowie die Art und Weise der Kopplungen zwischen diesen Elementen gefasst werden. Entsprechend der durch die Struktur determinierten *Systemeigenschaften* werden neue Zustände erzeugt. Diese zeitveränderlichen Eigenschaften bestimmen letztlich den wechselseitigen Zusammenhang interessierender Zustände und im Zeitablauf die Systementwicklung.

[122] Zur Kategorie Systemtakt vgl. Abschnitt 3.3.2.1.
[123] Zur Angabe von Kapazitätsangebot und -nachfrage in normierten Kapazitätsteilen vgl. Abschnitt 3.3.2.2.

Die in Produktionssystemen ablaufenden Prozesse bewirken Zustandsänderungen technischer und ökonomischer Parameter, die im wahrscheinlichkeitstheoretischen Sinne zufällig sind. Zwischen unterschiedlichen Zustandswerten besteht jedoch keine Unabhängigkeit. Dieser Besonderheit der hier betrachteten Systeme wird durch die Anwendung eines speziellen Versuchsschemas aus der Wahrscheinlichkeitsrechnung – *Markovscher Ketten* – Rechnung getragen. Dieses Schema erlaubt in geeigneter Weise die Analyse abhängiger Ereignisse sowie die schrittweise Berechnung von Zuständen in interessierenden Zeitbereichen[124].

Das *Verhalten* eines Produktionssystems wird zunächst als Folge von Versuchen interpretiert. In jedem Versuch nimmt das System mit gewisser Wahrscheinlichkeit andere Zustände an[125]. Die Systementwicklung beginnt dabei aus einem bestimmten Anfangszustand heraus; erwartete Zwischenzustände oder ein festzulegender Endzustand werden durch einen *Transformationsoperator* erzeugt. Stochastische Ketten bzw. stochastische Prozesse (beide Begriffe werden synonym verwendet) sind mathematische Modelle für Zufallsexperimente, Modelle für die Registrierung zufallsbedingter Abläufe[126]. Stochastische Ketten mit diskretem Zustands- und Parameterraum heißen Markov-Ketten, wenn nachfolgend dargestellte Zusammenhänge, Prämissen und Bezeichnungen gelten[127]:

- Die Struktur des Versuchsschemas sowie die bedingten Wahrscheinlichkeiten für Zustandsübergänge sind definiert. Mit jedem Versuch findet ein Übergang der endlich oder abzählbar unendlichen Zustände E_l $(l = 0,\ 1,\ 2,\ ...)$ statt[128].
- Die Zustände $E_0,\ E_1,\ E_2,\ ...$ schließen sich paarweise aus.
- Die Bezeichnung $E_l^{(k)}$ symbolisiert, dass der Zustand E_l des Produktionssystems im Versuch k der Versuchsfolge eintritt[129].
- Die Beziehung $p_{ij}^{(k)} = P(E_j^{(k)}|E_i^{(k-1)})$ heißt *bedingte Wahrscheinlichkeit* dafür, dass sich im k-ten Versuch ein Übergang vom Zustand E_i des $(k-1)$-ten Versuchs in den Zustand E_j vollzieht[130]. Diese bedingten Wahrscheinlichkeiten werden als Übergangswahrscheinlichkeiten bezeichnet.

Eine Versuchsfolge bildet dann eine Markovsche Kette, wenn gilt[131]:

$$p_{ij}^{(k)} = P(E_j^{(k)}|E_i^{(k-1)}) = P(E_j^{(k)}|E_i^{(k-1)},\ E_{i_{k-2}}^{(k-2)},\ ...,\ E_{i_1}^{(1)},\ E_{i_0}^{(0)}).$$

Die bedingte Wahrscheinlichkeit $p_{ij}^{(k)}$ für den Übergang in Zustand $E_j^{(k)}$ im k-ten Versuch hängt nur davon ab, welcher Zustand im $(k-1)$-ten Versuch für $E_i^{(k-1)}$ vorlag. Zustände vorangegange-

124 Vgl. für viele Behrends 2000, S. 19 ff., Buchholz et al. 1994, S. 19 ff., Fisz 1989, S. 296 ff., Ferschl 1970, S. 12 ff. und weiter S. 16 ff.

125 Zu einer solchen Betrachtungsweise vgl. Fisz 1989, S. 297 f., Ferschl 1970, S. 2.

126 Vgl. Fisz 1989, S. 320 f., Kemeny/Snell 1976, S. 14 ff.

127 Vgl. Fisz 1989, S. 296 ff., Dittrich 1985, S. 37 ff.

128 Die Zustände E_l werden später im Vektor $\underline{n}(T)$ zusammengefasst. Vgl. Abschnitt 3.3.3.1.

129 Anstelle der Betrachtung einer Versuchsfolge wird später eine zeitbezogene Darstellung gewählt, d. h. es erfolgt die Zuordnung des Versuches k zu einem diskreten Zeitpunkt T.

130 Zum Begriff der bedingten Wahrscheinlichkeit u. a. Fisz 1989, S. 35 ff., Kemeny/Snell 1976, S. 9.

131 Zur so genannten *Markov-Eigenschaft* vgl. Fisz 1989, S. 321 f., Sabel 1977, S. 9 f., Ferschl 1970, S. 8 und S. 13 ff. Ferschl bezeichnet eine Markovsche Kette als stochastische Kette mit „begrenzter Nachwirkung“ (Ferschl 1970, S. 13). Buchholz et al. (1994, S. 20) sprechen von der „Gedächtnislosigkeit“ eines Markov-Prozesses.

ner Versuche bleiben hinsichtlich ihrer Auswirkungen auf den aktuellen und auf zukünftige Systemzustände methodisch unberücksichtigt. Die Wirkungen der Zustände $E_{i_{k-2}}^{(k-2)}$, ..., $E_{i_1}^{(1)}$, $E_{i_0}^{(0)}$ finden nur indirekt Berücksichtigung, denn bei schrittweiser Durchführung der Versuchsfolge (dies entspricht der Entwicklung des Produktionssystems) treten diese Zustände in gewisser Wahrscheinlichkeit nacheinander ein.

Liegt eine homogene Markovsche Kette vor, so gilt für beliebige $i,\ j,\ k = 1,\ 2,\ 3,\ ...$, dass die bedingten Wahrscheinlichkeiten $p_{ij}^{(k)}$ nicht vom Versuch k abhängig sind. Es folgt $p_{ij}^{(k)} = p_{ij}$ mit $k = 1,\ 2,\ 3,\ ...$[132] Unter Zugrundelegung einer zeitlichen Entsprechung des Versuchsablaufes impliziert dies konstante Wahrscheinlichkeiten der Zustandsübergänge im Zeitablauf. Ein Übergang von Zustand E_i in den Folgezustand E_j in einem Zeitintervall zwischen T und $(T+1)$ habe die Übergangswahrscheinlichkeit erster Ordnung

$$p_{ij} = p_{ij}(T,\ T+1) = p_{ij}^{(1)} = P(E_j^{(T+1)},\ E_i^{(T)}).$$

Alle Übergangswahrscheinlichkeiten bilden eine quadratische *Übergangsmatrix* erster Ordnung und damit folgenden Transformationsoperator[133]:

$$\underline{P}_1 = \underline{P}(T,\ T+1) = [p_{ij}(T,\ T+1)] = \begin{bmatrix} p_{11}(T,\ T+1) & p_{12}(T,\ T+1) & \dots & p_{1n}(T,\ T+1) \\ p_{21}(T,\ T+1) & p_{22}(T,\ T+1) & \dots & p_{2n}(T,\ T+1) \\ \vdots & \vdots & \ddots & \vdots \\ p_{n1}(T,\ T+1) & p_{n2}(T,\ T+1) & \dots & p_{nn}(T,\ T+1) \end{bmatrix}$$

für alle $i,\ j = 1,\ ...,\ n$. Ausgehend von einem Anfangszustand kann nun eine Folge von Zuständen durch den Transformationsoperator erzeugt werden.

Der Zustandsübergang $E_i \rightarrow E_j$ im n-ten Versuch wird durch $p_{ij} = p_{ij}^{(n)}$ beschrieben. Allgemein gilt der Zusammenhang[134]

$$p_{ij}^{(n)} = \sum_k p_{ik}^{(m)} \cdot p_{kj}^{(n-m)} \text{ mit } 1 \leq m \leq n,\ m \in N. \tag{3.7}$$

Die Matrix der Übergangswahrscheinlichkeiten $p_{ij}^{(n)}$ heißt Übergangsmatrix nach n Systemtakten und wird mit $\underline{P}_n$ bezeichnet. Unter Anwendung von (3.7) folgt mit $n = 2$

$$p_{ij}^{(2)} = \sum_{k=1}^{2} p_{ik} \cdot p_{kj} \text{ und damit } \underline{P}_2 = \underline{P}_1^2.$$

Allgemein gilt $\underline{P}_n = \underline{P}_1^n$.

[132] Vgl. Fisz 1989, S. 297, Kemeny/Snell 1976, S. 25 und Ferschl 1970, S. 19.

[133] Die Übergangsmatrix ist eine stochastische Matrix mit den Eigenschaften: (i) ihre Elemente sind nichtnegative Zahlen und (ii) die Zeilensummen betragen Eins. Vgl. für viele Ferschl 1970, S. 16 f.

[134] Dieser Ausdruck heißt *Formel von Chapman-Kolmogorov*. Vgl. Ferschl 1970, S. 18 ff. und insbesondere S.20, sowie Beichelt 1997, S. 145 ff.

Die Annahme homogenen Verhaltens von Produktionssystemen ist nur dann zulässig, wenn technische und ökonomische Bedingungen konstant bleiben. Dies gilt im Kontext der hier zu untersuchenden Problemstellungen nicht. Mit der Eigenschaft der Homogenität und ihrer Übertragung auf das Verhalten von Produktionssystemen scheint deshalb eine Grenze der Anwendbarkeit Markovscher Ketten erreicht, denn Störfälle zeichnen sich gerade dadurch aus, dass während der Systementwicklung *Veränderungen der Versuchsbedingungen* auftreten. Der Komplex der Restriktionen des betrachteten Produktionssystems, das Set technischer und ökonomischer Kenngrößen wird gestört. Störungsbedingte Veränderungen im Verhalten der Elemente und in der Kopplungssituation führen beispielsweise zu veränderten bedingten Wahrscheinlichkeiten.

Die Struktur eines Produktionssystems wird als *Markov-Graph* aufgefasst. In einem solchen Graphen symbolisieren Knoten Zustände und Kanten die Übergänge zwischen den Systemzuständen[135].

3.3.2 Modellspezifikationen

3.3.2.1 Systemtaktung als Basis für das Zeitmodell

Vor dem Hintergrund des in den vorangegangenen Abschnitten vorgestellten Instrumentariums sind einige spezifizierende Ausführungen zu den Modellbausteinen (Ressourcen-, Auftrags-, Zeit- und Prozessmodell) notwendig. Eine Adaptierbarkeit des Modells sowohl auf intra- als auch auf interorganisationale Problemstellungen bedingt eine aggregierte (grobe, vereinfachte) Darstellung von Kapazitätsangebot und -nachfrage auf *Netzwerkebene* im Zeitablauf.

Das Zeitmodell basiert auf *Systemtakten*; sie legen die Taktung zur Erfassung der Zustandsgrößen fest. Der Systemtakt ist nicht identisch mit der Dauer einer Planperiode. Vor dem Hintergrund einer konsequent verfolgten systemtheoretischen Betrachtungsweise dient die Kategorie Systemtakt als abstrakter Rhythmus der Systembeobachtung, als diskreter Abbildungstakt. Die Bearbeitungszeit freigegebener Aufträge und damit ihre Verweildauer in den Produktionsbereichen korreliert mit einer bestimmten Anzahl von Systemtakten. Diese Systemtakte bilden aus der Sicht der Zeitbetrachtung ein Makromodell, denn für einzelne Kapazitätseinheiten (Mikromodell) wird dadurch der Planungs- und Steuerungsspielraum zur Koordination einzelner Aufträge festgelegt. Aus Sicht einer elementbezogenen Betrachtung (Mikromodell) werden durch die Systemtaktung Anfangs- und Endzeitpunkte von Freigabeperioden (Meilensteine) begrenzt. Ein Systemtakt ist mithin ein minimaler zeitlicher Abstand, zu dem Aufträge in den Kapazitätseinheiten freigegeben werden können. Aus der Reduzierung der zeitlichen Betrachtung auf Anfangs- und Endzeitpunkte von Freigabeperioden folgt, dass das Systemverhalten als diskrete Folge von Zustandsübergängen beschrieben werden kann[136]. Die elementspezifische Feinplanung und Steuerung des freigegebenen Arbeitsinhalts wird autonom durch die Kapazitätseinheiten

[135] Markov-Graphen werden auch als Übergangsgraphen bezeichnet, vgl. Beichelt 1997, S. 153 f. Hier verwendete graphische Darstellungen sind Transitionsgraphen, vgl. Ferschl 1970, S. 40 ff. und weiter Buchholz 1994, S. 20.

[136] Das Erreichen eines festgelegten Zeitpunktes stößt die Routine zur Berechnung von Erwartungswerten für die in den Produktionsbereichen je Systemtakt bearbeiteten Arbeitsinhalte an.

koordiniert. Aus der Sicht einer aggregierten, kapazitätseinheitübergreifenden Betrachtung auf der Netzwerkebene kann nicht auf detaillierte Informationen der Feinplanung und Steuerung zurückgegriffen werden.

In einem Markov-Prozess wird die Zustandsentwicklung stochastischer Systeme zunächst losgelöst von deren Verhalten im Zeitablauf betrachtet, die Dauer eines Systemtakts ist nicht bestimmt. Die diskrete Entwicklung solcher Systeme wird ohne zeitliche Ausdehnung definiert[137]. Eine Adaption der Kategorie Systemtakt auf Realprozesse bedingt die Festlegung einer zeitlichen Ausdehnung, in der Zustandsänderungen erfolgen und beobachtet werden; ein Systemtakt kann dann Stunden, Schichten oder Tagen entsprechen. Im Rahmen dieser Arbeit entspricht dieses Intervall einem Produktionstag des untersuchten Realsystems[138].

3.3.2.2 Darstellung von Produktionsressourcen und Aufträgen

Fertigungsaufträge beanspruchen die Kapazität der Systemelemente. Sie überlagern sich je nach Organisationsform der Fertigung und je nach Detaillierungsgrad der Betrachtungen zu Auftragsnetzen. In Abstimmung mit dem Aggregationsgrad der Kapazitätseinheiten müssen elementsspezifisch Arbeitsgänge (einzelne Verrichtungen) zu Arbeitsfolgen aggregiert werden. Im allgemeinen Fall ist, unabhängig von der organisatorischen Ausgestaltung der Systemelemente und dem gewählten Aggregationsgrad der Betrachtung, bei der Ermittlung von Störungswirkungen ein auftrags- bzw. auftragstypspezifisches Transferverhalten zwischen den Elementen zu beachten. Die Belastung des Produktionssystems ist kapazitiv abgestimmt, wenn der zu Beginn des Systemtaktes freigegebene Arbeitsinhalt (in Fertigungszeiteinheiten gemessener Arbeitsumfang) tatsächlich bearbeitet werden kann, die Kapazitätsnachfrage mithin der Kapazität eines Elementes entspricht.

Die analytische Beschreibung des Systemverhaltens basiert auf einer elementspezifischen Normierung des im Systemtakt T zu bearbeitenden Auftragsumfangs sowie der Normierung der in T verfügbaren Kapazität. Sowohl das Kapazitätsangebot als auch die Kapazitätsnachfrage werden in der Anzahl elementspezifisch *normierter Kapazitätsteile* (nKT) gemessen. Die Normierung ermöglicht eine Abstraktion vom konkreten Bezug zwischen Fertigungsauftrag bzw. Fertigungsauftragstyp und der Systembelastung. Hinsichtlich ihrer Übertragungseigenschaften entstehen homogene Kapazitätsteile. Diese Repräsentanten der im Element und im Systemtakt zu bearbeitenden Aufträge bzw. Auftragstypen weisen eine in Grenzen gleiche Wahrscheinlichkeit von Zustandsänderungen, hier eine in Grenzen gleiche Übergangswahrscheinlichkeit, auf und können einzelnen Systemzuständen (z. B. „wartend", „freigegeben", „bearbeitet") zugeord-

[137] Zur Problematik von Zeitbetrachtungen bei der Adaption des Kalküls Markovscher Prozesse auf reale Sachverhalte siehe einführende Beispiele für stochastische Prozesse bei Ferschl 1970, S. 2 ff. sowie S. 5, weiter Fisz 1989, S. 297 und S. 320 f. Die Anwendung von Markov-Ketten auf zeitbehaftete Vorgänge ist typisch für Prognosemodelle in der Bevölkerungsstatistik, vgl. z. B. Bartholomew 1982, S. 9 ff. und weiter S. 14 ff., Bartholomew/Forbes/McClean 1991, S. 3 ff.

[138] Der Systemtakt wird auch als Zeitscheibe oder Zeitschritt bezeichnet. Ein *Zeitpunkt* bezieht sich jeweils auf das Ende des zugeordneten *Zeitschritts*, ein Zeitpunkt T repräsentiert das Ende des Systemtaktes T. Der Takt T wird durch die Zeitpunkte $T-1$ und T begrenzt.

net werden[139]. In normierten Kapazitätsteilen wird der durch Aufträge bzw. Produkte von den Produktionsbereichen nachgefragte *Arbeitsinhalt* angegeben. Durch die Abstraktion vom konkreten Auftrag ist es möglich, auch bei einer Vielzahl verschiedener Aufträge im System mit einem *durchschnittlichen Auftragsmix* zu arbeiten. Ein solcher Auftragsmix kann aus der durchschnittlichen Anzahl und Zusammensetzung der Kundenaufträge bzw. -abrufe und dem ihnen zugeordneten Arbeitsinhalt bestimmt werden[140]. Die Grundauslastung je Systemtakt beschreibt den Arbeitsinhalt, auf den das System kapazitiv abgestimmt ist. Nach jedem Zeitschritt kann bearbeiteter, fehlerhaft bearbeiteter oder störungsbedingt zurückgewiesener Arbeitsinhalt einer *Rücktransformation* unterworfen werden. Unter Berücksichtigung detaillierter Feinplanungs- und Steuerungsinformationen (z. B. für die Abarbeitung des freigegebenen Arbeitsinhaltes angewendete Prioritätsregeln) kann ein Bestand nKT in entsprechende Fertigungsaufträge umgerechnet werden. Eine Vorstellung über die Idee normierter Kapazitätsteile liefert Abb. 3.8.

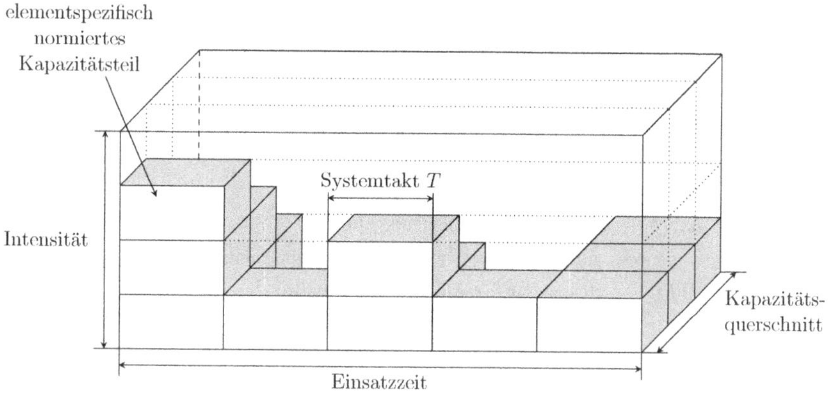

Abb. 3.8: Normierung von Kapazitätsangebot und -nachfrage

Kapazität beschreibt ein „Leistungsvermögen einer wirtschaftlichen oder technischen Einheit – beliebiger Art, Größe und Struktur – in einem Zeitabschnitt“[141]. Die quantitative Kapazität kennzeichnet das Leistungspotenzial, beispielsweise gemessen in Maschinenstunden oder produzierten Mengeneinheiten bezogen auf einen Zeitabschnitt. Einflussfaktoren, welche das Leistungsvermögen einer Kapazitätseinheit bestimmen, sind

- die Produktionsintensität,
- die Einsatzzeit und
- der nutzbare Kapazitätsquerschnitt einer Kapazitätseinheit[142].

[139] Vgl. hierzu die Ausführungen in den Abschnitten 4.1.1 und 4.1.2.
[140] Vgl. hierzu die Ausführungen zu einem praktischen Beispiel in Anlage C.
[141] Kern 1962, S. 27. Vgl. weiter Zäpfel 1982, S. 10 ff., Betge 1996, Sp. 852 ff., Corsten 2004, S. 9 ff. Vgl. auch Abschnitt 4.1.2.3.
[142] Die Produktionsintensität erfasst die in einem Systemtakt erbrachten Arbeitseinheiten (Stück je Stunde, Kilogramm je Tag usw.), die Einsatzzeit die Zeitspanne, in der die Produktionsfaktoren zur Verfügung stehen. Der Kapazitätsquerschnitt gibt die im Takt T im Element j verfügbaren Produktionsfaktoren an.

Der Kapazitätsquerschnitt wird gemessen als Anzahl der im Element j im Systemtakt T vorhandenen Betriebsmittel bzw. eingesetzten Arbeitskräfte. Je nach Fertigungsorganisation wird der Querschnitt dabei durch die Engpasskapazität im Fall der Fertigungsorganisation in *heterogene* Anlagen- bzw. Betriebsmittelgruppen oder durch ein Kapazitätsaggregat bei räumlicher und organisatorischer Zusammenfassung *homogener* Anlagen- bzw. Betriebsmittelgruppen bestimmt. Die normierte Kapazitätsnachfrage und das normierte Kapazitätsangebot lassen sich in einer dreidimensionalen Darstellung als Quader auffassen (vgl. Abb. 3.8)[143].

Elemente aus homogenen Anlagen- bzw. Betriebsmittelgruppen fassen Teilkapazitäten zusammen, die die gleiche Verrichtung ausführen[144]. Heterogene Betriebsmittelgruppen umfassen sowohl Anlagen gleicher als auch unterschiedlicher Verrichtungen und werden hinsichtlich herzustellender Arbeitsinhalte abgegrenzt[145]. Die Kapazitäten homogener Betriebsmittelgruppen, angegeben in Fertigungszeiteinheiten je Systemtakt, werden gemäß Gleichung (3.8) bestimmt. Zur Berücksichtigung von Produktivitätsunterschieden zwischen einzelnen Anlagen wird ein Bewertungsfaktor b_i eingeführt. Ein Element j, welches homogene Betriebsmittelgruppen zusammenfasst, hat dann die Kapazität

$$K_j(T) = \sum_{i=1}^{n} b_i \cdot k_i(T) \tag{3.8}$$

mit	$K_j(T)$	–	Kapazität des Elements j im Takt T,
	b_i	–	Produktivitätsbewertungsfaktor für Anlage i aus j,
	$k_i(T)$	–	Kapazität der Anlage i aus j im Takt T,
	n	–	Anzahl der zu einem Element j zusammengefassten Anlagen.

Das normierte Kapazitätsangebot in Systemtakt T wird in Abhängigkeit einer elementspezifischen definierten Normzeitdauer[146] KT angegeben mit

$$K_{j.norm}(T) = \frac{\sum_{i=1}^{n} b_i \cdot k_i(T)}{KT}. \tag{3.9}$$

Die Kapazität eines Elementes l, welches eine heterogene Betriebsmittelgruppe repräsentiert, wird durch die Engpasskapazität der zusammengefassten Maschinen und Arbeitsstationen bestimmt[147]. Es gilt

$$K_l(T) = min[k_1(T),\ k_2(T),\ ...,\ k_i(T),\ ...,\ k_n(T)] \tag{3.10}$$

[143] Vgl. Fischäder/Dittrich 2004, S. 147 ff. Zu einem ähnlichen Vorgehen, welches hinsichtlich der Abgrenzung der Kategorie Kapazität jedoch als problematisch einzuschätzen ist, vgl. Westphal 2001, S. 268 ff.

[144] Unter den Bedingungen der Werkstattfertigung stellt eine Werkstatt *Drehen* eine homogene Betriebsmittelgruppe dar. Vgl. in Folge Schlüter 2001, S. 135 ff.

[145] Betriebsmittel, die zu einer Fließlinie gehören, bilden eine heterogene Kapazitätseinheit.

[146] Die Normzeitdauer kann beispielsweise die Bearbeitungsdauer eines Standard- bzw. Referenzproduktes sein.

[147] Vgl. Betge 1996, Sp. 859, Steven 1996, Sp. 876.

mit $K_l(T)$ – Kapazität eines Elements l im Takt T,
$k_i(T)$ – Kapazität der Anlage i aus j im Takt T.

Für das normierte Kapazitätsangebot im Systemtakt T folgt analog (3.9)

$$K_{l.norm}(T) = \frac{min[k_1(T),\ k_2(T),\ ...,\ k_i(T),\ ...,\ k_n(T)]}{KT}. \tag{3.11}$$

Die Ermittlung der normierten Belastung der Elemente durch Fertigungsaufträge folgt demselben Prinzip:

$$A_{j.norm}(FA_{ji}(T)) = \frac{A_j(FA_{ji}(T))}{KT} \tag{3.12}$$

wobei $A_j(FA_{ji}(T))$ den Arbeitsinhalt eines Fertigungsauftrages i angibt, der im Element j im Takt T bearbeitet wird. Eine Aussage über den normierten Kapazitätsbedarf $BK_{j.norm}(T)$ im Element j und Systemtakt T erhält man unter Verwendung der Beziehung

$$BK_{j.norm}(T) = \sum_{j=1}^{n_j} A_{j.norm}(FA_{ji}(T)) \tag{3.13}$$

mit n_j – Anzahl der im Takt T und Element j zu bearbeitenden Aufträge[148].

3.3.3 Basismodell zur Analyse des Verhaltens gestörter Produktionssysteme

3.3.3.1 Grundgleichungen zur Beschreibung des Systemverhaltens

Das *Basismodell* zur Beschreibung und Prognose des zeitlichen Verhaltens eines gestörten Produktionssystems basiert auf dem Kalkül Markovscher Ketten[149]. Sie werden im Allgemeinen als zeitdiskrete Markov-Ketten bezeichnet[150]. Den Ausführungen in Abschnitt 3.3.1.2 liegen zudem *homogene* zeitdiskrete Markov-Ketten zu Grunde. Die Homogenitätseigenschaft verweist auf zeitkonstante Übergangswahrscheinlichkeiten[151]. Vor dem Hintergrund der Betrachtung einer zeitlichen Entwicklung gestörter (und angepasster) Produktionssysteme erweist sich die Annahme der Homogenität als einschränkend. Um die in der Realität auftretenden, durch Störsituationen oder Anpassungsmaßnahmen induzierten Strukturbrüche einfangen zu können, muss die

[148] Die Normierung von Kapazitätsangebot und -nachfrage kann in Abweichung zur hier dargestellten Vorgehensweise auch so ausgeführt werden, dass die bei Grundauslastung je Systemtakt durch das System fließende Anzahl nKT selbst auf einen geeigneten Wert normiert wird. In den Beispielen des Kapitels 4 und der Anlage C wird beispielsweise die Belastung auf 100 nKT normiert. Die Vergleichbarkeit des Systemverhaltens in unterschiedlichen Störszenarien wird dadurch verbessert.

[149] Die betrachteten Markov-Prozesse haben einen endlichen Zustandsraum. Zu jedem Systemzustand lässt sich ein Bestand an Bearbeitungseinheiten in normierten Kapazitätsteilen angeben. Das diskrete Zeitraster der Systembeobachtung bildet den Parameterraum.

[150] Vgl. Buchholz et. al. 1994, S. 19.

[151] Vgl. u. a. Fisz 1989, S. 297.

Annahme zeitkonstanter Übergangswahrscheinlichkeiten aufgegeben werden. In Fällen, in denen Kapazitätseinheiten über Kapazitätsreserven verfügen und der je Systemtakt wartende Arbeitsinhalt *vollständig* freigegeben und durchgesetzt wird, kann jedoch von *periodischer Homogenität* ausgegangen werden. Dann beansprucht der zeitinvariante Transformationsoperator nur über eine bestimmte Anzahl von Systemtakten Gültigkeit[152]. Die Spezifik des Objektbereiches der Untersuchungen führt zu *nicht-ergodischen* Markov-Ketten[153].

Das Basismodell ist ein *offenes* Markov-Modell mit gegebenem Input[154].[155] Die Untersuchung von Koordinationsvorgängen in netzwerkförmigen Produktionsstrukturen erzwingt die explizite Berücksichtigung von Systemzu- und -abgängen. Zugänge sind Kundenaufträge, Bearbeitungseinheiten verlassen das System nach Durchlaufen aller betrachteten Produktionsstufen. Es wird ein *absorbierender Zustand* in die Markov-Kette eingeführt, der diese Abgänge aufnimmt. Ein solcher absorbierender Zustand hat die Eigenschaft, dass von ihm aus keiner der übrigen Systemzustände erreicht werden kann. Alle anderen Zustände der Markov-Kette sind *transient* (vorübergehend). Von Systemtakt zu Systemtakt erfolgt ein Fortschreiten der normierten Kapazitätsteile von Zustand zu Zustand. Die Systembewegung beschreibt eine Trajektorie wahrscheinlich erreichter Zustände. Es interessieren sowohl *Bestände* an normierten Kapazitätsteilen, die zu bestimmten Zeitpunkten einen Zustand erreicht haben und mithin eine Zustandsklasse bilden, als auch innerhalb eines Systemtaktes resultierende *Flüsse* einer bestimmten Anzahl nKT zwischen zwei Zuständen. Offene Markov-Systeme sind durch folgende Systemparameter gekennzeichnet:

- *Anfangszustandsstruktur*: Der Ausgangszustand der Beobachtung des Produktionssystems wird durch die Anfangszustandsstruktur bestimmt. Sie wird durch die Bestände an nKT in den betrachteten Zustandsklassen im Zeitpunkt $T = T_0 = 0$ bestimmt und bezieht sich auf das ungestörte System. Der in nKT angegebene Arbeitsinhalt, welcher im ungestörten System eingesteuert wird, kann bearbeitet bzw. umgesetzt werden. Das System ist ex ante kapazitiv abgestimmt.
- *Einlastungsfolge*: Die Einlastungsfolge beschreibt den Neuzugang einer geplanten Anzahl normierter Kapazitätsteile je Systemtakt. Sie wird spezifiziert durch den Einlastungsvektor, der die Anzahl der Neuzugänge auf einzelne Zustandsklassen verteilt.

[152] Zu Markov-Modellen mit zeitabhängigem Transformationsoperator vgl. Bartholomew 1982, S. 30 f.

[153] Ergodische Markov-Ketten sind irreduzibel und aperiodisch. Alle Zustände sind positiv rekurrent, vgl. Buchholz et al. 1994, S. 23. Als aperiodisch lassen sich Markov-Ketten dann bezeichnen, wenn keine Periodizität im Erreichen bestimmter Systemzustände feststellbar ist. Eine Markov-Kette heißt irreduzibel, wenn der Zustandsraum nur aus einer einzigen Äquivalenzklasse besteht, vgl. Ferschl 1970, S. 44 und Buchholz et al. 1994, S. 22. In einem solchen Fall kann man von jedem Zustand aus jeden beliebigen anderen Zustand erreichen. Dies ist bei den hier betrachteten Problemen nicht gegeben. Zur Klassifikation der Zustände Markovscher Ketten siehe u. a. Beichelt 1997, S. 152 ff., Ferschl 1970, S. 44 f. und weiter S. 66 ff., Fisz 1989, S. 302 sowie Kemeny/Snell 1976, S. 35 ff. und S. 207 f.

[154] Offene Markov-Ketten sind grundsätzlich durch einen Neuzugang an Objekten (Partikeln) in den Prozess und/oder durch einen Systemabgang gekennzeichnet. Zu geschlossenen diskreten Markov-Modellen vgl. ausführlich Bartholomew 1982, S. 14 ff., Dittrich 1985, S. 50 ff.

[155] Diskrete Markov-Ketten für offene Systeme finden in der Statistik sozialer Prozesse Anwendung zur Beschreibung und Prognose von Studentenflüssen in Ausbildungssystemen bzw. zur Prognose der Flüsse von Mitgliedern einer Organisation durch deren Hierarchien. Vgl. hierzu grundlegend die Arbeiten von Bartholomew 1982, Bartholomew 1973, Bartholomew 1970, Bartholomew/Forbes/McClean 1991 und Sabel 1977. In der Darstellung und Notation mathematischer Zusammenhänge orientiert der Autor an Bartholomew 1982, S. 50 ff. bzw. Bartholomew/Forbes/McClean 1991, S. 97 ff.

– *Transformationsoperator*: Der Transformationsoperator enthält die in der Übergangsmatrix zusammengefassten Übergangswahrscheinlichkeiten und repräsentiert die Kopplungen zwischen den Systemelementen und damit die Systemstruktur. Logistische und fertigungsbezogene Störungen werden sowohl durch den Transformationsoperator als auch durch Modifikation der Einsteuerungsfolge modelliert.

Für die Anwendung des Basismodells werden die Zustände und damit die Markov-Kette durch den Störungsmanager so definiert, dass das erwartete Systemverhalten in einem geeigneten Detaillierungsgrad analysiert werden kann[156]. Das Basismodell umfasst k Zustandsklassen. Der Durchlauf der Kapazitätsteile durch das Modell entspricht der Abfolge der notwendigen Bearbeitungsschritte (in den einzelnen Niveaustufen) im untersuchten Produktionssystem. Der Ausdruck $n_j(T)$ erfasst die Anzahl nKT im Zustand j und Zeitpunkt T mit $T = 0, 1, 2, \ldots$ Die Anfangszustandsbelegungen $n_j(0)$ mit $j = 1, 2, \ldots, k$ werden als bekannt vorausgesetzt und es wird mit $N(T)$ die Anzahl aller im Takt T im System befindlichen nKT angegeben:

$$N(T) = \sum_{j=1}^{k} n_j(T).$$

Für zukunftsbezogene Zeitpunkte sind die Belegungen der Zustandsvariablen Zufallsgrößen. Deshalb heißt $n_j(T)$ die *erwartete* Anzahl nKT im Zustand j und Zeitpunkt T. Die Anzahl der Neuzugänge an normierten Kapazitätsteilen in das System zum Zeitpunkt T wird mit $R(T)$ angegeben. Dieser *Zufluss* an Bearbeitungseinheiten ist entweder eine bekannte Größe oder die Realisierung einer Zufallsvariable. Die Einlastungsfolge $R(T)$ kann in letztgenanntem Fall als Erwartungswert der Neuzugänge verstanden werden. In den in dieser Arbeit betrachteten Problemstellungen ist der Systeminput fremdbestimmt und i. d. R. bekannt; er repräsentiert letztlich die (prognostizierte) Folge der im System eintreffenden und zu bearbeitenden Kundenaufträge. Neben der absoluten Höhe der Zugänge $R(T)$ muss die Allokation der Neuzugänge auf die einzelnen Zustandsklassen festgelegt werden. Allgemein gilt, dass der Anteil p_{0j} von $R(T)$ in die Zustandsklasse j eingesteuert wird. Offensichtlich folgt

$$\sum_{j=1}^{k} p_{0j} = 1$$

und die Verteilung $\{p_{0j}\}$ kann als *Zugangsverteilung* bezeichnet werden. Im Kontext hier betrachteter Problemstellungen wird $\{p_{0j}\}$ vereinfacht angegeben. Alle eingesteuerten nKT werden (entsprechend dem Produktionsdurchlauf) in die erste Zustandsklasse eingesteuert und durchlaufen dann die Produktionsstufen (und erreichen im Zeitablauf verschiedene Zustände der Bearbeitung)[157].

[156] Zur aufgabenspezifischen Konfiguration der Zustandsklassen vgl. auch Barthlomew/Forbes/McClean 1991, S. 111.

[157] Es ist bereits dargelegt worden, dass sich die Unterscheidung der Begriffe *Kapazitätseinheit* und *Zustand* aus der Differenzierung von *Realsystem* und *Zustandsmodell* ergibt: Kapazitätseinheiten (Produktionszellen im Netzwerk) sind dem Realsystem zugeordnet, eine Zustandsklasse ist das *Abbild* der Kapazitätseinheit im Markov-Modell, nKT erreichen verschiedene Zustände der Bearbeitung. Aus Gründen der besseren Lesbarkeit

Ein normiertes Kapazitätsteil im Zustand i geht in den Zustand j mit der Übergangswahrscheinlichkeit p_{ij} über. In Abgrenzung zur Betrachtung geschlossener Markov-Systeme muss die Beziehung

$$\sum_{j=1}^{k} p_{ji} = 1$$

auf die Betrachtung offener Systeme erweitert werden. Allgemein gilt:

$$\sum_{j=1}^{k} p_j i < 1.$$

In offenen Systemen sind Abgänge aus dem System zulässig. Die Wahrscheinlichkeit des Verlustes bzw. Abgangs eines Kapazitätsteils aus dem Zustand i im Zeitpunkt T wird mit $p_{i.k+1}$ angegeben und man schreibt weiter

$$p_{i.k+1} = 1 - \sum_{j=1}^{k} p_{ij}.$$

Markov-Ketten werden immer so konstruiert, dass sie einen *absorbierenden Zustand* $(k+1)$ enthalten, der die Abgänge aus vorgelagerten transienten Zuständen aufnimmt (vgl. Zustand 7 in Abb. 3.7). Die den stochastischen Prozess beschreibenden Wahrscheinlichkeiten können in folgendem Tableau zusammengefasst werden:

p_{01}	p_{02}	$\cdots$	p_{0k}	
p_{11}	p_{12}	$\cdots$	p_{1k}	$p_{1.k+1}$
p_{21}	p_{22}	$\cdots$	p_{2k}	$p_{2.k+1}$
$\vdots$	$\vdots$	$\ddots$	$\vdots$	$\vdots$
p_{k1}	p_{k2}	$\cdots$	p_{kk}	$p_{k.k+1}$

Der Transformationsoperator $\underline{P}$ ist eine quadratische Matrix mit den Elementen p_{ij} $(i,\ j = 1,\ 2,\ ...,\ k)$, der Vektor $\underline{p}_0$ bezeichnet den *Einlastungsvektor* und $\underline{n}(T)$ den Vektor der erwarteten Belegung der Zustandsklassen im Zeitpunkt T. Nachdem das System nun vollständig spezifiziert ist, können Beziehungen angegeben werden, welche die erwarteten Zustandswerte sukzessiv mit (zukünftigen) Zeitpunkten verbinden. Es gilt

$$n_j(T+1) = \sum_{i=1}^{k} p_{ij} \cdot n_i(T) + R(T+1) \cdot p_{0j} \text{ mit } T = 1,\ 2,\ 3,\ ... \text{ und } j = 1,\ 2,\ ...,\ k \quad (3.14a)$$

des Textes wird jedoch auf eine konsequente Abgrenzung und präzise Verwendung der Begriffe Kapazitätseinheit, Zustand und Zustandsklasse verzichtet. Diese Bezeichnungen beziehen sich auf das gleiche Objekt in verschiedenen Betrachtungsebenen.

oder in Vektordarstellung

$$\underline{n}(T+1) = \underline{n}(T) \cdot \underline{P} + R(T+1) \cdot \underline{p}_0. \tag{3.14b}$$

Anzumerken ist, dass Neuzugänge im Takt $(T + 1)$ in das System eintreten. Mit Hilfe der Beziehungen (3.14a) und (3.14b) lassen sich die erwarteten Zustandsbelegungen *rekursiv* berechnen, wenn $R(T)$ für alle interessierenden (zukünftigen) Zeitpunkte T bekannt ist. Die wiederholte Anwendung von (3.14b) führt zu

$$\underline{n}(T) = \underline{n}(0) \cdot \underline{P}^T + \underline{p}_0 \cdot \left\{ \sum_{\tau=0}^{T-1} R(T-\tau) \cdot \underline{P}^{\tau} \right\} \tag{3.15}$$

wobei $\underline{P}_0$ die Einheitsmatrix $\underline{I}$ bildet. Die Abgangswahrscheinlichkeiten $p_{i,k+1}$ erscheinen nicht explizit in der Beziehung (3.15), sie sind die Komplemente der Zeilensummen von $\underline{P}$. $\underline{P}^{\tau}$ und schließlich $\underline{n}(T)$ sind damit indirekt von ihnen abhängig. Mit (3.15) lässt sich das Basismodell *analytisch geschlossen* angeben. Man kann unmittelbar für jeden interessierenden Zeitpunkt T die Zustandsbelegung angeben. Die Beziehung lässt sich für solche Fälle weiter vereinfachen, in denen die Einlastung $R(T)$ in einer geeigneten mathematischen Form angegeben werden kann. In Anlage A zu dieser Arbeit wird dargestellt, wie auf Grundlage des Basismodells (in Schreibweise der Gleichung 3.15) *Aussagen zum stationären Systemverhalten* abgeleitet werden können.

Ausgehend vom Objektbereich der Untersuchung können für die Systemparameter und Problemvariablen einige Einschränkungen getroffen werden:

- Alle Variablen sind nur mit Elementen größer bzw. gleich Null besetzt. Negative Werte entsprächen entweder negativen Kapazitätsnachfragen (z. B. eine negative Einlastung $R(T)$) oder negativen Übertragungsfaktoren.
- Ist das Produktionssystem ungestört, so hat der Transformationsoperator die Gestalt einer oberen Dreiecksmatrix. Werden Produktionssysteme betrachtet, deren Elemente topologisch sortierbar sind, wird mithin ein Übergang von Zuständen höherer Nummer an vorgelagerte Zustände (niedrigerer Nummer) ausgeschlossen[158], so ist der Transformationsoperator superdiagonal besetzt[159].
- Wird auf ressourcenorientierte Störungen (Fallgruppe A) abgestellt, kann für die Einlastungsfolge $R(T) = R = const.$ für alle T angenommen werden.
- Der Einlastungsvektor $\underline{p}_0$ ist für alle Systeme und Zeittakte mit $(1\ 0\ 0 \ldots 0)$ besetzt. Eine Einlastung von Aufträgen in das Produktions- und Logistiksystem ist nur über die jeweils erste Produktionsstufe, also über den ersten Zustand, möglich.

Das Basismodell stellt eine geeignete Berechnungsmethode für die Abbildung der zeitlichen Verhaltensweise von Produktionssystemen dar und ist methodische Basis für ein *Entscheidungsunterstützungssystem* für störungsinduzierte und störungsbezogene Koordinationsprobleme. Die

[158] Von Zustand k sind dann nur Übergänge an die Zustände $k+1$, $k+2$, ..., nicht aber an die Zustände $k-1$, $k-2$, ... möglich. In gestörten Systemen können Übergänge entgegen der topologischen Sortierung auftreten.

[159] Bei superdiagonal besetzten Matrizen sind nur die Elemente p_{ij} ungleich Null, für die gilt $j = i + 1$.

Modellierung des kapazitiven Verhaltens des betrachteten Produktions- bzw. Logistiksystems basiert auf der Anwendung der *Operatorenrechnung*, welche sich durch besonders einfache Handhabung auszeichnet[160]. Die Operatorenrechnung beschreibt die Einlastung von Arbeitsinhalt in Produktionsbereiche und seine Transformation (Bearbeitung). Ein Operator ist eine Rechenvorschrift, die einem Element einer beliebigen Menge (Zahlen, Vektoren, Matrizen oder Funktionen) ein bestimmtes Element einer zweiten beliebigen Menge zuordnet[161]. Aus systemtheoretischer Perspektive repräsentiert ein Operator ein System, so dass die Operatorenrechnung als Analyseinstrument eine systemtheoretische Betrachtungsweise geeignet unterstützt[162]. Störeinflüsse, die auf ein System wirken, werden durch einen zeitlich veränderlichen Operator ausgedrückt. Treten im Zeitablauf wiederholt Störeinflüsse auf, so kann das System keinen stationären Zustand erreichen; mit jedem neuen Störgrößenauftritt, dessen Wirkungen sich mit vorangegangenen überlagern, beginnt der Ausgleichsprozess von neuem[163]. Unterliegt ein System laufend Störeinflüssen, so ist der Operator eine Funktion der Zeit.

Die im Basismodell verwendeten Daten sind sowohl vergangenheitsbezogene als auch prognostische Daten. Bezogen auf die Zielstellung, Aussagen über das künftige Verhalten von Produktionssystemen zu treffen, sind es vornehmlich Erwartungswerte einzelner Größen, die Eingang in das Modell finden müssen. Der das System im Systemtakt T charakterisierende Zustandsvektor $\underline{n}(T)$ fasst *Erwartungswerte* der betrachteten Zustandsklassen zusammen. Für die Anwendung sowie für das methodische Verständnis des Modellierungsansatzes ist dies ausreichend. In der Literatur finden sich Ansätze zur Bestimmung höherer stochastischer Momente für prognostizierte Größen (*Varianzen, Kovarianzen*)[164]. Auch die Ergebnisse der Modelluntersuchungen haben die Eigenschaft von Erwartungswerten. Die stochastische Natur von Markov-Prozessen wird im Basismodell und seinen Erweiterungen nur insoweit Berücksichtigung finden, als dass sich die Betrachtungen auf Erwartungswerte für Bestände und Kosten beschränken. Um der faktischen Entfernung von den stochastischen Grundzusammenhängen auch sprachlich Rechnung zu tragen, wird im Hauptteil der Arbeit (Kapitel 4) für die Elemente des Transformationsoperators (der Übergangsmatrix) neben der Bezeichnung *Übergangswahrscheinlichkeit* der Begriff *Übertragungsfaktor* synonym verwendet.

---

[160] Hier findet die *lineare* Operatorenrechnung Verwendung. Das Rechnen mit nicht-linearen Operatoren ist erheblich komplizierter. Untersuchungen an Produktionssystemen im Anfangsbereich kommen allerdings mit linearen Operatoren aus. Grundlegend zur Operatorenrechnung vgl. Baetge 1974, S. 71 ff. Die Anwendung der Operatorentheorie zur Lösung betriebs- und volkswirtschaftlicher Probleme geht auf Howard 1963 und Lange 1969 zurück.

[161] Vgl. Baetge 1974, S. 75.

[162] In diesem Zusammenhang soll vor allem auf das Denken in so genannten *Black Boxes* in problemspezifischer Abgrenzung rekurriert werden, vgl. Baetge/Steenken 1971, S. 604, Baetge 1974, S. 75. Der Black-Box-Ansatz ist als modulares Modellierungsparadigma aufzufassen. Im Kontext des Untersuchungsbereiches konkretisierte Elemente (Produktionsbereiche, Kapazitätseinheiten) sind gekapselte Einheiten, die in bestimmten Konfigurationen wechselwirken.

[163] Vgl. Baetge/Steenken 1971, S. 616. Hier ist das tatsächliche Verhalten eines Systems nach dem Auftreten einer Störung von Interesse. Stationäres Verhalten ist zu beobachten, wenn keine (weiteren) Störungen auftreten und in jedem Systemtakt der gleiche Arbeitsinhalt freigegeben wird bzw. wenn Ausgleichsvorgänge bei einmaliger Auftragsfreigabe untersucht werden. Diese Fälle werden durch Dittrich (1996, S. 117 ff.) behandelt.

[164] Siehe u. a. Bartholomew 1982, S. 20 ff. sowie S. 66 ff.

3.3.3.2 Zulässigkeit der mit dem Basismodell verbundenen Annahmen

Das Basismodell ermöglicht die Beschreibung des kapazitiven Verhaltens gestörter Produktions- und Logistiksysteme. Die Analyse gestörter Systeme wird derart vorgenommen, dass ausgehend von der Beschreibung des ungestörten und kapazitiv abgeglichenen Systems (Status Normalbetrieb) eine Störsituation deterministisch auf die Systemstruktur „aufgeprägt" wird. Dies drückt sich im Modellsystem (in Abhängigkeit der untersuchten Störsituation) durch eine im Störzeitpunkt modifizierte Kopplungssituation zwischen den Systemelementen und/oder durch veränderte Übertragungsfunktionen der Systemelemente aus. Den Störungsmanager interessiert nun die durch das Basismodell simulierte (stochastische) Systementwicklung im zeitlichen Anfangsbereich nach dem Aufprägen logistischer und fertigungsbezogener Störungen.

Voraussetzung für die Anwendung des Kalküls Markovscher Ketten in Verbindung mit der Operatorenrechnung ist die Existenz normierter Kapazitätsteile, die die Markov-Kette durchlaufen und homogene Eigenschaften aufweisen[165]. Normierte Kapazitätsteile repräsentieren Arbeitsinhalte; das Modellsystem abstrahiert von einem konkreten Auftragsbezug. Kapazitätsteile mit homogenen Eigenschaften besitzen gleiche Übergangswahrscheinlichkeiten (in der Praxis: gleiche Bearbeitungswahrscheinlichkeiten), aus den Zuständen der normierten Kapazitätsteile kann auf den Bearbeitungszustand der Aufträge geschlossen werden.

Diese Modellannahme stellt reale Zusammenhänge vereinfacht dar: Da normierte Arbeitsinhalte bereichsspezifisch aus Fertigungsaufträgen (und mithin aus dem systemtaktbezogenen Produktionsprogramm) abgeleitet werden, ist die gegenseitige Unabhängigkeit ihrer Transformation nicht gegeben. Ein unterschiedlich hoher Anteil verschiedener Auftragstypen am Produktionsprogramm induziert variierende Übergangswahrscheinlichkeiten. Eine zentrale Dispositionsebene für die netzwerkweite Abstimmung im Störfall verfügt allerdings über keine Detailinformationen bezüglich der Feinplanung und -steuerung der Produktionsbereiche. Die Prognose des kapazitiven Systemverhaltens führt zu Erwartungswerten für bearbeiteten normierten Arbeitsinhalt. Auf die aggregierte Berechnung folgt eine Interpretationsphase, in der auf tatsächlich bearbeitete Aufträge geschlossen werden kann. Die Annahme der Homogenitätseigenschaft stellt folglich eine akzeptable Problemvereinfachung dar.

Der Zustand des Produktionssystems im Systemtakt T definiert die Bedingungen für die künftige Entwicklung des Systems. Das Systemverhalten wird zusätzlich bestimmt durch die (i) verfügbare Kapazität in den Produktionsbereichen sowie (ii) durch den in den Folgetakten freigegebenen Arbeitsinhalt. Das Verhalten des Systems kann nur ausgehend vom Zustand in T prognostiziert und gezielt beeinflusst werden. Die historische Systementwicklung findet ihren Niederschlag im erreichten Systemzustand in T. Die Gültigkeit der Markov-Eigenschaft[166] für die Modellierung gestörter Produktionsprozesse ist aufgrund dieser anwendungsorientierten Überlegung gegeben.

165 Vgl. hierzu nochmals die Ausführungen in Abschnitt 3.3.2.2 sowie Westphal 2001, S. 291 ff.
166 Vgl. Abschnitt 3.3.1.2.

3.3.3.3 Anwendung des Basismodells auf komplexe Prozessstrukturen

3.3.3.3.1 Produkt- bzw. produkttypspezifische Basismodelle

Die operative Planung und Steuerung des Produktionsvollzugs findet auf der Grundlage von *Produktionsaufträgen* statt. Diese werden im Planungsprozess in *Fertigungsaufträge* dekomponiert und den einzelnen Produktionsbereichen (den Elementen des Modellsystems) zugeordnet. Produktions- und Fertigungsaufträge beziehen sich jeweils auf ein Erzeugnis bzw. ein Zwischenerzeugnis. Fertigungsaufträge adressieren einen oder mehrere Arbeitsgänge, denen zur Bearbeitung Produktionsressourcen (Betriebsmittel-, Personalkapazität) zugewiesen und die in technologisch bedingter Reihenfolge abgearbeitet werden[167].

Produktionsaufträge werden durch ihre Auftragsnetzpläne repräsentiert. Die Materialflüsse zwischen den Produktionsbereichen bestimmen sich aus der Schichtung der Auftragsnetze mit ihren Arbeitsinhalten. Aus den geschichteten Auftragsnetzplänen werden für einzelne Freigabeperioden die Fertigungsaufträge eines Produktionsbereiches im Fertigungsprogramm zusammengestellt. Die zwischen den unterschiedlichen Produktionsbereichen bestehenden Materialflussbeziehungen, die diese im Rahmen der Realisierung der Produktionsaufträge untereinander eingehen, werden durch die *Prozessstruktur* beschrieben (Ressourcensicht). Auf der Betrachtungsebene der Kapazitätseinheiten (Netzwerkebene) soll von einer statischen Prozessstruktur ausgegangen werden. Die Prozessstruktur wird letztlich durch die *Produktstruktur* (Auftragssicht) bestimmt[168]. Diese erfasst Einzelteile und Baugruppen, die auf einer bestimmten Produktionsstufe zu einem Zwischen- bzw. Endprodukt kombiniert werden. In dieser Arbeit wird auf Netzwerkebene von einer verrichtungsorientierten Segmentierung ausgegangen, d. h. jeder Kapazitätseinheit wird eine Produktionsstufe und damit ein Arbeitsabschnitt im Produkterstellungsprozess zugeordnet.

In Abschnitt 3.3.2.2 wurde bereits darauf hingewiesen, dass die Normierung von Kapazitätsangebot und -nachfrage im Basismodell in Abhängigkeit von Produktstruktur und Organisationsform der Kapazitätseinheiten erfolgt. Durch Aggregation und Normierung ermittelte normierte Kapazitätsteile bilden „Partikel", die den Zustandsgraph im Zeitablauf durchlaufen und für die von gleichen Übertragungsfaktoren zwischen den Systemzuständen ausgegangen werden kann[169]. Die Verteilung normierter Kapazitätsteile im Startzeitpunkt der Systembeobachtung wird durch eine Anfangszustandsstruktur beschrieben, die Systementwicklung wird durch den Transformationsoperator gesteuert.

---

[167] Vgl. Schlüter 2001, S. 79 ff. und weiter S. 195, Schneider/Schlüter 1999, S. 363 und Lasch/Schlüter 1996, S. 165. Das Produktionsprogramm fasst die im abgegrenzten Produktionssystem zu realisierenden (Produktions-)Aufträge zusammen. In den einzelnen Systemelementen werden, bezogen auf eine verrichtungsorientierte Zerlegung der gesamten Arbeitsaufgabe, produktionsstufenbezogen Fertigungsaufträge bearbeitet. Ein Produktionsauftrag umfasst ggf. mehrere Fertigungsaufträge. Produktionsaufträge werden durch Bestellungen externer Abnehmer (Kundenaufträge) oder als (kundenanonyme) Lageraufträge ausgelöst. Kundenaufträge sind in der Regel an einen bestimmten Fertigstellungs- bzw. Auslieferungstermin gebunden und können aus mehreren unabhängigen Produktionsaufträgen (Auftragspositionen) bestehen.

[168] Zur Abgrenzung der Begriffe Prozess- und Produktstruktur vgl. Schlüter 2001, S. 148 ff., Schweitzer 1997, S. 7 ff.

[169] Für die Kapazitätsteile gelten homogene Übertragungseigenschaften.

Ein mit einem solchen Ansatz verbundener *Aggregationsfehler* ist umso größer, je heterogener das Produktionsprogramm im betrachteten Produktionssystem ist. Im Allgemeinen ist davon auszugehen, dass

- verschiedene Produkte gefertigt werden, wobei Vor- und Zwischenerzeugnisse mit jeweils unterschiedlichen Arbeitsinhalten und Arbeitsverrichtungen verbunden sind und
- diese Zwischenerzeugnisse sowohl die Produktionsressourcen innerhalb betrachteter Kapazitätseinheiten als auch die Produktionsbereiche selbst (Netzwerkebene) im Different Routing durchlaufen[170].

Die Güte der unter Anwendung des Basismodells entwickelten Aussagen wird bei Vorliegen heterogener Produktstrukturen durch die Bildung von Basismodellen spezifisch für einzelne Produktgruppen verbessert. Es erfolgt dann die Einschränkung der Analyse des Systemverhaltens auf Produkte oder Produkttypen unter spezifischem Störeinfluss[171]:

- Die Analyse des Systemverhaltens im zeitlichen Anfangsbereich nach Einwirkung einer Störgröße wird auf einen Ausschnitt aus dem Produktionsprogramm bezogen.
- Es werden erzeugnis- oder erzeugnistypspezifische Markov-Ketten entwickelt. Erzeugnisse, die zu einer Gruppe gehören, besitzen identische Modelle, repräsentiert durch einen Signalflussgraph. Modelle verschiedener Gruppen sind jedoch nicht identisch[172]. Erzeugnisse werden dann gruppiert und zu einem Typ zusammengefasst, wenn sie hinsichtlich (i) der Folge an Verrichtungen in den Produktionsbereichen, (ii) dem Durchlauf durch die Kapazitätseinheiten (Netzwerkebene), (iii) hinsichtlich dem Bedarf an Bearbeitungskapazitäten vergleichbar sind und (iv) durch eine bestimmte Störsituation beeinflusst werden (Sicht der Kapazitätsnachfrage)[173].[174] Für alle Erzeugnisse einer Gruppe gilt der gleiche institutionelle Rahmen.
- Aus der Sicht des Kapazitätsangebots wird entsprechend dem für den ungestörten Betrieb geplanten Produktionsprogramm (ex ante) ein erzeugnistypspezifischer Kapazitätsanteil

[170] Je heterogener das Produktionsprogramm, umso „durchschnittlicher" sind die mit dem hier vorgestellten Modellierungsansatz im Mengen- und Wertgerüst gewinnbaren Aussagen. Eine Fokussierung und Präzisierung der Analyse ist deshalb notwendig. Aggregation ist ein „Verfahren zur Problemvereinfachung durch sinnvolle Gruppierung von Daten und Entscheidungsvariablen" (Steven 1994, S. 43, i. d. S. auch Rogers et al. 1991, S. 533 f., Krallmann 1989, Sp. 9). Aggregation kann sich auf alle Modellkomponenten beziehen (vgl. Leisten 1995, S. 27). Mit Aggregation ist jedoch auch ein Informationsverlust verbunden (vgl. Ballwieser 1993, S. 49). Zu mit Aggregation verbundenen Fehlern vgl. weiter Rogers et al. 1991, S. 558.

[171] Zu clusteranalytischen Verfahren der Zusammenfassung entsprechender Fertigungsaufträge zu Fertigungsauftragstypen vgl. umfassend Schlüter 2001, S. 95 ff. Auch Untersuchungen an einem praktischen Anschauungsobjekt haben gezeigt, dass (Zwischen-)Erzeugnisse zu Typen mit jeweils charakteristischem Durchlaufverhalten und identischer Prozessstruktur (sowohl auf Netzwerkebene als auch auf der Ebene einzelner Kapazitätseinheiten) gebündelt werden können. Vgl. hierzu auch die Ausführungen in Anlage C.

[172] Gruppen von Objekten mit solchen Eigenschaften werden in der Literatur auch als Schichten bezeichnet, vgl. u. a. Sabel 1977, S. 23.

[173] Ein solches Verfahren der Verdichtung von Problemdaten wird von Steven als *heuristische Aggregation* bezeichnet, vgl. Steven 1994, S. 50 f. Diesem Ansatz liegt kein formalisiertes Aggregationsverfahren zu Grunde. Vgl. auch Leisten 1995, S. 37 und Rogers et al. 1991, S. 558 f.

[174] Im untersuchten Unternehmen (vgl. Anlage C) konnte das gefertigte Produktspektrum in drei Gruppen eingeteilt werden. Alle Erzeugnisse einer Gruppe hatten im Wesentlichen die gleiche Durchlaufzeit durch die einzelnen Produktionsbereiche und benötigten die gleichen Arbeitsverrichtungen. Die Erzeugnisse unterschieden sich nur in Geometrie und Abmessungen. Jede Gruppe wird in den Kapazitätseinheiten zudem auf spezifischen Aggregaten bearbeitet.

der verfügbaren Kapazität aller Produktionsressourcen bestimmt. Ein solcher Kapazitätsanteil bezieht sich auf die Realisierung eines (typspezifischen) Ausschnitts aus dem Produktionsprogramm. Werden Produktionsressourcen durch mehr als eine Produktgruppe beansprucht, so wird gruppenspezifisch und entsprechend dem (für kurzfristige Analysen bekannten) Programm Bearbeitungskapazität reserviert[175].

Im Fall einer intern induzierten, ressourcenbezogenen Störung kann sich die Analyse des Systemverhaltens beispielsweise auf Produkte bzw. Produkttypen beschränken, die gestörte Produktionsressourcen in ihrem Herstellungsprozess benötigen. Je nach Störsituation nehmen die Produkttypen bestimmte (Stör-)Zustände an. Der Aggregationsfehler wird insgesamt verringert, eine stärkere Detaillierung auf „betroffene" Ausschnitte des Produktspektrums ist möglich:

- Kapazitätseinheiten werden differenziert nach einzelnen Verrichtungen durch mehrere Zustände beschrieben. Auf Ebene der Kapazitätseinheiten kann dadurch mit höherem Detaillierungsgrad modelliert werden.
- Die Betrachtung nur eines Ausschnittes des Produktspektrums (ggf. nur eines Erzeugnistyps) bietet zusätzlich Vorteile bei der Kostenverrechnung[176]. Zu bestimmende Kostensätze je normiertem Kapazitätsteil sind umso aussagekräftiger, je spezifischer und homogener das analysierte Produktspektrum ist. Eine genaue Abschätzung der Kosteneffekte von Störung und Anpassung ist möglich.

Sozialwissenschaftliche Anwendungen des Kalküls Markovscher Ketten können über die bisherigen Ausführungen hinaus Grundlage sein, Methoden zur Analyse zeitlicher Veränderungen von Zustand und Struktur eines in einem gestörten System zu bearbeitenden Produktionsprogramms bereitzustellen[177].

3.3.3.3.2 Reduzierung komplexer Teilstrukturen von Produktionsnetzwerken

Arbeitsschritte (Verrichtungen) in komplexen, mehrstufigen Produktionsprozessen werden als Aktivitäten bezeichnet. Die Struktur solcher Produktionsprozesse wird durch die Gesamtheit der Kopplungen zwischen den Aktivitäten bestimmt. Aktivitäten sind über Ereignisknoten gekoppelt, die aufgrund bestimmter logischer Situationen bzw. aufgrund der Wahrscheinlichkeitssituation in der Abfolge von Aktivitäten charakteristische Eigenschaften besitzen.

Die Ablaufstruktur von Produktionsprozessen ist durch bestimmte Vorrangbeziehungen zwischen den durchzuführenden Aktivitäten determiniert. Hinsichtlich der Abfolge von Verrichtungen (meist innerhalb ein und derselben Produktionsstufe) kann jedoch Wahlfreiheit bestehen[178].

---

[175] Im Beispielsystem (Anlage C) wurde durch alle Produktgruppen eine (zentrale) Kapazitätseinheit *Oberflächenbearbeitung* durchlaufen. Entsprechend dem Auftragsmix kann ein Kapazitätsvolumen reserviert werden. Vgl. in diesem Zusammenhang auch die Formulierung von Kapazitätsrestriktionen in einem Modell der Produktionsprogrammplanung in Unternehmungsnetzwerken bei Gössinger 2001, S. 110 f.

[176] Eine differenzierte Betrachtung entscheidungsrelevanter Kostenkategorien erfolgt in Abschnitt 4.2.

[177] Eine der hier untersuchten Problemstruktur ähnliche Aufgabe stellt die Konstruktion so genannter Populationsmodelle für Schichten dar. Vgl. Sabel 1977, S. 21 ff. und weiter S. 68 ff.

[178] Je nach Detaillierungsgrad der Betrachtungen und je nach Organisationsform von Fertigungsbereichen kann die Abfolge zu realisierender Verrichtungen beispielsweise opportunistisch koordiniert werden. Vgl. Abschnitt 3.1.

Wird der Blick auf komplexe Produktionsaufgaben fokussiert, so kann von einem gerichteten Materialfluss durch netzwerkförmige Produktionssysteme ausgegangen werden[179].

Im Rahmen der Ablaufplanung muss damit gerechnet werden, dass bezüglich der in einzelnen Produktionsstufen zu erreichenden (Zwischen-)Ergebnisse sowie der damit verbundenen Zeit- und Aufwandsparameter nur unvollständige Information herrscht. Störungen im betrieblichen Ablauf führen dazu, dass beispielsweise Aktivitäten nicht beendet werden können, dass alternative „Bearbeitungswege" im Produktionsnetz gesucht werden müssen. Typisch sind Störsituationen, in denen begonnene Bearbeitungsaktivitäten abgebrochen und erneut gestartet oder aber wiederholt durchlaufen werden müssen. Wiederholungen von Aktivitäten erscheinen als Zyklen in Ablaufstrukturen, andere als die ursprünglich vorgesehenen Wege durch Ablaufstrukturen werden über Kopplungsalternativen abgebildet.

Die Analyse komplexer Ablaufstrukturen eines Produktionsvorhabens wird in folgenden Schritten vorgenommen[180]:

1. Verdeutlichung der logischen Ablaufstruktur der Produktionsaufgabe durch ein Blockschaltbild.
2. Entwurf eines Entscheidungsnetzplanes auf der Grundlage dieses Blockschaltbildes.
3. Vereinfachung und Analyse des Entscheidungsnetzplanes durch die Anwendung von Reduktionsregeln.

In Anlage B werden die für die Analyse von praxistypischen Ablaufstrukturen notwendigen *elementaren Rechenregeln* der Signalflussanalyse angegeben und ihre Anwendung an Beispielen verdeutlicht. Mit Hilfe dieser Reduktionsregeln gelingt es, komplexere Ablaufstrukturen zu vereinfachen und hinsichtlich interessierender Ereignisknoten Eintrittswahrscheinlichkeiten (z. B. Erfolgs- bzw. Realisierungswahrscheinlichkeiten) anzugeben[181]. (Reduzierte) Wahrscheinlichkeitsparameter werden in dieser Arbeit ausschließlich in ihren *Erwartungswerten* betrachtet. Insbesondere bei Ausschnitten von Netzplänen, die Zyklen enthalten, sind umfangreichere Berechnungen notwendig. Eine Reduzierung von Zyklen auf einfache Folgen von Aktivitäten erleichtert wesentlich die Analyse von Entscheidungsnetzplänen. Ziel der Reduzierung sind Strukturen, deren Aktivitäten jeweils von einem niedrigen zu einem höheren Niveau gerichtet sind. Diese Richtung entspricht dem Materialfluss durch das Produktionsnetz. Auf solche reduzierte Strukturen kann das in Abschnitt 3.3.3.1 eingeführte Basismodell angewendet werden. Damit ist eine Analyse des zeitlichen Verhaltens des Systems möglich. Insbesondere sind nebenläufige Strukturen und Rücksprünge über mehr als ein Element bzw. über mehr als eine Produktionsstufe durch eine reduzierte Kante im Entscheidungsnetzplan zu ersetzen.

[179] Das heißt nicht, dass auf der Ebene der Produktionsbereiche (resp. Knoten im Netzwerk) *keine* Wahlfreiheit in der Abfolge der Prozessschritte gegeben ist.

[180] Vgl. hierzu Pritsker/Happ 1966, S. 267 f. sowie Dittrich 1970, S. 37. Aufgrund der Einfachheit der in dieser Arbeit exemplarisch untersuchten Produktionsstrukturen wird auf die gesonderte Darstellung des Produktionsablaufes als Blockschaltbild in der Regel verzichtet. Vgl. hierzu auch Abschnitt 3.3.1.1.

[181] Die Reduktion stochastischer Netzpläne ist Basis für die Bestimmung von Gleichgewichtszuständen, vgl. Elmaghraby 1970, S. 97 ff. sowie Dittrich 1996, S. 122 ff., Dittrich 1997, S. 88.

Die *Aggregation* von Entscheidungsnetzplänen wird derart vorgenommen, dass ein betrachteter Systemausschnitt auf die Verbindung zwischen Start- und den ggf. mehreren möglichen Endknoten und damit auf eine oder mehrere mögliche Aktivitäten reduziert wird[182]. Das Aggregat stellt das repräsentierte Teilnetz in vereinfachter komprimierter Form dar. Die Reduktion von Teilstrukturen ist mit Informationsverlusten verbunden; aus dem Verhalten des resultierenden (abstrakten) Netzwerkknotens kann nicht auf das Verhalten der detaillierten Struktur geschlossen werden. Das Aggregat verdeutlicht das durchschnittliche Verhalten repräsentierter Netzausschnitte[183].

Für den weiteren Gang der Untersuchung sollen noch einmal die zentralen Erkenntnisse zusammengefasst werden:

- Das Modellsystem ist explizit dynamisch. Der Einfluss aktuell verfügbarer Informationen bezüglich der im Modell verwendeten Parameter kann hinsichtlich seiner Auswirkung auf interessierende Zustände einer Ablaufstruktur mit dem hier vorgestellten Instrumentarium schnell und einfach simuliert werden.
- Das Modellsystem erfüllt die Anforderung der Modularität: Produktionsressourcen können auf beliebigem Aggregationsniveau abgegrenzt werden. Der Modellierungsansatz eignet sich zur Darstellung und Analyse segmentierter, heterogener Fertigungsstrukturen.
- Auf der Basis einer Schwachstellenanalyse in vorgegebenen Ablaufstrukturen können dann Gestaltungsempfehlungen der Systembildung und Systemkopplung zur Verbesserung und Optimierung von Produktionsprozessen abgeleitet und hinsichtlich ihres Aufwandsverhaltens simuliert werden.

[182] Vgl. Corsten/Corsten 2000, S. 243.

[183] Erste Grundgraphen für die Reduktion verallgemeinerter Netzstrukturen wurden von Elmaghraby (1964, S. 497 ff.) angegeben. Für komplexere Netzstrukturen sind diese Grundgraphen jedoch nur begrenzt brauchbar, vgl. Dittrich 1970, S. 41. Für einen Überblick über reduzierte Eintrittswahrscheinlichkeiten für verschiedene Netzstrukturen vgl. weiter Elmaghraby 1977, S. 330 f. sowie Dittrich 1996, S. 84 f.

4 Störungswirkungen und Planung der Anpassung in Produktionssystemen – Spezifizierung des Modellierungsansatzes

4.1 Störungswirkungen im Zeit-Mengen-Gerüst – Leistungsverhalten

4.1.1 Analyse des Verhaltens eines gestörten Systemelements unter Fokussierung auf ressourcenbezogene Störungen

4.1.1.1 Unterscheidung ressourcenbezogener Störszenarien in einer Kapazitätseinheit

Die weiteren Ausführungen fokussieren auf ein Element eines Produktionssystems. In Erweiterung bisheriger Ausführungen[1] wird für Systemelemente ein detailliertes Zustandsmodell zur Analyse von Störungswirkungen eingeführt. Exemplarisch werden bezugssystemintern induzierte Störungen aufgegriffen[2]. Die Einwirkung einer Störgröße wird über ein verändertes Übertragungsverhalten der gestörten Kapazitätseinheit abgebildet, der Transformationsoperator ist mithin zeitveränderlich. Ressourcenbezogene Störungen verursachen einen Stauungseffekt bezogen auf den im betrachteten Element zu bearbeitenden Arbeitsinhalt. Entsprechend dem Materialfluss (downstream) nachgelagerte Elemente sind einem störungsbedingt verminderten Produktionsdurchsatz ausgesetzt.

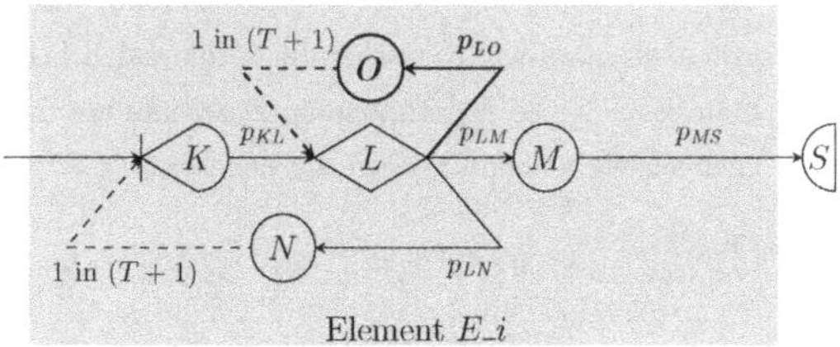

Abb. 4.1: Entscheidungsnetzplan einer Kapazitätseinheit – Durchsatzverringerung

Abb. 4.1 enthält folgende Bezeichnungen für Zustandsklassen und Übertragungsfaktoren:

---

[1] Vgl. beispielsweise das Beispiel 3.2 in Abschnitt 3.3.1.1.

[2] Vgl. hierzu Fall A der in Abschnitt 2.2.2.1 differenzierten Ursachenfelder.

$K = K(T)$ – im Systemtakt T wartender Arbeitsinhalt,

$L = L(T)$ – in T zur Bearbeitung freigegebener Arbeitsinhalt,

$M = M(T)$ – in T bearbeiteter Arbeitsinhalt,

$N = N(T)$ – in T aufgrund nicht ausreichender Kapazität zurückgestellter Arbeitsinhalt,

$S = S(T)$ – in T wartender Arbeitsinhalt im auf Element E_i nachfolgenden Element.

Der eigentliche Bearbeitungsprozess in E_i (die Aktivität A_{LM}) wird durch die Knoten L und M begrenzt. Normierte Kapazitätsteile am Eingangszustand „zur Bearbeitung freigegebener Arbeitsinhalt" werden in den Ausgangszustand „bearbeiteter Arbeitsinhalt" transformiert.

Auf der Ebene ressourcenbezogener Störungen lassen sich drei elementare Störsituationen unterscheiden (vgl. Abb. 4.1 bis Abb. 4.3):

Störszenario I:

$O = O(T)$ – im Systemtakt T störungsbedingt nicht bearbeiteter Arbeitsinhalt. Die Intensität bzw. der Kapazitätsquerschnitt hat sich verringert, die Bearbeitungsaktivität A_{LM} ist mithin gestört. Das Störszenario I beschreibt die *quantitative Beeinträchtigung* von Potenzialfaktoren[3], z. B. die Verringerung des Durchsatzes eines Aggregates über eine bestimmte Anzahl von Systemtakten hinweg.

Störszenario II:

$R = R(T)$ – im Systemtakt T störungsbedingt in unzureichender Qualität bearbeiteter Arbeitsinhalt. Das Störszenario II kennzeichnet *qualitative Faktorbeeinträchtigungen*. Es wird von der Annahme ausgegangen, dass Nacharbeit in derselben Wertschöpfungsstufe möglich ist. Im Regelfall wird man bestrebt sein, Qualitätsmängel zeitnah und innerhalb der verursachenden Wertschöpfungsstufe zu beheben.

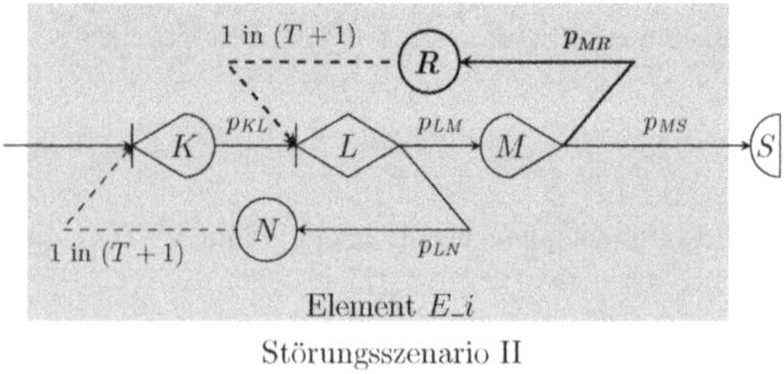

Störungsszenario II

Abb. 4.2: Entscheidungsnetzplan einer Kapazitätseinheit – Nacharbeit

[3] Zur Dichotomie qualitativer und quantitativer Abweichungen auf Ressourcenebene vgl. auch Corsten/Gössinger 1997, S. 4 f. sowie Abschnitt 4.1.2.1.3.

Störszenario III:

$Q = Q(T)$ – im Systemtakt T infolge der Einwirkung einer Störgröße in qualitativ mangelhaft bearbeiteter Arbeitsinhalt. Dieser Arbeitsinhalt ist Ausschuss[4] und wird aus dem System ausgeschleust. Auch Störszenario III beschreibt qualitative Faktorbeeinträchtigungen.

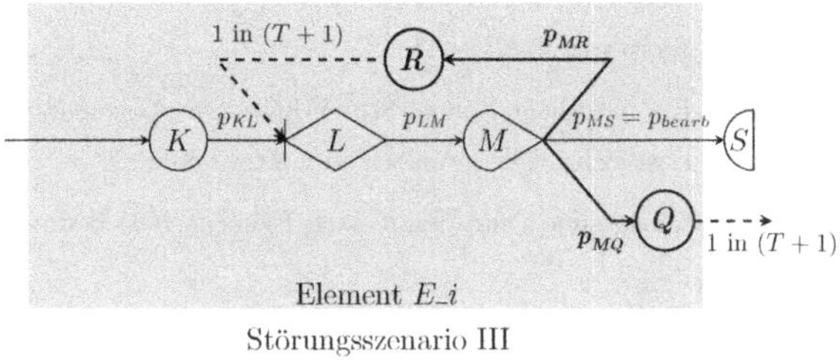

Abb. 4.3: Entscheidungsnetzplan einer Kapazitätseinheit – Ausschuss

Folgende Übertragungsfaktoren sind im Ressourcenmodell zu berücksichtigen:

$p_{KL} = p_{KL}(T)$ – Wahrscheinlichkeit, dass Arbeitsinhalt in T zur Bearbeitung freigegeben wird.

$p_{LM} = p_{LM}(T)$ – Wahrscheinlichkeit, dass Arbeitsinhalt in T bearbeitet wird.

$p_{LN} = p_{LN}(T)$ – Wahrscheinlichkeit, dass Arbeitsinhalt in T zurückgestellt wird, da die Bearbeitungskapazität nicht ausreicht.

Störszenario I:

$p_{LO} = p_{LO}(T)$ – Wahrscheinlichkeit, dass Arbeitsinhalt in T aufgrund einer störungsbedingten Verringerung des Produktionsdurchsatzes nicht bearbeitet werden kann. Zurückgewiesener Arbeitsinhalt wird in $(T + 1)$ erneut zur Bearbeitung freigegeben.

Störszenario II:

$p_{MR} = p_{MR}(T)$ – Wahrscheinlichkeit, dass Arbeitsinhalt in T störungsbedingt in unzureichender Qualität gefertigt wird. Arbeitsinhalt mit Qualitätsmängeln wird in $(T + 1)$ zur Nachbearbeitung freigegeben.

Störszenario III:

$p_{MQ} = p_{MQ}(T)$ – Wahrscheinlichkeit, dass Arbeitsinhalt in T störungsbedingt zu Ausschuss verkommt. Dieser Ausschuss wird in $(T + 1)$ aus dem System ausgeschleust.

Von Störgrößen hervorgerufene Wirkungen werden bestimmt, indem die Übertragungsfaktoren mit entsprechenden Zustandsgrößen (und damit mit Arbeitsinhalten) multipliziert werden.

[4] Zum Begriff Ausschuss und Ausschussursachen vgl. auch Kainz 1984, S. 27 ff.

4.1.1.2 Gestörtes Elementverhalten am Beispiel einer Überlagerung der Störszenarien II und III

Die im vorangegangenen Abschnitt eingeführten ressourcenbezogenen Störszenarien können sich beliebig überlagern. Nachfolgend sollen Zusammenhänge zwischen den betrachteten Zustandsklassen als Folge einer Störgrößeneinwirkung dargestellt und im Zeitablauf analysiert werden.

(1) Ausgangssituation, Systemtakt $(T-1)$

Ein betrachtetes Element E_i unterliegt keinem Störeinfluss. Die Ausgangssituation (bzw. die Anfangszustandsstruktur) lässt sich folgendermaßen charakterisieren:

- Das gesamte Produktionssystem (und damit auch Element E_i) befindet sich im stationären Zustand.
- Die Belastung aller Systemelemente ist kapazitiv abgeglichen.
- o. B. d. A. wird für diesen Abschnitt der Arbeit unterstellt, dass die kapazitive Belastung der einzelnen Elemente auf den Wert Eins normiert sei.
- Auf jede Störgrößeneinwirkung hin erfolgt eine synchrone Stabilisierung aller Elemente downstream bei wiederholter Auftragseinlastung über die erste Wertschöpfungsstufe der Prozesskette, also über den Systemeingang[5].

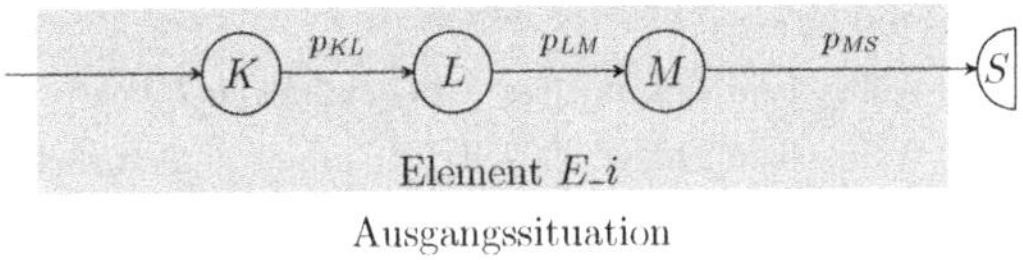

Abb. 4.4: Kapazitätseinheit E_i im Takt $(T-1)$ – Ausgangssituation

Für die Übertragungsfaktoren folgt dann $p_{KL} = p_{LM} = p_{MS} = 1$; für die Zustandsklassen N, R und Q im Takt $(T-1)$ schreibt man $N(T-1) = R(T-1) = Q(T-1) = 0$ und weiter $K(T-1) = L(T-1) = M(T-1) = 1$ (siehe Abb. 4.4).

(2) Störgrößeneinwirkung im Takt T

Ab Zeitpunkt T wirkt über die (erwartete) Dauer von a Systemtakten eine Störgröße derart, dass im Mittel 40% des Elementdurchsatzes qualitativ mangelhaft gefertigt werden. 10% der durchgesetzten normierten Kapazitätsteile sind Ausschuss ($p_{MQ} = 0{,}1$), weitere 30% können im Element E_i nachgearbeitet werden ($p_{MR} = 0{,}3$)[6]. Der hier betrachtete Fall stellt eine Kombination der oben beschriebenen Szenarien II und III dar. Im Takt $(T+1)$ wird der Ausschuss $Q(T)$ aus dem System ausgeschleust (z. B. verschrottet), der nacharbeitsfähige Arbeitsinhalt $R(T)$ über $L(T)$ erneut zur Bearbeitung freigegeben (vgl. Abb. 4.5). Die eigentliche Störungsursache

[5] Vgl. weiter Beispiel 3.2 in Abschnitt 3.3.1.1.

[6] Die Störgröße bzw. die Störgrößeneinwirkung kann damit durch verschiedene Parameter charakterisiert werden: (i) die erwartete Dauer der Störgrößeneinwirkung und (ii) ihre Tragweite, ihr Ausmaß (im Beispiel eine Verminderung des Elementdurchsatzes um den Faktor 0,4). Kopplungen zwischen Elementen unterliegen keinem Störeinfluss.

interessiert bei diesen Betrachtungen nicht, die *Wirkungen* auf den Produktionsdurchsatz sollen beobachtet werden[7].

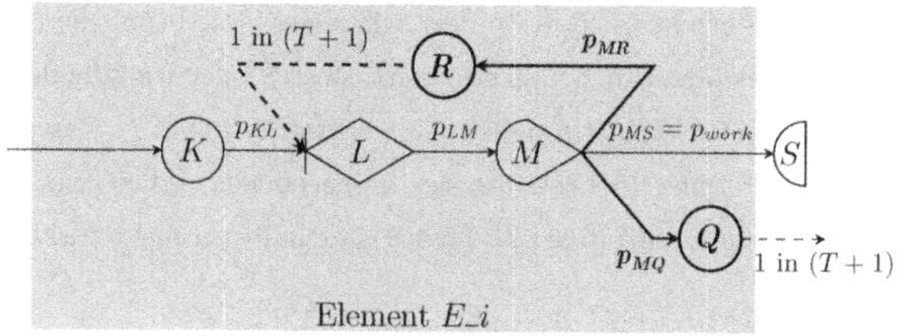

Abb. 4.5: Kapazitätseinheit E_i im Takt T – Störgrößeneinwirkung

Für die Wahrscheinlichkeit der Bearbeitung eines normierten Kapazitätsteils im Takt T (angegeben mit p_{work}) bzw. für die Wahrscheinlichkeit, dass ein solches Kapazitätsteil erst im folgenden Systemtakt eingeplant und bearbeitet wird (p_{n_work}), gilt unter Beachtung von $p_{KL}(T) = p_{LM}(T) = 1$:

$$p_{work}(T) = 1 - p_{MQ}(T) - p_{MR}(T) \text{ bzw.}$$
$$p_{n\_work}(T) = 1 - p_{work}(T) = p_{MQ}(T) + p_{MR}(T).$$

(3) Elementverhalten im Takt $(T + 1)$

Die Störgröße wirkt bereits über die Dauer eines Systemtaktes und wird über weitere $(a - 1)$ Takte das Elementverhalten beeinflussen (bis Takt $T + a$). Der in T als nacharbeitsfähig identifizierte Arbeitsinhalt $R(T)$ wird in $(T + 1)$ über L erneut eingesteuert. Da gleichzeitig über K in $(T + 1)$ Arbeitsinhalt auf Freigabe wartet ($p_{KL}(T + 1) = p_{KL} = 1$), baut sich im Element Bestand auf (gemessen in der Anzahl normierter Kapazitätsteile in der Zustandsklasse $L(T)$). Der Elementdurchsatz ist im Vergleich zum ungestörten Zustand (Takt $T - 1$) geringer als dessen Wert im stationären Zustand. Dies impliziert Ausstrahlungseffekte der Störung auf (downstream) nachgelagerte Wertschöpfungsstufen[8]. Es gelten weiter die unter (2) entwickelten Zusammenhänge, wobei o. B. d. A. für den Störzeitraum $[T,\ T+1,\ T+2,\ ...,\ T+a]$ $p_{MQ}(T) = p_{MQ} = const.$ sowie $p_{MR}(T) = p_{MR} = const.$ vereinbart sei. Auch für $(T + 1)$ folgt dann:

$$p_{work}(T + 1) = 1 - p_{MQ} - p_{MR} \text{ bzw.}$$
$$p_{n\_work}(T) = p_{MQ} + p_{MR}.$$

[7] Es ist Aufgabe einer präventiven Entstörung, sich mit konkreten bzw. potenziellen Störungsursachen zu beschäftigen und diese abzustellen, vgl. Abschnitt 2.2.2.2.

[8] Zu unterschiedlichen Wirkungsrichtungen von Störungen in netzwerkförmigen Produktionssystemen vgl. Abschnitt 4.1.2.1.

(4) Elementverhalten im Takt $(T+h)$

Der zur Nacharbeit im gestörten Element E_i jeweils im Folgesystemtakt über L eingesteuerte Arbeitsinhalt muss priorisiert bearbeitet werden, will man zeitnah auf die Störung reagieren. Wird weiter über K Arbeitsinhalt in E_i eingesteuert, so steigt der Umfang des im betrachteten Systemtakt nicht bearbeiteten Arbeitsinhaltes. Gilt weiterhin $p_{KL}(T) = p_{KL} = 1$, so muss ab einem Zeitpunkt $(T+h)$[9] eine Rückweisung des freigegebenen Arbeitsinhaltes erfolgen. Der zurückgewiesene Arbeitsinhalt wird in der ab $(T+h)$ geschalteten Zustandsklasse N kumuliert.

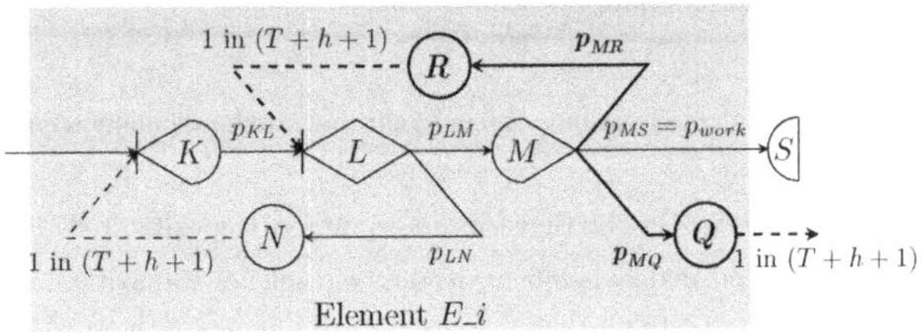

Abb. 4.6: Kapazitätseinheit E_i im Takt $(T+h)$

Für die Wahrscheinlichkeit p_{work} folgt dann

$$
\begin{aligned}
p_{work}(T+h) &= p_{KL}(T+h) \cdot p_{LM}(T+h) \cdot (1 - p_{MQ}(T+h) - p_{MR}(T+h)) \\
p_{work}(T+h) &= p_{LM}(T+h) \cdot (1 - p_{MQ} - p_{MR}) \\
p_{work}(T+h) &= (1 - p_{LN}(T+h)) \cdot (1 - p_{MQ} - p_{MR}). \qquad (4.1)
\end{aligned}
$$

Die Wahrscheinlichkeit p_{LN} im ersten Faktor auf der rechten Seite von (4.1) bestimmt den in $(T+h)$ abgewiesenen und auf die Zustandsklasse N übergegangenen Arbeitsinhalt. Unter Berücksichtigung eines elementspezifisch-inhärenten Flexibilitätspotenzials kann der Zustandsübergang $L \rightarrow M$, mithin der Kapazitätsquerschnitt oder die Intensität nur in gewissen Grenzen variiert (operativ angepasst) werden. Aus Takt $(T+h-1)$ wartet nachzuarbeitender Arbeitsinhalt i. H. v. $p_{MR} \cdot L(T+h-1)$.

Für die Wahrscheinlichkeit p_{n_work} kann geschrieben werden:

$$
\begin{aligned}
p_{n\_work}(T+h) &= p_{LN}(T+h) + p_{LM}(T+h) \cdot (p_{MQ} + p_{MR}) \\
p_{n\_work}(T+h) &= (1 - p_{LM}(T+h)) + p_{LM}(T+h) \cdot p_{MQ} + p_{LM}(T+h) \cdot p_{MR} \\
p_{n\_work}(T+h) &= 1 - p_{LM}(T+h) \cdot (1 - p_{MQ} - p_{MR}).
\end{aligned}
$$

(5) Elementverhalten im Takt $(T+a+1)$ – Störgrößeneinwirkung beendet

Im Takt $(T+a)$ konnte die Störgrößeneinwirkung abgestellt werden, beispielsweise durch eine Instandhaltungsmaßnahme. In Abhängigkeit von der Kapazitätsreserve der Bearbeitungsaktivität

[9] Es gilt $(T+h) < (T+a)$.

und der Höhe des im Störzeitraum angestauten Arbeitsinhalts (ersichtlich in der Entwicklung der Belegung der Zustandsklasse L) muss noch immer Arbeitsinhalt über N zurückgewiesen werden. Es sind *keine Anpassungsmaßnahmen* konfiguriert und umgesetzt worden und das systeminhärente Anpassungspotenzial der Bearbeitungsaktivität A_{LM} reicht nicht aus, um L in einem Takt umzusetzen.

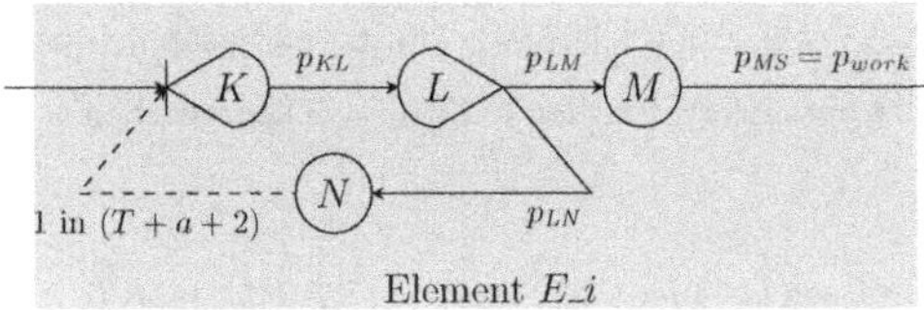

Abb. 4.7: Kapazitätseinheit E_i im Takt $(T + a + 1)$ – Wegfall der Störgröße

Unter Berücksichtigung von $p_{KL}(T + a + 1) = 1$ folgt dann für p_{work} und p_{n_work}:

$$p_{work}(T + a + 1) = p_{LM}(T + a + 1) = 1 - p_{LN}(T + a + 1) \text{ bzw.}$$
$$p_{n\_work}(T + a + 1) = p_{LN}(T + a + 1).$$

Unmittelbar vor dem Auftreten der Störgröße (im Takt $T - 1$) befindet sich das System in einem stationären (und störungsfreien) Zustand. Von der Darstellung von Überlagerungseffekten mit Störungen aus vorangegangenen Systemtakten wird in diesem Beispiel abgesehen[10]. Im Takt $(T + 1)$ wirkt die Störgröße bereits während der Dauer eines Systemtaktes. Für den zur Bearbeitung freigegeben Arbeitsinhalt $L(T + 1)$ ergibt sich unter Zugrundelegung von

$$p_{KL}(T_i) = p_{KL} = 1 = const. \text{ für alle}$$
$$T_i \in [..., T - 1, T, T + 1, ..., T + h, ..., T + a, T + a + 1, T + a + 2, ...] \text{ sowie}$$
$$p_{MR}(T_j) = p_{MR} = const. \text{ für alle } T_j \in [T, T + 1, T + 2, ..., T + a]$$

und einer Normierung der Elementbelastung auf den Wert Eins:

$$L(T + 1) = K(T) \cdot p_{KL} + R(T) = K(T) + M(T) \cdot p_{MR} = 1 + p_{MR}. \tag{4.2}$$

Gleichung (4.2) zeigt den Stauungseffekt der Störungswirkung, das Herausbilden einer Warteschlange zur Freigabe anstehender Aufträge, denn $L(T + 1) = (1 + p_{MR}) > L(T) = 1$. Die Bestandsentwicklung setzt sich im Zeitablauf fort. Aufgrund nicht ausreichender Kapazität der Bearbeitungsaktivität A_{LM} muss dann ab Takt $(T + h)$ Arbeitsinhalt zurückgestellt werden. So

[10] Ggf. identifizierbare „Restwirkungen" zeitlich zurückliegender Störungen spiegeln sich in der Belegung der betrachteten Zustandsklassen im Zeitschritt $T - 1$ wieder. Das System wird dann, obwohl Ausgleichsprozesse (noch) nicht vollständig abgeschlossen sind, erneut ausgelenkt.

gilt in $(T+h+1)$ für den auf Bearbeitung wartenden Arbeitsinhalt K[11]:

$$K(T+h+1) = 1 + N(T+h) = 1 + L(T+h) \cdot p_{LN}(T+h). \tag{4.3}$$

Der erste Summand auf der rechten Seite der Gleichung (4.3) verdeutlicht die konstante Belastung des Elements E_i i. H. v. Eins je Systemtakt. Dieser Wert ist das Ergebnis einer kapazitiven Abstimmung des Systems. In der Planungsphase wurde der hier hinsichtlich seiner Wirkungen dargestellte Störfall nicht antizipiert. Für den in $(T+h+1)$ freigegebenen Arbeitsinhalt L kann geschrieben werden:

$$L(T+h+1) = K(T+h) + R(T+h) = K(T+h) + M(T+h) \cdot p_{MR}.$$

Durch „Schalten" der Zustandsklasse N kann das Elementverhalten gezielt beeinflusst werden[12]. Die Rückkopplung über N verringert die Belastung der Bearbeitungsaktivität A_{LM}. Der Zustand N in dem Signalflussgraphen ist mithin notwendig, um die begrenzte Kapazität des Produktionspotenzials abzubilden. Ein Zurückstellen von Arbeitsinhalt wird notwendig, wenn und solange der zur Bearbeitung freizugebende Arbeitsinhalt $L(T)$ einen Wert erreicht oder übersteigt, der dem maximal möglichen Durchsatz je Systemtakt entspricht[13].

4.1.1.3 Praktische Bestimmung von Übertragungsfaktoren

Im vorigen Abschnitt wurden Störungswirkungen bezogen auf eine Kapazitätseinheit untersucht. Diese Wirkungen auf das kapazitive Systemverhalten werden bestimmt, indem Übertragungsfaktoren mit entsprechenden Zustandsgrößen multipliziert werden. Vor dem Hintergrund praktischer Untersuchungen stellt sich das Problem einer zweckmäßigen Bestimmung der Übertragungsfaktoren. Die folgenden Ausführungen beschäftigen sich mit diesem Problemkreis.

Das hier vorgestellte Konzept eines störungsbezogenen Produktionscontrollings fokussiert auf Störungen, die unvorhergesehen und unkontrollierbar auf ein Produktions- oder Logistiksystem wirken. Solche Störungen werden planungsmethodisch nicht oder nicht vollständig antizipiert. Die ökonomischen Konsequenzen, die mit der betrachteten Störung einhergehen, stehen im Zentrum des Interesses. Vergangenheits- bzw. Durchschnittsdaten über typische zeitliche Auftrittsmuster von Störgrößen sind für hier dargelegte Betrachtungen nicht erforderlich; die Wirkungen beliebiger Störungen und ggf. deren Überlagerung kann dargestellt und analysiert werden.

Quantitative Faktorbeeinträchtigungen gemäß *Störszenario I* führen dazu, dass der zur Bearbeitung freigegebene Arbeitsinhalt $L(T)$ nicht in voller Höhe bearbeitet werden kann. Für die Bearbeitungswahrscheinlichkeit p_{LM} eines normierten Kapazitätsteils gilt im Zeitraum der

11 Der Übertragungsfaktor p_{LN} muss zeitabhängig betrachtet werden.

12 Damit einher geht eine gezielte Beeinflussung des Gestaltungsparameters *Kopplungssituation* auf der Betrachtungsebene Kapazitätseinheit.

13 Die Normalkapazität eines Elementes kann situationsspezifisch um eine elementspezifische Kapazitätsreserve erhöht werden. Die Kapazitätsauslastung für den ungestörten Normalbetrieb wird (ex ante) nicht auf 100% festgelegt. Zu Fragestellungen der Systemanpassung und damit zur gezielten Beeinflussung der Kapazität vgl. Abschnitt 4.2.1 und 4.3.

Störgrößeneinwirkung $p_{LM} < 1$. Die Wahrscheinlichkeit $p_{LO}(T)$, dass Arbeitsinhalt im Systemtakt aufgrund einer störungsbedingten Verringerung des Produktionsdurchsatzes nicht bearbeitet werden kann, ist in diesem Zeitraum größer Null. Tritt unerwartet in der Kapazitätseinheit *E_i* ein Ausfall von Produktionsressourcen auf[14], so muss die (erwartete) Ausfalldauer geschätzt werden. Störungen binden Bearbeitungskapazität. Umfasst ein Element *E_i homogene Betriebsmittel* vom Typ l, so gilt für die störungsbedingt nicht verfügbare Betriebszeit im Takt T:[15]

$$AK_i(T) = \sum_{l=1}^{n} a_l \cdot t_{l.dist}(T) \tag{4.4}$$

mit $AK_i(T)$ – störungsbedingt hervorgerufene Ausfallkapazität in *E_i* im Systemtakt T,
$t_{l.dist}$ – Störzeit [z. B. in Betriebsstunden] des Betriebsmitteltyps l im Takt T,
a_l – Produktivitätsbewertungsfaktor des Betriebsmitteltyps l,
n – Anzahl der in *E_i* zusammengefassten Maschinen des Betriebsmitteltyps l.

Die Messung und Gewichtung des Betriebszeitverlustes gestörter Maschinen eines Betriebsmitteltyps l im Takt T ermöglicht die Bestimmung der Wahrscheinlichkeit $p_{LO}(T)$, dass ein normiertes Kapazitätsteil störungsbedingt im Systemtakt T nicht bearbeitet werden kann. Es folgt:

$$p_{LO} = \frac{AK_i(T)}{K_i(T)} = \frac{\sum_{i=1}^{n} a_l \cdot t_{l.dist}(T)}{K_i(T)} \tag{4.5}$$

mit $K_i(T)$ – gesamte Kapazität des Elementes i im Takt T.

Soll $p_{LO}(T)$ als Durchschnittsgröße über den Störzeitraum a angegeben werden, so bildet man ausgehend von (4.5)[16]

$$\tilde{p}_{LO}(T) = \frac{1}{a} \cdot \sum_{T=1}^{a} \frac{AK_i(T)}{K_i(T)} = \frac{1}{a} \cdot \sum_{T=1}^{a} \frac{\sum_{l=1}^{n} a_l \cdot t_{l.dist}(T)}{K_i(T)} \tag{4.6}$$

mit a – Anzahl der Systemtakte, in der die Störgröße auftritt.

Umfasst eine Kapazitätseinheit *E_i (heterogene) Betriebsmittel* unterschiedlicher Konfiguration und ist eine Anlage eines Typs l für eine bestimmte Zeitdauer innerhalb eines Systemtaktes T gestört, so gilt in Anlehnung an (4.4)

$$AK_i(T) = a_l \cdot t_{l.dist}(T). \tag{4.7}$$

---

14 Es wurde bereits darauf hingewiesen, dass die in der konkreten Situation für den Kapazitätsausfall verantwortliche (originäre) Ursache nicht bekannt sein muss; der *Umfang* (Tragweite der Störung) und die *Dauer* des Ausfalls einer bestimmten Arbeitstechnik sind die die Störungsursachendimension beschreibenden Parameter. Die Wirkungen des Kapazitätsausfalls auf den Auftragsdurchlauf sollen analysiert werden.

15 Vgl. in Folge die Analogie zur Gleichung (3.8) in Abschnitt 3.3.2.2.

16 Vgl. in diesem Zusammenhang auch Westphal 2001, S. 278 f., der sich in seinen Betrachtungen zu einer Produktionsplanungskonzeption nicht auf die differenzierte Analyse einzelner Störszenarien konzentriert, sondern die kapazitiven Effekte ressourcenbezogener Störeinflüsse grundsätzlich in Durchschnittsbetrachtungen erfasst und auf diese Art bei der Ermittlung von Planvorgaben berücksichtigt (antizipierendes Störungsmanagement).

Für $p_{LO}(T)$ und $\tilde{p}_{LO}(T)$ folgt dann

$$p_{LO}(T) = \frac{AK_i(T)}{k_{i.l}(T)} = \frac{a_l \cdot t_{l.dist}(T)}{k_{i.l}(T)} \text{ bzw.} \tag{4.8}$$

$$\tilde{p}_{LO}(T) = \frac{1}{a} \cdot \sum_{T=1}^{a} \frac{a_l \cdot t_{l.dist}(T)}{k_{i.l}(T)} \tag{4.9}$$

Der Parameter $k_{i.l}(T)$ gibt in den Gleichungen (4.8) und (4.9) jeweils die gesamte Kapazität der Betriebsmittel vom Typ l mit $l \in [1, ..., n]$ im Element E_i und Systemtakt T an. In Anlehnung an Beziehung (3.10)[17] kann $k_{i.l}(T) \in [k_{i.1}(T), k_{i.2}(T), k_{i.3}(T), ..., k_{i.n}(T)]$ geschrieben werden.

Störszenario II behandelt Situationen, in denen Arbeitsinhalt im Takt T nicht den Qualitätsanforderungen entsprechend bearbeitet wurde. Es liegt mithin eine qualitative Faktorbeeinträchtigung vor, Nacharbeit ist möglich. Die Wahrscheinlichkeit für Qualitätsmängel p_{MR} im Systemtakt T kann durch folgenden Quotienten angegeben werden:

$$p_{MR}(T) = \frac{A_{i.rework}(T)}{A_i(T)} \tag{4.10}$$

mit $A_{i.rework}(T)$ – normierter Arbeitsinhalt mit Qualitätsmängeln in E_i und Takt T,
$A_i(T)$ – gesamter (bearbeiteter) normierter Arbeitsinhalt in E_i und Takt T.

Durch *Störszenario III* wird der Fall beschrieben, in dem in T Ausschuss entsteht. Nacharbeit ist nicht möglich. $Q(T)$ erfasst den im Takt T entstehenden Ausschuss. Für die Wahrscheinlichkeit p_{MQ}, dass im Systemtakt T Ausschuss produziert wird, folgt analog Gleichung (4.10):

$$p_{MQ}(T) = \frac{A_{i.scrap}(T)}{A_i(T)} \tag{4.11}$$

mit $A_{i.scrap}(T)$ – normierter Arbeitsinhalt Ausschuss in E_i und Systemtakt T.

Damit sind die Voraussetzungen für die praktische Bestimmung von Operatoren und darüber hinaus für die Bestimmung des elementbezogenen Übertragungs- und Entwicklungsverhaltens geschaffen.

4.1.1.4 Grundlagen der Behandlung weiterer Störfälle

In Abschnitt 2.2.2.1 wurden vier Störfälle unterschieden. Methodische Grundlagen zur Modellierung von Produktionssystemen und die Analyse von Störungswirkungen wurden vor dem Hintergrund bezugssystemintern und ressourcenbezogen induzierter Störungen erarbeitet. In diesem Abschnitt wird kurz darauf eingegangen, worin spezifische Modellierungsansätze und Besonderheiten bislang nicht diskutierter Störfälle liegen.

Sowohl Störgrößeneinwirkungen auf die Potenzialausstattung eines Produktionssystems (Fall A) als auch bezugssystemextern und versorgungsseitig induzierte Störgrößeneinwirkungen (Fall B) lassen sich auf vergleichbare Art und Weise modelltechnisch abbilden. In beiden Situationen wird

[17] Vgl. wiederum Abschnitt 3.3.2.2.

das Produktionsprogramm als störungsbezogen unbeeinflusst und damit als bekannt angenommen. Störungen bewirken eine *Veränderung des Transformationsoperators*, wenn sich das Übertragungsverhalten eines Systemelements (Kapazitätsreduktion) oder aber die Kopplungssituation (störungsbedingt veränderte Mengenströme, Ausschuss, Nacharbeit) ändern. Nicht rechtzeitig bzw. nicht in ausreichendem Umfang erfolgende Lieferungen an die Kapazitätseinheiten (Rohstoffe, Hilfs- und Betriebsstoffe, Komponenten, Baugruppen usw.) führen zu einer Verzögerung der Bearbeitung anstehender Aufträge[18]. Ähnlich der Situation bei Ressourcenausfällen muss Arbeitsinhalt warten, bis das Material verfügbar ist; dann erst kann mit der Bearbeitung bzw. Verarbeitung begonnen oder fortgefahren werden. Lieferantenseitig beigesteuerte Repetierfaktoren haben insofern „Potenzialwirkung", als dass ihre gestörte Bereitstellung eine Verringerung des Produktionsdurchsatzes oder aber einen vollständigen Produktionsstopp herbeiführen kann. Störungen nach Fall B bewirken eine Kapazitätsreduktion des betroffenen Produktionsbereiches.

Nachfrageseitig, bezugssystemextern induzierte Störungen (Störfall C) im Sinne sich kurzfristig einstellender Veränderungen des Produktionsprogramms lassen sich demgegenüber als eine kurzfristige *Veränderung der Einlastungsfolge* modellieren. Die Einsteuerung von Aufträgen in das Produktionssystem wird modifiziert. Die Situation des kurzfristigen Wegfalls von Kundenaufträgen stellt sich in einem reduzierten Umfang der in das System eingesteuerten Aufträge, angegeben mit ihrem reduzierten Arbeitsinhalt in normierten Kapazitätsteilen dar[19].

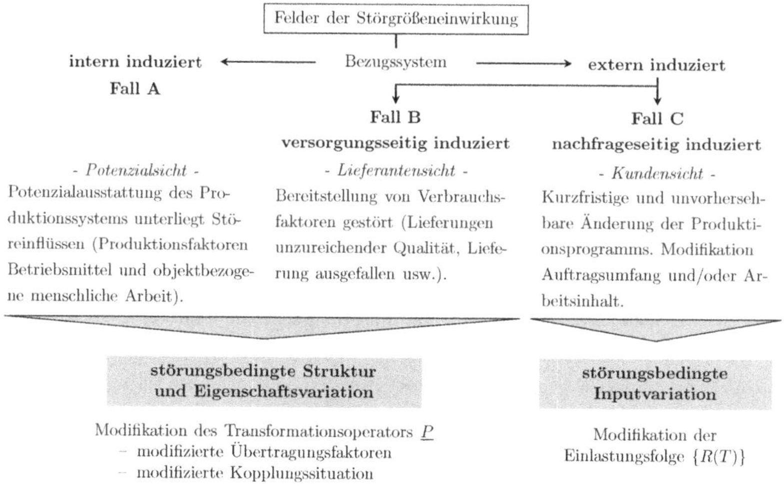

Abb. 4.8: Fallunterscheidung der Störgrößeneinwirkung und Modellierungsansätze

[18] Es sind die Fälle *Bereitstellungsverzug*, *Falschlieferung* und *fehlerhaftes Material* zu unterscheiden, vgl. Belz 1993, S. 25, Bormann 1978, S. 74 und Greve 1970, S. 100 f.

[19] Eine dauerhafte Reduktion der Einlastungsfolge (anhaltender Auftragswegfall) induziert Leerkosten, der Potenzialfaktorbestand kann oft nicht kurzfristig verringert werden. Zur Problematik des Abbaus von Fixkosten vgl. Kollerer 1978, S. 256 ff. Dauerhafte Veränderungen der Einlastungsfolge induzieren Anpassungsmaßnahmen i. S. v. taktischen Managemententscheidungen bezogen auf das Produktionspotenzial und sind insoweit der systembildenden Koordination zuzurechnen.

Wird auf den systemanalytischen Bezug des Basismodells rekurriert, so lassen sich zwei Sphären des Störeinflusses unterscheiden. Störsituationen der Fälle A und B induzieren eine störungsbedingte Struktur- und Eigenschaftsvariation des Systems, welche sich über veränderte Operatoren, d. h. modifizierte Übertragungsfaktoren der Systemelemente und/oder eine veränderte Kopplungssituation darstellt.

Eine über die Änderung der Einlastungsfolge modellierte störungsbedingte Inputvariation (Fall C) beeinflusst die Struktureigenschaften des Systems nicht. Überlagerungen der Fälle A, B und C (Störfall D) können durch das Modellsystem analysiert werden.

4.1.2 Analyse des Verhaltens mehrstufiger gestörter Produktionsprozesse

4.1.2.1 Prognose störungsbedingter Ausgleichsprozesse unter Anwendung des Basismodells

4.1.2.1.1 Grundsystem für die Modellierung verschiedener Störungen

Originäre Ursache logistischer und fertigungsbezogener Störungen ist das zufällige, unvorhersehbare und unkontrollierbare Einwirken einer Störgröße auf ein betrachtetes sozio-technisches System. Mit dem Ereignis der *Störgrößeneinwirkung* ist eine extern und/oder intern induzierte Veränderung des Betriebszustandes des Bezugssystems verbunden[20]. Ein breites Spektrum von Störungsursachen ist je nach praktischem Untersuchungsbereich denkbar, etwa kurzfristig auftretende Anlagen- oder Personalausfälle oder aber sich allmählich einstellende und längerfristig abzeichnende Änderungen von Planungsprämissen (beispielsweise Schwankungen in Nachfrageprognosen). Damit verbundene Veränderungen der Informationslage wirken sowohl im Realsystem als auch auf das dispositive System (Planungs- und Steuerungssystem) und setzen sich dort entsprechend fort. Komplexe, mehrstufige Ursache-Wirkungsbeziehungen entstehen in Abhängigkeit der Interdependenzsituation zwischen Prozessabschnitten im Realsystem bzw. zwischen Planungsmodulen (Teilplanungen, dispositives System)[21].

Schließt man in störungsbezogene Betrachtungen sowohl dispositive als auch reale (Sub-)Systeme ein[22], betrachtet man also eine Planungs- und Steuerungskonzeption für ein Produktions- oder Logistiknetzwerk, so stellt man fest, dass sich Störungen *vertikal* (zwischen den Ebenen eines hierarchisch strukturierten Dispositionssystems) und *horizontal* (zwischen Planungs- und Steuerungsmodulen einer Dispositionsebene oder zwischen Produktionsbereichen des Realsystems) ausbreiten können. Je nach Kopplung bzw. Wechselwirkung zwischen Systemelementen ist eine Störungsausbreitung sowohl in als auch entgegen der Materialflussrichtung denkbar[23]. Störungs-

---

[20] Vgl. Abschnitt 2.2.2.1.

[21] Schneeweiß führt in diesem Zusammenhang den Begriff der *Primärstörung* für (originäre) Informationsveränderungen ein. Je nach Ausstrahlungseffekten werden *Sekundärstörungen* induziert; die Störung breitet sich aus. Vgl. Schneeweiß 1992, S. 122 f. sowie Schneeweiß 1988, S. 288 ff. Ähnlich auch in REFA 1985, S. 426 f.

[22] In diesem Abschnitt und später folgende Ausführungen beschränken sich auf Störungen und deren Ausbreitung im Realsystem (Ausführungssystem).

[23] Vgl. z. B. Ripperger 1996, S. 76. Zu mehrstufigen Ursache-Wirkungsketten siehe auch Frei 1999, S. 54 ff., Bormann 1978, S. 17 ff. und Greve 1970, S. 70 ff.

wirkungen sind abhängig vom Ort des Eingriffs der Störgröße oder ergeben sich in Abhängigkeit der Belastungssituation der Produktionsbereiche, und damit in Abhängigkeit vom Übergangsverhalten der Systemelemente[24].

Gekoppelte Elemente des realsystembezogenen Ressourcenmodells sind Kapazitätseinheiten; diese stellen ein Abbild eines Produktionsnetzwerkes dar. Der Detaillierungsgrad der Abbildung hängt vom (gewünschten) Aggregationsniveau der Betrachtungen ab. Das Verhalten im Störfall eines solchen Produktions- bzw. Logistiksystems kann je nach Interesse des Störungsmanagers über ausgewählte Elementfolgen abgebildet werden (vgl. Abb. 4.9). Operatoren bilden sowohl (ressourcenbezogene) Störgrößeneinwirkungen als auch Anpassungsmaßnahmen ab.

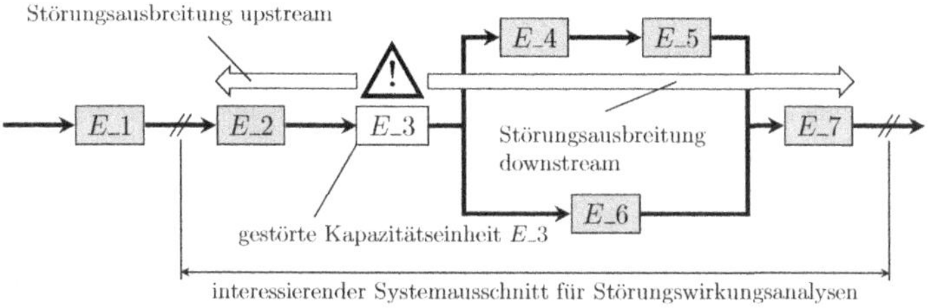

Abb. 4.9: Ausbreitung von Störungswirkungen in Produktionsnetzwerken

Die praktische Anwendung des vorgestellten Modellsystems bietet die Möglichkeit einer objektivierten Entscheidungsfindung bei der Planung von Anpassungsmaßnahmen in konkreten Störsituationen. Voraussetzung für die Akzeptanz einer solchen Methodik bei einem mit den hier dargestellten Aufgaben der Störungsbehandlung beauftragten Störungsmanager ist die schnelle Wahrnehmung der Störungscharakteristik. Transparenz im Hinblick auf wahrscheinliche Störungsfolgen und Konsequenzen von Anpassungsmaßnahmen lässt sich mit den in Folge dargestellten störungsbezogenen Systemoperationscharakteristiken im Sinne von Störbildern schnell gewinnen.

In Abschnitt 3.3.3 wurde ein Basismodell vorgestellt, welches zur Analyse des Verhaltens gestörter Produktionssysteme geeignet ist. Durch die Anwendung des Basismodells wird eine Fortschreibung der Bestandspositionen im Sinne einer Prognose der (störungsbedingten) Bestandsentwicklung im betrachteten System von Systemtakt zu Systemtakt möglich. Eine formale Be-

[24] Je nach Interdependenzsituation zwischen gestörten Bereichen oder Modulen bzw. je nach Verkettungsgrad zwischen Planungs- und Prozessstufen und je nach Maßnahmen des Störungsmanagements ist denkbar, dass eine Primärstörung nur sehr geringe, idealiter keine Sekundärstörung und damit keine Konsequenzen auf die Leistungserstellung nach sich zieht. Je enger die Kopplung zwischen den Elementen des Produktionssystems, umso höher das Gewicht, die Tragweite der Störung (vgl. Bormann 1978, S. 28 ff., Dienstdorf 1970, S. 5). Die Störungswirkung muss daher im *Situationskontext* beurteilt werden. Dieser für den weiteren Gang der Untersuchung zentrale Zusammenhang wird beispielsweise von Corsten/Gössinger 1997, S. 6, von Heil 1995, S. 96, und von Bormann 1978, S. 22, erkannt, jedoch nicht weiter methodisch untersetzt. Andere Autoren simplifizieren, wenn sie diesen Sachverhalt ignorieren und ausschließlich „deterministisch" jeder Ursache von Störungen Abhilfemaßnahmen zuordnen, vgl. hierzu z. B. Kiesewetter 1991, S. 64 ff. Mit Wirksamwerden einer Störgröße interessieren letztlich mengenmäßige, zeitliche und qualitative Konsequenzen hinsichtlich der Erfüllung von Kundenaufträgen.

ziehung, die im Modell eine solche rekursive Berechnung ermöglicht, kann angegeben werden mit

$$\underline{n}(T+1) = \underline{n}(T) \cdot \underline{P} + R(T+1) \cdot \underline{p}_0. \tag{4.12}$$

Die Bestimmung des Systemverhaltens erfolgt in den nachfolgend gezeigten Berechnungsbeispielen ausgehend vom Zeitpunkt 1.[25] Neben den das Systemverhalten bestimmenden Parametern $\underline{P}$ und $\underline{R}(T) \cdot \underline{p}_0$ muss nur der Anfangszustand $\underline{n}(1)$ bekannt sein, um auf dieser Basis eine Prognose des künftigen Systemverhaltens zu ermöglichen. Eine beispielhafte Anwendung der Grundgleichung des Modellsystems (4.12) soll an dieser Stelle lediglich Anlaufeffekte zeigen. Können keine durch eine Störung hervorgerufenen Veränderungen im System beobachtet werden, so sind für alle $n_k(1) = R = const.$ auch alle $n_k(T) = n_k(1) = R = const.$ Setzt man nun alle $n_k(1) = 0$, startet also die Systemsimulation mit einem leeren System, so wird durch den Anlaufprozess Zustand k bis zum Zeitpunkt $T = k$ keinen Bestand aufweisen und ab dem Zeitpunkt $T = k+1$ einen Bestand in Höhe von R zeigen. Für die Belegung des Zustandes k kann allgemein angegeben werden

$$n_k(T) = \begin{cases} 0, & T \leq k \\ R, & T > k \end{cases} . \tag{4.13}$$

Beziehung (4.13) gilt nur für lineare Systeme, also Strukturen ohne Parallelsegmente und mithin für Systeme mit superdiagonal besetzter Übergangsmatrix.

Beispiel 4.1:
Aus Gründen der Anschaulichkeit soll das Verhalten eines einfachen Produktionssystems untersucht werden. Zur Verdeutlichung des Verhaltens eines ungestörten Produktionssystems soll ein lineares Produktionssystem mit 5 Produktionsbereichen gemäß Abb. 4.10 betrachtet werden. Jede Kapazitätseinheit wird durch einen Zustand abgebildet[26].

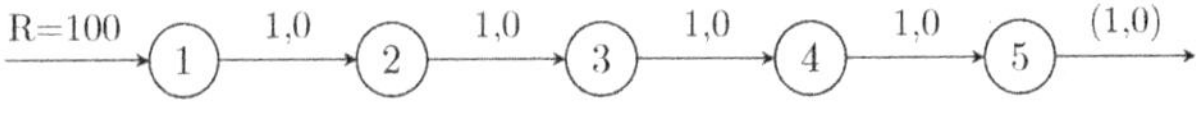

Abb. 4.10: Ungestörtes System als reduzierter Signalflussgraph

[25] Für Rechnungen innerhalb der angegebenen Beispiele werden einsbasierte Vektoren und Matrizen verwendet. Diese Indizierung ergibt sich aus der Verwendung der Software MATLAB® für die praktischen Berechnungen; dieses Programm lässt keine nullbasierten Vektoren zu. Vgl. in Folge Hild/Fischäder 2005, S. 11 ff.

[26] Im Gegensatz zu den auf *ein* Systemelement (Kapazitätseinheit) bezogenen Betrachtungen in Abschnitt 4.1.1 beschreibt nunmehr nur eine Zustandsklasse das Verhalten eines Produktionsbereiches. Hier interessieren die Auswirkungen auf das gesamte Netzwerk. Die Darstellung der Markov-Kette als reduzierter Signalflussgraph zeigt einen eingeklammert angegebenen Übertragungsfaktor. Dieser Übertragungsfaktor des vom kundenseitigen Zustand des Modellsystems abgehenden Stroms ist kein Element der Übergangsmatrix, sondern vielmehr durch die Differenz zwischen Eins und der m-ten Zeilensumme gegeben. Zu absorbierenden und transienten Zuständen des Modellsystems und deren Behandlung im Basismodell vgl. Abschnitte 3.3.1.2 und Abschnitt 3.3.3.1.

Mit der superdiagonal besetzten Übergangsmatrix des Systems

$$\underline{P} = \begin{bmatrix} 0 & 1 & 0 & 0 & 0 \\ 0 & 0 & 1 & 0 & 0 \\ 0 & 0 & 0 & 1 & 0 \\ 0 & 0 & 0 & 0 & 1 \\ 0 & 0 & 0 & 0 & 0 \end{bmatrix}$$

wird unmittelbar deutlich, dass ein offenes Markov-System vorliegt. Alle Zeilensummen der Übergangsmatrix sind kleiner bzw. gleich Eins[27]. Die Anfangszustandsbelegung sei $\underline{n}(1) = (0\ \ 0\ \ 0\ \ 0\ \ 0)$, für die Einlastungsfolge gelte $R(T) = R = const.$ und für den Einlastungsvektor $\underline{p}_0 = (1\ \ 0\ \ 0\ \ 0\ \ 0)$. Für die Einlastung aller Zeitschritte T folgt entsprechend $R \cdot \underline{p}_0 = (100\ \ 0\ \ 0\ \ 0\ \ 0)$. Je Zeitschritt werden 100 normierte Kapazitätsteile über den Systemeingang (Zustand 1) eingelastet. Eine zeitkonstante Einlastung $R = 100\ nKT$ wird im weiteren Verlauf der Untersuchungen allen Beispielen zugrunde gelegt, um eine Vergleichbarkeit der Systemverhaltensweisen zwischen den Beispielen zu vereinfachen. Mit Beziehung (4.12) kann die Besetzung der Zustände rekursiv berechnet werden:

	Belegung von:				
Systemtakt	Zustand 1	Zustand 2	Zustand 3	Zustand 4	Zustand 5
1	0	0	0	0	0
2	100	0	0	0	0
3	100	100	0	0	0
4	100	100	100	0	0
5	100	100	100	100	0
6	100	100	100	100	100
7	100	100	100	100	100

Tab. 4.1: Zustandsbelegung des ungestörten Systems beim Anlauf

Für Zeitpunkte $T \geq 6$ sind alle $n_k(T) = R$, das System ist „hochgelaufen" und hat seinen stationären Zustand, den ungestörten *Normalzustand* erreicht. Die Belegung der Zustände wird grafisch veranschaulicht (vgl. Abb. 4.11). Dies bietet sich insbesondere bei komplexen Systemen an, um schnell einen Überblick über das Systemverhalten zu bekommen.

Das hier eingeführte einfach strukturierte Beispielsystem wird in Folge um verschiedene Störungen erweitert. ■

[27] Insbesondere ist eine Zeilensumme streng kleiner Eins. Eine geschlossene Markov-Kette zeichnet sich dadurch aus, dass alle Zeilensummen gleich Eins sind.

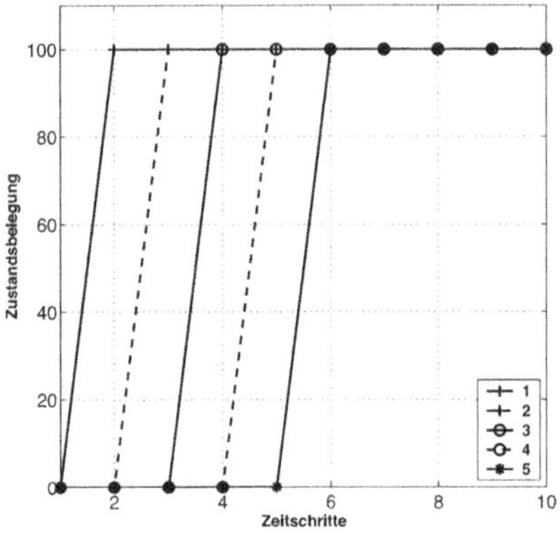

Abb. 4.11: Zustandsbelegung für ungestörtes Beispielsystem beim Anlauf[28]

4.1.2.1.2 Modellierung extern induzierter Störungen

Die in Abschnitt 2.2.2.1 differenzierten archetypischen Störfälle werden durch eine störungsbedingte Modifikation einzelner Matrizen und Vektoren im Basismodell implementiert.

Extern induzierte Störungen implizieren eine sich kurzfristig einstellende Veränderung der Nachfrage bzw. der Verfügbarkeit der für die Wertschöpfungsaufgabe erforderlichen Ausgangsstoffe (Rohmaterialien, Module, Komponenten)[29]. Eine modifizierte Verfügbarkeit von Ausgangsstoffen ist nur dann eine extern induzierte Störung, wenn sich dadurch das Produktionsprogramm verändert. In allen Zuständen downstream zugelieferte und damit im weiteren Verlauf des Produktionsprozesses benötigte Roh-, Hilfs- und Betriebsstoffe bzw. Komponenten und Baugruppen führen zu einem Stillstand oder einer Kapazitätsreduktion der Produktionsbereiche, mithin zu einem „Anhalten der Produktion", bis benötigte Materialien (wieder) vorhanden sind und können somit als intern induzierte, mithin ressourcenbezogene Störungen abgebildet werden[30]. Extern induzierte Störungen werden im Markov-System über eine Modifikation der Einlastung abgebildet; die Einlastungsfolge $R(T)$ wird einer veränderten Nachfrage[31] bzw. dem veränderten Angebot an Ausgangsstoffen angepasst. Es sind zwei Fälle zu unterscheiden:

a) Eine *Verringerung* der Systemeinlastung $R(T)$ kann durch das Produktionssystem bewältigt werden. Mit der Reduzierung von $R(T)$ sind jedoch Kostenwirkungen verbunden, die je nach Ursache der Einlastungsreduzierung unterschiedlich sind.

[28] Die Legende in den grafischen Darstellungen ordnet den Nummern der Zustände (Produktionsbereiche) verschiedene Linien- und Markerformen zu.

[29] Aufträge werden grundsätzlich über Zustand 1 in das Produktionssystems eingesteuert.

[30] Vgl. hierzu die Ausführungen in Abschnitt 4.1.1.4.

[31] Die Nachfrage nach Fertigerzeugnissen im Zeitablauf ist durch den Parameter $R^{dem}(T)$ gegeben. Diese Größe wird ausschließlich zur Bestimmung und Bewertung des Lieferrückstandes benötigt (vgl. Abschnitt 4.2.2.3). Die Einlastungsfolge $R(T)$ wird in der betrieblichen Praxis im Rahmen der Materialbedarfs- sowie der Termin- und Kapazitätsplanung aus der Nachfrage nach Fertigerzeugnissen (Produktionsprogramm) bestimmt. In der vorliegenden Arbeit wird auf die Ermittlung der Einlastung nicht näher eingegangen; ein $R(T)$ für die Realisierung eines (ohne Störeinfluss) geplanten Produktionsprogramms wird als bekannt vorausgesetzt.

Lieferantenseitig verursachte Störungen führen zu einer verringerten Auslastung des Produktionssystems und induzieren veränderte Produktionskosten durch Abweichung von der kostenminimalen Produktionsintensität bzw. durch Leerlaufkosten für Produktionspotenziale (Arbeitskräfte, Betriebsmittel). Lieferantenseitig verursachte Störungen können darüber hinaus Kosten für einen *Lieferrückstand* induzieren. Unabhängig von einer reduzierten Einsteuerung besteht eine gleich bleibend hohe Nachfrage nach Fertigerzeugnissen. Ein solcher Lieferrückstand, der sich im Modellsystem aus der Unterdeckung der Nachfrage am kundenseitigen Ausgang des untersuchten Produktionssystems ermittelt, kann im betrieblichen Alltag mit sehr hohen Kosten verbunden sein[32].
Kundenseitig induzierte Einlastungsreduktionen, d. h. unvorhergesehene Nachfragerückgänge, rufen keine Lieferrückstandskosten hervor. Solche (kurzfristigen) Modifikationen des Produktionsprogramms sind mit entsprechenden Kapazitätswirkungen verbunden, die sich analog zu lieferantenseitig verursachten Einlastungsreduktionen in Leerlaufkosten und ggf. veränderten Herstellkosten aufgrund der Variation der Produktionsintensität (suboptimale Kombination der Produktionsfaktoren) ausdrücken.

b) Eine *Erhöhung* der Einlastung wird in der Praxis durch Nachfrageerhöhungen oder Fehlplanungen innerhalb des Systems verursacht. Eine erhöhte Kapazitätsnachfrage kann das Produktionssystem nur dann geeignet bewältigen, wenn es über ausreichende Kapazitätsreserven verfügt. Sind keine bzw. nicht ausreichende Systemreserven vorhanden, so entstehen Bestände in am weitesten upstream befindlichen Produktionsbereichen, die für die störungsbedingt notwendige Einlastung einen Engpass darstellen.

Dauerhafte Erhöhungen oder Reduktionen der Nachfrage können Veränderungen im Potenzialfaktorbestand notwendig werden lassen. Solche mittel- bis langfristigen Anpassungsplanungen stellen strategisch-taktische Managemententscheidungen dar, die nicht im Fokus dieser Arbeit stehen[33].

Extern induzierte Störungen werden der Vorschrift

$$R^{dist}(T) = R(T) \cdot (1 + d^{ext}(T)) \tag{4.14}$$

folgend in das Modell-System implementiert. Die Größe $d^{ext}(T)$ gibt dabei die prozentuale Veränderung der Einlastung, d. h. des lieferantenseitig verfügbaren Angebots[34] oder der Nachfrage, an.

Beispiel 4.2:

Die beiden Situationen der Erhöhung und Reduktion der Systemeinlastung werden durch Erweiterung des Beispiels 4.1 verdeutlicht. Die Modellierung der Nachfragereduktion erfolgt durch eine kurzfristige und zeitlich begrenzte Verringerung der Nachfrage um 10%, also von 100 auf

[32] In diesem Zusammenhang kann auf das praktische Beispiel in Anlage C verwiesen werden. Bei nicht ausreichender Bereitstellung von Erzeugnissen eines Zuliefernetzwerkes der Automobilindustrie kann ein Bandstopp beim Automobilhersteller die Folge sein.

[33] Vgl. hierzu u. a. den Überblick bei Adam 2001, S. 453 ff.

[34] Bei Störungen im Angebot gilt $d^{ext}(T) \leq 0$.

90 normierte Kapazitätsteile im Zeitabschnitt $5 \leq T \leq 10$. Zum Zeitpunkt des Beginns der Beobachtung befindet sich das System im Normalzustand. Anlaufeffekte, wie in Beispiel 4.1 dargestellt, interessieren nicht. Es gilt nun $\underline{n}(1) = (100 \ \ 100 \ \ 100 \ \ 100 \ \ 100)$.

Das stationäre Systemverhalten vor der Störungseinwirkung, der „ungestörte Geradeausbetrieb", ist Ausgangspunkt der folgenden Störungsanalysen. In allen in dieser Arbeit noch folgenden Beispielen ist das System zu Beginn der Untersuchung stets in einem stationären Zustand. Die Anwendung des Basismodells führt zu dem in Abb. 4.12 gezeigten Verlauf der Zustandsbelegungen.

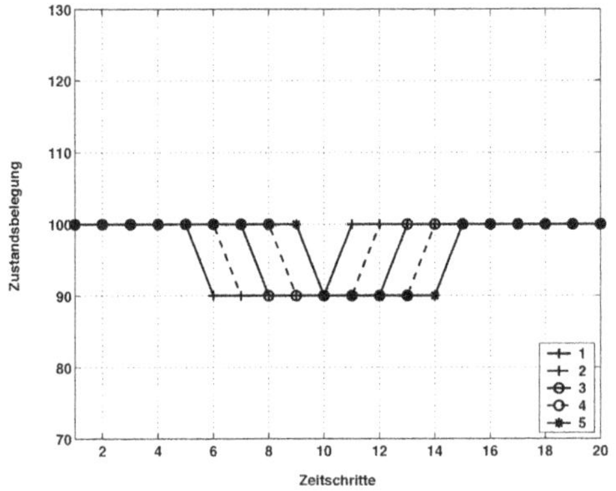

Abb. 4.12: Systemstörung durch Einlastungsreduktion

Die Systemstörung *Reduktion der Einlastung* wird 5 Zeitschritte nach ihrer Einwirkung manifest, sie erreicht verzögert den Systemausgang. Auch die Rückkehr zur normalen Einlastung zeigt diesen zeitlichen Versatz. ■

Beispiel 4.3:

Das hier angewendete (noch unmodifizierte) Basismodell verhält sich im Fall der Erhöhung der Einlastung um 10%, also von 100 auf 110 normierte Kapazitätsteile je Systemtakt, analog. Die Systementwicklung ist in Abb. 4.13 dargestellt.

Die Abbildung zeigt einen der verfahrensinhärenten Nachteile der Anwendung des unmodifizierten Basismodells: Bei Einlastungserhöhung steigt die Kapazität der Produktionsbereiche, denn jede Kapazitätseinheit (also jeder Zustand) kann 110 normierte Kapazitätsteile problemlos bedienen und downstream transferieren. Diese Problematik und damit verbundene Implikationen auf die Modellverwendung sind Gegenstand der Abschnitte 4.1.2.2 und 4.1.2.4. ■

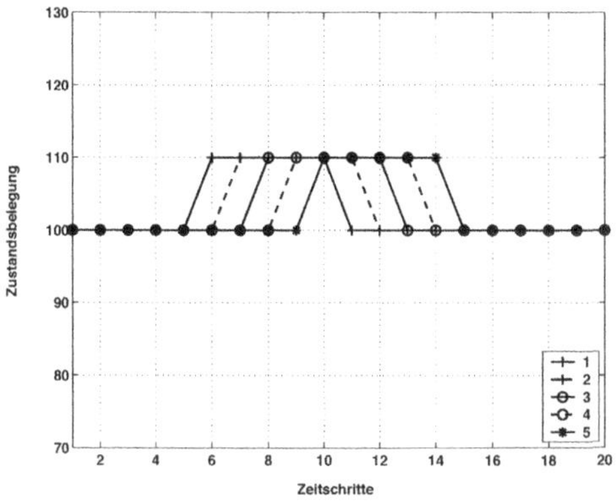

Abb. 4.13: Systemstörung durch Einlastungserhöhung

4.1.2.1.3 Modellierung intern induzierter Störungen

Intern induzierte Störungen wirken auf die das Systemverhalten beeinflussenden Strukturdeterminanten[35]

- Kopplungsbeziehungen zwischen den Systemelementen und/oder
- Übertragungsverhalten (gestörter) Elemente des betrachteten Produktionssystems.

Ursachen intern induzierter Störungen im betrieblichen Alltag sind vielfältig[36]. Modifizierte Strukturdeterminanten wirken im Basismodell auf den Transformationsoperator, sie induzieren eine veränderte Übergangsmatrix $\underline{P}$, die somit zeitvariabel in der Form $\underline{P} = \underline{P}(T)$ angegeben werden muss. Zur transparenten Veranschaulichung der Zusammenhänge wird eine *additive Form* für die Darstellung der *Störübergangsmatrix* eingeführt. Die systemstrukturbestimmende (zeitinvariante) Übergangsmatrix wird bei Störeintritt durch den Einfluss der Störung nicht verändert. Die resultierende, das Gesamtverhalten des Systems bestimmende Übergangsmatrix $\underline{P}(T)$ bestimmt sich als Summe der *systemstrukturbestimmenden Übergangsmatrix* $\underline{P}^{sys}$ und der *Störübergangsmatrix* $\underline{P}^{dist}(T)$ in der Art

$$\underline{P}(T) = \underline{P}^{sys} + \underline{P}^{dist}(T) \tag{4.15}$$

Beim Aufstellen der Matrizen ist zu beachten, dass alle $p_{ij}(T) \leq 1$ und alle Zeilensummen kleiner bzw. gleich Eins sind[37].

[35] Zur systemtheoretischen Einordnung des Modellierungsansatzes vgl. Abschnitt 3.2.
[36] Vgl. beispielsweise Corsten/Gössinger 1997, S. 4 f.
[37] In bestimmten Fällen, insbesondere für divergierende Prozessstrukturen oder bei partiell nebenläufigen Strukturen (Parallelsegmente) darf die Zeilensumme größer Eins sein. Damit wird eine Teilung von Produkten repräsentiert. Zeilensummen größer Eins bedeuten eine Vervielfachung normierter Kapazitätsteile. Solche Sonderfälle sind in der Automobilindustrie beispielsweise dann gegeben, wenn lackierte Rohkarosserien komplettiert werden. Türen und Hauben werden dann demontiert und im Bereich der Fahrzeugendmontage gesondert ausgestattet.

Alle intern induzierten Störungen bewirken letztlich eine Reduktion der Gesamtkapazität des Systems. Es wird die Unterscheidung zwischen quantitativer und qualitativer Beeinträchtigung von Produktionsfaktoren aufgegriffen[38]:

a) *Quantitative Faktorbeeinträchtigungen* im Sinne eines vollständigen oder teilweisen Ausfalls einer Kapazitätseinheit und damit die Reduktion der verfügbaren Kapazität eines Systemelements verändern die Struktur der Kopplungsbeziehungen zwischen den Elementen und damit den Zuständen des Modellsystems nicht. Dieser Störungstyp beeinflusst vielmehr das Übertragungsverhalten einer Kapazitätseinheit.

b) Die Produktion von Ausschuss oder störungsbedingt notwendige Nacharbeit zählen zu *qualitativen Faktorbeeinträchtigungen*. Ist die Beseitigung von Qualitätsmängeln durch Nacharbeit möglich, impliziert dies eine Rückführung von in einer Niveaustufe bereits bearbeiteten normierten Kapazitätsteilen in vorgelagerte Zustände. Zu Ausschuss verkommene (Zwischen-)Erzeugnisse sind aufgrund erheblicher Qualitätsmängel völlig unbrauchbar, können nicht nachgearbeitet werden und müssen vernichtet bzw. entsorgt werden[39]. Die Störtypen Ausschuss und Nacharbeit wirken unmittelbar auf die Struktur der Ströme normierter Kapazitätsteile im System und beeinflussen dadurch die Kopplungssituation zwischen den Produktionsbereichen. Die Darstellung einzelner Störtypen im Basismodell wird im Folgenden dargestellt.

Durch den teilweisen oder vollständigen *Ausfall von Produktionsfaktoren*[40] einer Kapazitätseinheit k entstehen Bestände normierter Kapazitätsteile vor diesem gestörten Produktionsbereich, sofern keine andere Kapazitätseinheit ihre Funktion übernehmen kann und gleiche (gestörte) Arbeitsverrichtungen ausführt. Im Basismodell führt eine solche Kapazitätsreduktion zu erhöhten hauptdiagonalen Elementen p_{kk} des Transformationsoperators $\underline{P}$ einer gestörten Kapazitätseinheit k.[41] Die Zeilensumme einer Zeile k im Transformationsoperator wird durch eine solche Störung nicht beeinflusst, denn der zum Element p_{kk} addierte Übertragungsanteil wird von anderen Elementen subtrahiert (im Regelfall von Elementen, die Ströme an downstream gelegene Zustände repräsentieren, mithin von Elementen p_{kj} mit $j > k$).

[38] Vgl. hierzu die Ausführungen in Abschnitt 4.1.1.1.

[39] Vgl. Adam 2001, S. 423 f., Belz 1993, S. 25, Greve 1970, S. 76. Zu Ausschussursachen vgl. Kainz 1984, S. 27 ff.

[40] Eine Reduktion im Potenzialfaktorbestand (beispielsweise infolge eines Anlagenausfalls) kann die verfügbare Kapazität eines Produktionsbereiches in gleicher Weise einschränken, wie nicht in ausreichendem Umfang oder in notwendiger Qualität bereitgestellte (Zuliefer-)Erzeugnisse. Die hier vorgenommene Systematik der Störtypen ist insofern nicht konsequent, dass dadurch extern induzierte Störungen (gestörte Bereitstellung von Zuliefermaterialien in allen Kapazitätseinheiten downstream) im Modellsystem ebenfalls über eine Reduzierung der Kapazität abgebildet werden. Ein Produktionsbereich wird demnach „angehalten" und fährt mit der Produktion im geplanten Umfang erst dann fort, wenn die gestörte Bereitstellung von Materialien behoben worden ist.

[41] Die Matrix $\underline{P}(T)$ wurde zeitvariabel eingeführt. Infolgedessen gilt $p_{kk} = p_{kk}(T)$. Aus Gründen der besseren Übersicht und Lesbarkeit werden in Folge die Elemente von Übergangsmatrizen konsequent ohne Zeitvariable T angegeben, sofern nicht durch das Weglassen des Zeitparameters Missverständnisse hervorgerufen werden können. Werden mehrere zeitvariable Übertragungsfaktoren in einer Beziehung zusammengeführt, so sind alle dem (gleichen) Zeitpunkt T zugeordnet. Die Darstellung ohne Zeitvariable bedeutet also nicht, dass Übertragungsfaktoren zeitkonstant sind. Zeitinvarianz eines Übertragungsfaktors geht stets mit einer zeitkonstanten Übertragungsmatrix einher.

Die in den Gleichungen (4.16) und (4.17) angegebene Vorschrift dient der Abbildung einer Kapazitätsreduktion im Modellsystem:

$$p_{kj}^{dist} = p_{kj} \cdot (-d_k^{cap}(T)),\ 1 \leq j \leq m,\ j \neq k, \tag{4.16}$$

$$p_{kk}^{dist} = \left(1 - \sum_{i=1}^{m} p_{ki}\right) \cdot (-d_k^{cap}(T)) - \left(\sum_{i=1}^{k-1} p_{ki}^{dist} + \sum_{i=k+1}^{m} p_{ki}^{dist}\right). \tag{4.17}$$

Der Parameter $d_k^{cap}(T)$ gibt die prozentuale Verringerung der Kapazität im Zustand k an. Der Faktor $d_k^{cap}(T)$ ist im Störfall i. d. R. positiv; störungsbedingt wird die Kapazität einer Kapazitätseinheit reduziert. Ein negatives d_k^{cap} bildet eine Kapazitätserhöhung ab.

Die rechte Seite von (4.17) besteht aus zwei Termen, die die Veränderung der von Zustand k ausgehenden Ströme normierter Kapazitätsteile erfassen. Der erste Term stellt dabei die Veränderung des Anteils der Ausschuss- oder Gutteile dar, die von k aus das System verlassen. Dieser Anteil an den insgesamt im Produktionsbereich k bearbeiteten normierten Kapazitätsteilen wird aus der Differenz von Eins und der Zeilensumme der ungestörten Übergangsmatrix bestimmt[42]. Auch der Ausschuss- und Gutteilestrom wird durch die Kapazitätsreduktion beeinflusst. Die Veränderung seines Anteils ergibt sich aus dem Produkt des ursprünglichen Anteils und der Kapazitätsveränderung. Der zweite Term in Gleichung (4.17) repräsentiert die störungsbedingte Veränderung aller übrigen Ströme normierter Kapazitätsteile, die im ungestörten System den Zustand k verlassen. Infolgedessen resultiert die Veränderung des Anteils verbleibender Kapazitätsteile aus der Differenz der Veränderung aller den Zustand k verlassenden Ströme.

Der hier vorgestellte und im Beispiel 4.4 veranschaulichte Modellierungsansatz quantitativer Faktorbeeinträchtigungen bezieht sich auf das noch unmodifizierte Basismodell. Mit der Erweiterung des Basismodells verbunden ist eine alternative Abbildung von Kapazitätsreduktionen.

Beispiel 4.4:

Niveaustufe 2 (Zustand 2) des bereits eingeführten 5-stufigen Beispielsystems unterliegt zwischen den Zeitpunkten $T = 5$ und $T = 10$ einer 10%-igen Kapazitätsreduktion. Die gestörte Systemstruktur ist in Abb. 4.14 dargestellt.

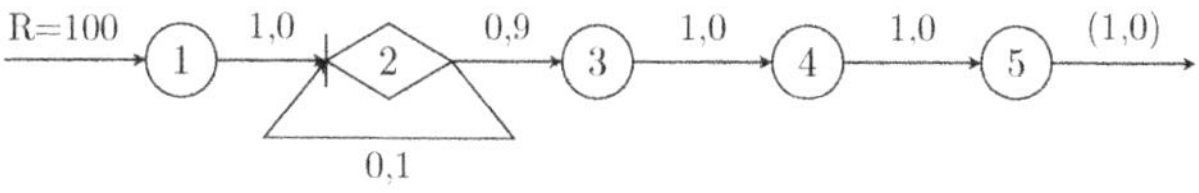

Abb. 4.14: Reduzierter Signalflussgraph für Störszenario Kapazitätsreduktion

[42] Zur Besetzung des Transformationsoperators in offenen Markov-Systemen vgl. u. a. Bartholomew 1982, S. 50 ff.

Die Störübergangsmatrix hat die Struktur

$$\underline{P}^{dist}(T) = \begin{bmatrix} 0 & 0 & 0 & 0 & 0 \\ 0 & +0{,}1 & -0{,}1 & 0 & 0 \\ 0 & 0 & 0 & 0 & 0 \\ 0 & 0 & 0 & 0 & 0 \\ 0 & 0 & 0 & 0 & 0 \end{bmatrix},$$

so dass für die Übergangsmatrix folgt:

$$\underline{P}(T) = \begin{bmatrix} 0 & 1 & 0 & 0 & 0 \\ 0 & 0{,}1 & 0{,}9 & 0 & 0 \\ 0 & 0 & 0 & 1 & 0 \\ 0 & 0 & 0 & 0 & 1 \\ 0 & 0 & 0 & 0 & 0 \end{bmatrix}.$$

Zustand 2 liefert nur 90% aller eingehenden Kapazitätsteile an Zustand 3 weiter, 10% verbleiben in Zustand 2.

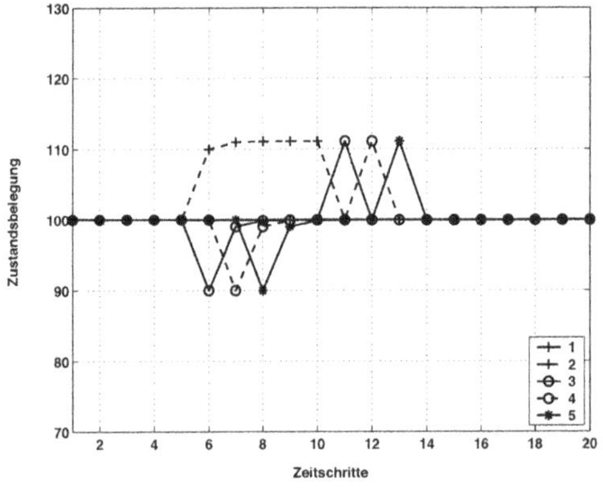

Abb. 4.15: Störungsbedingte Kapazitätsreduktion in Zustand 2

Abb. 4.15 zeigt deutlich, dass die Kapazitätsreduktion in Zustand 2 zu erhöhten Beständen vor dem durch diesen Zustand repräsentierten Produktionsbereich führt. ■

Existiert im untersuchten Produktionssystem eine weitere Kapazitätseinheit j, welche die gestörte Einheit k (in bestimmtem Umfang) ersetzen kann, so ist im Störfall eine Umleitung der auf die Einheit k übergehenden Kapazitätsteile auf Einheit j möglich. In diesem Fall verringert sich der Übertragungsfaktor p_{ik}, wobei i ein der Einheit k vorgelagerter Zustand ist. Der Übertragungsfaktor p_{ij} erhöht sich in gleichem Maße, mit dem p_{ik} reduziert wurde. Derartige Stör-

und Anpassungsszenarien sind in Produktionssystemen mit parallel nebenläufigen Strukturen denkbar[43].

Qualitative Faktorbeeinträchtigungen in einer Kapazitätseinheit k können die Produktion von *Ausschuss* hervorrufen. Die k-te Zeilensumme im Transformationsoperator wird um den entsprechenden Ausschussanteil an der Gesamtproduktion verringert[44]. Diese Verringerung der Zeilensumme schlägt sich nur auf die Übertragungsfaktoren und damit Zustände k nieder, die die Weiterleitung bearbeiteter normierter Kapazitätsteile an nachgelagerte Zustände repräsentieren.

Eine allgemeingültige formalisierte Darstellung dieses Störtyps im Modellsystem muss den praktischen Sachverhalt berücksichtigen, dass verschiedene von einer Kapazitätseinheit bearbeitete Produkte unterschiedliche Ausschussanteile aufweisen können[45]. Neben dem gestörten Zustand ist deshalb stets auch der Zielzustand zu spezifizieren. Dies führt zu folgender Formalisierung

$$p_{kj}^{dist} = p_{kj} \cdot (-d_{kj}^{scrap}(T)), \text{ mit } k \neq j. \tag{4.18}$$

Der Faktor d_{kj}^{scrap} in (4.18) stellt den Ausschussanteil des (Zwischen-)Erzeugnisses dar, welches nach Bearbeitung im gestörten Zustand k an Zustand j übergeht. Da mit Ausschussproduktion in k keine erhöhten Bestände vor dem gestörten Zustand verbunden sind, muss keine Korrektur des Übertragungsfaktors p_{kk} erfolgen.

Beispiel 4.5:

Es wird weiter das 5-stufige Beispielsystem betrachtet. Der Einfluss eines Ausschussanteils i. H. v. $d_{23}^{scrap}(T) = 10\%$ für die Zeitschritte $5 \leq T \leq 10$ auf das Systemverhalten wird in Abb. 4.16 dargestellt.

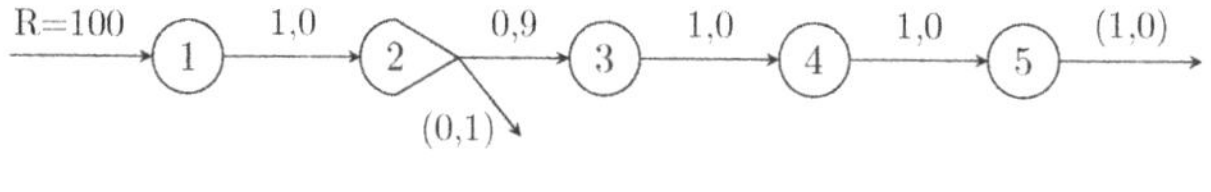

Abb. 4.16: Reduzierter Signalflussgraph für Störszenario Ausschussproduktion

Die Störübergangsmatrix kann damit angegeben werden mit

$$\underline{P}^{dist}(T) = \begin{bmatrix} 0 & 0 & 0 & 0 & 0 \\ 0 & 0 & -0{,}1 & 0 & 0 \\ 0 & 0 & 0 & 0 & 0 \\ 0 & 0 & 0 & 0 & 0 \\ 0 & 0 & 0 & 0 & 0 \end{bmatrix},$$

[43] Zur Analyse des Verhaltens eines Systems mit Parallelsegmenten vgl. Beispiel 4.13 im Abschnitt 4.1.2.4.4.

[44] Der absorbierende Zustand, der die Ausschussanteile aufnimmt, wird nicht in die Betrachtung eingeschlossen. Es interessiert das Verhalten der transienten Zustände, vgl. Abschnitt 3.3.3.

[45] Werden jedoch unterschiedliche Fertigungsaufträge und mithin unterschiedliche Erzeugnisse auf einem schadhaften Betriebsmittel bearbeitet (Organisationstyp Fließfertigung), so kann der gesamte bearbeitete Auftragsmix gestört sein.

was zu einer Systemübergangsmatrix

$$\underline{P}(T) = \begin{bmatrix} 0 & 1 & 0 & 0 & 0 \\ 0 & 0 & 0{,}9 & 0 & 0 \\ 0 & 0 & 0 & 1 & 0 \\ 0 & 0 & 0 & 0 & 1 \\ 0 & 0 & 0 & 0 & 0 \end{bmatrix}.$$

führt. Das Zeitverhalten wird in Abb. 4.17 grafisch veranschaulicht. ■

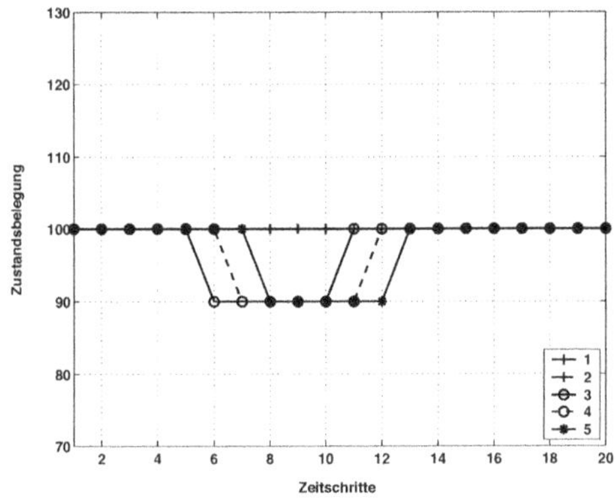

Abb. 4.17: Ausschussproduktion in Zustand 2

Eine qualitative Faktorbeeinträchtigung kann auch *Nacharbeit* hervorrufen. Ist Nachbearbeitung unmittelbar innerhalb der gestörten Kapazitätseinheit k erforderlich, so ergibt sich im Modellsystem eine der Kapazitätsreduktion analoge Störsituation, mithin eine Modifikation des Übertragungsfaktors auf das hauptdiagonale Element p_{kk}.

Ist hingegen Nacharbeit in einem Produktionsbereich r notwendig[46], so folgt eine Erhöhung des Übertragungsfaktors p_{kr}, wobei in aller Regel $k > r$ gilt. Nacharbeit wird in einem (upstream) vorgelagerten Zustand durchgeführt.

Die Spezifizierung von Nacharbeit in einer mathematischen Notation macht es notwendig, den gestörten Strom normierter Kapazitätsteile mit Ursprung und Ziel anzugeben. Darüber hinaus muss der Zustand bezeichnet werden, in dem Nacharbeit erfolgt. Dazu wird die Störgröße $d_{kj.r}^{rework}(T)$ eingeführt, die den Anteil der Nacharbeit in Zustand r erfordernden Produkte im Strom der Produkte bezeichnet, die vom Zustand k bearbeitet wurden und an Zustand j weitergeleitet werden.

[46] Eine solche Situation ist denkbar, wenn ein schadhaft lackiertes Teil zunächst abgeschliffen und vorbehandelt werden muss, bevor es erneut die Kapazitätseinheit (Fertigungsstufe) Lackieren durchlaufen kann.

Der Störtyp Nacharbeit lässt sich nun wie folgt formalisieren (es gilt $k \neq j$):

$$p_{kr}^{dist} = p_{kj} \cdot d_{kj.r}^{rework}(T), \tag{4.19}$$

$$p_{kj}^{dist} = p_{kj} \cdot (-d_{kj.r}^{rework}(T)). \tag{4.20}$$

Dem Strom, ausgehend von Zustand k an Zustand r, also dem Strom Nacharbeit in r erfordernder normierter Kapazitätsteile, wird ein Anteil $d_{kj.r}^{rework}(T)$ zugeschlagen, welcher identisch zur Reduktion des Stromes an Gutteilen, also des Stromes von Zustand k an Zustand j, ist.

Beispiel 4.6:
Im Zeitabschnitt $5 \leq T \leq 10$ wirkt eine Störung auf das Beispielsystem derart, dass 10% aller im Zustand 2 bearbeiteten normierten Kapazitätsteile in qualitative mangelhaft produziert werden. Abb. 4.18 zeigt die gestörte Systemstruktur.

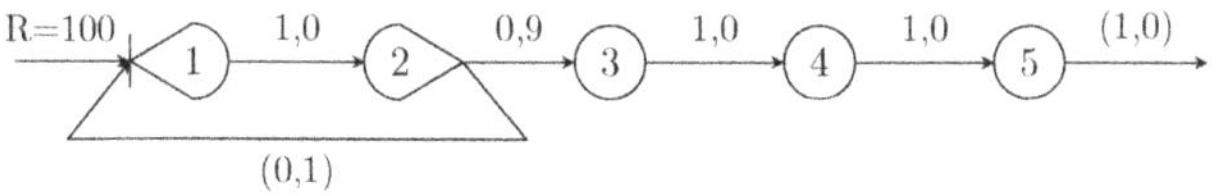

Abb. 4.18: Reduzierter Signalflussgraph für Störszenario Nacharbeit

Für die Störübergangsmatrix wird

$$\underline{P}^{dist}(T) = \begin{bmatrix} 0 & 0 & 0 & 0 & 0 \\ 0,1 & 0 & -0,1 & 0 & 0 \\ 0 & 0 & 0 & 0 & 0 \\ 0 & 0 & 0 & 0 & 0 \\ 0 & 0 & 0 & 0 & 0 \end{bmatrix},$$

geschrieben und für die Übergangsmatrix folgt:

$$\underline{P}(T) = \begin{bmatrix} 0 & 1 & 0 & 0 & 0 \\ 0,1 & 0 & 0,9 & 0 & 0 \\ 0 & 0 & 0 & 1 & 0 \\ 0 & 0 & 0 & 0 & 1 \\ 0 & 0 & 0 & 0 & 0 \end{bmatrix}.$$

Die Bestandsentwicklung im System ist in Abb. 4.19 dargestellt. ■

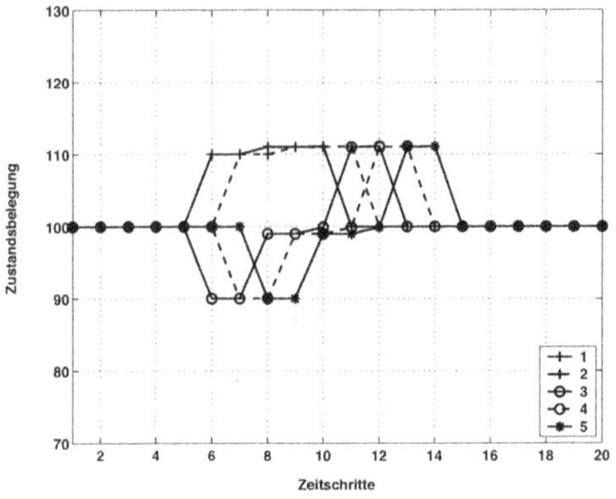

Abb. 4.19: Qualitätsmängel in Zustand 2 erfordern Nacharbeit in Zustand 1

4.1.2.1.4 Überlagerung mehrerer Störgrößeneinwirkungen

Störsituationen im betrieblichen Alltag sind dadurch gekennzeichnet, dass die verschiedenen als prototypisch identifizierten Störungen kombiniert, mithin räumlich und zeitlich überlagert auftreten. Es ist beispielsweise denkbar, dass ein Produktionsbereich mit reduzierter Kapazität arbeitet, wobei die gegenüber dem ungestörten Betrieb geringere Anzahl bearbeiteter Erzeugnisse einen erhöhten Anteil Ausschuss und Nacharbeit aufweisen. Die im Abschnitt 4.1.2.1.3 eingeführten Vorschriften für das Einbringen der Störungen in das Modellsystem müssen im Fall kombinierter Störungen nacheinander Anwendung finden. Dabei ist zu beachten, dass die Bezugsgröße $d(T)$ der Störfälle korrekt bestimmt wird. So stellt sich beispielsweise ein 10%-iger Ausschussanteil eines Produktionsbereiches, welcher bereits mit nur 90% seiner Kapazität arbeitet, nur als 9%-ige Reduktion des Gutteilstroms dar. Eine quantitative Faktorbeeinträchtigung im Sinne einer Kapazitätsreduktion an einem Zustand beeinflusst folglich die Übertragungsfaktoren von qualitativen Faktorbeeinträchtigungen (Ausschuss, Nacharbeit) in diesem Zustand. Ist ein Zustand mehreren Störungen ausgesetzt, so müssen die Störgrößen $d(T)$ geeignet gewählt werden. Das folgende Beispiel verdeutlicht diesen Sachverhalt. Die wechselseitige Beeinflussung und deshalb komplizierte Parametrierung der Störungen Ausschuss und Nacharbeit mit gleichzeitig auftretenden Kapazitätsreduktionen im Modellsystem wird durch den im Abschnitt 4.1.2.4.3 eingeführten alternativen Modellierungsansatz für Kapazitätsstörungen überwunden. Bei Rückgriff auf diese alternative Modellierung können die Faktoren $d_{kj}^{scrap}(T)$ und $d_{kj.r}^{rework}(T)$ unverändert Verwendung finden.

Beispiel 4.7:

Es wird beispielhaft eine Überlagerung verschiedener Störtypen dargestellt. Die Abbildung einer zeitlichen Überlagerung ist problemlos möglich; alle im Beispiel auftretenden Störungen wirken jedoch zwischen $5 \leq T \leq 10$ auf Zustand 2. Die Kapazitätsstörung wird mittels Modifikation der Übergangsmatrix parametriert. Eine Korrektur der Ausschuss- und Nacharbeitsfaktoren ist notwendig. Niveaustufe 2 (Zustand 2) arbeitet mit einer verbleibenden Kapazität von 90%. Von den bearbeiteten Erzeugnissen sind 5% Ausschuss und 10% bedürfen einer Nacharbeit in Zustand 1. Zunächst wird die Kapazitätsreduktion modelliert; der Übertragungsfaktor p_{23} hat nun den Wert 0,9.

Anschließend wird der Ausschussanteil eingestellt, es folgt $p_{23} = 0{,}855$. Da der Ausschussanteil den Übertragungsfaktor p_{23} verändert, Nacharbeit aber auf 10% von 0,9 – nicht auf 10% von 0,855 – eingestellt werden soll, muss $d_{23.1}^{rework}(T)$ nun nicht gleich 0,1 sondern

$$d_{23.1}^{rework}(T) = \frac{0{,}9}{0{,}855} \cdot 10\% = 0{,}10526$$

sein. In Abb. 4.20 ist die Struktur des gestörten Systems dargestellt.

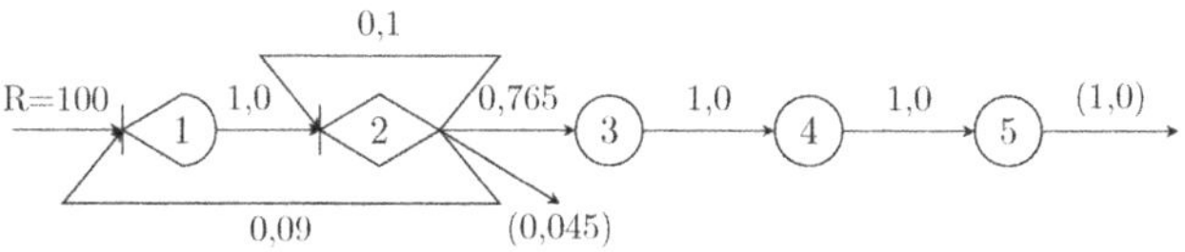

Abb. 4.20: Reduzierter Signalflussgraph für kombinierte Störungen

Die der kombinierten Störung zugeordnete Störübergangsmatrix ist

$$\underline{P}^{dist}(T) = \begin{bmatrix} 0 & 0 & 0 & 0 & 0 \\ +0{,}09 & +0{,}1 & -0{,}235 & 0 & 0 \\ 0 & 0 & 0 & 0 & 0 \\ 0 & 0 & 0 & 0 & 0 \\ 0 & 0 & 0 & 0 & 0 \end{bmatrix}.$$

Die Übertragungsfaktoren werden auf die im Störzeitraum verfügbare Kapazität bezogen, so dass durch Nacharbeit und Ausschuss gemeinsam weitere 13,5% Kapazität des Produktionsbereiches 2 verloren gehen[47]. Die Zeilensumme (Zeile 2) ist kleiner Eins; der Ausschuss wird durch den zu Eins fehlenden Anteil repräsentiert. Für den Transformationsoperator folgt

$$\underline{P}(T) = \begin{bmatrix} 0 & 1 & 0 & 0 & 0 \\ 0{,}09 & 0{,}1 & 0{,}765 & 0 & 0 \\ 0 & 0 & 0 & 1 & 0 \\ 0 & 0 & 0 & 0 & 1 \\ 0 & 0 & 0 & 0 & 0 \end{bmatrix}.$$

Die Bestandsentwicklung im Zeitablauf ist aus Abb. 4.21 ersichtlich.

47 Dies entspricht 15% Verlust von 90% verfügbarer Kapazität.

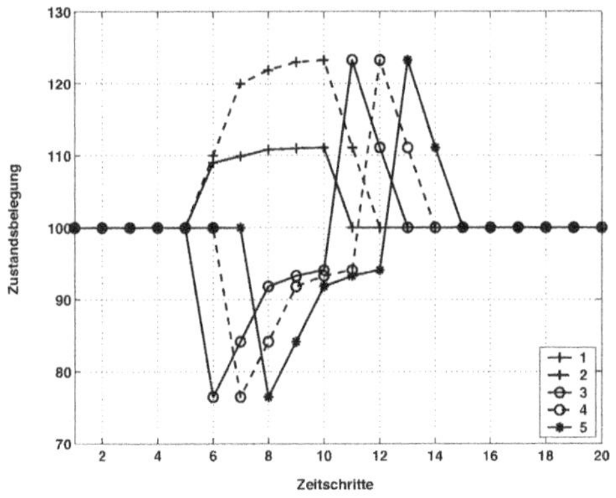

Abb. 4.21: Kombinierte Störung in Zustand 2

Eine detaillierte Interpretation des Systemverhaltens soll an dieser Stelle nicht erfolgen, zeigt sich doch bereits im folgenden Abschnitt, dass das hier verwendete noch unmodifizierte Basismodell in seiner Anwendung auf praktische Sachverhalte nur eingeschränkt verwertbare Ergebnisse liefert. ■

Die in diesem und den vorangegangenen Abschnitten angegebenen Beispiele verdeutlichen dennoch das Prinzip der Implementierung verschiedener Störtypen in einem Modellsystem. Dabei vermittelte Erkenntnisse sind grundlegend und haben auch vor dem Hintergrund der in Folge vorgenommenen Erweiterungen des Basismodells Bestand.

4.1.2.2 Grenzen des unmodifizierten Basismodells

Die bisherigen Ausführungen, insbesondere die Darstellungen Abb. 4.15, Abb. 4.19 und Abb. 4.21, verdeutlichen eine wesentliche Grenze des in Kapitel 3 eingeführten Basismodells zur Analyse gestörter Produktions- und Logistiksysteme[48]: Es existiert *keine Beschränkung der Kapazität* der die Produktionspotenziale repräsentierenden Niveaustufen.

Beispiel 4.8:
Es wird ein lineares Produktionssystem mit drei Niveaustufen betrachtet, dessen gestörte Struktur die Abb. 4.22 darstellt.

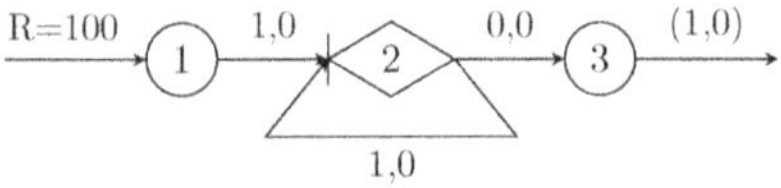

Abb. 4.22: Reduzierter Signalflussgraph bei Totalausfall eines Zustands

[48] Vgl. zum unmodifizierten Basismodell auch Fischäder/Dittrich 2004, S. 147 ff. sowie Fischäder/Schneider 2004, S. 291 ff.

Niveaustufe 2 (Zustand 2) fällt für die drei Zeitschritte $4 < T \leq 7$ vollständig aus. Im Störzeitraum gelten folgende Übergangsmatrizen:

$$\underline{P}(T) = \underline{P}^{sys} + \underline{P}^{dist}(T) = \begin{bmatrix} 0 & 1 & 0 \\ 0 & 0 & 1 \\ 0 & 0 & 0 \end{bmatrix} + \begin{bmatrix} 0 & 0 & 0 \\ 0 & +1 & -1 \\ 0 & 0 & 0 \end{bmatrix} = \begin{bmatrix} 0 & 1 & 0 \\ 0 & 1 & 0 \\ 0 & 0 & 0 \end{bmatrix}$$

Abb. 4.23 zeigt die Entwicklung der Zustandsbelegungen. Die Anwendung des Basismodells zur Prognose des Systemverhaltens zeigt, dass Zustand 2 in Systemtakt 8 genau 400 normierte Kapazitätsteile durchsetzt; eine analoge Leistung zeigt Zustand 3 zeitverzögert in Takt 9. Diese Verhaltensweise entspricht einer punktuellen Leistungssteigerung beider Zustände um 300%. In der betrieblichen Praxis ist eine solche „Leistungsexplosion" unwahrscheinlich. ■

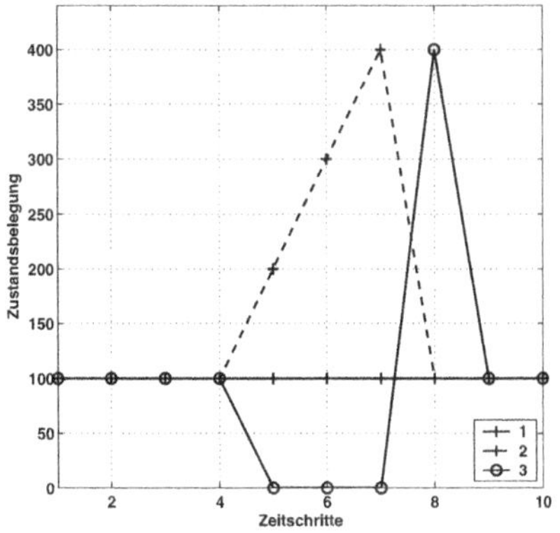

Abb. 4.23: „Leistungsexplosion" infolge steigender Bestände

Im unmodifizierten Basismodell bearbeitet eine Kapazitätseinheit k zwischen den Zeitpunkten $T-1$ und T

$$L_k^{real}(T) = n_k(T-1) \cdot (1 - p_{kk}(T)) \tag{4.21}$$

normierte Kapazitätsteile. Für alle Kapazitätsteile, die in T nicht im Zustand k verbleiben, gilt der Übertragungsfaktor $(1 - p_{kk}(T))$. Diese Kapazitätsteile müssen von der Kapazitätseinheit bearbeitet werden, ganz gleich, ob es sich bei den „bearbeiteten" Kapazitätsteilen um Ausschuss, Nacharbeit oder Gutteile handelt. Zwischen dem Bestand $n_k(T)$ vor einer Kapazitätseinheit k und der *Leistung der Kapazitätseinheit* im Systemtakt T besteht ein linearer Zusammenhang. Hieraus ließe sich schlussfolgern, dass die Leistung für unendlich große Bestände auch über alle Schranken wächst:

$$\lim_{n_k(T)\to\infty} L_k^{real}(T) = \infty.$$

Ein durch diesen Zusammenhang beschriebenes Systemverhalten ist in der Praxis offensichtlich undenkbar, da ein Produktionsbereich immer eine endliche Maximalkapazität und damit Leistung aufweist. Vor diesem Hintergrund ist das Basismodell geeignet zu erweitern.

Neben der Eigenschaft infiniter Zustandsleistung bildet das unmodifizierte Basismodell darüber hinaus auch bezüglich ggf. vorhandener Lagerrestriktionen reale Sachverhalte gestörter Produktions- und Logistiksysteme nur unzureichend ab. Abb. 4.23 zeigt einen Zustand 2, deren entsprechende Kapazitätseinheit fähig ist, bis zu 400 normierte Kapazitätsteile zu lagern. Dies entspricht einer Steigerung der Lagerkapazität um 300% gegenüber dem Normalbestand i. H. v. 100 Kapazitätsteilen im ungestörten Systembetrieb. In der betrieblichen Praxis ist in den meisten Fertigungen von einer begrenzten Lagerkapazität auszugehen. Dies ist insbesondere bei volumen- oder flächenintensiven Erzeugnisspektren oder bei speziellen (z. B. klimatischen) Anforderungen an die Lagerung der Fall. Eine Begrenzung der Lagerkapazitäten führt bei Überlastung der Lager zu einer Ausbreitung der Störungswirkungen upstream des gestörten Zustandes, mithin entgegen der Materialflussrichtung. Man bezeichnet diese Störungswirkung als *Blocking*[49]. Entsprechende Erweiterungen des Basismodells werden in Abschnitt 4.1.2.4 vorgenommen.

4.1.2.3 Kapazität und Leistung von Kapazitätseinheiten unter Störeinfluss

Mit der Charakterisierung des Modellsystems und der Darstellung des Verhaltens mehrstufiger Produktionsprozesse sind bereits mehrfach die Begriffe Kapazität und Leistung eines Systemelements (einer Kapazitätseinheit) verwendet worden. Beide Begriffe sind voneinander abzugrenzen.

„*Kapazität* ist das Leistungsvermögen einer wirtschaftlichen oder technischen Einheit – beliebiger Art, Größe und Struktur – in einem Zeitabschnitt."[50] Wirtschaftliche oder technische Einheiten sind Produktionspotenziale[51]. Als produktive Einheiten, auf die in räumlicher Hinsicht die Kapazitätsmessung bezogen wird, kommen im Rahmen der in dieser Arbeit diskutierten Probleme Fertigungs- oder Dienstleistungsbetriebe, Maschinen und Maschinengruppen, Lagereinrichtungen oder Einzelarbeitsplätze in Betracht. Im Sinne produktionstheoretischer Betrachtungen handelt es sich dabei immer um Kombinationen der Potenzialfaktoren Betriebsmittel und Arbeitskraft. Das qualitative Leistungsvermögen eines Produktionspotenzials wird durch die *qualitative Kapazität* beschrieben[52]. Dabei wird auf die Eigenschaften eines Potenzialfaktors rekurriert[53]. Die *quantitative Kapazität* stellt auf das mengenbezogene Leistungsvermögen ab. Sie kann durch die Ausbringungsmenge (hier beschrieben durch normierte Kapazitätsteile) je Zeiteinheit (je Systemtakt) gemessen werden. Die quantitative Kapazität wird durch die *Dimensionen* Kapa-

[49] Mit *Blocking* upstream gelegener Kapazitätseinheiten ist immer auch *Starving*, also eine Unterdeckung geplanter Bestände und Bedarfe in downstream gelegenen Niveaustufen verbunden. *Starving*, die Unterauslastung downstream des gestörten Zustandes, kann mit dem unmodifizierten Basismodell abgebildet werden.

[50] Kern 1962, S. 27, Hervorhebung durch den Verfasser. Vgl. auch Seicht 1994, S. 332, Liesegang 2000, S. 424.

[51] Im Modellsystem werden sie als Kapazitätseinheiten bezeichnet. Kapazitätseinheiten werden durch einen oder mehrere Zustände beschrieben.

[52] Zur Unterscheidung in qualitative und quantitative Kapazität vgl. auch Hoitsch 1993, S. 94 ff.

[53] Die Qualität der abgegebenen Leistung wird beispielsweise durch die Maßgenauigkeit, die Haltbarkeit und Umweltverträglichkeit sowie allgemein durch die Breite der Einsatzmöglichkeiten (Flexibilität, Elastizität, Mobilität) beschrieben.

zitätsquerschnitt, also die Anzahl der parallel eingesetzten Produktionsfaktoren[54], Einsatzzeit und Produktionsintensität bestimmt[55]. Die *Produktionsintensität* (kurz Intensität) beschreibt den *Leistungsgrad* im Sinne einer Produktionsgeschwindigkeit (Output je Zeiteinheit)[56].

Von Kapazität im Sinne eines Leistungsvermögens ist die *tatsächlich realisierte Leistungsabgabe* (kurz die *Leistung*) eines Produktionspotenzials zu unterscheiden[57]. Leistung ist die tatsächlich nutzbar gemachte und verbrauchte, also in Anspruch genommene Kapazität je Zeiteinheit[58]. Leistung konkretisiert sich am Aufeinandertreffen von Kapazitätsangebot und -nachfrage. Die verfügbare, maximale Kapazität von Produktionspotenzialen stellt eine langfristig beeinflussbare Größe dar. Die Kapazitätsdimensionierung bestimmt dauerhaft die Kapitalbindung, aus der für kurzfristige Analysen beschäftigungsunabhängige (fixe) Kosten abgeleitet werden. Kurzfristig kann jedoch auf störungsbedingte Beschäftigungsveränderungen durch Variation der tatsächlich realisierten Leistungsabgabe reagiert werden. Es ist ein Problem der *Anpassungsplanung*, durch Leistungsvariation auf unterschiedliche, sich kurzfristig einstellende Beschäftigungslagen zu reagieren und Aufgabe der Kostenrechnung, geeignete Informationen zur Verfügung zu stellen, die eine optimale unternehmerische Reaktion ermöglichen[59]. Störungsbedingt entstehen im Untersuchungsbereich wechselnde Engpässe (hier gemessen in Beständen an normierten Kapazitätsteilen). Ziel der Anpassungsplanung ist es, bereits in der Planungsphase in typischen Störsituationen zu erwartende Engpässe zu erkennen und durch gezielte Gestaltung von Systemreserven diesen zu begegnen (antizipierendes Störungsmanagement). Parallel zum laufenden Wertschöpfungsprozess können durch die kurzfristige Prognose von Störungswirkungen wechselnde Engpässe ebenfalls erkannt und durch kompensierende Maßnahmen Kapazitätsbelastungsspitzen abgetragen werden.

Die im Modellsystem vorgenommene Darstellung von Kapazitätsbedarf und -angebot erleichtert die *Kapazitätsmessung* wesentlich. Im allgemeinen Fall der mehrstufigen Mehrproduktfertigung muss eine gemeinsame Maßeinheit für die Kapazitäts- und Leistungsbestimmung der Produktionspotenziale gefunden werden. Auf der Grundlage einer Normzeitdauer kann eine eindeutige Beziehung zur technischen Leistungsfähigkeit von Aggregaten oder Aggregategruppen hergestellt werden. Die Organisationsform der im Modellsystem dargestellten Kapazitätseinheiten wird dabei berücksichtigt[60]. Für die hier untersuchten kurzfristigen Prognosen des Systemverhaltens kann ein relativ konstanter Auftragsmix (Kapazitätsnachfrage) angenommen werden. Erfahrungswerte oder Ergebnisse von Simulationsstudien können zudem dazu verwendet werden,

---

[54] Der Kapazitätsquerschnitt ergibt sich aus der in einer Produktiveinheit vorhandenen Anzahl der im Bezugszeitraum bereitstehenden Anlagen (effektive Anlagenkapazität) bzw. aus der Anzahl der in einer Produktiveinheit eingesetzten Arbeitskräfte (effektive Personalkapazität), vgl. Corsten 2004, S. 12.

[55] Zur grafischen Veranschaulichung dieses Zusammenhangs vgl. Kern 1962, S. 135 und Abschnitt 3.3.2.2.

[56] Vgl. Corsten 2004, S. 84.

[57] Vgl. Liesegang 2000, S. 425 und S. 427, Dellmann 1996, Sp. 60 f.

[58] Seicht (1994, S. 333) sieht Kapazität als „hypothetische Beschäftigungsmöglichkeit" eines Potenzialfaktors und definiert *Leistung* als das mengenmäßige Hervorbringen von Output in einem Zeitabschnitt und bezieht sich damit auf Leistung als produktiv genutzte Beschäftigung im Sinne zeitlich genutzter Kapazität. Potenzialfaktoren verkörpern einen zur Leistungsabgabe im Zeitablauf verfügbaren *Nutzungsvorrat*, vgl. Corsten 2004, S. 11. Zu Kosteneffekten vgl. Steven 1996, Sp. 879 f.

[59] Vgl. Liesegang 2000, S. 425.

[60] Vgl. hierzu die Ausführungen in Abschnitt 3.3.2.2.

Durchschnittssätze für umrüstbedingte Kapazitätseinbußen sowie für planmäßige Wartungs- und Instandhaltungsmaßnahmen zu ermitteln.

Die quantitative Kapazität wird in drei Formen unterschieden[61]:

- *Maximalkapazität*: Die Maximalkapazität beschreibt ein technisch nicht überschreitbares Leistungsvermögen. Sie ist erreicht, wenn ein Produktionspotenzial mit maximaler Intensität und maximalem Kapazitätsquerschnitt ununterbrochen während einer Zeiteinheit arbeitet. Die maximale Leistungsfähigkeit geht zumeist mit erhöhtem Aufwand infolge einer übermäßigen Beanspruchung von Potenzialfaktoren einher.
- *Minimalkapazität*: Die Minimalkapazität ist die für die Funktionsfähigkeit eines Produktionspotenzials notwendige oder aus ökonomischen Betrachtungen heraus erforderliche Mindestleistung.
- *Optimalkapazität*: Die Optimalkapazität bezeichnet das wirtschaftlich-technisch optimale Leistungsvermögen. Sie ist mit der Leistung eines Produktionspotenzials und damit mit der Ausbringungsmenge je Zeiteinheit verbunden, bei der die Stückkosten ihr Minimum aufweisen[62]. Wird von einer der Optimalkapazität entsprechenden *optimalen Intensität* (dem optimalen Leistungsgrad) abgewichen, so ist mit erhöhten variablen Produktionskosten je Systemtakt zu rechnen. Die Optimalkapazität kann einer *Optimalleistung* entsprechen.

Unter dem Begriff der *Normalkapazität* wird in dieser Arbeit ein Leistungsvermögen verstanden, welches in einer Produktiveinheit ohne Anpassungsmaßnahmen dauerhaft nutzbar ist[63]. Die Normalkapazität kann von der Optimalkapazität abweichen. Im Allgemeinen ist sie jedoch geringer als die Maximalkapazität, da bei Realisierung der technisch-technologischen Maximalkapazität eines Produktionspotenzials selbst Störungen geringer Tragweite nicht mehr durch Anpassung bewältigt werden können. Der geplante (ungestörte) Systemzustand ist durch einen *Kapazitätsauslastungsgrad* von Eins gekennzeichnet; die verfügbare Kapazität der Produktionspotenziale (Kapazitätsangebot) ist mit dem Kapazitätsbedarf (Kapazitätsnachfrage) abgestimmt.

4.1.2.4 Erweiterungen und Modifikationen des Basismodells

4.1.2.4.1 Begrenzung der Leistung einer Niveaustufe

Die Beziehung (4.21) hat bereits gezeigt, dass sich die Leistung einer Kapazitätseinheit proportional zum Bestand $n_k(T-1)$ verhält. Um eine Begrenzung der Leistung eines Zustands zu modellieren, muss die Leistung in jedem Zeitschritt vor Anwendung der Grundgleichung (4.12) vom Bestand $n_k(T-1)$ unabhängig ermittelt werden. Modelltechnisch folgt eine Umbesetzung der Systemübergangsmatrix für jeden Zeitschritt[64].

---

[61] Vgl. u. a. Betge 1996, Sp. 855 f., Steven 1996, Sp. 874, Liesegang 2000, S. 427 f., Corsten 2004, S. 13.

[62] Kostenbetrachtungen im Kontext des Verhaltens gestörter Produktionssysteme folgen in Abschnitt 4.2.2, insbesondere in Abschnitt 4.2.2.4. Es werden konvexe, u-förmige leistungsabhängige Kostenfunktionen unterstellt.

[63] Vgl. hierzu Abschnitt 4.1.2.4.3.

[64] Vgl. hier und in Folge Hild/Fischäder 2005, S. 30 ff.

Ein Ansatz für die *Normierung* ergibt sich aus der Auflösung der Gleichung (4.21) nach p_{kk}:

$$p_{kk}(T) = 1 - \frac{L_k^{real}(T)}{n_k(T-1)}. \tag{4.22}$$

Setzt man für $L_k^{real}(T)$ die Maximalkapazität $L_k^{use.max}(T)$ ein, so kann die tatsächliche Leistung eines Produktionsbereiches k auf diese Größe beschränkt werden. $L_k^{use.max}(T)$ entspreche der Einlastung $R(T) = R = const.$ Sie ist mit der Belastung des Produktionssystems (Kapazitätsnachfrage) abgeglichen, korrigiert um eine ggf. wirkende Störung durch Kapazitätsreduktion[65]:

$$L_k^{use.max}(T) = R - R \cdot p_{kk}^{dist}(T) = R \cdot (1 - p_{kk}^{dist}(T)), \tag{4.23}$$

wobei p_{kk}^{dist} das hauptdiagonale Element in Zeile und Spalte k der Störübergangsmatrix $\underline{P}^{dist}(T)$ repräsentiert.

Da die Leistung sowohl eine Eigenschaft einer Kapazitätseinheit selbst ist als auch von einer hinreichenden Verfügbarkeit von (Eingangs-)Beständen abhängig ist, ergibt sich für die nutzbare Kapazität $L_k^{use}(T)$ die Beziehung (4.24):

$$L_k^{use}(T) = min\,[L_k^{use.max}(T);\ n_k(T-1)] = min\left[R \cdot (1 - p_{kk}^{dist}(T));\ n_k(T-1)\right]. \tag{4.24}$$

Wird nun $L_k^{use}(T)$ aus Gleichung (4.24) in Gleichung (4.22) eingesetzt, so kann eine Begrenzung der tatsächlichen dem Zustand k zugeordneten Leistung auf $L_k^{use}(T)$ erfolgen:

$$\tilde{p}_{kk}(T) = 1 - \frac{L_k^{use}(T)}{n_k(T-1)}, \tag{4.25}$$

mit $\tilde{p}_{kk}(T)$ als normiertem Übertragungsfaktor des verbleibenden Bestandes in Takt T.

Um auch die von Zustand k ausgehenden Ströme normierter Kapazitätsteile entsprechend der Zustandsleistung anzupassen, sind alle weiteren Übertragungsfaktoren $\tilde{p}_{kj} (j \neq k)$ zu normieren. Dabei wird die Differenz zwischen p_{kk} und $\tilde{p}_{kk}$ entsprechend dem Anteil der einzelnen Übertragungsfaktoren an der Summe abgehender Ströme aufgeteilt:

$$\tilde{p}_{kj} = p_{kj} + \frac{p_{kj}}{1 - p_{kk}} \cdot (p_{kk} - \tilde{p}_{kk}),\ j \neq k. \tag{4.26}$$

Die Summe über alle von Zustand k abgehenden Ströme ergibt sich zu $n_k(T-1) \cdot (1 - p_{kk})$, der durch p_{kj} bestimmte Strom ist $n_k(T-1) \cdot p_{kj}$. Aus dem Anteil des Stromes von k nach j folgt somit der Vorfaktor der Differenz $(p_{kk} - \tilde{p}_{kk})$ im zweiten Term der rechten Seite von (4.26). Dieser zweite Summand stellt die Veränderung des Übertragungsfaktors p_{kj} dar; diese Modifikation wird dem ursprünglichen Übertragungsfaktor hinzugerechnet. Aus der Addition folgt der normierte Übertragungsfaktor $\tilde{p}_{kj}$.

[65] Vgl. Abschnitt 4.1.2.1.3.

Gleichung (4.26) lässt sich durch Umstellen vereinfachen; man erhält die kürzere Form (4.27):

$$\tilde{p}_{kj} = p_{kj} \cdot \frac{1 - \tilde{p}_{kk}}{1 - p_{kk}}, \ j \neq k. \tag{4.27}$$

Durch das dargestellte Vorgehen erfolgt implizit eine Normierung des Stromes von Kapazitätsteilen, welche von Zustand k aus das System verlassen und somit einen Gutteile- oder Ausschussteilestrom darstellen. Ist eine explizite Berechnung dieses Stromes erforderlich, so kann der entsprechende Übertragungsfaktor p_{k0} ebenfalls mit (4.27) normiert werden. Der Übertragungsfaktor p_{k0} folgt aus der Differenz zwischen der Zeilensumme der k-ten Zeile und 1:

$$p_{k0} = 1 - \sum_{i=1}^{m} p_{ki}. \tag{4.28}$$

Alternativ zur Durchführung der Normierung nach Gleichung (4.27) kann auch eine Berechnung unter Verwendung von (4.28) erfolgen, wenn alle anderen $\tilde{p}_{kj}$, $j = 1, 2, ..., m$, bestimmt wurden.

Die Begrenzung der tatsächlichen Zustandsleistung erfolgt für jeden Zeitschritt in den drei nachfolgend dargestellten Schritten, die jeweils vor der Anwendung der Grundgleichen (4.12) abgearbeitet werden. Der *Normierungsalgorithmus* hat die angegebene Schrittfolge:

1. Die nutzbare Leistung $L_k^{use}(T)$ wird gemäß der Gleichungen (4.23) und (4.24) bestimmt.
2. Der normierte Übertragungsfaktor $\tilde{p}_{kk}$ wird der Gleichung (4.25) folgend errechnet.
3. Alle übrigen Übertragungsfaktoren werden mittels Beziehung (4.27) normiert, so dass man die normierte Übertragungsmatrix $\underline{\tilde{P}}(T)$ erhält.

Nach erfolgter Normierung der Übertragungsfaktoren kann die Grundgleichung (4.12) angewendet werden, wobei anstelle des Operators $\underline{P}(T)$ die Matrix $\underline{\tilde{P}}(T)$ genutzt wird:

$$\underline{n}(T+1) = \underline{n}(T) \cdot \underline{\tilde{P}}(T) + R(T+1) \cdot \underline{p}_0. \tag{4.29}$$

Die in Beziehung (4.23) vorgenommene Begrenzung der Zustandsleistung auf die Einlastung $R(T)$ ist problematisch. Die Kapazitätsnachfrage und damit die Einlastung von Aufträgen in das Produktionssystem ist nicht notwendigerweise zeitkonstant. Wird jedoch auf die Einlastung normiert, so muss $R(T) = R = const.$ gelten. Darüber hinaus erfolgt die Einlastung nicht zustandsspezifisch. In der Praxis existieren oft Produktionspotenziale unterschiedlicher Leistungsfähigkeit (also Kapazität) in einem System. Dies gilt auch und insbesondere im Fall partiell nebenläufiger Prozessstrukturen, also für Parallelsegmente in Produktions- und Liefernetzwerken. Unterschiedliche Kapazitäten von Produktionsbereichen sind jedoch bei Normierung auf die Einlastung nicht abzubilden. Im Abschnitt 4.1.2.4.2 wird die angedeutete Problematik durch die Einführung niveaustufeninhärenter Kapazitätsreserven behoben.

Beispiel 4.9:

Das Beispiel 4.4 aufgreifend, soll die Wirkung des vorgestellten Ansatzes zur Normierung der Leistung eines Zustandes verdeutlicht werden. Die Simulation des betrachteten Systems erfolgt mit identischen Parametern und Matrizen. Der oben beschriebene Normierungsalgorithmus wird angewendet. Die Bestände in den einzelnen Kapazitätseinheiten entwickeln sich wie in Abb. 4.24 dargestellt.

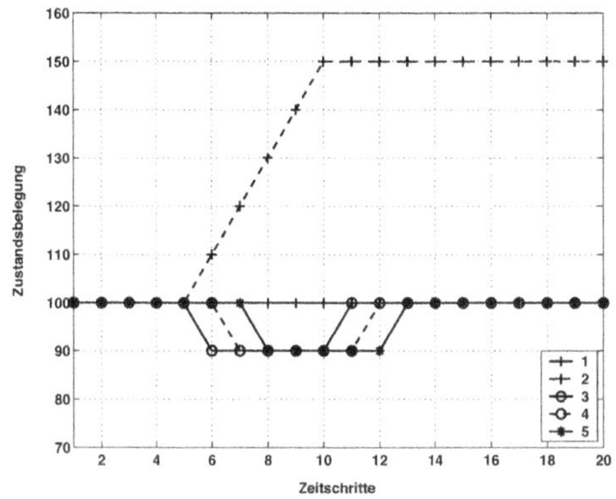

Abb. 4.24: Auswirkung der Leistungsnormierung

Wie zu erkennen ist, wurde die Leistung von Zustand 2 auf 100 normierte Kapazitätsteile festgesetzt. Bei einer wiederholten Einlastung von 100 Kapazitätsteilen über den Systemeingang kann Zustand 2 den durch die Störung verursachten Bestand nicht abbauen[66].

Die zeitliche Entwicklung der normierten Übergangsmatrix $\underline{\tilde{P}}(T)$ über die Systemtakte $6 \leq T \leq 10$ hinweg soll zur weiteren Verdeutlichung der Zusammenhänge dargestellt werden. Aus Gründen einer besseren Übersicht wird jeweils nur die zweite Zeile der Matrix auf zwei Nachkommastellen gerundet angegeben. Alle übrigen Zeilen verändern sich im Zeitablauf nicht.

$$\underline{\tilde{P}}_{2,:}(6) = (0 \quad 0{,}18 \quad 0{,}82 \quad 0 \quad 0)$$
$$\underline{\tilde{P}}_{2,:}(7) = (0 \quad 0{,}25 \quad 0{,}75 \quad 0 \quad 0)$$
$$\underline{\tilde{P}}_{2,:}(8) = (0 \quad 0{,}31 \quad 0{,}69 \quad 0 \quad 0)$$
$$\underline{\tilde{P}}_{2,:}(9) = (0 \quad 0{,}36 \quad 0{,}64 \quad 0 \quad 0)$$
$$\underline{\tilde{P}}_{2,:}(10) = (0 \quad 0{,}33 \quad 0{,}37 \quad 0 \quad 0)$$

Für die Zeitschritte $T > 10$ wird $\underline{\tilde{P}}(T)$ seine Gestalt nicht verändern, da dann der Zustrom in Zustand 2 exakt der Leistung dieser Kapazitätseinheit entspricht und beide Größen konstant bleiben. Man erkennt, wie durch den Normierungsalgorithmus bei steigenden Beständen (also mit fortschreitender Systemzeit) der Übertragungsfaktor $\tilde{p}_{23}$ sinkt und parallel dazu der den in 2 verbleibenden Bestand bestimmende Faktor $\tilde{p}_{22}$ im gleichen Maße wächst. Die gegenläufige Veränderung der Übergangsmatrix in $T = 10$ resultiert aus dem Ende der Störung. Da sowohl im Störfall wie auch im ungestörten System kein Ausschuss anfällt, beträgt die Zeilensumme stets Eins. ■

[66] Vgl. jedoch Abb. 4.15 in Abschnitt 4.1.2.1.3.

Beispiel 4.10:

Eine dem Beispiel 4.9 analoge Entwicklung der Bestände in den Zuständen kann auch gezeigt werden, wenn Beispiel 4.7 unter Ansatz der Normierung neu berechnet wird (vgl. Abb. 4.25).

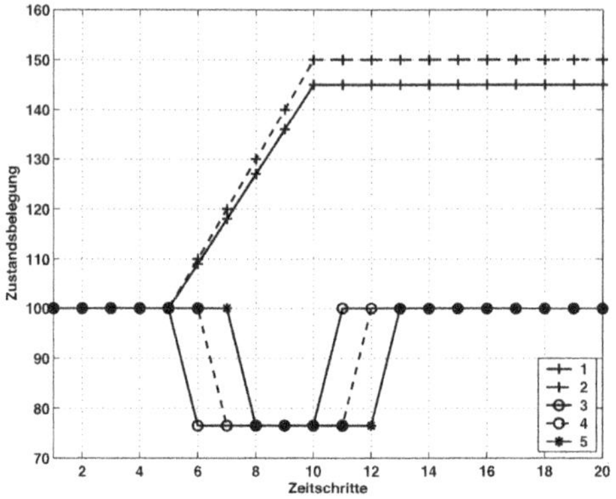

Abb. 4.25: Leistungsnormierung im Fall kombinierter Störungen

Für dieses Beispiel sollen ebenfalls die ersten beiden Zeilen der normierten Übergangsmatrix $\underline{\tilde{P}}(T)$ im Zeitablauf betrachtet werden:

$$\underline{\tilde{P}}_{12,:}(6) = \begin{pmatrix} 0{,}0826 & 0{,}9174 & 0 & 0 & 0 \\ 0{,}0818 & 0{,}1818 & 0{,}6955 & 0 & 0 \end{pmatrix}$$

$$\underline{\tilde{P}}_{12,:}(7) = \begin{pmatrix} 0{,}1525 & 0{,}8475 & 0 & 0 & 0 \\ 0{,}0750 & 0{,}2500 & 0{,}6375 & 0 & 0 \end{pmatrix}$$

$$\underline{\tilde{P}}_{12,:}(8) = \begin{pmatrix} 0{,}2126 & 0{,}7874 & 0 & 0 & 0 \\ 0{,}0692 & 0{,}3077 & 0{,}5885 & 0 & 0 \end{pmatrix}$$

$$\underline{\tilde{P}}_{12,:}(9) = \begin{pmatrix} 0{,}2647 & 0{,}7353 & 0 & 0 & 0 \\ 0{,}0643 & 0{,}3571 & 0{,}5464 & 0 & 0 \end{pmatrix}$$

$$\underline{\tilde{P}}_{12,:}(10) = \begin{pmatrix} 0{,}3103 & 0{,}6897 & 0 & 0 & 0 \\ 0 & 0{,}3333 & 0{,}6667 & 0 & 0 \end{pmatrix}$$

Für $T \geq 10$ bleibt der Operator $\underline{\tilde{P}}(T)$ konstant.

Im oben dargestellten Verlauf der Entwicklung von $\underline{\tilde{P}}(T)$ ist erkennbar, dass aufgrund der Nacharbeit in Bereich 1 eine Normierung in beiden Zuständen 1 und 2 erfolgen muss, um eine „Leistungsexplosion" der Kapazitätseinheiten zu verhindern. In beiden Zuständen steigen die Bestände störungsbedingt über das Normalniveau von 100 normierten Kapazitätsteilen. ■

Aus der dargestellten Vorgehensweise zur Begrenzung der Leistung eines Zustandes und insbesondere aus Abb. 4.24 und Abb. 4.25 wird ersichtlich, dass dem betrachteten System jede Möglichkeit der „Selbsterholung" nach der Störeinwirkung genommen ist. Durch die Leistungsbegrenzung auf das exakte Maß der Einlastung $R(T) = R = const.$ sind keinerlei Kapazitäts- bzw. Leistungsreserven in den einzelnen Niveaustufen vorhanden.

Die systembildende Koordination, deren Aufgabe die antizipativ systemstabilisierende Gestaltung von Produktions- und Logistiksystemen ist, muss immer auch systeminhärente Flexibilität i. S. v. *Varietätspotenzialen* vorsehen. Nur solche Potenziale – hier niveaustufenspezifische Kapazitätsreserven – sichern die Lenkungsfähigkeit eines Systems in einem projektierten Stabilitätsbereich, indem Störungswirkungen in gewissem Ausmaß unmittelbar kompensiert werden. Situativ systemkoppelnde (störungsbezogene) Koordination hat dann darüber hinausgehend die Konfiguration von Anpassungsmaßnahmen zum Gegenstand. In praktischen Anschauungsbereichen kann davon ausgegangen werden, dass jedes Produktions- und Logistiksystem über systeminhärente Kapazitätsreserven verfügt, um häufig auftretende Störungen kleiner Tragweite niveaustufenintern und ohne zentral geplante Anpassungsmaßnahmen abwehren bzw. bewältigen zu können. Im betrieblichen Alltag treten ständig eine Vielzahl kleiner Störungen auf[67], auf die die unmittelbar betroffenen Produktionsbereiche reagieren müssen, ohne dass systemweit Anpassungsmaßnahmen abzustimmen sind. Ist kein systeminhärentes Varietätspotenzial vorhanden, werden alle Niveaustufen mit maximal möglicher Leistung betrieben, führen bereits geringe Störeinflüsse zu einem Zusammenbruch der Funktionsfähigkeit des Systems[68]. Die *Maximalkapazität* eines Bereiches k muss also größer als die Einlastung $R(T) = R = const.$ sein; im ungestörten Zustand muss das System auf die *Optimalkapazität* ausgelegt sein. Diese Optimalkapazität ist mit der Belastung des Produktionssystems (Kapazitätsnachfrage) $R(T) = R = const.$ abgeglichen. Der folgende Abschnitt beschreibt die Erweiterung des Basismodells um die Modellierung systeminhärenter, niveaustufenspezifischer Kapazitätsreserven.

4.1.2.4.2 Niveaustufenspezifische Kapazitätsreserven

Die Festlegung systeminhärenter Kapazitätsreserven ist eine Problemstellung des antizipativen Störungsmanagements[69]. Solche Systemreserven finden meist dadurch Berücksichtigung, dass die Niveaustufen eines Produktionssystems mit geringerer Kapazität als technisch möglich betrieben werden. Die *Normalkapazität* liegt somit unter der Maximalkapazität.

Im Dispositionsbereich der jeweiligen Niveaustufe nutzbare systeminhärente Kapazitätsreserven, die ohne zusätzliche, zentral und netzwerkweit zu planende Anpassungsmaßnahmen in der Verfügungsgewalt der Kapazitätseinheiten liegen, finden im bisher beschriebenen Basismodell keine Berücksichtigung. Das Modell ist um zustandsspezifische Kapazitätsreserven zu erweitern.

Die Erweiterung des Basismodells um Kapazitätsreserven lässt sich leicht über eine Modifikation der Normierungsgleichung erreichen. Anstatt wie im bislang beschriebenen Vorgehen die maximal nutzbare Kapazität des Bereiches k, also $L_k^{use.max}(T)$, aus der Einlastung $R(T) = R = const.$

[67] Als solche kommen Werkzeugbrüche bzw. -wechsel, kurze störungsbedingte Wartezeiten in Fertigungsbereichen, stochastisch schwankende Zeitpunkte des Materialeingangs etc. in Betracht.

[68] Vgl. u. a. Baetge 1974, S. 95, Malik 1992, S. 115 ff. In der Organisationstheorie wird in diesem Zusammenhang von der Notwendigkeit eines „Organizational Slack" gesprochen. Vgl. hierzu für viele Kieser/Kubicek 1992, S. 102 ff.

[69] Vgl. hierzu die entsprechenden Ausführungen in Abschnitt 2.2.2.2.

zu bestimmen, wird eine zeitkonstante *Normalkapazität* L_k^{norm} eingeführt und dem Zustand k zugeordnet.

Die Normalkapazität ist nicht mit der technisch-technologisch determinierten Maximalkapazität eines Produktionspotenzials k identisch; sie ist kleiner als diese Maximalkapazität und kann nur im Ausnahmefall, beispielsweise bei störungsbedingter Anpassung in k, den gleichen Wert annehmen. Je stärker sich die Auslastung eines Zustands der Maximalkapazität nähert, desto weniger Reaktionspotenzial kann im Störfall aufgebracht werden. Selbst kleine Störungen verursachen dann einen „Deadlock“ des Gesamtsystems. Die Normalkapazität wird so gewählt, dass sie eine *praktisch erreichbare* Kapazität widerspiegelt. Im ungestörten Systembetrieb entspricht die Normal- der Optimalkapazität.

Die im vorangegangenen Abschnitt identifizierten Probleme der Begrenzung der tatsächlichen Leistung einer Kapazitätseinheit werden überwunden, wenn die Normalkapazität zustandsspezifisch und zeitkonstant festgelegt wird. Dazu sind die in Abschnitt 4.1.2.4.1 eingeführten Beziehungen zur Normierung leicht zu verändern. Anstelle Gleichung (4.23) wird mit Einführung der Normalkapazität L_k^{norm} geschrieben:

$$L_k^{use.max}(T) = L_k^{norm} - L_k^{norm} \cdot p_{kk}^{dist}(T) = L_k^{norm} \cdot (1 - p_{kk}^{dist}(T)). \tag{4.30}$$

Entsprechend verändert sich die Beziehung (4.24):

$$L_k^{use}(T) = min[L_k^{use.max}(T);\ n_k(T-1)] = min[L_k^{norm} \cdot (1 - p_{kk}^{dist}(T));\ n_k(T-1)]. \tag{4.31}$$

Für die Normierung des Hauptdiagonalelements wird unverändert Gleichung (4.25) angewendet, wobei jedoch ein verändertes $L_k^{use}(T)$ eingesetzt wird:

$$\tilde{p}_{kk}(T) = 1 - \frac{L_k^{use}(T)}{n_k(T-1)} = 1 - \frac{min[L_k^{norm} \cdot (1 - p_{kk}^{dist}(T));\ n_k(T-1)]}{n_k(T-1)}. \tag{4.32}$$

Weiter gilt Beziehung (4.27) für die Normierung der verbleibenden Übertragungsfaktoren

$$\tilde{p}_{kj} = p_{kj} \cdot \frac{1 - \tilde{p}_{kk}}{1 - p_{kk}},\ j \neq k.$$

Niveaustufeninhärente Kapazitätsreserven sind im betrachteten Zustand dann vorhanden, wenn eine Kapazitätseinheit über mehr Kapazität verfügt, als im ungestörten Systembetrieb erforderlich ist. Eine Kapazitätseinheit hat dann im Störfall die Möglichkeit, im Systemtakt beispielsweise die Einsatzdauer oder Intensität vorhandener Anlagen zu steigern oder Reserveaggregate zuzuschalten. Bei zeitkonstanter Einlastung, es gilt $R(T) = R = const.$, lässt sich diese erforderliche Kapazität eines Zustands gemäß Gleichung (4.33) rekursiv bestimmen:

$$L_k^{req} = \sum_{i=1}^{k-1} L_i^{req} \cdot p_{ik}, \tag{4.33}$$

wobei für den ersten Zustand gilt:

$$L_1^{req} = R. \tag{4.34}$$

Die Zusammenhänge gelten für den Einlastungsvektor $\underline{p}_0 = (1 \ 0 \ \dots \ 0)$ und topologisch sortierbare Systeme[70].

Beispiel 4.11:

Mit diesem Beispiel soll die Wirkung von Kapazitätsreserven anhand der kombinierten Störung aus Beispiel 4.7 demonstriert werden. Es wird $L_1^{norm} = L_2^{norm} = L_3^{norm} = L_4^{norm} = L_5^{norm} = 105\ nKT$ festgelegt. Damit verfügen alle Zustände im Beispielsystem über eine Kapazitätsreserve von 5% gegenüber ihren benötigten Kapazitäten. Alle Produktionsbereiche können, Bestand in entsprechendem Umfang vorausgesetzt, bis zu 105 normierte Kapazitätsteile je Systemtakt bearbeiten. Zustand 2 weise störungsbedingt eine Verengung des Kapazitätsquerschnitts von 10% bezogen auf die Normalkapazität auf (Kapazitätsreduktion); die mit der verbleibenden Kapazität durchgesetzten Produkte sind zu 5% Ausschuss und benötigen zu 10% Nacharbeit in Zustand 1. Die Abb. 4.26 zeigt die Entwicklung der Bestände.

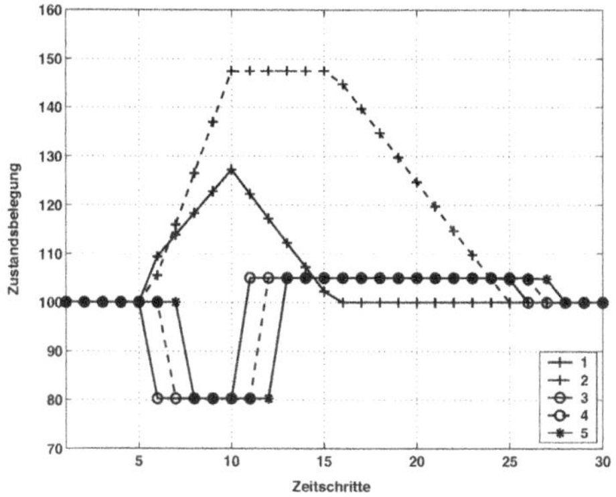

Abb. 4.26: Leistungsnormierung und Kapazitätsreserve

Vergleicht man Abb. 4.26 mit Abb. 4.25, so weisen die Zustände 1 und 2 geringere Maximalbestände auf. Das System erholt sich nach Ende der Störung, d. h. in einem hinreichend langen Zeitraum kehrt es in seinen Anfangszustand (ungestörten Systemzustand) zurück. Auffällig sind die Zeitverzögerungen bei der Erholung einzelner Zustände; der Bestand in Zustand 2 beginnt erst zu sinken, nachdem der Bestand in Zustand 1 wieder auf das Niveau der Ausgangssituation zurückgefallen ist. Die Erklärung ist die folgende: Zustand 1 liefert an Zustand 2 105 Kapazitätsteile, solange Zustand 1 einen Bestand $n_1 \geq 105$ aufweist. Erst nachdem der Bestand von Zustand 1 wieder das Niveau $100 \leq n_1 \leq 105$ erreicht hat, kann Zustand 2 seine Kapazitätsreserve zur Reduktion des Bestandes n_2 verwenden. Die entsprechend der Materialflussrichtung

[70] Zur Bedingung topologischer Sortierbarkeit siehe auch Anlage B.

downstream folgenden Zustände 3, 4 und 5 weisen solange erhöhte Bestände auf, wie sie von Zustand 2 erhöhte Lieferungen empfangen. Aus diesem Grund ist, in Abweichung zu vorangegangenen Beispielen, in Abb. 4.26 die Zeitachse bis zum Zeitpunkt 30 gezeichnet.

Die Entwicklung des Systemübergangsoperators $\underline{\tilde{P}}(T)$ sei über den Zeitraum $5 \leq T \leq 10$ angegeben, da sich hier deutliche Unterschiede zu Beispiel 4.10 ergeben:

$$\underline{\tilde{P}}_{12,:}(5) = \begin{pmatrix} 0 & 1 & 0 & 0 & 0 \\ 0{,}0945 & 0{,}0550 & 0{,}8032 & 0 & 0 \end{pmatrix}$$

$$\underline{\tilde{P}}_{12,:}(6) = \begin{pmatrix} 0{,}0407 & 0{,}9593 & 0 & 0 & 0 \\ 0{,}0896 & 0{,}1043 & 0{,}7614 & 0 & 0 \end{pmatrix}$$

$$\underline{\tilde{P}}_{12,:}(7) = \begin{pmatrix} 0{,}0781 & 0{,}9219 & 0 & 0 & 0 \\ 0{,}0815 & 0{,}1853 & 0{,}6925 & 0 & 0 \end{pmatrix}$$

$$\underline{\tilde{P}}_{12,:}(8) = \begin{pmatrix} 0{,}1128 & 0{,}8872 & 0 & 0 & 0 \\ 0{,}0747 & 0{,}2530 & 0{,}6350 & 0 & 0 \end{pmatrix}$$

$$\underline{\tilde{P}}_{12,:}(9) = \begin{pmatrix} 0{,}1450 & 0{,}8550 & 0 & 0 & 0 \\ 0{,}0690 & 0{,}3102 & 0{,}5863 & 0 & 0 \end{pmatrix}$$

$$\underline{\tilde{P}}_{12,:}(10) = \begin{pmatrix} 0{,}1749 & 0{,}8251 & 0 & 0 & 0 \\ 0 & 0{,}2881 & 0{,}7119 & 0 & 0 \end{pmatrix}$$

Die Matrix $\underline{\tilde{P}}(T)$ entwickelt sich für nachfolgende Zeitschritte weiter. Zuerst kehren dabei die Elemente der ersten Zeile und anschließend die Elemente der zweiten Zeile bis Systemtakt $T = 25$ in den Ausgangszustand zurück. Der Ausgangszustand ist gekennzeichnet durch $\underline{\tilde{P}}(T) = \underline{P}^{sys}$.

Vergleicht man die Entwicklung mit den entsprechenden Angaben aus Beispiel 4.10, so sind die hauptdiagonalen Elemente kleiner, die super- und subdiagonalen Elemente dagegen größer. Durch das Ausnutzen der Kapazitätsreserve können also mehr normierte Kapazitätsteile bearbeitet werden; weniger Teile verbleiben im jeweiligen Zustand.

Interessant erscheint zudem, dass sich die Übergangsmatrix bereits für $T = 5$ ändert. Im Vergleich zur ursprünglich parametrierten Übergangsmatrix $\underline{P}(T)$ sind alle Übertragungsfaktoren bis auf das hauptdiagonale Element um 5% größer; dies entspricht einer um 5% höheren Leistung des Zustands. Diese Beobachtung geht einher mit der Vorgabe der Kapazitätsreserve. ■

Mit der Normalkapazität L_k^{norm} lässt sich ein weiteres Defizit des ursprünglich formulierten Basismodells beheben. Im unmodifizierten Ansatz weisen alle Niveaustufen die gleiche Kapazität bzw. Leistungsfähigkeit auf. In praktischen Produktions- und Logistiksystemen sind selten exakt aufeinander abgestimmte Kapazitätseinheiten anzutreffen. Durch die Festlegung unterschiedlicher L_k^{norm} können unterschiedliche Kapazitäten und somit auch Engpässe realer Produktionssysteme im Modell abgebildet werden.

Darüber hinaus gilt es, maximal zulässige Bestände in einer Kapazitätseinheit zu begrenzen. Eine entsprechende Erweiterung des Modells ist Gegenstand des Abschnitts 4.1.2.4.4.

4.1.2.4.3 Alternative Modellierung störungsbedingter Kapazitätsverluste

Es ist bereits erwähnt worden, dass mit der Modellierung kapazitätsreduzierender Störungen in der Übergangsmatrix einige Nachteile verbunden sind. Diese Art der Modellierung ist besonders dann kompliziert, wenn sich verschiedene Störungen überlagern. Beispiel 4.7 hat dies gezeigt.

In diesem Abschnitt soll ein deutlich vereinfachter Ansatz der Implementierung von Störungen in das Modellsystem vorgestellt werden, der auf der Betrachtung verschiedener Kapazitätsgrößen innerhalb der vorangegangenen Abschnitte beruht. Das Einbringen von Störungen kann damit sehr einfach durch die Subtraktion eines Kapazitätsverlustes $L_k^{dist}(T)$ von der Normalkapazität erfolgen. Dieses Vorgehen ist auch aus systemtheoretischer Sicht interessant: Eine Störung im Sinne einer Verringerung des Kapazitätsquerschnitts, also eine ausschließliche Kapazitätsreduktion, führt zu einem veränderten *Übertragungsverhalten* gestörter Kapazitätseinheiten; sie lässt die Strukturdeterminante *Kopplungsbeziehung* zwischen den Systemelementen (Kapazitätseinheiten, Produktionspotenziale) unverändert[71]. Qualitative Faktorbeeinträchtigungen (Ausschuss und Nacharbeit) wirken hingegen unmittelbar auf die Kopplungsbeziehungen und verändern somit die Struktur der Ströme normierter Kapazitätsteile im System. Mit der Modellierung von Kapazitätsreduktionen im Sinne quantitativer Faktorbeeinträchtigungen durch ein $L_k^{dist}(T)$ und von Qualitätsstörungen durch eine Störübergangsmatrix $\underline{P}^{dist}(T)$, werden die der Störung entsprechenden Strukturdeterminanten Übertragungsverhalten und Kopplungssituation zwischen den Systemelementen als Repräsentanten der untersuchten Störung im Modell modifiziert.

Die maximal nutzbare Kapazität wird gemäß nachfolgender Beziehung bestimmt:

$$L_k^{use.max}(T) = L_k^{norm} - L_k^{dist}(T). \tag{4.35}$$

Im Vergleich zur Gleichung (4.30) entfällt der Term für die in der Übergangsmatrix eingestellte Kapazitätsreduktion; die modellierte Störung reduziert unmittelbar die maximal nutzbare Kapazität.

Für die in Abhängigkeit der Bestandssituation tatsächlich nutzbare Kapazität resultiert:

$$L_k^{use}(T) = min[L_k^{use.max}(T);\ n_k(T-1)] = min[(L_k^{norm} - L_k^{dist}(T));\ n_k(T-1)]. \tag{4.36}$$

Die Höhe des Kapazitätsverlustes wird auf die Normalkapazität bezogen und mit Gleichung (4.37) sehr einfach bestimmt:

$$L_k^{dist}(T) = L_k^{norm} \cdot d_k^{cap}(T). \tag{4.37}$$

Gegenüber den Darstellungen in den Abschnitten 4.1.2.1.2 und 4.1.2.1.3 vereinfacht sich die Störparametrierung erheblich. Insbesondere in komplexeren Szenarien, bei simultanem Auftreten von Ausschuss und Nacharbeit sowie einer Kapazitätsreduktion, kann auf die in Beispiel 4.7 gezeigte

[71] Vgl. zur systemtheoretischen Einordnung des Modellierungsansatzes Abschnitt 3.2, vgl. weiter Hild/Fischäder 2005, S. 39.

Berechnung verzichtet werden. Eine in der Übergangsmatrix eingestellte Störung $d_{kj}^{scrap}(T)$ bzw. $d_{kj.r}^{rework}(T)$ führt in Kombination mit einer Kapazitätsreduktion $L_k^{dist}(T)$ direkt und ohne weitere Umrechnungen zu einem Ausschussanteil $d_{kj}^{scrap}(T)$ bzw. zu einem Nacharbeitsanteil $d_{kj.r}^{rework}(T)$ am Gesamtstrom der in Produktionsbereich k bearbeiteten normierten Kapazitätsteile.

4.1.2.4.4 Maximalbestände und Blocking

Für die Analyse des Störverhaltens zahlreicher praktischer Produktions- und Logistiksysteme ist eine Beschränkung maximal zulässiger Lagerbestände erforderlich. Das in Kapitel 3 vorgestellte Basismodell ermöglicht keine entsprechende Abbildung dieser Problematik. Eine Erweiterung der Modellierung hinsichtlich endlicher Maximalbestände ist notwendig; im konkreten Anwendungsfall kann das Modellsystem jedoch auch ohne Berücksichtigung von Bestandsrestriktionen verwendet werden.

Die Abbildung der Beschränkung der Lagerbestände erfordert ein mehrstufiges Vorgehen[72]. Erst nach Anwendung der Grundgleichung (4.12) für jeden Zeitschritt der Systementwicklung erfolgt die taktweise Bestimmung der Menge der Rücklieferung der über den Maximalbestand $\hat{\underline{n}}$ hinausgehenden Bestände. Ein organisatorisch bzw. technisch determinierter Maximalbestand $\hat{n}_k$ einer Niveaustufe k muss für jedes untersuchte praktische System ermittelt werden.

Nachfolgend ist die Vorgehensweise in einer 4-stufigen Schrittfolge dargelegt:

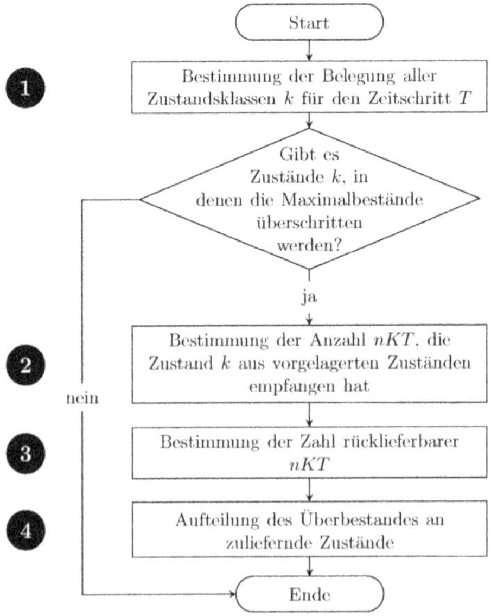

Abb. 4.27: Algorithmus für Maximalbestände und Blocking

[72] Vgl. Hild/Fischäder 2005, S. 40 ff.

In einem *ersten Schritt* wird das (modifizierte[73]) Basismodell auf den Systemtakt T angewendet. Dabei wird eine Matrix $\underline{S}(T)$ der Dimension $m \times m$ bestimmt, die alle Ströme normierter Kapazitätsteile des Übergangs von Zeitpunkt $T-1$ auf Zeitpunkt T enthält. Diese Matrix wird zeilenweise berechnet, wobei die k-te Zeile $\underline{S}_{k,:}(T)$ entsprechend Beziehung (4.38) bestimmt wird:

$$\underline{S}_{k,:}(T) = \underline{n}(T-1) \cdot \underline{P}_{k,:}(T). \tag{4.38}$$

Die k-te Zeile der Matrix $\underline{S}(T)$ ergibt sich aus dem Produkt des Bestandsvektors im Zeitpunkt $T-1$ und der k-ten Zeile der Übergangsmatrix[74]. In den folgenden Schritten wird für alle Zustände k geprüft, ob nach Anwendung der Grundgleichung ein Bestand größer $\hat{n}_k$ ermittelt wurde. Ist dies der Fall, so erfolgt eine Rücklieferung an die beliefernden Zustände.

Für den Fall einer Überschreitung der Maximalbestände erfolgt im *zweiten Schritt* die Bestimmung der Anzahl normierter Kapazitätsteile, die ein Zustand k aus vorgelagerten Zuständen insgesamt empfangen hat:

$$s_k^{input}(T) = \sum_{i=1}^{k-1} s_{ik}(T). \tag{4.39}$$

Es ist zu beachten, dass lediglich Eingangsströme aus Zuständen niedrigerer Nummerierung berücksichtigt werden, mithin das System der Bedingung topologischer Sortierbarkeit der Zustände genügen muss.

In einem *dritten Schritt* wird nun die Anzahl *rücklieferbarer Kapazitätsteile* $s_k^{back}(T)$ ermittelt. Rücklieferbare Kapazitätsteile sind ausschließlich solche, die von vorgelagerten Zuständen übertragen wurden. Für die Zahl dieser Kapazitätsteile kann geschrieben werden:

$$s_k^{back}(T) = min[(n_k(T) - \hat{n}_k);\ s_k^{input}(T)], \tag{4.40}$$

wobei die Differenz $n_k(T) - \hat{n}_k$ den überschüssigen Bestand im Sinne der Überschreitung des Maximalbestandes angibt.

Im *vierten Schritt* erfolgt die Bestimmung der Rücklieferung an die dem Zustand k zuliefernden Zustände j mit $j < k$. Jeder der zuliefernden Zustände erhält einen seinem Anteil an den rücklieferbaren Kapazitätsteilen des Zustandes k entsprechenden Anteil am überschüssigen Bestand. Dieser Anteil wird aus dem Quotienten der aus dem Zustand k erhaltenen normierten Kapazitätsteile und den gesamten eingegangenen normierten Kapazitätsteilen bestimmt:

$$\frac{s_{jk}(T)}{s_k^{input}(T)}.$$

[73] Der Terminus „modifiziert" bezieht sich dabei auf die ggf. erforderliche Berücksichtigung systeminhärenter Kapazitätsreserven (vgl. Abschnitt 4.1.2.4.2) sowie auf die Begrenzung der tatsächlichen Leistung eines Zustands (vgl. Abschnitt 4.1.2.4.1).

[74] Bei Rückgriff auf die Leistungsnormierung wird die normierte Übergangsmatrix zur Berechnung herangezogen. Es wird stets diejenige Übergangsmatrix für die Berechnung verwendet, die bereits bei der vorangehenden Anwendung der Grundgleichung zum Einsatz kam.

Für den durch Rücklieferung veränderten Bestand $\tilde{n}_j(T)$ in Zustand j gilt die nachfolgende Beziehung (4.41), die auch die Menge der Rücklieferung an j enthält:

$$\tilde{n}_j(T) = n_j(T) + s_k^{back}(T) \cdot \frac{s_{jk}(T)}{s_k^{input}(T)}, \text{ mit } 1 \leq j \leq k-1. \tag{4.41}$$

Mit der Korrektur des Bestandes des zuliefernden Zustands j geht eine entsprechende Korrektur des Bestandes von Zustand k einher. Es folgt:

$$\tilde{n}_k(T) = n_k(T) - s_k^{back}(T) \cdot \frac{s_{jk}(T)}{s_k^{input}(T)}. \tag{4.42}$$

Für jeden Zustand k, in dem der Maximalbestand $\tilde{n}_k$ überschritten ist, werden die Schritte 2 bis 4 durchgeführt. Schritt 4 wird jeweils für alle vorhergehenden Zustände j, $j = k-1,\ k-2,\ ...,\ 1$, wiederholt.

Durch Rücklieferung wird die Leistung des zuliefernden Zustandes j reduziert. Grundlage für die Bestimmung seiner veränderten Leistung bildet nun nicht mehr Beziehung (4.21); es muss geschrieben werden:

$$L_j^{real}(T) = n_j(T-1) \cdot (1 - p_{jj}) - \sum_{i=j+1}^{m} s_i^{back}(T) \cdot \frac{s_{ji}(T)}{s_i^{input}(T)}. \tag{4.43}$$

Eine besondere Betrachtung muss die Upstream-Systemgrenze des betrachteten Produktionssystems erfahren. Die erste Niveaustufe im Untersuchungsbereich würde im Fall des störungsbedingten Ausschöpfens der Bestandsgrenze gemäß dem dargestellten 4-Stufen-Algorithmus durch einen systemexternen Zulieferer bereitgestellte Ware abweisen. In den meisten praxistypischen Szenarien ist es nicht denkbar, dass eine Bestandsüberschreitung im Niveaubereich 1 (Zustand 1) zu einem Systemgrenzen übergreifenden Blocking führt. Ein Lieferant würde kaum akzeptieren, dass in Folge von Störungen beim Abnehmer und dort ausgeschöpfter Lagermöglichkeiten der Lieferant eigene Lagerflächen zur Verfügung stellt bzw. seinerseits die Auslieferung der Ware verzögert. Man wird also zur Bestimmung der Störungswirkungen in Zustand 1 keine Beschränkung des Maximalbestandes zulassen und damit an dieser Stelle kein Blocking ermöglichen. Ggf. sind in einem gesondert einzuführenden Zustand die in Niveaustufe 1 abgewiesenen Kapazitätsteile zu sammeln. Ist dennoch ein entsprechender Fall zu modellieren, so kann die Abgrenzung des Modellsystems verändert werden, um beispielsweise einen Lieferanten mit in die Zustandskette aufzunehmen[75].

Eine besondere Schwierigkeit stellt Systemblocking in *netzwerk*förmigen Produktions- und Logistiksystemen dar. Typisch für derartige Systeme sind (partiell) nebenläufige Prozessstrukturen. In solchen Netzen sind die Mengenströme nicht immer entlang aufsteigender Zustandsnummerierung gerichtet. Dann muss unter Berücksichtigung der Kopplungssituation zwischen den Kapazitätseinheiten eine mehrfache Berechnung der Rückliefermengen erfolgen. Diese Problematik kann überwunden werden, wenn man die Betrachtung auf *topologisch sortierbare Produktions-*

[75] So ist denkbar, das komplette Produktionssystem des Lieferanten durch einen Zustand darzustellen.

und Logistiknetzwerke einschränkt. Niveaustufen in solchen topologisch sortierbaren Systemen können so strukturiert und angeordnet werden, dass Ströme normierter Kapazitätsteile von Zustand j an Zustand k nur für $j < k$ auftreten. Die betrachteten Niveaustufen bzw. Zustände müssen also derart nummeriert werden, dass Mengenströme ausschließlich von einem Zustand niedrigerer zu einem Zustand höherer Ordnung erfolgen (gerichteter Fluss der Kapazitätsteile). Umfangreiche netzwerkförmige Systemstrukturen und mithin komplexere Zustandsanordnungen lassen sich durch Methoden der Graphen- und Systemtheorie vereinfachen. Durch die Anwendung von *Reduktionsregeln auf Signalflussgraphen* können Teilbereiche eines Zustandsnetzes derart zusammengefasst werden, dass ein topologisch sortierbares System entsteht[76].

Unter dem Einfluss einer Nacharbeit erfordernden Störung ist ein Produktionssystem meist nicht mehr topologisch sortierbar, da in den Strömen normierter Kapazitätsteile eine Schleife auftritt. Dies verdeutlicht das Beispiel 4.12. Durch den vorgestellten Ansatz zur Modellierung beschränkter Maximalbestände wird eine störungsbedingte „upstream"-Rücklieferung nicht betrachtet, d. h. Nacharbeit erfordernde Kapazitätsteile *können* den Bestand einer Niveaustufe über den Maximalbestand hinaus erhöhen. Diese Eigenschaft des Modellsystems kann jedoch als durchaus praxisgerecht eingeschätzt werden, da auch in realen Systemen Nacharbeit erfordernde Produkte nicht abgewiesen werden können. Solche Produktumfänge entstehen unvorhergesehen und unplanmäßig und müssen oftmals mit erhöhter Priorität erneut in den Produktionsbereichen bearbeitet (bzw. nachgearbeitet) werden. Bei absehbarer Überschreitung der Bestandsgrenzen ist es möglich, den Betrieb in vorgelagerten Kapazitätseinheiten zu stoppen bzw. deren Output entsprechend zu reduzieren; eben dieser Effekt wird durch die Rücklieferung gemäß dem beschriebenen Algorithmus abgebildet. Die unplanmäßige Erzeugung von Nacharbeit erfordernden Produkten in nachgelagerten Produktionsstufen kann ex ante jedoch nicht unterbunden bzw. verhindert werden, woraus letztlich eine Maximalbestandsüberschreitung resultieren kann.

Beispiel 4.12:

Zur Verdeutlichung der Auswirkung von Bestandsbeschränkungen soll Beispiel 4.11 erweitert werden. In jedem Zustand darf der Bestand maximal 130 normierte Kapazitätsteile betragen. Kapazitätsreserven bleiben unverändert, die Anwendung der Normierung aus Beispiel 4.11 wird beibehalten.

Abb. 4.28 zeigt, dass der Bestand in Zustand 2 in Takt 9 das maximale Niveau von 130 erreicht. Im Vergleich zur Abb. 4.26 steigt der Bestand in Zustand 1 schneller an, da Zustand 2 infolge aufgefüllter Lager jetzt weniger als 105 normierte Kapazitätsteile von Zustand 1 annehmen kann. Die Zustandsbegrenzung auf den Maximalbestand hat kaum Einfluss auf die Rückkehr des Systems in den ungestörten Ausgangszustand, da Zustand 1 in den beiden Beispielen 4.12 und 4.11 vor Zustand 2 seinen Ausgangszustand erreicht und somit die Systemerholung durch Zustand 2 zeitlich determiniert wird. Hier bewirkt die Einführung von Maximalbeständen lediglich eine veränderte Verteilung der Bestände im System. ■

[76] Vgl. hierzu die Ausführungen in Anlage B dieser Arbeit.

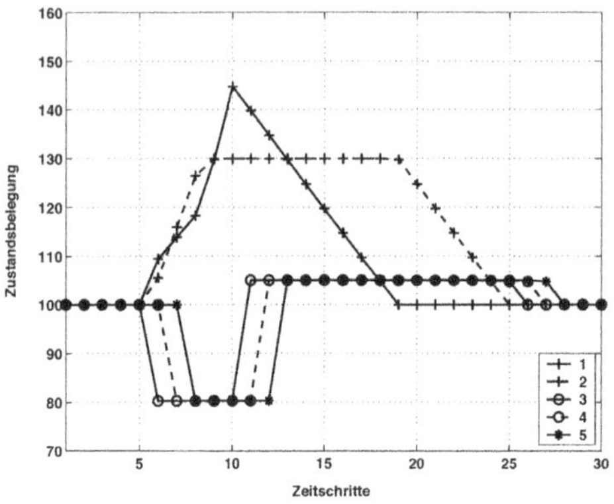

Abb. 4.28: Blocking durch Maximalbestände

Beispiel 4.13:

Der Modellierungsansatz ist auf generelle Prozessstrukturen erweiterbar[77]. Betrachtet man Systeme mit parallelen Prozessabschnitten, so wird der Einfluss von Bestandsrestriktionen auf das Bild der Störungswirkungen besonders deutlich. In Beispiel 4.13 wird deshalb ein Produktionssystem betrachtet, welches partiell nebenläufige Strukturen aufweist. Die Struktur des Systems ist in Abb. 4.29 dargestellt.

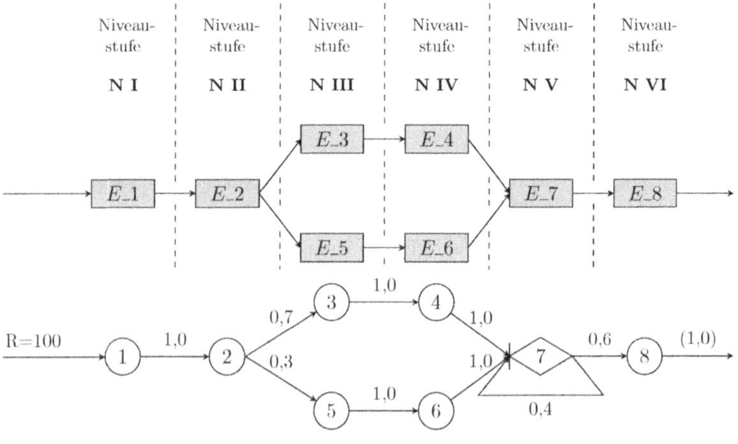

Abb. 4.29: Beispielsystem mit Parallelsegmenten

[77] In der Literatur sind unterschiedliche Bezeichnungen für Prozessstrukturen üblich. Schlüter (2001, S. 148 ff.) benennt transitierende, synthetische und analytische Strukturen, gebräuchlicher sind die Bezeichnungen serielle (lineare), konvergierende, divergierende und allgemeine Struktur. Vgl. z. B. Steven 1998, S. 15 ff., Schweitzer 1997, S. 10 f., Inderfurth 1992a, S. 19.

Die Störung im Element E_7 des Produktionssystems (in Zustand 7 des Signalflussgraphen) wirke über eine Dauer von sieben Systemtakten hinweg zwischen den Takten $T = 6$ und $T = 12$. Während der Stördauer geht 40% Kapazität im Zustand 7 verloren.

Die Systemeinlastung $R(T)$ beträgt zeitkonstant 100 normierte Kapazitätsteile. Normalkapazitäten L_k^{norm}, Maximalbestände $\hat{n}_k$ sowie die benötigten Kapazitäten L_k^{req} sind für die einzelnen Zustände in Tab. 4.2 zusammengefasst. Die Angabe der benötigten Kapazitäten L_k^{req} vermittelt einen Eindruck über die durch die gegebenen Normalkapazitäten bestimmten zustandsspezifischen Kapazitätsreserven. Die Anfangsbestände $n_k(1)$ entsprechen den benötigten Kapazitäten; das System ist also zu Beginn der Berechnungen im stationären Zustand.

Zustand k	$L_k^{req} = n_k(1)$	L_k^{norm}	$\hat{n}_k$
1	100	105	130
2	100	105	130
3	70	74	90
4	70	74	90
5	30	31	50
6	30	31	50
7	100	105	130
8	100	105	130

Tab. 4.2: Normalkapazitäten und Maximalbestände im System

Das Systemverhalten wird über 30 Zeitschritte prognostiziert. Die Bestandsentwicklung in den einzelnen Zuständen ist in Abb. 4.30 dargestellt.

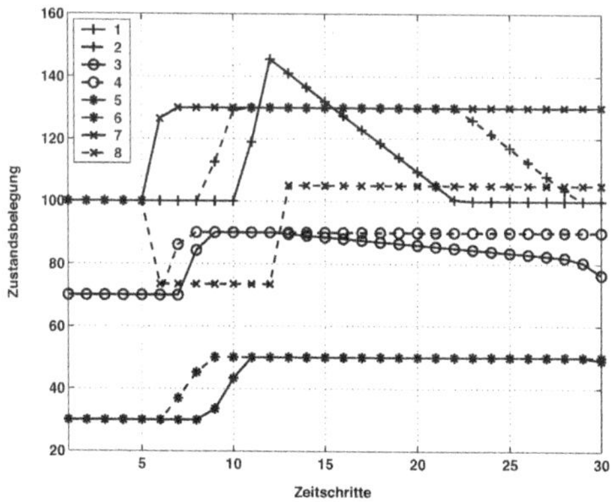

Abb. 4.30: Blocking im System mit Parallelsegmenten

Man erkennt deutlich, dass mit Eintritt der Störung der Bestand in Zustand 7 schnell ansteigt. Bereits in Takt 7 ist Zustand 7 blockiert. Die Bestände in den Kapazitätseinheiten E_4 und E_6

steigen ebenfalls, dabei erhält Zustand 4 eine größere Rücklieferung. Im ungestörten Systembetrieb haben die Kapazitätseinheiten 3 und 4 einen größeren Durchsatz normierter Kapazitätsteile. Im Beispielsystem hat Zustand 4 im Vergleich zum Zustand 6 einen entsprechend größeren Anteil an den gesamten Eingängen des gestörten Zustandes 7 und erhält deshalb auch einen größeren Anteil der rücklieferbaren Menge.

Die Maximalkapazität in Zustand 4 ist bereits im Systemtakt $T = 8$ erschöpft, so dass in diesem Takt die Bestände in Zustand 3 zu steigen beginnen. Im parallelen Strang der Zustände 5 und 6 zeigt sich dieses Auflaufen der Bestände erst später; die Bestände des Zustands 5 beginnen in Takt 9 zu steigen. Im Vergleich zu ihren benötigten Kapazitäten L_5^{req} und L_6^{req} weisen die Zustände 5 und 6 eine höhere *Bestandsreserve*[78] aus als die Zustände 3 und 4.

Der Zuwachs der Bestände in den Zuständen 1 und 2 vor den Parallelsträngen des betrachteten Prozesses zeigt unterschiedlich steile Anstiege. Der zunächst etwas flachere Anstieg in Zustand 2 zwischen $T = 8$ und $T = 9$ wird ausschließlich durch Blocking in Zustand 3 hervorgerufen. Einen Takt später wird der Anstieg steiler, dann hat auch Zustand 5 seinen Maximalbestand erreicht. In Zustand 1 kann der flachere Anstieg zwischen $T = 10$ und $T = 11$ durch die noch nicht ausgeschöpfte Bestandsreserve in Zustand 5 erklärt werden. Erst wenn alle vier Zustände der parallelen Strecken ihre jeweiligen Maximalbestände erreicht haben, wächst der Bestand in Zustand 1 maximal.

Dieses Beispiel macht deutlich, dass Störungswirkungen upstream der ursprünglich gestörten Kapazitätseinheit in Produktions- und Logistiksystemen mit parallelen Prozessabschnitten schwieriger zu überblicken sind als in linearen Prozessstrukturen. Dies gilt auch für die Störungswirkungen downstream gestörter Zustände. Die Anwendung des vorgestellten Modellierungsansatzes bietet sich daher gerade in derartigen komplexen Systemen an. ■

[78] Unter dem Begriff der Bestandsreserve wird in diesem Kontext die Differenz zwischen dem Maximalbestand und dem im (ungestörten) Normalbetrieb vorhandenen Bestand verstanden. Die Bestandsreserve ist damit ein Maß für die Lagerkapazität, die im Fall einer Störung zusätzlich zur Verfügung steht.

4.2 Störungswirkungen und Anpassung im Zeit-Wert-Gerüst – Kostenverhalten

4.2.1 Anpassungsoptionen und ihre Darstellung im Modellsystem

4.2.1.1 Anpassung in produktionstheoretischem Kontext

Die Analyse und Lenkung gestörter Produktionssysteme muss auf einer produktions- und kostentheoretisch fundierten Vorgehensweise gründen. Entscheidungstatbestände mit Einfluss auf die *Wirtschaftlichkeit der Leistungserstellung* sind geeignet zu identifizieren[79]. Mit der Anwendung produktions- und kostentheoretischer Zusammenhänge sind sowohl eine *Erklärungs-* als auch eine *Gestaltungsaufgabe* verbunden. Zunächst werden Einflussgrößen auf Anpassungsentscheidungen herausgearbeitet und systematisiert; die Wirkung auf die Höhe entscheidungsrelevanter Kosten ist aufzuzeigen (Erklärungsaufgabe). Eine Festlegung der Ausprägungen dispositionsbestimmter Einflussgrößen optimal im Sinne einer betriebswirtschaftlichen Zielstellung ist Gegenstand der Gestaltungsaufgabe. Im Ergebnis der Auswertung der auf den hier behandelten Problemkreis bezogenen Literatur muss jedoch ein Theoriedefizit, mithin eine unzureichende Berücksichtigung produktions- und kostentheoretischer Erkenntnisse bei der Lösung störungsbezogener Controllingaufgaben konstatiert werden[80].

Als *Dimensionen eines Koordinierungsspielraumes* zur Bewältigung von Störungseinflüssen in dynamischen Planungs- und Realisierungskontexten kommen sowohl[81]

- Maßnahmen der Systembildung als auch
- Maßnahmen der (situativen) Systemkopplung im Sinne der Anwendung „klassischer" Formen der Anpassung

in Betracht, die auf das niveaustufenspezifisch verfügbare Kapazitätsangebot, aber auch auf die Kapazitätsnachfrage wirken[82]. Fertigungsbezogene und logistische Störungen und ebenso Anpassungsmaßnahmen werden vor dem Hintergrund ihrer Kapazitätswirkungen evaluiert. In diesem Zusammenhang wurden bereits zwei Strategieoptionen zur praktischen Ausgestaltung des Störungsmanagements eingeführt[83]:

- Antizipatives (proaktives) Störungsmanagement im Sinne einer *Störungsabwehr* induziert systembildenden Koordinationsbedarf. Der mit einer solchen Präventivstrategie verbundene Aspekt der Systemgestaltung bzw. Systemauslegung manifestiert sich in der Anordnung

[79] Dem allgemeinen formalen Prinzip der Wirtschaftlichkeit liegt die quotiale Verknüpfung von Ertrag und Aufwand oder von Leistung und Kosten zu Grunde, vgl. für viele Corsten 2004, S. 44. Zu der Differenzierung des allgemeinen ökonomischen Prinzips in *Minimum-* und *Maximumprinzip* vgl. u. a. Schmalen 2002, S. 31 f.

[80] Zu dieser Erkenntnis vgl. auch Corsten/Gössinger 1999a, S. 2, Esser 2001, S. 1 ff. Von Friedl (1998, S. 262 f.) wird die unzureichende Unterstützung einer *kostenorientierten* Produktionsplanung und -steuerung betont. Bei der Koordination des Wertschöpfungsprozesses dominieren bislang Zeit-, Auslastungs- und Bestandsziele. Insbesondere können Anpassungsentscheidungen nicht unterstützt werden.

[81] Vgl. hierzu die Ausführungen in Abschnitt 2.2.1.3.

[82] Zu einer Zusammenstellung von Maßnahmen der Anpassung der Kapazitätsnachfrage an das -angebot et vice versa vgl. auch Corsten 2004, S. 485 ff., insbesondere Abbildung 4.2-4 (dort im Anhang), Glaser/Geiger/Rohde 1991, S. 175 ff.

[83] Vgl. weiter Abschnitt 2.2.2.2.

und Dimensionierung von System*reserven* im betrachteten Produktions- bzw. Logistiknetzwerk; Entscheidungen, die Konfiguration des Faktorbestandes betreffend, haben mittel- bis langfristige Tragweite[84]. Reserven bilden ein Varietätspotenzial, im Sinne der Systembildung so genannte Built-In-Flexibilität. Eine Einführung und Nutzung von Systemreserven ermöglicht die Rückführung eines Systemzustandes in den Bereich effizienter Leistungserstellung. Maßnahmen der Störungsabwehr wirken auf die Variablen der Systembeeinflussung *Elementverhalten* und *Kopplungssituation*. Eine „gespeicherte Zusatzkapazität" wird ex ante niveaustufenspezifisch vor dem Hintergrund spezifischer (deterministisch angenommener und vorgegebener) Störsituationen[85] mit entsprechenden Implikationen auf die Produktionskosten festgelegt[86].

- *Reaktives Störungsmanagement* bedingt vor allem situative systemkoppelnde Koordination. Unter Berücksichtigung der im Rahmen der Systembildung gestalteten Systemreserven – und damit in Bezug auf einen konfigurierten Faktorbestand – erfolgt wiederum eine gezielte Einwirkung auf die Strukturdeterminanten *Elementverhalten* und *Kopplungsbeziehungen* zwischen den Systemelementen. Eine Prozessunterstützung muss echtzeitnah im Kontext spezifischer Störsituationen erfolgen[87]. Reaktives Störungsmanagement mit Fokus auf das Kapazitätsangebot heißt mithin gezielte Beeinflussung der Fahrweise von Kapazitätseinheiten auf der Grundlage technisch-organisatorisch determinierter mittelbarer und unmittelbarer Abhängigkeiten zwischen Faktoreinsatz- und Ausbringungsmengen durch Formen der zeitlichen, intensitätsbezogenen und quantitativen Anpassung[88]. In Abschnitt 4.3 wird das Modellsystem geeignet um eine Optimierungsaufgabe erweitert, welche die Auswahl und Konfiguration elementarer Anpassungsoptionen unterstützt.

Die Theorie der Anpassung an Beschäftigungsschwankungen ist, historisch gewachsen, vor allem durch statische Betrachtungen gekennzeichnet[89]; der hier vorgestellte Ansatz ist dagegen konsequent zeitdynamisch ausgelegt[90]. Das vorgestellte Modellsystem orientiert an der Wirkungsdimension logistischer und fertigungsbezogener Störungen, die kontextspezifisch im Zeit-Mengen- und Zeit-Kosten-Gerüst beschrieben werden. Das *Koordinationsproblem der Anpassungsplanung* wird sukzessive gelöst und folgt dem Prinzip einer Überführung eines dynamischen Entschei-

---

84 Vgl. hierzu auch Abschnitt 4.4.

85 In diesem Zusammenhang betrachtete Störungen sind von großer Tragweite und weisen nur eine geringe Auftrittsfrequenz auf.

86 Wird beispielsweise ein Produktionssystem neu gestaltet, so bietet sich an, vor Beginn des produktiven Systembetriebes typische bzw. wahrscheinliche Störsituationen zu testen und Kostenwirkungen alternativer Konfigurationen von Systemreserven zu vergleichen. Derartige Aufgaben können der Pilotphase im Anlaufmanagement zugeordnet werden, vgl. z. B. Bungard/Hofmann 2003, S. 1269 ff.

87 Situationsbezogen mögliche Maßnahmen des reaktiven Störungsmanagements stellen ein Potenzial an Handlungsflexibilität dar.

88 Zum Problem der Anpassung bei *mehrstufiger Fertigung* vgl. die statischen Modelle (Programmierungsansätze) für verschiedene Produktionsprozesstypen bei Jacob 1962, S. 238 ff., Adam 1976, S. 149 ff. und Kilger 1973, S. 178 ff.

89 Vgl. Adam 2001, S. 332 und S. 445.

90 Vgl. jedoch für kleine Problemgrößen das dynamische Modell nach Czeranowsky 1992, S. 81 ff. Unter Beschränkung auf eine intensitätsbezogene Betrachtung und den für die industrielle Stückgüterproduktion weniger realistischen Fall einer kontinuierlichen Intensitätsvariation formuliert auch Adam (2001, S. 333 ff.) Planungsprobleme für die Wahl der Intensität im Zeitablauf.

dungsproblems in mehrere statische Probleme, die zu verschiedenen Zeitpunkten mit unterschiedlichen Entscheidungssituationen einhergehen[91].

Unter *Anpassung* wird die Reaktion auf im Zeitablauf variierende Beschäftigungssituationen verstanden[92]. In Abgrenzung zum allgemein etablierten Begriffsverständnis wird in dieser Arbeit auf die bewusste Variation der Leistungsabgabe innerhalb bestimmter Grenzen fokussiert, mit dem Ziel der *Bewältigung der Auswirkungen* logistischer und fertigungsbezogener Störungen. *Anpassungsplanung* ist die Proportionierung und Kombination elementarer Anpassungsformen vor dem Hintergrund eines nach Art und Umfang gegebenen Betriebsmittelbestandes und unter Berücksichtigung ggf. vorhandener Mengenpuffer zwischen den Wertschöpfungsstufen. Die Anpassungsplanung hat die Aufgabe, systemtaktbezogen und niveaustufenspezifisch zu realisierende Ausbringungsmengen

- auf Produktionspotenziale (Aggregate, Anlagen) aufzuteilen,
- die Intensität der Produktionspotenziale zu bestimmen und
- deren Arbeitszeit je Systemtakt festzulegen.

Damit sind die Variablen der Beschäftigungsplanung dargestellt. Eine *Anpassungsstrategie* wird als Bündel und zeitliche Abfolge von Anpassungsmaßnahmen bezeichnet. Eine solche Strategie ist geeignet, ein Produktions- und Logistiksystem im Zeitablauf an verschiedene Beschäftigungslagen anzupassen. Unter dem Gesichtspunkt des Störungsmanagements führt eine durch eine logistische oder fertigungsbezogene Störung hervorgerufene Überlastung oder Unterauslastung einer oder mehrerer Kapazitätseinheiten zu einer bestimmten Beschäftigungslage, auf die durch Anpassung (im Fall einer Überlastung also letztlich durch Kapazitätserhöhung) zu reagieren ist. Anpassung heißt somit Festlegung einer notwendigen, zu realisierenden Beschäftigung. Grundlage für die Konfiguration und ökonomische Bewertung von Anpassungsmaßnahmen ist die *störungsbedingte Abweichung* des Auftragsdurchsatzes von einem geplanten Niveau (ungestörter Systembetrieb).

Der umfangreichen Literatur zur Problematik betrieblicher Anpassungen folgend, können drei grundlegende Formen der Anpassung unterschieden werden[93], über die im allgemeinen Fall, bezogen auf den Systemzustand und damit spezifisch für jede Kapazitätseinheit und jeden Zeitschritt, entschieden werden kann. Die konkrete Störsituation im Untersuchungsbereich, die Kopplungssituation zwischen den Kapazitätseinheiten ist ausschlaggebend für die Konfiguration und Proportionierung elementarer Anpassungsoptionen. In Folge wird differenziert in[94]

- intensitätsbezogene Anpassung,
- zeitliche Anpassung und
- quantitative Anpassung.

---

91 Vgl. hierzu Abschnitt 4.3.

92 Vgl. für viele Ellinger/Haupt 1996, S. 154 ff. Zum historischen Ursprung der Theorie der Anpassungsformen siehe Gutenberg 1983, S. 354 ff.

93 Vgl. stellvertretend Adam 1974, S. 32 ff., Steven 1998, S. 129 ff., Adam 2001, S. 329 ff., insbesondere S. 341 ff., Dyckhoff 2003, S. 292 ff. sowie Corsten 2004, S. 87 ff.

94 Zu von elementaren Anpassungsformen abgeleiteten Formen kombinierter Anpassung vgl. u. a. Corsten 2004, S. 142 ff., Adam 2001, S. 375 ff., Adam 1974, S. 32 ff.

Entsprechend ihren Bezeichnungen zielen die drei Anpassungsformen auf die bereits dargestellten drei Dimensionen der Leistung bzw. Kapazität eines Systemelements ab[95]. Je nach betrachteter Anpassungsform wird eine Dimension gezielt verändert.

Die Ausführungen zum Basismodell der Beschreibung des Verhaltens gestörter Produktionssysteme in Kapitel 3 haben zunächst zu einer einfachen Grundgleichung geführt[96]

$$\underline{n}(T+1) = \underline{n}(T) \cdot \underline{P}(T) + R_0(T+1) \cdot \underline{p}_0. \tag{4.44}$$

Die Erfassung und Analyse des *zeitlichen Verhaltens* gestörter Produktionssysteme ist für eine betriebswirtschaftliche Bewertung von Störfällen und die ökonomische Beurteilung von Anpassungsplanungen wesentlich. Die Analyse der Kostenwirkungen von Störszenarien im zeitlichen Anfangsbereich ist die Grundlage für die Konfiguration und Auswahl von Anpassungsmaßnahmen.

Anhand des Basismodells in der Darstellung (4.44) kann sowohl der Einfluss der Störsituation als auch die Wirkung von Anpassungsmaßnahmen verdeutlicht werden. Das durch (4.44) beschriebene Zeit-Mengen-Verhalten wird durch eine Bewertung der Bestände an normierten Kapazitätsteilen mit Kosten in ein Wertgerüst überführt. Die Einflussgrößen auf das Systemverhalten im Zeit-Mengen-Gerüst bestimmen mithin auch die Kostenwirkungen im Zeitablauf.

- Bezugssystem*extern* induzierte Störungen sind durch einen für den Störzeitpunkt T_0 spezifischen Anfangszustand $\underline{n}(0)$ der Systementwicklung charakterisiert. Für Zeitschritte $T > T_0$ gilt ein modifizierter Einsteuerungsprozess $\{R(T),\ \underline{p}_0\}$, der die Systembelastung (Kapazitätsnachfrage) ausdrückt.
- Bezugssystem*intern* hervorgerufene Störungen, beispielsweise Ausfälle von Produktionsressourcen, resultieren für $T > T_0$ in einem modifizierten Transformationsoperator $\underline{P}$. Die Störgröße drückt sich in veränderten Übertragungsfaktoren $p_{ij}(T)$ aus und wirkt auf die Bestände $\underline{n}(T+1)$. Der Transformationsoperator verdeutlicht damit die Strukturvariablen *Elementverhalten* und *Kopplungssituation* zwischen den Systemelementen.
- Im Startzeitpunkt T_A der Systemanpassung gilt ein spezifischer Anfangszustand $\underline{n}(T_A)$. Variablen der Anpassungsplanung sind je nach gewählter Anpassungsform wiederum der Einsteuerungsprozess $\{R(T),\ \underline{p}_0$ für $T > T_A\}$ bzw. der Transformationsoperator $\underline{P}$. Systemanpassung gerichtet auf die Kapazitäts*nachfrage* steuert den Einsteuerungsprozess, indem eine Veränderung der Belastung der Systemelemente erfolgt. Eine Reduzierung des Umfangs in das Produktionssystem eingesteuerter Aufträge kann beispielsweise durch eine Rückstellung von Lageraufträgen oder terminunkritischen Kundenaufträgen erfolgen.
- Die in dieser Arbeit im Fokus der Betrachtungen stehende auf das Kapazitäts*angebot* gerichtet Anpassung wirkt auf den Transformationsoperator $\underline{P}$ im Basismodell. Gezielt erfolgt die Beeinflussung des Übertragungsverhaltens einzelner Kapazitätseinheiten. Der Durchsatz normierter Kapazitätsteile je Zeitschritt kann beispielsweise durch Überzeit,

95 Vgl. hierzu Abschnitt 3.3.2.2.
96 Vgl. weiter Abschnitt 3.3.3.1.

durch Veränderung der Produktionsgeschwindigkeit oder durch die Inbetriebnahme von Parallelaggregaten variiert werden. Anpassungsplanung impliziert somit die Festlegung einer niveaustufen- und systemtaktspezifischen Sequenz von „Zusatzkapazitäten"[97], für die entscheidungsrelevante Kostenarten im Beobachtungszeitraum ein Minimum erreichen.

Zielstellung einer Systemlenkung ist die Rückführung des Bestandsvektors $\underline{n}(T)$ in den Bereich effizienter Leistungserstellung, auf das ungestörte Ausgangsniveau. Aus einem Set praktisch (und untersuchungsbereichsspezifisch) realisierbarer Anpassungsmaßnahmen erfolgt eine situationsspezifische Konfiguration und Auswahl von Maßnahmen.

Unter Einbeziehung der im Abschnitt 4.1.2.4 vorgenommenen Erweiterungen des Basismodells kann nun die Parametrierung von Anpassungsmaßnahmen sehr einfach erfolgen. Den in Folge betrachteten Anpassungsmaßnahmen ist gemein, dass sie im Modellsystem ausschließlich auf die nutzbare Kapazität $L_k^{use.max}(T)$ wirken und damit die maximal realisierbare Leistung einer Kapazitätseinheit k beeinflussen. Anpassungsmaßnahmen bestimmen folglich die obere Schranke für $L_k^{real}(T)$. Es gilt:

$$L_k^{use.max}(T) = L_k^{norm}(T) - L_k^{dist}(T) + L_k^{adapt}(T). \tag{4.45}$$

$L_k^{adapt}(T)$ bezeichnet vorzeichenbehaftet[98] die im Systemtakt T durch eine Anpassungsmaßnahme zusätzlich freigesetzte Kapazität in Zustand k. Die tatsächlich realisierbare Leistung $L_k^{use}(T)$ kann von der durch eine Anpassung erhöhten nutzbaren Kapazität $L_k^{use.max}(T)$ abweichen, wenn die Kapazitätseinheit k nicht in hinreichendem Umfang Bestände an normierten Kapazitätsteilen (Arbeitsinhalt) vorrätig hat und damit Aufträge bearbeiten kann. Es folgt:

$$L_k^{use}(T) = min[L_k^{use.max}(T);\ n_k(T-1)]. \tag{4.46}$$

Durch Anpassung kann Kapazität vorgehalten werden, welche in einer konkreten Störsituation aber nicht produktiv genutzt werden kann. Den Berechnungsvorschriften für die Leistungsnormierung folgend, hängt die im Zeitschritt T realisierte Leistung $L_k^{real}(T)$ von den Beständen in Zustand k ab; im Fall endlicher Maximalbestände (Blocking) ist die Leistung darüber hinaus von freiem Lagerraum in entsprechend dem Materialfluss nachgelagerten Zuständen abhängig[99].

4.2.1.2 Intensitätsbezogene Anpassung

Intensitätsbezogene Anpassung beeinflusst die Bearbeitungsintensität einer Kapazitätseinheit bei gleich bleibender Betriebszeit je Systemtakt[100]. Die Bearbeitungsintensität bezeichnet die Leistung einer Kapazitätseinheit pro Zeiteinheit und darf aus technischen Gründen eine Maximalintensität nicht überschreiten[101]. Bei zeitdiskreter Modellierung wird die kleinste betrachtete

[97] Vorzeichenbehaftete „Zusatzkapazitäten" erhöhen oder verringern das Kapazitätsangebot.
[98] In Reaktion auf eine Störung ist sowohl eine Kapazitätserhöhung als auch eine Kapazitätsverringerung denkbar.
[99] Vgl. hierzu auch die Ausführungen der Abschnitte 4.1.2.4.1 und 4.1.2.4.4.
[100] Zur intensitätsbezogenen Anpassung vgl. insbesondere Steven 1998, S. 130 sowie S. 143 ff. und Corsten 2004, S. 89 f. Vgl. hierzu auch Hild/Fischäder 2005, S. 50 ff.
[101] Vgl. auch Abschnitt 4.1.2.3.

Zeiteinheit durch die Wahl des tatsächlichen Zeitinhalts der Systemtakte bestimmt; die Intensität entspricht damit der Leistung einer Kapazitätseinheit pro Systemtakt und bezeichnet mithin die in diesem Zeitschritt T realisierte Leistung $L_k^{real}(T)$. Im Fall der intensitätsbezogenen Anpassung müsste folglich die Leistung $L_k^{real}(T)$ eines Zustandes variiert werden; gemäß Gleichung (4.45) lässt sich jedoch lediglich die Obergrenze für $L_k^{real}(T)$ beeinflussen.

Das Modellsystem ist dadurch charakterisiert, dass Anpassung in Analogie zur Vorgehensweise bei der Abbildung von Störungen durch die Addition einer zustands- und zeitschrittspezifischen Anpassungskapazität $L_k^{adapt}(T)$ modelliert wird. Diese Anpassungskapazität wird nach Gleichung (4.47) bestimmt:

$$L_k^{adapt}(T) = L_k^{norm}(T) \cdot a_k^{int}(T). \tag{4.47}$$

Der Parameter $a_k^{int}(T)$ ist dabei der Prozentsatz der durch die intensitätsbezogene Anpassungsmaßnahme zusätzlich freigesetzten Kapazität. Alternativ zur Verwendung des Faktors $a_k^{int}(T)$ in (4.47) kann $L_k^{adapt}(T)$ selbstverständlich auch direkt angegeben werden.

Das Ausmaß praktisch möglicher intensitätsbezogener Anpassungsmaßnahmen ist abhängig vom technologischen Prozess, von der durch die anzupassende Kapazitätseinheit realisierten Arbeitsverrichtung. Viele Produktions- und Logistikvorgänge erlauben keine intensitätsbezogene Anpassung; Produktionspotenziale können häufig nur in diskreten Intensitätsstufen betrieben werden, die Intensität kann dann nicht in einem kontinuierlichen Spektrum variiert werden. Die Restriktionen im betrachteten praktischen Untersuchungsbereich sind bei der Bestimmung von Anpassungsstrategien zu berücksichtigen.

Beispiel 4.14:
Zur Veranschaulichung der Wirkung von Anpassungsmaßnahmen auf das Systemverhalten wird Beispiel 4.4 aufgegriffen und weitergeführt. Das in Beispiel 4.4 betrachtete Produktionssystem ist in Niveaustufe 2 gestört. Produktionsbereich 2 verliert 10% seiner Kapazität, es gilt $L_2^{dist}(T) = 10$. Diese Situation wird nun mit dem erweiterten Modellsystem dargestellt: Alle Niveaustufen haben im ungestörten Betrieb eine Normalkapazität von 100 normierten Kapazitätsteilen, d. h. es sind keine systeminhärenten Kapazitätsreserven vorhanden. Maximalbestände in den betrachteten Niveaustufen seien zur Vereinfachung des Sachverhalts nicht begrenzt.

Die beschriebene Störung setzt im Zeitpunkt $T = 5$ ein und dauert bis Zeitpunkt $T = 10$ an. Während der Zeitdauer der Einwirkung der Störung verbleibt eine Kapazität in Zustand 2 in Höhe von $L_2^{use.max}(T) = L_2^{norm} - L_2^{dist}(T) = 100 - 10 = 90\ nKT$ und damit 90% der Normalkapazität.

Ohne Systemanpassung ergibt sich der in Abb. 4.31 dargestellte Bestandsverlauf. Sind wie in diesem Beispiel keine systeminhärenten Kapazitätsreserven vorhanden, so ist es dem System nicht möglich, im Störzeitraum entstandene Bestände wieder abzubauen. Die Störung in Zustand 2 führt zudem zu einer Unterauslastung in den entsprechend dem Materialfluss nachgelagerten Zuständen.

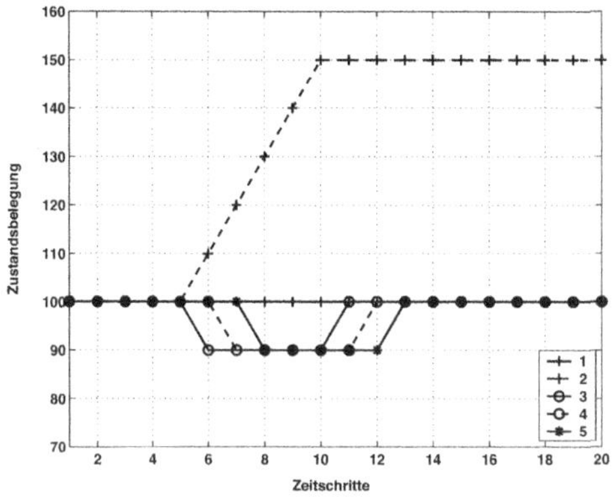

Abb. 4.31: Störungswirkung ohne Anpassung

In Reaktion auf die Störung in Niveaustufe 2 wird nun in diesem Zustand 2 eine zusätzliche Anpassungskapazität in Höhe von 10% der Normalkapazität, entsprechend im Umfang von 10 normierten Kapazitätsteilen, freigesetzt. Unter Berücksichtigung technisch-organisatorischer Rahmenbedingungen sei eine Reaktionszeit von einem Zeitschritt notwendig, ehe mit der Anpassung in Zustand 2 begonnen werden kann. Die Maßnahme beginnt also erst im Zeitpunkt $T = 6$ und endet im Zeitpunkt $T = 10$ mit dem Ende der Störung. Anpassungsbedingt ergeben sich die in Abb. 4.32 gezeigten Verläufe der Bestände.

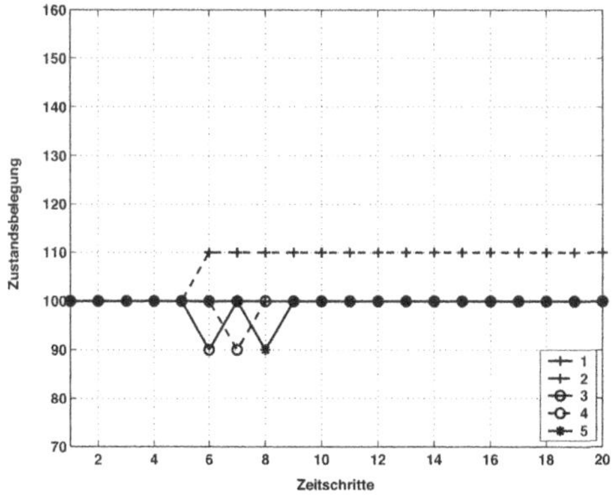

Abb. 4.32: Reduzierte Störungswirkungen bei Anpassung in Zustand 2

Eine im Vergleich zur (ungestörten) Ausgangssituation zu beobachtende Unterauslastung downstream folgender Zustände kann durch die Anpassungsmaßnahme weitgehend behoben werden; sie tritt nur noch als Folge der Reaktionszeit zur Maßnahmenfindung und damit aufgrund der Verzögerung zwischen Beginn der Störung und Beginn der Anpassung auf. Da die Anpassungsmaßnahme nur über vier Systemtakte hinweg wirkt, folgt summarisch eine Kapazitätserhöhung im Umfang von 40 normierten Kapazitätsteilen in Zustand 2. Die Stördauer beträgt fünf Zeitschritte und reduziert die Kapazität demzufolge um insgesamt 50 normierte Kapazitätsteile, so dass eine Kapazitätsunterdeckung, eine Fehlkapazität in Höhe von 10 Kapazitätsteilen verbleibt. Dieses Kapazitätsdefizit ist nach Ende der Stördauer und Anpassung als verbleibender (Rest-)Bestand in Zustand 2 sichtbar. Wirkt die Anpassungsmaßnahme für einen weiteren Zeitschritt, endet sie demnach in $T = 11$, so wird dieser Überbestand in Zustand 2 zusätzlich bearbeitet. Niveaustufe 2 bearbeitet dann 110 nKT im Anpassungsbetrieb und im ungestörten Fall. Diese im Takt $T = 11$ bearbeiteten 110 nKT werden an Zustand 3 weitergegeben, in dem der Bestand infolge dann fehlender Kapazitätsreserven nicht bearbeitet werden kann und dort verbleibt. Ein „Durchschieben" des störungsbedingt entstandenen Überbestandes bedingt eine Anpassungsstrategie, die alle im Zeitablauf durchlaufenen Niveaustufen in die Betrachtungen einschließt. Im Beispiel sind so Anpassungsmaßnahmen im Zustand 3 und analog in den Folgezuständen 4 und 5 notwendig. Die Anpassungsstrategie besteht dann darin, die Anpassungsmaßnahmen in den nachgelagerten Kapazitätseinheiten jeweils nur in einem Zeitschritt und mit Zeitverzögerung nach Ende der Störung in Zustand 2 erfolgen zu lassen.

Eine systemweite störungsbezogene Koordination erfordert also die Abstimmung niveaustufenspezifischer Anpassungsmaßnahmen über einen gewissen Zeitraum hinweg, sollen die Störungswirkungen im gesamten Produktions- und Logistiksystem ausgeglichen werden. Dafür notwendige zentrale (systemweite) Abstimmungsprozesse sind in einer netzwerkübergreifenden Koordinationsebene zu institutionalisieren[102]. Die kontextspezifische Kombination und Proportionierung von Anpassungsmaßnahmen muss abhängig vom Ort der Störung (gestörte Kapazitätseinheit(en)), abhängig von den niveaustufenspezifischen Kapazitätsreserven und in Abhängigkeit vom Störungszeitpunkt vorgenommen werden.

In Abb. 4.33 werden die Bestandsverläufe bei Anpassung in Zustand 2 zwischen $T = 5$ und $T = 11$ und zusätzlicher Anpassung in allen übrigen Zuständen über jeweils einen Zeitschritt (von $T = 11$ bis $T = 12$ in Zustand 3, von $T = 12$ bis $T = 13$ in Zustand 4 und von $T = 13$ bis $T = 14$ in Zustand 5) dargestellt. Die durch die Anpassungsmaßnahme freigegebene Zusatzkapazität $L_k^{adapt}(T)$ beträgt jeweils 10 normierte Kapazitätsteile.

Trotz nichtvorhandener systeminhärenter Kapazitätsreserven kann ein gestörtes System durch koordinierte Anpassungsmaßnahmen in den Ausgangs- bzw. Normalzustand zurückgeführt werden. Diese Rückführung benötigt jedoch mehrere Zeitschritte und setzt eine systemweite Abstimmung der Anpassungsmaßnahmen voraus. Die für die Rückführung des Gesamtsystems benötigte Anzahl der Zeitschritte (und damit die benötigte Zeitdauer) entspricht der Länge des kritischen Pfades des untersuchten Produktionsnetzes vom letzten ungestörten Zustand (Zustand ohne Überbestände) bis zum letzten Zustand downstream im Produktionssystem. Im Beispielsystem hat dieser Pfad die Länge 4, d. h. nach Niveaustufe 1 (Zustand 1, dem letzten ungestörten Zustand) durchläuft ein normiertes Kapazitätsteil vier weitere Kapazitätseinheiten, benötigt also 4 Zeitschritte, um das System zu verlassen.

[102] Vgl. Abschnitt 2.2.2.4.

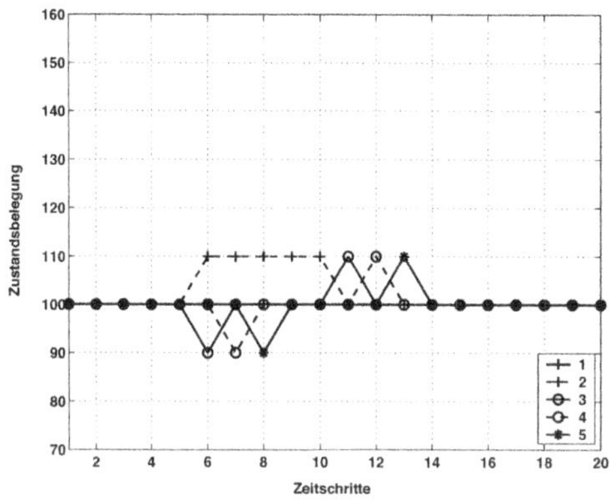

Abb. 4.33: Anpassung über alle Niveaustufen des gestörten Systems

In jedem der in Beispiel 4.14 diskutierten Fälle der Systemanpassung ist die Störungswirkung manifest geworden. Die *manifeste* Störungsphase konnte jedoch durch eine gezielte Anpassung in ihrem zeitlichen Ausmaß reduziert werden. Ein (erstmaliger) „Störungswirkungsdurchschlag" kann nur verhindert werden, wenn im Rahmen der systemkoppelnden Koordination (ex ante) Systemreserven geschaffen werden. Redundante Potenzialfaktoren und Mengenpuffer ermöglichen ausschließlich *latentes* Störverhalten[103]. ■

Beispiel 4.15:

Mit einem zweiten Beispiel soll auf Anpassungsmaßnahmen in Systemen mit systeminhärenten Kapazitätsreserven eingegangen werden. Dem Beispiel 4.14 entsprechend wirkt eine Störung, die in Element 2 eine verbleibende Kapazität in Höhe von 90 normierten Kapazitätsteilen verursacht. Alle Niveaustufen sollen im ungestörten Betrieb eine Normalkapazität von 105 normierten Kapazitätsteilen aufweisen, so dass im Störzeitraum gilt:

$$L_2^{use.max}(T) = L_2^{norm} - L_2^{dist}(T) = 105 - 15 = 90.$$

Die Störung führt zu einem Kapazitätsverlust von 15 nKT. Dies entspricht 14,3% der Normalkapazität von Niveaustufe 2, so dass $d_2^{cap}(T) = 0{,}143$ und $L_2^{dist}(T) = 15$ geschrieben werden kann. Ohne Systemanpassung ergibt sich der in Abb. 4.34 dargestellte Bestandsverlauf.

Niveaustufenspezifische systeminhärente Kapazitätsreserven führen auch ohne gezielte Anpassungsmaßnahmen in einzelnen Zuständen das System in den ungestörten Betriebszustand zurück; dieser Ausgleichsvorgang dauert jedoch selbst bei 5% Kapazitätsreserve eines jeden Zustandes verhältnismäßig lange.

103 Vgl. Abschnitt 4.4.

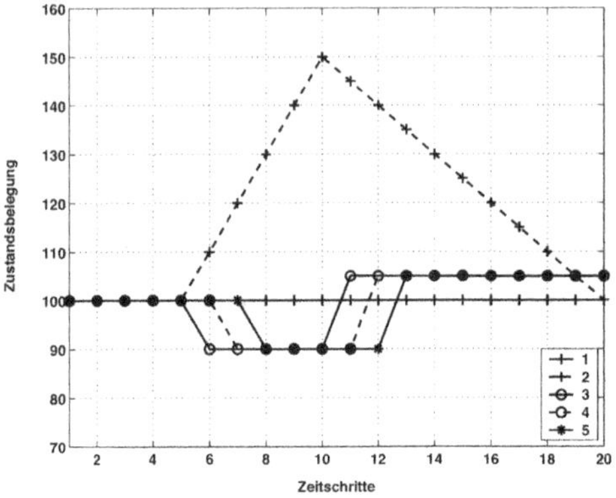

Abb. 4.34: Störungswirkung ohne Anpassung bei Kapazitätsreserven

Um das System schneller in den Normalzustand zu überführen, ist gezielt anzupassen. Eine intensitätsbezogene Anpassungsmaßnahme setze eine Zusatzkapazität von 10 normierten Kapazitätsteilen frei, beginne zeitverzögert in $T = 6$ und ende mit der Störung in $T = 10$. Wie aus Abb. 4.35 ersichtlich wird, führt diese Anpassung in Zustand 2 zu einer drastischen Reduktion der Bestände und einer deutlich beschleunigten Systemrückführung.

Allein durch *dezentrale* (produktionsbereichsspezifische) Maßnahmen des Störungsmanagements ist es also möglich, Störungswirkungen deutlich zu reduzieren. Im Beispiel 4.2 verringert sich die manifeste Störphase von 13 auf 7 Systemtakte. Die latente Störphase von 3 Zeitschritten bleibt unverändert.

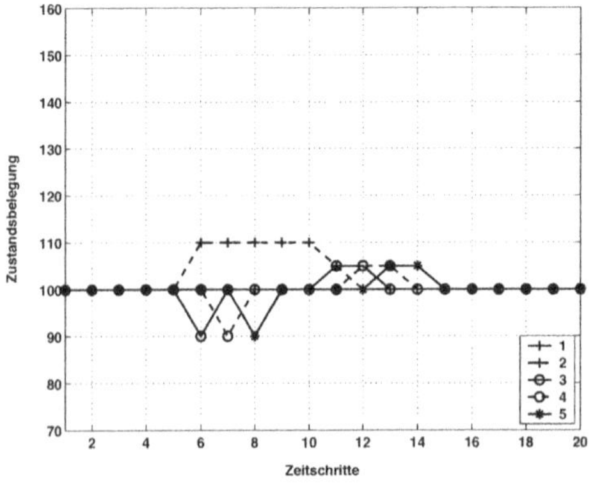

Abb. 4.35: Anpassung in Zustand 2 bei systeminhärenten Kapazitätsreserven

Vergleicht man Abb. 4.35 mit Abb. 4.32, der eine äquivalente Störsituation und Anpassungsplanung zu Grunde lag, wird deutlich, welche Wirkung systeminhärente Kapazitätsreserven auf das Verhalten gestörter Systeme haben. Diese Kapazitätsreserven stellen Flexibilitätspotenziale dar und ermöglichen einerseits, kleinere störungsbedingte Kapazitätsreduktionen (Kapazitätsreduktion kleiner als die Kapazitätsreserve) vollständig auszuregeln. Aus der Perspektive einer ausschließlich netzwerkweiten Betrachtung von Störungswirkungen sind solche Störungen (auf Netzwerkebene) nicht erkennbar, ihre Wirkungen werden niveaustufenintern gekapselt. Störungen mit Kapazitätswirkungen bis in Höhe der Kapazitätsreserve können also aus organisatorischer Sicht dezentral ausgeglichen werden. Andererseits helfen Kapazitätsreserven über mehrere Niveaustufen, nach Einwirken von Störungen größerer Tragweite das System ohne systemweit geplante Anpassungsstrategien in den Ausgangszustand zurückzuführen. Dabei sind insbesondere Kapazitätsreserven in den dem gestörten Zustand nachgelagerten Kapazitätseinheiten bedeutsam. Sind in diesen Zuständen downstream keine Reserven vorhanden, so müssen auch in diesen eigentlich ungestörten Kapazitätseinheiten Anpassungsmaßnahmen durchgeführt werden, um die für den Abbau des Überbestands in der gestörten Niveaustufe notwendige Zusatzkapazität bereitzustellen. ■

4.2.1.3 Zeitliche Anpassung

Zeitliche Anpassung ist durch die Beeinflussung der Lauf- bzw. Betriebszeit der Kapazitätseinheiten gekennzeichnet. Wird ausschließlich zeitlich angepasst, so arbeitet die Kapazitätseinheit mit kostenoptimaler Intensität[104]. Die Verfügbarkeit der im Produktionsprozess erforderlichen Arbeitskräfte limitiert im Regelfall die Betriebszeit maschineller Anlagen. Der Produktionsfaktor Arbeit ist für den Anstieg der Stückkosten bei zeitlicher Anpassung ausschlaggebend. Optionen der zeitlichen Anpassung ergeben sich aus den in dem jeweiligen Produktionsbereich geltenden Arbeitszeitregelungen; eine Obergrenze der zeitlichen Anpassung stellt der ununterbrochene Betrieb einer Kapazitätseinheit dar[105]. Die planmäßige Verfügbarkeit einer Kapazitätseinheit wird durch Pausenzeitregelungen und durch ein Schichtenmodell systemtaktspezifisch bestimmt. Geplante Wartungs- und Instandhaltungsarbeiten reduzieren die Einsatzdauer. Planmäßige Unterbrechungen der Betriebszeit können situativ als Koordinierungsspielraum genutzt werden[106].

Da im Modellsystem zeitdiskret simuliert wird, kann nicht genau bestimmt werden, welcher Zeitanteil eines Systemtaktes auf Arbeitszeit entfällt und in welchem Zeitanteil ein Produktionsbereich nicht in Betrieb ist. Entspricht ein Zeitschritt einem Arbeitstag und wird in einer Kapazitätseinheit im Einschichtbetrieb gearbeitet, so verstreichen zwei Drittel der Zeit eines Taktes unproduktiv. Die zeitliche Anpassung wird im Modellsystem nicht durch eine Veränderung der Zeitschritte modelliert, es wird lediglich die in einem Zeitschritt verfügbare Kapazität angepasst[107]. Wird also statt im Einschichtbetrieb in einer Kapazitätseinheit zweischichtig gearbeitet, so verdoppelt sich die im Systemtakt verfügbare Kapazität. Im Modell entspricht dies

---

[104] Zur zeitlichen Anpassung vgl. Steven 1998, S. 129 und weiter S. 135 ff. sowie Corsten 2004, S. 89 ff.

[105] Wird als Basiszeiteinheit (Systemtakt) ein Arbeitstag gewählt, so ist der 24-Stunden-Betrieb einer Kapazitätseinheit die Obergrenze für die zeitliche Anpassung.

[106] Die Nettoeinsatzdauer einer Kapazitätseinheit kann durch eine *Pausen- und Schichtenfunktion* angegeben werden, vgl. hierzu Corsten/Gössinger 1999a, S. 5 f.

[107] Es wird sich zeigen, dass alle elementaren Anpassungsformen hinsichtlich ihrer kapazitiven Wirkungen abgebildet werden können. Eine Unterscheidung unterschiedlicher Anpassungsformen muss daher auf der Grundlage einer Bewertung der Anpassungsmaßnahmen vorgenommen werden.

einer Verdoppelung der maximal nutzbaren Kapazität $L_k^{use.max}(T)$. Eine zeitliche Anpassung wird durch die Beziehung (4.48) modelliert:

$$L_k^{adapt}(T) = L_k^{norm}(T) \cdot a_k^{time}(T), \tag{4.48}$$

wobei der Parameter $a_k^{time}(T)$ der Prozentsatz der Kapazitätsveränderung durch eine zeitliche Anpassungsmaßnahme ist. Für die Bestimmung der resultierenden nutzbaren Kapazität gilt Gleichung (4.45) entsprechend.

Auf die Einführung eines weiteren Beispiels kann an dieser Stelle verzichtet werden, da im Vergleich zu den Darstellungen in Beispiel 4.15 bei ausschließlicher Betrachtung des Zeit-Mengen-Verhaltens gestörter Produktionssysteme die Auswirkungen einer zeitlichen Anpassung nicht von denen einer intensitätsbezogenen Anpassung mit gleichem Ausmaß zu unterscheiden sind. Erst mit einer feineren Quantelung der Systemtakte kann ein unterscheidbares Zeit-Mengen-Gerüst entwickelt werden, da dann im Fall der zeitlichen Anpassung die Fertigung einer größeren Menge über einen längeren Zeitraum verteilt darstellbar ist. Eine solche feinere Auflösung der Zeitschritte ist jedoch vor dem Hintergrund des verfolgten Grundansatzes, nämlich der Entwicklung eines Modellsystems zur Unterstützung eines systemweiten Störungsmanagements auf der Ebene der Grobplanung, weder notwendig noch wünschenswert. Ein deutlicher Unterschied zwischen zeitlicher und intensitätsbezogener Anpassung zeigt sich bei der Analyse des Zeit-Kosten-Verhaltens gestörter Systeme, da beide Anpassungsformen mit unterschiedlichen Kostenwirkungen verbunden sind. Diese Effekte sind Gegenstand des Abschnitts 4.2.2.

Praktische Untersuchungen des Autors haben gezeigt, dass im betrieblichen Alltag zeitliche Anpassung ein deutlich größeres Ausmaß an Kapazitätsbeeinflussung zulässt als intensitätsbezogene Anpassungsmaßnahmen. Während beispielsweise durch Umstellung von Ein- auf Dreischichtbetrieb eine (näherungsweise) Verdreifachung der betrieblichen Kapazität erzielt werden kann, ist eine Kapazitätssteigerung in ähnlichem Umfang durch Intensitätserhöhung, zumindest im Bereich der industriellen Stückgüterproduktion, kaum denkbar[108].

4.2.1.4 Quantitative Anpassung

Maßnahmen quantitativer Anpassung verändern die Anzahl produktiv eingesetzter Potenzialfaktoren in einer Kapazitätseinheit bei Konstanz von Produktionszeit und Intensität[109]. Die Anzahl der im Produktionsprozess eingesetzten Ressourcen wird entsprechend den Leistungsanforderungen variiert[110]. Die Festlegung von Art und Bestand verfügbarer Produktionspotenziale ist Aufgabe der systembildenden Koordination; durch sie werden Randbedingungen für kurzfristige Entscheidungen des reaktiven Störungsmanagements bestimmt und durch die *z-Situation*

[108] Empirische Studien bestätigen die Bedeutung der zeitlichen Anpassung. Hinsichtlich der Häufigkeit ihrer Anwendung und damit auch ihrer Bedeutung kann eine Reihung folgendermaßen vorgenommen werden: 1. Zeitliche Anpassung, 2. Variation des Bestandes an Betriebsmitteln und 3. Intensitätsbezogene Anpassung, vgl. Glaser/Geiger/Rohde 1992, S. 362 ff.

[109] Zur quantitativen Anpassung vgl. Corsten 2004, S. 140 ff., Adam 2001, S. 375 ff., Ellinger/Haupt 1996, S. 168 ff.

[110] Vgl. Steven 1998, S. 129 und weiter S. 138 ff.

beschrieben[111]. Über die Anschaffung bzw. den Abbau von (parallelen) Produktionsressourcen und damit über den Datenkranz der z-Situation wird im Rahmen einer (ex ante) Systemauslegung entschieden; die Dimensionierung so genannter heißer oder kalter Systemreserven ist kein Problem der quantitativen Anpassung[112]. Gegenstand der quantitativen Anpassung ist die Reihenfolge der Zu- und Abschaltung vorgehaltener Reserven und damit die Festlegung des maximal nutzbaren Kapazitätsquerschnitts, der sowohl von der Anzahl von Anlagen (bzw. Anlagengruppen) als auch von der Mitarbeiterzahl in der betrachteten Kapazitätseinheit abhängt[113].[114]

Es ist die Aufgabe der Strategieoption Störungsabwehr des Störungsmanagements, die Vorhaltung von Systemreserven im Rahmen der Systembildung zu konfigurieren[115]. Gegenstand der Anpassungsplanung ist der situative (und kontextspezifische) Rückgriff, die *Nutzung* geschaffener Flexibilitätspotenziale. Werden heiße und/oder kalte Reserven im Anlagenpark einer Kapazitätseinheit vorgesehen, so sind damit unterschiedliche Wirkungen auf Bereitschaftskosten (Fixkosten) und Produktionskosten verbunden.

Auf das Problem der quantitativen Anpassung soll im Rahmen der vorliegenden Ausarbeitung nicht vertiefend eingegangen werden, vielmehr ist der Verfasser an wechselseitigen Zusammenhängen und einer Abstimmung systembildender und situativ-systemkoppelnder Koordinationsmaßnahmen interessiert. Es interessieren Rückwirkungen aus der Gestaltung der z-Situation auf die Kosten der Störungsbekämpfung.

[111] Zum Begriff der z-Situation vgl. Gutenberg 1983, S. 329 ff.

[112] Vgl. auch Jacob 1962, S. 210.

[113] Sind mehrere technisch gleichartige Betriebsmittel vorhanden, so liegt ein Problem der *multiplen Anpassung* vor. Weisen Betriebsmittel hingegen unterschiedliche Wirtschaftlichkeiten auf, so sind Anpassungsplanungen mit einem Auswahlprozess verbunden und man spricht von einem Problem der *selektiven Anpassung*, vgl. Corsten 2004, S. 140.

[114] In der Literatur werden zwei unterschiedliche Auffassungen der quantitativen Anpassung diskutiert: Ausgehend von einem *gegebenen Potenzialfaktorbestand* sind im Rahmen des reaktiven Störungsmangements kurzfristig (operativ) Entscheidungen zur Anpasung an unterschiedliche Beschäftigungssituationen zu treffen. Es wird bestimmt, *welche* Anlagen aus dem verfügbaren Bestand einzusetzen sind. Werden nicht alle Anlagen benötigt, so bestehen (heiße und/oder kalte) Reserven. Im Bedarfsfall (beispielsweise bei Störungen) ist dann zusätzliche Kapazität zur Reduzierung von Störungswirkungen aktivierbar.
Gutenberg zählt die Anschaffung und Stilllegung bzw. Veräußerung nicht eingesetzter Produktionsfaktoren zur quantitativen Anpassung und definiert die zeitliche Anpassung als „besondere Art der quantitativen Anpassung" (Gutenberg 1983, S. 372). Dies verletzt jedoch nach Ansicht des Autors der vorliegenden Schrift die in der z-Situation enthaltene Annahme eines für kurzfristige Betrachtungen konstanten Potentialfaktorbestandes, vgl. u. a. Jacob 1962, S. 208 und S. 210.
Wird jedoch quantitative Anpassung mit dem *Variieren des Potenzialfaktorbestandes* in Verbindung gebracht, sind Investitions- bzw. Desinvestitionsentscheidungen mit längerfristigem Charakter erforderlich. Vgl. hierzu Dyckhoff 1994, S. 255, Steven 1998, S. 130, Adam 2001, S. 453.
Der Autor bezieht die quantitative Anpassung im vorliegenden Kontext auf den Einsatz bereits vorhandener, nicht jedoch auf die Anschaffung neuer bzw. die Veräußerung nicht benötigter Potenzialfaktoren.

[115] Vgl. hierzu Abschnitt 4.4.1.

4.2.2 Kostenarten und ihre zeitliche Entwicklung in gestörten und angepassten Systemen

4.2.2.1 Abgrenzung entscheidungsrelevanter Kostengrößen

Eine gezielte Lenkung gestörter Produktions- und Logistiksysteme ist nur unter Beachtung der *Wirtschaftlichkeit der Leistungserstellung* möglich. Erst die Berücksichtigung von Wertgrößen lässt eine Beurteilung verschiedener Entscheidungs- bzw. Handlungsalternativen zu[116]. Die *wirtschaftlichen Konsequenzen* einer Störgrößeneinwirkung sind die Grundlage für eine effiziente und effektive Reaktion im Störfall. Basis für die Konfiguration von Anpassungsstrategien ist ein zu optimierendes Kriterium. Im betrieblichen Umfeld kommt als solches eine Erfolgsgröße, beispielsweise der Gewinn, d. h. der Erlös abzüglich der zu verrechnenden Kosten, oder der Deckungsbeitrag in Betracht[117].

Die Betrachtung der Erlössituation erscheint aufgrund ihrer Abhängigkeit von absatzwirtschaftlichen Überlegungen, die über den Problembereich dieser Arbeit hinausgehen (Gestaltung der Vertriebswege, Nachfrage- und Konkurrenzsituation am Markt etc.), als nicht sinnvoll. Erkenntnisobjekt der vorliegenden Ausarbeitung sind Entscheidungen in Störsituationen während der Leistungserstellung in Produktionsverbünden. Die Beurteilung der Vorteilhaftigkeit solcher Entscheidungen erfordert Bezugsgrößen zur Erfassung zu prognostizierender Auswirkungen von Anpassungsmaßnahmen. Aufgabe ist deshalb die Identifikation der für dieses Entscheidungsproblem *relevanten* Kostenarten, d. h. Kosten, die von den Entscheidungsvariablen funktional abhängen. Unter Anwendung des Basismodells ist eine (entscheidungsabhängige) Prognose der Kosten für den Untersuchungszeitraum möglich[118]. Erlöswirkungen, beispielsweise störungsbedingte Erlösausfälle, können durch Lieferrückstandskosten erfasst werden. Diese Kostenart umschließt Konventionalstrafen (Pönale), entgangene Erlöse, notwendige Eilzustellungen und weitere Nachteile, die dem Produktionsverbund durch verspätete Fertigstellung von Produkten und Leistungen entstehen[119].

Nachfolgend formulierte Kostenkategorien strukturieren ökonomische Zusammenhänge, dem Mengengerüst wird mithin ein Wertansatz geliefert. Der Übergang auf ein Zeit-Wert-Gerüst bedingt das Überführen bislang betrachteter Fluss- und Zustandsgrößen (Ströme und Bestände) in Wertgrößen. Sowohl logistische und fertigungsbezogene Störungen als auch niveaustufenbezogene bzw. -übergreifende Systemanpassung wirken auf die *Kostenarten*

- Produktionskosten,
- Lieferrückstandskosten und
- Bestandskosten.

---

[116] Vgl. Schuderer 1996, S. 104.

[117] Die Kosten- und Erlösrechnung fundiert kurzfristige Entscheidungen. Es wird überwiegend der wertmäßige Kostenbegriff verwendet, vgl. Akın 1999, S. 101. Zum Kostenbegriff vgl. weiter Küpper 1996, Sp. 960 f.

[118] Insoweit werden Plankosten bestimmt.

[119] Vgl. für viele Opfermann 1968, S. 112 ff. und weiter S. 117 ff. Zu Pönaleregelungen in der betrieblichen Praxis vgl. Gudehus 2004, S. 132 f.

Um praktischen Gegebenheiten gerecht zu werden, müssen die Kostenarten spezifisch für jede betrachtete Kapazitätseinheit ermittelt werden. Für operative (und damit kurzfristige) Betrachtungen des reaktiven Störungsmanagements können Kostensätze selbst als zeitkonstant angenommen werden. Welche Kosten als fix und welche als variabel anzusehen sind, muss vor dem Hintergrund der untersuchten Problemstellung herausgearbeitet werden. Bezogen auf die Kosteneinflussgröße *Beschäftigung*[120] sollen Kosten in Abhängigkeit ihres Verhaltens bei Veränderung der betrieblichen Beschäftigung als fix bzw. variabel eingestuft werden[121]. Die niveaustufenspezifische Ausnutzung der Kapazität betrachteter Produktionspotenziale wird in normierten Kapazitätsteilen angegeben. Als fixe Kosten gelten dann solche, die unabhängig von der Beschäftigung gemessen im Durchsatz normierter Kapazitätsteile je Zeitschritt sind. Bezogen auf den Problembereich der Untersuchungen können im Einzelnen die folgenden durch Störungen und Anpassungsmaßnahmen in der Summe beeinflussten Kosten identifiziert werden:[122]

- Bestandskostensatz je normiertem Kapazitätsteil und Zeiteinheit,
- Lieferrückstandskostensatz je normiertem Kapazitätsteil und Zeiteinheit,
- Bearbeitungskostensatz je normiertem Kapazitätsteil sowie
- produktionsbezogene Gemeinkosten je Zeiteinheit.

Der *Bestandskostensatz* erfasst alle variablen und direkt zurechenbaren Kosten, die durch die Lagerung der in normierten Kapazitätsteilen dargestellten Leistungen entstehen. Hierunter zählen insbesondere die Kosten der Kapitalbindung sowie der bewertete Lagerplatzbedarf[123]. Störungsbedingt entstehen Bestände zunächst in einer oder in mehreren Kapazitätseinheiten, in denen Störgrößen einwirken, und im Zeitablauf entsprechend dem Materialfluss upstream dieser gestörten Kapazitätseinheit(en)[124]. Unterschiedliche Entscheidungsalternativen der Anpassung sind vor dem Hintergrund der installierten Lagertechnik und weiterer Nebenbedingungen (Kosten für Lagerflächen, Lagerpersonalkosten etc.) zu betrachten, so dass im Kontext der Anpassungsentscheidung fixe und damit von der gelagerten Menge normierter Kapazitätsteile unabhängige Bestandskosten ausgeschlossen werden können. Es wird mithin auf die *Sicherungsfunktion der Lagerhaltung* abgestellt. Darüber hinaus erfüllen Bestände weitere Funktionen (Ausgleichsfunktion, Spekulationsfunktion, Veredelungsfunktion usw.), so dass ein Puffer bzw. Lager aus eben diesen Gründen notwendig, organisatorisch-technisch zu planen und vorzuhalten ist[125].

Der *Lieferrückstandskostensatz* erfasst entgangene Deckungsbeiträge und hat insofern Opportunitätskostencharakter[126]. Daneben schließt er ggf. anzurechnende Kosten für Sonderfahrten oder Konventionalstrafen im Fall einer verspäteten Bedienung der Kundennachfrage ein.

[120] Vgl. ursächlich zu dieser Kosteneinflussgröße Gutenberg 1983, S. 345 f.
[121] Zur Problematik der Unterscheidung fixer und variabler Kostenbestandteile im Kontext betrieblicher Störungen vgl. auch Kollerer 1978, S. 116 ff.
[122] Vgl. umfassend Hild/Fischäder 2005, S. 59 ff.
[123] Die Höhe der Bestandskosten ist damit abhängig von den Produktions- bzw. Bezugskosten und mithin vom Anarbeitungsstand betrachteter Erzeugnisse in der entsprechenden Produktionsstufe, vgl. stellvertretend Opfermann 1968, S. 173 f. Zu weiteren Beispielen für Einflussgrößen auf Bestandskosten vgl. Friedl 1998, S. 265.
[124] Zur Störungsausbreitung in und entgegen der Materialflussrichtung vgl. Abschnitt 4.1.2.1.1. Zu den durch *Systemblocking* induzierten Modellerweiterungen vgl. weiter Abschnitt 4.1.2.4.4.
[125] Zu Funktionen der Lagerhaltung vgl. Corsten 2004, S. 455 f., Gollwitzer/Karl 1998, S. 148 f.
[126] Zu Opportunitätskosten vgl. Küpper 1996, Sp. 964 f., Horváth 1993, S. 464. Zum betriebswirtschaftlichen Opportunitätsprinzip vgl. Adam 1996, S. 48.

Produktionskosten werden durch die Komponenten Bearbeitungskostensatz und produktionsbezogene Gemeinkosten bestimmt. Der *Bearbeitungskostensatz* erfasst variable Kostenbestandteile. Bestimmungsgrundlage ist das Kalkulationsschema der Herstellkosten[127].

Die weiterführende Kalkulation der Selbstkosten integriert verschiedene Gemeinkosten (Kosten der Verwaltung etc.). Entsprechende Kostenbestandteile sollen nur in dem Umfang Berücksichtigung finden, wie sie durch Störungen bzw. durch Anpassungsentscheidungen im jeweils abgegrenzten Untersuchungsbereich beeinflusst werden[128]. Das Kalkulationsschema soll deshalb unter Bezug auf die in der vorliegenden Arbeit verwendeten Kostenkategorien modifiziert werden (siehe Tab. 4.3).

	Materialeinzelkosten
+	Sondereinzelkosten der Fertigung
+	Fertigungslöhne (stückzahlabhängig)
=	Bearbeitungskosten
	Materialgemeinkosten
+	Fertigungsgemeinkosten
+	Fertigungslöhne (zeitabhängig)
=	produktionsbezogene Gemeinkosten
	Bearbeitungskosten
+	produktionsbezogene Gemeinkosten
=	Herstellkosten
=	*Produktionskosten*

Tab. 4.3: Kalkulationsschema für die Produktionskosten

Der Bearbeitungskostensatz repräsentiert die Bearbeitungskosten je normiertem Kapazitätsteil. Hier wird anstelle des Begriffes Herstellkosten die Bezeichnung *Produktionskosten* verwendet.

Die *produktionsbezogenen Gemeinkosten* bestehen aus allen der betrieblichen Leistungserstellung zurechenbaren Gemein- bzw. Fixkosten[129]. Alle Kundenaufträge werden zu einem Auftragsmix zusammengefasst. Die Zurechnung der Gemeinkosten zu diesem durch normierte Kapazitätsteile repräsentierten Auftragsmix bereitet keine Probleme; in der Rechnungsperiode angefallene produktionsbezogene Gemeinkosten müssen jeweils auf einen Zeitschritt proportionalisiert werden. Die als entscheidungsrelevant identifizierten Kostenarten sind Gegenstand nachfolgender Abschnitte.

Wird auf die Effizienz der Wertschöpfung abgestellt, so sind störungs- und anpassungsbedingte Effekte auf den Prozess der Leistungserstellung zu analysieren. Vor dem Hintergrund erfolgs-

[127] Vgl. für viele Eisele 2002, S. 718 ff.

[128] Vgl. zur Anwendung dargestellter Kostenbetrachtungen in einem praktischen Beispiel umfassend Anlage C.

[129] Gemeinkosten sind Kosten, die sich nicht unmittelbar auf Bezugsobjekte, insbesondere auf einzelne Kostenträger, zurechnen lassen. Sie fallen für verschiedene Erzeugnisse (Kundenaufträge) gemeinsam an. Hinsichtlich ihrer Beschäftigungsabhängigkeit werden hier (vereinfacht) nur echte Gemeinkosten betrachtet, die gleichfalls Fixkosten sind. Vgl. auch Abschnitt 4.2.2.4.1.

wirtschaftlicher Konsequenzen von Störungen und Anpassung lassen sich die zwei Kategorien

- Kosten der Störungswirkung und
- Kosten der Anpassung

differenzieren.

Kosten der Störungswirkung werden durch direkt oder indirekt mit der Wertschöpfung verbundene Aktivitäten nach Störungseintritt in den von der betrachteten Störung unmittelbar betroffenen Fertigungsbereichen verursacht[130]. Die Bewertung von Störungswirkungen ist damit durch die zwei Analyserichtungen

- durch Leistungsminderung entgehender Wertzuwachs und
- durch die Störung unmittelbar induzierter zusätzlicher Werteverzehr

und deren Bezug auf die betrachteten Kostenarten geprägt[131].[132] Kosten der Störungswirkung schlagen sich nieder in

- störungsbedingt modifizierten Produktionskosten[133],
- störungsbedingten Bestandskosten sowie
- Lieferrückstandskosten.

Die in dieser Arbeit vorgestellten Untersuchungen sind durch die Orientierung an Störungswirkungen gekennzeichnet. Die Analysen fokussieren auf die Beeinträchtigung des inner- und überbetrieblichen Leistungsprozesses. Im Rahmen des vorgestellten Modellsystems werden Störsituationen großer Tragweite (deterministisch) vorgegeben. Die Kosten der Störungswirkung sind Entscheidungsgrundlage des Störungsmanagements. Es ist dabei von denjenigen Kosten auszugehen, die ohne Maßnahmen der Antizipation bzw. Reaktion auf Störungen zu erwarten sind. Direkte *Schadenskosten* haben deshalb keinen Einfluss auf die kostenoptimale Systemanpassung. Ein Faktorschaden im Sinne eines Sach- und Personenschadens ist unmittelbar an die Störgrößeneinwirkung bzw. an die Beseitigung dieser gekoppelt und mithin unabhängig von den Wirkungen auf den Prozess der Leistungserstellung. Wird auf die Strategie der *Störungsprophylaxe* abgestellt, sollen also störungsursachenbezogene Vermeidungsstrategien entwickelt werden, sind auch direkte Schadenskosten in die Betrachtung einzubeziehen[134].

Wird für Kosten der Störungswirkung der Parameter C^{dist} eingeführt, so besteht das Prinzip der Überführung einer Zeit-Mengen-Darstellung in ein Zeit-Kosten-Gerüst in der Multiplikation eines *Bewertungsvektors* mit der Zustandsgleichung. Zusätzlich müssen störungsbedingt veränderte Fixkosten in das Kalkül einbezogen werden. Eine Bewertung von Störungswirkungen je

[130] Vgl. auch Heil 1995, S. 99 ff.
[131] Vgl. Kollerer 1978, S. 111 ff.
[132] Anstelle der Kategorie *Kosten der Störungswirkung* ist in der Literatur auch der Schadensbegriff verbreitet. Kollerer (1978, S. 96 ff.) definiert *Schaden* als ökonomische Auswirkung eines Ereignisses. Die Einwirkung einer Störgröße kann nun als Ereignis aufgefasst werden, welches einen Schaden hervorruft.
[133] Störungsbedingt modifizierte Produktionskosten umfassen Kosten, die im störungsfreien Betrieb einer Kapazitätseinheit nicht anfallen, z. B. Prüfkosten, Kosten für Nacharbeit, zusätzliche Verbräuche an Repetierfaktoren. Zu den Kosten einer Betriebsunterbrechung (Stilllegungs-, Stillstands- und Wiederanlaufkosten) vgl. Kollerer 1978, S. 173 ff., Czeranowsky 1992, S. 80 f.
[134] Zur ursachenbezogenen Strategie der Störungsprophylaxe vgl. Abschnitt 2.2.2.2.

Systemtakt ist dann durch den Ausdruck der *Störungswirkungskosten je Zeitschritt* gegeben:

$$C^{dist}(T) = \sum_{k=1}^{m}(n_k(T) \cdot c_k^{dist} + C_k^{dist.fix}). \tag{4.49}$$

Unter *Kosten der Anpassung* werden alle mit der Wertschöpfung verbundenen Kosten im Zeitraum der Anpassung subsumiert. Diese Kostenkategorie beschreibt wirtschaftliche Konsequenzen der Systemanpassung. Anpassungsmaßnahmen wirken auf die Produktionskosten. Je nach Spezifik der Anpassung variieren die Produktionskosten als

- Funktion der Betriebszeit je Systemtakt,
- Funktion der Bearbeitungsintensität je Systemtakt oder
- Funktion der Anzahl und Ausprägung der im angepassten Produktionspotenzial eingesetzten Maschinen und Anlagen.

Seien die Kosten der Anpassung mit C^{adapt} bezeichnet, so kann für die *Anpassungskosten je Zeitschritt*

$$C^{adapt}(T) = \sum_{k=1}^{m}(n_k(T) \cdot c_k^{adapt} + C_k^{adapt.fix}) \tag{4.50}$$

angegeben werden[135].

Zwischen den Kategorien Kosten der Störungswirkung und bewertete Anpassung gilt gegenläufiges Kostenverhalten. Die Beziehungen (4.49) und (4.50) begründen den Optimierungsansatz für die Planung der Systemanpassung. Für die zu minimierenden *Gesamtkosten im Systembeobachtungszeitraum*, der Zeitspanne zwischen T_a und T_e, kann einfach abgeleitet werden[136]:

$$C = C(T_a,\ T_e) = \sum_{T=T_a}^{T_e}(C^{dist}(T) + C^{adapt}(T)).$$

4.2.2.2 Bestandskosten

Bestandskosten werden bestimmt durch die Bildung eines *Kostensatzes je Mengeneinheit und Lagerzeiteinheit* und dessen Multiplikation mit der *Gesamtperiodenmenge*[137]. Sie berücksichtigen die Kapitalbindung und damit die in gelagerten (Zwischen- und End-)Erzeugnissen enthaltene

---

[135] In Abschnitt 4.3 werden diese Kosten und die Störungswirkungskosten je Zeitschritt (Beziehung 4.49) als *Stufenkosten* bezeichnet. Diese Kosten dienen der Bewertung von Entscheidungen in einem (mehrstufigen) dynamischen Optimierungsmodell.

[136] In der betriebswirtschaftlichen Literatur ist diese zentrale Überlegung seit langem bekannt und wird in verschiedenen Kontexten problematisiert, vgl. die Zusammenstellung bei Laßmann 1996, Sp. 952 f. Häufig wird sie jedoch nicht einer operationalisierten bzw. formalisierten Betrachtung zugeführt, vgl. beispielsweise Opfermann 1968 in einem Vorwort von Ludwig Pack, Kollerer 1978, S. 95 und insbesondere S. 102 ff., Kistner 1974, S. 13. Laßmann (1996, Sp. 953) führt dazu aus, dass in der Praxis des Rechnungswesens erforderliche Kosteninformationen nicht ermittelbar, die Einflussgrößenbeziehungen sehr komplex und in der Regel nicht quantifizierbar seien. Die vorliegende Arbeit kann als Überwindung dieser Einschätzung für einen konkreten Anwendungsfall gesehen werden.

[137] Die so bestimmten Kosten Bestandskosten je Systemtakt werden auch als *Lagerführungskosten* bezeichnet, vgl. Akın 1999, S. 142 ff. Zu Lagerkosten und deren Bestandteilen vgl. Opfermann 1968, S. 173 f., Zäpfel 1982, S. 188 ff.

Wertschöpfung sowie Kosten für den Raumbedarf gelagerter Produkte. In einem vereinfachten Ansatz erfolgt eine Durchschnittsbildung, eine Zusammenfassung und Proportionalisierung relevanter Kostenbestandteile zu einem Kostensatz je normiertem Kapazitätsteil[138]. Die mit dem Produktionsfortschritt und damit mit dem Durchlaufen betrachteter Produktionsbereiche zunehmende Wertschöpfung führt zu einem Bestandskostensatz, der für kundenseitige Zustände im allgemeinen höher als in lieferantenseitigen Zuständen anzusetzen ist[139]. Verfügt darüber hinaus ein bestimmter Lagerort nur über begrenzten Lagerraum, so kann der (störungsbedingt) benötigte Platzbedarf unter Berücksichtigung erhöhter Kostenwirkungen erfasst werden.

Es ist offensichtlich, dass Bestandskosten sowohl für Lager- als auch für Werkstattbestände anfallen. Auch Werkstattbestand (Work-in-Process) beansprucht Platz und bindet Kapital. Der (durchschnittliche) Bestandskostensatz c_k^{store} eines Auftragsmixes in Niveaustufe k hängt also ab vom

- Wert der gelagerten Erzeugnisse im Auftragsmix. In Produktionssystemen entsprechend der Materialflussrichtung downstream vorhandene Bestände sind mit erhöhter Kapitalbindung verbunden.
- Verrechnungswert des Platzverbrauches. Stellt das Modellsystem beispielsweise eine Lieferkette dar und repräsentieren die einzelnen Niveaustufen verschiedene Produktionsstätten (Werke, Standorte), so muss von unterschiedlichen Kostensätzen für den Platzverbrauch gelagerter Produkte ausgegangen werden. In einer Fertigungsstufe *Montage* am Ende der Wertschöpfungskette muss ggf. ein veränderter in vielen Fällen mit zunehmender Wertschöpfung gestiegener Platzbedarf der Erzeugnisse Berücksichtigung finden.

Die gesamten niveaustufenspezifischen Bestandskosten bestimmen sich aus dem Produkt des Bestandes einer Niveaustufe (und damit in einem Zustand k) und den (durchschnittlichen) Kosten für die Lagerung eines normierten Kapazitätsteils über eine Zeiteinheit (dem Bestandskostensatz) gemäß:

$$C_k^{store}(T) = n_k(T) \cdot c_k^{store}. \tag{4.51}$$

Im Rahmen der vorliegenden Arbeit werden vom tatsächlichen Bestand unabhängige Bestandskosten nicht berücksichtigt. Eine solche fixe Bestandskostenkomponente entsteht durch lagerbezogene Gemeinkosten (Lagermiete, Instandhaltungskosten der Lagertechnik, Beleuchtungs- und Heizungskosten etc.) und damit durch die Einrichtung und Betriebsbereitschaft von separaten Lägern[140]. Hier angestellte Betrachtungen des operativen Störungsmanagements stellen ausschließlich auf die *Sicherungsfunktion der Lagerhaltung* ab. Insofern wird eine fixe Bestandskostenkomponente weder durch die Auslastung einer Niveaustufe noch durch Störungen oder Anpassungsmaßnahmen beeinflusst und ist somit für alle hier vorgenommenen Analysen kon-

[138] Zu damit verbundenen Problemen vgl. weiter Akın 1999, S. 144 f. Einmalige Kosten für die Ein- und Auslagerung und ggf. notwendige Qualitätsprüfung werden proportionalisiert.
[139] Zur grafischen Darstellung dieses Zusammenhangs in Form einer Wertzuwachskurve vgl. Bechte 1979, S. 9.
[140] Akın (1999, S. 142) spricht deshalb von *Lagerkapazitätskosten*. Die Entscheidung über Auf- bzw. Abbau von Lagerkapazitäten ist keine Entscheidung des reaktiven Störungsmanagements.

stant und gegeben. Eine fixe Komponente der Bestandskosten führt lediglich zu einer Erhöhung der gesamten Kosten innerhalb des betrachteten Zeitraumes, ist jedoch aufgrund ihrer Konstanz für die Konfiguration von Anpassungsstrategien unerheblich.

Die gesamten Bestandskosten in einem Systemtakt lassen sich als Summe der Bestandskosten je Niveaustufe (je Zustand) und Zeittakt darstellen:

$$C^{store}(T) = \sum_{k=1}^{m} n_k(T) \cdot c_k^{store}. \tag{4.52}$$

In alternativer Beschreibung können die einzelnen Bestandskostensätze der Niveaustufen im Spaltenvektor $\underline{c}_{store}$ zusammengefasst werden. Für die gesamten Bestandskosten eines Zeitschrittes folgt dann:

$$C^{store}(T) = \underline{n}(T) \cdot \underline{c}^{store}. \tag{4.53}$$

4.2.2.3 Lieferrückstandskosten

Lieferrückstandskosten entstehen, wenn die (geplante) Nachfrage am Systemausgang (dem Schnittstellenelement) nicht befriedigt werden kann, unabhängig davon, ob der Bedarf aus einem Mengenpuffer oder aus direkter Weitergabe (lagerlose Bedarfsübergabe) von der letzten Kapazitätseinheit aus an den Kunden erfolgt[141]. Sie berücksichtigen infolge Störungseinwirkung entgangene Erlöse bei Unterschreitung eines geplanten Outputs. Zusätzlich umfassen sie ggf. fällige Konventionalstrafen oder Kosten für Eilbereitstellungen. Bezüglich der Berücksichtigung des Erlösausfalls sind zwei Situationen zu differenzieren[142]:

- Lieferrückstand führt zu vollständigem Verlust des Absatzes der Erzeugnisse *(Lost-Sales-Fall)*. Absatzverlust ist mit entgangenen Deckungsbeiträgen[143] bzw. mit entgangenen Erlösen[144] verbunden und führt zu Kosten für die Aussonderung begonnener, aber nicht mehr benötigter Fertigungsaufträge (kundenauftragsbezogen angearbeitete (Zwischen-)Erzeugnisse).
- Ist eine Nachproduktion bzw. Nachlieferung in Verzug geratener Aufträge möglich, so bedeutet Lieferrückstand nicht gleichzeitig Absatzverlust *(Back-Order-Fall)*. Aufträge, die aufgrund von Störungen nicht rechtzeitig bearbeitet wurden, können in der Anpassungsphase fertiggestellt und ausgeliefert werden. Im Anpassungsbetrieb geschieht dies meist zu erhöhten Herstellkosten. Weitere durch Lieferrückstand verursachte Kosten sind ggf. Preisnachlässe, erhöhte Werbeausgaben sowie erhöhte Transportkosten durch ungünstige Frachttarife oder Eilzustellungen.

[141] Vgl. Akın 1999, S. 149 ff. sowie S. 165 ff. Im Fall der Lieferunfähigkeit entstehen Fehlmengenkosten. Die Betrachtungen beschränken sich auf *absatzbezogene* Lieferrückstandskosten. Kosten der Bedarfsunterdeckung zwischen den Produktionsstufen des betrachteten Systems werden nicht berücksichtigt.

[142] Zur Problematik Lieferrückstandskosten vgl. Opfermann 1978, S. 112 ff. und Alscher/Schneider 1982, S. 258 f. Zu Fehlmengenkosten und Bewertung des Goodwill-Verlustes vgl. insbesondere Weber 1987, S. 13 ff.

[143] Ein bislang noch nicht bearbeiteter Auftrag entfällt.

[144] Ein Kunde tritt von einem (fast) schon fertiggestellten, abnehmerbezogen spezifizierten Auftrag zurück. Der Auftrag ist nicht anderweitig verwertbar.

In beiden Situationen können Konventionalstrafen und Schadensersatzforderungen weitere Kostenwirkungen induzieren. Eine Vielzahl unterschiedlicher Einflussgrößen führt dazu, dass diese Effekte nur für den Einzelfall exakt bestimmbar sind[145]. Neben den beschriebenen unmittelbaren Lieferrückstandskosten sind mittelbare Kostenwirkungen zu erfassen. Im Regelfall führt eine verspätete Fertigstellung oder -bedienung von Aufträgen zu Ansehens- und Vertrauensverlusten des liefernden Unternehmens[146].

Kosten des Lieferrückstandes $C^{bl}(T)$ entstehen abhängig von der *Fehlmengenhöhe*. Über den Simulationszeitraum hinweg werden die Kundennachfrage und der Strom am Systemoutput kumuliert. Für jeden Zeitschritt wird bestimmt, wie viele normierte Kapazitätsteile das System qualitativ mangelfrei verlassen und in welchem Umfang normierte Kapazitätsteile nachgefragt wurden. Die Differenz zwischen der Kundennachfrage R^{dem} und dem Produktionsausstoß ergibt den Lieferrückstand je Systemtakt, welcher mit dem Lieferrückstandskostensatz c^{bl} gemäß nachstehender Vorschrift multipliziert wird:

$$C^{bl}(T) = max\left[0;\left(R^{dem}(T) - n_m(T-1)\cdot\left(1-\sum_{i=1}^{m} p_{mi}(T)\right)\right)\right]\cdot c^{bl}. \qquad (4.54)$$

$R^{dem}(T)$ kann mit der Einlastung in das Produktionssystem identisch sein. Insbesondere in Systemen, in denen aufgrund technologisch-organisatorisch nicht vollständig beherrschter Produktionsprozesse mit einem permanenten Ausschussanteil gerechnet werden muss[147], ist die Einlastung an Rohstoffen und Halbzeugen ständig höher als die tatsächliche Kundennachfrage. Der durch Ausschuss verursachte Verlust an Erzeugnissen ist auszugleichen[148].[149]

In Gleichung (4.54) wird davon ausgegangen, dass *alle* normierten Kapazitätsteile, die die Niveaustufe m (den Zustand m) verlassen, Gutteile sind. Dies ist bei der Abbildung realer Produktionssysteme zu berücksichtigen. Werden Systeme untersucht, in denen Gutteile aus mehreren Niveausstufen das System verlassen oder eine Störung mit Ausschussproduktion in Zustand m möglich ist, ist ein Hilfszustand derart einzuführen, dass Gut- und Ausschussteile getrennt erfasst werden können.

4.2.2.4 Produktionskosten

Produktionskosten sind sowohl abhängig von auf das System einwirkenden Störungen als auch von vorgenommenen Anpassungsmaßnahmen. Ökonomische Effekte fertigungsbezogener bzw.

---

145 Vgl. weiter Weber 1987, S. 17.

146 Der so genannte Goodwill-Verlust ist häufig schwierig zu quantifizieren, vgl. Weber 1987, S. 13 ff., Heil 1995, S. 103, Schweitzer 1997, S. 40, Akın 1999, S. 173 ff.

147 Dies trifft beispielsweise auf technologisch schwierig zu beherrschende elektrochemische Prozesse in der Halbleiterfertigung zu.

148 Insoweit wird in Folge der Back-Order-Fall unterstellt.

149 In aktuellen Untersuchungen werden Lieferrückstandskosten häufig auch in Abhängigkeit der *Fehlmengendauer* modelliert, vgl. Akın 1999, S. 168 f. und die dort verarbeitete Literatur. Auch in dem hier vorgestellten Modellierungsansatz kann eine durch eine Störung induzierte Fehlmenge in Abhängigkeit der Dauer ihres Fortbestandes bewertet werden. Der Lieferrückstandskostensatz ist dann als Funktion der Zeit zu gestalten ($c^{bl} \rightarrow c^{bl}(T)$). Zu solchen zeitabhängigen Funktionen vgl. weiter Akın 1999, S. 169 ff.

logistischer Störungen und wirtschaftliche Konsequenzen von Anpassungsmaßnahmen überlagern sich. In den folgenden Abschnitten werden Produktionskosten zunächst für das ungestörte System analysiert. Darauf aufbauend werden durch Störungen und Anpassungsmaßnahmen hervorgerufene Kostenwirkungen untersucht.

4.2.2.4.1 Produktionskosten im ungestörten System

Die gesamten Produktionskosten setzen sich aus den von der Ausbringungsmenge unabhängigen produktionsbezogenen Gemeinkosten[150] und den Bearbeitungskosten für die bearbeiteten normierten Kapazitätsteile zusammen[151].

Betrachtete produktionsbezogene Gemeinkosten umfassen die vom Produktionsdurchsatz unabhängigen Kosten für den Betrieb des Produktions- und Liefersystems[152]. Reine Bearbeitungskosten für bearbeitete Kapazitätsteile ermitteln sich aus dem Produkt der bearbeiteten normierten Kapazitätsteile $L_k^{real}(T)$ und dem Bearbeitungskostensatz c_k^{prod}. Dieser Bearbeitungskostensatz enthält ausschließlich variable Kosten, die bei der Bearbeitung eines normierten Kapazitätsteils anfallen.

An dieser Stelle soll nochmals an das Prinzip der Darstellung der Aufträge (und damit der Kapazitätsnachfrage) im Modellsystem erinnert werden[153]. Unterschiedliche (heterogene) Produktionsaufträge, die das System durchlaufen, weisen unterschiedliche Bearbeitungskostensätze auf. Ein für kurzfristige Analysen als bekannt anzunehmender, hinsichtlich seiner Zusammensetzung fester oder variabler (durchschnittlicher) Auftragsmix wird mittels einer definierten Normzeitdauer in eine Anzahl normierter Kapazitätsteile überführt. Die niveaustufenspezifische Belastung der Produktionsbereiche kann damit in homogenen Basiseinheiten, beispielsweise als Ausdruck „Stunden nachgefragter Arbeitstechnik", angegeben werden. Auch Aufträge bzw. Erzeugnisse im Bestand werden dieser Methodik folgend in gespeicherter Arbeitsverrichtung ausgedrückt. Ein konkreter Auftrag, eine bestimmte Menge Erzeugnisse, entspricht dann einer Anzahl normierter Kapazitätsteile. Aus den Einzelkosten der Produktion für diesen Auftragsmix kann durch Division durch die Gesamtzahl normierter Kapazitätsteile ein *durchschnittlicher Bearbeitungskostensatz* gewonnen werden, welcher als Berechnungsgrundlage für die Bearbeitungskosten dient[154]. Die Gemeinkosten, die bezogen auf einen Zeitschritt der Systembeobachtung in Summe für den bearbeiteten Auftragsmix anfallen, werden als Fixkostenblock berücksichtigt.

Das hier vorgestellte Modellsystem soll eine schnelle Prognose wahrscheinlich zu erwartender Störungswirkungen ermöglichen und zu einer Abschätzung damit verbundener *durchschnittlicher* erfolgswirtschaftlicher Konsequenzen auf einer aggregierten Netzwerkebene, also unter Ein-

[150] Zu dem hier gefolgten Verständnis der Gemeinkosten vgl. Lange 2002, Sp. 617 f.

[151] Vgl. hierzu Abschnitt 4.2.2.1, insbesondere Tab. 4.3. Zu Bestandteilen von Produktionskosten (Gemeinkosten, fixe Kosten) siehe Dellmann 1996, Sp. 63 f. Zum Kostenverhalten in Abhängigkeit fixer und variabler Bestandteile vgl. Laßmann 1996, Sp. 947 f.

[152] Hierzu zählen exemplarisch die Gemeinkosten für Klimatisierung und Beleuchtung, nutzungsunabhängige Betriebskosten für Anlagen und Produktionsbereiche sowie auf Zeitbasis kalkulierte Personalkosten.

[153] Vgl. hierzu die Ausführungen in Abschnitt 3.3.2.2 sowie Fischäder/Dittrich 2004, S. 147 ff.

[154] Zu den Bearbeitungskosten zählen insbesondere Materialeinzelkosten, auftragsspezifisch ausgewiesener Energieaufwand für die Bearbeitung o. ä. sowie ausbringungsmengenabhängige Bestandteile der Personalkosten (z. B. Akkord- oder Prämienlöhne).

schluss des gesamten abgegrenzten Produktionsverbundes, führen. Störungen können zunächst nur hinsichtlich ihrer Wirkungen auf das kapazitive und aggregierte Systemverhalten beschrieben werden. Stehen Informationen einer niveaustufenspezifischen Feinplanung und Steuerung zur Verfügung, so können Störungsimplikationen und Kostenwirkungen auf die Ebene einzelner Aufträge bzw. Erzeugnisse detailliert werden[155].[156]

Die gesamten Produktionskosten in der Niveaustufe k und im Zeitschritt T bestimmen sich als Summe der produktionsbezogenen Gemeinkosten C_k^{fix} und der gesamten Bearbeitungskosten:

$$C_k^{prod}(T) = L_k^{real}(T) \cdot c_k^{prod} + C_k^{fix}. \qquad (4.55)$$

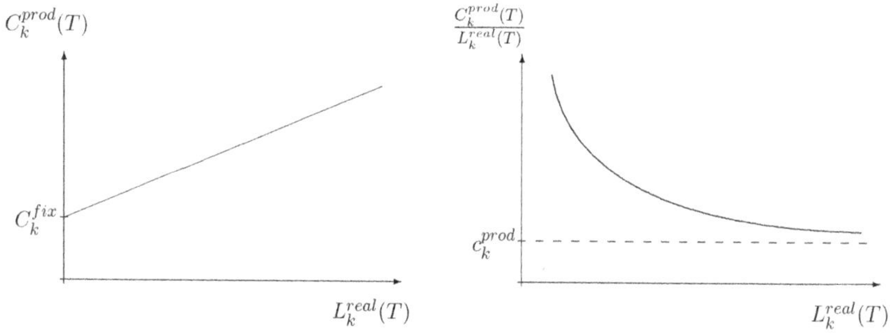

Abb. 4.36: Verlauf der Produktionskosten im ungestörten System

Die linke Seite in Abb. 4.36 stellt die in Zustand k in einem Zeitschritt entstehenden fertigungsbereichsspezifischen Produktionskosten dar. Die rechte Seite von Abb. 4.36 weist die in einem Zeitschritt in Zustand k entstehenden gesamten Produktionskosten, bezogen auf die Menge bearbeiteter normierter Kapazitätsteile, aus. Es resultiert ein hyperbolischer Kostenverlauf mit der waagerechten Asymptote c_k^{prod}.

4.2.2.4.2 Produktionskosten im Störfall

Ist eine Niveaustufe k gestört, so erhöhen sich je nach Art der Störung der Bearbeitungskostensatz oder/und die produktionsbezogenen Gemeinkosten. Die Abb. 4.37 gibt einen Überblick über durch Störungen und ihre Ausbreitung induzierte Kosteneffekte in mehrstufigen Produktionssystemen.

Ein Anstieg des Bearbeitungskostensatzes impliziert höhere Kosten für die Bearbeitung eines jeden normierten Kapazitätsteils. Eine solche störungsbedingte Kostenwirkung kann beispielsweise an einer Kapazitätseinheit *Zuschneidemaschine* verdeutlicht werden. Durch eine Störung an der Anlage kann mehr Verschnitt entstehen, was zu steigenden Materialstückkosten führt.

155 Die Genauigkeit der mit dem hier vorgestellten Modellierungsansatz gewinnbaren Aussagen lässt sich steigern, wenn das Basismodell auf ausgewählte Produkte oder Produkttypen bezogen wird. Vgl. Abschnitt 3.3.3.3.1.

156 Die Ausführungen in Anlage C geben Einblick in die Störungsfolge-Abschätzung und -Bewertung auf aggregierter Ebene und deren Implikationen auf der Ebene einzelner gestörter und angepasster Produktionsbereiche.

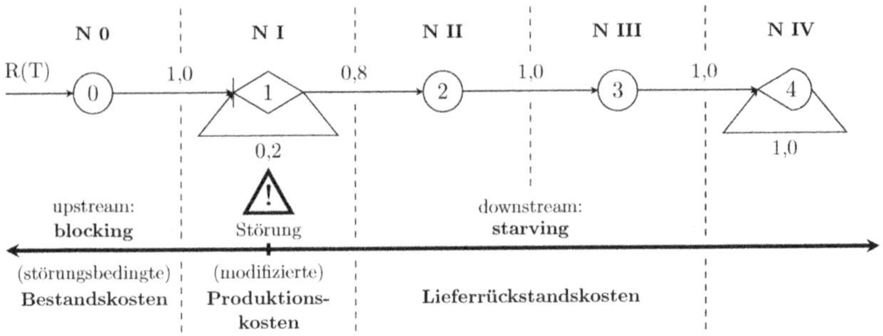

Abb. 4.37: Durch Störungen beeinflusste Kostenarten

Werden zusätzliche Mitarbeiter für eine Qualitätskontrolle beschäftigt und auf Zeitbasis entlohnt, so wirkt sich dies auf die produktionsbezogenen Gemeinkosten aus. Die Veränderung der Produktionskosten im Zustand k (C_k^{prod}) wird in Beziehung (4.56) dargestellt. Kostenwirkungen einer Störung sind durch die Erhöhung des Bearbeitungskostensatzes $c_k^{prod.dist}(T)$ und die Erhöhung der produktionsbezogenen Gemeinkosten $C_k^{fix.dist}(T)$ beschrieben

$$C_k^{prod}(T) = L_k^{real}(T) \cdot (c_k^{prod} + c_k^{prod.dist}(T)) + (C_k^{fix} + C_k^{fix.dist}(T)). \tag{4.56}$$

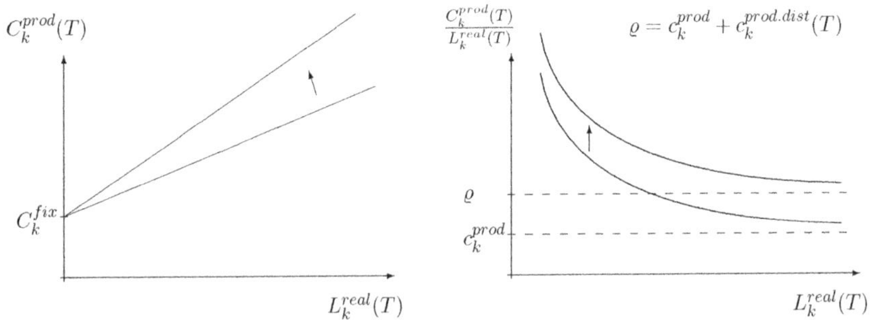

Abb. 4.38: Produktionskosten unter Störeinfluss (erhöhter Bearbeitungskostensatz)

Abb. 4.38 stellt die Veränderungen der aus Abb. 4.36 bekannten Produktionskostenverläufe für einen erhöhten Bearbeitungskostensatz (d. h. $c_k^{prod.dist}(T) > 0$) dar. Es vergrößert sich die Steigung der gesamten Produktionskosten. Die Produktionskosten, bezogen auf ein normiertes Kapazitätsteil, steigen bei gleichem $L_k^{real}(T)$ um $c_k^{prod.dist}(T)$, die Kurve der rechten Seite von Abb. 4.38 verschiebt sich um diesen Betrag.

Abb. 4.39 zeigt den Einfluss erhöhter produktionsbezogener Gemeinkosten bei konstantem Bearbeitungskostensatz. Die gesamten Produktionskosten verschieben sich um den Betrag $C_k^{fix.dist}(T)$.

Die Produktionskosten, bezogen auf das normierte Kapazitätsteil, steigen für $C_k^{fix.dist}(T) > 0$ bei sinkender Ausbringungsmenge $L_k^{real}(T)$ schneller an, die Asymptote bleibt unverändert. Treten durch Störungen beide Kostenwirkungen gleichzeitig auf, so überlagern sich ihre Implikationen auf die Verläufe der Produktionskosten.

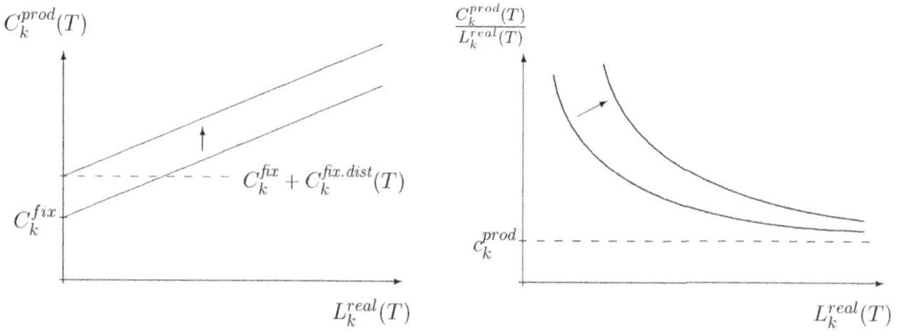

Abb. 4.39: Produktionskosten unter Störeinfluss (erhöhte Gemeinkosten)

Bei Erweiterung des Modellsystems auf Beschränkung der Maximalbestände (Blocking) ist die Berechnung der Leistung einer Niveaustufe gegenüber Beziehung (4.21) entsprechend anzupassen[157]. Diese allgemeinere Form der Leistungsberechnung ist in Gleichung (4.43) gegeben und lautet für den Zustand k

$$L_k^{real}(T) = n_k(T-1) \cdot (1 - p_{kk}) - \sum_{i=k+1}^{m} s_i^{back}(T) \cdot \frac{s_{ki}(T)}{s_i^{input}(T)},$$

wobei die Summe auf der rechten Seite der Gleichung die während der Korrektur auf Maximalbestände rückgelieferten normierten Kapazitätsteile von der Zustandsleistung subtrahiert und mithin die Leistung der Kapazitätseinheit reduziert[158]. Sind Bestände einer Niveaustufe nicht beschränkt, so kann Gleichung (4.21) unverändert Verwendung finden.

Kapazitätsreduzierende Störungen ohne (unmittelbaren) Kosteneinfluss (es gilt in diesem Fall $L_k^{dist}(T) > 0$, $c_k^{prod.dist}(T) = 0$ und $C_k^{fix.dist}(T) = 0$) sind denkbar[159]. Aus Gleichung (4.55) sowie der rechten Seite von Abb. 4.36 wird deutlich, dass eine solche kapazitätsreduzierende Störung lediglich den ersten Term auf der rechten Seite der Gleichung (die gesamten Bearbeitungskosten) betrifft. Produktionsbezogene Gemeinkosten bleiben unverändert. Eine solche Störung reduziert folglich die gesamten Produktionskosten. Die Kostenreduktion fällt im Fall $C_k^{fix} > 0$ jedoch geringer aus als der Kapazitätsverlust durch die Störung. Der störungsbedingte Kapazitätsverlust ist also prozentual größer als die mit der Störung verbundene Kostenreduktion. Man kann dies

[157] Vgl. hierzu Abschnitt 4.1.2.4.4.

[158] Siehe hierzu die Gleichungen (4.41) und (4.42) in Abschnitt 4.1.2.4.4 sowie Hild/Fischäder 2005, S. 66.

[159] So kann es notwendig werden, ein Engpass-Aggregat kurz anzuhalten, um eine Überhitzung der Anlage zu verhindern.

bei Betrachtung der Produktionskosten je normiertem Kapazitätsteil zeigen:

$$\frac{C_k(T)}{L_k^{real}(T)} = c_k^{prod} + \frac{C_k^{fix}}{L_k^{real}(T)}.$$

Eine Reduktion von $L_k^{real}(T)$ führt mithin zu einer Erhöhung der Produktionskosten je normiertem Kapazitätsteil sowie zu einer Reduktion der gesamten Produktionskosten.

Beispiel 4.16:

An dieser Stelle wird Beispiel 4.11 aufgegriffen, in dem eine kombinierte Störung in der zweiten Niveaustufe des Systems einwirkt. In diesem Szenario werden die Kostenwirkungen von Störungen verdeutlicht. Die eingestellten Kostenparameter werden auch in den folgenden Beispielen genutzt, um eine Vergleichbarkeit unterschiedlicher Situationen zu ermöglichen.

Die Bearbeitungskostensätze[160] werden angegeben mit $c_1^{prod} = 5$, $c_2^{prod} = 5$, $c_3^{prod} = 4$, $c_4^{prod} = 5$ und $c_5^{prod} = 5$. Die produktionsbezogenen Gemeinkosten sind in allen Zuständen $C_k^{fix} = 100$. Die Bestandskostensätze betragen $c_1^{store} = 1{,}4$, $c_2^{store} = 2$, $c_3^{store} = 2{,}7$, $c_4^{store} = 3{,}1$ und $c_5^{store} = 4$. Der Anstieg der Bestandskostensätze über die Zustandsfolge hinweg spiegelt die steigende Wertschöpfung wieder. Der Lieferrückstandskostensatz wird mit $c^{bl} = 50$ verhältnismäßig hoch gewählt, um eine deutliche „Bestrafung" von Lieferrückständen im Modell abzubilden.

Durch die Störgrößeneinwirkung fallen in der gestörten Kapazitätseinheit 2 (Zustand 2) zusätzliche produktionsbezogene Gemeinkosten in Höhe von $C_2^{fix.dist}(T) = 10$ an; auf das normierte Kapazitätsteil bezogene Bearbeitungskosten erhöhen sich nicht ($c_2^{prod.dist}(T) = 0$). Eine solche störungsbedingte Erhöhung der Gemeinkosten entsteht beispielsweise durch den Einsatz zusätzlicher, auf Zeitbasis entlohnter Mitarbeiter für die Durchführung einer Qualitätskontrolle.

Die Entwicklung der Bestände normierter Kapazitätsteile in den einzelnen Niveaustufen des betrachteten Produktionssystems wurde bereits in Abb. 4.26 (vgl. Abschnitt 4.1.2.4.2) dargestellt. Damit verbundene Kostenverläufe sind in den nachstehenden Abbildungen zusammengefasst.

Abb. 4.40 stellt die Produktionskosten je Zustand in jedem Systemtakt dar. Die Produktionskosten in Zustand 2 sinken mit Eintritt der Störung leicht ab. Während die Kapazitätseinheit aber im Vergleich zum ungestörten Betrieb 6,5% weniger Erzeugnisse bearbeitet, sinken die Produktionskosten nur um rund 2,9%. Die auf ein normiertes Kapazitätsteil bezogenen Produktionskosten sind durch die Störung gestiegen. Nach Ende der Störgrößeneinwirkung steigen die Produktionskosten an, da die Kapazitätseinheit nun mit Normalkapazität arbeitet, mithin die systeminhärenten Kapazitätsreserven ausschöpft, um störungsbedingt vorhandenen Überbestand abzubauen.

[160] Bearbeitungs-, Bestands- und Lieferrückstandskostensätze sind in Geldeinheiten je normiertem Kapazitätsteil angegeben. Produktionsbezogene Gemeinkosten haben die Dimension Geldeinheiten.

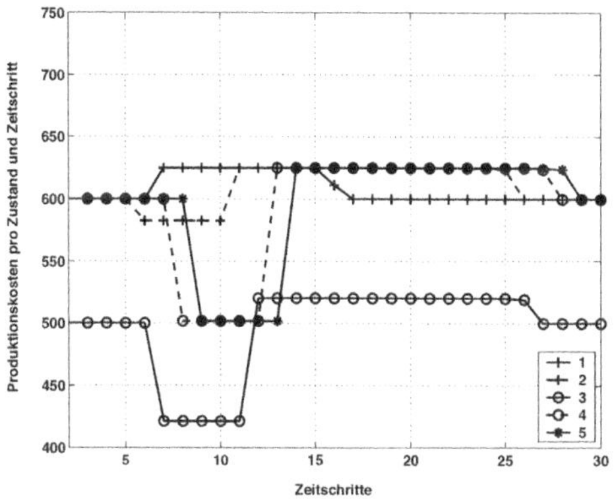

Abb. 4.40: Produktionskosten je Zustand und Zeitschritt in Beispiel 4.16

Analog lässt sich das Verhalten der Produktionsbereiche 3, 4 und 5 interpretieren. Sie verlieren während der zeitweisen Unterauslastung des Systems 19,7% ihrer Leistung, die Kosten sinken jedoch nur um 15,7% (Zustand 3) bzw. 16,4% (in den Zuständen 4 und 5). Auch in diesen durch die Störgrößeneinwirkung nicht unmittelbar betroffenen Zuständen steigen durch die Unterauslastung die Produktionskosten je normiertem Kapazitätsteil.

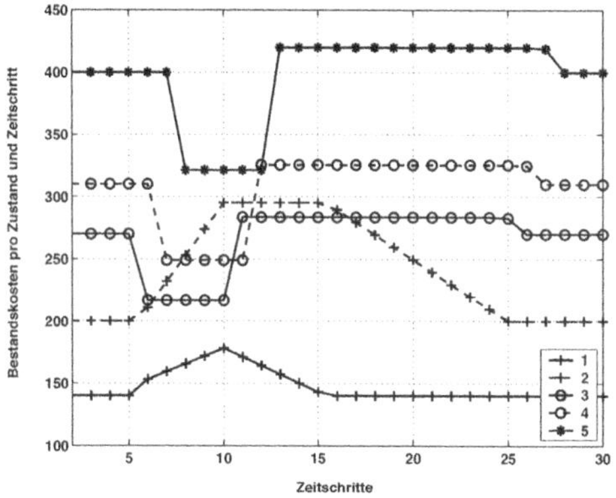

Abb. 4.41: Bestandskosten je Zustand und Zeitschritt in Beispiel 4.16

Abb. 4.41 zeigt die Bestandskosten in den einzelnen Zuständen und Systemtakten. Diese verhalten sich proportional zu den jeweiligen Beständen entsprechend der unterschiedlich hohen Bestandskostensätze. Die gesamten Kosten des gestörten Systems sind gegenüber dem ungestörten Systembetrieb erwartungsgemäß gestiegen. Die Störung verursacht im Beispiel eine deutliche Kostenerhöhung von rund 4,9% bei einer insgesamt gleichen Ausbringungsmenge. Tab. 4.4 fasst die Kosten zusammen. ■

Kostenart	ungestörtes System	gestörtes System
Produktionskosten	84.100	84.292
Bestandskosten	38.280	39.448
Lieferrückstandskosten	0	4.919
Gesamtkosten	122.380	128.659

Tab. 4.4: Kostenwirkungen unter Störeinfluss

Erwartete – und im Beispiel bestätigte – störungsinduzierte Kostenwirkungen können durch geeignete Anpassungsmaßnahmen reduziert werden, jedoch sind auch mit Anpassungsmaßnahmen Kostenwirkungen verbunden. Diese Kostenwirkungen der zum Störungswirkungsausgleich vorgenommenen Anpassungsmaßnahmen werden in nachfolgenden Abschnitten näher erläutert.

4.2.2.4.3 Produktionskosten bei intensitätsbezogener Anpassung

Die Modellierung intensitätsbezogener Anpassungen ist Gegenstand des Abschnitts 4.2.1.2. An dieser Stelle sollen die Betrachtungen um die Kostenwirkungen dieser Anpassungsform erweitert werden[161]. Eine Kostenbewertung intensitätsbezogener Anpassungsformen ist notwendig, da sich die Bearbeitungskosten eines normierten Kapazitätsteils c_k^{prod} im Zustand k im allgemeinen Fall abhängig von der Produktionsintensität entwickeln. Die Veränderung der Intensität geht mit einer veränderten maximal nutzbaren Kapazität $L_k^{use.max}(T)$ einher. Die mit einer Anpassungsmaßnahme verbundene Veränderung der Intensität $a_k^{int}(T)$ bestimmt sich durch Umstellen der Gleichung (4.47). Man erhält so die Beziehung:

$$a_k^{int}(T) = \frac{L_k^{adapt}(T)}{L_k^{norm}(T)}, \tag{4.57}$$

wobei $L_k^{adapt}(T)$ die mit der Anpassung verbundene Veränderung der Kapazität darstellt. Der in Gleichung (4.57) dargestellte Zusammenhang zwischen den Größen $L_k^{adapt}(T)$ und $a_k^{int}(T)$ macht deutlich, dass die Vorgabe einer Anpassungsmaßnahme sowohl über die mit der Intensitätsvariation verbundene Kapazitätssteigerung $a_k^{int}(T)$ als auch direkt in Form einer absoluten Steigerung $L_k^{adapt}(T)$ vorgenommen werden kann.

Eine Veränderung der Produktionsintensität induziert Kostenwirkungen, da gilt:

$$c_k^{prod.int}(T) = f(a_k^{int}(T)). \tag{4.58}$$

Die Bearbeitungskosten je normiertem Kapazitätsteil folgen in Abhängigkeit der Intensitätsveränderung typischerweise einen in Abb. 4.42 dargestellten Verlauf[162]. Die Abbildung zeigt, dass

[161] Zu dem Kostenverhalten intensitätsbezogen angepasster Produktionssysteme vgl. Laßmann 1996, Sp. 851 f., Hild/Fischäder 2005, S. 69 ff.

[162] Vgl. Gutenberg 1983, S. 368 f., Steven 1998, S. 149.

ein Produktionssystem bei nicht durch Anpassung veränderter Intensität, d. h. bei

$$a_k^{int}(T) = 0 \Longleftrightarrow L_k^{adapt}(T) = 0,$$

Produktionsfaktoren kostenminimal kombiniert, mithin in optimaler Intensität arbeitet. Diese optimale Intensität ist gekennzeichnet durch $c_k^{prod.int}(T) = 0$.

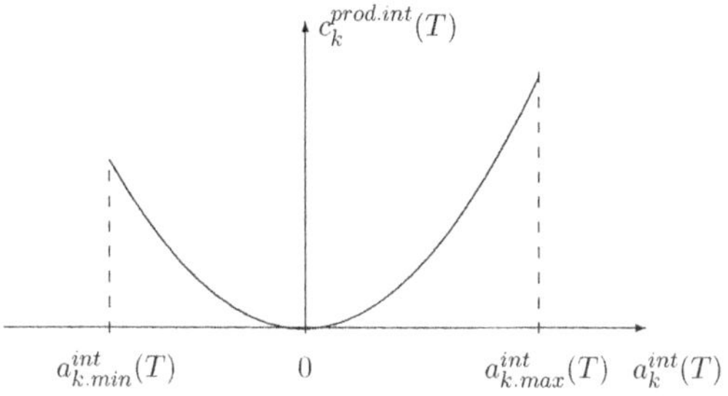

Abb. 4.42: Bearbeitungskostensatz bei Intensitätsvariation

Der in Abb. 4.42 dargestellte Verlauf gründet auf der nur im Kostenminimum erzielten optimalen Faktorkombination. Bei höherer oder niedigerer Intensität werden Produktionsfaktoren suboptimal kombiniert, so dass höhere Bearbeitungskosten je normiertem Kapazitätsteil die Folge sind[163]. Dieser mengenproportionale Kostenzuwachs kann durch intensitätsbedingte Mehrausschussmengen, Mehrverbrauchsmengen oder Mehrinstandhaltung induziert sein[164].

Der in Abb. 4.42 dargestellte Kostenverlauf kann beispielsweise durch eine quadratische Funktion

$$c_k^{prod.int}(T) = c_k^{prod} \cdot (a_k^{int}(T))^2 \tag{4.59}$$

beschrieben werden[165]. In der betrieblichen Praxis sind zudem Fälle denkbar, in denen die Anpassungskosten nicht durch einen kontinuierlichen Zusammenhang beschrieben werden können. Häufig sind lediglich diskrete Intensitätsstufen mit entsprechenden Bearbeitungskostensätzen wählbar.

Allgemein gilt für die gesamten Produktionskosten im Fall der intensitätsbezogenen Anpassung:

$$C_k^{prod}(T) = L_k^{real}(T) \cdot (c_k^{prod} + c_k^{prod.int}(T)) + C_k^{fix}. \tag{4.60}$$

[163] Zum Kostenverhalten bei Intensitätsvariation vgl. Gutenberg 1983, S. 366 ff. und weiter Steven 1998, S. 148 ff. und Corsten 2004, S. 135 ff.

[164] Vgl. hierzu Akın 1999, S. 160 ff. Werden im praktischen Kontext Anlagen der elektro-chemischen Bearbeitung (Eloxieren, Galvanisieren) betrachtet, so ist ausgehend von der kostenoptimalen Bearbeitungsintensität mit überproportional steigender Energieaufnahme solcher Anlagen bei Intensitätsvariation zu rechnen. Vgl. hierzu auch Anlage C im Anhang dieser Arbeit.

[165] Neben Ploynomen 2. Ordnung können beispielsweise Funktionen vierten Grades Anwendung finden. Zu rechts- und linksschiefen Verläufen vgl. insbesondere Adam 2001, S. 394 ff.

Die intensitätsbezogene Anpassung wirkt unmittelbar auf die Kosten je normiertem Kapazitätsteil; jedes normierte Kapazitätsteil wird bei dieser Anpassungsform zu einem erhöhten Bearbeitungskostensatz gefertigt. Die Beeinflussung der gesamten Produktionskosten durch die Anpassung ist abhängig von der realisierten Ausbringungsmenge, also von dem Leistungsparameter $L_k^{real}(T)$. Die realisierte Leistung $L_k^{real}(T)$ ist wiederum von ausreichend vorhandenen Beständen in Niveaustufe k und ggf. von freien Lagerflächen in nachfolgenden Niveaustufen (in den Folgezuständen) abhängig.

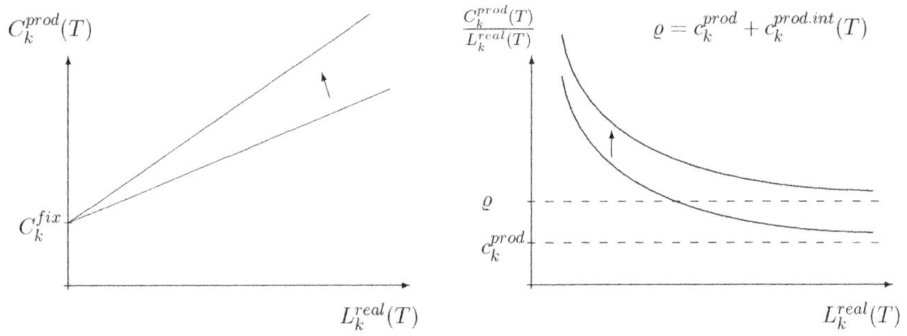

Abb. 4.43: Produktionskosten bei intensitätsbezogener Anpassung

Intensitätsbezogene Anpassungsmaßnahmen führen zu den in Abb. 4.43 gezeigten Veränderungen der Produktionskostenverläufe. Im Vergleich zu den Erläuterungen von Kostenverläufen gestörter Systeme[166] bewirkt eine intensitätsbezogene Anpassungsmaßnahme jedoch eine Kapazitätserhöhung und somit eine Erhöhung der Ausbringungsmenge. Mit der Anpassungsmaßnahme sind deshalb erhöhte gesamte Produktionskosten verbunden, wogegen eine Störung auch sinkende Produktionskosten nach sich ziehen kann, wenn keine signifikanten Kostenerhöhungen auftreten und die Leistung des gestörten Zustandes $L_k^{real}(T)$ stark absinkt. Die im Zeitraum der Anpassung erhöhten Kosten werden durch sinkende Bestands- und Lieferrückstandskosten, mithin reduzierte Störungswirkungen in zukünftigen Zeitschritten ausgeglichen; Anpassung wird somit als eine *Investition in geringere Bestände und Lieferrückstände* interpretiert.

Beispiel 4.17:

Um die Kostenwirkungen intensitätsbezogener Anpassung zu verdeutlichen, soll Beispiel 4.16 aufgegriffen und das Szenario um die Durchführung einer Anpassungsmaßnahme erweitert werden. Eine intensitätsbezogene Anpassung in Zustand 2 wird derart vorgenommen, dass eine zusätzliche Kapazität von 10 normierten Kapazitätsteilen, $L_2^{adapt}(T) = 10$, freigesetzt wird. Ausschuss- und Nacharbeitsanteile werden durch die Anpassung nicht beeinflusst. Mit der Anpassungsmaßnahme verbundene organisatorischen Vorbereitungen bedingen, dass die Anpassung mit einer geringen Zeitverzögerung gegenüber dem Störeintritt in $T = 6$ beginnt und mit der Störung in $T = 10$ endet.

[166] Vgl. nochmals Abschnitt 4.2.2.4.2, insbesondere Abb. 4.38.

Durch die intensitätsbezogene Anpassung erhöht sich der Bearbeitungskostensatz. Im Beispiel wird die Normalkapazität um rund 9,5% von 105 auf einen Durchsatz von 115 normierten Kapazitätsteilen gesteigert, der Bearbeitungskostensatz steigt dabei um 20% von 5 auf 6 Geldeinheiten ($c_2^{prod.int}(T) = 1$). Alle weiteren Kostenparameter werden aus Beispiel 4.16 übernommen.

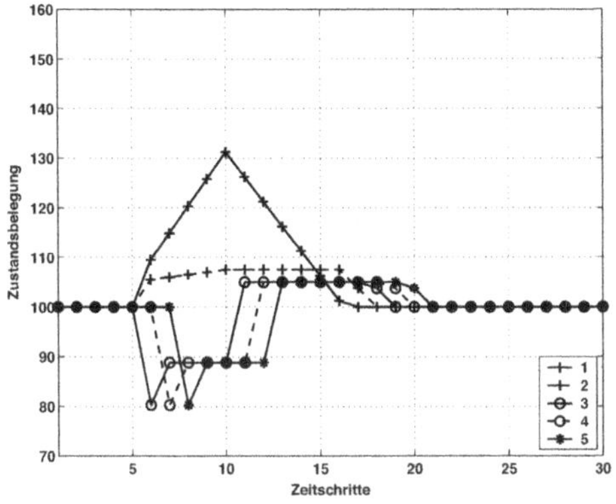

Abb. 4.44: Bestandsentwicklung bei Anpassung im Beispiel 4.17

In Abb. 4.44 ist zu erkennen, dass die Bestände an normierten Kapazitätsteilen im gestörten Zustand 2 gegenüber dem unangepassten gestörten System (vgl. Abb. 4.26, Abschnitt 4.1.2.4.2) deutlich abgesunken sind. Die in Abb. 4.45 dargestellten Produktionskosten je Zustand und Zeitschritt weisen während der Anpassung eine deutliche Erhöhung in Zustand 2 auf.

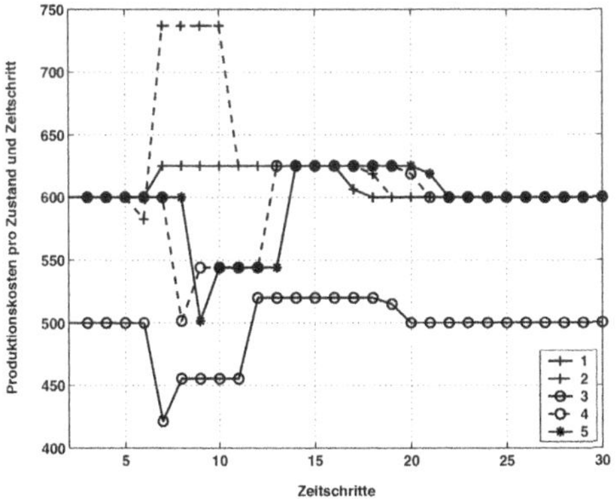

Abb. 4.45: Produktionskosten je Zustand und Zeitschritt im Beispiel 4.17

Die erhöhten Produktionskosten werden jedoch durch verringerte Bestandskosten und insbesondere durch niedrigere Lieferrückstandskosten kompensiert. Abb. 4.46 stellt den Verlauf der Bestandskosten dar.

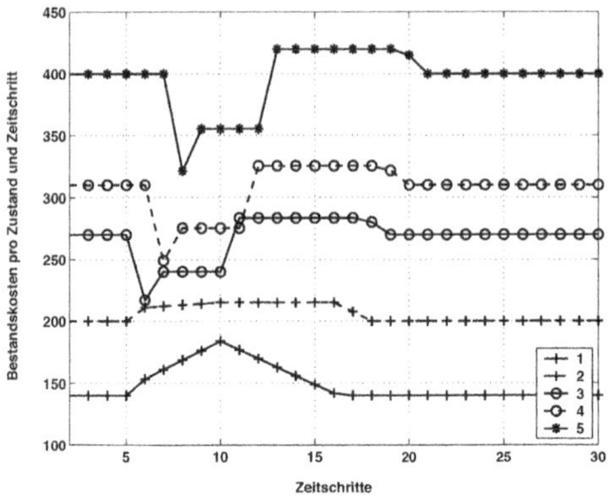

Abb. 4.46: Bestandskosten je Zustand und Zeitschritt im Beispiel 4.17

Das bereits angedeutete Überkompensieren der infolge Anpassung erhöhten Produktionskosten durch verringerte Bestands- und Lieferrückstandskosten wird in Tab. 4.5 verdeutlicht.

Kostenart	ungestörtes System	gestörtes System	angepasstes System
Produktionskosten	84.100	84.292	84.722
Bestandskosten	38.280	39.448	38.449
Lieferrückstandskosten	0	4.919	3.219
Gesamtkosten	122.380	128.659	126.390

Tab. 4.5: Kosten durch Störung und intensitätsbezogene Anpassung

Die Daten lassen erkennen, dass durch die Anpassungsmaßnahme die Kosten der Störungswirkungen gesenkt, jedoch nicht die Gesamtkosten des ungestörten Systems erreicht werden. Eine Anpassungsmaßnahme kann negative bewertete Störungswirkungen zwar vermindern, im Regelfall aber nicht vollständig ausgleichen. ■

4.2.2.4.4 Produktionskosten bei zeitlicher Anpassung

Die Modellierung zeitlicher Anpassungsformen ist bereits in Abschnitt 4.2.1.3 beschrieben worden[167]. Die Anpassungsmaßnahme verändert die Normalkapazität $L_k^{use.max}(T)$ und damit die maximal realisierbare Leistung. In der betrieblichen Praxis geschieht dies durch Ausdehnen der Betriebszeit je Systemtakt in den angepassten Niveaustufen; die Bearbeitungsintensität bleibt unverändert. Der Bearbeitungskostensatz wird sich erhöhen, wenn von der Ausbringungsmenge abhängige Lohnkomponenten (Akkordentlohnung) durch gesetzlich bzw. tariflich reglementierte Überstunden-, Nachtarbeits- oder Wochenendzuschläge erhöht werden.

Zeitliche Anpassung ist darüber hinaus mit Kostenwirkungen verbunden, die von der tatsächlichen Auslastung des Produktionssystems unabhängig sind. Solche Kostenwirkungen sind bei-

[167] Vgl. auch Hild/Fischäder 2005, S. 74 ff.

spielsweise erhöhte Personalkosten oder veränderte Raumnutzungskosten (Beleuchtungs-, Heizkosten) durch längeren Betrieb einer angepassten Kapazitätseinheit.

Im betrieblichen Alltag stehen für die zeitliche Anpassung häufig nur diskrete Ausprägungen mit spezifischen Kostenwirkungen zur Auswahl, neben variablen Überstunden kann beispielsweise in einer zusätzlichen dritten oder vierten Schicht gearbeitet werden. Denkbare Optionen sind im allgemeinen durch Tarifverträge und gültiges Arbeitsrecht eingeschränkt. Je Tag sind Höchstarbeitszeiten und ebenso Mindestpausenzeiten einzuhalten. Die Änderung des betrieblichen Schichtregimes bedarf häufig einer Vorlaufzeit, so dass ein Schichtmodell in einer laufenden Arbeitswoche meist nicht verändert werden kann[168].

Im Modell bewirkt die zeitliche Anpassung eine Erhöhung der produktionsbezogenen Gemeinkosten C_k^{fix} um einen Aufschlag $C_k^{fix.time}(T)$ sowie um einen Aufschlag $c_k^{prod.time}(T)$ auf den Bearbeitungskostensatz c_k^{prod}. Für die gesamten Produktionskosten bei rein zeitlicher Anpassung gilt dann:

$$C_k^{prod}(T) = L_k^{real}(T) \cdot (c_k^{prod} + c_k^{prod.time}(T)) + (C_k^{fix} + C_k^{fix.time}(T)). \tag{4.61}$$

Durch Zuschläge erhöhte Personalkosten sind zumeist für einen Großteil der Kostensteigerungen verantwortlich. Zusätzlicher Zeitlohn für die beschäftigten Arbeitskräfte wird durch ein erhöhtes $C_k^{fix.time}(T)$ abgebildet; die Zuschläge wirken hierbei auf den in dieser Größe enthaltenen Anteil der Personalkosten. Auch wenn keine Zuschläge für Überzeit gewährt werden, führt eine zeitliche Anpassung zu einem positiven $C_k^{fix.time}(T)$, also zu einer Steigerung der produktionsbezogenen Gemeinkosten. Beschäftigte Mitarbeiter erhalten unabhängig von der Ausbringungsmenge für eine längere Einsatzzeit Lohn.

Fallen keine Zuschläge an, so bewirkt eine zeitliche Anpassung bei Entlohnung mit Ausbringungsmengenbezug (reiner Akkordlohn) kein positives $c_k^{prod.time}(T)$. Diese Größe erhöht sich durch Zuschläge (oder andere Ursachen für erhöhte Bearbeitungskosten je normiertem Kapazitätsteil). Es ist zu beachten, dass gewährte Zuschläge nur für die in der Überzeit bearbeiteten Kapazitätsteile gelten, ein erhöhter Bearbeitungskostensatz im Modell dagegen die Kosten aller gefertigten Kapazitätsteile erhöht. Es ist also ein effektiver Zuschlagsatz mit dem Anteil in Überzeit bearbeiteter normierter Kapazitätsteile zu gewichten.

Wird beispielsweise bei Akkordentlohnung und Zweischichtbetrieb eine zusätzliche Nachtschicht mit um 40% erhöhten Bearbeitungskosten veranlasst, so steigt bei gleichen Personalkosten über drei Schichten der Bearbeitungskostensatz für den ganzen Tag um $40\% \cdot \frac{1}{3} = 13{,}33\%$. Somit gilt im Anpassungszeitraum $c_k^{prod.time}(T) = 0{,}133 \cdot c_k^{prod}$.

Bei ausschließlicher Steigerung produktionsbezogener Gemeinkosten, beispielsweise in einem mit Szenario rein zeitbasierter Entlohnung der Arbeitskräfte, führt zeitliche Anpassung zu einer Erhöhung der Gesamtkosten um den Betrag $C_k^{fix.time}(T)$. Die Wirkung der Anpassungsmaßnahme auf die gesamten Kosten je normiertem Kapazitätsteil ist abhängig von der Auslastung des Pro-

[168] Vgl. hierzu auch die Ausführungen in Abschnitt 4.3.2.2.5.

duktionssystems. Die Auslastung ergibt sich aus der durch die Berechnung des Modellsystems ermittelten realisierten Zustandsleistung $L_k^{real}(T)$.

Der Fall gestiegener Gemeinkosten und eines anpassungsbedingt höheren Bearbeitungskostensatzes ist in Abb. 4.47 visualisiert. Steigung und Achsenabschnitt der Gesamtkostenkurve erhöhen sich. Der Verlauf der Produktionskosten je normiertem Kapazitätsteil verschiebt sich in Richtung positiver Ordinate, gleichzeitig steigt er für sinkende $L_k^{real}(T)$ steiler an.

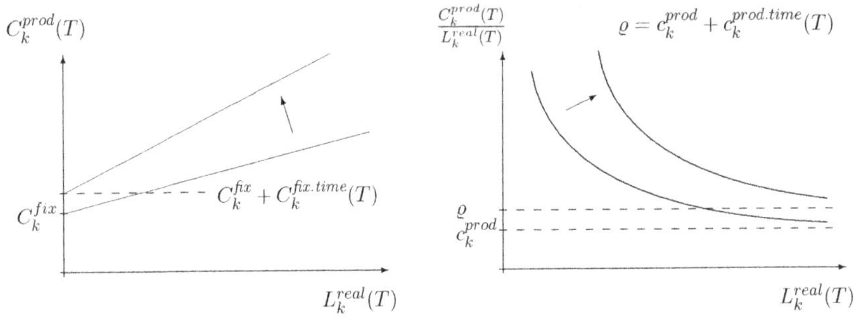

Abb. 4.47: Produktionskosten bei zeitmäßiger Anpassung

Beispiel 4.18:

Mit dem in Folge dargestellten Szenario soll der Unterschied in den Kostenwirkungen von intensitätsbezogener und zeitlicher Anpassung verdeutlicht werden. Dazu wird Beispiel 4.17 aufgegriffen und modifiziert. Die Störsituation und die Kostenparameter des Systems bleiben unverändert.

Die durch die Anpassungsmaßnahme im Anpassungszeitraum $T = 6$ bis $T = 10$ freigesetzte zusätzliche Kapazität hat den Wert $L_2^{adapt}(T) = 10$, die Kostenwirkung der Anpassung verändert sich jedoch. Wird in Beispiel 4.17 eine intensitätsbezogene Anpassung in ihrer Erhöhung des Bearbeitungskostensatzes dargestellt, wird an dieser Stelle eine zeitliche Anpassung auf Basis einer reinen Zeitentlohnung behandelt.

Soll mit zeitlicher Anpassung rund 9,5% Mehrkapazität erzielt werden, so ist dafür eine bestimmte Anzahl von Überstunden erforderlich. Bei einer angenommenen täglichen Regelarbeitszeit von 7,5 Stunden entspräche die geforderte Mehrkapazität rund 45 Minuten. Da die Entlohnung beschäftigter Mitarbeiter auf Basis eines Zeitlohnes erfolgen soll, fallen die Kosten für die Mehrarbeit unabhängig von der tatsächlichen Nutzung der geschaffenen Überkapazität an; es tritt mithin eine Erhöhung der produktionsbezogenen Gemeinkosten auf. Diese Steigerung erfolgt überproportional im Verhältnis zur Kapazitätserhöhung, da Überstundenzuschläge zu gewähren sind. Im Beispiel 4.18 steigen die produktionsbezogenen Gemeinkosten in Zustand 2 durch die Anpassungsmaßnahme um 20%, es gilt also $C_2^{fix.time}(T) = 20$. Der Bearbeitungskostensatz bleibt unverändert.

Die Simulation führt zu dem in Abb. 4.48 dargestellten Verlauf der Produktionskosten. Bestände und Bestandskosten sind identisch mit den in Beispiel 4.17 dargestellten Verläufen, da die Kapazitätswirkung der zeitlichen Anpassung identisch mit der dort dargestellten intensitätsbezogenen Anpassungsmaßnahme ist.

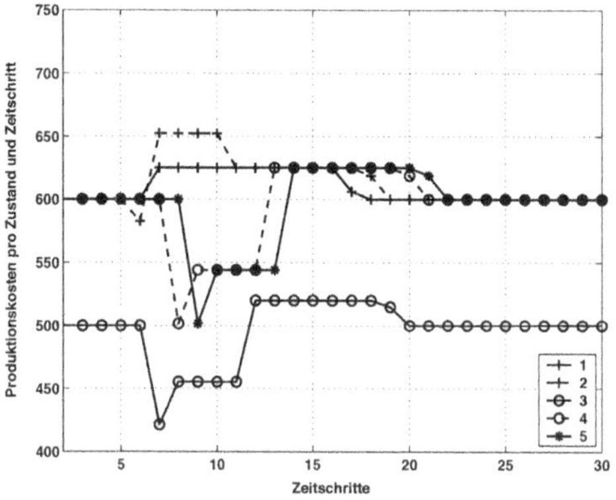

Abb. 4.48: Produktionskosten je Zustand und Zeitschritt in Beispiel 4.18

Die Erhöhung der Produktionskosten im Anpassungszeitraum fällt im Fall der zeitlichen Anpassung im Vergleich zur Situation in Beispiel 4.17 weniger drastisch aus. Dies folgt aus der Wahl der Kostenparameter, die im vorliegenden Beispiel die zeitliche Anpassung begünstigen, da die produktionsbezogenen Gemeinkosten gegenüber den Bearbeitungskosten verhältnismäßig klein sind. Es wird eine Produktion mit relativ geringen fixen Kostenanteilen abgebildet. Unterschiedliche Kostenwirkungen fasst die Tab. 4.6 zusammen.

Kostenart	ungestörtes S.	gestörtes S.	int. Anp.	zeitliche Anp.
Produktionskosten	84.100	84.292	84.722	84.384
Bestandskosten	38.280	39.448	38.449	38.449
Lieferrückstandskosten	0	4.919	3.219	3.219
Gesamtkosten	122.380	128.659	126.390	126.052

Tab. 4.6: Kosten bei verschiedenen Anpassungsoptionen

Beide Anpassungsmaßnahmen führen bei gleicher zusätzlicher Kapazitätsfreisetzung lediglich zu unterschiedlichen Produktionskosten; Bestands- und Lieferrückstandskosten werden durch die zusätzliche Kapazität bestimmt. Das Szenario der zeitlichen Anpassung stellt die kostengünstigere Anpassungsoption dar. ■

4.2.2.5 Ableitung einer formalen Zielfunktion für die Systemanpassung

Für die Kosten bei Anpassung in gestörten Systemen gilt Gleichung (4.62) für die Bestimmung der gesamten Produktionskosten in Zustand k

$$C_k^{prod}(T) = L_k^{real}(T) \cdot c_k^{prod.dist.adapt}(T) + C_k^{fix.dist.time}(T) + C_k^{fix.time}(T) + C_k^{fix.dist}(T), \quad (4.62)$$

mit

$$c_k^{prod.dist.adapt}(T) = c_k^{prod} + c_k^{prod.dist}(T) + c_k^{prod.int}(T) + c_k^{prod.time}(T) \text{ und}$$
$$C_k^{fix.dist.time}(T) = C_k^{fix} + C_k^{fix.time}(T) + C_k^{fix.dist}(T).$$

Wird in einer Niveaustufe nicht angepasst bzw. ist der Zustand ungestört oder verursacht die Störung keine Kosten, so sind die entsprechenden Kostenkoeffizienten gleich Null. Unter Vorgriff auf die in folgendem Abschnitt 4.3 gegebenen Ausführungen soll die Summe von (4.62) über alle Zustände als Funktion der *Stufenkosten* bezeichnet werden. Diese Funktion umfasst die[169]

- *Störungswirkungskosten* je Systemtakt sowie die
- *Anpassungskosten* je Systemtakt.

Es wird gezeigt, wie diese auf die Entscheidungsstufe bezogenen Kosten Eingang in einen dynamischen Optimierungsansatz finden.

Die gesamten Kosten im Systembeobachtungszeitraum $T = T_a = 1$ bis $T = T_e$ und über alle Zustände $k = 1, \ldots, m$ folgen gemäß Beziehung (4.63):

$$C = C^{prod} + C^{store} + C^{bl} = \sum_{T=1}^{T_e} \left[\sum_{k=1}^{m} (C_k^{prod}(T) + C_k^{store}(T)) + C^{bl}(T) \right]. \quad (4.63)$$

Mit den über die Systembeobachtungsdauer kumulierten *Gesamtkosten* C kann auf die Kostenwirkung von Störungen und einer zeitlichen und niveaustufenspezifischen Abfolge von Anpassungsmaßnahmen geschlossen werden.

Die Wahl optimaler Anpassungsstrategien erfolgt auf der Basis der Gesamtkosten aus (4.63). Für jede Niveaustufe muss die zeitliche, intensitätsbezogene und ggf. quantitative Anpassung mit minimalen Aufwandswirkungen bestimmt werden. Die Analyse beschränkt sich allein auf beschäftigungsabhängige und beschäftigungsunabhängige Kostenwirkungen. Für alle kontextbezogen möglichen Anpassungsoptionen werden Gesamtkostenvergleiche angestellt; eine bestimmte Ausbringung soll mit minimalen beschäftigungsabhängigen und beschäftigungsunabhängigen Kosten produziert werden. Außerhalb der Betrachtungen bleibt dabei, ob die für den ungestörten Systembetrieb geplante Ausbringungsmenge (Produktionsprogramm) überhaupt *sinnvoll* im Sinne wertschöpfungsbezogener Zielstellungen ist[170].

[169] Vgl. hierzu nochmals die in Abschnitt 4.2.2.1 formulierten Kostenkategorien.

[170] Daneben finden Aspekte der Finanzierung der Produktionspotenziale keine Beachtung. Dies ist eine Problemstellung der Investitionsrechnung. Vgl. hierzu auch Adam 2001, S. 453 ff.

4.3 Optimierung des Kostenverhaltens gestörter Produktionssysteme bei Anpassungsplanung

In Abschnitt 4.3 erfolgt die Weiterentwicklung des in Kapitel 3 eingeführten und in Abschnitt 4.1.2.4 an praktische Erfordernisse angepassten Modellsystems in Richtung eines Entscheidungsunterstützungssystems für kontextspezifische Störungsreaktionen. Ergebnis einer Kombination und Proportionierung von Anpassungsmaßnahmen ist eine kostenminimale Anpassungsstrategie. Ein Ansatz, der dieses Optimierungsproblem geeignet lösen kann, wird in den folgenden Abschnitten in zwei verschiedenen Realisierungsvarianten vorgestellt.

4.3.1 Charakterisierung des Optimierungsproblems

Die Auswahl einer aus mehreren Handlungsalternativen (Aktionen), die einen Handlungsspielraum bilden, stellt ein Planungsproblem dar[171]. Eine Handlungsalternative beinhaltet im Allgemeinen einen Komplex mehrerer *gleichzeitig* zu treffender Teilentscheidungen. Im Kontext der vorliegenden Untersuchung sind Handlungsalternativen niveaustufen- und zeitschrittbezogen konfigurierte Anpassungsmaßnahmen. Die mit einer Aktion verbundenen Auswirkungen sollen vereinfacht als deterministisch und bekannt angenommen und durch eine kardinale Zielgröße (hier Kosten) bewertet werden. Solche Situationen werden durch Modelle der *mathematischen Optimierung* erfasst. Eine Sequenz von Aktionen ist derart zu wählen, dass eine Zielfunktion (das Gütefunktional) maximiert oder minimiert wird[172]. Das vorliegende Optimierungsproblem weist das durch die Gleichung (4.64) beschriebene Gütefunktional zur Minimierung entscheidungsbezogener Gesamtkosten auf:

$$C = C(T_a,\ T_e) = C^{prod} + C^{store} + C^{bl}$$

$$C = \sum_{T=T_a}^{T_e} \left[\sum_{k=1}^{m} (C_k^{prod}(T) + C_k^{store}(T)) + C^{bl}(T) \right] \rightarrow min \tag{4.64}$$

Die Beziehung (4.64) umfasst sowohl die Kosten je Zustand k als auch die Kosten je Systemtakt T. Für das Optimierungsproblem relevante Gesamtkosten werden durch den Systemtakt T_a (Beginn der Systemanpassung) sowie durch die Wahl eines Taktes T_e (Ende der Anpassung) bestimmt[173].

Produktionskosten erfassen die ökonomischen Wirkungen von Störungen und die der Anpassung. Störungswirkungen äußern sich darüber hinaus in der Entwicklung der Bestands- und Lieferrückstandskosten. Im Moment der Störung bzw. Anpassung sind modifizierte Produktionskosten zu berücksichtigen. Störungs- und anpassungsbedingte Kosteneffekte bezogen auf Bestand und Lieferrückstand setzen dagegen zeitverzögert ein. Für die Anpassungsplanung ist dies problematisch, da der mit Anpassungsmaßnahmen verbundene Aufwand und die durch Anpassung hervorgeru-

[171] Vgl. Fleischmann 1996, Sp. 1358.

[172] Vgl. insbesondere Papageorgiou 1996, S. 3 f. und Hild/Fischäder 2005, S. 79 f.

[173] Zur Problematik der Wahl eines adäquaten Vorgriffshorizontes für die Systembeobachtung s. a. Abschnitt 4.3.2.4.

fene und beabsichtigte Reduzierung der mit den Störungswirkungen verbundenen Kosten zeitlich auseinanderfallen. Dies wird in den nachfolgenden Ausführungen deutlich.

Die Konfiguration einer kostenminimalen Anpassungsstrategie stellt das zu behandelnde Planungsproblem dar. Zu Beginn der Anpassung in T_a ist das System bereits störungsbedingt aus dem Normalzustand ausgelenkt[174] und soll in einer möglichst geringen Anzahl von Zeitschritten und *vor* dem zu wählenden Systemtakt T_e (Beobachtungshorizont der Systementwicklung) in den stationären (Ausgangs- bzw. Normal-)Zustand zurückgeführt werden. Dabei werden die gesamten zwischen T_a und T_e angefallenen Kosten[175] minimiert. Für jeden Produktionsbereich im betrachteten Produktions- und Logistiksystem (und damit für jeden Zustand des Modellsystems) steht für jeden Zeitschritt eine bestimmte Zahl möglicher Anpassungsalternativen zur Auswahl. Jede dieser Anpassungsoptionen ermöglicht eine spezifische Zusatzkapazität $L_k^{adapt}(T)$ mit zugeordneten spezifischen Kostenwirkungen. Die Option Nichtanpassung, der Fall $L_k^{adapt}(T) = 0$, soll stets mit in die Betrachtungen eingeschlossen sein.

Das $(T_e - T_a)$-stufige Optimierungsproblem besteht mithin in der Rückführung des Systems aus dem gestörten Anfangszustand $\underline{n}(T_a)$ in den Normalzustand unter Minimierung der Gesamtkosten $C(T_a, T_e)$.[176] In jedem Zeitschritt (in jeder Entscheidungsstufe) werden hierbei Anpassungsoptionen $\underline{L}^{adapt}(T)$ aus der Menge möglicher Anpassungsoptionen $\Lambda(T)$ ausgewählt[177]. Der Vektor $\underline{L}^{adapt}(T)$ fasst alle niveaustufenspezifisch für den Systemtakt T gewählten Anpassungsoptionen $L_k^{adapt}(T)$ mit $k = 1, 2, ..., m$ zusammen; diese Optionen $L_k^{adapt}(T) \in \Lambda(T)$ verändern stufenweise den Systemzustand[178]

$$\underline{n}(T) \xrightarrow{\underline{L}^{adapt}(T)} \underline{n}(T+1)$$

und führen bei geeigneter Wahl der Anpassungsmaßnahmen zu einer Rückführung des Systems in den Ausgangszustand $\underline{n}(T_0)$.

Das Ergebnis der Optimierung ist die optimale Anpassungsstrategie $\underline{L}^{adapt.*}$ im Sinne der optimalen Folge von Anpassungsmaßnahmen zwischen T_a und $T_e - 1$:

$$\underline{L}^{adapt.*} = (\underline{L}^{adapt.*}(T_a), \underline{L}^{adapt.*}(T_a+1), ..., \underline{L}^{adapt.*}(T_e-1)).$$

Eine grafische Verdeutlichung des Prinzips der mehrstufigen Optimierung ist in Abb. 4.49 gegeben.

[174] Zwischen Einwirkung der Störgröße ($T = T_0 = 0$) und dem Zeitschritt T_a vergeht eine Zeitspanne, die regelungstechnisch den Charakter einer Totzeit aufweist. In der Praxis muss davon ausgegangen werden, dass maßnahmenspezifisch eine Zeitspanne verstreicht, ehe Anpassungsmaßnahmen durchgesetzt werden können. Diese Totzeit wird nicht in die Optimierungsüberlegung eingeschlossen.

[175] Vgl. Gleichung (4.64) und Abschnitt 4.2.2.5.

[176] Vgl. auch Fischäder 2004, S. 101 f.

[177] Technische und organisatorische Rahmenbedingungen führen zu einer Beschränkung des Zustands- und Entscheidungsraumes. Für jeden Takt T existiert nur eine endliche Anzahl (situativ zulässiger) produktionsbereichsbezogener Anpassungsmaßnahmen.

[178] Die vereinfachende Annahme eines deterministischen Entscheidungsprozesses bedeutet in diesem Zusammenhang, dass ein Übergang des Systems von einer Stufe zur folgenden *eindeutig* durch einen bestimmten Systemzustand und eine bestimmte Entscheidung festgelegt ist.

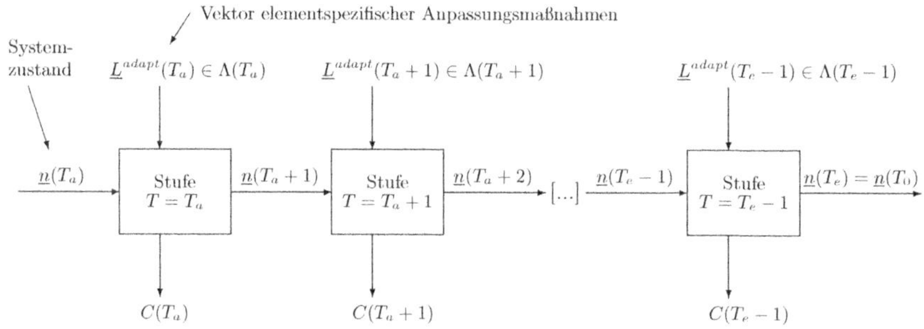

Abb. 4.49: Prinzipdarstellung des mehrstufigen Optimierungsproblems

Zur Lösung hier vorliegender Optimierungsprobleme können statische und dynamische Optimierungsalgorithmen Anwendung finden.

Dynamische Optimierungsverfahren betrachten mehrstufige Optimierungsprobleme stufenweise. Im Kontext des vorliegenden Planungsproblems muss in diesem Zusammenhang eine besondere Schwierigkeit Beachtung finden: Eine im ersten Zeitschritt T_a realisierte Anpassungsmaßnahme zeigt erst für folgende Zeitschritte $T > T_a$ Wirkung, so dass über kostenminimale Handlungsalternativen nicht ausschließlich in *einem* Zeitschritt T und auf Basis der in diesem Zeitschritt T verursachten Kosten entschieden werden kann. Das vorliegende Optimierungsproblem kann nicht für jede Zeitscheibe isoliert gelöst werden, da mit einer ausschließlich stufenweisen Optimierung nur lokale Minima der jeweiligen Stufen gefunden werden, die jedoch nicht zwangsläufig zu einem alle Entscheidungsstufen einschließenden globalen Minimum führen. Die gesuchten Vektoren der Anpassungsmaßnahmen $\underline{L}^{adapt.*}(T)$ müssen vielmehr ein *globales* Optimum darstellen. Diese auf die einzelnen Systemtakte bezogenen $\underline{L}^{adapt.*}(T)$ sind nicht notwendigerweise lokale Optima stufenbezogener Betrachtungen.

Statische Optimierungsverfahren beziehen den Zeitverlauf nicht mit in das Entscheidungskalkül ein[179]. Solche Verfahren sind deshalb für Planungsprobleme geeignet, deren Gütefunktional zeitunabhängig ist bzw. die sich in ein einstufiges Problem überführen lassen. Dadurch ist auch eine Lösung mehrstufiger Probleme mittels statischer Optimierungsverfahren möglich. Mehrstufige Probleme dürfen jedoch nicht stufenweise, sondern müssen vielmehr für alle Stufen simultan (in einer *Totalanalyse*) gelöst werden.

Um das vorliegende Optimierungsproblem für statische Verfahren aufzubereiten, muss die Minimierung entscheidungsbezogener Gesamtkosten uno actu betrachtet werden, d. h. das Gütefunktional muss über die Simulationszeit T_a bis T_e hinweg alle aufgelaufenen Kosten erfassen, anstelle ausschließlich der Kosten je Systemtakt (Stufenkosten). Die Optimierung muss für alle

[179] Zur Problemstellung der statischen Optimierung vgl. Papageorgiou 1996, S. 11 ff., weiter zur multivariablen Optimierung S. 31 ff.

Zeitschritte gleichzeitig erfolgen, alle Entscheidungsstufen sind in die Optimierung einzubeziehen. Das Problem wird dann quasistatisch betrachtet[180].

Für komplexere Probleme ergibt sich bei Überführung in eine statische Betrachtung eine große Anzahl von Problemparametern: Im Zeitpunkt der Planung muss für jeden Zustand in jedem Systemtakt eine bestimmte Anpassungsmaßnahme (einschließlich der Option, nicht anzupassen) gewählt werden. Jede dieser Anpassungsoptionen bildet einen Parameter des Optimierungsproblems. Eine statische Betrachtung des vorliegenden Planungsproblems erlaubt den Einsatz klassischer statischer Optimierungsverfahren für mehrstufige Probleme. Neben der vollständigen Enumeration aller Anpassungsoptionen erscheint die Anwendung numerischer Minimierungsverfahren (z. B. Simulated Annealing[181] oder Genetische Algorithmen[182]) Erfolg versprechend. Zufallssuchverfahren, insbesondere die davon abgeleiteten Genetischen Algorithmen, können bei geeigneter Einstellung verlässliche Resultate bei beherrschbarem Rechenaufwand liefern[183].

Ein informierter Leser wird das hier vorliegende und beschriebene Planungsproblem zunächst mit der *dynamischen Optimierung* (auch als dynamische Programmierung bezeichnet) in Verbindung bringen. Die *diskrete dynamische Programmierung* ist als Optimierungsansatz für mehrstufige Entscheidungsprobleme prädestiniert und gründet auf dem von *Bellmann* erstmals veröffentlichten und nach ihm benannten sog. Bellmanschen Optimalitätsprinzip[184]. Die dynamische Programmierung ist ein genereller Ansatz der Problembewältigung, für eine spezifizierte Aufgabe müssen zugeschnittene Lösungsalgorithmen entworfen werden[185].

Das Optimalitätsprinzip umfasst die zwei Verfahrensschritte Rückwärts- und Vorwärtsrechnung. In einem ersten Schritt erfolgt die *Rückwärtsrechnung*, in der die möglichen Politiken zum Erreichen eines gewünschten Zielzustandes bestimmt werden[186]. In der Übertragung auf das Problem

---

[180] Der Sachverhalt soll an einem Beispiel veranschaulicht werden: Eine Entscheidung über eine durchzuführende Anpassungsmaßnahme sei in einem Produktionsbereich für zwei Systemtakte zu treffen; es bietet sich eine dynamische Optimierung an. Dabei wird zunächst für den ersten Takt eine Entscheidung getroffen, anschließend wird für den zweiten Zeitschritt entschieden. Entscheidungen, die sich auf zwei verschiedene Systemtakte beziehen, werden getrennt gefällt. Ein dynamisches Optimierungsverfahren stellt dennoch sicher, dass nicht auf jeden Takt bezogen lokale Minima bestimmt werden. Vielmehr wird ein globales Minimum über alle Zeitschritte hinweg ermittelt. Das dynamische Optimierungsproblem umfasst einen Parameter (die zu wählende Anpassung in dem Bereich) mit mehreren Ausprägungen (den kontextspezifisch möglichen Anpassungsoptionen), wobei die Ausprägung dieses Parameters für jede Entscheidungsstufe (für jeden Systemtakt) im Allgemeinen unterschiedlich sein kann.
Im Fall der statischen Betrachtung des Optimierungsproblems wird über beide Zeitschritte hinweg *simultan* entschieden. Aus dieser Betrachtung folgt, dass ein statisches Optimierungsproblem zwei Parameter aufweist (den zu wählenden Anpassungsoptionen im Produktionsbereich im ersten und im zweiten Takt), die mehrere Ausprägungen haben können (die jeweils möglichen Anpassungsoptionen). Ein dem dynamischen zugeordnetes statisches Problem muss folglich nicht in Form der gesonderten Behandlung von Teilproblemen gelöst werden. Die Zahl der Parameter und damit die Problemkomplexität erhöhen sich dadurch jedoch deutlich.

[181] Vgl. u. a. Papageorgiou, S. 161 f.

[182] Zum Konzept Genetischer Algorithmen vgl. Heistermann 1994, S. 16 ff. und zu einer verallgemeinerten Darstellung ihrer Anwendung ebenda, S. 23 f.

[183] Vgl. hierzu die Ausführungen unter Abschnitt 4.3.3. Bei den in den Abschnitten 4.3.2 und 4.3.3 vorgestellten Lösungsansätzen für das Optimierungsproblem finden letztlich keine exakten Optimierungsverfahren Anwendung. Die entwickelten Heuristiken identifizieren das Optimum nicht sicher.

[184] Vgl. Bellman 1957, S. 83. Die betrachtete Koordinationsaufgabe wird sukzessive gelöst, ein komplexes, dynamisches Entscheidungsproblem in mehrere statische überführt, die zu unterschiedlichen Zeitpunkten mit verschiedenen Entscheidungssituationen einhergehen.

[185] Vgl. hierzu beispielsweise Piehler 1968, S.4 ff., Schneeweiß 1974, S. 36 ff., Papageorgiou 1996, S. 369 ff., Neumann/Morlock 2002, S. 600 ff., Ellinger/Beuermann/Leisten 2003, S. 251 ff.

[186] Der Begriff Politik bezeichnet in diesem Zusammenhang eine Folge von Entscheidungen.

der Systemanpassung stellen diese Politiken die möglichen Anpassungsoptionen in den Zuständen dar. Die diesen Anpassungsoptionen zugeordneten Kosten werden (bezogen auf den Zeitverlauf) rückwärts, d. h. ausgehend vom Systemtakt T_e zum Takt T_a, bestimmt und abgespeichert. Erst im zweiten Verfahrensschritt *Vorwärtsrechnung* wird die systemtaktbezogene Folge und Kombination kostenminimaler Anpassungsoptionen ermittelt.

Das Prinzip der Rückwärtsrechnung ist jedoch mit dem vorgestellten Modellsystem nicht koppelbar: Aus dem Zustand eines Systems in einem Zeitpunkt muss, in Abhängigkeit von den im vorangegangenen Zeitschritt gewählten Anpassungsoptionen, auf den Systemzustand im vorangegangenen Zeitpunkt geschlossen werden[187]. Im unmodifizierten Basismodell muss die Grundgleichung (4.12) nach dem Vektor $\underline{n}(T)$ aufgelöst werden. Das Basismodell ist an praktische Gegebenheiten anzupassen: Infolge der Beschränkung der Zustandsleistung ist dann jedoch die Übergangsmatrix zeitschrittbezogen definiert, die Übertragungsfaktoren in $\underline{P}(T+1)$ sind mithin von den Beständen $\underline{n}(T)$ abhängig[188]. Die anpassungsspezifische Transformation

$$\underline{n}(T+1) = Trans(\underline{n}(T);\ \underline{P}(T+1))$$

kann nicht nach $\underline{n}(T)$ aufgelöst werden.

4.3.2 Optimierungsansatz auf Basis einer regelbasierten Enumeration

4.3.2.1 Heuristischer Lösungsansatz und Problemkomplexität

In Abschnitt 4.3.2 wird ein problemspezifisches enumeratives Verfahren vorgestellt. Die vollständige Enumeration der Kombinationen aller möglichen Anpassungsoptionen identifiziert sicher die optimale Lösung im Sinne der kostenminimalen Anpassungsstrategie. Mit komplexen Systemen geht jedoch ein exponentiell steigender Rechenaufwand einher. Der hohe Rechenaufwand für praxistypische Problemstellungen kann durch eine geschickte *Begrenzung der Anzahl sinnvoller Anpassungsoptionen* in den einzelnen Produktionsbereichen verringert werden. Erfolgt keine Einschränkung der Auswahl möglicher Anpassungsoptionen und gelten für alle Zeitschritte T die gleichen Anpassungsoptionen[189], so kann die Anzahl möglicher Kombinationen gemäß

$$z_{total} = \left(\prod_{k=1}^{m} z_k\right)^{(T_e - T_a)}$$

bestimmt werden. Der Parameter z_k gibt dabei die (zeitkonstante) Anzahl möglicher Anpassungsoptionen im Zustand k an.

Wird beispielhaft ein System mit fünf Zuständen mit jeweils drei Anpassungsoptionen (der Fall der Nichtanpassung und zwei konkrete Anpassungsmaßnahmen) betrachtet, so sind bereits 3^5

[187] Zum Ablauf der Rückwärtsrechnung vgl. auch Schneeweiß 1974, S. 26 ff., Papageorgiou 1996, S. 377, Ellinger/Beuermann/Leisten 2003, S. 252 ff.

[188] Vgl. hierzu Abschnitt 4.1.2.4.1. Sind begrenzte Maximalbestände (Blocking) gemäß Abschnitt 4.1.2.4.4 zu berücksichtigen, so wird die Rückwärtsrechnung abermals unmöglich.

[189] Es gilt dann $\Lambda(T) = \Lambda = const.$

Möglichkeiten je Zeitschritt zu kalkulieren. Bei einem Systembeobachtungszeitraum $(T_e - T_a)$ von zehn Arbeitstagen entspricht dies

$$z_{total} = (3^5)^{10} = 3^{50} = 7{,}2 \cdot 10^{23}$$

zu bestimmenden Kombinationen möglicher Anpassungsoptionen. Der Rechenaufwand kann jedoch deutlich reduziert werden, wenn suboptimale Anpassungsoptionen von vornherein aus den Betrachtungen ausgeschlossen werden. In nachfolgenden Abschnitten werden Kriterien zur Reduzierung des Problemumfangs vorgestellt.

Das Prinzip der Enumeration ist durch die geschachtelte Ausführung zweier Lösungsvarianten generierender Kombinationsvorgänge gekennzeichnet. Wird jede der auf den Zustand k bezogenen z_k Anpassungsmaßnahmen durch die Nummer der entsprechenden Option v_k adressiert, unter Berücksichtigung der Option *Nichtanpassen* $v_k = 0$ sind dann beispielsweise zwei weitere Anpassungsmaßnahmen $v_k = 1$ und $v_k = 2$ möglich (es gilt $z_k = 3$), so kann für die Anpassungsoptionen in einem Zeitschritt T kurz geschrieben werden

$$K(T) = \{v_1,\ v_2,\ ...,\ v_k,\ ...,\ v_m\}\,.$$

Auf die Vektor-Schreibweise

$$\underline{L}^{adapt}(T) = (L_1^{adapt}(T),\ ...,\ L_k^{adapt}(T),\ ...,\ L_m^{adapt}(T))$$

wird verzichtet. Der Simulationshorizont Z kann angegeben werden mit $Z = (T_e - T_a)$. In einem ersten Kombinationsvorgang wird für alle Zeitschritte $1 \leq T \leq Z$ ein m-Tupel $K(T)$ generiert; im zweiten Vorgang werden diese m-Tupel zu einer Anpassungsstrategie, einem Z-Tupel kombiniert. Dieses Z-Tupel stellt eine *Variante der Anpassung* dar:

$$var = \{K(T = 1),\ K(T = 2),\ ...,\ K(T = Z)\}.$$

Die Enumeration spannt einen dreidimensionalen Variantenraum auf. Jeder Punkt im Lösungsraum repräsentiert eine Anpassungsoption v_k eines Zustands k im Zeitschritt T. Die Maßnahme $z_k = 0$ beschreibt generell das Unterbleiben der Anpassung (es gilt $L_k^{adapt} = 0$).

Enumeriert wird in jeder Zeitscheibe, d. h. in jedem Systemtakt im Simulationszeitraum werden sämtliche Zustände und Optionen der Anpassung kombiniert. Das Prinzip der Enumeration verdeutlicht Abb. 4.50.[190] Aus einer Grundvariante werden taktweise (Unter-)Varianten generiert, welche ihrerseits im Folgedurchgang Grundvarianten sind, aus denen wiederum Varianten erzeugt werden usw. usf. Der Algorithmus endet, wenn aus den gebildeten Grundvarianten keine weiteren Varianten abgeleitet werden können und alle generierten Varianten durch das Gütefunktional nach Gleichung (4.64) bewertet wurden.

[190] Vgl. Gröll/Fischäder 2005, S. 10 ff., hier S. 13.

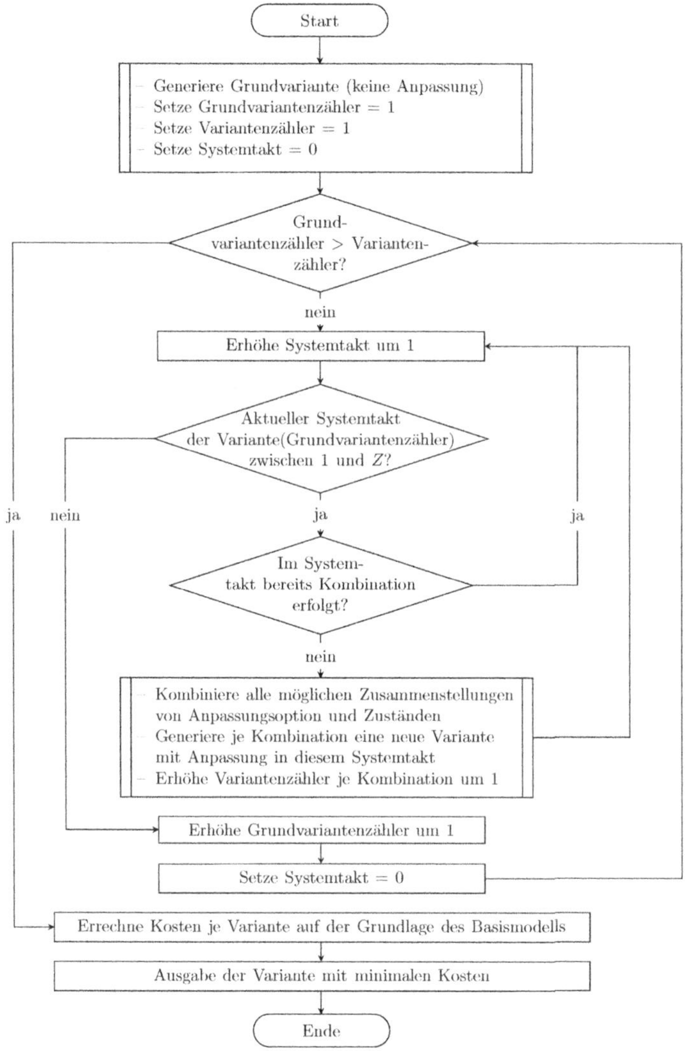

Abb. 4.50: Prinzip der Enumeration von Anpassungsstrategien

4.3.2.2 Regeln zur Reduzierung des Problemumfangs

Es ist bereits deutlich geworden, dass die Lösungskomplexität exponentiell mit der Problemgröße steigt. Durch Implementierung geeigneter Regeln im Enumerator kann jedoch der generierte Variantenraum und damit der Rechenaufwand verringert werden[191].

4.3.2.2.1 Regel 1 – Anpassung bei Überbestand

Durch Anpassungsmaßnahmen werden störungsinduzierte Kapazitätsverluste kompensiert. Der (teilweise) Ausfall von Betriebsmitteln, Nacharbeitsschleifen im Netz und Ausschuss führen zu Überbeständen und damit zu in seiner Bearbeitung verzögertem Arbeitsinhalt (solche Stauungen induzieren verlängerte Durchlaufzeiten für Produktionsaufträge). Anpassung in den betrachteten Kapazitätseinheiten ist nur sinnvoll, wenn Überbestände im Systemelement vorliegen[192]. Die Produktionsbereiche können dann mit ihren verbleibenden Kapazitäten den zur Bearbeitung freigegebenen wartenden Arbeitsinhalt nicht bewältigen.

Regel 1: Es wird nur bei Überbeständen im Systemelement angepasst.

Beispiel 4.19:

Die Einsparung der Anzahl zu generierender Varianten soll durch Beispiel 4.19 verdeutlicht werden. Dazu wird ein dreistufiger linearer Produktionsprozess betrachtet (vgl. Abb. 4.51). Zehn Prozent des Arbeitsinhaltes, der Kapazitätseinheit 2 verlässt, erfordert Nacharbeit im Bereich 2; nur 90% des durchgesetzten Arbeitsinhaltes werden zum nachgelagerten Bereich transferiert. Die Qualitätsstörung wirkt in den Takten 2 und 3.

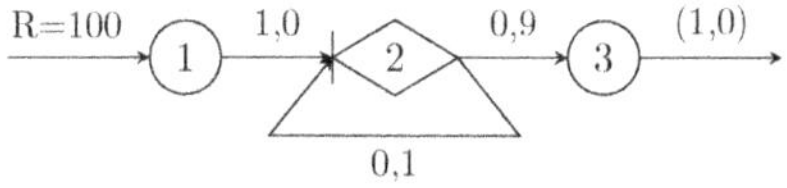

Abb. 4.51: Reduzierter Signalflussgraph des Beispielsystems für Regel 1

Vereinbart sei, dass lediglich eine Anpassungsoption (neben der Alternative „nicht anpassen") zur Disposition steht, bei der im Anpassungszeitraum je Zeitschritt zusätzliche Kapazität im Umfang von $L^{adapt.1} = 5\ nKT$ bereitgestellt wird. Diese Anpassungsoption wird in allen Produktionsbereichen realisiert, in denen Überbestände festgestellt werden. Das Szenario führt zu der in Tab. 4.7 gezeigten Bestandsentwicklung. Überbestände in den Zuständen sind markiert; Störungswirkungen wird durch die beschriebene Anpassungsmaßnahme begegnet.

[191] Die dargestellten Kriterien bauen aufeinander auf und wurden bei der Programmierung des Optimierungsalgorithmus in MATLAB® integriert. Vgl. in Folge Gröll/Fischäder 2005, S. 14 ff.

[192] Überbestände kennzeichnen Bestandsabweichungen in den Zuständen im Vergleich zum ungestörten Systembetrieb.

	Belegung von:		
Systemtakt	Zustand 1	Zustand 2	Zustand 3
1	100	100	100
2	100	**110**	90
3	100	**115**	95
4	100	**110**	**105**
5	100	**105**	**110**
6	100	100	**105**
7	100	100	100

Tab. 4.7: Zustandsbelegung des Beispielsystems

Es wird deutlich, dass bei Anwendung der Regel 1 nur wenige Zustände je Zeitschritt für die Anpassung überhaupt in Frage kommen. Die Anzahl der zu prüfenden Möglichkeiten kann je nach Störszenario verringert werden. Beispielsweise wird in Zeitschritt 2 ausschließlich durch die zweite Kapazitätseinheit Anpassungsbedarf signalisiert, alle verbleibenden Zustände weisen Normalbestand bzw. eine Bedarfsunterdeckung auf und können die freigegebenen Arbeitsinhalte mit der vorhandenen Kapazität problemlos bewältigen. In Zustand 1 treten im gesamten Beobachtungszeitraum keine Überbestände auf, in keinem Takt ist Anpassung sinnvoll. ■

Kapazitätseinheiten, die freigegebenen Arbeitsinhalt mit der vorhandenen Kapazität verarbeiten können, sind von der Variantenerstellung ausgenommen. Die optimale Problemlösung ist davon nicht beeinflusst, da eine Anpassung in Zuständen ohne Überbestand lediglich Kosten verursacht (z. B. erhöhte Produktionskosten), jedoch mit keiner Kostenreduktion einhergeht. Der Algorithmus der Enumeration wird um eine weitere Abfrage ergänzt (siehe grau markierte Ablaufelemente in Abb. 4.52).

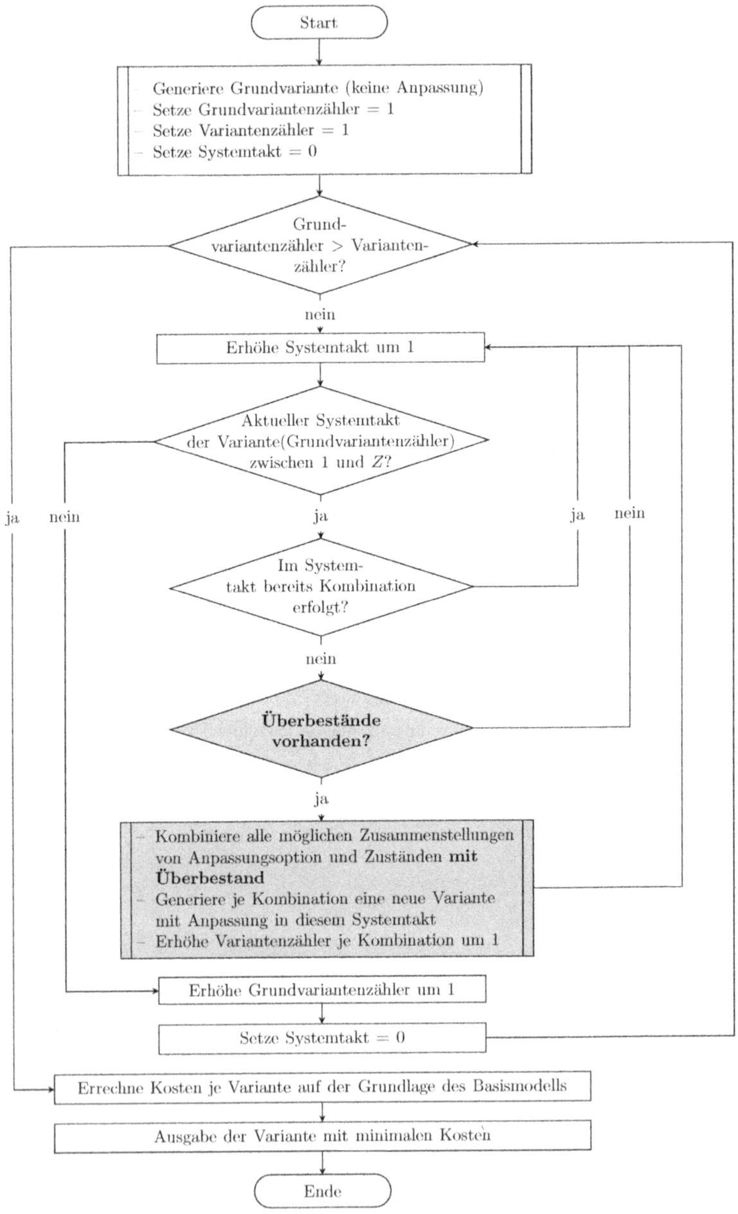

Abb. 4.52: Prinzip der Enumeration unter Beachtung der Regel 1

4.3.2.2.2 Regel 2 – Spätester Zeitpunkt für Anpassungsbeginn

Bei Anwendung der bereits beschriebenen Regel werden ausschließlich Zustände in die Variantengenerierung einbezogen, in denen Überbestände auftreten, die mithin Störungswirkungen ausgesetzt sind. Wenn keine oder nur sehr geringe systeminhärenten Kapazitätsreserven vorhanden sind und keine Anpassungsmaßnahmen realisiert werden, so bleiben Überbestände in Systemtakten *nach* ihrer Entstehung bestehen und verursachen erhöhte Bestandskosten. Durch Anpassung werden Überbestände reduziert; Anpassungsmaßnahmen sollten zeitnah nach Manifestierung der Störungswirkung im (gestörten) Produktionsbereich beginnen. Das Erkennen von Störungswirkungen kann jedoch mit der Einwirkung einer Störgröße auseinander fallen. Der Zeitraum zwischen Eintritt einer Störung i und der Identifikation der resultierenden Störungswirkung soll mit $T_{dist.i}^{delay}$ erfasst werden.

Die Zeitdauer zwischen Einwirken einer Störgröße und Manifestierung ihrer Wirkung wird weiter durch die *Trägheit des Systems* beeinflusst. Systemreserven (beispielsweise auch „Notlager" in Produktionsbereichen, die nur bei Störungen großer Tragweite angegriffen werden) schwächen die Wirkung der Störung ab und verzögern ihre Ausbreitung. Herrscht Intransparenz bezüglich solcher Systemreserven und sind Überbestände in gestörten Zuständen zunächst gering, dann können (situativ sinnvolle) Anpassungsmaßnahmen mit schneller und hoher Kapazitätsbereitstellung nicht ihre volle Wirkung entfalten. Es kann jedoch nicht ausgeschlossen werden, dass gerade diese Anpassungsmaßnahmen Störungswirkungen effektiver kompensieren als Maßnahmen, die verzögert einsetzen und nur in geringem Umfang zusätzlich Kapazität bereitstellen. Ein Parameter zur pauschalen Abschätzung der Trägheit (bzw. „Abgepuffertheit") des Systems wird mit T_{sys}^{delay} eingeführt. Werte für T_{sys}^{delay} können nicht pauschal angegeben werden; Simulationsstudien haben gezeigt, dass dieser Parameter spezifisch für das untersuchte Produktionssystem festgelegt werden muss.

Zusammenfassend lässt sich fordern, dass *zeitnah nach Eintritt einer Systemstörung* mit der Anpassung begonnen werden soll. Man vermeide das Unterlassen gezielter Lenkungsmaßnahmen. Als Regel kann festgehalten werden:

> *Regel 2: Beginne mit der ersten Anpassung spätestens mit der Wahrnehmung der Wirkung einer Störung.*

Für den Zeitraum $T_{adapt.i}^{first}$, innerhalb dessen mit der Anpassung auf Störung i begonnen wird, muss folgende Bedingung gelten:

$$T_{adapt.i}^{first} \leq T_{dist.i}^{start} + T_{i}^{delay}, \text{ mit } T_{i}^{delay} = T_{dist.i}^{delay} + T_{sys}^{delay}.$$

Der Zusammenhang wird in Abb. 4.53 verdeutlicht[193].

[193] Vgl. Gröll/Fischäder 2005, S. 19.

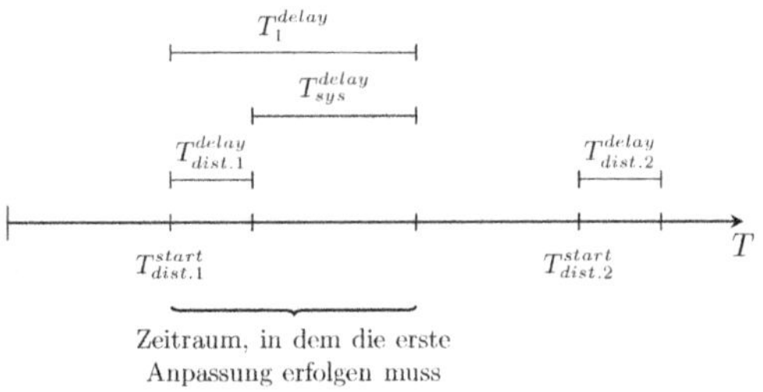

Abb. 4.53: Zeitstrahldarstellung der Verzögerungszeiten

Regel 2 reduziert ebenfalls die Anzahl der generierten Lösungsvarianten, da nun keine Varianten gebildet werden, deren erste Anpassungsmaßnahme in einem Systemtakt stattfindet, der zeitlich *nach* der oben definierten Zeitspanne liegt. Insbesondere in Systemen geringer Trägheit, in denen nur geringe oder keine systeminhärente Kapazitätsreserven vorhanden sind und die Störung auf Netzwerkebene schnell offensichtlich wird, kann eine deutliche Verringerung der Variantenzahl realisiert werden.

4.3.2.2.3 Regel 3 – Anpassung ohne Unterbrechung

Wird die Enumeration möglicher Anpassungsstrategien unter Einschluss aller bislang aufgeführten Regeln vorgenommen, sind weiterhin Varianten zulässig, innerhalb derer Anpassungsmaßnahmen bereits in vergangenen Systemtakten erfolgten, in dem betrachteten oder in nachfolgenden Zeitschritten jedoch keine Anpassung vorgenommen wird (dies entspricht der Wahl der Anpassungsoption Null mit $L^{adapt} = 0$). Solche Situationen sind denkbar, obwohl in dem betrachteten Takt Anpassungsbedarf signalisiert wird (Störungswirkungen manifest sind), weil durch Anpassungsmaßnahmen in vorangegangenen Systemtakten und durch Kapazitätsreserven Überbestände *nicht vollständig* abgebaut wurden. Die Anpassung in gestörten Zuständen wird somit zeitlich unterbrochen. Die verbleibenden Überbestände erhöhen dann in Zeitschritten ohne Anpassung die Bestandskosten, eine Kostenreduzierung kann dort nicht realisiert werden. Da resultierende Kosten im Vergleich zu Varianten mit fortgeführter Anpassung höher liegen, kann ihre Generierung und Bewertung unterbleiben. Es gilt:

Regel 3: Wurde in Systemtakt $(T-1)$ angepasst und besteht weiterhin Anpassungsbedarf, dann wird auch in Takt T angepasst. Bei Überbestand wird ohne Unterbrechung angepasst.

4.3.2.2.4 Regel 4 – Auswahl der dominierenden Anpassungsoption

Regel 4 führt zu einem Entscheidungskriterium, das den durch die Enumeration aufgespannten Variantenraum entscheidend verkleinert. Die Anzahl der in jedem Zeitschritt generierten Varianten ist direkt abhängig von der Anzahl der Anpassungsoptionen z_k. Die Anzahl der zu bestimmenden Varianten kann auf *eine* Variante je Zustand k reduziert werden, wenn alle systemtakt-

und zustandsbezogen zulässigen Anpassungsoptionen einem Bewertungskalkül unterzogen werden. Im Ergebnis wird die situationsbezogen sinnvollste Anpassungsoption ausgewählt.

Regel 4: Es wird eine Entscheidung zugunsten einer Anpassungsmaßnahme getroffen, die entsprechend dem in Takt T und Zustand k festgestellten Überbestand alle verbleibenden Optionen aus dem Maßnahmenset dominiert.

Ausgangspunkt ist die Überlegung, dass verschiedene Maßnahmen der Anpassung Überbestand eines Produktionsbereiches in unterschiedlicher Höhe reduzieren und unterschiedliche Kostenwirkungen nach sich ziehen. Abb. 4.54 verdeutlicht diesen Sachverhalt[194]; sie zeigt verschiedene Anpassungsszenarien an einem gestörten Zustand k. Alle Szenarien (und alle angegebenen Parameter) beziehen sich auf einen Zeitschritt T.

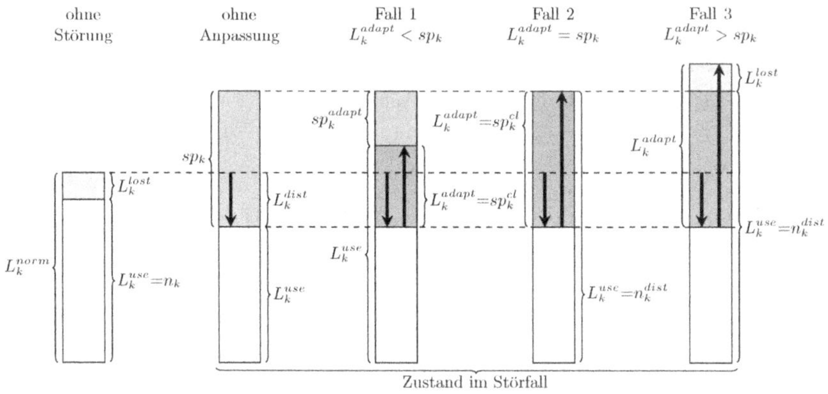

Abb. 4.54: Gegenüberstellung von Bestand, Überbestand und (realisierter) Leistung

Zunächst wird der ungestörte Zustand betrachtet. Die verfügbare Kapazität L_k^{norm} wird nicht vollständig ausgenutzt. Kapazitätsreserven im Produktionsbereich werden nicht in Anspruch genommen und verfallen im Umfang L_k^{lost}. Die im Systemtakt realisierte Leistung L_k^{use} wird durch die Zustandsbelegung n_k bestimmt.

Eine Störungswirkung ist durch erhöhte Bestände n_k^{dist} gegenüber dem ungestörten Systembetrieb gekennzeichnet. Die maximal verfügbare Kapazität wird durch eine Kapazitätswirkung der Störung um L_k^{dist} verringert. Ein nun messbarer Überbestand sp_k wird als Differenz zwischen der Zustandsbelegung im ungestörten Normalbetrieb n_k und der Leistung L_k^{use} gemäß Gleichung (4.65) definiert:

$$sp_k(T) = max[0;\ n_k(T-1) - L_k^{use}(T)]. \tag{4.65}$$

[194] Vgl. weiter Gröll/Fischäder 2005, S. 21.

Auf das Kapazitätsangebot gerichtete Anpassungsmaßnahmen erhöhen jedoch die verfügbare Kapazität um L_k^{adapt}, gestauter Arbeitsinhalt (Überbestand) kann abgearbeitet werden. Für weitere Analysen wird nun eine Fallunterscheidung notwendig:

Fall 1: $L_k^{adapt} < sp_k$

Ist die mit der realisierten Anpassungsmaßnahme im Systemtakt bereitgestellte zusätzliche Kapazität kleiner als der Überbestand im betrachteten Produktionsbereich k, so erhöht sich die nutzbare Kapazität L_k^{use} und mithin die Leistung um den Betrag L_k^{adapt}; es verbleibt jedoch ein Überbestand sp_k^{adapt} (siehe Gleichung 4.66). Der durch die Anpassung bewältigte Überbestand bestimmt sich gemäß Beziehung (4.67):

$$sp_k^{adapt}(T) = sp_k(T) - sp_k^{cl}(T), \tag{4.66}$$

$$sp_k^{cl}(T) = min[sp_k(T);\ L_k^{adapt}(T)]. \tag{4.67}$$

Fall 2: $L_k^{adapt} = sp_k$

Ist die durch eine Anpassungsmaßnahme zusätzlich bereitgestellte Kapazität gleich dem Überbestand, so kann der gesamte Überbestand durch Anpassung abgetragen werden, es gilt $sp_k^{cl} = sp_k$, $sp_k^{adapt} = 0$.

Fall 3: $L_k^{adapt} > sp_k$

Im betrachteten Systemtakt wird mehr Zusatzkapazität bereitgestellt als Überbestand und damit Anpassungsbedarf besteht. Die nutzbare Kapazität L_k^{use} und die Leistung der Kapazitätseinheit wird durch den Bestand n_k bestimmt. Die darüber hinaus bereitgestellte Kapazität „verfällt" (L_k^{lost}). Der angestaute Arbeitsinhalt kann auch in diesem Fall vollständig verarbeitet werden, $sp_k^{adapt} = 0$.

Je nach Anpassungsmaßnahme wird also eine spezifische Leistung der Kapazitätseinheit realisiert und Überbestand in unterschiedlicher Höhe verarbeitet. Der maßnahmenspezifisch abgetragene Überbestand sp_k^{cl} je Zeitschritt ist Basis für die Ermittlung eines Kennwertes und begründet damit die Bewertungsüberlegung.

Zusätzlich werden geschätzte Leistungsparameter $\overline{L}(T+1)$ eingeführt. Dies erfordert ein zeitlicher Versatz zwischen Leistungserstellung und Bestandsaufnahme. Während die Bestandsaufnahme jeweils in diskreten Zeitschritten *am Ende* eines Systemtaktes vorgenommen wird, erfolgt die Leistungserstellung *während* eines Taktes. Abb. 4.55 verdeutlicht diesen Zusammenhang für einen beliebigen Systemtakt $T' + 1$.

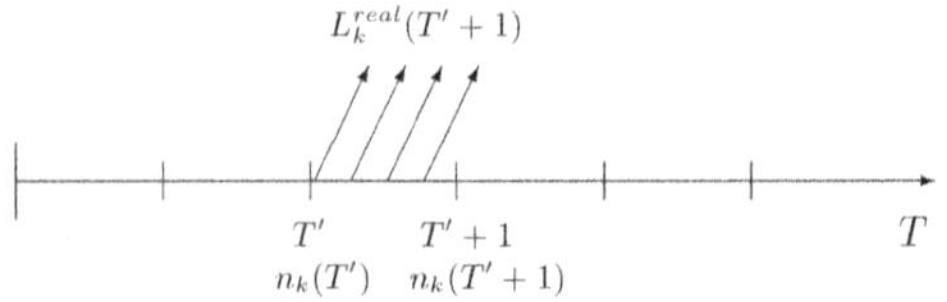

Abb. 4.55: Gegenüberstellung von Bestand und Leistung

Die Berechnung des Überbestandes unter Beachtung des Zeitbezugs erfolgt auf Basis der maximal verfügbaren Leistung im Folgetakt ohne Anpassungsmaßnahmen:[195]

$$sp_k(T) = max[n_k(T) - L_k^{use}(T+1);\ 0] = max[n_k(T) - L_k^{norm} + L_k^{dist}(T+1);\ 0].$$

Aufgrund des diskreten Zeitrasters der Systembeobachtung kann jedoch nicht ausgeschlossen werden, dass im Zeitpunkt T noch keine vollständige Information über die Störungswirkung in Takt $T+1$ vorliegt, die Größe $L_k^{dist}(T+1)$ ist also nicht in jedem Fall sicher bekannt. Diese Verzögerung der Störungswahrnehmung wird durch T_{dist}^{delay} beschrieben[196]. Abb. 4.56 zeigt die Zusammenhänge. Die dargestellte Störung 1 wird zeitverzögert identifiziert, Störung 2 ist sofort bekannt.

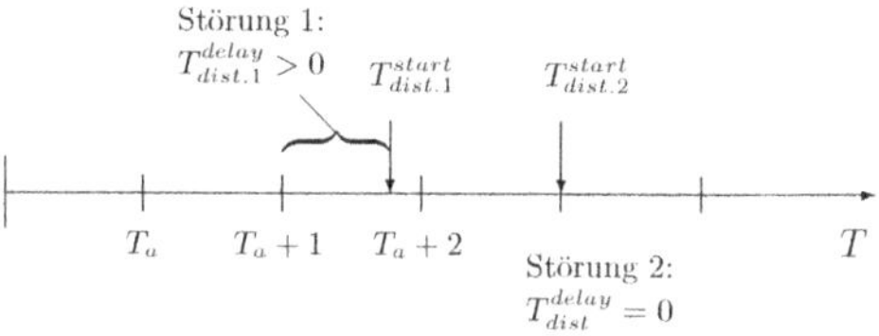

Abb. 4.56: Zeitstrahldarstellung unterschiedlicher Wahrnehmung von Störungen

Ein Schätzer für die maximal nutzbare Leistung eines Zustands k im Systemtakt T lässt sich in Abhängigkeit von der Anpassungsoption v angeben mit

$$\overline{L}_{k.v}^{use}(T+1) = L_k^{norm} - \overline{L}_k^{dist}(T+1) + L_{k.v}^{adapt}(T+1).$$

Die Normalkapazität eines Zustandes sowie die mit einer Anpassungsmaßnahme verbundene spezifische Leistungsbereitstellung sind bekannt. Unsicherheit herrscht hinsichtlich einer störungsbedingten Kapazitätsverringerung. Im Zeitpunkt T muss daher der Parameter $\overline{L}_k^{dist}(T+1)$ in Abhängigkeit vom Kenntnisstand hinsichtlich der Einwirkung der Störgröße geschätzt werden. Zu Beginn einer Störung können bedingt durch die Unsicherheit bezüglich ihrer Wirkungen ggf. Anpassungsmaßnahmen realisiert werden, die bei der Systemanalyse ex post als nicht vorteilhaft eingeschätzt werden müssen. Um Produktionssysteme realitätsnah abzubilden, müssen derartige Zusammenhänge Berücksichtigung finden. Wird das Modellsystem nicht den Ausführungsprozess begleitend zur (laufenden) Störanalyse genutzt, findet es vielmehr als Planungsinstrument Anwendung, mit dem deterministisch auf das System aufgeprägte (und in der Praxis wahrscheinliche) Störungen analysiert werden, so gilt $T_{dist}^{delay} = 0$. In solchen Anwendungsfällen ist die Störungswirkung $L_k^{dist}(T)$ für alle Systemtakte T determiniert.

[195] Vgl. hierzu Abschnitt 4.1.2.4.3.
[196] Vgl. Abschnitt 4.3.2.2.2.

Folgende Kenngröße $sval(k,v)$ wird zur Auswahl der dominierenden Anpassungsoption vorgeschlagen:

$$sval(k,v) = \frac{\overline{L}_{k.v}^{use}(T+1) \cdot c_{k.v}^{prod.adapt} + \overline{sp}_{k.v}^{adapt}(T) \cdot c_k^{store} + C_{k.v}^{fix.adapt}}{\overline{sp}_{k.v}^{cl}(T)}. \tag{4.68}$$

Der Zähler von (4.68) erfasst die bei Realisierung der Anpassungsoption v an Zustand k anfallenden spezifischen Kosten und setzt sich aus drei Summanden zusammen:

- *Durch Anpassung induzierte Erhöhung variabler Produktionskosten* $\overline{L}_{k.v}^{use}(T+1) \cdot c_{k.v}^{prod.adapt}$: Unterschiedliche Anpassungsmaßnahmen führen zu verschiedenen verfügbaren Kapazitäten und damit zu verschiedenen realisierten Leistungen. Diese jedoch bestimmen die variablen Produktionskosten des Zustands im betreffenden Takt[197] durch die einer Anpassungsmaßnahme v zugeordneten spezifischen Erhöhung des Produktionskostensatzes $c_{k.v}^{prod.adapt}$. Die variable Kostenwirkung einer Anpassungsmaßnahme kann damit auf Basis des realisierten Throughputs beschrieben werden.
- *Durch Anpassung bedingte Steigerung der Produktionsgemeinkosten* $C_{k.v}^{fix.adapt}$: Anpassungsmaßnahmen können darüber hinaus eine Erhöhung der Produktionsgemeinkosten bewirken; diese muss bei der Analyse der ökonomischen Konsequenzen einer Maßnahme v Berücksichtigung finden.
- *Bestandskosten der nach Anpassung verbleibenden Restbestände* $\overline{sp}_{k.v}^{adapt}(T) \cdot c_k^{store}$: Die Realisierung verschiedener Anpassungsoptionen hat eine Reduzierung des in Kapazitätseinheit k vorliegenden geschätzten Überbestandes $\overline{sp}_k$ in unterschiedlicher Höhe zur Folge. Anpassungsmaßnahmen v, welche den gestauten Arbeitsinhalt nicht vollständig abtragen, führen zu einem verbleibenden Überbestand $\overline{sp}_{k.v}^{adapt}$. Dieser bestimmt sich aus der Differenz zwischen der Zustandsbelegung und der geschätzten realisierbaren Leistung gemäß der Rechenvorschrift

$$\overline{sp}_{k.v}^{adapt}(T) = n_k(T) - \overline{L}_{k.v}^{use}(T+1).$$

Lieferrückstandskosten werden nicht in die Bewertungsvorschrift aufgenommen, da die Bestimmung der Größe $sval$ in jedem Zeitschritt erfolgt, Lieferrückstandskosten jedoch erst bei Projektion der Wirkungen einer realisierten Anpassungsoption auf den Ausgang des Systems mit Zeitverzug ermittelt werden können. Eine vollständige Analyse dieser Wirkungen würde jedoch die Berechnung aller Varianten über mehrere Zeitschritte (und damit eine Prognose der spezifischen Systementwicklung) erfordern; dann könnten jedoch keine Einsparungen der Anzahl zu generierender Varianten gegenüber der vollständigen Enumeration realisiert werden.

In die Bewertung der ökonomischen Konsequenzen einer Anpassungsoption werden ausschließlich die Kostenparameter einbezogen, die mit den spezifischen Leistungs- und Kostenwirkungen der evaluierten Anpassungsmaßnahme verbunden sind. Der Kennwert $sval$ lässt nun eine Ent-

[197] Vgl. Abschnitt 4.2.2.4.

scheidung über die zu verwendende Option v zu:

$$sval(k, v) = min[sval(k, 1);\ sval(k, 2);\ ...;\ sval(k, z_k)].$$

Um eine methodisch eingängige Maximierungsentscheidung zu erzeugen, durch welche die Auswahl der Anpassungsoption mit dem größten Zielbeitrag erfolgt, wird die Größe *Option Value* $oval(k, v)$ eingeführt, welche dem Kehrwert von $sval$ entspricht (Beziehung 4.69).[198] Es wird die Anpassungsmaßnahme v ausgewählt, die den größten *Option Value* liefert (Beziehung 4.70):

$$oval(k, v) = \frac{1}{sval(k, v)} = \frac{\overline{sp}^{cl}_{k.v}(T)}{\overline{L}^{use}_{k.v}(T+1) \cdot c^{prod.adapt}_{k.v} + \overline{sp}^{adapt}_{k.v}(T) \cdot c^{store}_{k} + C^{fix.adapt}_{k.v}}, \tag{4.69}$$

$$oval(k, v) = max[oval(k, 1);\ oval(k, 2);\ ...;\ oval(k, z_k)]. \tag{4.70}$$

Durch die Regel 4 wird eine drastische Verringerung des Variantenraums möglich, da jedem erkannten Überbestand genau eine Anpassungsmaßnahme zugeordnet wird, mit der eine Variante generiert wird. Ein Problem der Komplexität

$$z_{total} = \left(\prod_{k=1}^{m} z_k \right)^{(T_e - T_a)}$$

wird in ein Problem

$$z_{total} = (2^m)^{(T_e - T_a)} = 2^{m \cdot Z}$$

überführt; bei jeder Kombination sind lediglich 2 Optionen – die dominierende Anpassungsmaßnahme und keine Anpassung – zu berücksichtigen[199].

4.3.2.2.5 Regel 5 – Zeitliche Bindung für Anpassungsoptionen

Untersuchungen praktischer Anpassungsszenarien haben gezeigt, dass neben der Beschränkung der Anzahl möglicher Anpassungsoptionen z_k je Zeitschritt auch der Fall der Bindung an eine einmal gewählte Anpassungsoption über mehrere Systemtakte hinweg im Optimierungsproblem berücksichtigt werden muss. Eine in Zustand k in T' gewählte Option schränkt die Menge realisierbarer Maßnahmen für $T > T'$ ein. In der industriellen Praxis gilt dies insbesondere bei zeitlicher Anpassung durch Änderung des Schichtmodells. Beispielsweise muss das zur Anpassung gefahrene Schichtmodell über den Zeitraum einer Arbeitswoche beibehalten werden[200].

Solche Anpassungsmaßnahmen verringern die Variantenzahl, da nicht mehr in jedem Zeitschritt des Simulationshorizontes Z eine Kombination der Anpassungsmaßnahmen und Zustände er-

[198] Vgl. Gröll/Fischäder 2005, S. 25.

[199] Vgl. hierzu auch die einführenden Erläuterungen in Abschnitt 4.3.2.1.

[200] Der Übergang von Zwei- auf Dreischicht- oder von Dreischicht- auf Vierschicht-Betrieb, die Einführung von Zusatzschichten als Reaktion auf Störungswirkungen bedarf oftmals eines zeitlichen Vorlaufes. Darüber hinaus wird das Anpassungspotenzial in solchen Fällen häufig für eine bestimmte Anzahl von Zeitschritten (hier Arbeitstagen) festgelegt. Vgl. hierzu auch die Ausführungen in Anlage C, Abschnitt C.4.1.

folgt, sondern ausschließlich für Systemtakte, in denen eine Änderung der Anpassungsstrategie zulässig ist (bei Wechsel des Schichtregimes beispielsweise im Wochenrhythmus). Für verbleibende Systemtakte besteht eine Bindung an die gewählte Anpassungsmaßnahme, d. h. die gewählte Maßnahme wird bis zum nächsten Änderungszeitpunkt beibehalten. Es gilt:

Regel 5: Beachte eine (ggf. notwendige) zeitliche Bindung für Anpassungsoptionen.

Eine solche vergleichsweise starre Anpassungsstrategie liefert jedoch im Gegensatz zu Szenarien mit systemtaktbezogener Wahlmöglichkeit aus verschiedenen Anpassungsoptionen in der Regel keine kostenminimalen Anpassungsstrategien. Eine hohe *Granularität* (Anzahl und Abstufung) von Anpassungsmaßnahmen ermöglicht ein situationsangepasstes Reagieren auf Störsituationen, eine optimale Abstimmung der Abfolge von Anpassungsmaßnahmen. Die Ausführung und Anwendung der Regel 5 muss abhängig vom untersuchten Realsystem und den dort vorherrschenden Rahmenbedingungen erfolgen.

Je nach den praktischen Gegebenheiten im untersuchten und modellierten System können weitere, den Problemumfang einschränkende Regeln formuliert werden.

4.3.2.3 Beispielhafte Anwendung der regelbasierten Enumeration

In diesem Abschnitt soll prototypisch an zwei Beispielen die Anwendung der regelbasierten Enumeration demonstriert werden.

Beispiel 4.20:
Es wird ein vierstufiges, lineares Produktionssystem betrachtet. In jedem Systemtakt wird über die erste Produktionsstufe Arbeitsinhalt i. H. v. $R(T) = R = 100\ nKT$ eingesteuert. In Kapazitätseinheit 1 trete eine Störung der Produktionsressourcen auf. Damit verbunden sei ein Kapazitätsverlust von 30 nKT in den Systemtakten $T = 2$ bis $T = 5$. Konsequenz dieser Ressourcenstörung sei zudem Ausschuss i. H. v. 10% des Produktionsdurchsatzes. Abb. 4.57 zeigt den reduzierten Signalflussgraphen des gestörten Beispielsystems.

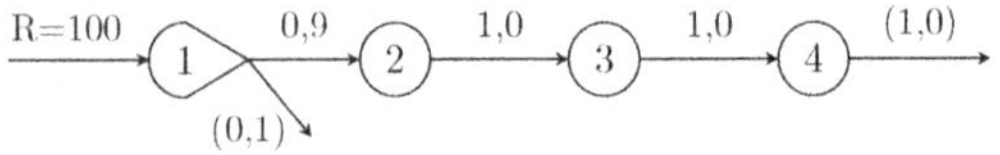

Abb. 4.57: Reduzierter Signalflussgraph des vierstufigen Beispielsystems

Es sei weiter vereinbart, dass vier Anpassungsoptionen mit den Zusatzkapazitäten 10 nKT (Option 1), 15 nKT (Option 2), 20 nKT (Option 3) und 25 nKT (Option 4) gewählt werden können. Jede dieser Optionen ist in jedem der Produktionsbereiche (Zustände 1 bis 4) und in jedem Systemtakt realisierbar. Die systemtaktbezogene Normalkapazität aller Bereiche betrage 105 nKT, d. h. alle Produktionsbereiche verfügen über eine Kapazitätsreserve von 5 nKT. Abb. 4.58 fasst weitere Kostengrößen zusammen.

– Produktionskosten:
- Bearbeitungskostensätze: $\underline{c}^{prod} = (5\ 5\ 5\ 5)\ [GE/nKT]$
- produktionsbezogene Gemeinkosten: $\underline{C}^{fix} = (100\ 100\ 100\ 100)\ [GE/ZE]$

– Bestandskostensätze $\underline{c}^{store} = (3{,}0\ 3{,}5\ 4{,}0\ 4{,}5)\ [GE/(nKT\ ZE)]$

– Lieferrückstandskostensatz $c^{bl} = 50\ [GE/(nKT\ ZE)]$

– Kostenwirkung der Störung in Element 1:
- Bearbeitungskostensätze: $c_1^{prod.dist} = 1\ [GE/nKT]$
- produktionsbezogene Gemeinkosten: $C_1^{fix.dist} = 20\ [GE/ZE]$

– Kostenwirkung der Anpassungsoptionen 1 bis 4 für Zustände 1 bis 4:

$$\underline{c}^{prod.adapt}: \begin{bmatrix} 0 & 0 & 0 & 0 \\ 0 & 0 & 0 & 0 \\ 1 & 1 & 1 & 1 \\ 0 & 0 & 0 & 0 \end{bmatrix} \quad \underline{C}^{fix.adapt}: \begin{bmatrix} 5 & 5 & 5 & 5 \\ 10 & 10 & 10 & 10 \\ 15 & 15 & 15 & 15 \\ 20 & 20 & 20 & 20 \end{bmatrix}$$

Option 1 bis 4 (Zeilen); Zustand 1 bis 4 (Spalten)

Abb. 4.58: Kostenparameter für Beispiel 4.20

Die Anwendung des vorgestellten Modellierungs- und Optimierungsansatzes unterstützt eine objektivierte Entscheidungsfindung bei der Planung von Anpassungsmaßnahmen für konkrete Störfälle. Eine breite Akzeptanz einer solchen Methodik bei einem mit Aufgaben einer reaktiven Störungsbehandlung beauftragten Störungsmanager wird dadurch begünstigt, dass das Modellsystem die schnelle Wahrnehmung der Störungscharakteristik ermöglicht. Erwartete Störungsfolgen und Konsequenzen von Anpassungsmaßnahmen werden deshalb anhand von Operationscharakteristiken im Zeit-Mengen-Gerüst transparent dargestellt.

Erfolgt keine Anpassung (siehe Störbild Abb. 4.59), so ist sowohl ein Bestandsaufbau im gestörten Produktionsbereich 1 festzustellen[201] als auch eine Bedarfsunterdeckung am Systemausgang (Zustand 4), die für drei Systemtakte eintritt (manifeste Störphase). Die allmähliche Reduzierung des Überbestandes nach Ende der Störung im Bereich 1 ist die Folge der Nutzung bereichsinterner Kapazitätsreserven. Systemweit abgestimmte Anpassung findet nicht statt. Der Störungswirkungsausgleich dauert entsprechend lange.

[201] Es sei vereinfachend davon ausgegangen, dass angestauter Bestand von ca. 80 nKT im Produktionsbereich 1 gepuffert werden kann.

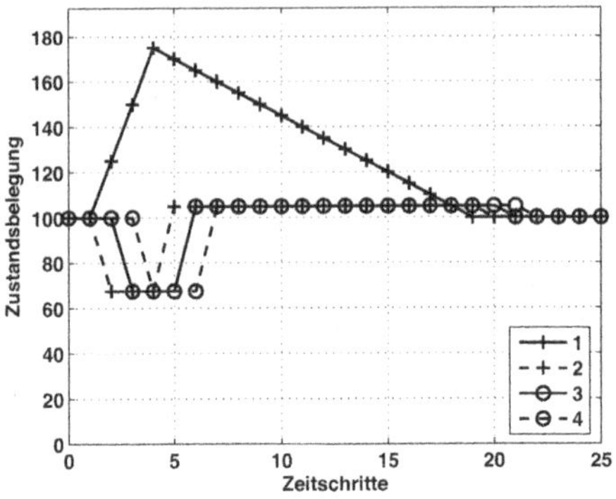

Abb. 4.59: Zustandsbelegung ohne Systemanpassung

Ergebnis der Anwendung des regelbasierten Enumerators ist eine kostenminimale Anpassungsstrategie. Im Vergleich zu Abb. 4.59 zeigt Abb. 4.60 einen Störungswirkungsausgleich in wesentlich kürzerer Zeit. Folge der Systemanpassung ist zudem die deutliche Reduzierung des maximal aufgestauten Bestandes. Ein „Durchschlag" der Störungswirkungen auf den Systemausgang kann jedoch mit dem hier beschriebenen Szenario nicht vollständig verhindert werden.

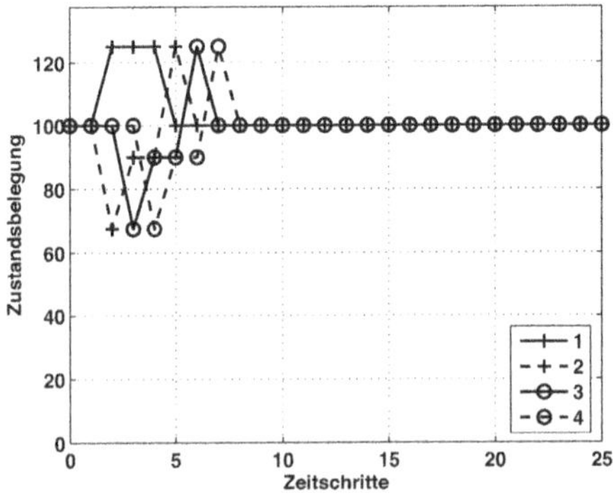

Abb. 4.60: Zustandsbelegung bei optimaler Systemanpassung

Betrachtet man nun exemplarisch die mit dem Störszenario verbundenen Kosten des Lieferrückstands in ihrer Höhe und ihrer Entstehung im Zeitablauf und vergleicht diese mit den Situationen ohne Anpassung (4.875 GE) und kostenminimale Anpassung (2.625 GE), so wird der Effekt der Systemanpassung deutlich (vgl. Abb. 4.61 mit Abb. 4.62).

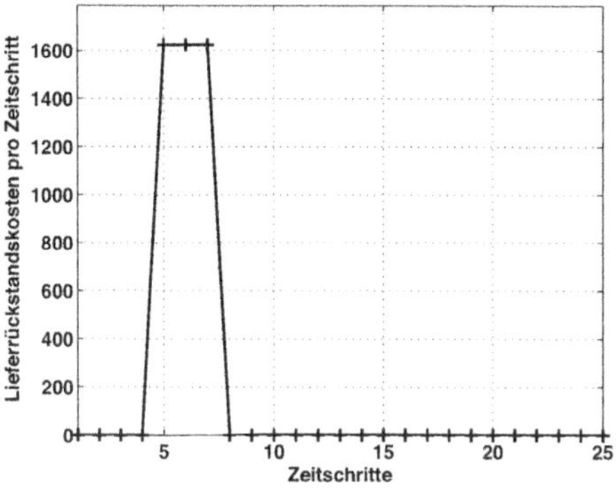

Abb. 4.61: Lieferrückstandskosten ohne Systemanpassung

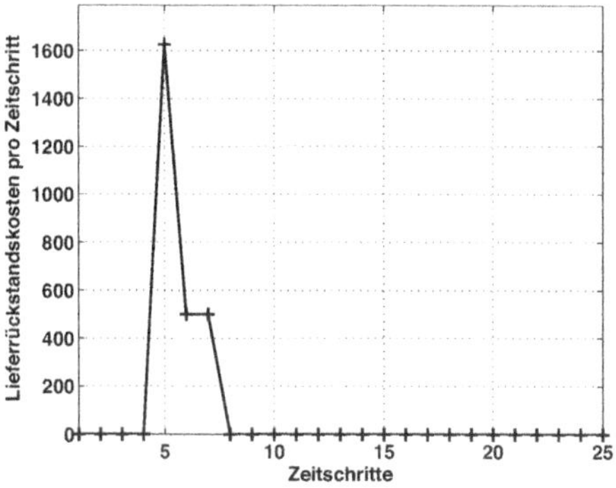

Abb. 4.62: Lieferrückstandskosten bei optimaler Systemanpassung

Tab. 4.8 liefert die kalkulierten Kosten (alle Werte in *GE*) für den Betrieb des Beispielsystems über 20 Systemtakte. Gegenüber dem gestörten System ist durch Anpassung eine Reduzierung der Gesamtkosten im Umfang von rund 4.000 *GE* erzielbar.

Kostenart	System gestört (ohne Anpassung)	kostenminimale Systemanpassung
Produktionskosten	47.873	48.073
Bestandskosten	31.733	29.895
Lieferrückstandskosten	4.875	2.625
Gesamtkosten	84.481	80.593

Tab. 4.8: Kosten des Systembetriebs im Beobachtungszeitraum

Die Sequenz der Anpassungsmaßnahmen, die Anpassungsstrategie kann grafisch verdeutlicht werden (siehe Abb. 4.63). Für jeden Produktionsbereich ist bezogen auf den entsprechenden Systemtakt die zu realisierende Anpassungsmaßnahme angegeben. Die Nummerierung der Anpassungsoptionen korreliert mit der maßnahmenspezifisch bereitgestellten Zusatzkapazität, so dass durch die Höhe der Säulen ein Eindruck über das Ausmaß der Anpassung gewonnen werden kann

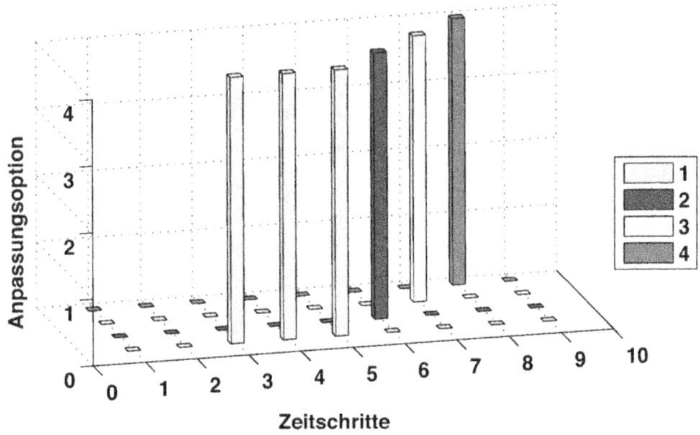

Abb. 4.63: Veranschaulichung der kostenminimalen Anpassungsstrategie des Beispiels 4.20

Beispiel 4.21:

In Beispiel 4.21 soll ein Produktionssystem unter Einfluss einer Störung großer Tragweite untersucht werden. Das analysierte Störszenario generiert erheblichen Anpassungsbedarf. Es wird erneut ein vierstufiger Produktionsprozess betrachtet, auf den in den Systemtakten $T = 2$, $T = 3$ und $T = 4$ eine Störung einwirkt (vgl. Abb. 4.64). Die zweite Produktionsstufe belastet eine schwere Störung mit kapazitiver Wirkung; in jedem Takt der Einwirkung einer Störgröße verliert dieser Produktionsbereich 50 nKT seiner Kapazität. Darüber hinaus sind 5% des Outputs dieses Bereiches Ausschuss, 10% des Outputs müssen im Produktionsbereich 1 nachgearbeitet werden und die Produktionsstufe 2 erneut durchlaufen.

In jedem Systemtakt wird Arbeitsinhalt im Umfang von $R = 100$ nKT in die erste Produktionsstufe freigegeben. Die Normalkapazitäten der einzelnen Produktionsstufen sind nicht abgestimmt und uneinheitlich. Für die dritte Produktionsstufe gilt $L_3^{norm} = 104$ nKT, d. h. sie verfügt über eine Kapazitätsreserve von 4 nKT. Die zweite Stufe weist hingegen eine Normalkapazität $L_2^{norm} = 105$ nKT und somit 5 nKT Reserve auf. Bei vollständiger Auslastung der zweiten Produktionsstufe stellt die nachgelagerte Einheit folglich einen Engpass dar. Für die Bereiche 1 und 4 gilt eine Normalkapazität i. H. v. 102 nKT. Darüber hinaus wird ein (abstrakter) Sammelzustand 5 zur Erfassung der Gutteile eingeführt[202]. Der Zustand 5 wird von allen produzierten Gutteilen durchlaufen.

[202] In einem Liefernetzwerk kann ein solcher Zustand 5 Repräsentant für den Transport der Fertigerzeugnisse sein.

Ausgangspunkt für die Betrachtungen ist der ungestörte Normalbetrieb, das System ist kapazitiv abgeglichen. Bestände in den Kapazitätseinheiten 1 bis 4 unterliegen keinen Beschränkungen[203].

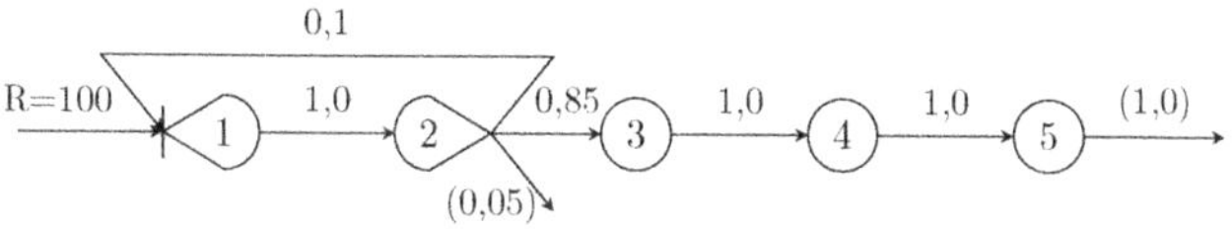

Abb. 4.64: Reduzierter Signalflussgraph des Beispielsystems unter starkem Störeinfluss

Es sei angenommen, dass vier Anpassungsmaßnahmen mit den Zusatzkapazitäten 10 nKT (Option 1), 20 nKT (Option 2), 40 nKT (Option 3) und 60 nKT (Option 4) je Zeitschritt in jedem Produktionsbereich zur Disposition stehen. Die mit den Anpassungsoptionen verbundenen Kostenwirkungen steigen mit der bereitgestellten Zusatzkapazität. In Abb. 4.65 sind weitere Kostengrößen zusammengefasst.

– Produktionskosten:
- Bearbeitungskostensätze: $\underline{c}^{prod} = (6\ 3\ 4\ 2)\ [GE/nKT]$
- produktionsbezogene Gemeinkosten: $\underline{C}^{fix} = (120\ 110\ 130\ 100)\ [GE/ZE]$

– Bestandskostensätze $\underline{c}^{store} = (3{,}0\ 3{,}5\ 4{,}0\ 4{,}5)\ [GE/(nKT\ ZE)]$

– Lieferrückstandskostensatz $c^{bl} = 100\ [GE/(nKT\ ZE)]$

– Kostenwirkung der Störung in Element 2:
- Bearbeitungskostensätze: $c_1^{prod.dist} = 1\ [GE/nKT]$
- produktionsbezogene Gemeinkosten: $C_1^{fix.dist} = 20\ [GE/ZE]$

– Kostenwirkung der Anpassungsoptionen 1 bis 4 für Zustände 1 bis 4:

$$\underline{c}^{prod.adapt}: \begin{bmatrix} 0 & 0 & 0 & 0 \\ 1{,}5 & 1 & 0{,}5 & 0{,}5 \\ 2 & 2{,}5 & 2 & 1 \\ 3{,}5 & 4 & 2{,}5 & 1{,}5 \end{bmatrix} \quad \text{Option 1 bis 4} \quad \underline{C}^{fix.adapt}: \begin{bmatrix} 20 & 20 & 20 & 20 \\ 30 & 28 & 28 & 20 \\ 50 & 55 & 45 & 30 \\ 65 & 70 & 55 & 50 \end{bmatrix}$$

Zustand 1 bis 4

Abb. 4.65: Kostenparameter für Beispiel 4.21

Abb. 4.66 zeigt die Bestandsentwicklung im Produktionssystem ohne Anpassung. Mit Eintritt der Störung entstehen erwartungsgemäß Überbestände im zweiten Produktionsbereich, welche nach Ende der Störung allmählich durch Inanspruchnahme der Kapazitätsreserven reduziert werden können. Deutlich zu erkennen ist der Engpass in den Produktionsstufen downstream. Die verfügbare Kapazität reicht dort nicht aus, um die von Produktionsbereich 2 gelieferten

[203] Zur Erweiterung des Modellsystems auf Bestandsbeschränkungen und Systemblocking vgl. Abschnitt 4.1.2.4.4. Vgl. weiter Gröll/Fischäder 2005, S. 30 ff.

Zwischenerzeugnisse vollständig zu verarbeiten. Rückgestellte und verbleibende Mengen erhöhen insbesondere den in den Bereich 4 freigegebenen Arbeitsinhalt, bis der Überbestand in den vorgelagerten Kapazitätseinheiten 2 und 3 vollständig abgebaut ist. Wird das System sich selbst überlassen und wirken zwischenzeitlich keine weiteren Störungen auf das System, so sind die Störungswirkungen erst nach 82 Zeitschritten vollständig ausgeglichen.

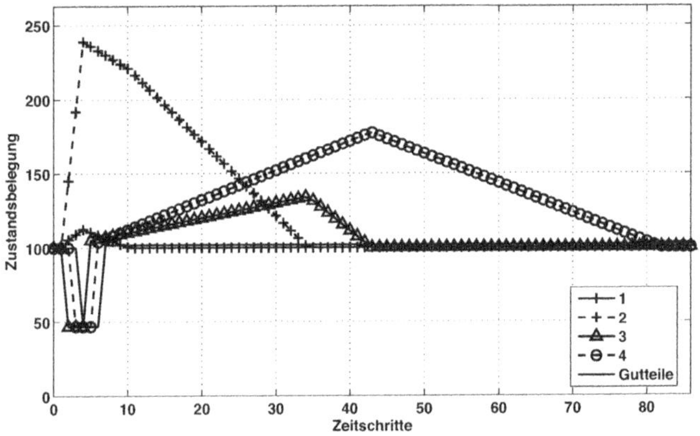

Abb. 4.66: Zustandsbelegung ohne Systemanpassung

Bei Betrachtung der Zustandsbelegung ohne Systemanpassung ist die Notwendigkeit einer systemweit abgestimmten Anpassung sofort offensichtlich. Der drastische Kapazitätseinbruch in Bereich 2 muss kompensiert werden, soll der Stau der in den Bereich 2 freigegebenen Arbeitsinhalte verringert werden. In nachgelagerten Kapazitätseinheiten muss zusätzliche Kapazität freigesetzt werden, um die in Kapazitätseinheit 2 abgebauten Überbestände aus dem System zu schleusen. Auf den Engpass in den Produktionsbereichen 3 und 4 muss gezielt reagiert werden.

Die Anwendung der regelbasierten Enumeration auf das Störszenario liefert die in Abb. 4.67 visualisierte Anpassungsstrategie. Wird die dargestellte Sequenz der Anpassungsmaßnahmen im Zeitablauf in den Zuständen realisiert, so folgt die in Abb. 4.68 gezeigte Bestandsentwicklung.

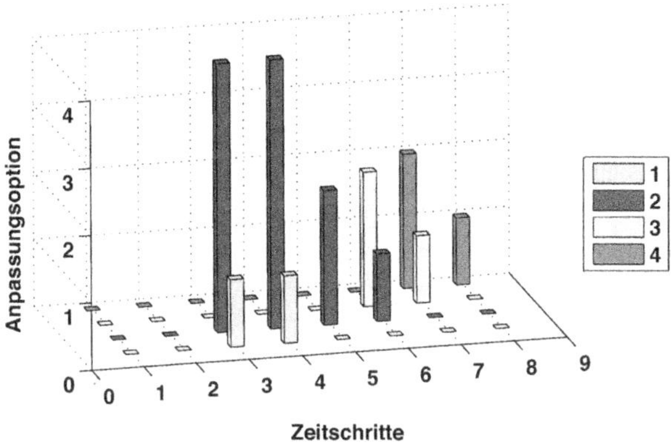

Abb. 4.67: Veranschaulichung der kostenminimalen Anpassungsstrategie des Beispiels 4.21

Vergleicht man die Bestandsentwicklung in Abb. 4.68 mit der des Systems ohne Anpassung (Abb. 4.66), so ist durch Anpassung die Bedarfsunterdeckung der letzten Produktionseinheit und damit der entstandene Lieferrückstand deutlich verringert. Überbestände in den Produktionsbereichen sind massiv reduziert. Bereits nach einer Zeitspanne von 13 Systemtakten sind die Störungswirkungen ausgeglichen. ■

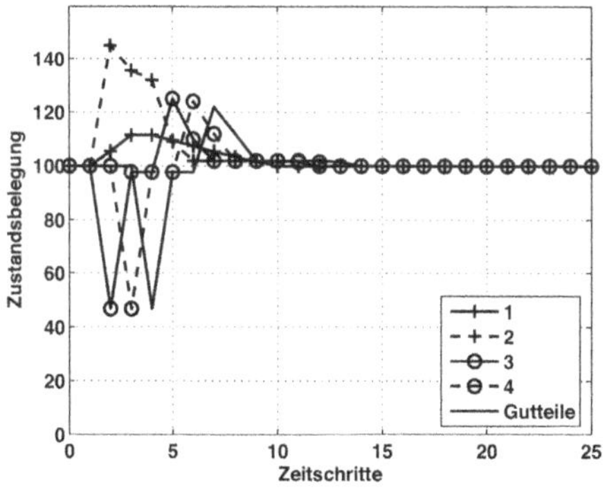

Abb. 4.68: Zustandsbelegung bei optimaler Systemanpassung in Beispiel 4.21

4.3.2.4 Regelbasierte Enumeration und die Wahl des Systembeobachtungszeitraums

Die Ausführungen der vorangegangenen Abschnitte haben gezeigt, dass sich, auf einen konkreten Untersuchungsbereich bezogenen, erhebliche Einschränkungen in der Anzahl realisierbarer Anpassungsoptionen ergeben können. Dennoch bleibt mit der Anwendung des Prinzips der Enumeration ein erheblicher Rechenaufwand verbunden. Die Allgemeingültigkeit und breite Adaptierbarkeit, die mit der vorgeschlagenen Modellierungssystematik verbunden sind, erlauben jedoch in komplexen Szenarien schnell und unkompliziert den Aggregationsgrad der Betrachtungen zu erhöhen und damit die Anzahl der betrachteten Systemzustände zu beschränken. So ist der Fall denkbar, einen detailliert (also durch mehrere Zustände) beschriebenen Produktionsbereich[204] nur noch durch einen, dann das Verhalten der Niveaustufe insgesamt beschreibenden Zustand in die Optimierungsüberlegungen einzubeziehen. Vermittels dieser Art der Komplexitätsreduktion können auch komplexe Strukturen einer enumerativen Analyse zugänglich gemacht werden.

Beispiel 4.22:
Ein sehr einfaches und damit überschaubares Beispiel soll das Prinzip der vollständigen Enumeration im Problemkontext verdeutlichen[205]. Auf dieser Grundlage wird die Bedeutung des Parameters Simulationshorizont erläutert. Dazu sei ein Produktionssystem, bestehend aus zwei linear angeordneten Kapazitätseinheiten, betrachtet. Die Systemstruktur zeigt Abb. 4.69.

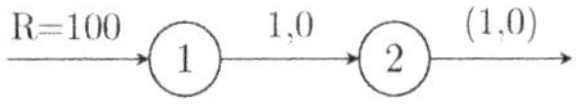

Abb. 4.69: Beispielsystem zur vollständigen Enumeration

Die Übergangsmatrix wird angegeben mit

$$\underline{P}(T) = \begin{bmatrix} 0 & 1 \\ 0 & 0 \end{bmatrix}.$$

Taktweise werden $R(T) = R = 100$ normierte Kapazitätsteile in das System eingesteuert, es seien keine systeminhärenten Kapazitätsreserven vorhanden, d. h. es gilt $L_1^{norm} = L_2^{norm} = 100\ nKT$. Die Maximalbestände in den einzelnen Zuständen seien unbeschränkt.

Für jeden Zustand sind je Systemtakt 100 GE produktionsbezogener Gemeinkosten zu berücksichtigen, die Bearbeitungskostensätze betragen für beide Zustände 5 GE/nKT. Bestandskostensätze werden angesetzt mit $c_1^{store} = 2$ und $c_2^{store} = 3$ (in $GE/(nKT\ ZE)$). Da im Zeitraum der Systemanalyse keine Störung auf das System einwirke und kein Fehlbestand vorhanden sei, treten keine Lieferrückstandskosten auf.

Im Zeitpunkt der Anpassungsentscheidung ist das Produktionssystem nicht im Normalzustand. Aufgrund einer Störung, die bereits nicht mehr auf das System einwirkt, seien im Zustand 1 Bestände i. H. v. 110 normierten Kapazitätsteilen vorhanden, es gelte $n_1(T_a) = 110\ nKT$. Diese Störungswirkung soll durch geeignete Anpassungsmaßnahmen abgebaut werden. Neben der Möglichkeit der Nichtanpassung stehe beiden Zuständen eine intensitätsmäßige Anpassungsoption zur Verfügung, die zu einer zusätzlichen Kapazität $L_k^{adapt}(T)$ von 10 normierten Kapazitätsteilen führt. Mit dieser intensitätsbezogenen Anpassung ist eine Erhöhung des Bearbeitungskostensat-

[204] Vgl. zu solchen detaillierten Darstellungen auch Abschnitt 4.1.1.1.
[205] Vgl in Folge Hild/Fischäder 2005, S. 84 ff.

zes von 5 auf 5,5 GE/nKT verbunden, also $c_1^{prod.int}(T) = c_2^{prod.int}(T) = 0{,}5\ GE/nKT$.

Durch vollständige Enumeration soll zunächst gezeigt werden, in welcher Reihenfolge in beiden Zuständen angepasst werden muss, damit das System mit minimalen Kosten in den Normalbetrieb zurückgeführt wird. Der Normalzustand ist durch Bestände $n_k(T)$ in Höhe der Einlastung, mithin durch $n_k(T) = R(T) = R = 100\ nKT$ für $k = 1, 2$ gegeben.

Die Berechnung wird aus Gründen der besseren Übersicht auf vier Zeittakte beschränkt, es gilt $T_e = T_a + 3$, wobei für Zeitschritt T_e keine Berechnung mehr erfolgt. Über Anpassung ist demzufolge in den Takten T_a, $T_a + 1$ und $T_a + 2$ zu entscheiden. Diese Sachlage induziert bereits $z_{total} = 4^3 = 64$ Varianten der Systemanpassung.

Für die weiteren Darstellungen soll für die Bezeichnung der Anpassungsoptionen eine Notation eingeführt werden, in der für jeden Zeitschritt die gewählten Anpassungsoptionen durch einen Punkt getrennt hintereinander angegeben werden; ein senkrechter Strich trennt die gewählten Optionen zwischen den Zeitschritten. Nichtanpassung wird durch die Ziffer 0, die Anpassung i. H. v. zusätzlich 10 normierten Kapazitätsteilen mit der Ziffer 1 gekennzeichnet. Beispielsweise gibt der Ausdruck 0.0|0.0|0.0 die konsequente Nichtanpassung über drei Systemtakte an.

Die Tab. 4.9 stellt die Optionen für jeden Zeitschritt spaltenweise dar. Die letzte Spalte enthält die Gesamtkosten, die mit der entsprechenden Anpassungsstrategie verbunden sind.

Unter Berücksichtigung der im Abschnitt 4.3.2.2 dargestellten Regeln können nicht sinnvolle Anpassungsoptionen ausgeschlossen werden; sie sind in Tab. 4.9 durchgestrichen dargestellt. Es handelt sich dabei um diejenigen Optionen, die in einem Zustand anpassen, der keine Überbestände aufweist und somit keinen Bedarf an zusätzlich freigesetzter Kapazität hat[206]. Die jeweils im Zeitablauf erste Entscheidung über eine Anpassung, die diese Überbestandsregel verletzt und somit zur Streichung einer gesamten Anpassungsstrategie führt, ist ebenfalls durchgestrichen gekennzeichnet. Beim erstmaligen Auftreten werden die als sinnfrei identifizierten Optionen gestrichen. Ein enumerativ und damit sequenziell arbeitender Optimierungsalgorithmus würde bei der Abarbeitung der Entscheidungszweige an der durchgestrichenen Stelle abbrechen. Die Anzahl entfallener Optionen ermöglicht eine Einschätzung der Reduktion des Rechenaufwandes durch die Überbestandsregel. ■

Tab. 4.9 verdeutlicht eine weitere Besonderheit des hier betrachteten Planungsproblems: Die mit der Anpassungsmaßnahme verbundene Kostenerhöhung und die bewertete Wirkung dieser Maßnahme, die Bestandsreduktion, fallen zeitlich auseinander. Eine Anpassungsmaßnahme hat im Sinne ihrer ökonomischen Konsequenzen *investiven Charakter*, sie stellt eine „Vorleistung" dar: Erhöhte Produktionskosten, die zeitnah mit der Maßnahmenrealisierung entstehen, führen für Folgeperioden zu niedrigeren Bestandskosten (und damit reduzierten Störungswirkungen). Darüber hinaus ist auch eine Senkung des Lieferrückstandes und mithin der Lieferrückstandskosten eine gewünschte Wirkung der Anpassung. Auch dieser Effekt der Anpassung zeigt sich zeitverzögert[207]. Es muss somit ein *hinreichend großer Zeithorizont* für die Betrachtung der

[206] Vgl. hierzu insbesondere Abschnitt 4.3.2.2.1.
[207] Vgl. Hild/Fischäder 2005, S. 87.

T_a	T_a+1	T_a+2	C	T_a	T_a+1	T_a+2	C
0.0	0.0	0.0	5.160	1.0	0.0	0.0	5.510
0.0	0.0	0.~~1~~	~~5.210~~	1.0	0.0	0.1	5.295
0.0	0.0	1.0	5.275	1.0	0.0	~~1~~.0	~~5.370~~
0.0	0.0	1.~~1~~	~~5.325~~	1.0	0.0	~~1~~.1	~~5.345~~
0.0	0.~~1~~	0.0	~~5.210~~	1.0	0.1	0.0	5.340
0.0	0.~~1~~	0.1	~~5.260~~	1.0	0.1	0.~~1~~	~~5.390~~
0.0	0.~~1~~	1.0	~~5.325~~	1.0	0.1	~~1~~.0	~~5.390~~
0.0	0.~~1~~	1.1	~~5.375~~	1.0	0.1	~~1~~.~~1~~	~~5.440~~
0.0	1.0	0.0	5.285	1.0	~~1~~.0	0.0	~~5.345~~
0.0	1.0	0.1	5.360	1.0	~~1~~.0	0.1	~~5.420~~
0.0	1.0	~~1~~.0	~~5.335~~	1.0	~~1~~.0	1.0	~~5.395~~
0.0	1.0	~~1~~.1	~~5.410~~	1.0	~~1~~.0	1.1	~~5.470~~
0.0	1.~~1~~	0.0	~~5.335~~	1.0	~~1~~.1	0.0	~~5.390~~
0.0	1.~~1~~	0.1	~~5.410~~	1.0	~~1~~.1	0.1	~~5.440~~
0.0	1.~~1~~	1.0	~~5.385~~	1.0	~~1~~.1	1.0	~~5.440~~
0.0	1.~~1~~	1.1	~~5.460~~	1.0	~~1~~.1	1.1	~~5.490~~
0.~~1~~	0.0	0.0	~~5.210~~	1.~~1~~	0.0	0.0	~~5.345~~
0.~~1~~	0.0	0.1	~~5.260~~	1.~~1~~	0.0	0.1	~~5.420~~
0.~~1~~	0.0	1.0	~~5.325~~	1.~~1~~	0.0	1.0	~~5.395~~
0.~~1~~	0.0	1.1	~~5.375~~	1.~~1~~	0.0	1.1	~~5.470~~
0.~~1~~	0.1	0.0	~~5.260~~	1.~~1~~	0.1	0.0	~~5.390~~
0.~~1~~	0.1	0.1	~~5.310~~	1.~~1~~	0.1	0.1	~~5.440~~
0.~~1~~	0.1	1.0	~~5.375~~	1.~~1~~	0.1	1.0	~~5.440~~
0.~~1~~	0.1	1.1	~~5.425~~	1.~~1~~	0.1	1.1	~~5.490~~
0.~~1~~	1.0	0.0	~~5.335~~	1.~~1~~	1.0	0.0	~~5.395~~
0.~~1~~	1.0	0.1	~~5.410~~	1.~~1~~	1.0	0.1	~~5.470~~
0.~~1~~	1.0	1.0	~~5.385~~	1.~~1~~	1.0	1.0	~~5.445~~
0.~~1~~	1.0	1.1	~~5.460~~	1.~~1~~	1.0	1.1	~~5.520~~
0.~~1~~	1.1	0.0	~~5.385~~	1.~~1~~	1.1	0.0	~~5.440~~
0.~~1~~	1.1	0.1	~~5.460~~	1.~~1~~	1.1	0.1	~~5.490~~
0.~~1~~	1.1	1.0	~~5.435~~	1.~~1~~	1.1	1.0	~~5.490~~
0.~~1~~	1.1	1.1	~~5.510~~	1.~~1~~	1.1	1.1	~~5.540~~

Tab. 4.9: Vollständige Enumeration der Anpassungsoptionen

Ausgleichprozesse gewählt werden. Die im Zeitverlauf reduzierten Störungswirkungen im Sinne verringerter Bestands- und Lieferrückstandskosten müssen die erhöhten Produktionskosten ausgleichen. Das Optimum im Sinne der kostenminimalen Anpassungsstrategie verändert sich nicht, wenn ein großer Zeithorizont gewählt wird[208], da mit Ausgleich der Störungswirkungen keine (weiteren) Veränderungen im wechselseitigen Verhältnis anpassungs- und störungsbedingt verursachter Kostenbestandteile stattfinden. Wird ein zu kurzer Zeithorizont bestimmt, so ist eine Nichtanpassung (bzw. eine Anpassung in geringem Umfang) für den Optimierungsalgorithmus stets die „bessere" Wahl, da damit innerhalb des (zu kurzen) Betrachtungszeitraumes geringere Kosten verbunden sind.

Diese Problemeigenschaft kann um eine Break-Even-Betrachtung erweitert werden. Abb. 4.70 zeigt die Kostenreduktion durch die Anpassung 1.0|0.1|0.0 aus Beispiel 4.22 in Abhängigkeit vom Systembeobachtungshorizont. Es wird also innerhalb der ersten beiden Zeitschritte angepasst (1.0|0.1). Danach wird das System sich selbst überlassen, es erfolgt keine weitere Anpassungsmaßnahme und es tritt keine weitere Störung auf. In Abb. 4.70 wird der Umfang der

[208] Dabei wird unterstellt, dass im Zeitablauf keine weiteren Störungen auftreten, die wiederum die Wahl der Anpassung bestimmen und letztlich eine rollierende Anwendung des dargestellten Optimierungsprinzips bedingen.

Kostenreduktion durch Anpassung im Vergleich zum nichtangepassten System bestimmt, für das aufgrund nicht vorhandener Kapazitätsreserven Bestände i. H. v. 110 nKT im ersten Zustand über den gesamten Simulationszeitraum verbleiben.

Der in der Abbildung dargestellte Verlauf ist typisch für Systeme ohne Kapazitätsreserven. Die Kurve zeigt in solchen Fällen keine waagerechte Asymptote, es verbleibt permanent (störungsbedingt) Bestand im System. Daraus resultiert ein stetiger Kostenzuwachs im nichtangepassten System.

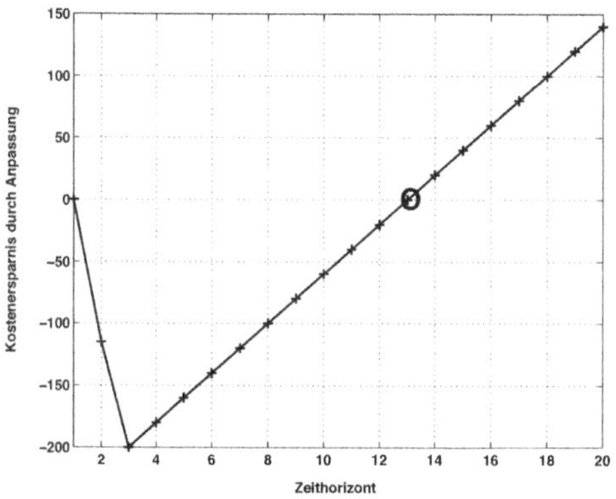

Abb. 4.70: Kostenreduktion durch Anpassung (ohne Kapazitätsreserven)

Im Folgenden soll auf den Verlauf der Kostenreduktion durch Anpassung in Produktions- und Logistiksystemen mit systeminhärenten Kapazitätsreserven eingegangen werden. Für solche Systeme zeigt die Kennlinie (Differenz der Kosten bei Anpassung und ohne jegliche Anpassung) eine waagerechte Asymptote. Dieses Kostenverhalten ist durch die infolge systeminhärenter Kapazitätsreserven möglich gewordene Selbsterholung des Systems zu erklären. Kapazitätsreserven ermöglichen es dem System, in endlicher Zeit in den Normalzustand zurückzukehren[209]. In Systemen ohne Kapazitätsreserve verbleiben Überbestände dauerhaft im System und verursachen so ständig erhöhte Kosten (Kosten der Störungswirkung). Diese Überbestände im System führen deshalb im Zeitablauf zur Kostenreduzierung in höherem Umfang im angepassten gegenüber dem nicht angepassten, sich selbst überlassenen System (vgl. Abb. 4.70). Einen typischen Verlauf der durch Anpassung erzielbaren Kostenreduktion in einem System mit systeminhärenten Kapazitätsreserven zeigt die Abb. 4.71.

[209] Siehe hierzu auch die Ausführungen zur Erweiterung des Basismodells unter 4.1.2.4.2.

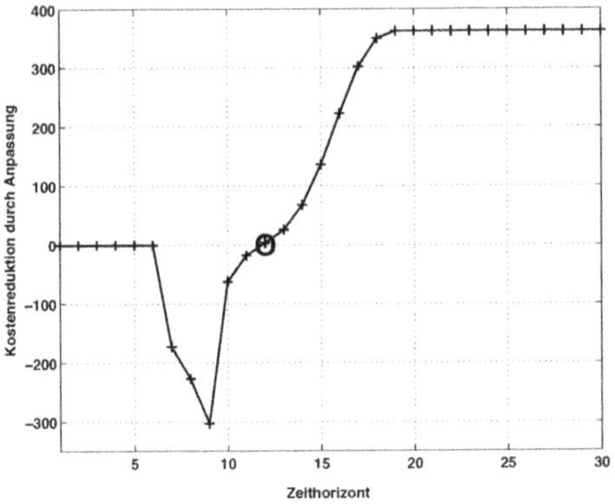

Abb. 4.71: Kostenreduktion durch Anpassung (mit Kapazitätsreserve)

Beispiel 4.23:

Werden die im Beispiel 4.22 dargestellten Anpassungsoptionen mit anschließender Nichtanpassung bis Zeitpunkt $T = 20$ berechnet, so resultiert die in Tab. 4.10 angegebene Reihenfolge der zehn kostenminimalen Anpassungsstrategien.

T_a	$T_a + 1$	$T_a + 2$	C
1.0	0.1	0.0	49.540
0.0	1.0	0.1	49.560
1.0	0.0	0.1	49.570
1.0	0.1	0.~~1~~	~~49.590~~
1.0	0.1	~~1~~.0	~~49.590~~
1.0	~~1~~.1	0.0	~~49.590~~
1.~~1~~	0.1	0.0	~~49.590~~
0.0	1.0	~~1~~.1	~~49.610~~
0.0	1.~~1~~	0.1	~~49.610~~
0.~~1~~	1.0	0.1	~~49.610~~

Tab. 4.10: Vollständige Enumeration bei $T_e = 20$ (Ausschnitt)

Tab. 4.10 zeigt, dass Anpassungsstrategien, die nicht sinnvolle Anpassungsoptionen in Zuständen ohne Überstände enthalten, von den entsprechenden Kombinationen dominiert werden, die diese sinnfrei gewählten Anpassungsmaßnahmen nicht enthalten. Darüber hinaus wird deutlich, dass ein Mindestzeithorizont für die Beobachtung der Ausgleichprozesse notwendig ist, um eine sinnvolle Präferenzordnung durch den Optimierungsalgorithmus zu erhalten. Die in Tab. 4.10 angegebene Präferenzordnung der ersten drei Anpassungsstrategien ändert sich für große Zeithorizonte nicht. Der den Optimierungsüberlegungen zu Grunde liegende Zeithorizont kann somit sehr wohl zu kurz, nicht jedoch zu lang gewählt werden. ■

Beispiel 4.24:

Beispiel 4.24 greift das vierstufige Produktionssystem und das komplexe Störszenario aus Beispiel 4.21 auf. Es soll untersucht werden, wie sich eine Variation des Simulationshorizontes auf die ermittelte Anpassungsstrategie und die entsprechenden Zielfunktionswerte auswirkt. Da für jeden hinzugefügten Zeitschritt im Systembeobachtungszeitraum auch Produktions- und Bestandskosten anfallen, ist ein direkter Vergleich der ermittelten Gesamtkosten nicht aussagekräftig. Die Kosten der Systemanpassung werden deshalb normiert, indem sie auf einen einheitlichen Zeitraum von 25 Systemtakten „hochgerechnet" werden. Es werden die Gesamtkosten bestimmt, die entstehen, wenn das Produktionssystem mit der jeweils ermittelten Strategie über einen festen Zeitraum arbeitet[210].

Die Simulationsstudie zeigt, dass mit steigendem Simulationszeitraum günstigere Anpassungsstrategien ermittelt werden konnten, gleichzeitig steigt jedoch der Rechenaufwand. Eine präzise Dimensionierung des Beobachtungszeitraums ist mithin von großer Bedeutung, um gute Ergebnisse mit möglichst geringem Aufwand zu erzielen. Für das in Beispiel 4.21 beschriebene Produktionssystem stehen für jeden Produktionsbereich und jeden Systemtakt vier unterschiedliche Anpassungsmaßnahmen bereit. Bei definiertem Zeitraum der Kostenerfassung (24 Zeitschritte) wird der Simulationshorizont schrittweise von $Z = 1$ bis $Z = 9$ ausgeweitet. In diesem Zeitraum wird angepasst. Die jedem Simulationshorizont entsprechenden optimalen Zielfunktionswerte sowie die zur Ermittlung der optimalen Anpassungsstrategie benötigte Anzahl der generierten Varianten sind in Abb. 4.72 zusammengefasst.

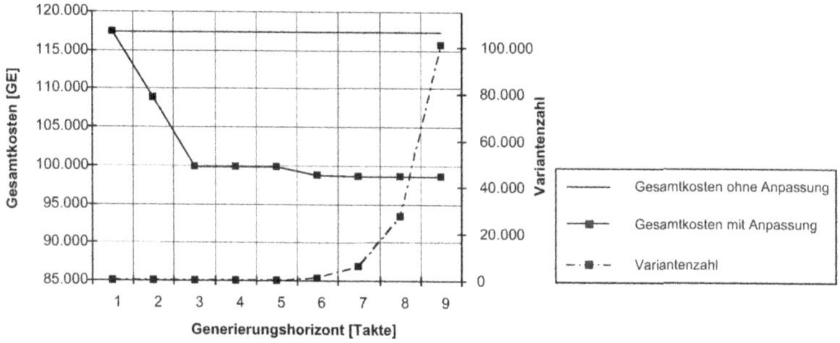

Abb. 4.72: Gesamtkosten und Variantenzahl in Abhängigkeit vom Simulationshorizont

Einzelne Abschnitte des Kostenverlaufes werden in Folge näher erläutert:

- $Z = 1$: Dieser Simulationshorizont entwickelt eine Anpassungsstrategie über zwei Systemtakte. Im zweiten Zeitschritt ist die Störung bereits wirksam, Anpassungsmaßnahmen können aber aufgrund der verzögerten Störungswahrnehmung ($T^{delay} = 1$) nicht eingeleitet werden. Die ermittelten Kosten entsprechen folglich denen des Systembetriebs ohne Anpassung.

[210] Vgl. hierzu auch Gröll/Fischäder 2005, S. 49 f.

- $2 \leq Z \leq 3$: Die Störung wirkt im Zeitraum der Entwicklung einer Anpassungsstrategie. Mit steigendem Beobachtungshorizont können mehr Anpassungsmaßnahmen realisiert werden und der Kapazitätsreduktion entgegen wirken. Folge sind geringere angestaute Überbestände und kleinerer Lieferrückstand; die Kosten der Anpassungskonfiguration sind rückläufig.
- $3 < Z \leq 5$: Für $Z = 4$ wird der erste, für $Z = 5$ der erste und zweite Zeitschritt nach Ende der Störung zur Strategieentwicklung herangezogen. Anpassungsmaßnahmen in diesen Systemtakten werden nicht mehr zur Kompensation der Kapazitätsverringerung benötigt, sie lösen Überbestände durch die Bereitstellung von Mehrkapazität auf. Die mit Kosten verbundene Anpassung würde jedoch Bestände lediglich in nachgelagerte Produktionsbereiche verschieben, in denen dann, bedingt durch die gestiegene Kapitalbindung, zusätzlich höhere Bestandskosten zu erwarten sind. Darüber hinaus ist der bislang entstandene Lieferrückstand nicht weiter reduzierbar. Die kostenoptimale Anpassungsentscheidung ist daher, in den Zeitscheiben 4 und 5 auf das Einleiten von Anpassungsmaßnahmen zu verzichten. Die für den Horizont $Z = 3$ ermittelte optimale Strategie wird beibehalten, die kumulierten Kosten bleiben konstant.
- $Z \geq 6$: Wird nun in allen Systemtakten nach Ende der Störung angepasst, können angestaute Überbestände durch das gesamte System „geschoben" und die anfallenden Bestandskosten verringert werden. Die optimale Strategie ist für alle Zeiträume unterschiedlich, die kumulierten Kosten sinken. Eine weitere, mit abermals geringeren Kosten verbundene Strategie kann für $Z = 7$ ermittelt werden. Überbestände sind jetzt vollständig aus dem System ausgeschleust. Eine weitere Erhöhung des Simulationshorizontes erhöht lediglich den Rechenaufwand; ein erneuter Strategiewechsel verbunden mit einer Verringerung der Gesamtkosten findet nicht statt.

Die Beobachtung und Analyse der Kostenverläufe legt den Schluss nahe, dass der Simulationshorizont mindestens den Zeitschritt einschließen muss, in dem die in der gestörten Kapazitätseinheit angestauten Bestände durch Anpassung das System verlassen haben. Das System konvergiert schnell in Richtung des globalen Optimums, so dass bereits mit einem Simulationshorizont $Z > 3$ eine Anpassungsstrategie konfiguriert werden kann, die die Störungswirkungen deutlich dämpft. Man erhält dann bereits eine gute Näherung für den optimalen Zielfunktionswert. Ein analytischer Ansatz zur Dimensionierung des erforderlichen Simulationshorizontes wird im Abschnitt 4.3.3 vorgestellt[211]. ■

[211] Vgl. insbesondere Abschnitt 4.3.3.2.

4.3.3 Optimierungsansatz auf Basis eines Genetischen Algorithmus

4.3.3.1 Verfahrensgrundlagen und programmtechnischer Ablauf

In diesem Abschnitt wird die Anwendung eines evolutionären Algorithmus auf das Optimierungsproblem erläutert. Evolutionäre Algorithmen bezeichnen Optimierungsverfahren, welche sich an den Grundelementen der biologischen Evolutionstheorie orientieren[212]. Ein *Genetischer Algorithmus* (GA) ist ein gradientenfreies Suchverfahren mit stochastischen Verfahrenselementen. Er ist in der Lage, auch große Lösungsräume effizient zu durchsuchen und mit hoher Wahrscheinlichkeit ein globales Optimum zu identifizieren. Genetische Algorithmen basieren auf folgenden Grundelementen der Evolutionstheorie:

- Ein GA bildet einen stufenweisen Prozess, der durch das Wechselspiel von Mutation (stochastische Abweichung) und Selektion (natürliche Auslese) bestimmt wird. Auf abstrakter Ebene werden Phänomene der Natur initiert.
- Nachkommen einer Population besitzen unterschiedliche Fitness (Tauglichkeit) hinsichtlich ihrer Überlebensfähigkeit und ihrer Fähigkeit, wiederum überlebende Nachkommen zu zeugen. An Umgebungsbedingungen angepasste Mitglieder einer Population haben damit eine hohe Chance, ihre Erbanlagen weiterzugeben (Prinzip der natürlichen Auslese).
- Die Kombination der Eigenschaften eines Individuums bestimmt seine Fitness. Die zielgerichtete Suche nach einem Optimum erfolgt auf Basis der Fitness des betrachteten Individuums.

Das betrachtete Problem der Suche nach einer kostenminimalen Anpassungsstrategie muss geeignet auf die Grundoperationen und Elemente eines GA adaptiert werden. Entscheidungsvariablen des gegebenen Anwendungsproblems werden als String oder Vektor dargestellt und in dieser Form durch den GA optimiert[213]. Die Bewertung und Verarbeitung einer Menge an Lösungsalternativen erfolgt in jeder Iteration eines mehrstufigen Optimierungsprozesses. Die Güte einer Lösung (ihre Fitness) wird anhand einer Zielfunktion bestimmt[214]. Nachfolgend werden wichtige Termini Genetischer Algorithmen im Kontext des analysierten Optimierungsproblems vorgestellt[215]:

- *Chromosom/Individuum*: Die Begriffe Chromosom und Individuum werden hier synonym verwendet. Ein Individuum ist eine Datenstruktur (ein String), welche die in geeigneter Weise kodierten Elemente einer Lösung repräsentiert. Ein Chromosom bildet eine Folge von Genen. Eine Lösung des Optimierungsproblems, d. h. eine Strategie der Anpassung über alle Produktionsbereiche und Systemtakte des Simulationshorizontes, wird durch ein Chromosom beschrieben. Der GA liefert ein optimales Chromosom; es repräsentiert die kostenminimale Anpassungsstrategie für den gewählten Simulationshorizont.

---

[212] Vgl. beispielsweise Nissen 1997, S. 2 ff. Zu den evolutionären Optimierungsverfahren zählt man neben Genetischen Algorithmen auch die Genetische Programmierung, Evolutionsstrategien und die Evolutionäre Programmierung. Vgl. ebenda S. 8 ff. und S. 12 sowie Gerdes/Klawonn/Kruse 2004, S. 115 ff.

[213] Vgl. in Folge Klein 2005, S. 486 ff., Nissen 1997, S. 13 f. und S. 34 ff.

[214] Im vorliegenden Optimierungsproblem ist die Zielfunktion durch die Beziehung (4.64) festgelegt.

[215] Vgl. auch Hoffmann/Fischäder 2006, S. 13 f.

- *Gen*: Ein Gen bezeichnet eine bestimmte Stelle (Bit) bzw. einen Abschnitt oder eine Sequenz des Chromosoms, also beispielsweise die Anpassung in einer Kapazitätseinheit in einem bestimmten Zeitschritt.
- *Allel*: Dies ist die Ausprägung eines Gens, mithin der Wert einer Entscheidungsvariable. Der Wert eines jeden Gens des Chromosoms codiert die Nummer der Anpassungsmaßnahme.
- *Länge eines Chromosoms*: Die Länge des Chromosoms entspricht der Länge eines Vektors und damit der Anzahl der Gene eines Chromosoms. Sie ist abhängig von der Größe und Struktur des betrachteten Produktionssystems und der Anzahl der Systemtakte im Simulationshorizont[216].
- *Population*: Eine Population ist die Menge von Lösungsalternativen (Individuen). Sie umfasst eine Menge strukturell gleichartiger Chromosomen. Durch Anwendung genetischer Operationen (Mutation, Crossover) auf eine Population wird versucht, bessere Lösungen (hier verbesserte Anpassungsstrategien) zu finden.
- *Eltern/Kinder*: Analog biologischer Prozesse sind Eltern zur Reproduktion ausgewählte Lösungen, Kinder die aus den Eltern erzeugten Problemlösungen (Nachkommen).
- *Crossover*: Crossover bezeichnet einen Operator, der die Elemente verschiedener Individuen vermischt.
- *Mutation*: Der Operator Mutation modifiziert ein Individuum.
- *Generation*: Eine Generation beschreibt jeweils eine Verfahrensiteration.
- *Genotyp*: Ein Genotyp beschreibt eine codierte Lösung, den codierten Vektor der Anpassungsstrategie. Der Genotyp wird durch die Codierungsmethode bestimmt.
- *Phänotyp*: Die decodierte Lösung wird als Phänotyp bezeichnet. Er enthält den tatsächlichen Wert der decodierten Entscheidungsvariablen und ist unabhängig von der gewählten Codierungsmethode.

Abb. 4.74 verdeutlicht, bezogen auf die Anpassungsplanung, den Zusammenhang zwischen den Fachbegriffen Chromosom, Gen und Allel. Grundlage für die folgenden Ausführungen ist ein Genetischer Algorithmus mit Mehrfachpopulationen. Die Gesamtpopulation setzt sich folglich aus mehreren Unterpopulationen zusammen[217]. Abb. 4.73 visualisiert den programmtechnischen Ablauf.

[216] Umfasst ein Produktionssystem vier Produktionsbereiche und soll eine Anpassung über 7 Zeitschritte entwickelt werden, so hat die durch das Chromosom repräsentierte Anpassungsstrategie 28 Positionen.

[217] Zur detaillierten Verfahrensbeschreibung und Parametrierung des verwendeten Algorithmus siehe Hoffmann/Fischäder 2006, S. 14 ff. Durch die Unterteilung der Gesamtpopulation entstehen so genannte Populationsmodelle, vgl. Pohlheim 2000, S. 73 ff.

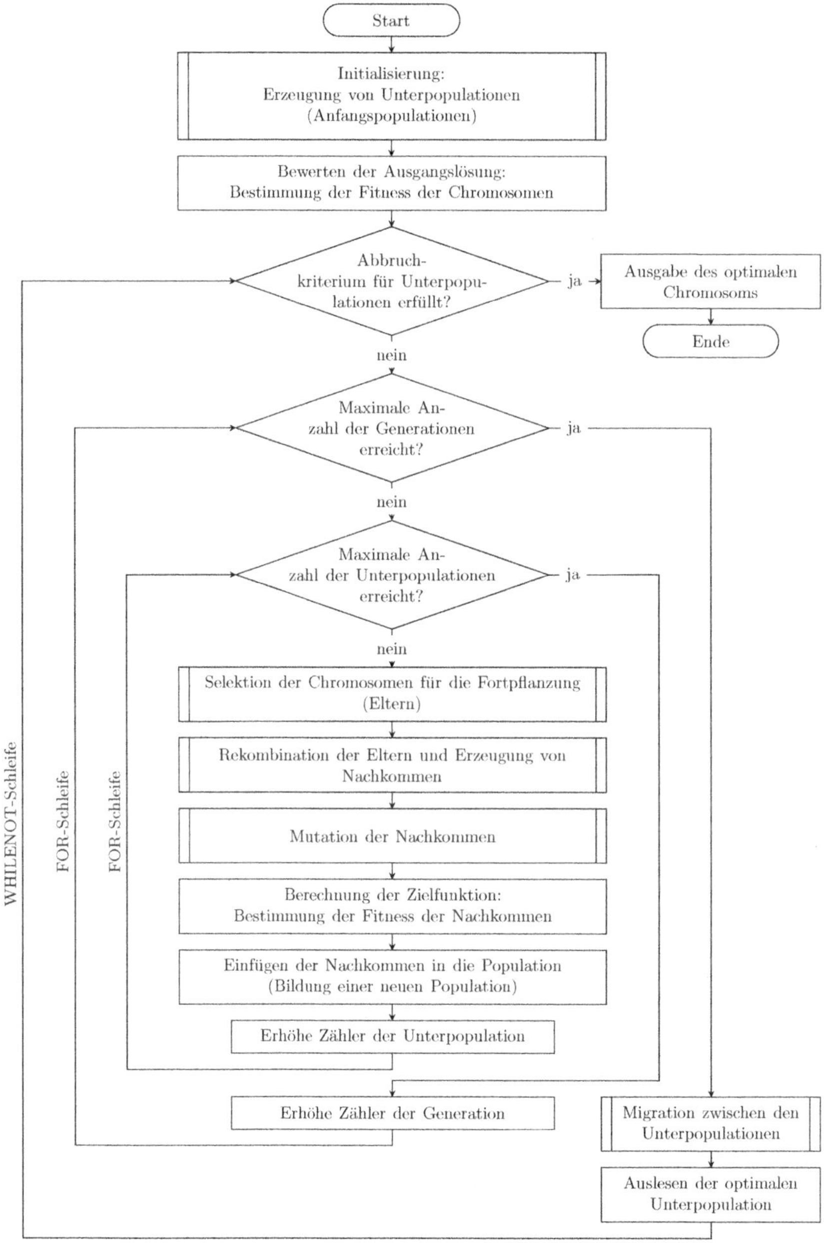

Abb. 4.73: Prinzip des Genetischen Algorithmus

Die Anzahl und Größe der Unterpopulationen variiert in Abhängigkeit der untersuchten Problemstellung[218]. Ein Indikator zur Berechnung dieser beiden Parameter ist die Anzahl der Entscheidungsvariablen (hier: Länge der Anpassungsstrategie). Die Initialisierung des GA erfolgt dadurch, dass Entscheidungsvariablen aus ihrem vorgegebenen Definitionsbereich ausgewählt werden[219], d. h. das Verfahren startet mit zufällig für die Kapazitätseinheiten ausgewählten Anpassungsoptionen.

Die Fitness der Chromosomen wird aus den mit der Anpassungsstrategie verbundenen Kosten bestimmt. Sie dient als Maßstab, welche der Anpassungsstrategien Grundlage (also Eltern) für die Erzeugung neuer Lösungsvarianten sind (Verfahrensschritt *Selektion*). Der Prozess der *Rekombination* beschreibt die zielgerichtete Bildung der Kinder (neue Anpassungsstrategien)[220]. Durch die Operation *Mutation* werden anschließend zufällige Veränderungen an den Nachkommen vorgenommen. Kleine Veränderungen der neu erzeugten Anpassungsstrategien sichern die Vielfalt (Diversifikation) der Lösungen[221]. *Migration* beschreibt den Austausch von Chromosomen zwischen Unterpopulationen[222]. Unterpopulationen entwickeln sich zunächst über eine bestimmte Zeitspanne (Isolationszeit) oder eine bestimmten Anzahl von Generationen unabhängig voneinander, bevor Chromosomen zwischen ihnen ausgetauscht werden.

Kriterien zum Abbruch des Verfahrens sind aus der Berechnung von Hilfsgrößen abgeleitet, beispielsweise die Standardabweichung der Zielfunktionswerte der aktuellen Generation, die Differenz zwischen dem Mittelwert des besten Zielfunktionswertes der aktuellen und vorangegangenen Generation oder die Differenz zwischen bestem und schlechtestem Zielfunktionswert der betrachteten Generation[223].

4.3.3.2 Beispielhafte Anwendung des Genetischen Algorithmus

Die Anwendung des entwickelten Genetischen Algorithmus soll an einem Beispiel demonstriert werden. Um eine Gegenüberstellung der Ergebnisse der beiden vorgestellten Optimierungsansätze zu ermöglichen, wird auf das gestörte Produktionssystem aus Beispiel 4.21 zurückgegriffen. Ziel ist die Bestimmung einer Anpassungsstrategie, die mit minimalen Gesamtkosten verbunden ist. Ein Chromosom repräsentiert jeweils eine Steuertrajektorie; es werden die Repräsentationen ganzzahlige Kodierung und binäre Kodierung betrachtet (siehe Abb. 4.74). Die ganzzahlige Kodierung ist dadurch charakterisiert, dass die Nummer der Anpassungsoption direkt als Gen des Chromosoms angegeben werden kann. Bei binärer Kodierung wird die Anpassungsmaßnahme als Dualzahl adressiert. Dadurch steigt die Länge des Chromosoms um ein Vielfaches mit entsprechender Auswirkung auf die Rechenzeit (siehe Tab. 4.11).

---

[218] Vgl. Pohlheim 2000, S. 88 ff.

[219] Vgl. Pohlheim 2000, S. 61 f., Nissen 1997, S. 37.

[220] Zu den Verfahrensschritten der Selektion und Rekombination vgl. Pohlheim 2000, S. 24 ff. und S. 34 ff.

[221] Zur Mutation vgl. weiter Pohlheim 2000, S. 46 ff. Im Kontext des betrachteten Optimierungsproblems wird beispielsweise in einem Systemtakt eine Anpassungsoption in einem Produktionsbereich zufällig variiert.

[222] Es wurde mit einem regionalen Populationsmodell gearbeitet, vgl. Hoffmann/Fischäder 2006, S. 29 ff. und Pohlheim 2000, S. 87 ff.

[223] Neben diesen abgeleiteten Abbruchkriterien können direkte Kriterien wie Anzahl erzeugter Generationen oder Verstreichen einer festgelegten Rechenzeit Anwendung finden, vgl. Pohlheim 2000, S. 63 ff.

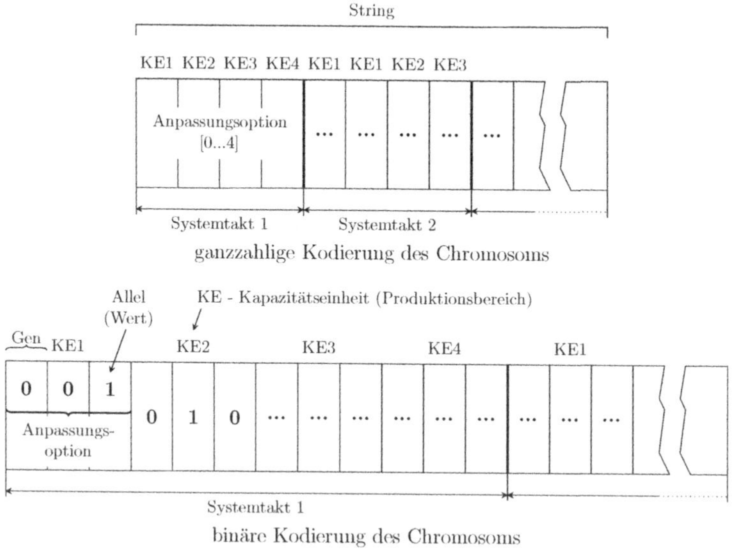

Abb. 4.74: Abbildung von Entscheidungsvariablen auf ein Chromosom

Beispiel 4.25:

Die Kapazitätseinheit erfährt in den Systemtakten $T = 2$, $T = 3$ und $T = 4$ eine Kapazitätsreduktion um 50%, zusätzlich treten Ausschuss und Nacharbeit auf (vgl. Beispiel 4.21). Die Anwendung des GA auf dieses Störszenario führt für beide Kodierungsformen zum gleichen Zielfunktionswert bei unterschiedlicher Anzahl von Generationen. Die ganzzahlige Kodierung erweist sich aus Effizienzgesichtspunkten als vorteilhaft (vgl. weiter Tab. 4.11).

Parameter	ganzzahlige Kodierung	binäre Kodierung
Zielfunktionswert [GE]	96.009	96.009
Rechenzeit [Sekunden][224]	44,15	97,72
Anzahl der Generationen	100	200
Anzahl der Unterpopulationen	6	6
Anzahl der Chromosomen je Unterpopulation	20	20

Tab. 4.11: Vergleich unterschiedlicher Kodierungsformen

Die kostenminimale Anpassungsstrategie (das optimale Chromosom) wird durch beide Verfahrensvarianten identisch ermittelt. Der GA liefert die in Abb. 4.75 dargestellte Anpassungsstrategie, die wiederum zu der in Abb. 4.76 gezeigten Bestandsentwicklung in den Produktionsbereichen führt[225]. ■

[224] Der Genetische Algorithmus wurde in der Software MATLAB® implementiert, die Berechnungen auf einem Pentium®-4-Rechner mit einer 2,8 GHz-CPU und 1 GB RAM durchgeführt. Vgl. Hoffmann/Fischäder 2006, S. 34 ff.

[225] Siehe hierzu auch Abb. 4.68 aus Beispiel 4.21.

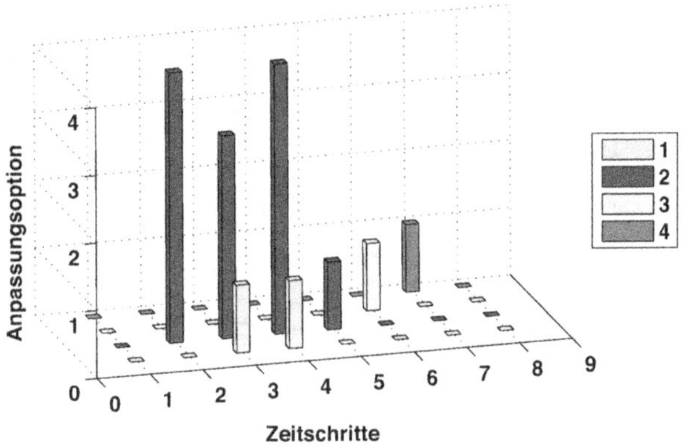

Abb. 4.75: Veranschaulichung der kostenminimalen Anpassungsstrategie des Beispiels 4.25

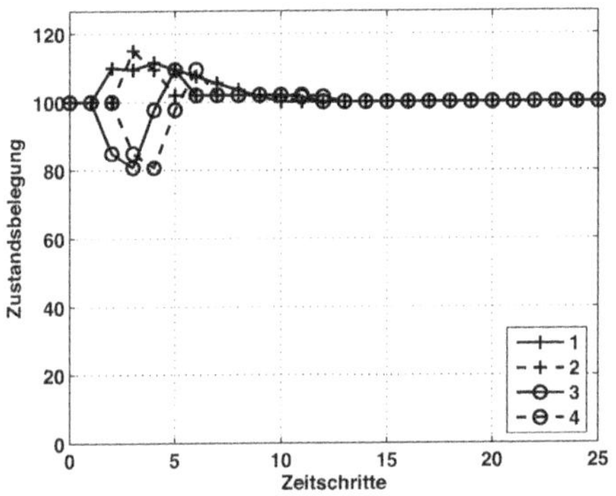

Abb. 4.76: Zustandsbelegung bei optimaler Systemanpassung im Beispiel 4.25

Der GA als heuristischer Ansatz der Problemlösung weist eine Reihe von Eigenschaften auf, die ihn vom regelbasierten Enumerator unterscheiden:

- Der wesentliche Vorteil des GA gegenüber der Enumeration liegt in der sehr geringen Erhöhung des Rechenaufwandes bei Steigerung der Systemkomplexität und Ausweitung des Simulationshorizontes. Auch Systeme, deren Größenordnung die Anwendung des Enumerators nicht mehr zulässt, können einer Analyse zugeführt werden.
- Der regelbasierte Enumerator kann jedoch sehr genau an das untersuchte Realsystem angepasst werden. Auch spezifische, auf den Untersuchungsbereich bezogene Sachverhalte, können in Regeln hinterlegt werden und die Problemkomplexität weiter reduzieren. Eine solche Flexibilität in der Anpassung an praktische Problemstellungen bietet der GA nicht. Sachverhalte wie die zeitliche Verzögerung der Störungswahrnehmung[226] lassen sich

[226] Vgl. Abschnitt 4.3.2.2.2.

nur mit Schwierigkeiten abbilden. Andere Systemeigenschaften, beispielsweise die zeitliche Bindung von Anpassungsoptionen, konnten mit der vorgestellten Modellierung nicht berücksichtigt werden.

- Im prinzipiellen Ablauf des GA ist begründet, dass die ermittelte optimale Anpassungsstrategie in ihrer Ausprägung von Simulationslauf zu Simulationslauf leicht variieren kann. Der Algorithmus identifiziert das Optimum nicht sicher.

Beispiel 4.26:

Die von dem regelbasierten Enumerator und dem GA entwickelten Anpassungsstrategien werden anhand ihrer Kostenwirkungen verglichen. Es wird erneut das vierstufige gestörte Produktionssystem aus Beispiel 4.21 aufgegriffen[227]. Bedingt durch den mit der Enumeration verbundenen Rechenaufwand wurden Versuche nur bis $Z = 9$ durchgeführt. Der Simulationshorizont im genetischen Algorithmus wurde dagegen bis auf $Z = 15$ erhöht. Abb. 4.77 zeigt die Gesamtkosten der jeweils optimalen Anpassungsstrategien, die die beiden Optimierungsansätze für jeden Simulationshorizont liefern.

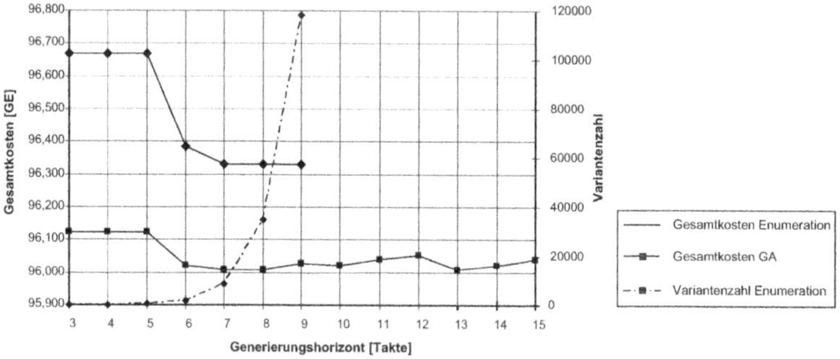

Abb. 4.77: Gesamtkosten und Variantenzahl bei Gegenüberstellung GA und Enumerator

Die Gesamtkosten, die die vom GA vorgeschlagenen Strategien verursachen, sind im Vergleich zu den Lösungen des Enumerators über alle Horizonte geringer. Durch die in Abschnitt 4.3.2.2 identifizierten problemvereinfachenden Regeln wird offenbar die jeweils optimale Anpassungsstrategie nicht gefunden, es wird lediglich eine gute, nicht aber die optimale Strategie ermittelt.

Die *Tangentenmethode*[228] ist geeignet, analytisch einen Richtwert für einen mindestens zu wählenden Simulationshorizont abzuleiten. Zunächst werden die Gesamtkosten der ermittelten Anpassungsstrategien (die Zielfunktionswerte für die Optimierung) durch eine kubische Interpolation geglättet. Im Ursprung und im Minimum der Interpolierenden werden Tangenten an diese Funktion angelegt. Die Projektion des Schnittpunktes beider Tangenten auf die Abszisse

[227] In Abweichung zum Beispiel 4.21 wurde für den Enumerator jedoch ohne Verzögerung der Störungswahrnehmung gerechnet ($T^{delay} = 0$). Mit dieser Einstellung sind die Ergebnisse von GA und Enumerator vergleichbar. Durch eine frühere Störungswahrnehmung kann das System schneller an die Störungswirkungen angepasst werden, insbesondere die Lieferrückstandskosten fallen dadurch geringer aus. Vgl. wiederum Gröll/Fischäder 2005, S. 51 f.

[228] Vgl. Mann/Schittelgen/Froriep 1997, S. 77 f., Wernstedt 1989, S. 72 ff. und S. 156 ff.

markiert einen Richtwert für den minimalen Simulationshorizont. In Abb. 4.78 wird diese Vorgehensweise anhand der Simulationsdaten des genetischen Algorithmus demonstriert, der Simulationszeitraum muss für das untersuchte Produktionssystem mindestens 6 Zeitschritte umfassen. ■

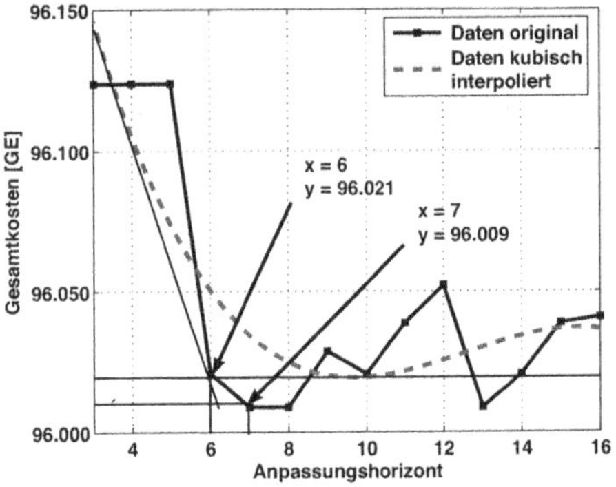

Abb. 4.78: Anwendung des Tangentenverfahrens auf die Zielfunktionswerte des GA

4.4 Störungsabwehr durch Systemreserven – Erweiterung des Modellierungsansatzes um Aspekte der systembildenden Koordination

4.4.1 Kapazitätsreserven und ihre Implementierung im Modellsystem

Durch die Bereitstellung redundanter Anlagen werden bereits bei der Gestaltung und Auslegung eines Produktions- und Logistiksystems Reserven geschaffen, die Betriebsmittel im Störfall absichern[229]. Einer Produktiveinheit wird eine Anlage zugeordnet, welche in Bezug auf die abzusichernde Einheit (qualitativ) gleiche Verrichtungen leisten kann, dies aber ggf. mit unterschiedlichen Kostenwirkungen verbunden ist[230]. Die situationsspezifische Inbetriebnahme solcher Reserven ist eine Problemstellung der quantitativen Anpassung[231].

Ist eine Reserveanlage ständig in Betriebsbereitschaft (Stand-by-Betrieb), so wird diese als *heiße Reserve* oder *heiße Redundanz* bezeichnet[232]. Die ständige Betriebsbereitschaft verursacht dauerhaft Produktionsgemeinkosten (z. B. Energiekosten, Kosten für Betriebsstoffe und Wartung). Wird im Anpassungsfall mit der Anlage produziert, sind spezifische Produktionsstückkosten zu berücksichtigen. Ist das Reservebetriebsmittel im Normalbetrieb dagegen vollständig abgeschaltet, so liegt eine *kalte Reserve* bzw. *kalte Redundanz* vor. Wird das Aggregat nicht produktiv eingesetzt, fallen aus der Sicht hier durchgeführter Analysen keine entscheidungsrelevanten Kosten an. Wird im Störfall die Kapazität einer solchen Anlage benötigt, so ist ggf. eine zeitliche Verzögerung bis zur vollständigen Bereitstellung der Zusatzkapazität, verbunden mit Anlaufkosten, zu berücksichtigen[233]. Wird die Anlage produktiv genutzt, sind spezifische Produktionsgemeinkosten und -stückkosten zu kalkulieren[234].

Die Implementierung *heißer Reserven* im Modellsystem bereitet keine Schwierigkeiten. Ständig in Betriebsbereitschaft, können solche Reserven zeitnah Zusatzkapazität bereitstellen; ein eventuell auftretender zeitlicher Versatz ist, bezogen auf den Zeitinhalt eines Systemtaktes, vernachlässigbar. Die Modellierung reduziert sich mithin auf die kapazitive Wirkung sowie die Kostenwirkung je Takt. Für die verfügbare Kapazität eines Produktionsbereiches k gilt unter Berücksichtigung der im Anpassungszeitraum zusätzlich bereitgestellten Betriebsmittelkapazität $L_{k.HR}^{adapt}(T)$

$$L_k^{use.max}(T) = (L_k^{norm} + L_{k.HR}^{adapt}(T)) - L_k^{dist}(T).$$

[229] Zu anderen Formen von Systemreserven als Absorptionsmechanismen für Störungswirkungen vgl. Tempelmeier 2003, S. 442 ff., Lindau/Lumsden 1995, S. 243, Müller 1988, S. 428 ff. sowie Abschnitt 3.1. Zum antizipativen Störungsmanagement vgl. ferner Abschnitt 2.2.2.2.

[230] Eine konventionelle Bearbeitungsmaschine kann Reserve für eine komplexe, numerisch gesteuerte Anlage sein; Reserveaggregate weisen oft eine niedrigere Wirtschaftlichkeit auf.

[231] Vgl. hierzu Abschnitt 4.2.1.4.

[232] Vgl. auch Lange 1969, S. 151 ff.

[233] Vgl. Akın 1999, S. 159 f., Dyckhoff 1994, S. 255, Jacob 1962, S. 230. Mit Beendigung des Anpassungsbetriebes fallen ggf. zusätzlich Kosten der Außerbetriebnahme an.

[234] Die Gesamtkosten sind dann in Abhängigkeit von der durch die Kapazitätseinheit k produzierten Menge und des Produktionsdurchsatzes der zugehörigen heißen Reserve zu bestimmen. Werden technisch identische Aggregate stufenweise in Betrieb genommen, so fallen keine variablen (anpassungsmengenproportionalen) Mehrkosten an.

Die Gemeinkosten für die Aufrechterhaltung der Betriebsbereitschaft werden unabhängig vom Anpassungszeitraum über alle Zeitschritte den Gemeinkosten im Zustand k zugerechnet. Die Möglichkeit der Inbetriebnahme einer heißen Reserve kann Option in einem Set von Anpassungsmaßnahmen sein und mit Maßnahmen der zeitlichen und intensitätsbezogenen Anpassung kombiniert werden. Die hier vorgestellte Implementierung zielt auf eine Vereinfachung des Modellsystems ab. Die Charakteristik einer quantitativen Anpassungsmaßnahme äußert sich in spezifischen Kostenparametern.

Kalte Reserven unterscheiden sich von heißen Redundanzen durch unterschiedliches Kostenverhalten[235] sowie einer ggf. vorhandenen Totzeit bis zur Leistungsbereitschaft. Bei der Modellierung ist eine Zeitspanne zwischen der Entscheidung über eine quantitative Anpassungsmaßnahme und dem Zeitpunkt, in dem die kalte Redundanz produktiv eingesetzt wird, zu berücksichtigen. Die als bekannt angenommene Aktivierungszeit T_{KR}^{delay} muss mit der Bereitstellung der Zusatzkapazität durch die kalte Reserve $L_{k.KR}^{adapt}(T)$ verknüpft werden:

$$L_{k.KR}^{adapt}(T) = \begin{cases} 0, & T_a \leq T \leq T_{KR}^{delay} \\ L_{KR}^{norm}, & T > T_a + T_{KR}^{delay}. \end{cases}$$

Über den Einsatz der Systemreserve wird somit zu Beginn der Anpassung in Systemtakt T_a entschieden, die Zusatzkapazität steht jedoch erst T_{KR}^{delay} Systemtakte später zur Verfügung.

4.4.2 Sicherheitsbestände und ihr Einfluss auf das Verhalten gestörter Produktionssysteme

4.4.2.1 Mengenpuffer und die Beherrschung produktionsbezogener Unsicherheit

Abschnitt 4.4.2 behandelt die Fragestellung, inwieweit Systemreserven i. S. v. *Pufferlagern* (Mengenpuffer) auf die Reduzierung der Ausbreitung von Störungen in mehrstufigen Produktionsprozessen wirken. Damit wird auf eine Problemstellung des antizipativen Störungsmanagements rekurriert, denn Mengenpuffer wirken als Prozessentkopplungspunkte und stabilisieren Produktionsabläufe unter Einfluss logistischer und fertigungsbezogener Störungen.

Unter einem Pufferlager wird ein Bestand an beweglichen Sachgütern verstanden, der in einem bestimmten Zeitintervall nicht in den betrieblichen Leistungsfluss eingebunden ist[236]. Das Basismodell muss entsprechend um eine Methode der Pufferimplementierung erweitert werden. Der Bestand der zwischen den Kapazitätseinheiten gelagerten Produkte wird in normierten Kapazitätsteilen (nKT) angegeben. Ergebnis der Gestaltung von Mengenpuffern sind mehrstufige Produktions-Lagerhaltungssysteme. In solchen Systemen ist der Materialfluss durch die

---

[235] Geringere Gemeinkosten treten im Zustand k auf, wenn die kalte Reserve nicht in Betrieb ist. Situationsspezifisch sind Anlaufkosten bei Inbetriebnahme gesondert zu berücksichtigen.

[236] Vgl. Kupsch 1979, Sp. 1029. Von diesem *bestandsbezogenen* Lagerbegriff ist der *ortsbezogene* Lagerbegriff abzugrenzen, vgl. Akın 1999, S. 21. Ein Lager ist demnach „ein Raum oder eine Fläche zum Aufbewahren von Stück- und/oder Schüttgut" (Klaus 1996, Sp. 1015, dort zitiert nach Jünemann 1989, S. 143). Systemstrukturbezogen finden beide Lagerbegriffe ihre Entsprechung in den Aufgaben *Lagerdimensionierung* und *Lagerpositionierung*.

Akkumulation von Lagerbeständen an zu bestimmenden Stellen im Produktionsprozess unterbrochen[237]. Darüber hinaus werden an verschiedenen Stellen Sicherheitsbestände vorgehalten, um zeit- und mengenbezogene Unsicherheiten, hervorgerufen durch inner- und überbetriebliche Störsituationen, auszugleichen. Pufferlager zwischen den Kapazitätseinheiten im Basismodell sind von Materialpuffern in den Kapazitätseinheiten abzugrenzen (Work-in-Process)[238].

Mit der Entscheidung über die Festlegung der Höhe von Puffern und der betreffenden Lagerpunkte im Kontext der behandelten Problemstellung wird auf eine bestimmte *Lagerfunktion* abgestellt[239]: Die *Sicherungsfunktion* von Pufferlagern bezieht sich auf die Kompensation unsicherer Informationen sowohl den Bedarfsverlauf (Outputunsicherheit) als auch den Güterzugang (Inputunsicherheit) betreffend[240]. Intern induzierte, ressourcenbezogene Störungen können beispielsweise dazu führen, dass die geplante, zu einem bestimmten Zeitpunkt fertigzustellende Menge eines vorgelagerten Produktionsbereiches von der tatsächlich verfügbaren Menge abweicht und deshalb im Bedarfszeitpunkt nicht mit der nachgefragten Menge eines nachgelagerten Systemelements synchronisiert werden kann. Pufferbestände verhindern in solchen Situationen das Abreißen des Materialflusses, indem Verzögerungen und Mindermengen überbrückt und ausgeglichen werden. Sie stellen Potenziale der Störungsabwehr dar. In Bezug auf das Führungs- bzw. Dispositionssystem können darüber hinaus unzureichende Informationsbereitstellung und -verarbeitung dazu führen, dass nicht immer adäquat Auskunft über die tatsächliche Höhe des Lagerbestandes gegeben werden kann. Die resultierende Informationsunsicherheit muss ebenfalls kompensiert werden[241].

Die Frage einer aus der Sicht des Gesamtsystems optimalen Dimensionierung und Positionierung von Sicherheitsbeständen wird in dieser Arbeit *nicht* behandelt. Gegenstand eines solchen Planungsproblems ist die Bestimmung von Puffergrößen, die unter Berücksichtigung der Unsicherheit eine Einhaltung des Produktionsplanes weitmöglich sichern, gleichzeitig jedoch so wenig wie möglich Kapital in Beständen binden[242]. Eine beabsichtigte Reduzierung der Kapitalbindung durch geringe Sicherheitsbestände ist gegen das Risiko nicht befriedigter Bedarfe abzuwägen. Eine umfassende Konzeption für ein Störungsmanagement in netzwerkförmigen Produktionssystemen bewegt sich im Spannungsfeld zwischen den Optionen Aufbau von Beständen

[237] Dies hat Implikationen auf die Programm-, Termin- und Kapazitätsplanung in Produktions-Lagerhaltungssystemen, vgl. Missbauer 1998, S. 60 ff.

[238] Vgl. hierzu Missbauer 1998, S. 45 und in diesem Sinne auch Wijngaard/Wortmann 1985, S. 281 ff. Die beiden letztgenannten Autoren unterscheiden zwischen *production stages*, die den Kapazitätseinheiten im Basismodell entsprechen und den *inventory points*, die ein Äquivalent zu den Mengenpuffern zwischen den Systemelementen darstellen. Wijngaard und Wortmann stellen fest, dass bei Unsicherheit durch den Aufbau von Beständen (interstage slack) die Notwendigkeit von Umplanungen reduziert werden kann. Bestände stabilisieren somit den Materialfluss. Durch Sicherheitsbestände werden Störungswirkungen antizipiert.

[239] In der Literatur werden Lagerfunktionen nicht einheitlich abgegrenzt. Zu entsprechenden Systematiken vgl. u. a. Kupsch 1979, Sp. 1029 ff., Jakob 1987, S. 54 ff. und Klaus 1996, Sp. 1019 ff.

[240] Vgl. Müller 1988, S. 428 f., Klaus 1996, Sp. 1019 f., Schweitzer 1997, S. 32 und Corsten 2004, S. 455 f. Daneben wird in der Literatur auf die *Ausgleichsfunktion* verwiesen, die der Kompensation in zeitlicher und mengenmäßiger Hinsicht voneinander abweichender *Güterzugänge* und *Bedarfe* gilt.

[241] Vgl. Müller 1988, S. 430 ff.

[242] Vgl. Chu/Hayya 1987, S. 325, Müller 1988, S. 432. Zu Studien, die Sicherheitsbestände explizit als Möglichkeit der Entkopplung von Produktionsprozessen in Störfällen behandeln, vgl. Freeman 1964, S. 196 ff., Buzacott 1972, S. 309 ff., Muth/Yeralan 1981, S. 643 ff., Yeralan/Muth 1987, S. 131 ff.

an Zwischenprodukten (antizipatives Störungsmanagement) versus einer flexiblen, situationsangepassten Reaktion auf Basis entscheidungsrelevanter Kosten[243].

Ausgehend von (zu erwartenden) Störsituationen wird in der vorliegenden Untersuchung in einem vereinfachten Ansatz ausschließlich der *Effekt* vorhandener Sicherheitsbestände auf die Ausbreitung von Störungen analysiert. Aus alternativen Puffer-Konstellationen und der jeweils erzielten Reduktion von Störungswirkungen sind iterativ Rückschlüsse auf verbesserte Bestandsallokationen möglich. Das entwickelte Modellsystem gestattet die Simulation der „Dämpfungswirkung“ bei unterschiedlichen Allokationen von Sicherheitsbeständen in mehrstufigen Produktionsprozessen. Mit dem in dieser Arbeit vorgestellten Realisierungsstand des Modellsystems können auf der Grundlage der Gesamtkostenbestimmung für eine bestimmte Störsituation verschiedene Puffer-Konstellationen und folglich verschiedene Sequenzen reaktiver Anpassung einander gegenüber gestellt werden. Die Kosten der Störungswirkungen und die mit antizipativen *sowie* reaktiven Anpassungsmaßnahmen verbundenen Kosten sind dabei zu minimieren[244]. Für solche Szenarien bietet das Basismodell eine Entscheidungsunterstützung: Das Modellsystem ist Hilfsmittel zur schrittweisen Festlegung von Sicherheitsbeständen vor dem Hintergrund einer gegebenen Störsituation.

Der in Mengenpuffern vorgehaltene Bestand wird in normierten Kapazitätsteilen angegeben. Der Puffer repräsentiert, bezogen auf die jeweils betrachtete Produktionsstufe, das durchschnittliche, für ausschließlich intern induzierte Störungen bekannte und kurzfristig konstante Produktionsprogramm. Detaillierte Analysen sind möglich, wenn das Modell auf einzelne Produkte oder Produkttypen bezogen wird[245].

Der aktuelle Pufferbestand wird durch den Zeilenvektor $\underline{b}(T)$ beschrieben. Besteht keine Notwendigkeit, den Sicherheitsbestand zu verarbeiten, so wird der Bestand von Zeitschritt auf Zeitschritt übertragen:

$$\underline{b}(T) = \underline{b}(T-1).$$

Jedem Produktionsbereich j ist ein Pufferbestand b_j zugeordnet, es gilt:

$$\underline{b}(T) = (b_1(T),\ ...,\ b_j(T),\ ...,\ b_m(T)).$$

Der maximale Pufferbestand (die Pufferkapazität) wird durch den zeitinvarianten Vektor $\hat{\underline{b}}$ definiert. Der Bestand eines Mengenpuffers b_j darf den zugeordneten Maximalbestand $\hat{b}_j$ nicht überschreiten

$$\hat{\underline{b}}(T) = (\hat{b}_1(T),\ ...,\ \hat{b}_j(T),\ ...,\ \hat{b}_m(T)).$$

---

243 Diese Problemlage wird in der Literatur erkannt und gleichzeitig als Defizit bestehender Planungs- und Steuerungsmethoden dargestellt. Vgl. Missbauer 1998, S. 62 und Bertrand/Wortmann/Wijngaard 1990, S. 142 ff.

244 Mit Eintritt einer Störung ist zunächst ein „verbleibender Restschaden“ nach Beanspruchung systeminhärenter Reserven zu ermitteln. Die so reduzierten Störungswirkungen sind Ausgangspunkt für die Konfiguration reaktiver Maßnahmen des Störungsmanagements. Vgl. hierzu auch Kollerer 1978, S. 102 ff.

245 Vgl. auch Abschnitt 3.3.3.3.1 sowie in Folge Gröll/Fischäder 2005, S. 60 ff.

O. B. d. A. wird in Folge von zeitkonstanten maximalen Pufferbeständen $\underline{\hat{b}}$ ausgegangen. Eine Gegenüberstellung von Soll- und Ist-Beständen bedingt, dass der Soll-Bestand der Kapazitätseinheiten $\underline{n}^{req}(T)$ je Systemtakt T ermittelt wird. Dieser kann unter Einbezug der Übergangsmatrix für das ungestörte System $\underline{P}^{sys}$ bestimmt werden. Es gilt:

$$\underline{n}^{req}(T+1) = \underline{n}^{req}(T) \cdot \underline{P}^{sys} + R(T+1) \cdot \underline{p}_0, \text{ mit } \underline{n}^{req}(T=1) = \underline{n}(T=1). \quad (4.71)$$

Gleichung (4.71) bezieht sich auf das in $T = 1$ ungestörte, aber bereits „gefüllte" System im Normalbetrieb. Treten in einem Produktionssystem infolge einer schwierigen Beherrschung komplexer Fertigungsprozesse dauerhaft qualitative Störungen auf (Ausschuss, im Mittel bestimmbar beispielsweise mit Hilfe von First-Run-Quoten bei Lackierprozessen), so ist ausgehend von der Kundennachfrage $R^{dem}(T)$ (dem Mengenstrom des Nettobedarfs am Systemausgang) die notwendige Einlastung in das Produktionssystem zu bestimmen. Durch Ausschuss ständig hervorgerufene Fehlmengen produzierter Erzeugnisse müssen zusätzlich eingelastet werden und erhöhen den Umfang freigegebener Produktionsaufträge[246]. Der Parameter $R(T)$ stellt dann die *tatsächlich* eingelastete Menge normierter Kapazitätsteile dar ($R(T) > R^{dem}(T)$). Die notwendige Zustandsbelegung $n_k^{req}(T)$ sowie $R(T)$ lassen sich rekursiv gemäß nachstehender Gleichungen berechnen:

$$\begin{aligned} n_m^{req}(T) &= R^{dem}(T), \\ n_i^{req}(T) &= n_j^{req}(T) \cdot \frac{1}{p_{ij}} - \sum_{k=j+1}^{m} (n_k^{req}(T) \cdot p_{kj}), \text{ für } i < j,\ j = 1,\ \ldots,\ m, \\ R(T) &= n_1^{req}(T). \end{aligned}$$

Zusätzlich wird eine *Transfermatrix der Soll-Ströme* normierter Kapazitätsteile berechnet. Sie erfasst die Mengenströme zwischen den Zuständen beim Übergang von Zeitschritt $T-1$ auf Zeitschritt T für das ungestörte System:

$$\underline{S}^{req}(T) = \underline{n}^{req}(T-1) \cdot \underline{P}^{sys}.$$

Mit den beschriebenen Parametern kann das Mengengerüst für Produktions- und Logistiksysteme mit Sicherheitsbeständen modelliert werden. Die Modellierung von Mengenpuffern ist vergleichbar mit der des beschränkten Work-in-Process in den Produktionsbereichen (Systemblocking)[247]. Die folgenden beiden Abschnitte beschreiben die in der rechentechnischen Umsetzung des Modellsystems implementierte Pufferlogik.

[246] Zu einem praktischen Beispiel vgl. Anlage C, Abschnitt C.3.1.

[247] Zur Bestimmung der Matrix $\underline{S}(T)$ vgl. Abschnitt 4.1.2.4.4.

4.4.2.2 Ausgleich von Fehlbeständen durch Mengenpuffer

Die Inanspruchnahme von Sicherheitsbeständen wird durch folgenden Algorithmus gesteuert:

1. In einem ersten Schritt wird das Basismodell auf das ungestörte und gestörte System angewendet[248]. Es werden die Vektoren der Soll- und Ist-Bestände $\underline{n}^{req}(T)$ bzw. $\underline{n}(T)$ sowie die Matrizen der Soll- und Ist-Ströme normierter Kapazitätsteile $\underline{S}^{req}(T)$ bzw. $\underline{S}(T)$ bestimmt. Produktionsbereiche mit Fehlmengen werden dadurch identifiziert, dass für jeden Zustand k überprüft wird, ob der Ist-Bestand $n_k(T)$ unter seinem Soll-Wert $n_k^{req}(T)$ liegt.
2. Wird das normale Bestandsniveau unterschritten, mithin Arbeitsinhalt in Form von Zwischenerzeugnissen nicht in erforderlichem Umfang transferiert, wird im zweiten Schritt bestimmt, wie viele normierte Kapazitätsteile Zustand k aus vorgelagerten Zuständen (Strom produzierter (Zwischen-)Erzeugnisse) und nachgelagerten Zuständen (Nacharbeitsstrom) tatsächlich empfangen hat ($\hat{s}_k^{input}(T)$, siehe Gleichung 4.72). Dieser Wert wird mit dem Strom $\hat{s}_k^{input.req}(T)$ im System ohne Störung (Normalbetrieb, Gleichung 4.73) in Beziehung gesetzt (siehe Gleichung 4.74):[249]

$$\hat{s}_k^{input}(T) = \sum_{i=1}^{k-1} s_{ik}(T) + \sum_{l=k+1}^{m} s_{lk}(T), \tag{4.72}$$

$$\hat{s}_k^{input.req}(T) = \sum_{i=1}^{k-1} s_{ik}^{req}(T) + \sum_{l=k+1}^{m} s_{lk}^{req}(T). \tag{4.73}$$

Für den konsolidierten Kompensationsbedarf $s_{bk}^{kk}(T)$ im Sinne eines Stromes normierter Kapazitätsteile von vorgelagerten Puffern zu Zustand k ergibt sich folglich:

$$s_{bk}^{req}(T) = \hat{s}_k^{input.req}(T) - \hat{s}_k^{input}(T) - s_{kk}(T). \tag{4.74}$$

3. Im dritten Schritt wird der Anteil am Kompensationsbedarf bestimmt, den der einem vorgelagerten Zustand j zugeordnete Pufferbestand b_j bedienen soll. Diese Berechnung ist notwendig, wenn der Produktionsbereich mit einer Sollbestandsunterdeckung mit mehreren vorgelagerten (beliefernden) Einheiten gekoppelt ist. Der Anteil bestimmt sich aus dem Quotienten der Differenz von Soll-Strom und Ist-Strom sowie der Differenz aus der Summe der Eingangsströme im ungestörten Systembetrieb und der tatsächlichen Summe der Eingangsströme gemäß Beziehung (4.75):

$$\frac{s_{jk}^{req} - s_{jk}}{\hat{s}_k^{input.req} - \hat{s}_k^{input}}. \tag{4.75}$$

---

[248] Die Pufferlogik basiert, dem Modellierungsprinzip für Blocking folgend, auf der Anwendung der rekursiven Grundgleichung (Basismodell). Das (erweiterte) Basismodell findet unverändert Anwendung.

[249] Es ist denkbar, dass ein Produktionsbereich k von vorgelagerten Kapazitätseinheiten zu geringe Mengen erhält und mithin einen zu niedrigen Ist-Bestand aufweist, dieser Bereich k aber gleichzeitig selbst gestört ist (Kapazitätsreduktion). In diesem Fall wird durch die Leistungsnormierung (vgl. Abschnitt 4.1.2.4.1) ein Übertragungsfaktor des betroffenen Elements auf sich selbst erzeugt ($p_{kk} > 0$) sowie ein zugehöriger Strom $s_{kk}(T)$ generiert. Der damit erfasste Strom normierter Kapazitätsteile verbleibt als Bestand im Produktionsbereich und darf mithin nicht durch Pufferbestand ersetzt werden.

Für den erforderlichen Strom von dem vom Zustand j zugeordneten Puffer hin zu Zustand k ergibt sich folglich für den Kompensationsbedarf:

$$s_{b_jk}^{req} = s_{bk}^{req} \cdot \frac{s_{jk}^{req} - s_{jk}}{\hat{s}_k^{input.req} - \hat{s}_k^{input}}.$$

Das Verfahren wird auf alle Zustände $j < k$ angewendet. Findet zwischen den Zuständen j und k keine Übertragung statt (die Produktionsbereiche sind nicht gekoppelt), haben die Parameter s_{jk}^{req}, s_{jk} und damit auch der Kompensationsbedarf $s_{b_jk}^{req}$ den Wert Null.

4. In diesem Schritt wird für jeden Zustand $j < k$ der tatsächliche Strom normierter Kapazitätsteile bestimmt, der in Abhängigkeit des Sicherheitsbestandes b_j zum Zustand k transferiert wird. Der tatsächliche Pufferbestand begrenzt den Strom:

$$s_{b_jk}(T) = min[b_j(T),\ s_{b_jk}^{req}(T)].$$

5. Abschließend werden Bestand von Zustand k, die Pufferbestände und die Transfermatrix der Soll-Ströme korrigiert:

$$\tilde{n}_k(T) = n_k(T) + \sum_{j=1}^{k-1} s_{b_jk},$$

$$\tilde{b}_j(T) = b_j(T) - s_{b_jk},$$

$$\tilde{s}_{jk} = s_{jk} + s_{b_jk}.$$

Der Algorithmus wird in jedem Systemtakt T des Simulationszeitraums vollständig durchlaufen. Die Inanspruchnahme von Sicherheitsbeständen wird im Beispiel 4.27 demonstriert.

Beispiel 4.27:

Es wird ein dreistufiges lineares Produktionssystem mit den der Produktionsstufe 1 bzw. 2 zugeordneten Mengenpuffern b_1 und b_2 betrachtet (siehe Abb. 4.79). Der Bestand in beiden Puffern betrage 50 nKT, je Systemtakt wird Arbeitsinhalt i. H. v. 100 nKT in die Produktionsstufe 1 freigegeben. Das Schnittstellenelement 3 verfügt über keinen Puffer. Für die Produktionsbereiche wird $L_1^{norm} = L_2^{norm} = L_3^{norm} = 105\ nKT$ festgelegt. Freigegebenen Arbeitsinhalt in entsprechendem Umfang vorausgesetzt, können bis zu 105 normierte Kapazitätsteile je Systemtakt bearbeitet werden[250].

Als Folge von Anlagenausfällen in den Bereichen 1 und 2 reduziere sich im Störzeitraum $2 \leq T \leq 4$ die Leistung der Kapazitätseinheit 1 von 105 auf 75 nKT ($L_1^{dist} = 30\ nKT$), die der Kapazitätseinheit 2 von 105 auf 65 nKT ($L_2^{dist} = 40\ nKT$). Gleichzeitig müssen 5% des Outputs von Produktionsbereich 2 in Bereich 1 nachgearbeitet werden.

[250] Eine Begrenzung des Work-in-Process sowie Blocking sei nicht vorgesehen, vgl. hierzu Abschnitt 4.1.2.4.4.

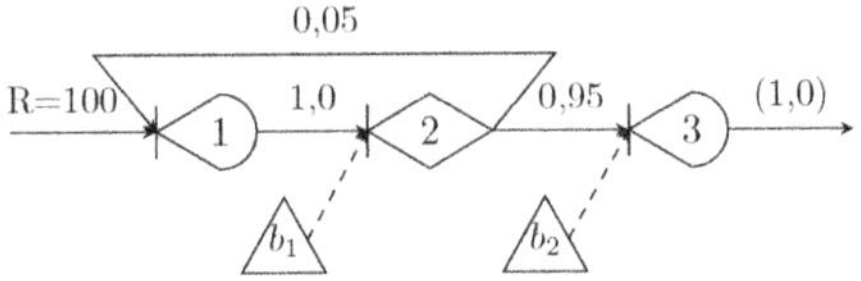

Abb. 4.79: Reduzierter Signalflussgraph für System mit Puffer

Die Entwicklung des Systems ohne Inanspruchnahme der Sicherheitsbestände zwecks Ausgleich der Störungswirkung und ohne Anpassungsmaßnahmen zeigt Abb. 4.80.

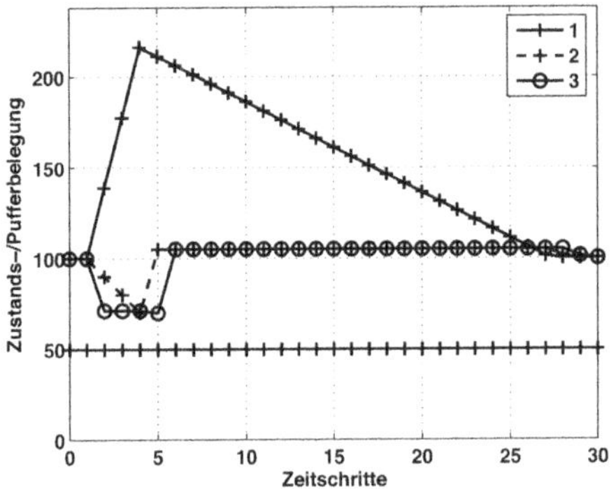

Abb. 4.80: Kapazitätsstörung ohne Puffereinsatz

Der obere Teil der Grafik zeigt die Belegung der einzelnen Zustände, der horizontale Verlauf bei 50 nKT im unteren Teil der Grafik den Bestand der den entsprechenden Zuständen zugeordneten (ungenutzten) Puffer. Diese Aufteilung der Diagrammfläche wird in den nachfolgenden Beispielen beibehalten.

Mit Beginn der Störung entsteht Überbestand im ersten Produktionsbereich; die eingelasteten Aufträge können mit der vorhandenen Kapazität nicht vollständig abgearbeitet werden. Da auch Produktionsstufe 2 einer Kapazitätsverringerung ausgesetzt ist, schlägt die Störungswirkung sofort auf den Systemausgang durch. Eine Bedarfsunterdeckung liegt dort bis Systemtakt 5 an. Nach Ende der Störgrößeneinwirkung kann der Überbestand allmählich durch systeminhärente Kapazitätsreserven abgebaut werden.

Unter Einbezug der Sicherheitsbestände ergibt sich die in Abb. 4.81 dargestellte Operationscharakteristik des Systems. Im Normalbetrieb wird Arbeitsinhalt im Umfang von 100 nKT je Kapazitätseinheit und Zeitschritt transferiert. Trotz Störung im Produktionsbereich 1 kann die Versorgung der zweiten Produktionsstufe in dieser Höhe aufrechterhalten werden. Die durch den Kapazitätsverlust in Zustand 1 induzierten Fehlmengen werden durch gepufferte Arbeitsinhalte ausgeglichen.

Auch die infolge Kapazitätsreduktion im Bereich 2 ausfallende Menge kann zunächst aus dem Puffer b_2 ersetzt werden, die Produktionsstufe 3 kann in Systemtakt 2 – also im ersten Takt der Einwirkung der Störgröße – in Höhe des Sollbestands versorgt werden. Im zweiten Takt der Störung ist jedoch der dann verbleibende Pufferbestand geringer als der Kompensationsbedarf; Kapazitätseinheit 3 kann folglich nur im Umfang des Restbestandes aus b_2 beliefert werden. Nach Entleerung des Puffers schlägt somit die Störungswirkung auf den Systemausgang durch.

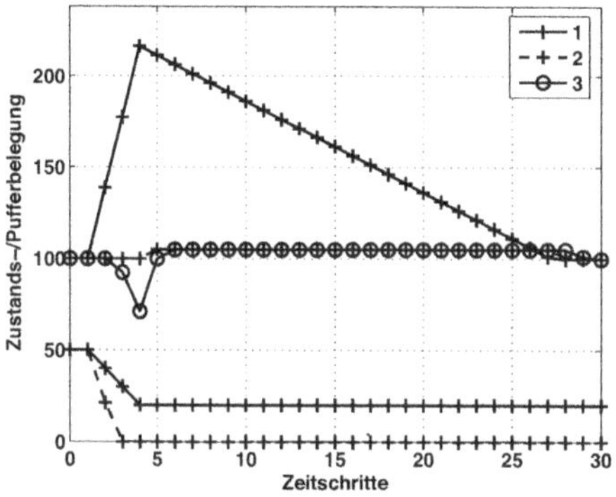

Abb. 4.81: Kapazitätsstörung und Pufferеinsatz

In der ersten Produktionsstufe entsteht nach wie vor Überbestand. Die Inanspruchnahme der Sicherheitsbestände ist einseitig auf die Verringerung der Ausbreitung der Störungswirkung und damit der Entstehung von Fehlmengen entgegen gerichtet; die Ursache der Störung – die Kapazitätsreduktion der Zustände 1 und 2 – bleibt unbeeinflusst. Aus Sicht einer systemweiten Betrachtung auf Netzwerkebene kann die manifeste Störphase zunächst um einen Zeitschritt verzögert werden. In dieser Zeitspanne können beispielsweise Anpassungsmaßnahmen geplant und eingeleitet werden. Die manifeste Störphase verkürzt sich zudem von 5 auf 3 Systemtakte. ■

4.4.2.3 Wiederauffüllen von Mengenpuffern

Werden Sicherheitsbestände in Störsituationen beansprucht, so muss ihre Befüllung möglichst zeitnah erfolgen, so dass die Puffer erneut ihr vollständiges Sicherungspotenzial entfalten können. Der Durchsatz freigegebener Produktionsaufträge darf davon nicht beeinträchtigt werden.

Ein Ansatz für die Pufferbefüllung ist, Überproduktion in den Kapazitätseinheiten, also den Durchsatz über das Soll-Niveau hinaus, in die Mengenpuffer umzuleiten. Dies setzt voraus, dass Kapazitätseinheiten mit zugeordneten Puffern über Kapazitätsreserven verfügen und entsprechende Fertigungsaufträge ausgelöst werden[251].

[251] Vgl. weiter Gröll/Fischäder 2006, S. 67 ff. Alternativ zur Strategie der Wiederauffüllung des verbrauchten Sicherheitsbestandes in dem sich an die Störphase anschließenden Normalbetrieb (der Produktionsbereich ist

Das Wiederbefüllen der Sicherheitsbestände wird durch den nachfolgend dargestellten Algorithmus gesteuert:

1. Nach Anwendung des Basismodells wird in einem ersten Schritt für alle Zustände j geprüft, ob der Pufferbestand $b_j(T)$ kleiner als der maximale Pufferbestand $\hat{b}_j$ ist. In diesem Fall wird der Strom normierter Kapazitätsteile $s_{b_j}^{req}(T)$ ermittelt, der das vollständige Auffüllen des dem Zustand j zugeordneten Puffers b_j herbeiführt:

$$s_{b_j}^{req}(T) = \hat{b}_j - b_j(T).$$

2. Da in netzwerkförmigen Produktionsstrukturen eine Kapazitätseinheit mehrere Nachfolger haben kann[252], wird daraufhin für jeden Zustand $k > j$ der Strom normierter Kapazitätsteile bestimmt, der ausgehend vom Gesamttransfer $j \rightarrow k$ in den Pufferbestand des Zustands j (Puffer b_j) verschoben werden kann. Die Berechnung dieser Verschiebemenge ist durch die Überlegung motiviert, dass Arbeitsinhalt, der in einem Systemtakt in Zustand j bearbeitet wird, am Ende des Taktes (nach Anwendung des Basismodells) den Anfangsbestand nachgelagerter Produktionsbereiche für den folgenden Takt bestimmt, mithin in entsprechendem Anteil zum Nachfolger k transferiert wird.
Auch hier wird auf die Ströme normierter Kapazitätsteile $s_{jk}(T)$ zurückgegriffen, die den Transfer durchgesetzter Arbeitsinhalte von Zustand j nach Zustand k beschreiben. Diese werden mit den Soll-Strömen im ungestörten Systembetrieb $s_{jk}^{req}(T)$ verglichen, so dass eine Produktion über den Sollbedarf hinaus identifiziert werden kann[253]. In den Pufferbestand verschoben werden nur Arbeitsinhalte, die über das Soll-Niveau hinausgehen. Für den Transfer von Zustand k an den Puffer von Zustand j folgt damit:

$$s_{kb_j}(T) = min[s_{b_j}^{req}(T);\ s_{jk}(T) - s_{jk}^{req}(T)].$$

Sind die Zustände j und k nicht verkoppelt, so gilt $s_{jk}(T) = s_{jk}^{req}(T) = 0$.

3. Unter Berücksichtigung des ermittelten Stromes von Zustand k zu Puffer b_j werden abschließend Zustandsbelegung, Pufferbestand und Transfermatrix angepasst. Der Auffüllbedarf des Puffers wird um die tatsächlich erfolgte Lieferung an den Puffer vermindert:

$$\tilde{n}_k(T) = n_k(T) - s_{kb_j}(T), \text{ mit } k = j+1,\ j+2,\ \ldots,\ m,$$

$$\tilde{b}_j(T) = b_j(T) + \sum_{k=j+1}^{m} s_{kb_j}(T),$$

$$\tilde{s}_{jk}(T) = s_{jk}(T) - s_{kb_j}(T),$$

$$\tilde{s}_{b_j}^{req} = s_{b_j}^{req} - s_{kb_j}.$$

dann nicht vollständig ausgelastet) ist denkbar, zur Pufferbefüllung in den entsprechenden Kapazitätseinheiten gezielt Anpassungsmaßnahmen einzuleiten. Ggf. sind dann allerdings anpassungsmengenbezogen erhöhte Produktionskosten zu berücksichtigen. Vgl. auch Kollerer 1978, S. 141 ff.

[252] In diesem Fall liegt eine analytische Kopplungsstruktur vor, vgl. Schlüter 2001, S. 150.

[253] Vgl. hierzu auch Abschnitt 4.4.2.2.

Die entwickelte Pufferlogik strukturiert den Bestand, indem unterschieden wird, ob normierte Arbeitsinhalte Bestand im Produktionsbereich (Work-in-Process) oder aber Sicherheitsbestand repräsentieren. Abb. 4.82 stellt schematisch den um Puffer erweiterten Modellierungsansatz und die relevanten Ströme normierter Kapazitätsteile dar.

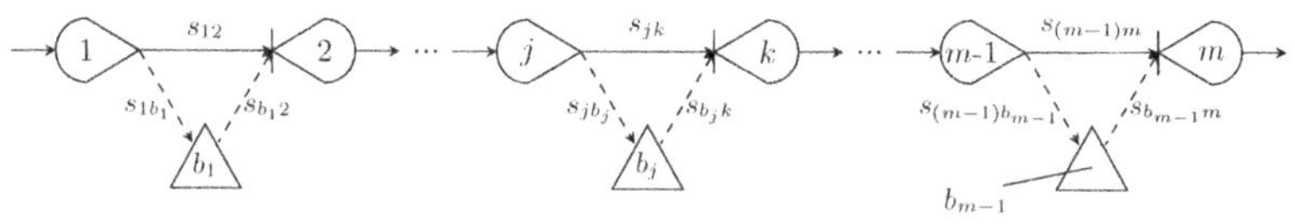

Abb. 4.82: Modellierungsansatz für Sicherheitsbestände

Beispiel 4.28:

Um die Verwendung von Sicherheitsbeständen und die Wiederbefüllung der Puffer nach Ende der Störung zu demonstrieren, wird die entwickelte Pufferlogik auf Beispiel 4.27 angewendet. In Abb. 4.83 ist der entsprechende Bestandsverlauf in den Kapazitätseinheiten und zugehörigen Puffern dargestellt.

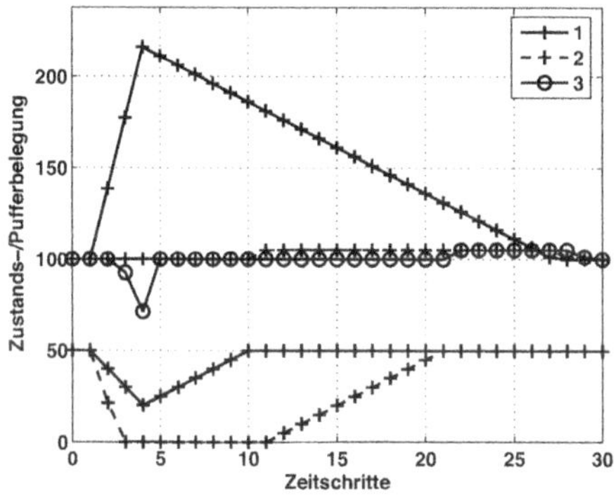

Abb. 4.83: Kapazitätsstörung, Puffereinsatz und Pufferbefüllung

Im Störzeitraum wird der Ausbreitung der Störungswirkung durch Inanspruchnahme der Sicherheitsbestände entgegen gewirkt (vgl. hierzu auch Abb. 4.81 aus Beispiel 4.27). Da die Störung eine Verringerung der verfügbaren Kapazität bewirkt, sind im Störzeitraum keinerlei Reserven verfügbar, die die Puffer gleichzeitig befüllen können. Erst nach Ende der Störung ermöglichen die vorhandenen systeminhärenten Kapazitätsreserven den Abbau des angestauten Überbestandes in Produktionsbereich 1 im Umfang von 5 nKT je Systemtakt, die zunächst in den zugehörigen Puffer transferiert werden. Ist b_1 gefüllt, werden die reduzierten Überbestände durch das System geschleust und zur Befüllung des Puffers b_2 verwendet. Haben beide Puffer ihren Maximalbestand erreicht, verlässt der verbleibende Überbestand das System über das Schnittstellenelement 3 (und kompensiert den Lieferrückstand). ■

Beispiel 4.28 verdeutlicht eine Eigenschaft der Pufferlogik: Sind mehrere Puffer im System unter Maximalbestand gefüllt, werden vorhandene Kapazitätsreserven zunächst dazu verwendet, upstream die den Produktionsbereichen zugeordneten Puffer zu befüllen[254]. Unter Fokussierung auf die Sicherungsfunktion von Mengenpuffern, auf das Verhindern des Wirkungsdurchschlags über die Systemgrenze hinaus, ist jedoch die umgekehrte Reihung sinnvoll: Der Puffer des Produktionsbereiches, der dem Systemausgang am nächsten liegt, wird priorisiert. Um nach einer Störung möglichst schnell das Sicherungspotenzial gegenüber Bedarfsunterdeckungen am Schnittstellenelement gegenüber dem Abnehmer aufzubauen, wird zunächst derjenige Sicherheitsbestand gefüllt, der dem Zustand höchster Nummerierung zugeordnet ist. Die Pufferlogik wird deshalb um eine zusätzliche Regel erweitert:

Ein Mengenpuffer wird nach seiner vollständigen oder teilweisen Inanspruchnahme erst dann befüllt, wenn sämtliche entsprechend dem Materialfluss folgenden Puffer (also die Sicherheitsbestände aller Produktionsstufen downstream) ihren Maximalbestand aufweisen.

Die dargestellten Überlegungen beziehen sich vorrangig auf die Befüllung der Puffer selbst. Bislang unberücksichtigt geblieben ist jedoch die Zielstellung einer schnellen und vollständigen Deckung des Kundenbedarfes am Systemausgang. Im Störzeitraum entsteht eine Bedarfsunterdeckung, die mit Lieferrückstandskosten bewertet wird. *Nach* dem Auffüllen der Puffer erhöhen abgebaute Überbestände den Bestand im letzten Systemelement. Es wird mehr Arbeitsinhalt bereitgestellt und unter Nutzung der Kapazitätsreserve durchgesetzt, als im entsprechenden Zeitschritt nachgefragt wird. Es greift der so genannte *Back-Order-Fall*, der störungsbedingte Lieferrückstand wird vollständig nachgeholt[255]. Der (geduldige) Kunde akzeptiert eine verspätete Bereitstellung seines Bedarfes. Die Bedarfsunterdeckung (die nicht vollständige Befriedigung der Kundenbedarfe) und das Überangebot fallen durch die Priorität der Pufferbefüllung jedoch zeitlich weit auseinander.

Angestrebt wird, alle Aufträge termingerecht und vollständig zu bearbeiten. Können Aufträge störungsbedingt nicht fristgerecht das Produktions- und Logistiksystem verlassen, so ist diese „verzögerte“ Nachfragemenge schnellstmöglich zu bedienen, mithin die Bedarfsunterdeckung vorrangig zu kompensieren. Um dies auch im Modellsystem zu erzielen, wird der *Bedarfssaldo* $d(T)$ eingeführt. Durch diesen Parameter wird am Systemausgang die Summe der Differenzen zwischen Soll-Bestand (dieser repräsentiert die Nachfragemenge R^{dem}) und Ist-Bestand über alle Takte $1 < \tau < T$ gemäß Beziehung (4.76) bestimmt:

$$d(T) = \sum_{\tau=1}^{T} (\tilde{n}_m(\tau) - n_m^{req}(\tau)). \tag{4.76}$$

Der Bedarfssaldo wird zu jedem Systemtakt nach erfolgter Anwendung des Basismodells aktualisiert. Ein negativer Saldo im Zeitpunkt T stellt eine absolute Bedarfsunterdeckung zu die-

[254] Die Befüllung beginnt bei den Puffern niedriger Nummerierung und setzt sich schrittweise in Richtung höherer Nummerierung (downstream) fort.

[255] Vgl. auch Abschnitt 4.2.2.3. Im *Lost-Sales-Fall* stellt sich das Problem des „Nachholens“ von Fehlmengen nicht. Ggf. sind angearbeitete Aufträge auszusondern, zu verschrotten.

sem Zeitpunkt dar[256]. Ein vollständiger Ausgleich der Störungswirkung ist bei Befriedigung der nachgefragten Auftragsmenge und somit bei $d(T) = 0$ erreicht. Um einen negativen Bedarfssaldo zeitnah zu kompensieren, muss ein Ausgleich Priorität vor dem Befüllen der Sicherheitsbestände besitzen. Der Pufferlogik muss eine weitere Regel hinzugefügt werden:

Systeminhärente Sicherheitsbestände werden erst befüllt, wenn der Bedarfssaldo ausgeglichen ist. Dann gilt $d(T) \geq 0$.

Zur Befüllung des dem letzten Zustand m vorgelagerten Puffers kann dann nur der tatsächliche Produktionsüberschuss verwendet werden. Die Berechnung der tatsächlichen Ströme von Zustand m zu vorgelagerten Puffern b_j wird modifiziert zu:

$$s_{mb_j}(T) = min[s_{b_j}^{req}(T);\ s_{jm}(T) - s_{jm}^{req}(T);\ d(T)].$$

Erfolgt ein solcher Strom s_{mb_j} in T in vorgelagerte Puffer, so ändert sich die Belegung des letzten Zustandes und mithin der Bedarfssaldo:

$$\tilde{d}(T) = d(T) - s_{mb_j}.$$

Beispiel 4.29:
Um die Wirkungsweise der erweiterten Pufferlogik zu verdeutlichen, wird erneut das Produktionssystem aus den Beispielen 4.27 und 4.28 betrachtet. Abb. 4.84 zeigt die Bestandsentwicklung in den Zuständen 1 bis 3 sowie den Puffern b_1 und b_2.

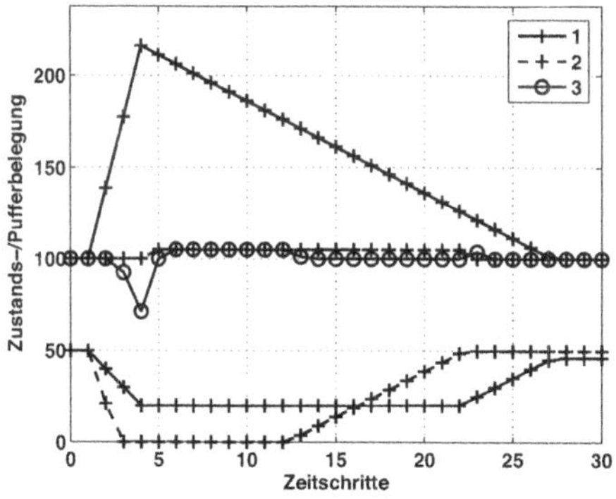

Abb. 4.84: Kapazitätsstörung und erweiterte Pufferlogik

Nach Ende der Störung beginnt der Abbau des Überbestandes durch systeminhärente Kapazitätsreserven. Der entsprechend zusätzlich durchgesetzte (zunächst liegen gebliebene) Arbeitsinhalt wird durch das System geschleust, um den im Störzeitraum entstandenen Lieferrückstand

[256] Ein positiver Wert des Saldos repräsentiert ein Überangebot. Ein positiver Saldo kann Resultat einer extern und kundenseitig induzierten Störung sein (kurzfristig stornierte Kundeaufträge).

zu beseitigen. Danach werden zunächst der Puffer b_2 und abschließend der Puffer b_1 gefüllt[257]. ■

Die mit der Einführung von Mengenpuffern vorgenommenen Erweiterungen des Modellsystems im Zeit-Mengen-Gerüst müssen hinsichtlich der Bewertung des Systemverhaltens ihre Entsprechung erfahren. Bereits eingeführte und als entscheidungsrelevant identifizierte Kostenkategorien decken die ökonomischen Wirkungen von Beständen bereits vollständig ab[258]. Für die Bewertung des Bestandes in einem dem Produktionsbereich k zugeordneten Puffer wird ein Kostensatz $c_k^{store.buffer}$ in $GE/(nKT\ ZE)$ eingeführt, der sich von dem Bewertungssatz des Work-in-Process im Bereich k unterscheiden wird. In b_k zwischengelagerte Erzeugnisse haben die Produktionsstufe k bereits durchlaufen und weisen so eine höhere Kapitalbindung auf. Werden ausschließlich der Sicherungsfunktion dienende Mengenpuffer räumlich-technisch gesondert eingerichtet, so sind (bestandsunabhängige) Gemeinkosten der Lagerhaltung $C_k^{fix.buffer}$ in die Betrachtungen einzubeziehen. Um Vergleiche zwischen gepufferten und ungepufferten Systemen zuzulassen, ohne die Produktionsgemeinkosten der Produktionsbereiche anpassen zu müssen, bietet es sich an, die Kostenwirkungen von Sicherheitsbeständen vollständig von den in den Kapazitätseinheiten entstehenden Kosten zu entkoppeln.

Die Kosten je Systemtakt T für den der Kapazitätseinheit k zugeordneten Puffer lassen sich durch Gleichung (4.77) angeben. Die Pufferkosten über alle Kapazitätseinheiten $k = 1, \ldots, m$ je Zeitschritt folgen Gleichung (4.78):

$$C_k^{buffer}(T) = b_k(T) \cdot c_k^{store.buffer} + C_k^{fix.buffer}, \tag{4.77}$$

$$C^{buffer}(T) = \sum_{k=1}^{m} C_k^{buffer}(T). \tag{4.78}$$

Für die gesamten Kosten im Systembeobachtungszeitraum $T = T_a = 1$ bis $T = T_e$ und über alle Zustände $k = 1, \ldots, m$ muss dann neu geschrieben werden[259]:

$$\begin{aligned} C &= C^{prod} + C^{store} + C^{buffer} + C^{bl} \\ &= \sum_{T=1}^{T_e} \left[\sum_{k=1}^{m} (C_k^{prod}(T) + C_k^{store}(T) + C_k^{buffer}(T)) + C^{bl}(T) \right]. \end{aligned}$$

257 In Systemtakt $T = 13$ beträgt die Überproduktion 5 nKT, der verbleibende und noch auszugleichende Lieferrückstand ist jedoch geringer. Zum Ausgleich des Bedarfssaldos wird dieser geringere Anteil von den bereitgestellten 5 nKT genutzt; der verbleibende Arbeitsinhalt wird dem Puffer der Kapazitätseinheit 2 (b_2) zugeführt. Eine ähnliche Situation wiederholt sich in Takt 23. Dann wird ein kleiner Teil der Überproduktion zum vollständigen Auffüllen des Bestandes von b_2 verwendet; dieser Puffer erreicht damit seinen Maximalbestand. In der rechentechnischen Umsetzung der Pufferlogik wird dann vereinfachend so verfahren, dass die verbleibende Menge Überproduktion aus dem System geschleust wird; der entsprechende Arbeitsinhalt geht für eine Befüllung vorgelagerter Puffer verloren. Der Sicherheitsbestand b_1 kann daher seinen maximalen Füllstand nicht erreichen.

258 Vgl. hierzu die Ausführungen zu Bestandskosten in Abschnitt 4.2.2.2.

259 Vgl. Abschnitt 4.2.2.5, dort Formel (4.63).

4.4.2.4 Dimensionierung des Sicherheitsbestandes für eine ausgewählte Störsituation

Die Allokation und Dimensionierung von Mengenpuffern in mehrstufigen Produktionsprozessen ist ein komplexes Planungs- und Optimierungsproblem. Für (zu erwartende) Störungen großer Tragweite können jedoch gezielt Sicherheitsbestände eingeführt und hinsichtlich ihrer Dämpfungswirkung analysiert werden. Bereits bei der Gestaltung und Auslegung von Produktionssystemen kann so auf potenzielle Störsituationen reagiert werden und beispielsweise entsprechende Pufferflächen in einem Fertigungslayout Berücksichtigung finden. Ein einseitig auf die Sicherungsfunktion bezogener Ansatz der Pufferauslegung muss auf die Minimierung entscheidungsrelevanter Kosten abzielen. Durch die, bezogen auf ein betrachtetes Produktionssystem, konkretisierten Kostenparameter werden letztlich Ort und Höhe eines Puffers bestimmt. Die durch den Entscheidungsträger verfolgte Zielstellung findet in der Höhe der Kostenparameter ihren Niederschlag[260]. Wird vereinfachend ausschließlich auf die Höhe der Sicherheitsbestände abgestellt und von einer Systemstruktur mit bekanntem Störeinfluss ausgegangen, so kann das Optimierungsproblem ceteris paribus formuliert werden[261]:

$$C(\underline{\hat{b}}) = C^{prod} + C^{store} + C^{bl} + C^{buffer}(\underline{\hat{b}}) \rightarrow min.$$

Beispiel 4.30:
Um das Prinzip der Festlegung der Höhe eines Sicherheitsbestandes an einem einfachen Beispiel zu verdeutlichen, wird ein vierstufiger, linearer Produktionsprozess betrachtet (vgl. Abb. 4.85):

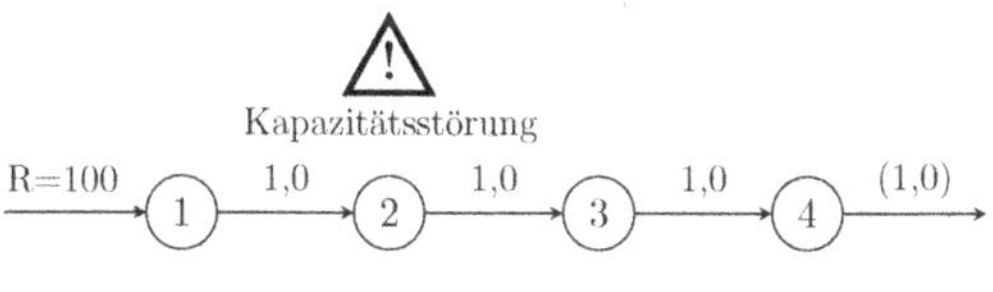

Abb. 4.85: Reduzierter Signalflussgraph für Beispiel 4.30

Grundlage für die folgenden Betrachtungen bildet das Beispiel 4.21 aus Abschnitt 4.3.2.3. Die Produktionsbereiche 1 bis 4 verfügen über Kapazitätsreserven, für die Normalkapazitäten gilt L^{norm} = [102 105 104 102]. Die Kostenparameter werden angegeben durch

$$\underline{C}^{fix} = [120\ 110\ 130\ 110] \text{ in } [GE/ZE], \qquad \underline{c}^{prod} = [6\ 3\ 4\ 2] \text{ in } [GE/nKT],$$
$$\underline{c}^{store} = [3\ 4\ 4{,}5\ 5] \text{ in } [GE/(nKT\ ZE)], \qquad c^{bl} = 100 \text{ in } [GE/(nKT\ ZE)].$$

Es sei ferner angenommen, dass der Fertigungsprozess detailliert analysiert worden ist. Durch eine Fehlermöglichkeits- und -einflussanalyse (FMEA) sind beispielsweise potenzielle Störeinflüsse und Fehlerursachen identifiziert, bewertet und weitgehend abgestellt worden. Der Produktionsbereich 2 stelle ein technisch sehr komplexes Produktionsaggregat dar, an welchem immer wieder

[260] In Systemen mit einem im Vergleich zum Lagerkostensatz hohen Lieferrückstandskostensatz ist beispielsweise eine starke Abpufferung einzelner Produktionsstufen sinnvoll.
[261] Vgl. Gröll/Fischäder 2005, S. 74 ff.

Betriebsstörungen auftreten. Ein bestimmtes, technisch nicht auszuschließendes Fehlerbild verursache eine Kapazitätsstörung großer Tragweite; im Beispiel wird mit einer störungsbedingten Kapazitätsreduktion des Bereiches 2 i. H. v. 50 nKT in den Systemtakten 2, 3 und 4 gerechnet. Der Fertigungsprozess ist insoweit optimiert, dass weitere Störungen, insbesondere Nacharbeit und Ausschuss nicht auftreten[262]. Die Kapazitätsstörung ist mit den Kostenwirkungen

$$\underline{C}^{fix.dist} = [0\ 20\ 0\ 0] \text{ in } [GE/ZE], \qquad \underline{c}^{prod.dist} = [0\ 1\ 0\ 0] \text{ in } [GE/nKT]$$

verbunden. Aus dem Produktionsprogramm wird ein Arbeitsinhalt von 100 nKT je Systemtakt abgeleitet; das Schnittstellenelement 4 muss Arbeitsinhalt in dieser Höhe je Systemtakt an den Kundenstamm ausliefern. Es gilt:

$$R^{dem} = R = 100\ nKT = const.$$

Systemweit abgestimmte Anpassungsmaßnahmen und damit reaktives Störungsmanagement erfolgt nicht. Das System wird über 30 Systemtakte hinweg beobachtet. Werden im System keine Sicherheitsbestände vorgehalten, so tritt ein „Durchschlag" der Störungswirkung auf Element 4 ein; die Störung breitet sich mithin über die Systemgrenze hinaus aus. In dem beschriebenen ungepufferten System fällt im Zeitraum von zwei Systemtakten Lieferrückstand von 90 nKT an[263].

Es soll nun ermittelt werden, *in welcher Höhe* Sicherheitsbestand im unmittelbar durch die Störung gefährdeten Produktionsbereich 2 vorgehalten werden muss, so dass minimale Gesamtkosten resultieren. Ein Sicherheitsbestand b_2 entkoppelt die Produktionsbereiche 2 und 3 und verhindert das Ausbreiten der Störungswirkung (siehe Abb. 4.86). Nach Analyse der Störungswirkung im ungepufferten System wird ein Sicherheitsbestand (zunächst) so dimensioniert, dass der erwartete Produktionsrückstand i. H. v. 90 nKT *vollständig* kompensiert werden kann.

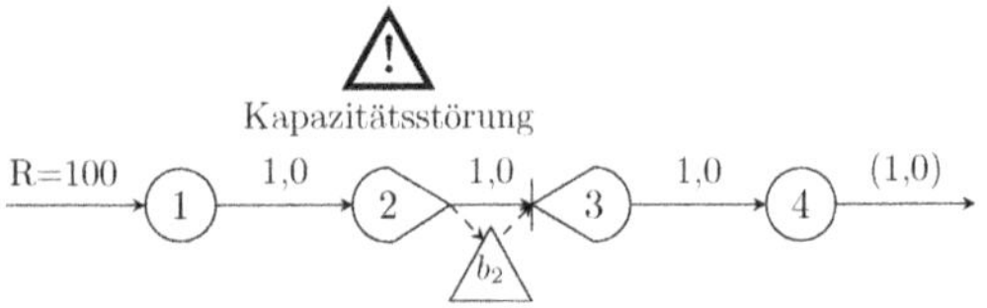

Abb. 4.86: Reduzierter Signalflussgraph mit Sicherheitsbestand b_2

Der Vektor der Pufferbestände kann angegeben werden mit:

$$\underline{b}(T = T_a) = \hat{\underline{b}} = [0\ 90\ 0\ 0].$$

[262] In Abweichung zu Beispiel 4.21 aus Abschnitt 4.3.2.3 wird also lediglich die Kapazitätsminderung betrachtet; Qualitätsstörungen liegen nicht vor.

[263] Das Systemverhalten wird ohne Systemblocking simuliert. Vgl. dazu Abschnitt 4.1.2.4.4.

Für die Kosten des Sicherheitsbestandes sei vereinbart:

$$\underline{C}^{fix.buffer} = [0\ 10\ 0\ 0] \text{ in } [GE/ZE] \text{ und } \qquad \underline{c}^{store.buffer} = [0\ 4{,}5\ 0\ 0] \text{ in } [GE/nKT\ ZE]$$

Die Ausgangssituation ist durch eine vorgegebene (nicht optimale) Pufferhöhe gekennzeichnet, die auf eine vollständige Deckung der Kundennachfrage, d. h. auf die Vermeidung von Lieferrückstand abzielt. Dazu müssen die dem gestörten Produktionsbereich 2 im Materialfluss nachfolgenden Kapazitätseinheiten 3 und 4 in Höhe ihres Bedarfes durchgehend versorgt werden. Der Zielkonflikt zwischen Sicherungsfunktion (Bestände in der Höhe, dass Lieferrückstand vermieden wird) und kostengünstiger Produktion (bedingt geringe Bestände) wird also zunächst einseitig in Richtung Sicherungsfunktion ausgelegt. Für das entwickelte Störszenario ist mit der in Abb. 4.87 dargestellten Bestandsentwicklung zu rechnen. Die durch den Nullpunkt verlaufenden horizontalen Linien verdeutlichen, dass den Kapazitätseinheiten 1, 3 und 4 kein Sicherheitsbestand zugeordnet ist.

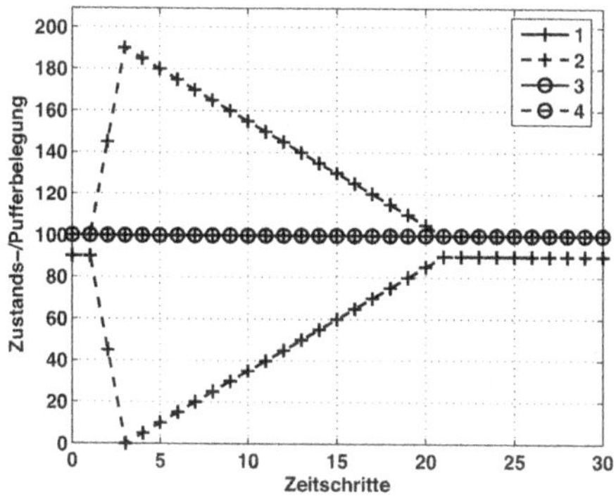

Abb. 4.87: Kapazitätsstörung mit abgeschätzter Puffergröße b_2

Die Zielstellung der vollständigen Deckung des Kundenbedarfes wird mit Einführung des Sicherheitsbestandes b_2 in abgeschätzter Puffergröße erreicht.

Um zu einer verbesserten Lösung hinsichtlich der Bestandshöhe b_2 zu gelangen, wird die Puffergröße schrittweise zwischen Null und 120 nKT variiert und die entsprechenden Gesamtkosten C über den Systembeobachtungszeitraum ermittelt; der Verlauf der Gesamtkosten ist in Abb. 4.88 dargestellt.

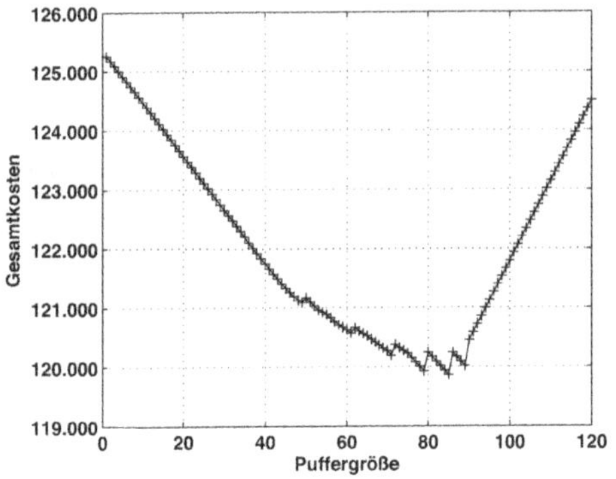

Abb. 4.88: Zusammenhang zwischen Gesamtkosten und variierter Puffergröße b_2

Die Minimierung aller entscheidungsrelevanten Kosten führt zu einer im Vergleich zur Ausgangslösung geringeren Höhe des Puffers b_2. Das Kostenminimum entsteht für $b_2 = 85\ nKT$. Die Abb. 4.89 zeigt abschließend den Bestandsverlauf für diese Pufferhöhe.

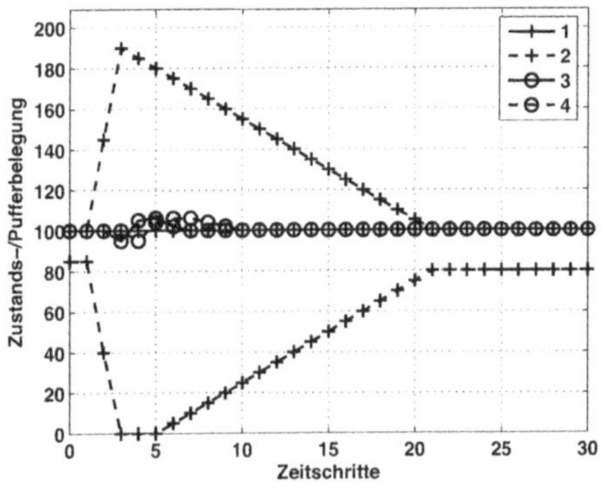

Abb. 4.89: Kapazitätsstörung für optimale Puffergröße $b_2 = 85\ nKT$

Im Gegensatz zur vorgegebenen Puffergröße der Ausgangslösung tritt jetzt ein geringer Lieferrückstand auf. Diese kurzfristige Bedarfsunterdeckung wird jedoch aufgrund der systemspezifischen Kostenparameter einerseits für den Lieferrückstand und andererseits für den Bestand im Puffer gezielt in Kauf genommen. Die Lieferrückstandskosten werden durch verringerte Kosten für den Pufferbestand überkompensiert. Die optimale Lösung wird durch die Kostenparameter im untersuchten System bestimmt. Tab. 4.12 stellt die Kostenwirkungen verschiedener Systemkonfigurationen einander gegenüber. ■

Kostenart	gestörtes System ohne Puffer	gestörtes System geschätzter Puffer	gestörtes System optimaler Puffer
Pufferbestände	$\hat{\underline{b}} = [0\ 0\ 0\ 0]$	$\hat{\underline{b}} = [0\ 90\ 0\ 0]$	$\hat{\underline{b}} = [0\ 85\ 0\ 0]$
Pufferkosten	0	8.400	7.163
Produktionskosten	58.870	58.950	58.980
Bestandskosten	57.174	53.100	53.221
Lieferrückstandskosten	9.000	0	500
Gesamtkosten	125.044	120.450	119.864

Tab. 4.12: Kosten verschiedener Systemkonfigurationen

5 Zusammenfassung und Ausblick

Realwirtschaftliche Wertschöpfungsprozesse vollziehen sich in Produktions- und Logistiknetzwerken. Die Arbeit fokussiert auf die *Überwachung der Leistungserstellung* in netzwerkförmigen Produktionsstrukturen und damit auf einen speziellen Koordinationsaspekt planungs- und steuerungsbezogener Aktivitäten. Zielstellung ist die geeignete Unterstützung von Anpassungsplanungen in dynamischen Planungs- und Realisierungskontexten, welche durch das Auftreten unvorhergesehener Störungen gekennzeichnet sind. Der arbeitsteilig, im Verbund zwischen mehreren Wertschöpfungspartnern, vollzogene Prozess der Leistungserstellung unterliegt vielfältigen und wirtschaftlich bedeutsamen Störeinflüssen, Unzuverlässigkeiten und Verfügbarkeitsbeschränkungen bei Potenzial- und Verbrauchsfaktoren. Immer kürzere Produktlebenszyklen, technisch komplexe Erzeugnisse und Herstellungsverfahren, eine hohe Variantenvielfalt und volatile Absatzmärkte verstärken die Wirkung dieser Einflüsse. In Wertschöpfungsketten herrscht oft Intransparenz bezüglich der Bestands- und Kapazitätssituation der Partner. Bedarfsvorschauen und vor allem Bedarfsänderungen werden häufig nur sequenziell zwischen OEM, Direkt- und Unterlieferanten kommuniziert. Gleiches gilt für Lieferschwierigkeiten, die bei (Unter-)Lieferanten auftreten und den Produktionsvollzug beim OEM beeinflussen. Das Sicherstellen stabiler Wertschöpfungsprozesse vor diesem Hintergrund ist eine Problemstellung des *Störungsmanagements.* Bislang sind auf Netzwerkbetrachtungen adaptierbare Steuerungs- und Controllinginstrumente, die es im Störfall erlauben, mehrere Wertschöpfungsstufen übergreifende Störungswirkungen transparent darzustellen, zu bewerten und vor allem zu kompensieren, nicht in geeigneter Weise verfügbar.

In dieser Arbeit wird ein Modellsystem vorgestellt, das es gestattet, in konkreten Störsituationen echtzeitnah Aussagen zu treffen, in wieweit Störungen innerhalb eines Teilbereiches des betrachteten Produktionssystems absorbiert werden können oder mehr als einen Produktionsbereich (resp. Knoten im Netzwerk) betreffen. Die Darstellung und Bewertung von Störungswirkungen, die mehrere Wertschöpfungsstufen übergreifen, ist Voraussetzung für deren kostenoptimale Kompensation. Der Modellierungs- und Optimierungsansatz ist Kern eines Entscheidungsunterstützungssystems für netzwerkbezogenes Störungsmanagement. Als Funktionskomponente eines Koordinationsleitstandes liefert das System situationsgerecht eine Informationsbasis und Handlungsvorschläge zur Kompensation von Störungswirkungen. Störungsmanager erhalten so eine objektive Entscheidungshilfe für die Störungsreaktion. Wird hingegen im Rahmen der Systembildung ein neu zu gestaltendes Produktions- und Logistiksystem potenziell möglichen Störungen ausgesetzt, so können Gestaltungsempfehlungen im Sinne von Prozessentkopplungen vor (potenziellen) Engpässen abgeleitet, evaluiert und umgesetzt werden.

Verallgemeinerte Netzpläne und Markov-Ketten sind eine geeignete methodische Basis für die Darstellung von Struktur und Verhalten gestörter Produktionssysteme, die Modellbildung ist an der betriebswirtschaftlichen Input-Output-Analyse angelehnt. Unterschiedliche Störungsursachen (Störgrößen) ziehen je nach Ausmaß, Einwirkungsort und -dauer im Netzwerk, je nach Kopplungsgrad zwischen den einzelnen Produktionsbereichen unterschiedliche Wirkungen nach sich. Es interessiert, welche Auswirkungen auf das Verhalten des Produktionssystems im Vergleich zum ungestörten System zu erwarten sind. Ausgehend vom ungestörten, kapazitiv abgeglichenen System wird die zu analysierende Störsituation deterministisch auf das Produktionssystem aufgeprägt. Eine Störsituation (d.h. eine Einzelstörung oder die zeitliche, räumliche und qualitative Überlagerung mehrer Störungen) verändert die

- Kopplungssituation zwischen den Systemelementen (Produktionsbereichen) und ggf. die
- Übertragungsfunktion (einzelner) Systemelemente.

Es wird die (stochastische) Systementwicklung im zeitlichen Anfangsbereich nach Einwirkung der Störung analysiert. Prognostizierte Störungswirkungen sind die Grundlage für die Konfiguration von Anpassungsmaßnahmen. Das Konzept der Zustandsmodellierung ist flexibel in seiner Anwendung; je nach Interesse eines Störungsmanagers und im Kontext der Analysesituation werden Produktionsbereiche (Arbeitsplätze, Fertigungssegmente oder in einer stark aggregierten Betrachtung Unternehmensstandorte) durch einen oder mehrere Zustände abgebildet. Der Modellierungsansatz gestattet, den Einfluss aktuell verfügbarer Informationen auf interessierende Zustände und Ereignisse schnell zu simulieren. In vorgegebenen Ablaufstrukturen können „Schwachstellen" identifiziert werden und auf dieser Grundlage Gestaltungsempfehlungen zur Verbesserung dieser Strukturen abgeleitet und hinsichtlich ihres Aufwandsverhaltens analysiert werden. Das Modellsystem ermöglicht somit ein *störungsbezogenes Produktionscontrolling* und ist sowohl auf die innerbetriebliche Leistungserstellung als auch auf die Betrachtung von Supply Chains adaptierbar.

Die formalisierte modellhafte Abbildung von Störungen und Anpassungsmaßnahmen im Zeit-Mengen-Gerüst wurde durch eine produktionstheoretisch fundierte Darstellung im Zeit-Wert-Gerüst ergänzt; Aussagen über die relative und absolute wirtschaftliche Vorteilhaftigkeit unterschiedlicher Anpassungsoptionen sind möglich. Die Nutzung und praktische Anwendung des Modellsystems wird durch die Implementierung in MATLAB® ganz wesentlich erleichtert. Der Programm-Aufbau wurde dabei konsequent modular gestaltet, Erweiterungen des Modells können einfach vorgenommen werden. Einer Weiterentwicklung vorbehalten und der praktischen Anwendung dienlich ist der Aufbau einer grafischen interaktiven Nutzeroberfläche. Eine solche Nutzeroberfläche muss die Abbildung von Produktionssystemen in der Software sowie die Parametrierung von Störungen und Anpassungsmaßnahmen geeignet vereinfachen, so dass ein Nutzer die Übersicht behält und das System ohne längere Einarbeitungszeit nutzen kann.

Die derzeitige komplexe Bedienung, aber auch die Implementierung des Modellsystems in MATLAB® steht einem verbreiteten Einsatz im betrieblichen Umfeld – und damit auch einer Nutzung zur Unterstützung des Störungsmonitorings und -managements – entgegen. Eine Implementierung entweder in einem eigenständigen Programm oder einer verbreiteten Anwendersoftware in Verbindung mit einer grafischen Oberfläche ist sinnvoll.

Das in dieser Arbeit entwickelte Basismodell wird auf einen realen Anschauungsbereich angewendet (vgl. hierzu Anlage C). Im Rahmen einer praktischen Untersuchung wurden für das Beispielunternehmen typische Störbilder hinsichtlich ihrer Auswirkungen auf die Bestands- und Kapazitätssituation in einem vierstufigen Produktionsprozess beobachtet und durch das Modellsystem nachgestellt. Für typische Störsituationen können Vorschläge der Anpassung im Produktionssystem abgeleitet werden. Die Anwendung und praktische Erprobung des Modellsystems an unterschiedlichen realen Szenarien muss jedoch weitergeführt und auf den Optimierungsansatz ausgeweitet werden. Eine Verifikation des Modellsystems bedingt die modellhafte Abbildung realer Produktions- und Logistiksysteme und den Vergleich simulierter Ergebnisse mit dem realen Systemverhalten.

Literaturverzeichnis

Aamodt, A.; Plaza, E. (1994): Case-Based Reasoning: Foundational Issues, Methodological Variations, and System Approaches, in: AI Communications, Vol. 7 (1994), No. 1, S. 39-59

Abboud, N. E. (2001): A Discrete-time Markov Production-inventory Model With Machine Breakdowns, in: Computers & Industrial Engineering, Vol. 39 (2001), S. 95-107

Abumaizar, R. J.; Svestka, J. A. (1997): Rescheduling Job Shops Under Random Disruptions, in: International Journal of Production Research, Vol. 35 (1997), S. 2065-2082

Ackermann, I. (2004): Supply Chain Management in der Automobilindustrie, Köln 2004

Adam, D. (1974): Produktions- und Kostentheorie bei Beschäftigungsgradänderungen, Tübingen 1974

Adam, D. (1976): Zeitablaufbezogene Interpretation von Ergebnissen aus zeitablaufabhängigen Modellen, dargestellt am Beispiel eines Produktionsaufteilungsproblems, in: Zeitschrift für Betriebswirtschaft, 46. Jg. (1976), S. 149-161

Adam, D. (1996): Planung und Entscheidung: Modelle – Ziele – Methoden, 4. Auflage, Wiesbaden 1996

Adam, D. (2001): Produktions-Management, 9. Auflage, Nachdruck, Wiesbaden 2001

Ahmed, S.; Sahinidis, N. V. (1998): Robust Process Planning under Uncertainty, in: Industrial & Engineering Chemistry Research, Vol. 37 (1998), S. 1883-1892

Ahn, H.; Dyckhoff, H. (1997): Organisatorische Effektivität und Effizienz, in: Wirtschaftswissenschaftliches Studium, 26. Jg. (1997), S. 2-6

Akın, B. (1999): Festlegung der Bevorratungsebene in fertigungstechnischen Unternehmen, Wiesbaden 1999

Akturk, M. S.; Gorgulu, E. (1999): Match-up Scheduling Under a Machine Breakdown, in: European Journal of Operational Research, Vol. 112 (1999), S. 81-97

Albayrak, S.; Bussmann, S. (1993): Kommunikation und Verhandlungen in Mehragenten-Systemen, in: Verteilte Künstliche Intelligenz: Methoden und Anwendungen, hrsg. v. J. Müller, Mannheim u. a. 1993, S. 55-82

Alicke, K. (2005): Planung und Betrieb von Logistiknetzwerken: Unternehmensübergreifendes Supply Chain Management, 2. Auflage, Berlin u. a. 2005

Alicke, K.; Graf, H.; Putzlocher, S. (2004): Unternehmensübergreifendes Supply Chain Management realisiert multi-tier collaboration, in: Integriertes Supply Chain Management: Theorie und Praxis effektiver unternehmensübergreifender Geschäftsprozesse, hrsg. v. A. Busch und W. Dangelmaier, 2. Auflage, Wiesbaden 2004, S. 485-497

Allen, B. P. (1994): Case-Based Reasoning: Business Applications, in: Communications of the ACM, Vol. 37 (1994), S. 40-42

Alscher, J.; Schneider, H. (1982): Zur Interdependenz von Fehlmengenkosten und Servicegrad, in: Kostenrechnungspraxis, o. Jg. (1982), S. 257-271

Archimede, B.; Coudert, T. (2001): Reactive Scheduling Using a Multi-agent Model: The SCEP Framework, in: Engineering Applications of Artificial Intelligence, Vol. 14 (2001), S. 667-683

Arping, H. (1977): Beitrag zur rechnergestützten Fertigungsregelung mit automatisierter Entscheidungshilfe im Störungsfall bei Einzel- und Kleinserienfertigung, Aachen 1977

Ashby, W. R. (1956): An Introduction to Cybernetics, London 1956

Atwater, J. B.; Chakravorty, S. S. (1994): Does Protective Capacity Assist Managers in Competing Along Time-Based Dimensions?, in: Production and Inventory Management Journal, Vol. 35 (1994), S. 53-59

Baetge, J. (1974): Betriebswirtschaftliche Systemtheorie. Regelungstheoretische Planungs-Überwachungsmodelle für Produktion, Lagerung und Absatz, Opladen 1974

Baetge, J.; Steenken, H.-U. (1971): Theoretische Grundlagen eines Regelungsmodells zur operationalen Planung und Überwachung betriebswirtschaftlicher Prozesse, in: Zeitschrift für betriebswirtschaftliche Forschung, 24. Jg. (1971), S. 593-630

Baker, A. D. (1998): A Survey of Factory Control Algorithms that Can Be Implemented in a Multi-Agent Heterarchy: Dispatching, Scheduling, and Pull, in: Journal of Manufacturing Systems, Vol. 17 (1998), S. 297-320

Baldeweg, F.; Lindner, A. (1986): Rechnergestützte Analyse von Störungen, Berlin 1986

Baldi, S. (1996): Konzeption eines agentenbasierten Leitstandsystems zur dezentralen Fertigungsplanung und -steuerung, Dissertation Technische Universität Ilmenau 1996

Ballwieser, W. (1993): Aggregation, Komplexion, Komplexitätsreduktion, in: Handwörterbuch der Betriebswirtschaft, Teilband 1, hrsg. v. W. Wittmann et al., 5. Auflage, Stuttgart 1993, Sp. 49-57

Bamberger, R. (1996): Entwicklung eines Werkzeuges zum Störungsmanagement in der Produktionsregelung, Berlin u. a. 1996

Barber, K. S.; Liu, T. H.; Goel, A.; Ramaswamy, S. (1999): Flexible Reasoning Using Sensible Agent-Based Systems: A Case Study in Job Flow Scheduling, in: Production Planning & Control, Vol. 10 (1999), S. 606-615

Bartholomew, D. J. (1970): Stochastische Modelle für soziale Vorgänge (Übersetzung Stochastic Models for Social Processes, 1. Auflage 1967), München, Wien 1970

Bartholomew, D. J. (1973): Stochastic Models for Social Processes, 2. Auflage, London u. a. 1973

Bartholomew, D. J. (1982): Stochastic Models for Social Processes, 3. Auflage, Chichester u. a. 1982

Bartholomew, D. J.; Forbes, A. F.; McClean, S. I. (1991): Statistical Techniques for Manpower Planning, 2. Auflage, Chichester u. a. 1991

Bartsch, H.; Teufel, T. (2000): Supply Chain Management mit SAP APO: Supply Chain Modelle mit dem Advanced Planner and Optimizer

Baumgärtel, H.; Bussmann, S.; Klosterberg, M.; Supper, R. (1997): Agentenorientierte Koordination des Karossenflusses in der Fahrzeugproduktion, in: Industrie Management, 13. Jg. (1997), H. 2, S 59-62

Bean, J. C.; Birge, J. R. (1985): Match-up Real-time Scheduling, Technical Report 85-22, Department of Industrial & Operations Engineering, The University of Michigan, Ann Arbor 1985

Bean, J. C.; Birge, J. R.; Mittenthal, J.; Noon, C. E. (1991): Matchup Scheduling With Multiple Resources, Release Dates and Disruptions, in: Operations Research, Vol. 39 (1991), S. 470-483

Bechte, W. (1979): Methoden und Hilfsmittel der Durchlaufzeit- und Bestandsanalyse in Klein- und Mittelbetrieben, Berlin u. a. 1979

Behrends, E. (2000): Introduction to Markov Chains with Special Emphasis on Rapid Mixing, Braunschweig, Wiesbaden 2000

Beichelt, F. (1997): Stochastische Prozesse für Ingenieure, Stuttgart 1997

Bellman, R. E. (1957): Dynamic Programming, Princeton 1957

Belz, R. (1993): Entscheidungsunterstützung auf Leitstandsebene durch wissensbasierte Simulation, Erlangen 1993

Bergmann, B.; Wiedemann, J. (1997): Beschreibung der Störungsdiagnosekompetenz bei Instandhaltungstätigkeiten in der flexibel automatisierten Fertigung, in: Störungsmanagement und Diagnosekompetenz: Leistungskritisches Denken und Handeln in komplexen technischen Systemen, hrsg. v. K. Sonntag und N. Schaper, Zürich 1997, S. 119-136

Bertrand, J. W. M.; Wortmann, J. C.; Wijngaard, J. (1990): Production Control: A Structural and Design Oriented Approach, Amsterdam u. a. 1990

Betge, P. (1996): Kapazität und Beschäftigung, in: Handwörterbuch der Produktionswirtschaft, hrsg. v. W. Kern et al., 2. Auflage, Stuttgart 1996, Sp. 852-861

Beuermann, G. (1992): Zentralisation und Dezentralisation, in: Handwörterbuch der Organisation, hrsg. v. E. Frese, 3. Auflage, Stuttgart 1992, Sp. 2611-2625

Bieri, B. (1995): Kybernetisches Produktionscontrolling mit Hilfe von Kennzahlen, Bamberg 1995

Bierwirth, C.; Mattfeld, D. C. (1999): Production Scheduling and Rescheduling With Genetic Algorithms, in: Evolutionary Computation, Vol. 7 (1999), No. 1, S. 1-17

Bleicher, K. (1979): Unternehmensentwicklung und organisatorische Gestaltung, Stuttgart, New York 1979

Bleicher, K. (1991): Kooperation als Teil des organisatorischen Harmonisationsprozesses, in: Kooperation: Gestaltungsprinzipien und Steuerung der Zusammenarbeit zwischen Organisationseinheiten, hrsg. v. R. Wunderer, Stuttgart 1991, S. 143-157

Bleicher, K.; Meyer, E. (1976): Führung in der Unternehmung: Formen und Modelle, Reinbek bei Hamburg 1976

Bond, A.; Gasser, L. (1988): Readings in Distributed Artificial Intelligence, San Mateo 1988

Bormann, D. (1978): Störungen von Fertigungsprozessen und die Abwehr von Störungen bei Ausfällen von Arbeitskräften durch Vorhaltung von Reservepersonal, Berlin 1978

Bronner, R. (1992): Komplexität, in: Handwörterbuch der Organisation, hrsg. v. E. Frese, 3. Auflage, Stuttgart 1992, Sp. 1121-1130

Brown, M. C. (1989): The Dynamic Rescheduler: Conquering the Changing Production Environment, in: Expert Systems in Economics, Banking, and Management, hrsg. v. L. F. Pau et al., Amsterdam u. a. 1989, S. 197-206

Buchholz, P.; Dunkel, J.; Müller-Clostermann, B.; Sczittnick, M.; Zäske, S. (1994): Quantitative Systemanalyse mit Markovschen Ketten: Eine Darstellung für Informatiker und Ingenieure, Stuttgart, Leipzig 1994

Bungard, W.; Hofmann, K. (2003): Anlaufmanagement am Beispiel der Automobilindustrie, in: Neue Organisationsformen im Unternehmen: Ein Handbuch für das moderne Management, hrsg. v. H.-J. Bullinger, H. J. Warnecke und E. Westkämper, 2. Auflage, Berlin u. a. 2003, S. 1261-1278

Buzacott, J. A. (1972): The Effect of Station Breakdowns and Random Processing Times on the Capacity of Flow Lines with In-Process Storage, in: AIIE Transactions, Vol. 4 (1972), No. 4, S. 308-312

Buzacott, J. A.; Shanthikumar, J. G. (1994): Safety Stock Versus Safety Time in MRP Controlled Production Systems, in: Management Science, Vol. 40 (1994), S. 1678-1689

Caputo, M. (1996): Uncertainty, Flexibility and Buffers in the Management of the Firm Operating System, in: Production Planning & Control, Vol. 7 (1996), S. 518-528

Caridi, M.; Cigolini, R. (2002): Managing Safety and Strategic Stocks to Improve Materials Requirements Planning Performance, in: Proceedings of the Institution of Mechanical Engineers, Part B, Journal of Engineering Manufacture, Vol. 216 (2002), No. 7, S. 1061-1065

Carlson, R. C.; Jucker, J. V.; Kropp, D. H: (1979): Less Nervous MRP Systems: A Dynamic Economic Lot Sizing Approach, in: Management Science, Vol. 25 (1979), S. 754-761

Chen, C.-H.; Ling, S. F.; Chen, W. (2003): Project Scheduling For Collaborative Product Development Using DSM, in: International Journal of Project Management, Vol. 21 (2003), S. 291-299

Choi, K.-H.; Kim, S.-C.; Yook, S.-H. (2000): Multi-agent Hybrid Shop Floor Control System, in: International Journal of Production Research, Vol. 38 (2000), S. 4193-4203

Chopra, S.; Sodhi, M. S. (2004): Managing Risk to Avoid Supply-Chain Breakdown, in: MIT Sloan Management Review, Fall 2004, S. 53-61

Chu C.-H.; Hayya, J. C. (1988): Buffering Decisions Under MRP Environment: A Review, in: OMEGA, Vol. 16 (1988), S. 325-331

Corsten, H. (1999): Anwendung der opportunistischen Koordinierung in dezentralen PPS-Systemen – Ein Ansatz auf der Basis von Multiagentensystemen, in: Produktionswirtschaft 2000: Perspektiven für die Fabrik der Zukunft, hrsg. v. K. Nagel, R. F. Erben und F. T. Piller, Wiesbaden 1999, S. 319-347

Corsten, H. (2000): Ansatzpunkte für die Koordination in heterarchischen und hierarchischen Unternehmungsnetzwerken, Nr. 37 der Schriften zum Produktionsmanagement, hrsg. v. H. Corsten, Kaiserslautern 2000

Corsten, H. (2001): Grundlagen der Koordination in Unternehmungsnetzwerken, in: Unternehmungsnetzwerke: Formen unternehmungsübergreifender Zusammenarbeit, hrsg. v. H. Corsten, München, Wien 2001, S. 1-57

Corsten, H. (2004): Produktionswirtschaft: Einführung in das industrielle Produktionsmanagement, 10. Auflage, München, Wien 2004

Corsten, H.; Corsten, H. (2000): Projektmanagement: Einführung, München, Wien 2000

Corsten, H.; Friedl, B. (1999): Konzeption und Ausgestaltung des Produktionscontrolling, in: Einführung in das Produktionscontrolling, hrsg. v. H. Corsten und B. Friedl, München 1999, S. 1-64

Corsten, H.; Gössinger, R. (1997): Multiagentensystemgestützte Störungsbehandlung auf der Grundlage der opportunistischen Koordinierung, Nr. 14 der Schriften zum Produktionsmanagement, hrsg. v. H. Corsten, Kaiserslautern 1997

Corsten, H.; Gössinger, R. (1998a): Produktionsplanung und -steuerung auf der Grundlage von Multiagentensystemen, in: Dezentrale Produktionsplanungs- und -steuerungs-Systeme: Eine Einführung in zehn Lektionen, hrsg. v. H. Corsten und R. Gössinger, Stuttgart u. a. 1998, S. 173-207

Corsten, H.; Gössinger, R. (1998b): Produktionsplanung und -steuerung auf der Grundlage der opportunistischen Koordinierung, in: Zeitschrift für Planung, 9. Jg. (1998), S. 433-450

Corsten, H.; Gössinger, R. (1999a): Agentengestützte Modellierung der Koordination von Bearbeitungsvorgängen bei Werkstattfertigung – Eine produktionstheoretisch fundierte Vorgehensweise auf der Grundlage der opportunistischen Koordinierung, Nr. 29 der Schriften zum Produktionsmanagement, hrsg. v. H. Corsten, Kaiserslautern 1999

Corsten, H.; Gössinger, R. (1999b): Ansatzpunkte zur Gestaltung der Produktionsplanung und -steuerung in virtuellen Produktionsnetzwerken unter der Voraussetzung dauerhafter Netzwerkstrukturen als Plattform, Nr. 31 der Schriften zum Produktionsmanagement, hrsg. v. H. Corsten, Kaiserslautern 1999

Corsten, H.; Gössinger, R. (2001a): Das Unterstützungspotenzial von E-Business im Rahmen der Koordination in Produktionsnetzwerken, Nr. 40 der Schriften zum Produktionsmanagement, hrsg. v. H. Corsten, Kaiserslautern 2001

Corsten, H.; Gössinger, R. (2001b): Einführung in das Supply Chain Management, München, Wien 2001

Corsten, H.; Gössinger, R. (2002): ZP-Stichwort: Advanced Planning Systems, in: Zeitschrift für Planung, 13. Jg. (2002), S. 99-105

Corsten, H.; Gössinger, R. (2004): Dienstleistungscontrolling – Konzeptioneller Rahmen und Gestaltungsfelder, in: Trendberichte zum Controlling, hrsg. v. F. Bensberg, J. v. Brocke und M. B. Schultz, Heidelberg 2004, S. 311-343

Corsten, H.; Gössinger, R.; Schneiker, K. (2001): Auftragsorientierte Produktionsprogrammplanung auf der Grundlage der opportunistischen Koordinierung, in: Zeitschrift für Planung, 12. Jg. (2001), S. 307-328

Cowling, P.; Johansson, M. (2002): Using Real Time Information For Effective Dynamic Scheduling, in: European Journal of Operational Research, Vol. 139 (2002), S. 230-244

Craighead, C. W.; Patterson, J. W.; Fredendall, L. D. (2001): Protective Capacity Positioning: Impact on Manufacturing Cell Performance, in: European Journal of Operational Research, Vol. 134 (2001), S. 425-438

Czeranowsky, G. (1992): Berücksichtigung von Anlauf-, Stillegungs- und Stillstandskosten bei betrieblichen Anpassungsprozessen, in: Praxis und Theorie der Unternehmung: Produktion – Information – Planung, hrsg. v. K.-W. Hansmann und A.W. Scheer, Wiesbaden 1992, S. 75-98

Davis, R.; Smith, R. (1983): Negotiation as a Metaphor for Distributed Problem Solving, in: Artificial Intelligence, Vol. 20 (1983), S. 63-109

Davis, W. J. (1989): Evolving Coordination Schemes in Real-time Production Scheduling, in: Engineering Costs and Production Economics, Vol. 17 (1989), S. 111-124

De Toni, A.; Tonchia, S. (1998): Manufacturing Flexibility: A Literature Survey, in: International Journal of Production Research, Vol. 38 (1998), S. 1587-1617

Dellmann, K. (1996): Anlagenkosten und -leistungen, in: Handwörterbuch der Produktionswirtschaft, hrsg. v. W. Kern et al., 2. Auflage, Stuttgart 1996, Sp. 58-65

Dienstdorf, B. (1970): Produktionsstörungen: Untersuchung über die Bedeutung von Störungen in der Einzel- und Kleinserienfertigung von Maschinenbaubetrieben, Berlin, Köln, Frankfurt a. M. 1970

Dittrich, H. (1970): Entscheidungsgerechte Modellierung der Ablaufstrukturen von Forschungs- und Entwicklungsvorhaben, Dissertation A, Technische Hochschule Ilmenau 1970

Dittrich, H. (1985): Entscheidungshilfen für grundfondswirtschaftliche Untersuchungen unter Berücksichtigung des zeitlichen Verhaltens und der Zuverlässigkeit technologischer Ausrüstungen, Dissertation B, Technische Hochschule Ilmenau 1985

Dittrich, H. (1996): Anwendung stochastischer Netze auf Produktionssysteme, in: Produktionsplanung und -steuerung: Neue Anforderungen durch Veränderung des Produktionssystems, Arbeitsbericht Nr. 1 des Lehrstuhls für Produktionswirtschaft/Industriebetriebslehre der Technischen Universität Ilmenau, hrsg. v. H. Schneider, Ilmenau 1996, S. 113-125

Dittrich, H. (1997): Modellierung von Ablaufstrukturen in Forschung und Entwicklung, in: Tagungsband zum 10. Ilmenauer Wirtschaftsforum am 6. November 1997, Ilmenau 1997, S. 76-89

Dobberstein, M. (1997): Optimierung von Steuerungsstrukturen in dezentralisierten Produktionssystemen, Aachen 1997

Dolgui, A.; Ould-Louly, M.-A. (2002): A Model For Supply Planning Under Lead Time Uncertainty, in: International Journal of Production Economics, Vol. 78 (2002), S. 145-152

Dorn, J. (1995): Case-Based Reactive Scheduling, in: Artificial Intelligence in Reactive Scheduling, hrsg. v. R. Kerr und E. Szelke, London u. a. 1995, S. 32-50

Dorn, J.; Kerr, R.; Thalhammer, G. (1995): Reactive Scheduling: Improving the Robustness of Schedules and Restricting the Effects of Shop Floor Disturbances by Fuzzy Reasoning, in: International Journal of Human-Computer Studies, Vol. 42 (1995), S. 687-704

Drexl, A.; Fleischmann, B.; Günther, H.-O.; Stadtler, H.; Tempelmeier, H. (1994): Konzeptionelle Grundlagen kapazitätsorientierter PPS-Systeme, in: Zeitschrift für betriebswirtschaftliche Forschung, 46. Jg. (1994), S. 1022-1045

Drexl, A.; Pesch, E.; Salewski, F. (1995): Zur Bedeutung der Modellbildung für die Entwicklung wissensbasierter Systeme, in: Zeitschrift für Betriebswirtschaft, 65. Jg. (1995), S. 1135-1153

Dyckhoff, H. (1994): Betriebliche Produktion: Theoretische Grundlagen einer umweltorientierten Produktionswirtschaft, 2. Auflage, Berlin u. a. 1994

Dyckhoff, H. (2003): Grundzüge der Produktionswirtschaft: Einführung in die Theorie betrieblicher Wertschöpfung, 4. Auflage, Berlin u. a. 2003

Dyckhoff, H.; Ahn, H. (2001): Sicherstellung der Effektivität und Effizienz der Führung als Kernaufgabe des Controlling, in: Kostenrechnungspraxis, o. Jg. (2001), S. 111-121

Dyckhoff, H.; Ahn, H. (2002): Kernaufgabe des Controlling – grundlegende Anmerkungen im Hinblick auf die Sicherstellung der Effektivität und Effizienz, in: Controlling als akademische Disziplin: Eine Bestandsaufnahme, hrsg. v. J. Weber und B. Hirsch, Wiesbaden 2002, S. 113-122

Eisele, W. (2002): Technik des betrieblichen Rechnungswesens: Buchführung und Bilanzierung, Kosten- und Leistungsrechnung, Sonderbilanzen, 7. Auflage, München 2002

Eisenbarth, M. (2003): Erfolgsfaktoren des Supply Chain Managements in der Automobilindustrie, Frankfurt a. M. u. a. 2003

Ellinger, T.; Beuermann, G.; Leisten, R. (2003): Operations Research: Eine Einführung, 6. Auflage, Berlin u. a. 2003

Ellinger, T.; Haupt, R. (1996): Produktions- und Kostentheorie, 3. Auflage, Stuttgart 1996

Elmaghraby, S. E. (1964): An Algebra for the Analysis of Generalized Activity Networks, in: Management Science, Vol. 10 (2000), S. 494-514

Elmaghraby, S. E. (1970): Some Network Models in Management Science, Berlin u. a. 1970

Elmaghraby, S. E. (1977): Activity Networks: Project Planning and Control by Network Models, New York u. a. 1977

Emery, J. C. (1969): Organizational Planning and Control: Theory and Technology, London 1969

Engelmore, R. S.; Morgan, A. J. (1988): Blackboard Systems, Wokingham u. a. 1988

Esser, J. (2001): Entscheidungsorientierte Erweiterung der Produktionstheorie, Frankfurt a. M. u. a. 2001

Ewert, R.; Wagenhofer, A. (2005): Interne Unternehmensrechnung, 6. Auflage, Berlin u. a. 2005

Ferber, J. (1999): Multi-Agent-Systems: An Introduction to Distributed Artificial Intelligence, Sydney u. a. 1999

Ferschl, F. (1970): Markovketten. Lecture Notes in Operations Research and Mathematical Systems, Vol. 35, Berlin u. a. 1970

Fieten, R. (1977): Die Gestaltung der Koordination betrieblicher Entscheidungssysteme, Frankfurt a. M. u. a. 1977

Fischäder, H. (2000): Ansätze zur Gestaltung der Koordinationsfunktion in einem Konzept der hybriden Produktionsplanung und -steuerung, in: Doktoranden- und Habilitandenkolloquium der Lehrstühle für Produktionswirtschaft an der Universität Kaiserslautern und der Technischen Universität Ilmenau, Schloss Kochberg/Thür. am 13. und 14. Oktober 2000, Nr. 10 der Schriften zum Produktionsmanagement, hrsg. v. H. Schneider, Ilmenau 2000, S. 79-91

Fischäder, H. (2003): Störungsbezogenes Produktionscontrolling – Evaluation des Koordinationsbedarfes in heterogenen Fertigungsstrukturen mit besonderem Bezug auf die Störungsbehandlung, Nr. 13 der Schriften zum Produktionsmanagement, hrsg. v. H. Schneider, Ilmenau 2003

Fischäder, H.; Dittrich, H. (2004): Modellierungsansatz für ein störungsbezogenes Produktionscontrolling in netzwerkförmigen Produktionsstrukturen, in: Entwicklungen im Produktionsmanagement, hrsg. v. A. Braßler und H. Corsten, München 2004, S. 139-163

Fischäder, H.; Schneider, H. (2004): Evaluierung und Kompensation logistischer Störungen in netzwerkförmigen Produktionsstrukturen, in: Logistikqualität, Begleitband zur 10. Magdeburger Logistiktagung „Logistik aus technischer und ökonomischer Sicht“ am 18. und 19. November 2004, hrsg. v. D. Ziems et al., Magdeburg 2004, S. 90-103

Fischer, K.; Heimig, I.; Kocian, C.; Müller, J. P. (1996): Intelligente Agenten für das Management virtueller Unternehmen, in: Information Management, 11. Jg. (1996), H. 1, S. 38-45

Fischer, T. (1994): Koordination betriebswirtschaftlicher Regelungsaufgaben im Rahmen eines integrierten Informationssystems der Unternehmung, Renningen-Malmsheim 1994

Fisz, M. (1989): Wahrscheinlichkeitsrechnung und mathematische Statistik, 11. Auflage, Berlin 1989

Fleischmann, B. (1996): Operations Research für die Produktion, in: Handwörterbuch der Produktionswirtschaft, hrsg. v. W. Kern et al., 2. Auflage, Stuttgart 1996, Sp. 1357-1391

Fleischmann, B.; Meyr, H.; Wagner, M. (2005): Advanced Planning, in: Supply Chain Management and Advanced Planning: Concepts, Models, Software and Case Studies, hrsg. v. H. Stadtler und C. Kilger, 3. Auflage, Berlin u. a. 2005, S. 81-106

Fox, B. R. (1987): The Implementation of Opportunistic Scheduling, in: Intelligent Autonomous Systems, hrsg. v. L. O. Hertzberger und F. C. A. Groen, Amsterdam 1987, S. 231-240

Fox, B. R.; Kempf, K. G. (1985): Complexity, Uncertainty and Opportunistic Scheduling, in: Artificial Intelligent Applications: The Engineering of Knowledge-Based-Systems, hrsg. v. C. R. Weisbin, Washington 1985, S. 487-492

Freeman, M. C. (1964): The Effects of Breakdowns and Interstage Storage on Production Line Capacity, in: The Journal of Industrial Engineering, Vol. 15 (1964), S. 194-200

Frei, R. (1999): Entstörungsmanagement in Unternehmen der Chemischen Industrie, Wiesbaden 1999

Frese, E. (1989): Koordinationskonzepte, in: Handwörterbuch der Planung, hrsg. v. N. Szyperski, Stuttgart 1989, Sp. 913-923

Frese, E. (2000): Grundlagen der Organisation: Konzept – Prinzipien – Struktur, 8. Auflage, Wiesbaden 2000

Friedl, B. (1998): Kostenorientierte Produktionsplanung und -steuerung, in: Dezentrale Produktionsplanungs- und -steuerungs-Systeme: Eine Einführung in zehn Lektionen, hrsg. v. H. Corsten und R. Gössinger, Stuttgart u. a. 1998, S. 259-288

Fuchs, K. (1997): Koordination der Durchführungsplanung eines mehrstufigen Produktionsprozesses in der Textilindustrie: Interagierende Produktionsleitstände für die stufenübergreifende Koordination und dezentrale Maschinenbelegungsplanung mit Evolutionsverfahren, Renningen-Malmsheim 1997

Fujii, S.; Watatani, Y. (1991): A Study on Rescheduling Policy Based on Real Time Information in Production System, in: Transformation of Science and Technology into Productive Power, Proceedings of the 11th International Conference on Production Research, Hefei (China), 18.-23.08.1991, hrsg. v. M. Li, New York u. a. 1991, S. 137-140

Gaitanides, M. (1983): Prozeßorganisation: Entwicklung, Ansätze und Programme prozeßorientierter Organisationsgestaltung, München 1983

Gaitanides, M. (1989): Zeitliche Koordination, Konzepte zur, in: Handwörterbuch der Planung, hrsg. v. N. Szyperski, Stuttgart 1989, Sp. 2258-2270

Gal, T.; Gehring, H. (1981): Betriebswirtschaftliche Planungs- und Entscheidungstechniken, Berlin 1981

Gammel, R. (2002): VW plant für E-Cap vorerst ohne i2, in: Computerwoche, (2002), H. 17, S. 36

Gantmacher, F. R. (1986): Matrizentheorie, Berlin 1986

Gaul, F. (2004): Organisation und Monitoring der Beschaffungslogistik durch proaktives Supply Chain Event Management, in: Supply Chain Management in der Automobil- und Zulieferindustrie, hrsg. v. W. Dangelmaier, D. Kaschula und J. Neumann, Paderborn 2004, S. 89-97

Gerdes, I.; Klawonn, F.; Kruse, R. (2004): Evolutionäre Algorithmen: Genetische Algorithmen – Strategien und Optimierungsverfahren – Beispielanwendungen, Wiesbaden 2004

Gershwin, S. B. (1989): Hierarchical Flow Control: A Framework for Scheduling and Planning Discrete Events in Manufacturing Systems, in: Proceedings of the IEEE, Vol. 77 (1989), No. 1, S. 195-209

Gershwin, S. B. (1994): Manufacturing Systems Enigeering, Englewood Cliffs 1994

Glaser, H.; Geiger, W.; Rohde, V. (1991): PPS – Produktionsplanung und -steuerung: Grundlagen – Konzepte – Anwendungen, Wiesbaden 1991

Gollwitzer, M.; Karl, R. (1998): Logistik-Controlling: Wirkungszusammenhänge – Leistungen, Kosten, Durchlaufzeiten und Bestände, München 1998

Gössinger, R. (2000): Opportunistische Koordinierung bei Werkstattfertigung: ein Ansatz auf der Basis von Multiagentensystemen, Wiesbaden 2000

Gössinger, R. (2001): Hierarchische Planung zur hierarchischen Koordination in Unternehmungsnetzwerken, in: Unternehmungsnetzwerke: Formen unternehmensübergreifender Zusammenarbeit, hrsg. v. H. Corsten, München, Wien 2001, S. 83-120

Gottschalk, E. (1989): Rechnergestützte Produktionsplanung und -steuerung, Berlin 1989

Götz, S.; Prottung, S. (2005): Mit Monitoring Hürden abbauen, in: Computerwoche, (2005), H. 6, S. 32

Graf, H. (2001): Lieferanten werden immer gläsener, in: Automobil-Produktion, (2001), H. Juni, S. 45-47

Graf, H. (2004): Erfolgreiche Umsetzung innovativer Methoden in Logistikprozessen als Wettbewerbsfaktor, in: Supply Chain Management in der Automobil- und Zulieferindustrie, hrsg. v. W. Dangelmaier, D. Kaschula und J. Neumann, Paderborn 2004, S. 67-78

Graf, H.; Putzlocher, S. (2004): DaimlerChrysler: Integrierte Beschaffungsnetzwerke, in: Supply Chain Management erfolgreich umsetzen: Grundlagen, Realisierung und Fallstudien hrsg. v. D. Corsten und C. Gabriel, 2. Auflage, Berlin u. a. 2004, S. 55-71

Graves, S. C. (1988): Safety Stocks in Manufacturing Systems, in: Journal of Manufacturing and Operations Management, Vol. 1 (1988), S. 67-101

Greve, J. (1970): Störungen im Industriebetrieb. Eine klassifizierende Untersuchung der Störungen und Analyse des Störverhaltens betrieblicher Systeme unter Anwendung kybernetischer Betrachtungsweise, Darmstadt 1970

Gröll, A.; Fischäder, H. (2005): Reaktives Störungsmanagement und Maßnahmen der Störungsabwehr in mehrstufigen Produktionsprozessen, Nr. 16 der Schriften zum Produktionsmanagement, hrsg. v. H. Schneider, Ilmenau 2005

Grubbström, R. W.; Tang, O. (2000): Modelling Rescheduling Activities in a Multi-period Production-inventory System, in: International Journal of Production Economics, Vol. 68 (2000), S. 123-135

Gudehus, T. (2004): Qualitätssicherung von Logistiksystemen und Logistikdienstleistern, in: Logistikqualität, Begleitband zur 10. Magdeburger Logistiktagung „Logistik aus technischer und ökonomischer Sicht“ am 18. und 19. November 2004, hrsg. v. D. Ziems et al., Magdeburg 2004, S. 124-136

Guo, B.; Nonaka, Y. (1999): Rescheduling and Optimization of Schedules Considering Machine Failures, in: International Journal of Production Economics, Vol. 60-61 (1999), S. 503-513

Guo, B.; Uchimura, K.; Nonaka, Y. (1997): A Real-Time Control of Scheduling Considering the Failure of Machines on Flow Shops, in: Proceedings of the 3rd ISSAT International Conference on Reliability and Quality in Design, Anaheim (California), 12.-14.03.1997, S. 202-206

Gutenberg, E. (1983): Grundlagen der Betriebswirtschaftslehre. Erster Band: Die Produktion, 24. Auflage, Berlin u. a. 1983

Hahn, D. (2001): Planung und Kontrolle, Planungs- und Kontrollsysteme, Planungs- und Kontrollrechnung: PuK, 6. Auflage, Wiesbaden 2001

Hahndel, S. (1996): Ein verteiltes verhandlungsgesteuertes Planungsverfahren für flexible Fertigungsumgebungen, Dissertation Technische Universität München 1996

Hall, N. G.; Potts, C. N. (2004): Rescheduling New Orders, in: Operations Research, Vol. 52 (2004), S. 440-453

Hauschildt, J. (1991): Wider der Gleichmacherei der Organisation von Führungsentscheidungen, in: Wirtschaftswissenschaftliches Studium, 20. Jg. (1991), S. 2-7

Hegedus, M. G.; Hopp, W. J. (2001): Setting Procurement Safety Lead-Times For Assembly Systems, in: International Journal of Production Research, Vol. 39 (2001), S. 3459-3478

Heil, M. (1995): Entstörung betrieblicher Abläufe, Wiesbaden 1995

Heinen, E. (1982): Einführung in die Betriebswirtschaftslehre, 8. Auflage, Wiesbaden 1982

Heistermann, J. (1994): Genetische Algorithmen: Theorie und Praxis evolutionärer Optimierung, Stuttgart 1994

Henseler, H. (1995): REACTION: A System for Event Interdependent Reactive Scheduling, in: Artificial Intelligence in Reactive Scheduling, hrsg. v. R. Kerr und E. Szelke, London u. a. 1995, S. 19-30

Henseler, H. (1998): Aktive Ablaufplanung mit Multi-Agenten, St. Augustin 1998

Herroelen, W.; Leus, R. (2001): On the Merits and Pitfalls of Critical Chain Scheduling, in: Journal of Operations Management, Vol. 19 (2001), S. 559-577

Herzlieb, G. (1984): Methoden und Vorgehensweise zur Optimierung störungsbehafteter automatischer Produktionsanlagen, Düsseldorf 1984

Hild, S.; Fischäder, H. (2005): Entwicklung eines produktionstheoretisch fundierten, allgemein adaptierbaren Analyserahmens für störungsbedingte Koordinationsvorgänge in mehrstufigen Produktionsprozessen, Nr. 15 der Schriften zum Produktionsmanagement, hrsg. v. H. Schneider, Ilmenau 2005

Ho, C.; Carter, P. L.; Melnyk, S. A.; Narasimhan, R. (1986): Quantity Versus Timing Change in Open Order: A Critical Evaluation, in: Production and Inventory Management, Vol. 27 (1986), S. 122-137

Ho, C.-J.; Carter, P. L. (1996): An Investigation of Alternative Dampening Procedures to Cope With MRP System Nervousness, in: International Journal of Production Research, Vol. 34 (1996), S. 137-156

Ho, C.-J.; Law, W.-K.; Rampal, R. (1995): Uncertainty-dampening Methods For Reducing MRP System Nervousness, in: International Journal of Production Research, Vol. 33 (1995), S. 483-496

Hoffmann, C.; Fischäder, H. (2006): Reaktives Störungsmanagement in mehrstufigen Produktionsprozessen –Anpassungsplanung für gestörte Produktionssysteme mit Genetischen Algorithmen, Nr. 17 der Schriften zum Produktionsmanagement, hrsg. v. H. Schneider, Ilmenau 2006

Hoffmann, F. (1980): Führungsorganisation, Bd. 1: Stand der Forschung und Konzeption, Tübingen 1980

Hoitsch, H.-J. (1993): Produktionswirtschaft: Grundlagen einer industriellen Betriebswirtschaftslehre, 2. Auflage, München 1993

Hoitsch, H.-J. (1994): Ziele und Aufgaben des Produktionscontrolling, in: Handbuch Produktionsmanagement: Strategie – Führung – Technologie – Schnittstellen, hrsg. v. H. Corsten, Wiesbaden 1994, S. 421-438

Holthaus, O. (1996): Ablaufplanung bei Werkstattfertigung: simulationsgestützte Analyse von Steuerungs- und Koordinationsregeln, Wiesbaden 1996

Hopp, W. J.; Spearman, M. L. (2000): Factory Physics: Foundations of Manufacturing Management, 2nd Edition, Boston 2000

Horváth, P. (1978): Controlling – Entwicklung und Stand einer Konzeption zur Lösung der Adaptions- und Koordinationsprobleme der Führung, in: Zeitschrift für Betriebswirtschaft, 48. Jg. (1978), S. 194-208

Horváth, P. (1989): Hierarchiedynamik, in: Handwörterbuch der Planung, hrsg. v. N. Szyperski, Stuttgart 1989, Sp. 640-648

Horváth, P. (1993): Opportunitätskosten, in: Vahlens großes Controllinglexikon, hrsg. v. P. Horváth und T. Reichmann, München 1993, S. 464

Horváth, P. (1996): Produktionscontrolling, in: Handwörterbuch der Produktionswirtschaft, hrsg. v. W. Kern et al., 2. Auflage, Stuttgart 1996, Sp. 1483-1494

Horváth, P. (2002): Der koordinationsorientierte Ansatz, in: Controlling als akademische Disziplin: Eine Bestandsaufnahme, hrsg. v. J. Weber und B. Hirsch, Wiesbaden 2002, S. 49-65

Horváth, P. (2006): Controlling, 10. Auflage, München 2006

Howard, R. A. (1963): System Analysis of Linear Models, in: Multistage Inventory Models and Techniques, hrsg. v. H. E. Scarf, D. M. Gilford und M. W. Shelly, Stanford 1963, S. 143-184

Howard, R. A. (1971): Dynamic Probabilistic Systems. Volume I: Markov Models, New York u. a. 1971

Hummeltenberg, W.; Preßmar, D. B. (1989): Vergleich von Simulation und mathematischer Optimierung an Beispielen der Produktions- und Ablaufplanung, in: OR Spektrum, 11. Jg. (1989), S. 217-229

Hvalica, D.; Bogataj, L. (2005): Sensitivity Results Considering Rescheduling by AND/OR Graphs, in: International Journal of Production Economics, Vol. 93-94 (2005), S. 455-464

Inderfurth, K. (1992a): Mehrstufige Sicherheitsbestandsplanung mit dynamischer Programmierung, in: OR Spektrum, 14. Jg. (1992), S. 19-32

Inderfurth, K. (1992b): Safety Stocks in Multi-Stage Divergent Inventory Systems: A Survey, Discussion Paper No. 253 der Fakultät für Wirtschaftswissenschaften der Universität Bielefeld, 1992

Inderfurth, K.; Jensen, T. (1997): Planungsnervosität im Rahmen der Produktionsplanung, in: Zeitschrift für Betriebswirtschaft, 67. Jg. (1997), S. 817-843

Inderfurth, K.; Minner, S. (1998): Safety Stocks in Multi-Stage Inventory Systems Under Different Service Measures, in: European Journal of Operational Research, Vol. 106 (1998), S. 57-73

Jacob, H. (1962): Produktionsplanung und Kostentheorie, in: Zur Theorie der Unternehmung, hrsg. v. H. Koch, Wiesbaden 1962, S. 205-268

Jain, A. K.; ElMaraghy, H. A. (1997): Production Scheduling/Rescheduling in Flexible Manufacturing, in: International Journal of Production Research, Vol. 35 (1997), S. 281-309

Jakob, W. (1987): Grundfragen der erfolgswirtschaftlichen Dimensionierung von Zwischenlagern, Dortmund 1987

Jennings, N. R. (1996): Coordination Techniques for Distributed Artificial Intelligence, in: Foundations of Distributed Artificial Intelligence, hrsg. v. G. M. P. O'Hare und N. R. Jennings, New York 1996, S. 187-210

Jostock, J. (1994): Aufbau eines hierarchisch organisierten, wissensunterstützten Fertigungsregelungssystems, Dissertation Universität des Saarlandes, Saarbrücken 1994

Jünemann, R. (1989): Materialfluss und Logistik: Systemtechnische Grundlagen mit Praxisbeispielen, Berlin 1989

Kadipasaoglu, S. N.; Sridharan, V. (1995): Alternative Approaches for Reducing Schedule Instability in Multistage Manufacturing Under Demand Uncertainty, in: Journal of Operations Management, Vol. 13 (1995), S. 193-211

Kadipasaoglu, S. N.; Xiang, W.; Hurley, S. F.; Khumawala, B. M. (2000): A Study on the Effect of the Extent and Location of Protective Capacity in Flow Systems, in: International Journal of Production Economics, Vol. 63 (2000), S. 217-228

Kahle, E. (1996): Ziele, produktionswirtschaftliche, in: Handwörterbuch der Produktionswirtschaft, hrsg. v. W. Kern et al., 2. Auflage, Stuttgart 1996, Sp. 2315-2324

Kaluza, B. (1993): Flexibilität, betriebliche, in: Handwörterbuch der Betriebswirtschaft, Teilband 1, hrsg. v. W. Wittmann et al., 5. Auflage, Stuttgart 1993, Sp. 1173-1184

Känel, S. v. (1990): Kybernetik: Eine Einführung für Ökonomen, Berlin 1990

Karsiti, M. N.; Cruz, J. B.; Mulligan, J. H. (1992): Performance Forecasts as Feedback for Schedule Generation, in: Journal of Manufacturing Systems, Vol. 11 (1992), S. 326-333

Kassel, S. (1998): Implementierung und Design von Multiagentensystemen, Dissertation Universität Chemnitz 1998

Kath, H. (1994): Horizontale Abstimmung dezentraler Leitstandsysteme, Dissertation Ruhr-Universität Bochum 1994

Kemeny, J. G.; Snell, J. L. (1976): Finite Markov Chains, Berlin u. a. 1976

Kern, W. (1962): Die Messung industrieller Fertigungskapazitäten und ihrer Ausnutzung: Grundlagen und Verfahren, Köln, Opladen 1962

Kerr, R. M. (1990): Knowledge Based Manufacturing Management: Applications of Artificial Intelligence to the Effective Management of Manufacturing Companies, Sydney u. a. 1990

Kieser, A.; Kubicek, H. (1992): Organisation, 3. Auflage, Berlin u. a. 1992

Kiesewetter, S. A. (1991): Entwicklung einer dynamisch adaptierbaren Produktionsregelung: Dezentrale, hierarchische Regelung operativer Produktionsabläufe, Dissertation Technische Hochschule Aachen 1991

Kijima, M.; Takimoto, T. (1999): A (T,S) Inventory/Production System With Limited Production Capacity and Uncertain Demands, in: Operations Research Letters, Vol. 25 (1999), S. 67-79

Kilger, C.; Reuter, B. (2005): Collaborative Planning, in: Supply Chain Management and Advanced Planning: Concepts, Models, Software and Case Studies, hrsg. v. H. Stadtler und C. Kilger, 3. Auflage, Berlin u. a. 2005, S. 259-278

Kilger, W. (1973): Optimale Produktions- und Absatzplanung, Opladen 1973

Kirn, S. (1996): Kooperativ-intelligente Softwareagenten, in: Information Management, 11. Jg. (1996), H. 1, S. 18-28

Kirn, S. (1997): Unternehmensnetzwerke, kooperative Software-Agenten und die Koordination dezentraler Aktivitäten, in: Tagungsband zum 10. Ilmenauer Wirtschaftsforum am 6. November 1997, Ilmenau 1997, S. 210-222

Kirsch, W. (1971): Die Koordination von Entscheidungen in Organisationen, in: Zeitschrift für betriebswirtschaftliche Forschung, 23. Jg. (1971), S. 61-82

Kiss, G. (1998): Agent Dynamics, in: Foundations of Distributed Artificial Intelligence, hrsg. v. G. M. P. O'Hare und N. R. Jennings, New York 1996, S. 247-267

Kistner, K.-P. (1974): Betriebsstörungen und Warteschlangen: Die Erfassung störungsbedingter Stauungen mit der Warteschlangentheorie, Opladen 1974

Kistner, K.-P. (1992): Koordinationsmechanismen in der hierarchischen Planung, in: Zeitschrift für Betriebswirtschaft, 62. Jg. (1992), S. 1125-1146

Klages, U. (1994): Struktur und Zuverlässigkeit verketteter Fertigungssysteme, Dissertation Technische Universität Braunschweig 1994

Klaus, G. (1976): Wörterbuch der Kybernetik, 4. Auflage, Berlin 1976

Klaus, P. (1996): Lager, Funktionen und Arten, in: Handwörterbuch der Produktionswirtschaft, hrsg. v. W. Kern et al., 3. Auflage, Stuttgart 1996, Sp. 1013-1024

Klein, R. (2005): Genetic Algorithms, in: Supply Chain Management and Advanced Planning: Concepts, Models, Software and Case Studies, hrsg. v. H. Stadtler und C. Kilger, 3. Auflage, Berlin u. a. 2005, S. 485-492

Kleindorfer, P. R.; Saad, G. H. (2005): Managing Disruption Risks in Supply Chains, in: Production and Operations Management, Vol. 14 (2005), S. 53-68

Kloock, J. (1969): Betriebswirtschaftliche Input-Output-Modelle. Ein Beitrag zur Produktionstheorie, Wiesbaden 1969

Koch, M. R. (1996): Autonome Fertigungszellen – Gestaltung, Steuerung und integrierte Störungsbehandlung, Berlin u. a. 1996

Kollerer, H. (1978): Die betriebswirtschaftliche Problematik von Betriebsunterbrechungen: Planungsgrundlagen zur Berücksichtigung von Betriebsunterbrechungen im Rahmen der Unternehmenspolitik, Berlin 1978

Koreimann, D. (1964): Die betrieblichen Störgrößen: Ein Beitrag zu einer Systematik, in: Betriebswirtschaftliche Forschung und Praxis, 16. Jg. (1964), S. 97-105

Koschnitzki, K.; Bachthaler, M.; Pesy, W. (1996): Störungsmanagement in der Anlageninstandhaltung – Aufbau und Funktionsweise eines modularen, rechnergestützten Störungsmanagementsystems, in: Fortschrittliche Betriebsführung und Industrial Engineering, 45. Jg. (1996), S. 294-299

Kotschenreuther, W. (1991): Unterstützung der Störungsbewältigung in der Produktion durch Verteilte Wissensbasierte Systeme, Dissertation Friedrich-Alexander-Universität Erlangen-Nürnberg 1991

Krallmann, H. (1989): Aggregation und Desaggregation, in: Handwörterbuch der Planung, hrsg. v. N. Szyperski, Stuttgart 1989, Sp. 8-14

Krallmann, H. (1994): Die interaktive Lenkung industrieller Fertigungsprozesse auf der Basis kooperierender Systeme, in: Interaktion: Modellierung, Kommunikation und Lenkung in komplexen Organisationen; wissenschaftliche Tagung der Gesellschaft für Wirtschafts- und Sozialkybernetik aus Anlass ihres 25jährigen Bestehens am 8. und 9. Oktober 1993 an der Universität Koblenz, hrsg. v. B. Schiemenz, Berlin 1884, S. 75-101

Krallmann, H.; Frank, H.; Gronau, N. (2002): Systemanalyse im Unternehmen: Vorgehensmodelle, Modellierungsverfahren und Gestaltungsoptionen, 4. Auflage, München, Wien 2002

Krieg, W. (1971): Kybernetische Grundlagen der Unternehmensgestaltung, Bern, Stuttgart, Wien 1971

Krüger, T. (2000): Nutzungssteigerung verketteter Produktionssysteme, Düsseldorf 2000

Krüger, W. (1996): Arbeitszerlegung und Vorgangskoordination, in: Handwörterbuch der Produktionswirtschaft, hrsg. v. W. Kern et al., 2. Auflage, Stuttgart 1996, Sp. 169-183

Krüger, W. (2005): Organisation, in: Allgemeine Betriebswirtschaftslehre, Bd. 2: Führung, hrsg. v. F. X. Bea, E. Dichtl, M. Schweitzer, 9. Auflage 2005, S. 140-234

Kuhn, A.; Reinhardt, A.; Wiendahl, H.-P. (1993): Handbuch Simulationsanwendungen in Produktion und Logistik, Braunschweig, Wiesbaden 1993

Küpper, H.-U. (1979): Dynamische Produktionsfunktionen der Unternehmung auf der Basis des Input-Output-Ansatzes, in: Zeitschrift für Betriebswirtschaft, 49. Jg. (1979), S. 93-106

Küpper, H.-U. (1987): Konzeption des Controlling aus betriebswirtschaftlicher Sicht, in: Rechnungswesen und EDV: Controlling, Anwenderberichte, neue Konzepte, Controlling-Systeme, Systemerfahrungen, 8. Saarbrücker Arbeitstagung 1987, hrsg. v. A.-W. Scheer, Heidelberg 1987, S. 82-116

Küpper, H.-U. (1988): Koordination und Interdependenz als Baustein einer konzeptionellen und theoretischen Fundierung des Controlling, in: Betriebswirtschaftliche Steuerungs- und Kontrollprobleme, hrsg. v. W. Lücke, Wiesbaden 1988, S. 163-183

Küpper, H.-U. (1996): Kostentheorie, in: Handwörterbuch der Produktionswirtschaft, hrsg. v. W. Kern et al., 2. Auflage, Stuttgart 1996, Sp. 959-971

Küpper, H.-U. (2005): Controlling: Konzeption, Aufgaben und Instrumente, 4. Auflage, Stuttgart 2005

Kupsch, P. U. (1979): Lager, in: Handwörterbuch der Produktionswirtschaft, hrsg. v. W. Kern et al., Stuttgart 1979, Sp. 1029-1045

Kurbel, K. (1999): Produktionsplanung und -steuerung: methodische Grundlagen von PPS-Systemen und Erweiterungen, 4. Auflage, München, Wien 1999

Kurbel, K.; Ruppel, A. (1996): Integrating Intelligent Job-scheduling Into a Real-world Production-scheduling System, in: Journal of Intelligent Manufacturing, Vol. 7 (1996), S. 373-377

Lange, C. (2002): Gemeinkostenmanagement, in: Handwörterbuch Unternehmensrechnung und Controlling, hrsg. v. H.-U. Küpper und A. Wagenhofer, 4. Auflage, Stuttgart 2002, Sp. 617-625

Lange, O. (1967): Ganzheit und Entwicklung in kybernetischer Sicht, 2. Auflage, Berlin 1967

Lange, O. (1969): Einführung in die ökonomische Kybernetik, 3. Auflage, Berlin 1969

Langemann, T. (2004): Collaborative Supply Chain Management (CSCM), in: Integriertes Supply Chain Management: Theorie und Praxis effektiver unternehmensübergreifender Geschäftsprozesse, hrsg. v. A. Busch und W. Dangelmaier, 2. Auflage, Wiesbaden 2004, S. 435-451

Lasch, S.; Schlüter, F. (1997): Produktionsplanung und -steuerung für heterogene Fertigungsstrukturen, in: Tagungsband zum 10. Ilmenauer Wirtschaftsforum am 6. November 1997, Ilmenau 1997, S. 156-172

Laßmann, A. (1992): Organisatorische Koordination: Konzepte und Prinzipien zur Einordnung von Teilaufgaben, Wiesbaden 1992

Laßmann, G. (1996): Kostenfunktionen und -verhalten, in: Handwörterbuch der Produktionswirtschaft, hrsg. v. W. Kern et al., 2. Auflage, Stuttgart 1996, Sp. 946-959

Laux, H. (1993): Koordination in der Unternehmung, in: Handwörterbuch der Betriebswirtschaft, Bd. 2, hrsg. v. W. Wittmann et al., 5. Auflage, Stuttgart 1993, Sp. 2308-2320

Laux, H.; Liermann, F. (1987): Grundformen der Koordination in der Unternehmung: Die Tendenz zur Hierarchie, in: Zeitschrift für betriebswirtschaftliche Forschung, 39. Jg. (1987), S. 807-828

Laux, H.; Liermann, F. (2005): Grundlagen der Organisation: Die Steuerung von Entscheidungen als Grundproblem der Betriebswirtschaftslehre, 6. Auflage, Berlin u. a. 2005

Lehmann, F. (1992a): Störungsmanagement in der Einzel- und Kleinserienmontage: Ein Beitrag zur EDV-gestützten Montagesteuerung, Aachen 1992

Lehmann, H. (1992b): Organisationstheorie, systemtheoretisch-kybernetisch orientierte, in: Handwörterbuch der Organisation, hrsg. v. E. Frese, 3. Auflage, Stuttgart 1992, Sp. 1838-1853

Leisten, R. (1995): Iterative Aggregation und mehrstufige Entscheidungsmodelle: Einordnung in den planerischen Kontext, Analyse anhand der Modelle der Linearen Programmierung und Darstellung am Anwendungsbeispiel der Hierarchischen Produktionsplanung, Heidelberg 1995

Leon, V. J.; Wu, S. D.; Storer, R. H. (1994): Robustness Measures and Robust Scheduling For Job Shops, in: IIE Transactions, Vol. 26 (1994), No. 5, S. 32-43

Li, H.; Li, Z.; Li, L. X.; Hu, B. (2000): A Production Rescheduling Expert Simulation System, in: European Journal of Operational Research, Vol. 124 (2000), S. 283-293

Li, L. L. X. (1999): Proposing an Architectural Framework of a Hybrid Knowledge-based System For Production Rescheduling, in: Expert Systems, Vol. 16 (1999), S. 273-279

Li, R.-K.; Shyu, Y.-T.; Adiga, S. (1993): A Heuristic Rescheduling Algorithm For Computer-Based Production Scheduling Systems, in: International Journal of Production Research, Vol. 31 (1993), S. 1815-1826

Liesegang, D. G. (2000): Kapazität, in: Lexikon der Betriebswirtschaftslehre, hrsg. v. H. Corsten, 4. Auflage, München, Wien 2000, S. 424-429

Lindau, R. A.; Lumsden, K. R. (1995): Actions Taken to Prevent the Propagation of Disturbances in Manufacturing Systems, in: International Journal of Production Economics, Vol. 41 (1995), S. 241-248

Lindblom, C. E. (1965): The Intelligence of Democracy, New York, London 1965

Lippold, H.-G. (1988): Input-Output-Analyse mit diskreten Einflussgrößen, Bergisch Gladbach, Köln 1988

Loos, P. (1999): Grunddatenverwaltung und Betriebsdatenerfassung als Basis der Produktionsplanung und -steuerung, in: Einführung in das Produktionscontrolling, hrsg. v. H. Corsten und B. Friedl, München 1999, S. 227-252

Luhmann, N. (1964): Funktionen und Folgen formaler Organisation, Berlin 1964

Luhmann, N. (1973): Zweckbegriff und Systemrationalität, Frankfurt a. M. 1973

Luhmann, N. (1984): Soziale Systeme: Grundriß einer allgemeinen Theorie, Frankfurt a. M. 1984

Malik, F. (1992): Strategie des Managements komplexer Systeme: Ein Beitrag zur Management-Kybernetik evolutionärer Systeme, 4. Auflage, Bern, Stuttgart, Wien 1992

Malik, F. (2000): Systemisches Management, Evolution, Selbstorganisation: Grundprobleme, Funktionsmechanismen und Lösungsansätze für komplexe Systeme, 2. Auflage, Bern, Stuttgart, Wien 2000

Malone, T. W.; Crowston, K. (1991): Toward an Interdisciplinary Theory of Coordination, Working Paper CCS TR# 120, Massachusetts Institute of Technology, Massachusetts 1991

Malone, T. W.; Crowston, K. (1994): The Interdisciplinary Study of Coordination, in: ACM Computing Surveys, Vol. 26 (1994), No. 1, S. 87-119

Mann, H.; Schittelgen, H.; Froriep, R. (1997): Einführung in die Regelungstechnik: Analoge und digitale Regelung, Fuzzy-Regler, Regler-Realisierung, 7. Auflage, München, Wien 1997

Männel, B. (1996): Netzwerke in der Zulieferindustrie: Konzepte – Gestaltungsmerkmale – betriebswirtschaftliche Wirkungen, Wiesbaden 1996

Mannmeusel, T. (1997): Dezentrale Produktionslenkung unter Nutzung verhandlungsbasierter Koordinationsformen, Wiesbaden 1997

Martin, C. (1998): Produktionsregelung: Ein modularer, modellbasierter Ansatz, Berlin u. a. 1998

Mather, H. (1977): Reschedule the Reschedules You just Rescheduled – Way of Life For MRP?, in: Production and Inventory Management, Vol. 18 (1977), S. 60-79

Matsuura, H.; Kanezashi, M. (1996): Makespan Comparison Between Resequencing and Switching in a Dynamic Manufacturing Environment, in: International Journal of Production Economics, Vol. 44 (1996), S. 137-149

Matthes, W. (1979): Dynamische Einzelproduktionsfunktion der Unternehmung (Produktionsfunktion vom Typ F), Betriebswirtschaftliches Arbeitspapier Nr. 2/1979, Universität zu Köln, Wirtschafts- und Sozialwissenschaftliche Fakultät, Seminar für Fertigungswirtschaft, Köln 1979

Meyr, H. (2004): Supply Chain Planning in the German Automotive Industry, in: OR Spectrum, Vol. 26 (2004), S. 447-470

Mildenberger, U. (1998): Selbstorganisation von Produktionsnetzwerken: Erklärungsansatz auf Basis der neueren Systemtheorie, Wiesbaden 1998

Miller, J. G. (1979): Hedging the Master Schedule, in: Disaggregation, Problems in Manufacturing and Service Organizations, hrsg. v. L. P. Ritzman et al., Boston 1979, S. 237-256

Minifie, J. R.; Davis, R. A. (1986): Survey of MRP Nervousness Issues, in: Production and Inventory Management, Vol. 27 (1986), S. 111-120

Missbauer, H. (1998): Bestandsregelung als Basis für eine Neugestaltung von PPS-Systemen, Heidelberg 1998

Miyashita, K.; Sycara, K. (1995): CABINS: A Framework of Knowledge Acquisition and Iterative Revision for Schedule Improvement and Reactive Repair, in: Artificial Intelligence, Vol. 76 (1995), S. 377-426

Molinder, A. (1997): Joint Optimization of Lot-Sizes, Safety Stocks and Safety Lead Times in an MRP System, in: International Journal of Production Research, Vol. 35 (1997), S. 983-994

Monostori, L.; Szelke, E.; Kádár, B. (1998): Management of Changes and Disturbances in Manufacturing Systems, in: Annual Reviews in Control, Vol. 22 (1998), S. 85-97

Mößmer, H. E. (1999): Methode zur simulationsbasierten Regelung zeitvarianter Produktionssysteme, München 1999

Moulin, B.; Chaib-Draa, B. (1996): An Overview of Distributed Artificial Intelligence, in: Foundations of Distributed Artificial Intelligence, hrsg. v. G. M. P. O'Hare und N. R. Jennings, New York 1996, S. 3-56

Müller, A. (1988): Pufferbildung und Termineinhaltung im Rahmen der kurzfristigen Produktionsplanung bei Werkstattfertigung, in: Zeitschrift für betriebswirtschaftliche Forschung, 40. Jg. (1988), S. 422-446

Müller, G.; Friedrich, L. (1977): Stabilität und Zuverlässigkeit von Fertigungsprozessen, Berlin 1977

Müller, H. J. (1993): Verteilte Künstliche Intelligenz: Methoden und Anewendungen, Mannheim u. a. 1993

Müller, H. J. (1994): Einführung in die Verteilte Künstliche Intelligenz, in: Künstliche Intelligenz in der Finanzberatung - Grundlagen, Konzepte, Anwendungen, hrsg. v. S. Kirn und C. Weinhardt, Wiesbaden 1994, S. 157-189

Müller, K. (1996): Allgemeine Systemtheorie: Geschichte, Methodologie und sozialwissenschaftliche Heuristik eines Wissenschaftsprogramms, Opladen 1996

Müller, W. (1974): Die Koordination von Informationsbedarf und Informationsbeschaffung als zentrale Aufgabe des Controlling, in: Zeitschrift für betriebswirtschaftliche Forschung, 26. Jg. (1974), S. 683-693

Murthy, D. N. P.; Ma, L. (1996): Material Planning With Uncertain Product Quality, in: Production Planning & Control, Vol. 7 (1996), S. 566-576

Muth, E. J.; Yeralan, S. (1981): Effect of Buffer Size on Productivity of Work Stations That Are Subject to Breakdown, in: Proceedings of the 19th IEEE Conference on Decision and Control, Albuquerque (New Mexico), 10.-12.12.1980, New York 1981, S. 643-648

Nawatzki, J. (1994): Integriertes Informationsmanagement: Die Koordination von Informationsverarbeitung, Organisation und Personalwirtschaft bei der Planung, Durchführung, Kontrolle und Steuerung des Einsatzes neuer Informationstechnologie in der Unternehmung, Bergisch Gladbach, Köln 1994

Neumann, K. (1990): Stochastic Project Networks: Temporal Analysis, Scheduling and Cost Minimization, Berlin u. a. 1990

Neumann, K.; Morlock, M. (2002): Operations Research, 2. Auflage, München, Wien 2002

Neumann, K.; Steinhardt, U. (1979): GERT Networks and Time-oriented Evaluation of Projects, Berlin u. a. 1979

Niemeyer, G. (1977): Kybernetische System- und Modelltheorie: System Dynamics, München 1977

Nissen, V. (1997): Einführung in evolutionäre Algorithmen: Optimierung nach dem Vorbild der Evolution, Braunschweig, Wiesbaden 1997

Nissen, V. (2002a): Supply Chain Event Management, in: Wirtschaftsinformatik, Vol. 44 (2002), S. 477-480

Nissen, V. (2002b): Internetgestützte Lösungen zur Verbesserung der Koordination und Transparenz in der Supply Chain, in: Zeitschrift für Planung, 13. Jg. (2002), S. 27-46

Opfermann, K. (1968): Kostenoptimale Zuverlässigkeit: Ein Beitrag zur Planung der Abwehr von Störungen des Betriebsprozesses, Wiesbaden 1968

Orlicky, J. A. (1975): Rescheduling With Tomorrow's MRP Systems, in: Production and Inventory Management, Vol. 17 (1975), S. 38-48

Ottaway, T. A.; Burns, J. R. (2000): An Adaptive Production Control System Utilizing Agent Technology, in: International Journal of Production Research, Vol. 38 (2000), S. 721-737

Otto, A. (2002): Management und Controlling von Supply Chains: Ein Modell auf der Basis der Netzwerktheorie, Wiesbaden 2002

Page, B. (1991): Diskrete Simulation: Eine Einführung mit Modula-2, Berlin u. a. 1991

Pagell, M.; Newman, W. R.; Hanna, M. D.; Krause, D. R. (2000): Uncertainty, Flexibility, and Buffers: Three Case Studies, in: Production and Inventory Management Journal, Vol. 41 (2000), S. 35-43

Papageorgiou, M. (1996): Optimierung: Statische, dynamische, stochastische Verfahren für die Anwendung, 2. Auflage, München, Wien 1996

Parunak, H. v. D. (1987): Manufacturing Experience With the Contract Net, in: Distributed Artificial Intelligence, hrsg. v. M. N. Huhns, San Mateo 1987, S. 285-310

Patig, S. (1999): Ansatzpunkte und Rechnerunterstützung des produktionsorientierten Störungsmanagements: Ergebnisse einer Literaturanalyse, Preprint Nr. 6, Arbeitsgruppe Wirtschaftsinformatik, Institut für Technische und Betriebliche Anwendungssysteme, Fakultät für Informatik, Universität Magdeburg 1999

Patig, S. (2001): Flexible Produktionsfeinplanung mit Hilfe von Planungsschritten: Ein Planungsansatz zum Umgang mit Störungen bei der Produktion, Frankfurt am Main u. a. 2001

Patig, S.; Thorhauer, S. (2002): Ein Planungsansatz zum Umgang mit Störungen bei der Produktion: Die flexible Produktionsfeinplanung mit Hilfe von Planungsschritten, in: Wirtschaftsinformatik, Vol. 44 (2002), S. 355-366

Penlesky, R. J.; Wemmerlöv, U.; Berry, W. L. (1991): Filtering Heuristics For Rescheduling Open Orders in MRP Systems, in: International Journal of Production Research, Vol. 29 (1991), S. 2279-2296

Pichler, O. (1953a): Anwendung der Matrizenrechnung auf betriebswirtschaftliche Aufgaben, in: Ingenieurs-Archiv, 21. Jg. (1953), S. 119-140

Pichler, O. (1953b): Anwendung der Matrizenrechnung zur Erfassung von Betriebsabläufen, in: Ingenieurs-Archiv, 21. Jg. (1953), S. 157-175

Piehler, J. (1968): Einführung in die dynamische Optimierung (Dynamische Programmierung), 2. Auflage 1968

Poensgen, O. H. (1980): Koordination, in: Handwörterbuch der Organisation, hrsg. v. E. Grochla, 2. Auflage, Stuttgart 1980, Sp. 1130-1141

Pohlheim, H. (2000): Evolutionäre Algorithmen: Verfahren, Operatoren und Hinweise für die Praxis, Berlin u. a. 2000

Preßl, H. (1994): Durchlaufzeitorientiertes Produktionscontrolling: Grundkonzept, Funktionalität und Instrumente, Dissertation Friedrich-Alexander-Universität Erlangen-Nürnberg 1994

Pritsker, A. A. B.; Happ, W. W. (1966): GERT: Graphical Evaluation and Review Technique. Part I. Fundamentals, in: The Journal of Industrial Engineering, Vol. 17 (1966), S. 267-274

Pritsker, A. A. B.; Whitehouse, G. E. (1966): GERT: Graphical Evaluation and Review Technique. Part II. Probabilistic and Industrial Engineering Applications, in: The Journal of Industrial Engineering, Vol. 17 (1966), S. 293-301

Ramasesh, R. (1990): Dynamic Job Shop Scheduling: A Survey of Simulation Research, in: OMEGA, Vol. 18 (1990), S. 43-57

Rautenstrauch, C.; Turowski, K. (1998): Leitstände zur dezentralen Produktionsplanung und -steuerung, in: Dezentrale Produktionsplanungs- und -steuerungssysteme: Eine Einführung in zehn Lektionen, hrsg. v. H. Corsten und R. Gössinger, Stuttgart u. a. 1998, S. 147-171

REFA (1985): REFA: Methodenlehre der Planung und Steuerung, Teil 3, 4. Auflage, München 1985

Reichmann, T. (1996): Management und Controlling: Gleiche Ziele – unterschiedliche Wege und Instrumente, in: Zeitschrift für Betriebswirtschaft, 66. Jg. (1996), S. 559-585

Reiß, M. (1993): Komplexitätsmanagement, Teil 1, in: Das Wirtschaftsstudium (1993), S. 54-59

Reiß, M. (1999): Anreizsysteme als Beispiel für personenorientierte Koordinationskonzepte, in: Einführung in das Produktionscontrolling, hrsg. v. H. Corsten und B. Friedl, München 1999, S. 189-223

Rilling, G. (1997): Koordination im Produktionsverbund: Eine empirische Untersuchung, Wiesbaden 1997

Ripperger, A. (1996): Lösungsansätze und Regeln für das Störungsmanagement durch den Koordinationsleitstand, in: Produktionsplanung und -steuerung: Neue Anforderungen durch Veränderung des Produktionssystems, Arbeitsbericht Nr. 1 des Lehrstuhls für Produktionswirtschaft/Industriebetriebslehre der Technischen Universität Ilmenau, hrsg. v. H. Schneider, Ilmenau 1996, S. 71-87

Rogers, D. F.; Plante, R. D.; Wong, R. T.; Evans, J. R. (1991): Aggregation and Disaggregation Techniques and Methodology in Optimization, in: Operations Research, Vol. 39 (1991), S. 553-582

Rohde, H. (1999): Verteilte Komponentensysteme: Einsatzmöglichkeiten zur computergestützten unternehmensübergreifenden Koordination, Frankfurt a. M. 1999

Roschmann, K. (1996): BDE (Betriebsdatenerfassung), in: Handwörterbuch der Produktionswirtschaft, hrsg. v. W. Kern et al., 2. Auflage, Stuttgart 1996, Sp. 219-232

Rose, H. (1989): Computergestützte Störungsbewältigung beim Durchlauf von Produktionsaufträgen unter besonderer Berücksichtigung wissensbasierter Elemente, Dissertation Friedrich-Alexander-Universität Erlangen-Nürnberg 1989

Rosenberg, O.; Ziegler, H.; Holthaus, O. (1993): Verteilte Simulation dezentraler Werkstattfertigungssysteme, in: Information Management, 8. Jg. (1993), H. 2, S. 6-12

Rühli, E. (1992): Koordination, in: Handwörterbuch der Organisation, hrsg. v. E. Frese, 3. Auflage, Stuttgart 1992, Sp. 1164-1175

Sabel, I. (1977): Markov-Modelle des Studentenflusses: Beschreibungs-, Prognose- und Planungsmöglichkeiten, Meisenheim am Glan 1977

Sabuncuoglu, I.; Bayiz, M. (2000): Analysis of Reactive Scheduling Problems in a Job Shop Environment, in: European Journal of Operational Research, Vol. 126 (2000), S. 567-586

Salameh, M. K. (1997): Buffer Stock Under the Effect of Fluctuating Demand, in: Production Planning & Control, Vol. 8 (1997), S. 37-40

Salameh, M. K.; Jaber, M. Y. (1997): Reserve Stock and Transhipment in Hierarchical Inventory Systems, in: Production Planning & Control, Vol. 8 (1997), S. 469-474

Sauer, J.; Appelrath, H.-J. (2003): Scheduling the Supply Chain by Teams of Agents, Proceedings of the 36th Hawaii International Conference on System Sciences, Hawaii, 06.-09.01.2003, S. 1-17 (getrennte Zählung)

Schanz, G. (1992): Organisation, in: Handwörterbuch der Organisation, hrsg. v. E. Frese, 3. Auflage, Stuttgart 1992, Sp. 1459-1470

Schanz, G. (2004): Wissenschaftsprogramme der Betriebswirtschaftslehre, in: Allgemeine Betriebswirtschaftslehre, Bd. 1: Grundfragen, hrsg. v. F. X. Bea, E. Dichtl, M. Schweitzer, 9. Auflage 2004, S. 83-161

Scheer, A.-W. (1996): Leitstandkonzepte, in: Handwörterbuch der Produktionswirtschaft, hrsg. v. W. Kern et al., 2. Auflage, Stuttgart 1996, Sp. 1061-1073

Schiegg, P. (2003): Grundlagen der Produktionsplanung und Steuerung, in: Workflowmanagement in der Produktionsplanung und -steuerung: Qualität und Effizienz der Auftragsabwicklung steigern, hrsg. v. H. Luczak und J. Becker, Berlin u. a. 2003, S. 12-25

Schiemenz, B. (1993): Systemtheorie, betriebswirtschaftliche, in: Handwörterbuch der Betriebswirtschaft, Bd. 3, hrsg. v. W. Wittmann et al., 5. Auflage, Stuttgart 1993, Sp. 4127-4140

Schiemenz, B. (1996): Komplexität von Produktionssystemen, in: Handwörterbuch der Produktionswirtschaft, hrsg. v. W. Kern et al., 2. Auflage, Stuttgart 1996, Sp. 895-904

Schildbach, T. (1992): Begriff und Grundproblem des Controlling aus betriebswirtschaftlicher Sicht, in: Controlling. Grundlagen – Informationssysteme – Anwendungen, hrsg. v. K. Spremann und E. Zur, Wiesbaden 1992, S. 21-36

Schlüchtermann, J. (1996): Planung in zeitlich offenen Entscheidungsfeldern, Wiesbaden 1996

Schlüter, F. (2001): Hybride PPS für heterogene Fertigungsstrukturen, Wiesbaden 2001

Schmalen, H. (2002): Grundlagen und Probleme der Betriebswirtschaft, 12. Auflage, Stuttgart 2002

Schmidt, C. (1999): Marktliche Koordination in der dezentralen Produktionsplanung: Effizienz – Komplexität – Performance, Wiesbaden 1999

Schmitt, T. G. (1984): Resolving Uncertainty in Manufacturing Systems, in: Journal of Operations Management, Vol. 4 (1984), S. 331-345

Schneeweiß, C. (1974): Dynamisches Programmieren, Würzburg, Wien 1974

Schneeweiß, C. (1988): Zur Bewältigung von Unsicherheiten in der Produktionsplanung und -steuerung, in: Betriebswirtschaftliche Steuerungs- und Kontrollprobleme: wiss. Tagung des Verbandes der Hochschullehrer für Betriebswirtschaft e. V. an der Univ. Göttingen, hrsg. v. W. Lücke, Wiesbaden 1988, S. 285-302

Schneeweiß, C. (1991): Planung, Bd. 1, Systemanalytische und entscheidungstheoretische Grundlagen, Berlin u. a. 1991

Schneeweiß, C. (1992): Planung, Bd. 2, Konzepte der Prozess- und Modellgestaltung, Berlin u. a. 1992

Schneeweiss, C.; Schneider, H. (1999): Measuring and Designing Flexibility as a Generalized Service Degree, in: European Journal of Operational Research, Vol. 112 (1999), S. 98-106

Schneider, H. (1996): Hybrides Produktionsplanungs- und -steuerungssystem für heterogene Produktionsstrukturen, in: Produktionsplanung und -steuerung: Neue Anforderungen durch Veränderung des Produktionssystems, Arbeitsbericht Nr. 1 des Lehrstuhls für Produktionswirtschaft/Industriebetriebslehre der Technischen Universität Ilmenau, hrsg. v. H. Schneider, Ilmenau 1996, S. 4-25

Schneider, H. (2000): Produktionsmanagement in kleinen und mittleren Unternehmen – Einführung, in: Produktionsmanagement in kleinen und mittleren Unternehmen, hrsg. v. H. Schneider, Stuttgart 2000, S. 1-19

Schneider, H. M.; Buzacott, J. A.; Rücker, T. (2005): Operative Produktionsplanung und -steuerung: Konzepte und Modelle des Informations- und Materialflusses in komplexen Fertigungssystemen, München, Wien 2005

Schneider, H.; Eckardt, K.; Lasch, S.; Schlüter, F. (1997): Anwendung von Methoden und Systemen der Produktionsplanung und -steuerung in kleinen und mittleren Unternehmen – Ergebnisse einer empirischen Untersuchung, Nr. 3 der Schriften zum Produktionsmanagement, hrsg. v. H. Schneider, Ilmenau 1997

Schneider, H.; Schlüter, F. (1999): Hybrides Produktionsplanungs- und -steuerungskonzept für heterogene Produktionsstrukturen in kleinen und mittleren Unternehmen, in: Produktionswirtschaft 2000: Perspektiven für die Fabrik der Zukunft, hrsg. v. K. Nagel, R. F. Erben und F. T. Piller, Wiesbaden 1999, S. 349-369

Scholl, A. (2001): Robuste Planung und Optimierung: Grundlagen – Konzepte und Methoden – Experimentelle Untersuchungen, Heidelberg 2001

Scholz, C. (1992): Effektivität und Effizienz, organisatorische, in: Handwörterbuch der Organisation, hrsg. v. E. Frese, 3. Auflage, Stuttgart 1992, Sp. 533-552

Schotten, M. (1998): Beurteilung von EDV-gestützten Koordinationsinstrumentarien in der Fertigung, Aachen 1998

Schreyögg, G. (2003): Organisation. Grundlagen moderner Organisationsgestaltung, 4. Auflage, Wiesbaden 2003

Schuderer, P. (1996): Prozessorientierte Analyse und Rekonstruktion logistischer Systeme: Konzeption, Methoden, Werkzeuge, Wiesbaden 1996

Schumacher, J.; Verwater-Lukszo, Z.; Weijnen, M. P. C. (1999): Disturbances and Their Impact on Scheduling, in: Computers & Industrial Engineering, Vol. 37 (1999), S. 75-79

Schütte, R.; Siedentopf, J.; Zelewski, S. (1999): Koordinationsprobleme in Produktionsplanungs- und -steuerungskonzepten, in: Einführung in das Produktionscontrolling, hrsg. v. H. Corsten und B. Friedl, München 1999, S. 141-187

Schwab, J. M. (2000): Beitrag zur Störungsprävention durch simulationsgestützte Ablaufplanung, Dissertation Technische Universität Ilmenau 2000

Schwaninger. M. (1996): Systemtheorie, in: Handwörterbuch der Produktionswirtschaft, hrsg. v. W. Kern et al., 2. Auflage, Stuttgart 1996, Sp. 1946-1960

Schwarz, R.; Schreyer, J. (2002): Modellexperimente für Produktentwicklungsprozesse in der Automobilindustrie mittels GERT-Netzwerken, in: Entscheiden in komplexen Systemen, hrsg. v. P. Milling, Berlin 2002, S. 349-359

Schweitzer, M. (1997): Planung von Puffern und Durchlaufzeiten: zeitbezogene Ansätze der Lagerhaltungstheorie, Wiesbaden 1997

Schweitzer, M. (2005): Planung und Steuerung, in: Allgemeine Betriebswirtschaftslehre, Bd 2: Führung, hrsg. v. F. X. Bea, E. Dichtl, M. Schweitzer, 9. Auflage 2005, S. 16-139

Schweitzer, M.; Friedl, B. (1992): Ein Beitrag zu einer umfassenden Controlling-Konzeption, in: Controlling, hrsg. v. K. Spremann und E. Zur, Wiesbaden 1992, S. 141-167

Schweitzer, M.; Friedl, B. (1999): Unterstützung des Kostenmanagements durch Kennzahlen, in: Jahrbuch für Controlling und Rechnungswesen, hrsg. v. G. Seicht, Wien 1999, S. 273-303

Seicht, G. (1994): Industrielle Anlagenwirtschaft, in: Industriebetriebslehre: das Wirtschaften in Industrieunternehmungen, hrsg. v. M. Schweitzer, 2. Auflage, München 1994, S. 327-445

Semlinger, K. (2003): Effizienz und Autonomie in Zulieferungsnetzwerken – Zum strategischen Gehalt von Kooperationen, in: Management von Netzwerkorganisationen. Beiträge aus der „Managementforschung" hrsg v. J. Sydow, 3. Auflage, Wiesbaden 2003, S. 29-74

Shaw, M. J. (1989): FMS Scheduling as Cooperative Problem Solving, in: Annals of Operations Research, Vol. 17 (1989), S. 323-346

Shih, W.; Srihari, K. (1995): Distributed Artificial Intelligence in Manufacturing Systems Control, in: Computers & Industrial Engineering, Vol. 29 (1995), S. 199-203

Simon, D. (1995): Fertigungsregelung durch zielgrößenorientierte Planung und logistisches Störungsmanagement, Berlin u. a. 1995

Smith, S. F. (1988): A Constraint-based Framework For Reactive Management of Factory Schedules, in: Intelligent Manufacturing, Proceedings of the 1st International Conference on Expert Systems and the Learning Edge in Production Management, hrsg. v. M. Oliff, Charleston 1987, S. 113-130

Stachowiak, H. (1973): Allgemeine Modelltheorie, Wien, New York 1973

Stadtler, H. (1988): Hierarchische Produktionsplanung bei losweiser Fertigung, Heidelberg 1988

Stadtler, H. (1996): Hierarchische Produktionsplanung, in: Handwörterbuch der Produktionswirtschaft, hrsg. v. W. Kern et al., 2. Auflage, Stuttgart 1996, Sp. 631-641

Stadtler, H. (1998): Hauptproduktionsprogrammplanung in einem kapazitätsorientierten PPS-System, in: Innovation in der Produktionswirtschaft: Produkte, Prozesse, Planung und Steuerung, hrsg. v. H. Wildemann, München 1998, S. 169-192

Steele, D. C. (1975): The Nervous MRP System: How to Do Battle?, in: Production and Inventory Management, Vol. 16 (1977), S. 83-88

Stetten, R. v. (1977): Auslegung von Störungspuffern in kapitalintensiven Fertigungslinien, Mainz 1977

Steven, M. (1994): Hierarchische Produktionsplanung, 2. Auflage, Heidelberg 1994

Steven, M. (1996): Kapazitätsgestaltung und -optimierung, in: Handwörterbuch der Produktionswirtschaft, hrsg. v. W. Kern et al., 2. Auflage, Stuttgart 1996, Sp. 874-883

Steven, M. (1998): Produktionstheorie, Wiesbaden 1998

Steven, M. (1999): Organisation von virtuellen Produktionsnetzwerken, in: Produktionswirtschaft 2000: Perspektiven für die Fabrik der Zukunft, hrsg. v. K. Nagel, R. F. Erben, F. T. Piller, Wiesbaden 1999, S. 243-260

Steven, M.; Krüger, R. (2004): Advanced Planning Systems – Grundlagen, Funktionalitäten, Anwendungen, in: Integriertes Supply Chain Management: Theorie und Praxis effektiver unternehmensübergreifender Geschäftsprozesse, hrsg. v. A. Busch und W. Dangelmaier, 2. Auflage, Wiesbaden 2004, S. 171-188

Suh, M. S.; Lee, A.; Lee, Y. J.; Ko, Y. K. (1998): Evaluation of Ordering Strategies For Constraint Satisfaction Reactive Scheduling, in: Decision Support Systems, Vol. 22 (1998), S. 187-197

Sundermeyer, K. (1993): Modellierung von Agentensystemen, in: Verteilte Künstliche Intelligenz: Methoden und Anwendungen, hrsg. v. J. Müller, Mannheim u. a. 1993, S. 22-44

Sydow, J. (1992): Strategische Netzwerke: Evolution und Organisation, Wiesbaden 1992

Sydow, J. (1995): Unternehmungsnetzwerke, in: Handbuch Unternehmensführung: Konzepte – Instrumente – Schnittstellen, hrsg. v. H. Corsten und M. Reiß, Wiesbaden 1995, S. 159-169

Szelke, E.; Kerr, R. M. (1994): Knowledge-based Reactive Scheduling, in: Production Planning & Control, Vol. 5 (1994), S. 124-145

Szelke, E.; Márkus, G. (1994): A Cognitive Engineering Approach With AI Techniques to Reactive Scheduling in the Supervision of Dynamic Manufacturing Processes, in: IEE Conference Publications, No. 395, London 1994, S. 425-433

Szelke, E.; Márkus, G. (1995): A Blackboard Based Perspective of Reactive Scheduling, in: Artificial Intelligence in Reactive Scheduling, hrsg. v. R. Kerr und E. Szelke, London u. a. 1995, S. 60-77

Szelke, E.; Márkus, G. (1997): A Learning Reactive Scheduler Using CBR/L, in: Computers in Industry, Vol. 33 (1997), S. 31-46

Tang, O.; Grubbström, R. W. (2002a): Planning and Replanning the Master Production Schedule Under Demand Uncertainty, in: International Journal of Production Economics, Vol. 78 (2002), S. 323-334

Tang, O.; Grubbström, R. W. (2002b): Rescheduling Considerations for Production Planning using Control Theory, in: International Journal of Industrial Engineering, Vol. 9 (2002), S. 258-264

Tchikou, M.; Gouardères, E. (2003): Multi-Agent Model to Control Production System: A Reactive and Emergent Approach by Cooperation and Competition Between Agents, in: Agent Technology Workshops 2002, Lecture Notes on Artificial Intelligence, No. 2592, hrsg. v. R. Kowalczyk et al., Berlin u. a. 2003, S. 329-342

Tempelmeier, H. (1998): MRP^{rc} - Auftragsgrößenplanung bei Werkstattproduktion, in: Innovation in der Produktionswirtschaft: Produkte, Prozesse, Planung und Steuerung, hrsg. v. H. Wildemann, München 1998, S. 193-216

Tempelmeier, H. (2003): Material-Logistik: Modelle und Algorithmen für die Produktionsplanung und -steuerung und das Supply Chain Management, 5. Auflage, Berlin u. a. 2003

Thompson, J. D. (1967): Organizations in Action: Social Science Bases of Administrative Theory, New York u. a. 1967

Troßmann, E. (1996): Koordinationsprinzipien im internationalen Controlling, in: Jahrbuch für Controlling und Rechnungswesen, hrsg. v. G. Seicht, Wien 1996, S. 453-494

Tsukada, T.; Shin, K. G. (1993): Intelligent Disruption Recovery For Decentralized Manufacturing Systems, in: Proceedings of the IEEE International Conference on Robotics and Automatization, Atlanta (Georgia), May 1993, Vol. 1, Los Alamitos 1993, S. 852-857

Ullmann, K.-M. (1996): Modellgestützte Produktionsplanung und -steuerung in einem stochastischen Produktionsnetzwerk: Dargestellt an einem Ansatz zur Planung und Steuerung der innerbetrieblichen Briefbearbeitung bei der Deutschen Post AG, Frankfurt a. M. u. a. 1996

Ulrich, H. (1970): Die Unternehmung als produktives soziales System: Grundlagen der allgemeinen Unternehmungslehre, 2. Auflage, Bern, Stuttgart 1970

Ulrich, H.; Probst, G. J. B. (1995): Anleitung zum ganzheitlichen Denken und Handeln, 4. Auflage, Bern u. a. 1995

Uphus, P. (1972): Möglichkeiten zur Koordination von Teilplanungen des Unternehmens unter besonderer Berücksichtigung kybernetischer Aspekte, Dissertation Technische Hochschule Aachen 1972

VDI (Hrsg.) (2000): Richtlinie VDI 3633, Blatt 1: Simulation von Logistik-, Materialfluss- und Produktionssystemen: Grundlagen, Düsseldorf 2000

Verganti, R. (1997): Order Overplanning With Untertain Lumpy Demand: A Simplified Theory, in: International Journal of Production Research, Vol. 35 (1997), S. 3229-3248

Vieira, G. E.; Herrmann, J. W.; Lin, E. (2003): Rescheduling Manufacturing Systems: A Framework of Strategies, Policies, and Methods, in: Journal of Scheduling, Vol. 6 (2003), S. 39-62

Vieweg, H.-G. (1987): Koordination: Die Entwicklung eines Modells und seine Anwendung in einer empirischen Untersuchung, München 1987

Villarroel, J. L.; Muro-Medrano, P. R. (1994): Using Petri Net Models at the Coordination Level for Manufacturing Systems Control, in: Robotics & Computer-Integrated Manufacturing, Vol. 11 (1994), S. 41-50

Voropajev, V. I.; Ljubkin, S. M.; Titarenko, B. P.; Golenko-Ginzburg, D. (2000): Structural Classification of Network Models, in: International Journal of Project Management, Vol. 18 (2000), S. 361-368

Warschat, J. (1982): Modellbildung, Simulation, optimale Steuerung – Verschiedene Problemklassen eines einheitlichen systematischen Konzeptes, in: Sozio-ökonomische Anwendungen der Kybernetik und Systemtheorie, hrsg. v. H. Krallmann, Berlin 1982, S. 427-441

Weber, J. (1987): Fehlmengenkosten, in: Kostenrechnungspraxis, o. Jg. (1987), S. 13-18

Weber, J. (1992a): Die Koordinationssicht des Controlling, in: Controlling, Grundlagen – Informationssysteme – Anwendungen, hrsg. v. K. Spremann und E. Zur, Wiesbaden 1992, S. 169-183

Weber, J. (1992b): Welche Anstöße kann die Theorie dem Controlling in der Praxis geben?, in: Effektives und schlankes Controlling, hrsg. v. P. Horváth, Stuttgart 1992, S. 37-56

Weber, J. (1999): Controlling – Entwicklungstendenzen und Zukunftsperspektiven, in: Die Unternehmung, 53. Jg. (1999), S. 465-480

Weber, J. (2004): Einführung in das Controlling, 10. Auflage, Stuttgart 2004

Weber, J.; Kummer, S. (1998): Logistikmanagement, 2. Auflage, Stuttgart 1998

Weibler, J.; Deeg, J. (1998): Virtuelle Unternehmen – Eine kritische Analyse aus strategischer, struktureller und kultureller Perspektive, in: Zeitschrift für Planung, 9. Jg. (1998), S. 107-124

Weigelt, M. (1994): Dezentrale Produktionssteuerung mit Agenten-Systemen: Entwicklung neuer Verfahren und Vergleich mit zentraler Lenkung, Wiesbaden 1994

Weiss, G. (1999): Multiagent Systems: A Modern Approach to Distributed Artificial Intelligence, Cambridge, Massachusetts 1999

Wernstedt, J. (1989): Experimentelle Prozessanalyse, Berlin 1989

Wertz, B. (2000): Management von Lieferanten-Produzenten-Beziehungen: eine Analyse in der deutschen Automobilindustrie, Wiesbaden 2000

Westphal, J. R. (2001): Komplexitätsmanagement in der Komplexitätslogistik: ein Ansatz zur flussorientierten Gestaltung und Lenkung heterogener Produktionssysteme, Wiesbaden 2001

Whitehouse, G. E.; Pritsker, A. A. B. (1969): GERT: Part III – Further Statistical Results; Counters, Renewal Times, and Correlations, in: AIIE-Transactions, No. 1 (1969), S. 45-50

Wiener, N. (1963): Kybernetik: Regelung und Nachrichtenübertragung im Lebewesen und in der Maschine, 2. Auflage, Düsseldorf 1963

Wijngaard, J.; Wortmann, J. C. (1985): MRP and Inventories, in European Journal of Operational Research, Vol. 20 (1985), S. 281-293

Wild, J. (1982): Grundlagen der Unternehmensplanung, 4. Auflage, Opladen 1982

Wildemann, H. (1995): Entstörmanagement in der Produktionsplanung und -steuerung, in: Zeitschrift für Betriebswirtschaft, 65. Jg. (1995), Ergänzungsheft 2, S. 61-76

Wildemann, H. (1997): Produktionscontrolling: Systemorientiertes Controlling schlanker Produktionsstrukturen, 3. Auflage, München 1997

Wildemann, H. (2005): Wertorientierte Supply Chain Collaboration, in: Perspektiven des Supply Chain Management: Konzepte und Anwendungen, hrsg. v. Michael Eßig, Berlin u. a. 2005, S. 501-521

Wilhelm, S. (1996): Hierarchische Produktionsplanung vernetzter Produktionssegmente, Frankfurt a. M. u. a. 1996

Wooldridge, M. (1999): Intelligent Agents, in: Multiagent Systems: A Modern Approach to Distributed Artificial Intelligence, hrsg. v. G. Weiss, Cambridge, Massachusetts 1999, S. 27-77

Wu, S. D.; Storer, R. H.; Chang, P.-C. (1993): One-machine Rescheduling Heuristics With Efficiency and Stability as Criteria, in: Computers and Operations Research, Vol. 20 (1993), No. 1, S. 1-14

Yamamoto, M.; Nof, S. Y. (1985): Scheduling/Rescheduling in the Manufacturing Operating System Environment, in: International Journal of Production Research, Vol. 23 (1985), S. 705-722

Yano, C. A.; Carlson, R. C. (1985): An Analysis of Scheduling Policies in Multiechelon Production Systems, in: IIE Transactions, Vol. 17 (1985), No. 4, S. 370-377

Yano, C. A.; Carlson, R. C. (1987): Interaction Between Frequency of Rescheduling and the Role of Safety Stock in Material Requirements Planning Systems, in: International Journal of Production Research, Vol. 25 (1987), S. 221-232

Yano, C. A.; Carlson, R. C. (1988): Safety Stocks for Assembly Systems With Fixed Production Intervals, in: Journal of Manufacturing and Operations Management, Vol. 1 (1988), S. 182-201

Yeralan, S.; Muth, E. J. (1987): A General Model of a Production Line with Intermediate Buffer and Station Breakdown, in: IIE Transactions, Vol. 19 (1987), No. 2, S. 130-139

Zäpfel, G. (1982): Produktionswirtschaft: operatives Produktions-Management, Berlin, New York 1982

Zäpfel, G. (1994): Entwicklungsstand und -tendenzen von PPS-Systemen, in: Handbuch Produktionsmanagement: Strategie – Führung – Technologie – Schnittstellen, hrsg. v. H. Corsten, Wiesbaden 1994, S. 719-745

Zäpfel, G. (1996): PPS (Produktionsplanung und -steuerung), in: Handwörterbuch der Produktionswirtschaft, hrsg. v. W. Kern et al., 2. Auflage, Stuttgart 1996, Sp. 1391-1405

Zäpfel, G. (1998): Grundlagen und Möglichkeiten der Gestaltung dezentraler PPS-Systeme, in: Dezentrale Produktionsplanungs- und -steuerungssysteme: Eine Einführung in zehn Lektionen, hrsg. v. H. Corsten und R. Gössinger, Stuttgart u. a. 1998, S. 11-53

Zelewski, S. (1993): Multi-Agenten-Systeme für die Prozesskoordinierung in komplexen Produktionssystemen – Ein verteiltes Problemlösungskonzept auf der Basis von Kontraktnetzen, Arbeitsbericht Nr. 46 des Seminars für Allgemeine Betriebswirtschaftslehre, Industriebetriebslehre und Produktionswirtschaft, Universität Köln, 1993

Zelewski, S. (1995a): Multi-Agenten-Systeme zur Koordinierung von Produktionsprozessen in: Rechnungswesen und EDV: aus Turbulenzen zum gestärkten Konzept?, 16. Saarbrücker Arbeitstagung 1995, hrsg. v. A.-W. Scheer, Heidelberg 1995, S. 123-150

Zelewski, S. (1995b): Petrinetzbasierte Modellierung komplexer Produktionssysteme, Bd. 2: Bezugsrahmen, Arbeitsbericht Nr. 6 des Instituts für Produktionswirtschaft und Industrielle Informationswirtschaft der Universität Leipzig, 1995

Zelewski, S. (1998): Flexibilitätsorientierte Produktionsplanung und -steuerung, in: Dezentrale Produktionsplanungs- und -steuerungs-Systeme: Eine Einführung in zehn Lektionen, hrsg. v. H. Corsten und R. Gössinger, Stuttgart u. a. 1998, S. 233-257

Zetlmayer, H. (1994): Verfahren zur simulationsgestützten Produktionsregelung, Berlin u. a. 1994

Ziersch, W.-D. (1985): Strategien zur Leistungssteigerung von automatischen Montageanlagen durch zuverlässige Zuführsysteme, Düsseldorf 1985

Zurmühl, R. (1964): Matrizen und ihre technischen Anwendungen, 4. Auflage, Berlin, Göttingen, Heidelberg 1964

Anhang

A Stationäres Systemverhalten bei Anwendung des Basismodells

Das den Analysen von Störungswirkungen und Anpassungsmaßnahmen zu Grunde liegende Basismodell wurde in Kapitel 3, Abschnitt 3.3.3.1 eingeführt und durch die Gleichungen (3.14a) bzw. (3.14b) sowie in analytisch geschlossener Form durch die Beziehung (3.15) beschrieben. Die Grundgleichung

$$\underline{n}(T) = \underline{n}(0) \cdot \underline{P}^T + \underline{p}_0 \cdot \left\{ \sum_{\tau=0}^{T-1} R(T-\tau) \cdot \underline{P}^\tau \right\}$$

lässt sich weiter vereinfachen, wenn die Einlastung $R(T)$ in einer geeigneten mathematischen Form angegeben werden kann. Um alle im Kontext der hier vorgestellten Untersuchungen relevanten Verläufe der Einlastungsfolge abbilden zu können[1], wird $R(T)$ beispielsweise als geometrische Folge formuliert. Ist $R(T)$ zeitkonstant ($R(T) = R = const.$) oder gilt allgemein

$$R(T) = R \cdot x^T, \text{ mit } R > 0, \; x > 0 \text{ und } T \geq 1, \tag{A.1}$$

kann geschrieben werden

$$\underline{n}(T) = \underline{n}(0) \cdot \underline{P}^T + R \cdot x \cdot \underline{p}_0 \cdot (x\underline{I} - \underline{P})^{-1} \cdot (x^T \underline{I} - \underline{P}^T). \tag{A.2}$$

Nun muss für die Darstellung des Systemverhaltens in analytisch geschlossener Form (Beziehung A.2) vorausgesetzt werden, dass die Inverse von $(x\underline{I} - \underline{P})$ existiert[2]. Die Inverse existiert, solange x keinem der k Eigenwerte des Operators $\underline{P}$ entspricht ($x \neq \Theta_r$, mit $r = 1, \ldots, k$). Bezüglich der Eigenwerte von hier betrachteten Matrizen lässt sich aussagen, dass für Matrizen mit ausschließlich nichtnegativen Elementen und Zeilensummen kleiner Eins die Eigenwerte von $\underline{P}$ zwischen Null und Eins liegen[3]. Insbesondere ist $x = 1$ kein Eigenwert von $\underline{P}$ und (A.2) gilt für den Fall konstanter Einlastung in das Produktionssystem. Die weiteren Ausführungen zeigen, wie sich unter den genannten Voraussetzungen *Aussagen zum stationären Verhalten* von Produktionssystemen nach Einwirkung einer Störung ableiten lassen. Unter stationärem Verhalten wird eine Systemsituation verstanden, in der in einem gewissen zeitlichen Bereich keine Veränderungen der Werte der Zustandsgrößen auftreten. Aussagen zum stationären Verhalten lassen sich ablei-

---

1 Hierunter zählen die Form eines zeitkonstanten Systeminputs, aber auch Formen im Zeitablauf steigender bzw. sinkender Auftragsumfänge, die in das System eingesteuert werden.

2 Die Beziehung (A.2) gestattet die Berechnung der Zustandsbelegungen zu jedem beliebigen Zeitpunkt, ohne dass rekursiv Zwischenzustände bestimmt werden müssen.

3 Vgl. Bartholomew 1982, S. 52 und weiter zur Eigenwertproblematik Gantmacher 1986, S. 426 ff. sowie Zurmühl 1964, S. 146 ff.

ten, wenn die Lösbarkeit und damit die Eigenwerte von (A.2) im Zusammenhang mit der Folge $\{R(T)\}$ untersucht werden. Der Autor ist insbesondere an allgemeinen Aussagen hinsichtlich der Sequenz der Bestände innerhalb betrachteter Zustandsklassen interessiert. Der Zustand $n_{k+1}(T)$ wurde als absorbierender Zustand eingeführt und zeigt deshalb ein anderes zeitliches Verhalten als die transienten Zustände n_k. Während die vorübergehenden Zustände durchaus stationäres Verhalten zeigen können, wächst n_{k+1} über alle Grenzen. Der Zustand n_{k+1} wird deshalb aus den weiteren analytischen Betrachtungen ausgeschlossen.

Die Auswertung von (A.2) vereinfacht sich für bestimmte Strukturen von $\underline{P}$. In Abschnitt 3.3.3.3.2 und in Anlage B wird gezeigt, dass komplexe Systemstrukturdarstellungen auf Basis verallgemeinerter Netzpläne auf lineare Folgen in einer aggregierten Betrachtung reduziert werden können. Man erhält typische Grundstrukturen, d. h. charakteristische Übergangsmatrizen. Abb. A.1 fasst solche Strukturen zusammen, wobei der Vollständigkeit halber auch der absorbierende Zustand $(k+1)$ mit in die Übergangsmatrizen aufgenommen wurde.

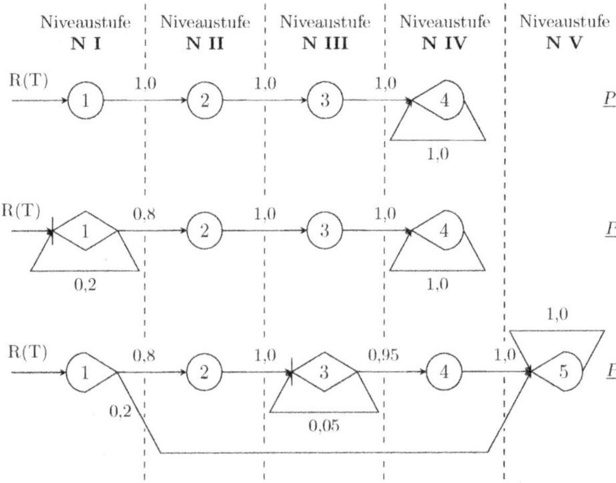

$$\underline{P}=\begin{bmatrix} 0 & 1 & 0 & 0 \\ 0 & 0 & 1 & 0 \\ 0 & 0 & 0 & 1 \\ 0 & 0 & 0 & 1 \end{bmatrix}$$

$$\underline{P}=\begin{bmatrix} 0{,}2 & 0{,}8 & 0 & 0 \\ 0 & 0 & 1 & 0 \\ 0 & 0 & 0 & 1 \\ 0 & 0 & 0 & 1 \end{bmatrix}$$

$$\underline{P}=\begin{bmatrix} 0 & 0{,}8 & 0 & 0 & 0{,}2 \\ 0 & 0 & 1 & 0 & 0 \\ 0 & 0 & 0{,}05 & 0{,}95 & 0 \\ 0 & 0 & 0 & 0 & 1 \\ 0 & 0 & 0 & 0 & 1 \end{bmatrix}$$

Abb. A.1: Übergangsmatrizen einfacher Produktionssysteme

Einfache gestörte Produktionssysteme lassen sich – ggf. nach erfolgter Reduzierung von Entscheidungsnetzplänen – durch einen Transformationsoperator $\underline{P}$ charakterisieren, bei dem ausschließlich Elemente p_{ij} der Hauptdiagonalen und der oberen Dreiecksmatrix mit positiven, von Null verschiedenen Elementen besetzt sind. Weitere Vereinfachungen ergeben sich, wenn normierte Kapazitätsteile ausgehend von einer betrachteten Niveaustufe nur jeweils die unmittelbar nächst höhere erreichen können[4]. Ohne Einschluss des absorbierenden Zustandes $(k+1)$ weist die Übergangsmatrix folgende Struktur auf:

[4] Man spricht in diesem Zusammenhang auch von superdiagonal besetzten Matrizen. Es gilt $p_{s,s+m} = 0$ für $m > 1$.

$$\underline{P} = \begin{bmatrix} p_{11} & p_{12} & 0 & \dots & 0 & 0 \\ 0 & p_{22} & p_{23} & \dots & 0 & 0 \\ \vdots & & & \ddots & & \vdots \\ 0 & 0 & 0 & \dots & p_{k-1,k-1} & p_{k-1,k} \\ 0 & 0 & 0 & \dots & 0 & p_{kk} \end{bmatrix}.$$

Die Diagonalelemente in solchen Strukturen sind die Eigenwerte von $\underline{P}$, es gilt $p_{rr} = \Theta_r$. Für gestörte Produktionssysteme können *Stationaritätsbedingungen* angegeben werden. Solche mathematischen Analysen müssen jedoch immer vor dem Hintergrund des betrachteten realen Untersuchungsbereiches interpretiert werden.

Aussagen zu Ausgleichsprozessen hin zu einem stationären Zustand werden bei offenen Markov-Systemen dadurch erschwert, dass je Zeitschritt eine Anzahl von Bearbeitungseinheiten in das System eintrifft. Ob die k transienten Zustände stationäres Verhalten zeigen, hängt von der Einsteuerungsfolge $\{R(T)\}$, von der Sequenz R ab. Die Folge der Vektoren $\underline{n}(T)$ erreicht einen stationären Zustand, wenn $R(T) = R = const.$ gilt. Wächst hingegen die Sequenz $\{R(T)\}$ unbeschränkt, so wird hinsichtlich der absoluten Bestände an Bearbeitungseinheiten in den untersuchten Zuständen kein stationäres Verhalten eintreten. Sinkt $\{R(T)\}$ mit steigendem T auf Null ab, verschwinden die Bestände $\underline{n}(T)$ für $T \to \infty$. Die weiteren Ausführungen beschränken sich daher auf den Fall der *zeitkonstanten Einsteuerung* ($x = 1 > max_r \Theta_r$).

Mit $R(T) = R \cdot x^T$ (siehe A.1) und unter Rückgriff auf (A.2) erhält man Beziehung (A.3), wenn beide Seiten von (A.2) durch x^T dividiert werden:

$$\frac{\underline{n}(T)}{x^T} = \underline{n}(0) \cdot \left(\frac{\underline{P}^T}{x^T}\right) + \underline{p}_0 \cdot R \cdot \left\{\sum_{\tau=0}^{T-1} \left(\frac{\underline{P}}{x}\right)^{\tau}\right\}. \tag{A.3}$$

Die rechte Seite von (A.3) wird nun für den Übergang $T \to \infty$ untersucht. Unter Anwendung der Spektralzerlegung diagonalähnlicher Matrizen[5] kann $\underline{P}^T$ angegeben werden mit

$$\underline{P}^T = \sum_{r=1}^{k} \Theta_r^T \cdot \underline{A}_r,$$

wobei die Matrizen des Spektralsets $\underline{A}_r$ mit Hilfe des linksseitigen Eigenvektors $\underline{a}_r$ und dem rechtsseitigen Eigenvektor $\underline{b}_r$ (jeweils zugehörig zum entsprechenden Eigenwert Θ_r) des Transformationsoperators $\underline{P}$ bestimmt werden können:

$$\underline{A}_r = \underline{b}_r' \cdot \underline{a}_r.$$

Die Entwicklung des zeitlichen Systemverhaltens wird damit wesentlich durch die Werte für p_{rr} sowie durch x bestimmt. Die Diagonalelemente von $\underline{P}$ verweisen auf nacharbeitsbedingte

5 Vgl. Bartholomew 1982, S. 53 f. sowie Zurmühl 1964, S. 169 ff., insbesondere S. 183 f.

Rückkopplungen, x ist ein Maß für die „Dynamik" der Einsteuerung. Im Fall $x > max_r \Theta_r$, $x = 1$ verschwindet für $T \to \infty$ der erste Summand der rechten Seite von (A.3), die Folge im zweiten Term konvergiert zu

$$(\underline{I} - \underline{P}/x)^{-1},$$

so dass folgt:

$$\lim_{T \to \infty} \underline{n}(T)/x^T = R \cdot x \cdot \underline{p}_0 \cdot (x \cdot \underline{I} - \underline{P})^{-1}.$$

Die Grenzverteilung des stochastischen Prozesses kann damit angegeben werden mit:

$$\underline{n}(T \to \infty) = \underline{n}(\infty) = \hat{n} = R \cdot \underline{p}_0 \cdot (\underline{I} - \underline{P})^{-1}. \tag{A.4}$$

Aus der analytischen Darstellung lässt sich zusammenfassend festhalten, dass nur im Fall einer zeitlich konstanten Systemeinlastung ($R = const.$, $x = 1$) die transienten Zustände $\underline{n}(T)$ einem stationären Zustand $\hat{\underline{n}}$ zustreben.

Trotzdem ist die mit (A.4) abgeleitete Erkenntnis von nur sehr eingeschränkter praktischer Verwertbarkeit, denn obwohl ein stochastischer Prozess nach (A.4) Stationarität und damit (mathematisch) ein Einschwingverhalten zeigt, muss im praktischen Kontext hier vorgenommener Betrachtungen gefragt werden, ob die ermittelten Bestände an normierten Kapazitätsteilen $\hat{\underline{n}}$ innerhalb einzelner Niveaustufen beherrscht werden können. Das stationäre Verhalten eines gestörten Produktionssystems wird durch die Grenzverteilung des stochastischen Prozesses nach Gleichung (A.4) bestimmt und ist *unabhängig* von der Anfangszustandsstruktur $\underline{n}(0)$.

Die hier angeführten Aspekte sind jedoch von prinzipieller Bedeutung, denn dadurch wird die Eigengesetzlichkeit untersuchter Produktionssysteme deutlich. Der Anfangszustand störungsbeeinflusster Systeme hat offensichtlich für die Entwicklung des Systems (nach hinreichend langer Zeit) keine Bedeutung. Dennoch soll insbesondere die Anfangsphase der Systementwicklung untersucht werden. Obgleich reale Situationen die Beobachtung stationärer Zustände allein infolge räumlicher und zeitlicher Überlagerungen von Störungen i. d. R. nicht zulassen, deshalb gestörte Produktions- und Logistiksysteme unter singulärem Störeinfluss (aus der Sicht statistischer Untersuchungen) nicht über hinreichend lange Zeiträume beobachtet werden können, so zeigt sich, dass bereits innerhalb weniger Systemtakte Veränderungen im Systemverhalten auftreten, die für die ökonomische Bewertung von Störsituationen bedeutungsvoll sind.

B Reduktionsregeln und ihre beispielhafte Anwendung auf gestörte Produktionsabläufe

B.1 Reduktionsregeln für die Analyse elementarer Ablaufstrukturen

Aktivitäten i. S. v. Arbeitsschritten (Verrichtungen) in netzwerkförmigen Produktionsprozessen sind über Ereignisknoten gekoppelt[1]. Der Wahrscheinlichkeitsparameter eines solchen Entscheidungsknotens ist Ausdruck für die Eintritts- bzw. Realisierungswahrscheinlichkeit des Ereignisknotens. Ereignisknoten, von denen Alternativen ausgehen, werden *Entscheidungsknoten* genannt. Alternative Aktivitäten werden ebenfalls durch ihre Eintrittswahrscheinlichkeiten charakterisiert. Ereignisse treten ein und mit Ereignissen verbundene Aktivitäten werden realisiert, wenn[2]

- alle auf einen Ereignisknoten gerichteten Aktivitäten abgeschlossen sind (Konjunktion, logisches UND),
- mindestens eine von mehreren auf einen Ereignisknoten gerichtete Aktivitäten abgeschlossen wurde (Disjunktion, inklusives logisches ODER),
- von mehreren sich gegenseitig ausschließenden und auf den betrachteten Ereignisknoten hinführenden Aktivitäten genau eine in Angriff genommene Aktivität abgeschlossen wurde (Disjunktion, exklusives logisches ODER).

Hinsichtlich der Ausgangsseite eines Ereignisknotens sei folgendes vereinbart:

- Eine oder mehrere Aktivitäten *müssen* auf einen Ereignisknoten folgen.
- Unter mehreren wegführenden Aktivitäten *können* einer oder auch mehrere realisiert werden.

Ausgangsseiten der zuletzt definierten Art begründen unmittelbar eine Entscheidungssituation; von den wegführenden, als Alternativen aufgefassten Aktivitäten muss (mindestens) eine ausgewählt werden. In einem solchen Fall sind die Aktivitäten durch eine exklusive Disjunktion verbunden. Es kann nur eine Aktivität realisiert werden. Die Summe aller Wahrscheinlichkeiten an der Ausgangsseite eines probabilistischen Entscheidungsknotens beträgt Eins.

Nachfolgend sind für die Analyse von praxistypischen Ablaufstrukturen notwendigen *elementaren Reduktionsregeln* angegeben. Gegebene Ablaufstrukturen können damit vereinfacht und für interessierende Ereignisknoten können Eintrittswahrscheinlichkeiten bestimmt werden.

---

[1] Zur Symbolik der Ereignisknoten vgl. Abschnitt 3.3.1.1.

[2] Vgl. in Folge u. a. Elmaghraby 1964, S. 495 ff., Elmaghraby 1977, S. 326 ff., Pritsker/Happ 1966, S. 268 ff., Neumann/Steinhardt 1979, S. 20 ff.

Einfache Aktivitätenfolge

Für Aktivitäten in serieller Anordnung ergibt sich die reduzierte Eintrittswahrscheinlichkeit für das interessierende Ereignis aus dem Produkt der Eintrittswahrscheinlichkeiten vorangegangener Aktivitäten[3].

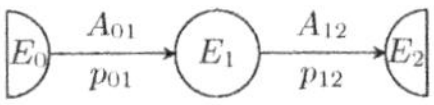

Abb. B.1: Einfache Aktivitätenfolge

Es gilt ein Reduktionsäquivalent

$$P_r(E_2) = p_{01} \cdot p_{12} \tag{B.1}$$

mit $P_r(E_2)$ – reduzierte Wahrscheinlichkeit[4] für das Eintreten von Ereignis E_2,
b_{ij} – Wahrscheinlichkeitsparameter der Aktivität A_{ij}.

Eine Aktivitätenfolge kann von anderen Ereignissen unterbrochen sein (siehe Abb. B.2). Allgemein kann angegeben werden:

$$P_r(E_n) = \prod_{i=1}^{n} p_{(i-1)i}. \tag{B.2}$$

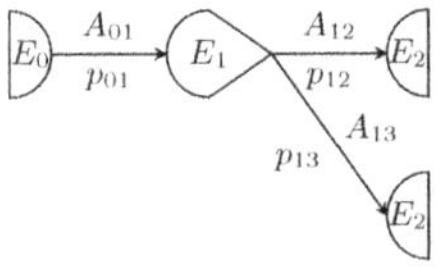

Abb. B.2: Einfache Aktivitätenfolge ($E_0 - E_1 - E_2$) und ($E_0 - E_1 - E_3$)

Für $n > 2$ finden die Beziehungen (B.1) und (B.2) sinngemäß Anwendung.

Parallelaktivitäten bei Eingang in disjunktiv-exklusiven Knoten

Die Realisierung eines Knotens E_1, sobald eine in Angriff genommene Aktivität beendet ist, wird durch eine disjunktive Verknüpfung der Aktivitäten $A_{01}^{(1)}$ und $A_{01}^{(2)}$ bei exklusiver Eingangsseite des Knotens E_1 bewirkt[5]. Damit E_1 eintritt, muss sich entweder $A_{01}^{(1)}$ oder $A_{01}^{(2)}$ ereignen (jedoch

[3] Vgl. Dittrich 1970, S. 41 ff. sowie Elmaghraby 1964, S. 497.

[4] Die (reduzierte) Eintrittswahrscheinlichkeit eines Entscheidungsknotens E_i – $P_r(E_i)$ – gibt im Kontext der hier betrachteten Problemstellungen jeweils einen *resultierenden Übertragungsfaktor* für den in einem Element E_i zu bearbeitenden Arbeitsinhalt an. Vgl. dazu die im folgenden Abschnitt B.2 behandelten Szenarios.

[5] Vgl. Dittrich 1970, S. 43 ff., Elmaghraby 1964, S. 499.

nicht beide gleichzeitig). Durch die Anwendung des Additionssatzes der Wahrscheinlichkeitsrechnung[6] gewinnt man die reduzierte Wahrscheinlichkeit für E_1:

$$P_r(E_1) = p_{01}^{(1)} + p_{01}^{(2)} \tag{B.3}$$

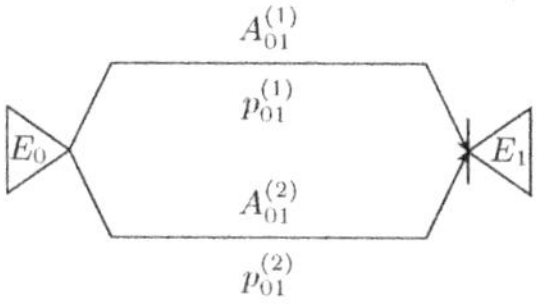

Abb. B.3: Parallelaktivitäten bei Eingang in exklusive Eingangsseite eines Knotens

Die Beziehung (B.3) kann auf beliebig viele Parallelaktivitäten ausgedehnt werden, die alle auf ein und dasselbe Ereignis gerichtet sind. Es folgt dann:

$$P_r(E_1) = \sum_{i=1}^{n} p_{01}^{(i)}. \tag{B.4}$$

Parallelaktivitäten bei Eingang in disjunktiv-inklusiven Knoten

Sind die Aktivitäten $A_{01}^{(1)}$ und $A_{01}^{(2)}$ disjunktiv verknüpft (bei inklusiver Eingangsseite des Knotens E_1), so bewirkt eine beliebige Ausführung einer Aktivität die Realisierung des Knotens E_1.[7] Laufen beide Aktivitäten gleichzeitig ab, bewirkt die Aktivität mit dem geringsten Zeitbedarf (Bearbeitungszeit) die Realisierung des Knotens. Aus der logischen Verknüpfung ergibt sich, dass E_1 jedoch auch dann realisiert wird, wenn die Aktivitäten $A_{01}^{(1)}$ und $A_{01}^{(2)}$ nicht ausführbar sind. In einem solchen Fall liegt die für die Realisierung von E_1 notwendige Information innerhalb einer Zeit $t \approx 0$ vor, die in anderen Fällen erst erarbeitet werden muss (dann mit einem Zeitaufwand $t > 0$). Die Wahrscheinlichkeitsparameter beschreiben die Durchführbarkeit der Aktivitäten (siehe Abb. B.4).

Die reduzierte Wahrscheinlichkeit für das Eintreten des Knotens E_1 ergibt sich zu (Variante b):

$$P_r(E_1) = p_{01}^{(1)} + p_{01}^{(2)}. \tag{B.5}$$

Neben den disjunktiv verknüpften Parallelaktivitäten $A_{01}^{(1)}$ und $A_{01}^{(2)}$ bei inklusiver Eingangsseite von E_1 können weitere Aktivitäten im Sinne von Entscheidungsalternativen existieren, die nicht auf den Knoten E_1 gerichtet sind. Allgemein gilt für das Reduktionsäquivalent:

$$P_r(E_1) = \sum_{i=1}^{n} (1 - p_{01}^{(i)}). \tag{B.6}$$

[6] Vgl. beispielsweise Fisz 1989, S. 23 ff.
[7] Vgl. umfassend Dittrich 1970, S. 45 ff. sowie Elmaghraby 1964, S. 498.

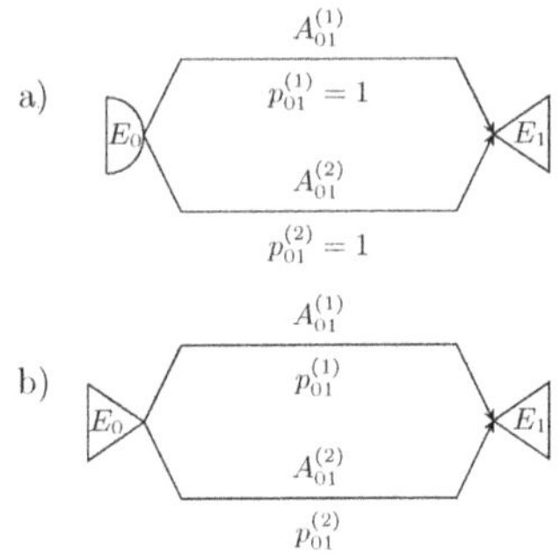

Abb. B.4: Parallelaktivitäten bei Eingang in inklusive Eingangsseite eines Knotens

Parallelaktivitäten bei Eingang in konjunktiven Knoten

Ein konjunktiver Knoten bedingt die Realisierung aller in den Knoten einmündenden Aktivitäten[8].

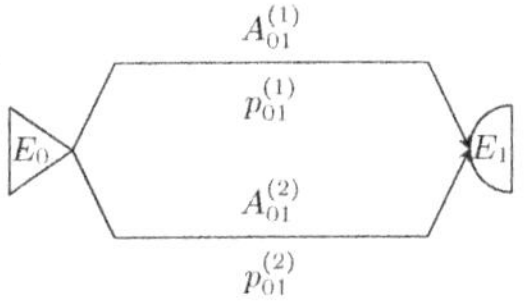

Abb. B.5: Parallelaktivitäten bei Eingang in einen konjunktiven Knoten

Nach dem Multiplikationssatz der Wahrscheinlichkeitsrechnung[9] folgt

$$P_r(E_1) = p_{01}^{(1)} \cdot p_{01}^{(2)} \tag{B.7}$$

und allgemein

$$P_r(E_1) = \prod_{i=1}^{n} p_{01}^{(i)} \tag{B.8}$$

Rückkopplungen in Ablaufstrukturen – Wiederholung von Aktivitäten

Werden einzelne Verrichtungen an Bearbeitungsobjekten nicht den Qualitätsanforderungen entsprechend ausgeführt, so ist Nacharbeit in der gestörten Produktionsstufe notwendig. Fehlerhafte Bearbeitungsobjekte werden erneut in die Kapazitätseinheit eingeschleust. Die Interpretation derartiger Rückkopplungen in stochastischen Netzen basiert auf regelungstechnischen Erkennt-

[8] Vgl. weiter Dittrich 1970, S. 61 f., Elmaghraby 1964, S. 498.
[9] Vgl. u. a. Fisz 1989, S. 23 ff.

nissen, denn zwischen den zu analysierenden Netzstrukturen und dem klassischen Regelkreisschema bestehen Analogien, die zu einer brauchbaren Modellierung des Sachverhaltes führen. Die Glieder eines Regelkreises werden als lineare Glieder betrachtet. Im zeitlichen Anfangsbereich der hier interessierenden Ausgleichsvorgänge ist damit keine unverhältnismäßige Einschränkung der Anwendbarkeit des Modellierungsansatzes verbunden. Linear operierende Glieder gehorchen hinsichtlich der wechselseitigen Überlagerung entsprechender Transformationen dem Superpositionsprinzip[10]. Im Folgenden werden Wahrscheinlichkeitsparameter von Aktivitäten als Übertragungsfaktoren eines Regelkreises interpretiert.

Abb. B.6 verdeutlicht eine praktische Störsituation in einem Produktionsbereich (Systemelement *E_i*). Eine Bearbeitungsaktivität A_{12} sei derart gestört, dass 20% des Arbeitsinhaltes nachgearbeitet werden müssen (Rückkopplung A_{21}) und weitere 20% des Durchsatzes zu Ausschuss verkommen (Ausschleusen über A_{24}). Durch eine Wareneingangskontrolle wird zudem festgestellt, dass die Hälfte aller in Element *E_i* ankommenden Bearbeitungsobjekte fehlerhaft sind und durch A_{12} nicht bearbeitet werden können (Ausschuss „vor Bearbeitungsbeginn" A_{15}). Es ist nun die folgende Frage zu beantworten: Welche resultierende Eintrittswahrscheinlichkeit weist Knoten E_3 („positiver Abschluss der Bearbeitung") auf? Welcher Anteil der über Knoten E_1 eingesteuerten Bearbeitungsobjekte passiert mithin die Aktivität A_{12} mängelfrei?

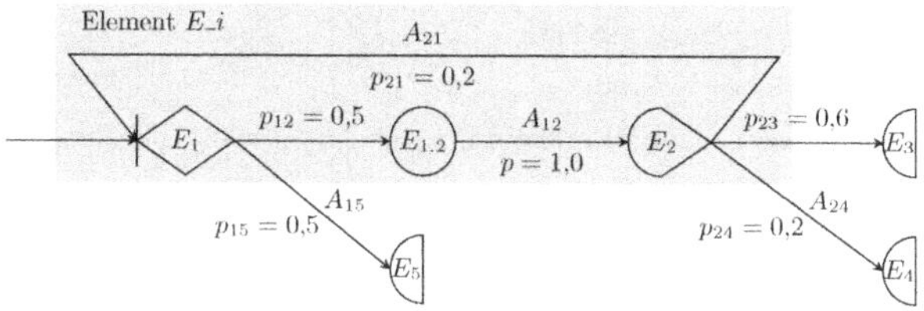

Abb. B.6: Rückkopplung in einer Ablaufstruktur

Die Bestimmung eines *resultierenden Übertragungsfaktors* und damit die Reduzierung der Rückkopplungsschleife auf eine einzelne Kante bedingt, dass der reale Sachverhalt in ein Regelkreisschema übertragen wird (siehe Abb. B.7). Der Hilfsknoten $E_{1.2}$ kennzeichnet das Ereignis „Start der Bearbeitungsaktivität A_{12}". Die Eintrittswahrscheinlichkeiten der Aktivitäten A_{ij} werden als Übertragungsfaktoren T_k interpretiert.

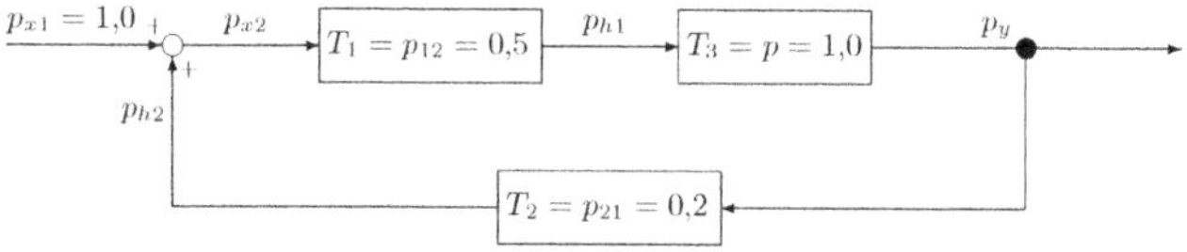

Abb. B.7: Regelkreisschema – Übertragung der Wahrscheinlichkeitsparameter

[10] Vgl. Elmaghraby 1970, S. 97 und S. 99 f.

Mit Hilfe der „Start"-Wahrscheinlichkeit $p_{x1} = 1{,}0$ soll zum Ausdruck gebracht werden, dass eine Einsteuerung von normierten Kapazitätsteilen in das Element E_i tatsächlich beginnt. Die Übertragung von $p_{x1} = 1{,}0$ vom Ereignis E_1 zum Ereignis E_4 wird als Transformation des Eingangszustandes in den Ausgangszustand des betrachteten Systems E_i aufgefasst. Für die Übertragung von p_{x1} lässt sich schreiben:

$$\begin{aligned} p_y &= p_{h1} \cdot T_3 = T_3 \cdot ((p_{x1} + p_{h2}) \cdot T_1) = T_3 \cdot T_1 \cdot p_{x1} + T_3 \cdot T_2 \cdot T_1 \cdot p_y \\ p_y &- T_3 \cdot T_2 \cdot T_1 \cdot p_y = T_3 \cdot T_1 \cdot p_{x1} \\ p_y &= p_{x1} \cdot \frac{T_3 \cdot T_1}{(1 - T_3 \cdot T_2 \cdot T_1)}. \end{aligned} \tag{B.9}$$

Die Übertragung der Regelkreisbetrachtung auf die Störsituation führt schließlich mit (B.9) zur reduzierten Eintrittswahrscheinlichkeit des Knotens E_2:

$$P_r(E_2) = \frac{p_{12}}{1 - p_{12} \cdot p_{21}}.$$

Unter Anwendung der Reduktionsformel für einfache Aktivitätenfolgen (B.2) bestimmt sich die Eintrittswahrscheinlichkeit für den Knoten E_3 (Abschnitt $E_1 - E_2 - E_3$ der Teilstruktur) folgendermaßen:

$$P_r(E_3) = \frac{p_{12} \cdot p_{23}}{1 - p_{12} \cdot p_{21}}.$$

Für Rückkopplungen zwischen zwei Ereignissen E_1 und E_2 gemäß Abb. B.8 gilt allgemein:

$$P_r(E_2) = \frac{p_{12}}{1 - p_{12} \cdot p_{21}}. \tag{B.10}$$

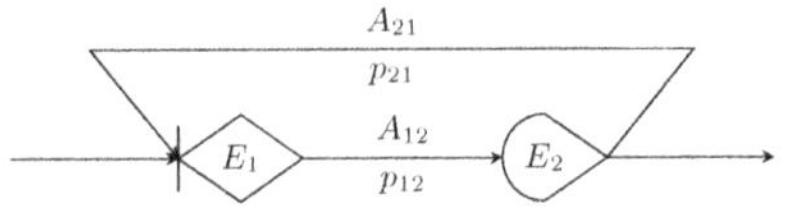

Abb. B.8: Rückkopplung zwischen Ereignissen E_1 und E_2

Rückkopplungen in Ablaufstrukturen – „Fehlstart"

Störungen im Sinne eines missglückten Starts einer Bearbeitungsaktivität führen zum Abbruch der Aktivität. Je komplexer Bearbeitungsaktivitäten bzw. Vorbereitungen für deren Durchführung sind, umso wahrscheinlicher ist ein solcher „Fehlstart". Abb. B.9 verdeutlicht die Situation[11].

[11] Vgl. Dittrich 1970, S. 71 ff.

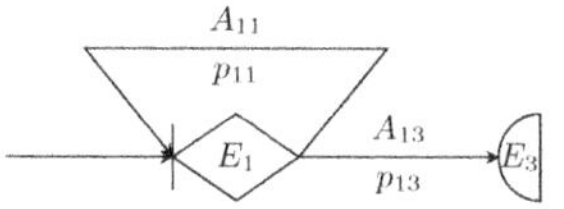

Abb. B.9: Rückkopplung – Fehlstart

Mit der Wahrscheinlichkeit p_{11} erfolgt ein Fehlstart und demzufolge eine Selbstkopplung mit dem Knoten E_1. Ein Fehlstartereignis wurde nicht gesondert eingezeichnet. Die Reduktionsformel für den Knoten E_3 lautet analog zu oben angegebenen Betrachtungen zum Regelkreisschema:

$$P_r(E_3) = \frac{1}{(1 - p_{12})} \cdot p_{13}. \tag{B.11}$$

Für die Selbstkopplung $E_1 \rightarrow E_1$ folgt das Reduktionsäquivalent:

$$P_r(E_1) = \frac{1}{1 - p_{11}}. \tag{B.12}$$

B.2 Beispielhafte Anwendung von Reduktionsregeln

Zwischen den im Produktionsprozess auftretenden Aktivitäten und Ereignissen besteht im wahrscheinlichkeitstheoretischen Verständnis keine Unabhängigkeit[12]. Die Struktur von Produktionsabläufen unter Störeinfluss enthält in gegebener Zuordnung Aktivitäten und Ereignisse und definiert damit ein Versuchsschema. Ein Produktionsprozess lässt sich als Folge von Versuchen interpretieren, wobei jeder Versuch ein und nur ein Ereignis aus der Menge aller möglichen Ereignisse zum Ergebnis hat. Obwohl reale Produktionsabläufe partiell nebenläufige und damit parallele Strukturen aufweisen können, mithin gleichzeitig mehrere Ereignisse auftreten können, führt dies zu keiner Beschränkung der Allgemeinheit. Es besteht immer die Möglichkeit, gleichzeitig auftretende Ereignisse zu einem Ereignis zu bündeln[13]. Eine solche Modifikation einer gegebenen Ablaufstruktur führt dazu, dass sich Ereignisse paarweise ausschließen. Entsprechend dem Produktionsfortschritt treten durch die Ablaufstruktur definierte Ereignisse ein. Diese Ereignisse sind dann die Zustände des Versuchsschemas. Unter Berücksichtigung von Ablaufstruktur des Produktionsprozesses und Störsituation können die Zustandsänderungen durch das Versuchsschema und damit die Verhaltensweise des Gesamtsystems *gestörter Produktionsprozess* schrittweise entwickelt und analysiert werden, wenn die Verhaltensweise der Aktivitäten durch entsprechende Transformationsoperatoren bestimmt sind. Diese Transformationsoperatoren entsprechen den Wahrscheinlichkeitsparametern der Aktivitäten. Der Produktionsprozess wird als Entscheidungsnetzplan abgebildet; mit jedem Versuch gelangt man, falls keine Rückführungen in der Ablaufstruktur enthalten sind, auf eine höheres Niveau des Prozessablaufes (auf eine höhere Niveaustufe).

[12] Zu Zusammenhängen zwischen Entscheidungsnetzplänen als Darstellungen von Markov-Prozessen, ihre Betrachtung als Signalflussgraph und deren Analyse vgl. u. a. Elmaghraby 1977, S. 338 ff., Neumann 1990, S. 21 ff., insbesondere S. 28 f., und weiter S. 56 ff.

[13] Vgl. Dittrich 1970, S. 115 f.

Die Ablaufstruktur mit ihren Aktivitäten A_{ij}, die wiederum Übergänge zwischen den Ereignissen E_i und E_j darstellen, wird in eine Übergangsmatrix überführt. Diese Übergangsmatrix ist das Strukturmodell des Produktionsprozesses. Folgende Bedingungen sind an die Ablaufstruktur zu stellen, damit eine Überführung des Entscheidungsnetzplanes in eine entsprechende Matrixdarstellung möglich ist[14]:

- Ereignisse einer ersten Niveaustufe haben keine vorhergehenden Ereignisse.
- Ereignisse des letzten Niveaus haben keine Nachfolger.
- Kein Ereignis ein und derselben Niveaustufe besitzt ausschließlich ein vorhergehendes Ereignis auf nachfolgenden Niveaus oder eine Kopplung mit sich selbst[15].
- Auf gleichem Niveau sind Ereignisse untereinander nicht durch Übergänge verbunden.

Angeführte Bedingungen bewirken, dass je nach Untersuchungsgegenstand eine Reduzierung von Teilstrukturen zwischen Ereignissen vorzunehmen ist, um Zeilensummen größer Eins in der Übergangsmatrix zu vermeiden. Insbesondere dürfen Übergänge in Gestalt *deterministischer Ausgangsverzweigungen* nicht in die Übergangsmatrix übernommen werden. Eine Reduzierung solcher Kopplungen erfolgt gemäß der Beziehung für Parallelaktivitäten bei Eingang in eine konjunktive Eingangsseite eines Knotens (siehe Beziehung B.8). Nachfolgendes Beispiel verdeutlicht den Sachverhalt.

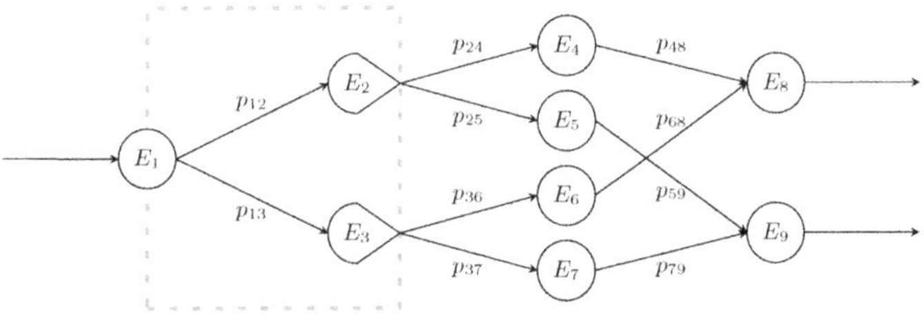

Abb. B.10: Teilstruktur eines Entscheidungsnetzplanes

Eine deterministische Ausgangsverzweigung eröffnet parallele Zweige. Diese werden auf eine resultierende Kante innerhalb des Entscheidungsnetzplanes reduziert. Für die reduzierte Wahrscheinlichkeit für den Übergang $E_1 \rightarrow E_8$ in Abb. B.10 folgt beispielsweise:

$$P_r(E_1 \rightarrow E_8) = P_r(E_1 \rightarrow E_2 \rightarrow E_4 \rightarrow E_8) \cdot P_r(E_1 \rightarrow E_3 \rightarrow E_6 \rightarrow E_8)$$
$$P_r(E_1 \rightarrow E_8) = (p_{12} \cdot p_{24} \cdot p_{48}) \cdot (p_{13} \cdot p_{36} \cdot p_{68}).$$

Objektbereich der vorliegenden Arbeit sind fertigungsbezogene und logistische Störungen und ihre Auswirkungen in netzwerkförmigen Produktionsstrukturen. Untersuchungsgegenstand sind

[14] Vgl. weiter Dittrich 1970, S. 127 ff.

[15] Diese Festlegung schließt Rückkopplungen zwischen unterschiedlichen Ereignissen bzw. zwischen Ausgangs- und Eingangsseite eines Knotens ein. Der gerichtete Fluss der Bearbeitungsobjekte durch den Entscheidungsnetzplan gestattet die topologische Ordnung und entsprechende Nummerierung der Knoten im Netzplan, vgl. beispielsweise Neumann/Steinhardt 1979, S. 15, Neumann 1990, S. 5 f.

im Regelfall nur Teilstrukturen im Sinne von Ausschnitten bzw. Teilbereichen des gesamten Wertschöpfungsprozesses. Ein Netz von Elementen des Produktionssystems (hier: Kapazitätseinheiten) bewältigt Produktionsaufgaben auf problemspezifisch abgegrenzten Niveaustufen. Koppelelemente bilden Schnittstellen zum Umsystem.

Nachfolgende Szenarien stellen typische Teilstrukturen gestörter Produktionssysteme dar. Es wird jeweils eine Reduzierung vorgenommen, *Aussagen zum stationären Verhalten* schließen sich an. Dabei erfolgt die Stabilisierung des Verhaltens der gestörten Teilstrukturen für den (theoretisch denkbaren) Fall, dass Störungen über eine längere Zeitspanne anliegen und das Anpassungsmaßnahmen im Sinne von Reaktionen auf diese Störungen nicht erfolgen. Von einer Überlagerung mehrerer Störungen im Zeitablauf wird ebenfalls abgesehen.

Lineare gestörte Elementfolge – Rückkopplung über mehrere Elemente

In Abb. B.11 dargestellte Teilstruktur, die die zwei Elemente E_1 und E_2 in linearer Folge zeigt, ist derart gestört, dass 40% der Bearbeitungsobjekte, die das Element E_2 durchlaufenen haben, in E_1 nachgearbeitet werden müssen[16].

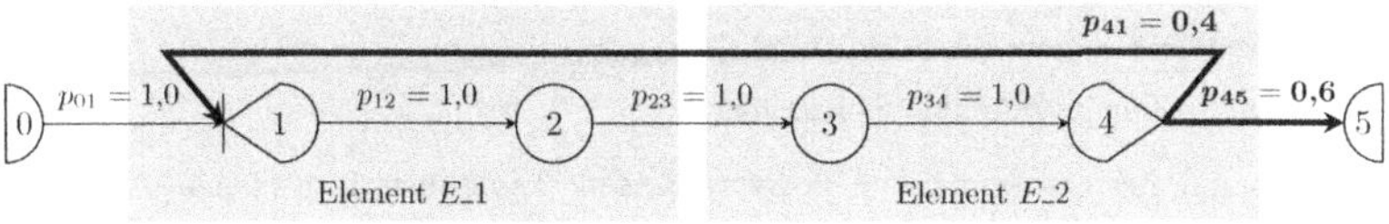

Abb. B.11: Entscheidungsnetzplan – Rückführung Arbeitsinhalt über zwei Elemente

Wird die Situation in ein Regelkreisschema übertragen, so ergibt sich das folgende Bild:

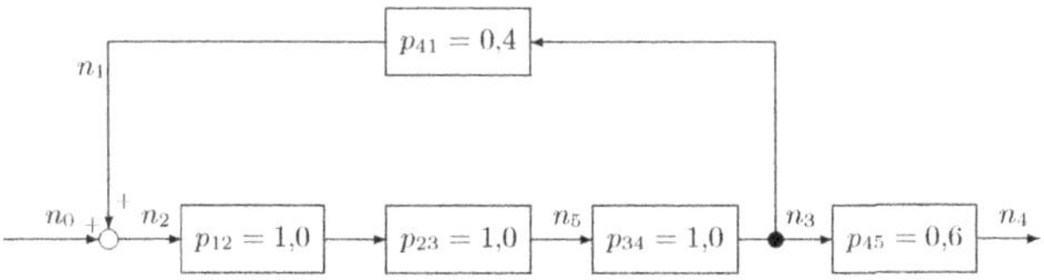

Abb. B.12: Regelkreisschema – Rückführung Arbeitsinhalt über zwei Elemente

Werden je Systemtakt über den Knoten E_0 in das Element E_1 100 normierte Kapazitätsteile (nKT) eingesteuert (n_0), so können nachfolgende Betrachtungen für die sich ergebende Gleichgewichtssituation angeschlossen werden[17]. Die Bestimmung des Inputs von E_5 (Koppelstelle zu nachgelagerten Teilstrukturen) setzt zunächst die Ermittlung von n_3 voraus:

[16] Fehlerhaft bearbeitete Objekte werden also über $n = 2$ Niveaustufen zurückgeführt (n beschreibt hier die Anzahl der gestörten Elemente).

[17] Es wird die Anwendung des unmodifizierten Basismodells unterstellt, vgl. hierzu die Beispiele in Abschnitt 4.1.2.1.

$$n_3 = p_{34}\,p_{23}\,p_{12} \cdot n_2 = p_{34}\,p_{23}\,p_{12} \cdot (n_0 + n_1) = p_{34}\,p_{23}\,p_{12} \cdot (n_0 + p_{41} \cdot n_3)$$
$$n_3 \cdot (1 - p_{34}\,p_{23}\,p_{12}\,p_{41}) = p_{34}\,p_{23}\,p_{12} \cdot n_0$$
$$n_3 = \frac{p_{34}\,p_{23}\,p_{12}}{1 - p_{34}\,p_{23}\,p_{12}\,p_{41}} \cdot n_0. \tag{B.13}$$

Unter Anwendung der Reduktionsformel für einfache Aktivitätenfolgen (B.2) und unter Berücksichtigung der gegebenen Zahlenwerte für die Übergangswahrscheinlichkeiten folgt:

$$n_4 = p_{45} \cdot n_3 = \frac{p_{45} \cdot p_{34}\,p_{23}\,p_{12}}{1 - p_{34}\,p_{23}\,p_{12}\,p_{41}} \cdot n_0 = 1,0 \cdot n_0. \tag{B.14}$$

Im Gleichgewichtszustand ist am Systemausgang der betrachteten Teilstruktur *keine* bleibende Regelabweichung festzustellen; nach erfolgten Ausgleichsprozessen nach Einwirkung der Störung liegt am Knoten E_5 das Ausgangsniveau i. H. v. 100 nKT je Systemtakt an.

Für die reduzierte Eintrittswahrscheinlichkeit für den Knoten E_5 kann mit (B.14) sofort angegeben werden:

$$P_r(E_5) = \frac{p_{45}\,p_{34}\,p_{23}\,p_{12}}{1 - p_{34}\,p_{23}\,p_{12}\,p_{41}} = 1,0.$$

Im stationären Zustand erreichen also über den Systemeingang E_0 eingesteuerte Bearbeitungseinheiten den Systemausgang mit Sicherheit.

Die Übertragung der Struktur in ein Regelkreisschema kann auch dazu dienen, Aussagen zum stationären Verhalten bezüglich der Inputs der Elemente E_1 (n_2) und E_2 (n_5) abzuleiten:

$$n_2 = n_0 + n_1 = n_0 + p_{41} \cdot n_3 = n_0 + p_{41}\,p_{34}\,p_{23}\,p_{12} \cdot n_2$$
$$n_2 = \frac{1}{1 - p_{41}\,p_{34}\,p_{23}\,p_{12}} \cdot n_0 = \frac{1}{1 - 0,4} \cdot n_0 \approx 166\ nKT$$
$$n_5 = p_{23}\,p_{12} \cdot n_2 \approx 166\ nKT.$$

Man macht sich leicht deutlich, dass die betrachtete Störung vor den Elementen E_1 und E_2 zu störungsbedingten Beständen i. H. v. 66 nKT je Systemtakt führt.

Lineare gestörte Elementfolge – komplexe Störung in Element E_1

Abb. B.13 zeigt die Überlagerung mehrerer ressourcenbezogener Störungen innerhalb des betrachteten Elementes E_1.[18] Die betrachtete Teilstruktur besteht wiederum aus zwei Elementen E_1 und E_2 in serieller Anordnung. Infolge der Verringerung des Kapazitätsquerschnitts der Aktivität A_{12} müssen eingesteuerte Bearbeitungsobjekte zurückgestellt werden. Darüber hinaus müssen 20% aller im Systemtakt eingesteuerten normierten Kapazitätsteile innerhalb der Produktionsstufe E_1 nachgearbeitet werden. Weitere 20% Arbeitsinhalt verkommen zu Ausschuss. Je Zeitschritt werden über den Knoten E_0 100 nKT in Element E_1 eingesteuert (n_0).

[18] Vgl. hierzu die Ausführungen zu den Störszenarien I bis III in Abschnitt 4.1.1.1.

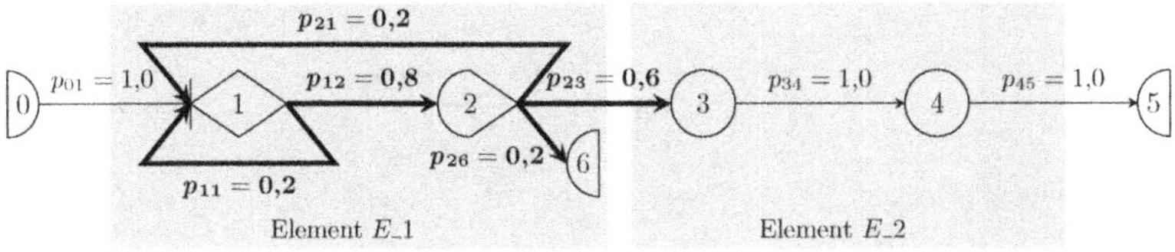

Abb. B.13: Entscheidungsnetzplan – Überlagerung verschiedener Störszenarien in E_1

Es interessieren wiederum einige Zustände hinsichtlich ihres stabilisierten Verhaltens. Zunächst soll der Input des Elements E_1 bestimmt werden (n_3) – störungsbedingt wird vor E_1 ein Bestand entstehen. Die Größe n_7 wird die Situation an der Koppelstelle zu nachfolgenden Teilstrukturen charakterisieren. Aufgrund des Ausschusses über Knoten E_6 wird von einer bleibenden störungsbedingten Bedarfsunterdeckung im Vergleich zum ungestörten Verhalten der untersuchten Teilstruktur auszugehen sein. Zuvor wird jedoch der Entscheidungsnetzplan in ein Regelkreisschema übertragen.

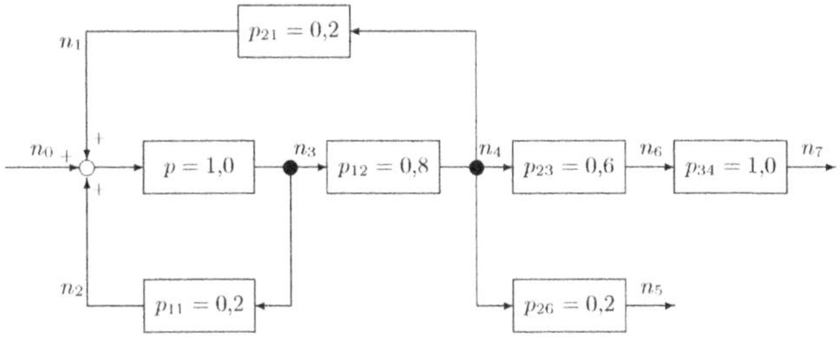

Abb. B.14: Regelkreisschema – Überlagerung verschiedener Störszenarien in E_1

Für den Bestand an Bearbeitungsobjekten vor Element E_1 (n_3) kann geschrieben werden:

$$n_3 = n_0 + n_1 + n_2 = n_0 + n_1 + p_{11} \cdot n_3$$

$$n_3 = \frac{n_0 + n_1}{1 - p_{11}}, \tag{B.15}$$

$$n_4 = \frac{p_{12} \cdot n_0 + p_{12} \cdot n_1}{1 - p_{11}} = \frac{p_{12} \cdot n_0 + p_{12} \cdot (p_{21} \cdot n_4)}{1 - p_{11}}$$

$$n_4 \cdot \left(1 - \frac{p_{12}\, p_{21}}{1 - p_{11}}\right) = \frac{p_{12} \cdot n_0}{1 - p_{11}}$$

$$n_4 = \frac{p_{12}}{(1 - p_{11}) \cdot \left(1 - \frac{p_{12}\, p_{21}}{1 - p_{11}}\right)} \cdot n_0. \tag{B.16}$$

Mit $n_1 = p_{21} \cdot n_4$ und unter Berücksichtigung von (B.15) und (B.16) folgt zunächst für n_1

$$n_1 = \frac{p_{21}\, p_{12}}{(1 - p_{11}) \cdot \left(1 - \frac{p_{21} p_{12}}{1 - p_{11}}\right)} \cdot n_0$$

und dann weiter für n_3

$$n_3 = \frac{n_0}{1 - p_{11}} + \frac{p_{21}\, p_{12} \cdot n_0}{(1 - p_{11})^2 \cdot \left(1 - \frac{p_{21}\, p_{12}}{1 - p_{11}}\right)}$$

$$n_3 = 1{,}5625 \cdot n_0 \approx 156\ nKT.$$

In Element E_1 entsteht störungsbedingt ein Überbestand i. H. v. durchschnittlich 56 nKT je Systemtakt.

Für die Größe n_7 und damit für die Situation an der Koppelstelle folgt mit (B.16):

$$n_7 = p_{34}\, p_{23} \cdot n_4 = \frac{p_{34}\, p_{23}\, p_{12}}{(1 - p_{11}) \cdot \left(1 - \frac{p_{12} p_{21}}{1 - p_{11}}\right)} \cdot n_0 \qquad \text{(B.17)}$$

$$n_7 = 0{,}75 \cdot n_0 = 75\ nKT.$$

Der Durchsatz durch die betrachtete Teilstruktur sinkt auf 75% des Niveaus im ungestörten Fall. Eine bleibende Bedarfsunterdeckung i. H. v. 25 nKT je Systemtakt entsteht. Die reduzierte Übergangswahrscheinlichkeit ($E_0 \rightarrow E_5$) der in E_1 eingesteuerten Bearbeitungseinheiten kann aus (B.17) sofort abgelesen werden:

$$P_r(E_5) = \frac{p_{34}\, p_{23}\, p_{12}}{(1 - p_{11}) \cdot \left(1 - \frac{p_{12}\, p_{21}}{1 - p_{11}}\right)} = 0{,}75.$$

Mit der hier vorgestellten Methodik ist die Bestimmung des stationären Zustandes (einmalig) gestörter Produktionssysteme auf sehr einfache Art und Weise möglich. Es lassen sich sehr schnell Aussagen über störungsinduzierte Wechselwirkungen zu benachbarten Teilstrukturen gewinnen, mithin Ausstrahlungseffekte von Störungen untersuchen.

C Anwendung des Modellierungsansatzes auf ein praktisches Anschauungsobjekt

Gegenstand dieses Abschnitts ist die Anwendung des erweiterten Basismodells auf einen realen Untersuchungsbereich. Dabei interessiert besonders, wie ein praktisch erhobenes Datenset in eine aggregierte, der Zielstellung der Modellverwendung angemessene Betrachtung überführt werden kann.

Anpassungsentscheidungen in komplexen Störszenarien bedürfen einer genauen quantitativen Analyse der Entscheidungssituation. Die Entscheidungsfindung wird durch ein formales Analysemodell unterstützt. Das in dieser Arbeit entwickelte Basismodell ist Resultat des systemanalytischen Prozesses der Abstraktion und hinreichend genaues Abbild des behandelten Realproblems. Ein solches Abbild kann in Anlehnung an *Schneeweiß* als Realmodell (Mastermodell) bezeichnet werden (vgl. Abb. C.1)[1]. Das Realmodell erweist sich als noch ungeeignet für die Durchführung der Anpassungsplanung. In einem zweiten Schritt wird deshalb das Realmodell weiter spezifiziert und operationalisiert[2]. In Abschnitt 4.3 wurden unter Anwendung formalmathematischer Methoden zwei verschiedene *Formalmodelle* entwickelt, die die automatisierte Ableitung kostenminimierender Anpassungsentscheidungen gestatten. Ergebnis des Spezifizierungsschrittes ist ein Entscheidungsgenerator. Der zweistufige Prozess der Modellbildung dient der Komplexitätsreduktion.

Ob und inwieweit ein Modell zur Analyse eines relevanten Realitätsausschnitts geeignet ist, wird im Rahmen der *Modellvalidierung* untersucht. Stärke der skizzierten zweistufigen Vorgehensweise der Modellbildung ist die Zerlegung der komplexen Validierungsaufgabe[3]. Das Realmodell und mithin der Abstraktionsvorgang wird am Realproblem überprüft (empirische Validierung), dagegen dient das Realmodell der Validierung des Formalmodells. Die Abschnitte C.3 und C.4 dieser Anlage haben die Validierung des Basismodells zum Gegenstand. Durch empirische Validierung erfolgt die Überprüfung bestimmter Teile des Realmodells an der Realität, hier am praktischen Anschauungsobjekt eines 4-stufigen linearen Produktionsprozesses. Auf der Grundlage vergangenheitsbezogener Ist-Daten konnten Modelllösungen im Sinne prognostizierter Bestandsentwicklungen berechnet und mit der (historischen) Sachlage verglichen werden.

---

[1] Vgl. in Folge Schneeweiß 1992, S. 2 f.

[2] Schneeweiß (1992, S. 3 f. und S. 25 ff.) spricht in diesem Zusammenhang von Vereinfachung – *Relaxation* – eines komplexen Realmodells.

[3] Vgl. weiter Schneeweiß 1992, S. 4 ff. und S. 23 f. Zur Modellvalidierung im Sinne eines Gültigkeitsnachweises für die Modellverwendung vgl. weiter Page 1991, S. 16 f. sowie umfassend S. 146 ff. und Scholl 2001, S. 25 f.

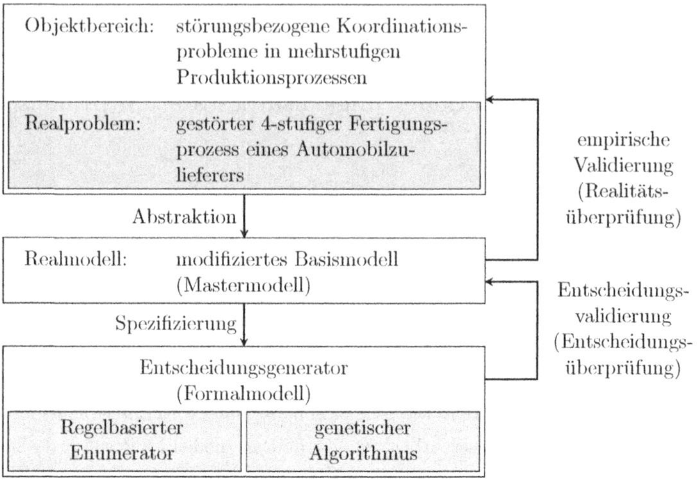

Abb. C.1: Konstruktion von Modellen und Zerlegung der Validierungsaufgabe[4]

Die Validierung des Formalmodells (Entscheidungsvalidierung) erfolgt am Realmodell. Ein Formalmodell gilt dann als hinreichend validiert, wenn dessen Entscheidungen hinsichtlich des Realmodells akzeptiert werden können. Es kommt somit nicht darauf an, dass formale Entscheidungsmodelle die Realität im Detail richtig beschreiben, vielmehr ist bedeutsam, dass sie Entscheidungen ermöglichen, die, bezogen auf das eigentlich interessierende Realmodell, akzeptabel sind[5].

C.1 Geschäftsfeld und Produktionssystem des Beispielunternehmens

Das untersuchte Beispielunternehmen ist ein Zulieferbetrieb der Automobilindustrie. Der Metall verarbeitende Betrieb produziert Exterieurteile für alle bedeutenden europäischen OEM. Das Produktspektrum umfasst insbesondere Zierleisten aus eloxiertem Aluminium. Es handelt sich um Sicht- bzw. Dekorteile, an die besondere Qualitätsanforderungen hinsichtlich ihrer Oberflächengüte gestellt werden; bereits geringfügige Veränderungen an der Oberfläche (Kratzer, Druckstellen o. ä.) haben zur Folge, dass ein Produkt zu Ausschuss verkommt oder aufwändig nachgearbeitet werden muss.

Das Produktionssystem des Beispielunternehmens besteht aus vier heterogenen Fertigungsbereichen, die von allen Produkten in einem vierstufigen Produktionsprozess durchlaufen werden müssen:

[4] In Anlehnung an Schneeweiß 1992, S. 4.
[5] Vgl. Schneeweiß 1992, S. 5.

1. In einer ersten Produktionsstufe (Bereich *Vorfertigung*) werden Halbzeuge umgeformt und spanend bearbeitet. Eine Vielzahl unterschiedlicher Maschinen und Anlagen mit unterschiedlichen Automatisierungsgraden verrichten Bearbeitungsprozesse wie Tiefziehen, Fräsen, Bohren, Stanzen oder Reckbiegen. Die Maschinen arbeiten teilweise parallel (Bündelung gleicher Verrichtungen in Produktionsinseln), teilweise sind produktorientiert innerhalb des Bereiches Vorfertigung mehrere aufeinander folgende Verrichtungen zur einer Insel organisatorisch zusammengefasst.
2. In dem Fertigungsbereich *Polieren* werden die vorbearbeiteten Teile in Polierzellen durch Roboter geschliffen und poliert. Vereinzelt (im Nacharbeitsfall oder bei komplexen Geometrien der zu polierenden Zierteile) wird auch manuell an mehreren Handarbeitsplätzen gearbeitet.
3. Die dritte Produktionsstufe bildet die *Eloxalanlage*; in einem automatisierten elektrochemischen Prozess wird auf die Oberflächen der polierten Werkstücke eine harte Aluminiumoxidschicht aufgebracht, die den Glanzeffekt der Zierteile erzeugt und die Produkte vor leichten Beschädigungen schützt. Trägergestelle mit Werkstücken (so genannte Racks) werden von Portalkränen in einer bestimmten Sequenz in verschiedene Chemiebäder getaucht. In einigen Bädern wird eine elektrische Spannung an die Produkte angelegt, die notwendig ist, um den gewünschten Effekt der Oberflächenveredelung zu erzielen.
4. In der vierten und letzten Produktionsstufe (Bereich *Montage/Konfektionierung*) werden Befestigungs- und Dichtungselemente an den eloxierten Teilen angebracht, die den sicheren und dauerhaften Halt am Fahrzeug ermöglichen. Die Produkte werden in kundenspezifischen Ladungsträgern verpackt. Die dargestellten Prozessschritte werden manuell an Einzelarbeitsplätzen erbracht.

Der Produktionsprozess ist überaus anfällig für Qualitätsstörungen. Die *Entstehung* eines Qualitätsproblems und seine *Erkennung* fallen häufig zeitlich und räumlich auseinander[6]. Qualitätsprobleme werden überwiegend in den Bereichen Vorfertigung und Polieren verursacht. Durch unsachgemäße Bearbeitung oder Handling der Produkte entstehen Druckstellen, Riefen oder Kratzer, die am zunächst unpolierten Werkstück nur schwer zu erkennen sind; eine einfache und schnelle Identifikation solcher Fehler[7] ist häufig erst nach erfolgtem Polieren und dem Durchlaufen der Eloxalanlage möglich. Die Produkte befinden sich dann aber bereits im Eingangspuffer des Bereiches Montage, wenn ein durch die Vorfertigung verursachter Fehler sichtbar wird.

Nacharbeit der fehlerhaften Werkstücke ist oftmals möglich. Die entsprechenden Teile müssen abgebeizt, erneut poliert und nachfolgend eloxiert werden. Diese Nacharbeitsschleife kann ggf. mehrfach durchlaufen werden, bevor die Werkstücke zu Ausschuss verkommen. Neben den angedeuteten Qualitätsproblemen treten häufig Störungen an der Eloxalanlage auf. Als Folge eines schwer zu beherrschenden und unzureichend stabilisierten elektrochemischen Prozesses fallen oft ganze Trägergestelle mit Werkstücken aus; ein solches Rack enthält bis zu 350 Teile. Bei

[6] Zur Problematik des räumlichen und zeitlichen Auseinanderfallens für Störungsursache und ihrer Wirkung vgl. auch Kainz 1984, S. 29.

[7] Zur begrifflichen Abgrenzung eines zeitpunkt- und merkmalsbezogen verwendeten Fehlerbegriffs vom zeitstrecken- und damit prozessbezogenen Störungsbegriff vgl. Heil 1995, S. 76 ff.

durchschnittlichen Tagesabrufmengen von rund 160 Stück impliziert dies den Verlust von zwei Tagesproduktionen eines Erzeugnisses. In einigen Fällen können fehlerhaft eloxierte Werkstücke ebenfalls abgebeizt, erneut poliert und eloxiert werden. Häufig ist jedoch das komplette Rack als Ausschuss zu buchen.

Der Teilefluss durch die Fertigung ist vollständig linear. Die Lieferung der Dekorteile erfolgt direkt an die OEM der Automobilindustrie. Die Kundenbedarfe in Höhe der Bauzahlen der entsprechenden Fahrzeuge und damit die Abrufe der Teilemengen durch die OEM sind konstant und über mehrere Wochen im Voraus bekannt. Charakteristisch für die Automobilindustrie ist, dass bei allen OEM nur minimale Pufferbestände vorgehalten werden; diese decken den Bedarf am Montageband für etwa zwei Arbeitstage ab. Die Tragweite potenzieller Störungen wird sofort offensichtlich, denn ein durch fehlende oder falsch gelieferte Produkte verursachter Bandstillstand beim Automobilhersteller induziert Kosten in (für das Unternehmen existenziell bedrohlich) großer Höhe. Die pünktliche und abrufgerechte Lieferung der Produkte ist von größter Wichtigkeit. Aus der Sicht des betrachteten Beispielunternehmens ist deshalb die Anwendung eines Störungsmonitoring-Instrumentes sinnvoll. Ziel muss sein, Störungswirkungen bezogen auf das gesamte Produktionssystem bis hin zum Kunden echtzeitnah zu prognostizieren, um im konkreten Störfall schnell und kostengünstig mit Anpassungsmaßnahmen reagieren zu können. In *What-if*-Analysen können verschiedene Szenarien simuliert werden.

Zum Zeitpunkt der Durchführung der Studie im Unternehmen existierte kein Monitoringinstrument zur Darstellung und Abschätzung der Wirkungen logistischer oder fertigungsbezogener Störungen. Es ist jedoch beabsichtigt, einen rechnergestützten Störungsleitstand mit entsprechender Funktionalität einzuführen. Um seinen Einsatz zu ermöglichen und zu unterstützen, müssen die notwendigen Stamm- und Bewegungsdaten für das Referenzproduktionssystem aufbereitet und in das modifizierte Basismodell übertragen werden.

C.2 Abbildung des Produktionssystems im modifizierten Basismodell

C.2.1 Referenzsystem im Zeit-Mengen-Gerüst

Die Überführung des Referenzproduktionssystems in das Modellsystem bedingt die Präzisierung und Parametrierung der drei Modellkomponenten[8]

- Zeitmodell,
- Auftragsmodell und
- Ressourcenmodell.

Das *Zeitmodell* bildet den realen Zeitablauf durch eine diskrete Zeittaktung nach. Für den Einsatzzweck des modifizierten Basismodells zur Unterstützung des Störungsmanagements wird ein Systemtakt von einem Arbeitstag festgelegt. Dies erweist sich als sinnvoll, denn ein Systemtakt mit diesem Zeitinhalt korreliert mit betrieblichen Planungsabläufen, die tägliche Produktions- und Logistikbesprechungen vorsehen. Auf der Basis der Festlegung eines Produktionsprogramm

[8] Vgl. Abschnitt 3.2, insbesondere Abschnitt 3.3.2 und umfassend Hild/Fischäder 2005, S. 94 ff.

auf Grobplanungsebene werden arbeitstäglich den Fertigungsbereichen Tagesproduktionsprogramme vorgegeben. Eine bereichsspezifische Feinplanung und Auftragssteuerung basiert auf diesen tagesbezogenen Vorgaben aus den Produktions- und Logistikbesprechungen.

Durch das *Auftragsmodell* erfolgt die Angabe der Kapazitätsnachfrage in normierten Kapazitätsteilen[9]. Ein durchschnittlicher Auftragsmix adressiert einen entsprechenden Arbeitsinhalt und entspricht einer Systembelastung je Systemtakt i. H. v. 100 normierten Kapazitätsteilen, d. h. es wird eine Normierung der Kapazitätsnachfrage auf $R^{dem}(T) = 100\ nKT = const.$ vorgenommen. Im Gegensatz zur Darstellung der analytischen Vorgehensweise in Abschnitt 3.3.2.2 wird dazu keine Normzeitdauer bestimmt[10]. Zum Zwecke einer besseren Vergleichbarkeit und Lesbarkeit unterschiedlicher Stör- und Anpassungsszenarien wird vielmehr eine Darstellungsbasis von 100 nKT gewählt[11]. Unter Rückgriff auf die bekannte und zeitstabile Zusammensetzung des Produktionsprogramms (Tagesabrufmengen für einzelne Produkte) kann die Kapazitätsnachfrage, ausgehend von ihrer Angabe in normierten Kapazitätsteilen, auch in Stückzahl je Produkt ermittelt werden[12]. Aufgrund eines permanent vorhandenen Ausschussanteils in den einzelnen Fertigungsstufen ist die Einlastung $R(T)$ in den Fertigungsbereichen upstream höher als die Nachfrage $R^{dem}(T)$; es erfolgt eine *Übereinlastung*, um den Verlust an Produkten durch Ausschuss im Herstellungsprozess auszugleichen. Die Höhe der taktweisen Einlastung in die vier Fertigungsbereiche wird im Rahmen der Störungsbetrachtungen in Abschnitt C.3 bestimmt.

Die Liefermengen konnten aus den Bauzahlen der OEM bzw. aus ihren EDI-Abrufen entnommen werden; die Abrufmengen sind bekannt und schwanken im Beobachtungszeitraum nur wenig. Aus diesen Informationen werden die arbeitstäglichen Gesamtabrufe kumuliert. Der von der letzten Produktionsstufe abgeforderte Arbeitsinhalt entspricht 100 normierten Kapazitätsteilen. Der durch ein normiertes Kapazitätsteil repräsentierte Arbeitsinhalt variiert für jede Wertschöpfungsstufe[13].

Das *Ressourcenmodell* bildet die durch Zustände im Basismodell repräsentierten Kapazitätseinheiten des Unternehmens und mithin das taktspezifische Kapazitätsangebot der Fertigungsbereiche ab. Die vier oben angeführten Bereiche werden jeweils durch *einen* Zustand im Modell repräsentiert. Zusätzlich wird ein (abstrakter) kundenseitiger Zustand eingeführt, der insbesondere zur Unterscheidung von Gut- und Ausschussprodukten sowie zur Erfassung des Lieferrückstands dient. Im Referenzsystem dient dieser Zustand als Repräsentant für den Transport der Produkte zum OEM. Dieser Zustand wird von allen produzierten Gutteilen durchlaufen. Daneben erfasst ein weiterer Zustand alle Ausschussteile, die in den Wertschöpfungsstufen aus

[9] Die Kapazitätsnachfrage wird durch den Umfang der Produktionsaufträge, somit durch die zu produzierenden Stückzahlen für einen Arbeitstag bestimmt. Im Referenzsystem treten keine extern induzierten Störungen auf.

[10] Die Normzeitdauer kann z. B. ein produktionsstufenspezifischer Arbeitsinhalt für ein Standardprodukt sein.

[11] Es ist jedoch möglich, bei bekanntem Arbeitsinhalt der Tagesproduktionsprogramme gemäß Abschnitt 3.3.2.2 eine Normzeitdauer KT als Verrechnungsgröße zu bestimmen. Damit ist jedoch aus methodischer Sicht kein informativer Zugewinn verbunden, so dass dies hier unterbleiben kann.

[12] Die in Abschnitt C.3 vorgestellten und im Beispielunternehmen analysierten Störszenarien dienten der Validierung des Modellsystems, denn die in normierten Kapazitätsteilen prognostizierten Bestände wurden den gezählten Stückzahlen im Referenzsystem gegenübergestellt.

[13] Allen Wertschöpfungsstufen gemein ist jedoch die Kapazitätsnachfrage von arbeitstäglich 100 nKT für den Fall, dass kein Ausschuss im System entsteht.

dem Fertigungsprozess ausgeschleust werden. Der Untersuchungsbereich hat die in Abb. C.2 angegebene Struktur.

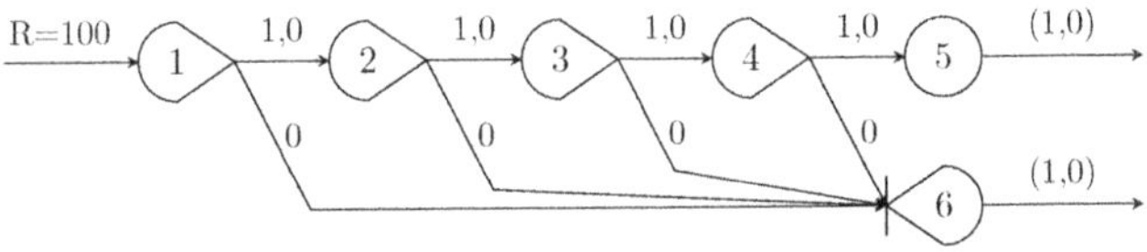

Abb. C.2: Reduzierter Signalflussgraph des Referenzsystems im ungestörten Betrieb

Die Zustände sind den Kapazitätseinheiten wie folgt zugeordnet: 1 → Vorfertigung, 2 → Polieren, 3 → Eloxalanlage, 4 → Montage/Konfektionierung, 5 → Erfassung von Gutteilen (Transport zum OEM), 6 → Erfassung von Ausschuss (Verschrottung).

Der im ungestörten Betrieb vollkommen lineare Fluss der Produkte durch das Produktionssystem führt zu einer superdiagonal besetzten Systemübergangsmatrix:

$$\underline{P}^{sys} = \begin{bmatrix} 0 & 1 & 0 & 0 & 0 & 0 \\ 0 & 0 & 1 & 0 & 0 & 0 \\ 0 & 0 & 0 & 1 & 0 & 0 \\ 0 & 0 & 0 & 0 & 1 & 0 \\ 0 & 0 & 0 & 0 & 0 & 0 \\ 0 & 0 & 0 & 0 & 0 & 0 \end{bmatrix}$$

Bei der den einzelnen Zuständen zugeordneten *Normalkapazität* ist gegenüber den Darstellungen und den Systemen, die in den Beispielen des Kapitels 4 eingeführt wurden, zu beachten, dass das Produktionssystem des Beispielunternehmens einem ständigen Störeinfluss unterliegt. Dies ist eine Folge der schwierigen Beherrschung technologischer Abläufe sowie einer teilweise nicht zweckmäßigen Arbeitsorganisation. Auf die Abbildung von Störungen im Basismodell wird in Abschnitt C.3 eingegangen. Die Bestimmung von Normalkapazitäten (und die Bestimmung der Höhe der Übereinlastung) ist nur unter Berücksichtigung dieser permanent einwirkenden Störgrößen (später als Störszenario A bezeichnet) möglich und erfolgt daher ebenfalls in Abschnitt C.3.

Die Stamm- und Bewegungsdaten des Unternehmens bilden die Grundlage für die durchgeführten Analysen. Für die einzelnen Fertigungsbereiche wurden in einer aggregierten Betrachtung jeweils Kapazitätsangebot und durchschnittliche Kapazitätsnachfrage bestimmt und einander gegenübergestellt. Im Normalbetrieb[14] muss ein ausreichendes Kapazitätsangebot in den Fertigungsbereichen für die Deckung der (für die kurzfristige Analyse) konstanten Kapazitätsnachfrage vorhanden sein.

[14] Der Terminus *Normalbetrieb* kennzeichnet hier den „Geradeausbetrieb" des Referenzsystems, *einschließlich* dauerhaft einwirkender Störungen. Vgl. Abschnitt C.3.1.

Bereiche Vorfertigung und Polieren

Aus der Sicht einer aggregierten, das gesamte Produktionssystem umfassenden Störanalyse war es zunächst notwendig, die Kapazitätsnachfrage auf einzelne Verrichtungen bzw. auf einzelne Produktionsinseln bezogen innerhalb der Bereiche *Vorfertigung* und *Polieren* darzustellen und auf dieser Grundlage eine aggregierte Betrachtung vorzunehmen. Die Tatsache, dass jeder Erzeugnistyp eine oder mehrere Produktionsinseln beansprucht und in diesen Inseln jeweils unterschiedliche Verrichtungen gebündelt sind, ist geeignet zu berücksichtigen. Die Nachfrage nach typspezifischen Verrichtungen ist unter Rückgriff auf die Arbeitspläne der Erzeugnisse (bzw. der Erzeugnistypen) bestimmbar, die Kapazitätsinanspruchnahme kann auf der Betrachtungsebene einzelner Verrichtungen ermittelt werden. In einer vereinfachten, aber dennoch zielführenden Vorgehensweise werden die nachgefragten Verrichtungen inselbezogen summiert und dem Kapazitätsangebot der Vorfertigung bzw. dem Bereich Polieren gegenübergestellt. Aus den Stammdaten des Unternehmens können die erzeugnisspezifischen Takt- und Rüstzeiten entnommen werden; die Tagesabrufmengen werden im Zwei-Schicht-Betrieb produziert. Die Zuordnung der Erzeugnisse zu den entsprechenden Produktionsinseln erfolgt mittels Materialflussplänen. Die *Vorfertigung* umfasst 21, der Bereich *Polieren* 16 Produktionsinseln, die teilweise verschiedene Verrichtungen bündeln. Aus fertigungsorganisatorischer Sicht liegt in beiden Bereichen *sowohl* eine verrichtungs- als auch eine flussorientierte Segmentierung vor (Verrichtungs- und Prozessfolgeprinzip). Für einen Teil der Erzeugnisse werden produktspezifisch notwendige Arbeitsschritte in einer Produktionsinsel zusammengefasst[15], andere Erzeugnisse durchlaufen mehrere Produktionsinseln[16]. Für diese mehrstufigen Durchläufe wurde im Bereich *Vorfertigung* der gemeinsam durch viele Erzeugnisse beanspruchte Arbeitsschritt *Pressen* als Engpass identifiziert. Für produktorientiert segmentierte Inseln und die identifizierten Engpassbereiche bei mehrstufigen Durchläufen bestimmt sich die auftragsspezifische Kapazitätsnachfrage aus der Rüstzeit und der Fertigungszeit für die entsprechend dem Auftragsumfang herzustellende Teileanzahl; im Fall der Engpassbereiche wird über alle Aufträge gerechnet, die die Engpassverrichtung nachfragen.

Bei der Ermittlung des Kapazitätsangebotes in den betrachteten Bereichen wurde zunächst davon ausgegangen, dass in den beiden Kapazitätseinheiten *Vorfertigung* bzw. *Polieren* in den zugeordneten Produktionsinseln im Zwei-Schicht-Betrieb gefertigt wird. Aus einer Schichtdauer von 7,5 Arbeitsstunden resultiert folglich ein rechnerisches Kapazitätsangebot von 900 Minuten je Arbeitstag[17].

Im Ergebnis des Abgleichs von Kapazitätsangebot und Kapazitätsnachfrage für den Normalbetrieb auf der detaillierten Ebene der Feinplanung konnte die Erwartung bestätigt werden, dass

[15] In der Vorfertigung sind beispielsweise erzeugnisspezifisch spanende und nachfolgend umformende Verrichtungen in einer Insel gebündelt.

[16] Ein Großteil des Produktspektrums durchläuft innerhalb der Vorfertigung zwei Produktionsbereiche, die Insel *Pressen*, die jeweils von verschiedenen Erzeugnistypen beansprucht wird, und nachfolgend erzeugnisspezifisch eine Insel, in der weiter umformend (Arbeitsgang Reckbiegen) und ggf. spanend (Verrichtungen Fräsen und Bohren) verarbeitet wird.

[17] Eine flexible Personaleinsatzplanung und ausreichend Personalausstattung in den Bereichen Vorfertigung und Polieren motivieren für die vereinfachende Annahme, jede Produktionsinsel verfüge über ein rechnerisches Kapazitätsangebot i. H. v. 900 Minuten je Arbeitstag.

das Kapazitätsangebot die Kapazitätsnachfrage übersteigt. Auf aggregierter Ebene ist nun zu bestimmen, in welcher Höhe die Normalkapazität im Modellsystem anzusetzen ist. Aufgrund einer nicht ausreichend detaillierten Betriebsdatenerfassung (Stamm- und Bewegungsdaten, insbesondere in Bezug auf Auslastungsgrade der Produktionsinseln etc.) im Beispielunternehmen konnte jedoch das tatsächlich verfügbare Kapazitätsangebot nicht präzise ermittelt werden. Während die Kapazitätsnachfrage aus dem Tagesproduktionsprogramm ausreichend genau abgeleitet werden konnte und dieses Produktionsprogramm im Zwei-Schicht-Betrieb problemlos hergestellt werden kann, stellt sich insbesondere die Frage der fertigungsbereichsspezifisch aggregierten Abschätzung der Kapazitätsreserve[18].

Durch die im Rahmen eines Kooperationsprojektes in den Fertigungsbereichen erhobenen Informationen und durch intensiven Kontakt zu Entscheidungsträgern in den entsprechenden Bereichen konnte die unzureichende Datenqualität und Datenquantität überwunden werden. Die oben dargestellte pauschale Bestimmung des Kapazitätsangebotes spiegelt die reale Situation nur unzureichend wieder. Es wurde vereinfachend davon ausgegangen, dass alle Produktionsinseln ständig (900 Minuten je Arbeitstag) einsatzbereit sind. Das Kapazitätsangebot konnte unter Rückgriff auf Aufzeichnungen über durchgeführte Wartungs- und Instandhaltungsmaßnahmen in entsprechendem Umfang reduziert werden. Im laufenden Produktionsbetrieb auftretende Verteilzeiten mussten abgeschätzt werden; sie reduzieren weiter das tatsächlich verfügbare Kapazitätsangebot. Im Ergebnis der durchgeführten Analysen konnte die Normalkapazität unter Berücksichtigung ständig vorhandener Störeinflüsse festgelegt werden[19].

Bereich Eloxalanlage

Der Fertigungsbereich *Eloxalanlage* wird als Blackbox betrachtet; es handelt sich um einen geschlossenen elektrochemischen Prozess. An Aufsteckplätzen werden zunächst Werkstückträger mit Werkteilen bestückt. Diese Werkstückträger werden wiederum an Racks (Trägergestellen) angebracht, die in einer erzeugnisspezifischen Sequenz in verschiedene chemische Bäder getaucht werden. Aus den betrieblichen Stammdaten konnte die Anzahl der Werkstückträger und ihre Bestückung mit Halbfabrikaten anhand eines Bestückungsplanes nachvollzogen werden. Erzeugnisspezifisch muss mit einer bestimmten Anzahl Werkstückträger je Rack gerechnet werden. Aus der aus dem Tagesproduktionsprogramm abgeleiteten Anzahl Werkstückträger konnte folglich die Anzahl der Racks und weiter die Anzahl der Durchläufe bestimmt werden, die für den tagesbezogenen Auftragsumfang notwendig ist. Unter Berücksichtigung der erzeugnis- und damit auftragsunabhängigen Taktzeit je Rack i. H. v. 11 Minuten und unter Beachtung der Betriebszeit der Anlage von 7,5 Stunden je Schicht konnte das Kapazitätsangebot und die Kapazitätsnachfrage jeweils in Minuten bzw. Anzahl Racks bezogen auf einen Arbeitstag angegeben werden. Unter Abschätzung im Normalbetrieb auftretender Stillstandszeiten wurde abermals eine Reduzierung des verfügbaren Kapazitätsangebotes vorgenommen. Die Gegenüberstellung von Kapazitätsnachfrage und tatsächlich verfügbarem Kapazitätsangebot (Normalkapazität) führt für

[18] Die elementspezifisch nachgefragte Kapazität, erhöht um die Kapazitätsreserve, bildet die elementspezifisch anzugebende Normalkapazität. Vgl. hierzu Abschnitt 4.1.2.4.2.

[19] Vgl. erneut Abschnitt C.3.

den Bereich Eloxalanlage zu der Feststellung, dass das Kapazitätsangebot die -nachfrage nur leicht übersteigt. Auch die Eloxalanlage verfügt demnach über Kapazitätsreserven.

Bereich Montage/Konfektionierung

Im Referenzsystem verkörpert dieser Bereich die letzte Produktionsstufe. An den Produkten werden Befestigungs- und Dichtungselemente angebracht, sie werden auftragsspezifisch konfektioniert und in Spezialladungsträger verpackt. Diese einfachen Arbeitsschritte werden durch eine große Anzahl flexibel in drei Montagebereichen eingesetzter Mitarbeiter erbracht. Das einfach zu bestimmende Kapazitätsangebot wird der mit Hilfe der Arbeitspläne hochgerechneten Kapazitätsnachfrage gegenübergestellt.

Die Analyse der Stamm- und Bewegungsdaten sowie darüber hinaus vorgenommene Datenerhebungen lassen den Schluss zu, dass das untersuchte Produktionssystem im Normalbetrieb kapazitiv abgestimmt ist.

C.2.2 Referenzsystem im Zeit-Wert-Gerüst

Die Ermittlung des Wertgerüstes erfolgt unter Rückgriff auf die durch das betriebliche Rechnungswesen ermittelten Kostensätze für die einzelnen Kostenarten und -stellen[20].

1. Die Komponenten der *Produktionskosten* werden der Kostenstellenplanung des Beispielunternehmens entnommen[21]. Die in der Kostenrechnung kalkulierten Kostensätze auf Stundenbasis (Umlage produktionsbezogener Gemeinkosten) müssen auf den Systemtakt bezogen werden. Im Normalbetrieb wird in den Fertigungsbereichen in zwei Schichten je Arbeitstag gefertigt, folglich entsprechen die Personalkosten je Systemtakt dem 15fachen der Personalkostenstundensätze (je Schicht wird 7,5 Stunden gearbeitet), multipliziert mit der durchschnittlichen Anzahl eingesetzter Mitarbeiter in den Fertigungsbereichen. Personalkosten werden auf Zeitbasis bestimmt (zeitbezogene Entlohnung). Maschinenkosten je Systemtakt werden entsprechend der Inanspruchnahme der Maschinen und Anlagen durch den bestimmten Auftragsmix gewichtet, so dass die Betriebszeiten der Maschinen ihrer Nutzung entsprechen. Die ermittelten Komponenten der Produktionskosten sind gemeinsam mit den weiter benötigten Kostenarten in Tab. C.2 zusammengefasst. Sie stellen einen Mittelwert über alle Produkte dem taktbezogenen Auftragsmix entsprechend dar. Die für ein bestimmtes Produkt anfallenden Kosten werden mit dem Anteil des Erzeugnisses an der Gesamtausbringung gewichtet.
2. Die Höhe der *Bestandskosten* wird im Beispielunternehmen hauptsächlich durch die Kapitalbindung determiniert, diese wiederum ist abhängig von der in den gelagerten Produkten

[20] Vgl. weiter Hild/Fischäder 2005, S. 96 ff. Es sei noch einmal darauf hingewiesen, dass ein Richtwert für die ökonomische Wirkung von Anpassungsmaßnahmen und Störungswirkungen gewonnen werden soll. Die Genauigkeit der verwendeten Wertgrößen ist mit ihrem Erhebungsaufwand in Beziehung zu setzen. Die notwendigen Kosteninformationen mussten z. T. geschätzt werden, die Validierung des Modellsystems beschränkt sich daher auf die gewonnenen Aussagen im Zeit-Mengen-Gerüst (insbesondere auf prognostizierte Bestandsverläufe).

[21] Zur Bestimmung der Produktionskosten siehe auch Abschnitt 4.2.2.4.

enthaltenen Wertschöpfung[22]. Die Tab. C.1 enthält die Anteile der produktionsstufenbezogenen Wertschöpfung[23]. Die auf die einzelnen Produktionsstufen bezogenen Werte sind analog den Produktionskosten ein mit dem Anteil an den Abrufen gewichteter Mittelwert über alle Produkte des betrachteten Auftragsmixes. Die auf dieser Grundlage bestimmten Bestandskostensätze sind in Tab. C.2 angegeben. Bestandskosten werden darüber hinaus durch den Platzbedarf der Lagerflächen und die Alterung der Erzeugnisse bestimmt. Uneloxierte Aluminiumteile können nur über einen begrenzten Zeitraum zwischengelagert werden, bevor ihre Oberfläche oxidiert und somit aushärtet. Bereits oxidierte Teile können nur unter erhöhtem Arbeitseinsatz weiterverarbeitet werden und verkommen oftmals zu Ausschuss. Bei störungsbedingten übergroßen Beständen kann erwartet werden, dass einige der gelagerten Teile zu lange im Lager verbleiben. Um diesen besonderen Effekt abzubilden, wird der Bestandskostensatz um einen pauschalen Anteil für diese Produktalterung erhöht.

Fertigungsbereich (Zustand)	k	kumulierte Wertschöpfung
Rohmaterial	-	15%
Vorfertigung	1	30%
Polieren	2	70%
Eloxalanlage	3	90%
Montage/Konfektionierung	4	100%

Tab. C.1: Wertschöpfungsanteile auf einzelnen Fertigungsstufen

3. Die aggregierte Angabe der *Lieferrückstandskosten* ist problematisch, da diese durch die jeweilige Bestandssituation bei den Kunden (OEM) bestimmt werden[24]. Die durch einen Lieferrückstand verursachten Kosten sind im Allgemeinen sehr hoch, denn oftmals werden Eilzustellungen (Sonderfahrten) notwendig. Im Fall der Unterbrechung der Produktion beim OEM („Abriss" der Montagelinie) steigen die Kosten drastisch an.
   Im Abschnitt C.1 wurde bereits angeführt, dass die Abnehmer der Erzeugnisse des Beispielunternehmens die Fahrzeugmontage durch einen Bestand von rund zwei Tagesbedarfen abpuffern. Wird im Modellsystem ein Lieferrückstand berechnet, so ist dieser jedoch auf den *Auftragsmix* bezogen, nicht auf einzelne, verspätete Aufträge. Ein auf die aggregierte Nachfrage bezogener Lieferrückstand von 10% impliziert folglich nicht zwangsläufig einen Lieferrückstand i. H. v. 10% bei allen Produkten[25]. Vielmehr ist denkbar, dass ein Produkt trotz Bedarf nicht geliefert wird (ein Kundenauftrag also nicht bedient wird) und stattdessen vermehrt ein anderes Produkt ausgeliefert wird.
   Es wurde bereits darauf hingewiesen, dass Zustand 5 als Repräsentant für den Transport der Erzeugnisse vom Unternehmen zu den Abnehmern verstanden werden soll (Trans-

[22] Zur Bestimmung der Bestandskosten vgl. Abschnitt 4.2.2.2.
[23] Die Tabelle stellt die Anteile der Wertschöpfung *nach* Durchlaufen der jeweiligen Fertigungsstufe dar.
[24] Zur Erfassung von Lieferrückstandskosten siehe Abschnitt 4.2.2.3.
[25] Dies wäre nicht problematisch, sind für einen solch „geringen" Lieferrückstand die Pufferbestände der OEM doch ausreichend dimensioniert.

portzustand). Wird für diesen Zustand ein Lieferrückstand bestimmt, sind also zu wenig Produkte in diesem Zustand vorhanden, so muss ein Ausgleich dieses Rückstandes durch Eilzustellungen erfolgen. Notwendige Sonderfahrten kosten erheblich mehr als Transporte im geplanten Turnus, teilweise müssen schnellere Transportmittel in Anspruch genommen werden (Eilkuriere, Luftfracht).

Ein sinnvoller Erwartungswert für Lieferrückstandskosten ist im Untersuchungsbereich durch einen Kostensatz i. H. v. 9.200 Euro je normiertem Kapazitätsteil und Zeittakt gegeben. Dieser Erfahrungswert stellt im Kontext der angeführten Betrachtungen einen Erwartungswert der Kosten für die Unterbrechung der Produktion beim OEM und für Eilzustellungen dar.

Tab. C.2 fasst die einzelnen direkten und indirekten Kostenkomponenten in ihrer Höhe im Beispielunternehmen zusammen. Die Kostensätze c_k werden in Euro je normiertem Kapazitätsteil und Systemtakt, die produktionsbezogenen Gemeinkosten $C_k^{fix}(T)$ in Euro je Zeittakt angegeben. Mit den im Untersuchungsbereich bestimmten Kostensätzen kann nun das Zeit-Mengen-Gerüst des Referenzsystems in ein Zeit-Wert-Gerüst überführt werden.

Fertigungsbereich (Zustand)	k	c_k^{prod}	C_k^{fix}	c_k^{store}
Vorfertigung	1	20,11	8.766	0,18
Polieren	2	2,76	13.936	0,36
Eloxalanlage	3	1,27	6.620	0,83
Montage/Konfektionierung	4	3,06	6.210	1,14

Tab. C.2: Kostensätze im Beispielunternehmen

C.3 Praxistypische Störsituationen und ihre Darstellung im Referenzsystem

Die Analyse der Auswirkung fertigungsbezogener Störungen und die auf dieser Grundlage durchzuführende Anpassungsplanung werden für praxistypische Störfälle im Produktionssystem des Beispielunternehmens vorgenommen. Im Ergebnis praktischer Untersuchungen wurden zwei charakteristische Situationen identifiziert; für die Störszenarien wurde die reale Bestandsentwicklung mit den prognostizierten Werten abgeglichen[26]:

- Störszenario A erfasst die dauerhaft einwirkende Grundstörung im Produktionsablauf[27],
- Störszenario B beschreibt den Ausfall eines Racks in der *Eloxalanlage*.

In den nachfolgenden Abschnitten werden die Störszenarien zunächst beschrieben. Im Zeit-Mengen-Gerüst wird die Entwicklung der Bestände normierter Kapazitätsteile in den einzelnen Fertigungsbereichen (Zuständen) sowie die Entwicklung der gesamten Ausschussmenge im Be-

[26] Dies war jedoch nur unter Rückgriff auf feinplanungs- und -steuerungsspezifische (und damit fertigungsbereichsspezifische) Informationen möglich (gestörte Kapazitätseinheit innerhalb der Fertigungsbereiche, Prioritätsregeln an Engpassaggregaten etc.). Das Modellsystem stellt das untersuchte reale Produktionssystem hinreichend genau dar.

[27] Die Störung aus Szenario A liegt allen weiteren Szenarien zu Grunde. Das Produktionssystem unterliegt auch im Normalbetrieb einem ständigen Störeinfluss.

obachtungszeitraum prognostiziert. Zugehörige Verläufe der Produktions- und Bestandskosten sowie die Ermittlung der Lieferrückstandskosten liefern dem Mengen-Gerüst ein entsprechendes Wertgerüst. Alle Darstellungen werden auf einen Zeitraum von 30 Systemtakten (30 Arbeitstage) bezogen[28].

C.3.1 Störszenario A – Grundstörung im Produktionsprozess

Szenario A fasst die in den Bereichen *Vorfertigung* oder *Polieren* verursachten Beschädigungen einzelner Produkte zusammen und trat im Referenzsystem praktisch permanent auf, denn vor dem Hintergrund des technischen Realisierungsstandes der Fertigungsprozesse ließen sich Beschädigungen einzelner Werkteile kostenwirtschaftlich nicht vollständig ausschließen. In der diesem Szenario zugeordneten Störübergangsmatrix $\underline{P}^{dist.A}(T)$ repräsentiert das Element $p_{42}^{dist.A}$ den größten positiven Störübertragungsfaktor. Dieser Übertragungsfaktor bildet die Rückführung der am Eingang in den Fertigungsbereich *Montage/Konfektionierung* identifizierten defekten Erzeugnisse in den Bereich *Polieren* ab. Neben diesem größten durch Störungen des Fertigungsprozesses verursachten Teilestrom fielen in den einzelnen Fertigungsbereichen durch Beschädigung einzelner Produkte Ausschuss- und Nacharbeitsanteile an, die superdiagonale Elemente der Übergangsmatrix $\underline{P}(T)$ reduzieren[29]. Die auf der Grundlage der Auswertung betrieblicher Störungen im Beispielunternehmen identifizierte Störübergangsmatrix hat die Form:

$$\underline{P}^{dist.A} = \begin{bmatrix} 0 & -0{,}03 & 0 & 0 & 0 & +0{,}03 \\ 0 & 0 & -0{,}04 & 0 & 0 & +0{,}04 \\ 0 & +0{,}01 & 0 & -0{,}06 & 0 & +0{,}05 \\ 0 & +0{,}03 & 0 & 0 & -0{,}07 & +0{,}04 \\ 0 & 0 & 0 & 0 & 0 & 0 \\ 0 & 0 & 0 & 0 & 0 & 0 \end{bmatrix}.$$

Szenario A induziert eine Veränderung der Systemstruktur, die in Abb. C.3 angegeben ist.

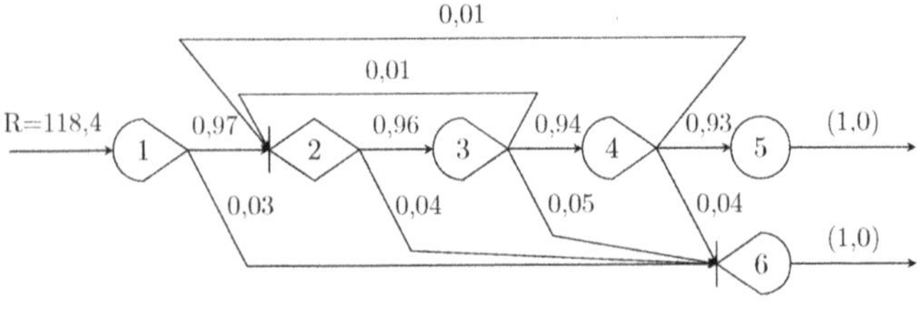

Abb. C.3: Reduzierter Signalflussgraph für Störszenario A (Grundstörung)

[28] Eine Aufnahme und Analyse störungsbezogener Daten im Referenzsystem war über einen Zeitraum von insgesamt drei Monaten möglich.
[29] Die Übertragungsfaktoren repräsentieren Durchschnittswerte, die auf einer Datenbasis von ca. 6 Monaten ermittelt werden konnten.

Die beschriebene Störung wirkte dauerhaft auf das System. Der mit der Störung verbundene, ständig auftretende Ausschussanteil macht eine *Übereinlastung* erforderlich, d. h. die Einlastung in die Fertigungsbereiche war höher als das Tagesproduktionsprogramm $R^{dem}(T)$. Um bei der kapazitiven Auslegung des Systems die nicht eliminierbare Störung A zu berücksichtigen und um im Mittel eine Ausbringung von 100 nKT je Systemtakt zu sichern, musste die Einlastung in den Fertigungsbereich *Vorfertigung* auf $R(T) = 118{,}4\ nKT$ erhöht werden. Ein Arbeitsinhalt von 18,4 normierten Kapazitätsteilen ging folglich durchschnittlich (dauerhaft) durch Ausschuss verloren.

Dieser Sachverhalt war bei der kapazitätsbezogenen Dimensionierung des Produktionssystems zu berücksichtigen; die Wirkungen von Störszenario A schlagen sich in der Festlegung der Höhe der Normalkapazitäten für die einzelnen Fertigungsbereiche nieder. Die Normalkapazitäten beinhalten zusätzlich jeweils eine Kapazitätsreserve, die je nach Fertigungsbereich zwischen 5% und 8% der (unter Berücksichtigung des Szenarios A) benötigten Kapazität L_k^{req} liegt (es gilt $L_1^{req} = 118{,}4$, $L_2^{req} = 119{,}2$, $L_3^{req} = 114{,}5$ und $L_4^{req} = 107{,}6$)[30]. Die Normalkapazitäten im Referenzsystem sind (alle Werte in normierten Kapazitätsteilen):

$$L_1^{norm} = 124,$$
$$L_2^{norm} = 128,$$
$$L_3^{norm} = 120 \text{ und}$$
$$L_4^{norm} = 116.$$

Der Kapazitätsbedarf nimmt downstream über die Fertigungsbereiche tendenziell ab. Zustand 2 – der Bereich *Polieren* – hat in Folge des hohen Nacharbeitsumfangs, der dort anfällt und bewältigt werden muss, einen erhöhten Kapazitätsbedarf und somit eine erhöhte Normalkapazität. Wird der im System im Normalbetrieb (also unter Einschluss des Störszenarios A) produzierte Ausschuss (Zustand 6) gemessen, so zeigt die grafische Darstellung (siehe Abb. C.4) einen integralen Verlauf.

[30] Vgl. hierzu auch die Ausführungen in Abschnitt C.2.1. Zur systeminhärenten (hier fertigungsbereichsspezifischen) Kapazitätsreserve und ihre Eigenschaft der Dämpfung auftretender Störungen vgl. Abschnitt 4.1.2.4.2.

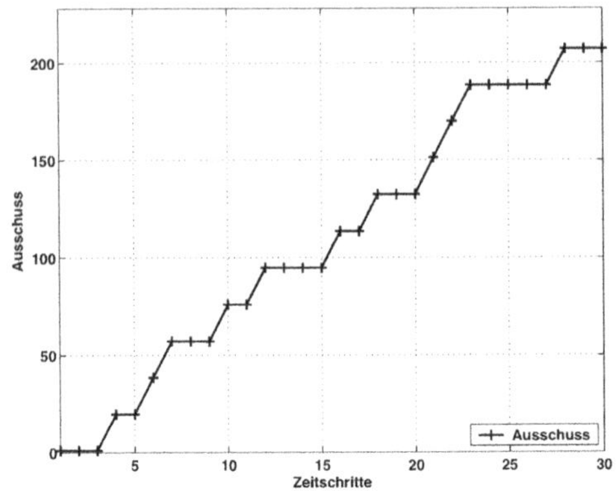

Abb. C.4: Kumulierter Ausschuss für Störszenario A

C.3.2 Störszenario B – Rackausfall in der Eloxalanlage

Störszenario B greift eine typische Einzelstörung im Fertigungsbereich *Eloxalanlage* auf. Der Ausfall eines kompletten Trägergestells in der Anlage trat gelegentlich auf und führte zu einem erhöhten Ausschuss- und Nacharbeitsanteil bei Produkten, die die *Eloxalanlage* durchlaufen. Ein Rackausfall kann dazu führen, dass größere Produktmengen, sogar ganze Tagesbedarfe einzelner Produkte als Ausschuss verbucht werden müssen. Die Störung führt in der Übergangsmatrix $\underline{P}^{dist.B}(T)$ zu einem erhöhten Störübertragungsfaktor $p_{32}^{dist.B}$, der die Rückführung Nacharbeit erfordernder Produkte von der *Eloxalanlage* an den Eingang des Bereiches *Polieren* darstellt. Das superdiagonale Matrix-Element, der Übertragungsfaktor des Zustands 3 ($p_{34}^{dist.B}$) wird deutlich verringert, ein Ausschussanteil von 12% zusätzlich zu dem Nacharbeitsanteil von 5% ergibt einen Störübertragungsfaktor $p_{34}^{dist.B} = -0{,}17$. Für die resultierende Störübergangsmatrix gilt im Zeitraum der Einwirkung der Störung B

$$\underline{P}^{dist.B}(T) = \begin{bmatrix} 0 & 0 & 0 & 0 & 0 & 0 \\ 0 & 0 & 0 & 0 & 0 & 0 \\ 0 & +0{,}05 & 0 & -0{,}17 & 0 & +0{,}12 \\ 0 & 0 & 0 & 0 & 0 & 0 \\ 0 & 0 & 0 & 0 & 0 & 0 \\ 0 & 0 & 0 & 0 & 0 & 0 \end{bmatrix}.$$

Die Struktur des Referenzsystems unter gleichzeitigem Einfluss der Szenarien A und B zeigt Abb. C.5.

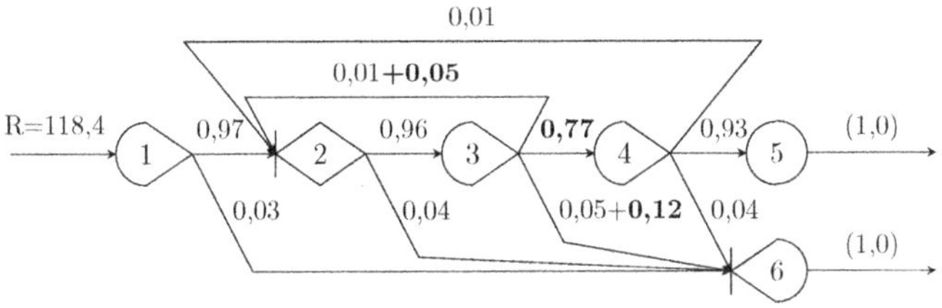

Abb. C.5: Reduzierter Signalflussgraph für Störszenarien A und B

Die resultierende Übergangsmatrix $\underline{P}(T)$ kann für den Fall gleichzeitig auftretender Störszenarien A und B angegeben werden mit:

$$\underline{P}(T) = \begin{bmatrix} 0 & 0{,}97 & 0 & 0 & 0 & 0{,}03 \\ 0 & 0 & 0{,}96 & 0 & 0 & 0{,}04 \\ 0 & 0{,}06 & 0 & 0{,}77 & 0 & 0{,}17 \\ 0 & 0{,}03 & 0 & 0 & 0{,}93 & 0{,}04 \\ 0 & 0 & 0 & 0 & 0 & 0 \\ 0 & 0 & 0 & 0 & 0 & 0 \end{bmatrix}.$$

Störszenario A, welches im Normalbetrieb dauerhaft auftrat, induziert keine unmittelbaren Kostenwirkungen[31]. Störsituation B hingegen erforderte die Störungsbeseitigung durch die unternehmensinterne Instandhaltungsabteilung. Dies wurde durch leicht erhöhte produktionsbezogene Gemeinkosten für den Fertigungsbereich *Eloxalanlage*, mithin durch ein $C_3^{fix.\,dist.\,B}(T)$ i. H. v. 125 Euro je Systemtakt berücksichtigt.

Das Störszenario B ist dadurch charakterisiert, dass Rackausfälle unregelmäßig in den Takten $T = 4, 6, 7, 10, 12, 16, 18, 21, 22, 23, 28$ auftreten[32]. Die Ausgangssituation der Systemanalyse ist durch Anfangsbestände entsprechend dem stationären Zustand bei permanenter Einwirkung der Grundstörung A, durch

$$n_1(1) = 118{,}4,$$
$$n_2(1) = 119{,}2,$$
$$n_3(1) = 114{,}5 \text{ und}$$
$$n_4(1) = 107{,}6$$

gekennzeichnet (alle Werte in normierten Kapazitätsteilen). Die Berechnungen erfolgen für 30 Systemtakte. Abb. C.6 zeigt die Bestandsverläufe für den nicht angepassten Betrieb des gestörten Produktionssystems.

---

31 Die Kostenwirkung dauerhafter Störeinflüsse sind vielmehr in den Produktions- und Bestandkosten für den „Geradeausbetrieb" berücksichtigt.

32 Dies entspricht einer tatsächlichen Störsequenz im Untersuchungszeitraum.

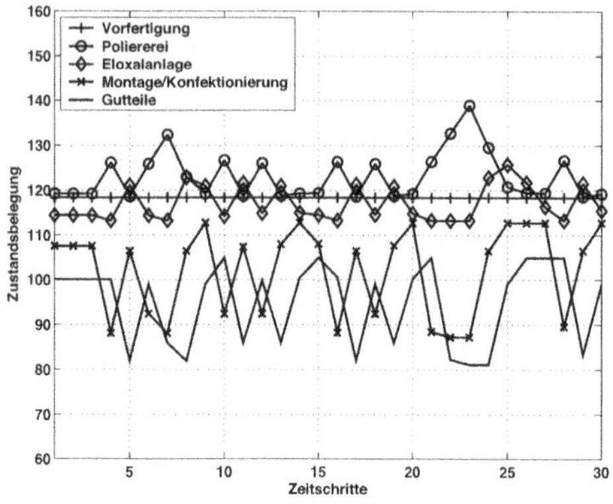

Abb. C.6: Bestandsentwicklung für Störszenario B ohne Systemanpassung

Es ist deutlich zu erkennen, in welchem Ausmaß sich die Bestände in den einzelnen Fertigungsbereichen während der gestörten Systemtakte veränderten. Insbesondere in den aufeinander folgenden Zeitschritten 21 bis 23 erhöhten sich aufgrund des für Störsituation B zusätzlichen Nacharbeitsanteils von 5% aus dem Bereich der *Eloxalanlage* der im Bereich *Polieren* durchzusetzende Arbeitsinhalt. Die dichte Folge der Rackausfälle verhinderte die dauerhafte Erholung der Bestandssituation durch Nutzung systeminhärenter Kapazitätsreserven. Der Ausgangsbestand, den die Zustände unter ausschließlichem Einfluss des Störszenarios A aufwiesen, ist in den ersten drei Zeitschritten für alle Zustände ablesbar. Aus Abb. C.7 wird ersichtlich, wie sich der Anstieg der Ausschusskurve zu den Störzeitpunkten leicht erhöht. Über den gesamten Beobachtungszeitraum entstand eine Ausschussmenge im Äquivalent von ca. 690 normierten Kapazitätsteilen.

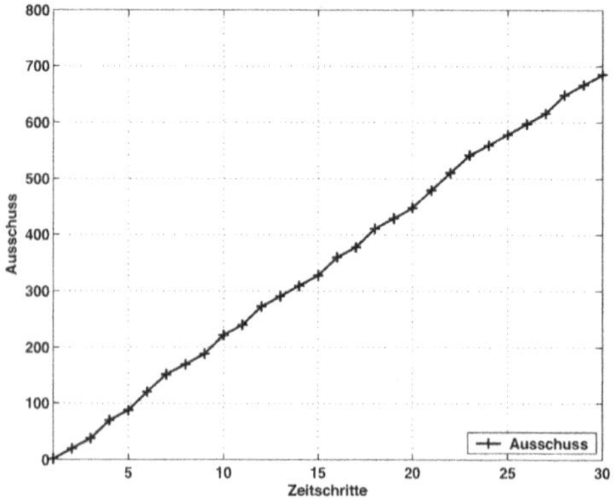

Abb. C.7: Kumulierter Ausschuss für Störszenario B

Von Bedeutung für die Entscheidungsträger im Unternehmen ist der Bestandsverlauf im zusätzlich eingeführten Transportzustand („Gutteile"). Fällt der Bestand unter 100 normierte Kapazitätsteile, so liegt eine Unterdeckung der Kundennachfrage und folglich ein Lieferrückstand vor. Dieser führt zu Lieferrückstandskosten, deren Verlauf je Zeitschritt in Abb. C.8 dargestellt ist.

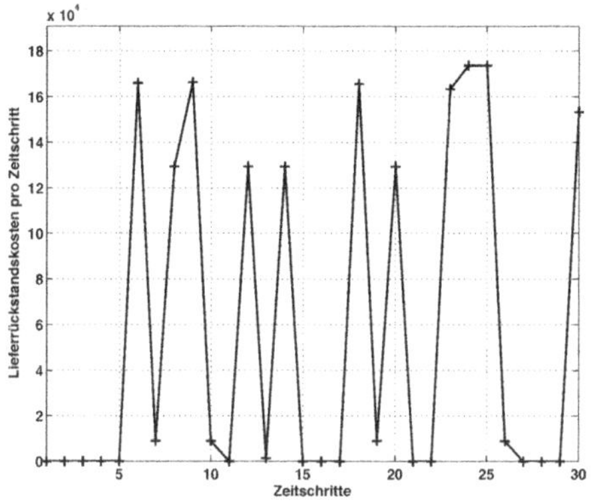

Abb. C.8: Lieferrückstandskosten für Störszenario B

Die Grafik zeigt deutlich, dass die Lieferrückstandskosten im Laufe des betrachteten Monats eine beachtliche Höhe erreichen. Die kalkulierten Kosten für den 30-tägigen Betrieb des Referenzsystems ohne Systemanpassung und unter Einwirkung der Störungen A und B sind in Tab. C.3 zusammengefasst.

Kostenart	
Produktionskosten	1.123.900
Bestandskosten	8.093
Lieferrückstandskosten	1.716.700
Gesamtkosten	2.848.693

Tab. C.3: Kosten des Systembetriebs für Störszenario B

Die Tab. C.3 zeigt, welche ökonomischen Folgen eine durch Szenario B beschriebene Störung hat. Der Anteil der Lieferrückstandskosten an den Kosten für den Betrieb des Produktionssystems beträgt ca. 50%. Darüber hinaus wird deutlich, dass die Bestandskosten im Beispielunternehmen nur eine untergeordnete Rolle spielen. Die Produkte sind verhältnismäßig klein und können raumsparend gelagert werden.

C.4 Anpassungsplanung im Beispielunternehmen

C.4.1 Anpassungsoptionen im Referenzsystem

Technische und organisatorische Rahmenbedingungen im Beispielunternehmen erlauben lediglich die operative Entscheidung über Maßnahmen der *zeitlichen Anpassung* in Reaktion auf fertigungsbezogene Störungen. Die Variation der Bearbeitungsintensität eines Fertigungsbereiches ist keine Anpassungsoption, über die im Beispielunternehmen kurzfristig verfügt werden kann; eine Intensitätsvariation ist Gegenstand der systembildenden Koordination[33].

Maßnahmen der zeitlichen Anpassung sind die Optionen Y und Z, die gezielt in einzelnen oder aber gleichzeitig in mehreren Fertigungsbereichen (d. h. in den Zuständen 1 bis 4) eingesetzt werden können:

- *Anpassungsoption* Y beinhaltet die einmalige Durchführung zweier Überstunden, also die Verlängerung beider Schichten eines Arbeitstages von 7,5 auf jeweils 8,5 Stunden. Die zusätzliche Arbeitszeit von 2 Stunden je Tag erhöht die verfügbare Kapazität um 13,3%, es gilt $a_k^{time.Y}(T) = 0{,}133$. Kostenwirkungen dieser Anpassungsoption folgen einerseits aus dem längeren Betrieb des Produktionssystems, wodurch die produktionsbezogenen Gemeinkosten ebenfalls um 13,3% steigen. Darüber hinaus müssen erhöhte Personalkosten während der Überstundenzeit Berücksichtigung finden. Tarifrechtliche Regelungen sehen im Beispielunternehmen einen Zuschlag von 30% gegenüber Normalzeit vor, so dass der letztlich resultierende Anstieg produktionsbezogener Gemeinkosten abhängig vom Anteil der Personalkosten an den produktionsbezogenen Gemeinkosten kalkuliert werden muss. Die fertigungsstufenbezogenen Werte $C_k^{fix.time.Y}(T)$ sind in Tab. C.5 zusammengefasst.
- *Anpassungsoption* Z sieht die Möglichkeit der Umstellung des Schichtmodells von Zwei-Schicht- auf Drei-Schicht-Betrieb vor. Arbeits- und tarifrechtliche Regelungen bedingen, dass die Umstellung des Schichtsystems nicht während einer Arbeitswoche vorgenommen werden kann. Eine Änderung des Schichtregimes ist nur zu Wochenbeginn möglich und muss dann für mindestens fünf Arbeitstage aufrechterhalten werden. Durch Umstellung des Schichtmodells von Zwei- auf Drei-Schicht-Betrieb erhöht sich die verfügbare Kapazität über fünf Systemtakte um 50%, es gilt folglich $a_k^{time.Z}(T) = 0{,}5$. Die produktionsbezogenen Gemeinkosten erhöhen sich durch die Anpassungsoption Z um 50%. Die dritte Schicht (Nachtschicht) erhöht die Personalkosten zusätzlich um 40% Nachtarbeitszulage. Dies hat zur Folge, dass auch für die Option Z die $C_k^{fix.time.Z}(T)$ abhängig vom Anteil der Personalkosten an den produktionsbezogenen Gemeinkosten in einem Fertigungsbereich bestimmt werden müssen.

Tab. C.4 enthält bezogen auf das Beispielunternehmen eine Aufgliederung der produktionsbezogenen Gemeinkosten in Personal- und sonstige Kosten (alle Kosten in Euro je Systemtakt).

---

[33] Vgl. in Folge weiter Hild/Fischäder 2005, S. 101 ff. Durch Variation technologischer Parameter kann im Referenzsystem die Intensität der Eloxalanalge variiert werden. Die Anlage muss dazu zunächst abgefahren und vollständig entleert werden, bevor eine Beschickung mit Racks und ein Prozessdurchlauf unter veränderten technologischen Bedingungen möglich ist.

Fertigungsbereich (Zustand)	k	Personalgemeinkosten	sonstige Gemeinkosten	C_k^{fix}
Vorfertigung	1	4.084	4.682	8.766
Polieren	2	10.410	3.526	13.936
Eloxalanlage	3	1.171	5.449	6.620
Montage/Konfektionierung	4	6.210	0	6.210

Tab. C.4: Aufgliederung produktionsbezogener Gemeinkosten im Beispielunternehmen

Tab. C.4 zeigt, dass insbesondere die Fertigungsbereiche *Polieren* und *Montage/Konfektionierung* sehr personalintensiv arbeiten. In diesen Bereichen ruft eine zeitliche Anpassung deshalb eine größere relative Kostenänderung hervor. Die *Eloxalanlage* verursacht demgegenüber wenig Personalaufwand, so dass in diesem Bereich eine zeitliche Anpassung vergleichsweise günstig sein wird.

In Tab. C.5 werden die Anpassungskosten (in Euro je Systemtakt) für die Optionen Y und Z sowie ihre jeweils zusätzliche Kapazitätsfreisetzung (in normierten Kapazitätsteilen) einander gegenüber gestellt.

Fertigungsbereich (Zustand)	k	$L_k^{adapt.Y}$	$C_k^{fix.time.Y}(T)$	$L_k^{adapt.Z}$	$C_k^{fix.time.Z}(T)$
Vorfertigung	1	16,4	1.329	62	5.199
Polieren	2	17,0	2.269	64	9.050
Eloxalanlage	3	15,9	927	60	3.544
Montage/Konfektionierung	4	15,4	1.074	58	4.347

Tab. C.5: Zusatzkapazität und Kosten der Anpassungsmaßnahmen Y und Z

C.4.2 Analyse und Bewertung typischer Anpassungsszenarien

In diesem Abschnitt werden die als praxistypisch identifizierten Störszenarien A und B mit Anpassungsoptionen kombiniert und mit dem modifizierten Basismodell berechnet. Der in dieser Arbeit vorgestellte Modellierungsansatz wird auf das Referenzsystem angewendet.

C.4.2.1 Anpassungsoption Z im gestörten Produktionssystem

Szenario B beschreibt die Situation des Rackausfalls im Bereich *Eloxalanlage*. Die Systemanpassung in Reaktion auf dieses Störszenario B bildet eine für den praktischen Anschauungsbereich typische und erlebte reflexhafte Reaktion auf eintretende Störungen ab: Sobald eine Störung B eintrat, wurde die Betriebszeit zum nächstmöglichen Zeitpunkt um eine weitere Schicht erweitert (Anpassungsoption Z). Der Drei-Schicht-Betrieb wurde in der gestörten Produktionsstufe *Eloxalanlage* sowie in den vorgelagerten Fertigungsbereichen *Polieren* und *Vorfertigung* eingeführt. Dies geschah in der Absicht, durch die im Anpassungsbetrieb ausgeweitete Produktion von Erzeugnissen den störungsbedingten Lieferrückstand schnell auszugleichen.

Im Abschnitt C.4.1 ist bereits dargestellt worden, dass eine Änderung des Schichtregimes nur jeweils ab Wochenbeginn über eine gesamte Arbeitswoche hinweg erfolgen konnte. Die erste Möglichkeit zur Umstellung auf Drei-Schicht-Betrieb nach Einwirkung der Störung in $T = 4$ sei der sechste Takt im Simulationszeitraum, d. h. ab dem Zeitpunkt $T = 5$ war zeitliche Anpassung möglich. Nach Ablauf einer Arbeitswoche (also ab $T = 10$) wurde der Anpassungsbetrieb beendet (d. h. Übergang zum Normalbetrieb in 2 Schichten). Obwohl dann mehrere Störungen an der *Eloxalanlage* auftraten, wurde in der untersuchten Situation im Unternehmen erst zwischen $T = 20$ und $T = 25$ wieder auf den Drei-Schicht-Betrieb umgestellt. In den zwischenzeitlich vergangenen 2 Arbeitswochen traten in den Takten $T = 12, 16, 18$ Rackausfälle auf.

Da im Störbetrieb der Anteil der Ausschussproduktion steigt, fehlten zwangsläufig die zur Bedienung der Kundennachfrage benötigten Produkte im System. Es war somit notwendig, eine *erhöhte Einlastung* in die erste Produktionsstufe vorzunehmen, um den Verlust durch Ausschuss zu kompensieren. Eine deutlich erhöhte Einlastung bedingte wiederum, die Kapazität der *Vorfertigung* zu erhöhen[34]. Mit steigender Einlastung ist durch Systemanpassung eine höhere Elementkapazität vorzuhalten, damit der erhöht eingelastete Arbeitsinhalt sogleich verarbeitet werden kann. Eine ausschließliche Anpassung im Sinne einer Kapazitätserhöhung des Bereiches *Vorfertigung* wiederum hat keine Auswirkungen auf die tatsächlich produzierte Menge, denn eine Einlastung in unmodifizierter Höhe kann bereits im nicht angepassten Betrieb vollständig verarbeitet werden. Die Höhe der Einlastung und die Kapazität des Fertigungsbereiches bedingen sich also im Fall einer gestiegenen Ausschussproduktion im System gegenseitig[35].

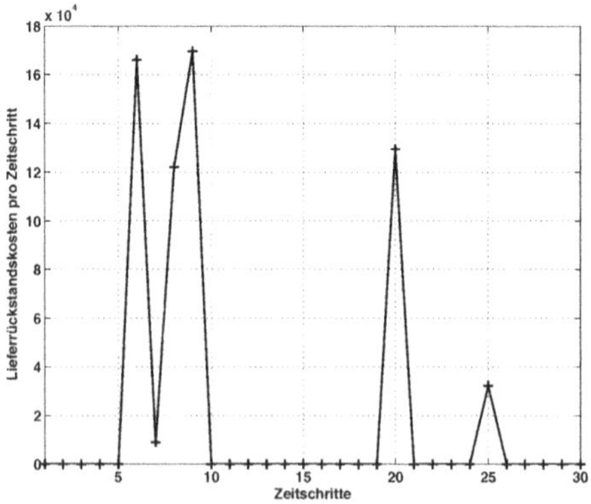

Abb. C.9: Lieferrückstandskosten für Störszenario B und Anpassung Z

In der hier beschriebenen Anpassungssituation wurde die Einlastung parallel zur Erhöhung der Kapazität in der *Vorfertigung* um 50% im Zeitraum der Anpassung ebenfalls um 50% erhöht[36].

34 Wird die Kapazität nicht verändert, so entstehen lediglich Bestände vor dem Bereich *Vorfertigung* (erster Zustand).

35 Vgl. hierzu auch die Ausführungen in Abschnitt 4.1.2.4.1.

36 Dies entspricht einer Erhöhung um 59,2 auf 177,6 normierte Kapazitätsteile. Die Steigerung der Einlastung entspricht damit der anpassungsbedingt erhöhten Elementkapazität.

Abb. C.9 zeigt, dass die beschriebene Anpassungsstrategie zu deutlich geringeren Lieferrückstandskosten führt. Ein ausschließlich reaktives Vorgehen kann Lieferrückstand jedoch nicht vollständig verhindern.

Die Reduzierung des Lieferrückstands geht mit erhöhten Beständen in den Fertigungsbereichen einher. Abb. C.10 stellt die Entwicklung der Bestände in den Produktionsstufen im Beobachtungszeitraum dar. Auffällig ist der zeitverzögerte und sprunghafte Anstieg der Bestände in den ersten drei Produktionsstufen nach Beginn der Anpassung, der sich in den parallel ansteigenden Kurvenzügen zwischen den Zeitpunkten 5 und 9 äußert. Solche parallelen Anstiege sind typisch für plötzliche, drastische Kapazitätserhöhungen in mehreren, seriell angeordneten Fertigungsbereichen. Die Grafik verdeutlicht, dass in kurzen Abständen die Bestände in dem Bereich sehr stark schwanken; das System verlässt seinen stationären Betriebszustand.

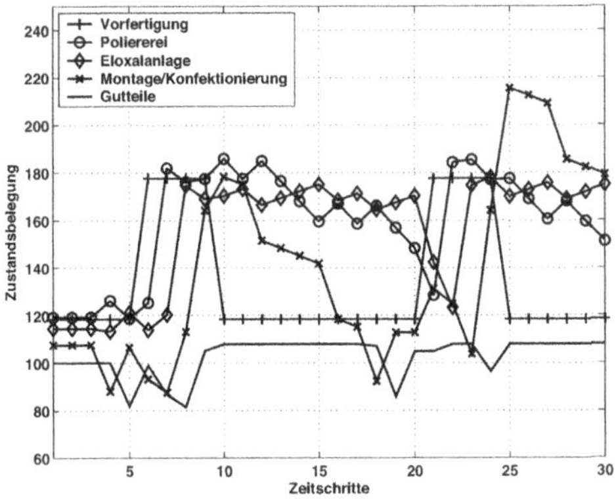

Abb. C.10: Bestandsentwicklung für Störszenario B und Anpassung Z

Abhängig von der Erzeugnisstruktur im Untersuchungsbereich kann es schwierig oder unmöglich sein, störungs- und anpassungsbedingt erhöhte Bestände im Produktionssystem zu verwalten[37]; ggf. müssen beschränkte Maximalbestände und Systemblocking modelliert werden[38]. Im untersuchten Produktionssystem des Beispielunternehmens sind die Produkte vergleichsweise klein und können platzsparend in speziellen Ladungsträgern gepuffert werden. Die Bestandssituation war im Referenzsystem beherrschbar.

Dennoch treten in der betrieblichen Praxis Effekte auf, die in der aggregierten Darstellung des Systemverhaltens keine Berücksichtigung finden. Müssen beispielsweise Produkte zur Zwischenlagerung zunächst in Ladungsträger verpackt werden, obwohl ein solcher Verpackungsarbeitsschritt im Normalbetrieb nicht notwendig ist, so wird durch einen solchen Vorgang Kapazität gebunden. Jeder zusätzliche Transport, jedes Handling der Produkte führt im untersuchten Produktionssystem zudem zu einem erhöhten Beschädigungsrisiko. Eine Zwischenlagerung größerer

[37] Aus Abb. C.10 wird ersichtlich, dass im Bereich *Montage* gegen Ende des Systembeobachtungszeitraumes Bestand im Umfang von rund 220 nKT lagerte.

[38] Das Modellsystem wurde für solche Situationen entsprechend erweitert, vgl. Abschnitt 4.1.2.4.4.

Produktmengen ist deshalb nicht wünschenswert, auch wenn die Bestandskosten aufgrund ihrer Größenordnung nur geringe Auswirkungen zeigen. Neben der Bestandserhöhung war die Anpassung mit einer deutlichen Erhöhung der Produktionskosten verbunden (siehe Abb. C.11). Produktionskosten stiegen in Fertigungsbereichen mit intensivem Personaleinsatz stärker.

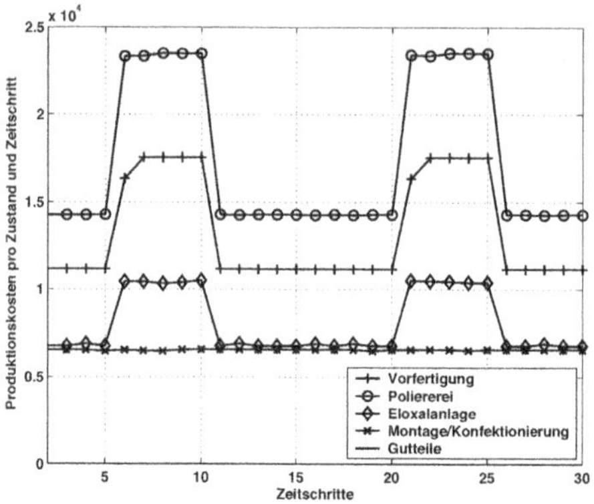

Abb. C.11: Produktionskosten für Störszenario B und Anpassung Z

Die durch Systemanpassung erhöhten Produktionskosten sowie die erhöhten Bestandskosten werden jedoch durch verringerte Kosten des Lieferrückstands ausgeglichen. Die Gesamtkostensituation wird maßgeblich durch den Lieferrückstand bestimmt. Die resultierenden Kosten für den nicht angepassten und den angepassten Betrieb sind in Tab. C.6 zusammengefasst.

Kostenart	ohne Anpassung	Anpassung Z
Produktionskosten	1.123.900	1.313.800
Bestandskosten	8.093	10.804
Lieferrückstandskosten	1.716.700	628.470
Gesamtkosten	2.848.693	1.953.074

Tab. C.6: Kosten des Systembetriebs für Störszenario B und Anpassung Z

Die Kostenwirkungen der Anpassung sind im Vergleich zum nicht angepassten System deutlich zu erkennen. Die Produktionskosten steigen bei Anpassung. Die Lieferrückstandskosten sinken da die Anpassung zu einer erhöhten Bestandssituation und damit zu gestiegenen Bestandskosten führt. Anpassung dient hier nicht dem Abbau von *Überbeständen*, sie trägt vielmehr zur beschleunigten Herstellung neuer Erzeugnisse unter der Zielstellung der Verringerung von *Bedarfsunterdeckungen* bei. Dies ist deshalb von Bedeutung, da die Störszenarien A und B hauptsächlich Ausschuss verursachen und keine reine Kapazitätsreduktion implizieren. Kapazitätsreduktionen bzw. die störungsbedingte Erhöhung von Nacharbeitsanteilen induzieren Überbestände in Fertigungsbereichen upstream ausgehend von der gestörten Produktionsstufe sowie temporäre

Bedarfsunterdeckungen in Bereichen downstream[39]. Im Fall der Ausschussproduktion hingegen gehen Erzeugnisse verloren und werden aus dem System ausgeschleust; eine bleibende Bedarfsunterdeckung in Bereichen downstream einer gestörten Kapazitätseinheit ist die Konsequenz.

C.4.2.2 Anpassungsoption Y im gestörten Produktionssystem

Das hier vorgestellte Szenario[40] beschreibt eine im Vergleich zum vorangegangenen Abschnitt ähnlich reflexhafte Reaktion auf Ausfälle von Warenträgern im Bereich *Eloxalanlage*: Unmittelbar nach Auftreten der ersten Störung wird im gestörten Bereich (Zustand 3) sowie in den vorgelagerten Einheiten angepasst. Diesmal erfolgt jedoch keine Umstellung des Schichtregimes, auf die Störungswirkungen wird vielmehr durch Mehrarbeit (Überstunden) gemäß der oben eingeführten Anpassungsoption Y reagiert. Mit Überstunden ist eine vergleichsweise geringe Erweiterung der Kapazität möglich. Überstunden erhöhen die Produktionskosten in geringerem Ausmaß. Schichtbezogene Mehrarbeit kann ohne Zeitverzug (also ohne Totzeit der Maßnahmenumsetzung) veranlasst werden. Gemäß der im vorangegangenen Abschnitt beschriebenen Vorgehensweise wird bei Anpassung im ersten Zustand *(Vorfertigung)* die Einlastung um 13,3% erhöht[41].

Die Systemanpassung wird unter der Maßgabe durchgeführt, dass angepasst wird, bis das System wieder ohne Lieferrückstände betrieben werden kann. Da im System im Anfangszustand keine Pufferbestände vorhanden sind und durch Anpassung nicht in hinreichendem Umfang zusätzliche Kapazität freigesetzt wird, um solche Bestände parallel zur wiederkehrenden Störungseinwirkung aufzubauen, wird die Anpassung bis zum Ende des Monats ununterbrochen in den ersten drei Fertigungsbereichen *Vorfertigung*, *Polieren* und *Eloxalanlage* aufrecht erhalten. Abb. C.12 zeigt die dauerhafte Erhöhung der Produktionskosten ab dem bereichsspezifischen Startzeitpunkt der Anpassung. Die Anpassung erfolgt zeitversetzt, um für den Bestandsaufbau im jeweils vorgelagerten Zustand Zeit zu schaffen. Die Anpassung startet folglich im Zeitpunkt $T = 4$ im Fertigungsbereich *Vorfertigung*, gleichzeitig erhöht sich die Einlastung. Im Bereich Polieren wird ab $T = 5$ mit der Anpassungsmaßnahme begonnen, in der *Eloxalanlage* ab $T = 6$ mit Überstunden gearbeitet.

---

[39] In diesen Situationen werden Produkte verspätet fertig gestellt, sie gehen jedoch nicht verloren. Deshalb folgt bei Kapazitätsreduktionen eine nur temporäre Unterdeckung.

[40] Während die in Abschnitt C.4.2.1 vorgestellte Situation das Abbild eines realen Stör- und Anpassungsszenarios im Modellsystem zum Gegenstand hat, sind die in diesem und den nachfolgenden Abschnitten vorgestellten (alternativen) Anpassungsstrategien „reine Modellexperimente“ auf der Grundlage einer realen Störsituation (Störung A überlagert mit Störung B). Es werden im Vergleich zu Abschnitt C.4.2.1 erfolgreichere Anpassungsstrategien vorgestellt.

[41] Die Einlastung steigt mithin um 15,7 nKT auf einen Wert von 134,1 nKT.

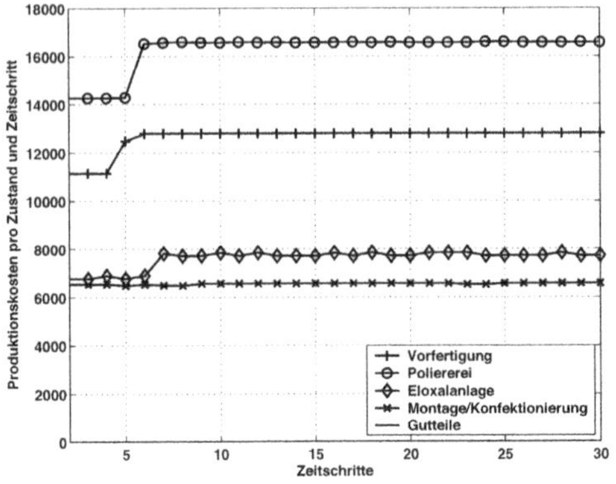

Abb. C.12: Produktionskosten für Störszenario B und Anpassung Y

Im Vergleich zu der im vorangegangenen Abschnitt beschriebenen Situation ist ein unterschiedlicher Verlauf der Produktionskosten erkennbar (siehe Abb. C.11). Diese Kosten erhöhen sich in wesentlich geringerem Umfang, wirken aber über eine längere Zeitspanne.

Den Einfluss der Anpassung auf die Lieferrückstandskosten zeigt Abb. C.13. Wird dauerhaft durch Überstunden angepasst, tritt nach Beseitigung des ersten Lieferrückstandes erst später erneut eine Bedarfsunterdeckung auf, da das System insgesamt mit einer höheren Kapazität arbeitet. Die permanente Anpassung mit Option Y zeigt in Bezug auf die Reduzierung der Störungswirkungen einen insgesamt stärkeren Effekt im Vergleich zur Dämpfung des Lieferrückstandes durch erhöhte Bestände, die im vergleichsweise kurzen Zeitraum der intensiven Anpassung durch Änderung des Schichtregimes entstehen (vgl. Abb. C.13 mit Abb. C.9).

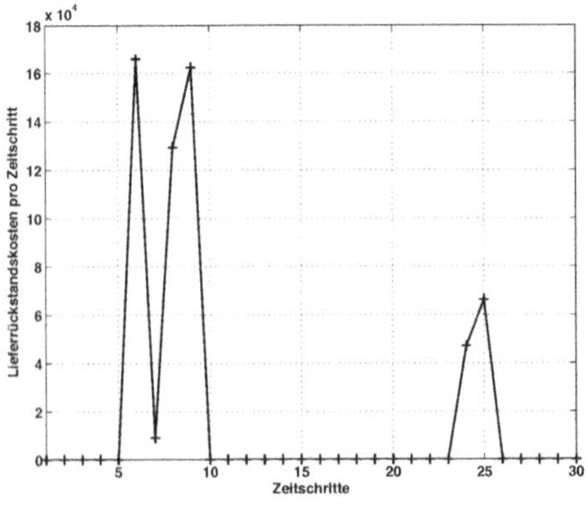

Abb. C.13: Lieferrückstandskosten für Störszenario B und Anpassung Y

Wird der in Abb. C.14 dargestellte Verlauf der Bestände mit der Entwicklung aus Abschnitt C.4.2.1 verglichen, so ergeben sich deutliche Unterschiede: Abb. C.10 zeigt, dass sich in der dort untersuchten Situation durch ausgeprägte Überkapazitäten während der Anpassung große Bestände aufbauen. In der in diesem Abschnitt beschriebenen Situation verändert sich das durchschnittliche Bestandsniveau bei Anpassung weniger drastisch (vgl. nochmals Abb. C.14).

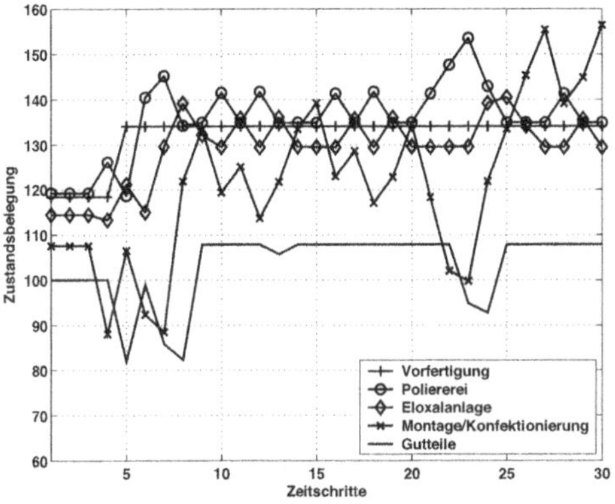

Abb. C.14: Bestandsentwicklung für Störszenario B und Anpassung Y

Die beiden verglichenen Anpassungssituationen unterscheiden sich hinsichtlich der Höhe einzelner Kostenkategorien sowie der Gesamtkosten nicht wesentlich. Tab. C.7 gibt einen Überblick über die ökonomischen Konsequenzen von Störung und Systemanpassung. Auch bei Anpassung durch Überstunden resultieren erhöhte Produktionskosten und leicht erhöhte Bestandskosten. Lieferrückstandskosten sinken durch diese Anpassungsmaßnahme ebenfalls drastisch.

Kostenart	ohne Anpassung	Anpassung Z	Anpassung Y
Produktionskosten	1.123.900	1.313.800	1.247.600
Bestandskosten	8.093	10.804	9.268
Lieferrückstandskosten	1.716.700	628.470	579.920
Gesamtkosten	2.848.693	1.953.074	1.836.788

Tab. C.7: Kosten des Systembetriebs für Störszenario B, Anpassung Z und Anpassung Y

C.4.2.3 Kombinierte Anpassung Y und Z im Referenzsystem

In diesem Abschnitt wird eine erfolgreiche komplexere Anpassungsstrategie beschrieben, in der in den einzelnen Fertigungsbereichen unterschiedliche Anpassungsoptionen eingesetzt werden.

Im Bereich *Vorfertigung* erfolgt Anpassung durch Änderung des Schichtregimes (Anpassungsoption Z). Gleichzeitig erfolgt eine Erhöhung der Einlastung um 59,2 normierte Kapazitätsteile.

In dieser Art wird über zwei Wochen im untersuchten Zeitraum von einem Monat angepasst, zwischen $T = 5$ und $T = 10$ sowie von $T = 15$ bis $T = 20$.

Die im Durchlauf der Erzeugnisse folgenden Fertigungsbereiche *Polieren* und *Eloxalanlage* passen durch Überstunden an (Option Y) und beginnen mit dem Anpassungsbetrieb zeitverzögert: Im Bereich *Polieren* wird mit der Anpassung in $T = 6$ begonnen, die *Eloxalanlage* arbeitet ab $T = 7$ mit Überstunden. Beide Bereiche passen bis zum Ende des Monats dauerhaft an. Die unterschiedlichen Anpassungsmaßnahmen sind im Bild der Produktionskosten gut zu erkennen (vgl. Abb. C.15). Die Produktionskosten in der *Vorfertigung* steigen im Anpassungszeitraum stärker an als die der übrigen Fertigungsbereiche.

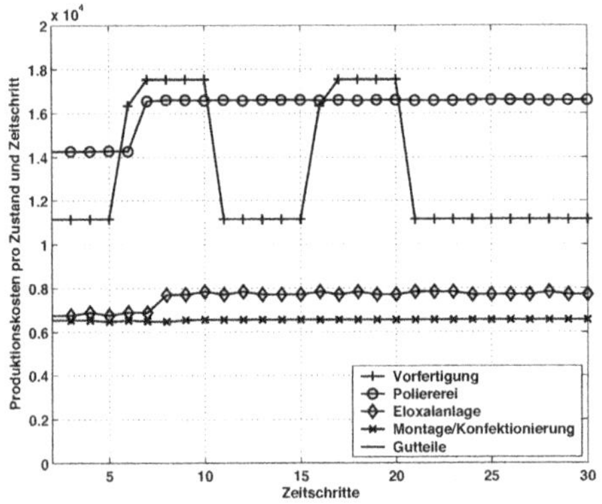

Abb. C.15: Produktionskosten für Störszenario B und kombinierter Anpassung

Die in Abb. C.16 dargestellten, auffallend hohen Bestandsverläufe im Bereich *Polieren* entsprechen etwa dem Arbeitsinhalt des dreifachen Tagesproduktionsprogramms. Dieser hohe Überbestand ist im Beispielunternehmen dennoch praktisch beherrschbar, da die Produkte bei Eingang in den Bereich *Polieren* lediglich vorgeformt und ggf. spanend bearbeitet sind. Sie sind noch nicht poliert und weisen daher keine hohe Oberflächengüte auf, so dass sie in diesem Stadium der Wertschöpfung weniger empfindlich sind als nach Durchlaufen der Oberflächenveredelung. Ein Zwischenpuffern der Produkte vor dem Bereich *Polieren* bedarf zudem keiner speziellen Ladungsträger, sondern erfolgt platzsparend in Kunststoffbehältern mit hoher Packungsdichte. Auch ein deutlicher Überbestand i. H. v. 220 normierten Kapazitätsteilen in der Produktionsstufe *Polieren* (bzw. zwischen *Vorfertigung* und *Polieren*) kann dort gelagert werden.

Der Bestandsverlauf in den einzelnen Zuständen verdeutlicht, dass die hier geplante Anpassungsstrategie eine Kombination der in den vorangegangenen Abschnitten dargestellten Situationen ist (Anpassung durch Option Z bzw. Option Y). Man vergleiche dazu die Abb. C.16 mit den Bestandsverläufen aus Abschnitt C.4.2.1 (Abb. C.10) und Abschnitt C.4.2.2 (Abb. C.14). Insbesondere im Bereich *Polieren* schwanken die Bestände im Zeitablauf sehr stark. Das Referenzsystem gelangt an seine Stabilitätsgrenzen.

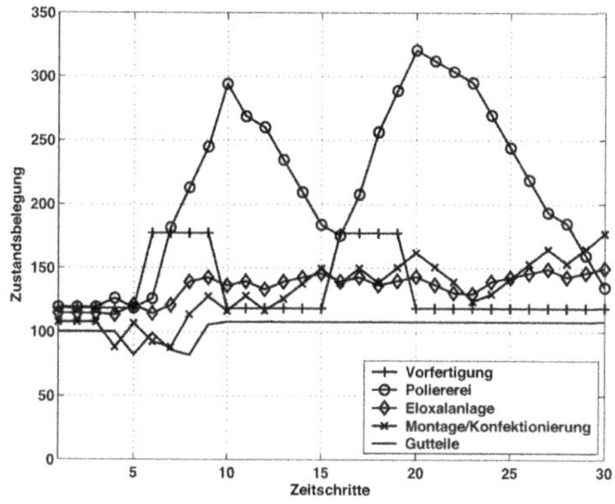

Abb. C.16: Bestandsentwicklung für Störszenario B und kombinierter Anpassung

Lieferrückstand kann durch die kombinierte Anpassung weitgehend verhindert werden. Lediglich das erste Auftreten der Störung führt dazu, dass die Kundennachfrage kurzzeitig nicht bedient werden kann (siehe Abb. C.17). Ein solches „Durchschlagen" der Störungswirkung, also die Manifestation der Störung am Systemausgang kann *nur* durch geeignet dimensionierte Pufferbestände verhindert werden. Die Dimensionierung solcher die Störungsausbreitung unterbrechenden „Entkopplungspunkte" ist Gegenstand des antizipativen Störungsmanagements. Insbesondere bei den im Beispielunternehmen vorliegenden geringen Bestandskosten stellt die Bildung solcher Puffer eine interessante Option dar.

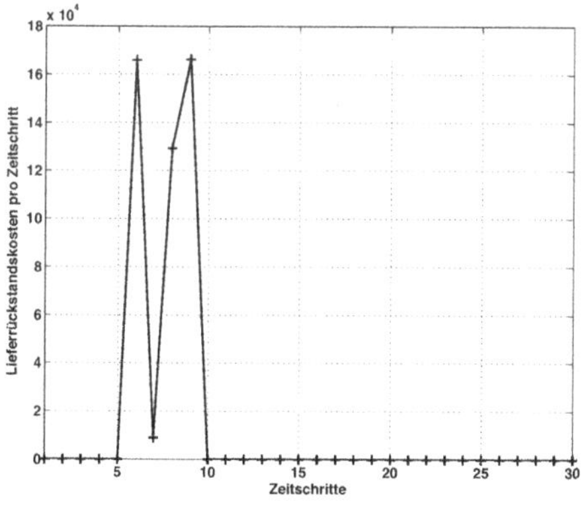

Abb. C.17: Lieferrückstandskosten für Störszenario B und kombinierter Anpassung

Geringere Lieferrückstände im gesamten Beobachtungszeitraum und das Reduzieren des Lieferrückstandes auf die Zeit unmittelbar nach dem ersten Auftreten der Störung führt zu deutlich verringerten Lieferrückstands- und damit auch Gesamtkosten. Wie in den bereits beschriebenen Situationen werden auch in dem in diesem Abschnitt beschriebenen Szenario erhöhte

Produktions- und Bestandskosten durch stark reduzierte Lieferrückstandskosten überkompensiert (vgl. Tab. C.8).

Kostenart	ohne Anpassung	Anpassung Z	Anpassung Y	kombinierte Anpassung
Produktionskosten	1.123.900	1.313.800	1.247.600	1.263.900
Bestandskosten	8.093	10.804	9.268	10.603
Lieferrückstandskosten	1.716.700	628.470	579.920	470.680
Gesamtkosten	2.848.693	1.953.074	1.836.788	1.745.183

Tab. C.8: Kosten des Systembetriebs für Störszenario B und verschiedenen Anpassungen

Index

Made in the USA
Las Vegas, NV
13 November 2024

11568844R00193